本书为

国家社科基金重大项目"一带一路"
宗教风险研究（项目编号 16ZDA168）

国家社科基金重点项目（项目编号 16AZJ001）
"一带一路"沿线东南亚国家宗教治理经验及管理模式研究

中国社会科学院邪教问题研究中心项目
"宗教与极端主义问题研究"

中国社会科学院创新工程"东南亚宗教研究"项目

中国社会科学院国情调研基地"中印孟缅经济带之
跨境民族宗教研究"项目
阶段性项目成果

中国社会科学院创新工程学术出版资助项目

# 东南亚宗教研究报告

## THE REPORT OF SOUTHEAST ASIAN RELIGION

# 东南亚宗教的转型与创新

## THE TRANSFORMATION AND INNOVATION OF SOUTHEAST ASIAN RELIGIONS

郑筱筠 ◎ 主编

中国社会科学出版社

**图书在版编目(CIP)数据**

东南亚宗教研究报告：东南亚宗教的转型与创新／郑筱筠主编 .
—北京：中国社会科学出版社，2016.10
ISBN 978-7-5161-9201-6

Ⅰ.①东…　Ⅱ.①郑…　Ⅲ.①宗教-研究报告-东南亚
Ⅳ.①B928.33

中国版本图书馆 CIP 数据核字(2016)第 253473 号

| | |
|---|---|
| 出　版　人 | 赵剑英 |
| 责任编辑 | 冯春凤　许　晨 |
| 责任校对 | 张爱华 |
| 责任印制 | 张雪娇 |

| | |
|---|---|
| 出　　版 | 中国社会科学出版社 |
| 社　　址 | 北京鼓楼西大街甲 158 号 |
| 邮　　编 | 100720 |
| 网　　址 | http：//www.csspw.cn |
| 发 行 部 | 010-84083685 |
| 门 市 部 | 010-84029450 |
| 经　　销 | 新华书店及其他书店 |

| | |
|---|---|
| 印　　装 | 北京君升印刷有限公司 |
| 版　　次 | 2016 年 10 月第 1 版 |
| 印　　次 | 2016 年 10 月第 1 次印刷 |

| | |
|---|---|
| 开　　本 | 710×1000　1/16 |
| 印　　张 | 34.25 |
| 插　　页 | 2 |
| 字　　数 | 579 千字 |
| 定　　价 | 109.00 元 |

凡购买中国社会科学出版社图书，如有质量问题请与本社营销中心联系调换
电话:010-84083683

# 作者简介

贺圣达　云南省社会科学院原院长，研究员，博士生导师

郑筱筠　中国社会科学院世界宗教研究所副所长，研究员，博士生导师，中国宗教学会常务副会长；中国社会科学院邪教问题研究中心理事长

廖大珂　厦门大学南洋研究院，教授

[新加坡] 林纬毅　马来西亚南方大学、华侨大学客座教授

郑瑞萍　中国社会科学院世界宗教研究系，博士生

王鹤琴　中国社会科学院世界宗教研究所，博士后

黄　凯　西北大学历史学院，硕士生

杨　莉　中国社会科学院世界宗教研究所，博士后

司　聘　中国社会科学院世界宗教研究所，博士后

霍　然　北京大学外国语学院，教师

郑友洋　北京大学外国语学院，硕士生

段立生　中山大学教授，云南大学泰国研究中心学术委员会主任

刘雅诗　香港教育学院社会科学系，客席讲师

[斯里兰卡] Malwane　斯里兰卡卡拉尼亚佛教大学，讲师

马仲武　北京外国语大学斯里兰卡研究中心，主任

宋燕鹏　中国社会科学出版社，副编审

[斯里兰卡] Dr. Rajitha P. Kumara，副教授

程恭让　南京大学中华文化研究院，教授

释慧如　首都师范大学政法学院，博士生

范若兰　中山大学亚太研究院，教授

马　景　中国社会科学院世界宗教研究所，副研究员

辉　明　深圳大学社会科学学院，讲师

吴杰伟　北京大学外国语学院，教授

周　娅　云南大学贝叶文化研究中心主任，中国社会科学院世界宗教研究所博士后

刘守政　华侨大学哲学与社会发展学院，讲师

白志红　云南大学民族研究院，教授

高士健　云南大学民族研究院，硕士生

马居里　云南大学民族研究院，教授

陈　萍　云南大学民族研究院，硕士生

曾　黎　云南民族大学，副教授

刀孟黛　云南民族大学东南亚学院，硕士生

饶睿颖　云南民族大学东南亚学院，副教授

于　琛　中国社会科学院世界宗教研究所，博士生

曹　兴　中国政法大学，教授

范正义　华侨大学宗教文化研究所，副教授

王爱平　华侨大学华文学院，教授

鲁锦寰　华侨大学华文学院，硕士生

[马来西亚] 陈爱梅　拉曼大学，客座教授

黄海涛　云南师范大学，教授

梁晓芬　云南省社科院宗教研究所，副研究员，副所长

熊顺清　云南民族大学民族干部学院，副教授

王郁君　普洱学院人文学院，讲师

# 目　录

## 第四编　东南亚伊斯兰教研究

## 第五编　中国—东南亚跨境民族与宗教文化交流研究

# Contents

The Holy Cross Day in the Philippines: Behinds the

## Part III: Studies on South and Southeast Asian Buddhism

## Part IV: Studies on Southeast Asian Islam

## Part VII: "One Belt, One Road" and Studies on Chinese Buddhism

## Research Trends
## Part VIII: Research Trends of Southeast Asian Religions in the Transition Period

# 第一编 转型时期东南亚宗教研究报告

# 东南亚的宗教转型:历史联系和当代发展态势

贺圣达

东南亚宗教是东南亚历史和社会发展的一个极为重要的方面。从原始宗教发展为今天包含了世界上各大宗教都有相当重要地位,东南亚宗教在数千年的发展历程中经历了复杂的演变和多次转型,具有与世界上其他地区宗教转型不同的特点。

历史上东南亚宗教转型是东南亚社会内部因素与外来影响互动的结果,外来影响起着极为重要的作用,东南亚的普世性宗教都是从外部传入的;当代东南亚的宗教转型或者说东南亚宗教发展变化的新态势与外来影响也不无关系,尤其是在东南亚海岛国家,但东南亚各国内部的因素起着越来越重要的作用。

由于东南亚各国国情不同,宗教转型或者说宗教发展变化的新态势在东南亚各国具有不同的特点,反映了多样性、复杂性仍然是东南亚地区、东南亚宗教的一个主要特点。

## 一 东南亚宗教在历史上多次转型,这是东南亚历史和文化发展、东南亚宗教发展史的一个重要特点。

从整个东南亚看,主要是三次重大转型第一次转型,东南亚大部分地区从原始宗教转向印度教和佛教，印度教和大乘佛教在东南亚各国占据主导地位；红河流域下游今越南北方转向儒学（儒教）和中国式的佛教；在时间上是从公元前后到公元10世纪前后。

第一次转型的意义：印度教和佛教在东南亚落地生根，对于东南亚当地的社会、宗教和文化发展产生深远影响。

第二次转型，除越南以外的大陆东南亚地区由印度教和大乘佛教为主转向以南传上座部佛教为主，越南在更加全面接受中国佛教和儒学（儒教）的基础上形成有越南特色的佛教和儒学（儒教）；东南亚海岛地区由大乘佛教和印度教为主向以伊斯兰教为主；在时间上，在大陆东南亚和海岛东南亚地区大致上分别始于11—13世纪，基本上完成于16—18世纪。

17世纪以后，在菲律宾中北部等东南亚海岛和大陆沿海的一部分地区，转向基督教。

第二次转型的意义：东南亚各国占主导地位的传统宗教在这一时期基本上形成，对东南亚各国传统的民族文化的形成和发展产生了极为重要的影响。

第三次转型，东南亚各国占主导地位的宗教先后开始和推进具有近代性质的转型。无论在东南亚大陆还是海岛地区，传统的宗教（无论是佛教还是伊斯兰教）在西方入侵和近代思想的影响下，与现代主义、民族主义相结合。在时间上，从19世纪后期延续到20世纪。这次宗教转型在东南亚各国的发展明显具有不平衡发展的特点。

第三次转型的意义：东南亚宗教近现代性质的转型，赋予东南亚传统宗教新的内容和活力，激发东南亚各国人民的民族意识，振奋各国人民的民族精神，对于东南亚各民族的觉醒和民族独立、民族解放运动的兴起和发展以及东南亚社会的进步和发展都发挥了巨大作用。

## 二 东南亚宗教第三次转型或者说近现代转型的特点

（一）东南亚宗教第三次转型不同于第一次转型和第二次转型，东南亚宗教的这次转型不是以一种新的宗教取代另一种宗教，而是在维护、复兴传统宗教，吸纳近现代民族主义、现代主义等思想，改革、创新宗教活动的内容和方式，以回应外来冲突，适应社会环境的变化和民族发展的新需求。

（二）东南亚宗教的第三次转型受到近现代世界多种思想的影响，宗教嬗变在不同国家具有不同特点，甚至一个国家内同一个宗教都有不同的指导思想、不同的改革内容、转型方式和发展方向，形成不同的派别；东南亚宗教呈现更加多样化的发展图景。

**南洋尤其是新加坡**：19 世纪 70 年代到 20 世纪初，华人的儒教复兴运动。

**印度尼西亚**：伊斯兰教的转型最为突出，表现为不同程度吸纳近代思想的新型伊斯兰教组织及其领导的运动的兴起，主要有"至善社""伊斯兰改革运动""穆罕默德协会""伊斯兰联盟"。

**马来西亚**：伊斯兰教与马来民族主义相结合，成为重要特点。

**菲律宾**：从"教士菲律宾化"到"宣传运动"；教会的菲律宾化；美国殖民统治下的宗教发展。

**泰国：佛教与近现代社会发展和泰国民族主义与特殊的政体相结合。**拉玛五世、拉玛六世的宗教改革，尤其是拉玛六世把现代教育、医疗卫生事业融入传统捐赠的宗教改革；20 世纪 30 年代的"大泰唯国主义"的影响；泰国上层推动的"国王、宗教（佛教）、民族（泰族）三位一体"。

**缅甸：佛教与缅甸民族主义相结合。**"佛教青年会"：从对"基督教青年会"的仿效到佛教民族主义的兴起和发展。

**越南**：基督教（尤其是天主教）的发展、融合不同宗教信仰的高台教（1926）、源于佛教理念的和好教（1939）的创建和发展。

## 三　当代东南亚的宗教转型或者发展的新态势：五个方面

（一）东南亚各国独立之后，宗教转型或者发展的新态势深受各国国家政权性质和主导的意识形态的影响。

（二）当代东南亚宗教转型或者发展的新态势从根本上看，是东南亚各国政治和社会转型在宗教上的反映，也深受外来宗教尤其是中东伊斯兰教影响。

（三）从历史联系的视角看，当代东南亚宗教转型或者发展的新态势是近代以来东南亚宗教转型的延续和新的历史环境下的发展，保持了近代东南亚宗教转型的一些重要特点，例如吸纳近现代思想、宗教民族主义、民族传统宗教的复兴等。

（四）当代东南亚宗教转型或者发展的新态势总体上主要是由于东南亚各国的内部因素的作用，但在东南亚海岛地区与半岛地区呈现出不同的特点，海岛地区更多地受到外部的影响，包括中东伊斯兰复兴运动的影响、伊斯兰极端主义的影响、阿富汗战争的影响，等等。

（五）当代东南亚宗教转型或者发展的新态势在东南亚不同国家具有不同的特点和表现形式，呈现出复杂化、多样化的趋势。

## 四  当代东南亚宗教转型在不同国家的一些值得注意的趋势

当代东南亚宗教转型或者发展的新态势，有两个方面特别值得关注。一是宗教蜕变，激进、极端思潮、派别成为突出问题；二是少数民族的宗教与族群、民族意识结合，与民族占主导地位的民族宗教关系复杂化。

**缅甸：佛教民族主义及其激进化、极端化趋势**。维拉督上师的影响与"969 运动"的兴起、以政府名义颁发的涉及宗教的法案，例如禁止佛教徒女性与其他信徒结婚的法案（2015 年 7 月）；关于更改宗教信仰必须告知政府的法案；佛教民族主义及其激进化的复杂原因（传统的、政治上的以及民族与宗教上的原因，包括佛教与伊斯兰教的矛盾、罗兴亚人问题等）。

**泰国：现代化、世俗化、关注社会发展与环境**：法身寺运动、佛陀达沙运动、发展比丘运动、环境比丘运动等。

**老挝—越南：**重新界定宗教在社会主义国家的作用、发挥宗教在社会主义建设尤其是文化道德方面建设的价值，使宗教（佛教）与社会主义相适应。

越南佛教协会："道法、民族、社会主义"（越南佛教协会）。

老挝前领导人凯山：发挥宗教尤其是佛教在宣传国家优良传统、团结、仁爱、乐善好施、正义等精神；积极参与公共事业，发展群众落实党的方针和遵守国家法律、投身保卫和发展国家的事业等方面的作用。

老挝前领导人富米·冯维希：老挝人民革命党运用佛教道义和马克思主义的革命道德培养党员。

**社会主义的老挝—越南的宗教发展问题**：如何形成政府政策、佛教界、民众之间的互动，能否稳定地发展，实现宗教转型？

**柬埔寨：宗教派别的不同政治倾向**：摩柯尼迦派（亲人民党）、达摩育达派（亲民阵）。

**东南亚伊斯兰教**：总体上继续保持具有东南亚特色的温和性质，但激进甚至极端倾向、趋势甚至活动及其影响有所增强，值得警惕。

**印度尼西亚**：主要形成三大派别：以伊斯兰教联合会为代表的认同"潘查希拉"的"穆斯林新思维"；以默罕默迪亚为代表的建构的或现代主义的伊斯兰运动和倾向原教旨主义的激进派。

# "成长的烦恼"

## ——转型时期中国南传佛教管理之困境[*]

### 郑筱筠

在当代中国社会转型时期，佛教得到了很好的发展。近年来信仰南传佛教地区的一系列重大活动，例如西双版纳总佛寺的重建开光、橄榄坝曼听佛塔寺举办的禅修活动、德宏州勐焕大金塔的建成等无不在向人们展示当代中国南传佛教迅猛的发展态势。但是，发展中的南传佛教也有"成长的烦恼"，目前它面临的不是简单的生存问题，而是以何种形式更好地存在以及发展的问题。具体反映在管理模式方面，就表现为在管理层面出现了一些问题。如果不能妥善解决这一问题的话，将会引起整个中国南传佛教内部的混乱，其"蝴蝶效应"将会波及东南亚南传佛教文化圈和我国佛教分布格局的稳定以及中国南传佛教信仰区域社会的稳定。笔者拟从中国南传佛教管理现状、困境及其对策建议三个层面进行详细论证。

## 一 当代中国南传佛教管理现状

在历史发展进程中，中国南传佛教管理体系与汉传佛教、藏传佛教管

* 本文为中国社会科学院国情调研基地项目"孟中印缅经济走廊下云南跨境民族宗教研究"项目、国家社科基金"周边国家宗教发展趋势及其对我国社会稳定和文化安全的影响"项目子课题、中国社会科学院 2015 年度创新工程"东南亚宗教研究"项目阶段性成果。

理体系的最大不同之处在于其实行双线管理模式，即佛教界内部自身的管理模式和佛教界外部的波章管理模式同时存在、共同管理的模式。① 正是由于这一模式运行有效，使得它对于世俗社会的影响不是去通过控制性地介入和管理，而是以富有地方特征的建设性介入方式去影响世俗社会。这是中国南传佛教管理体系的一大特色，也是其至今仍然在宗教生活与社会生活产生很大影响的原因。但是如果仔细考察，我们就会发现佛教团体，尤其是佛教协会的建设和发展对中国南传佛教管理格局的影响较大，以至于形成了目前中国南传佛教多线管理的现状。

### (一) 中国南传佛教固有的传统管理模式

1. 以世俗社会组织制度为范本形成的金字塔形佛教管理系统

就佛教界内部自身的管理而言，与世俗社会组织管理体系相对应，它形成了金字塔形的佛寺、佛塔管理模式，但它不是一个简单的金字塔形的管理模式，而是由很多小金字塔形管理模式层层叠加，最终组合成一个稳固的大金字塔形模式。

所谓金字塔形模式是这样分布的：在金字塔尖是总佛寺，总佛寺下面是勐级佛寺，勐级佛寺下面是中心佛寺，中心佛寺下面是各个村寨佛寺。体现在管理方面就是：总佛寺负责管理勐级佛寺，勐级佛寺负责管理中心佛寺，中心佛寺又负责管理其下面的各个村寨佛寺，层层管理，分工明确，逐步形成一个稳定而封闭的管理模式。塔尖是整个西双版纳地区最大的总佛寺——洼龙，位于原景洪宣慰街，统辖着整个西双版纳的佛寺。各个勐级佛寺设在各个勐的土司所在地，相互之间没有管辖权，它们之间是平等的，相互不能参与、干预对方的佛教事务。

值得注意的是，各个勐级佛寺又在其辖区内形成了以此为金字塔尖的小金字塔形管理模式：每个勐的"洼龙"佛寺处于金字塔形管理模式的塔尖，相当于每一个勐的总佛寺，其下又设中心佛寺，中心佛寺下面就是各个村寨的佛寺，又逐步形成了一个总佛寺负责管理中心佛寺，中心佛寺负责管辖各个村寨的佛寺的小金字塔形管理模式。这些小金字塔形管理模式形成后就属于整个西双版纳地区最大的总佛寺金字塔形管理模式中的一

---

① 关于南传佛教管理模式，详参郑筱筠《中国南传佛教研究》，中国社会科学出版社 2012 年版，第三章。

员，共同构成其基础，相互之间地位平等，互不干涉。

在佛塔管理体系方面，与此寺院金字塔形的管理模式相对应，西双版纳地区的南传上座部佛教在塔的组织管理系统方面也具有严格的金字塔形的管理特征，但是，只有中心佛寺才能建有佛塔。

2. 中国南传佛教的波章管理体系

除了佛教界内部的管理模式外，中国南传佛教还形成了一个波章管理体系。其中波章角色的设立对于中国南传上座部佛教来说是非常重要的一个发展标志①。

波章是曾经在佛教寺院内修行并达到"佛爷"这一级别、后来又还俗的世俗之人。在民间，他被称为"康朗"（傣语为"知识分子"），只有具备"康朗"身份后，他才有可能被选为"波章"，但并不是所有的"康朗"都可以成为波章的，他要修行达到一定僧阶②后才可能成为波章。

波章在管理层面上可以同时与佛教界和世俗社会进行沟通和融合，这是南传佛教管理体系不同于汉传佛教和藏传佛教管理体系之处。就佛教事务管理的角度来看，波章是佛教仪式的主持者，是神圣世界和世俗世界的沟通者。在举行佛事活动仪式时，他是举足轻重的人物，在一些少数民族地区，如德宏的阿昌族和德昂族地区，在某种程度上他甚至具有神圣的权威性。他负责组织信众进行佛事活动，在寺院经济的管理方面，他要参与佛教寺院、佛塔的管理工作，对佛寺、佛塔的建立、维修以及相关事项负责，对寺院的经济负责或参与管理，在中国南传上座部佛教寺院经济管理体系中发挥着特殊作用，可以代表寺院与世俗世界进行经济事务活动。但是，他却属于世俗之人，在平时他们不脱离生产，未享有任何宗教特权，参加宗教活动时也无报酬。他可以管理信众，却不得管理佛教内部事务，不得干涉管理僧团。出于对佛教的执着，他无私地参与佛教事务的管理。

与中国南传佛教金字塔形管理模式相对应，在民间的波章们也存在一个金字塔形管理模式，即以总佛寺波章为顶层，逐渐向下分布，形成总佛

① 波章是南传佛教管理日常社会事务及组织宗教活动的在家众，在云南西双版纳地区被称为"波章"，在临沧地区被称为"安章"，在德宏地区被称为"贺路"。关于安章的角色问题，详参郑筱筠《中国南传上座部佛教与少数民族文化的互动——以安章的双重身份为例》，2008年10月"当代社会中的宗教"会议论文（北京）。

② 关于中国南传佛教僧阶，详参郑筱筠《中国南传佛教研究》第三章。

寺—中心佛教—村寨佛寺的管理结构，其中由于村寨佛寺波章由中心佛寺波章负责管理，而中心佛寺的波章就由总佛寺的波章管理。另外，在数量方面，由于基层的村寨佛寺数量较多，故各个村寨佛寺的波章数量总和较多，逐级向上递减，到总佛寺时为最少。应该说，正是这样的世俗性的波章管理制度的存在才使得南传佛教管理触角深入到基层，使佛事活动有序地开展。

### （二）佛教协会的组织管理

中华人民共和国成立之初，党和政府就把宗教工作放在了重要的地位，贯彻落实宗教信仰自由政策，为中国佛教事业的建设带来了新的历史机遇。20 世纪 50 年代初期，云南傣族地区的"和平协商土地改革"解除了南传佛教与封建土司制度的依附关系，中国南传佛教的发展步入了一个新时代。

中国佛教协会的成立，实现了中国佛教三大语系的空前团结，中国南传佛教的发展也呈现出新变化。1953 年 6 月 3 日，一个代表全国各地区、各民族、各宗派佛教徒的联合组织——中国佛教协会正式成立，确定其宗旨为"团结全国佛教徒，在人民政府的领导下，参加爱护祖国及保卫世界和平运动，协助人民政府贯彻宗教信仰自由政策，并联系各地佛教徒，发扬佛教优良传统"。中国南传佛教长老祜巴勐当选为中国佛教协会副会长，这是南传佛教和汉传佛教、藏传佛教的第一次携手，是中国佛教史上空前的大事。从此，南传佛教与汉传佛教、藏传佛教开始交往，中国三大语系佛教的关系出现了历史性的转折。1957 年 2 月 25 日，德宏地区汉传、南传佛教界各派 160 名代表共同在芒市菩提寺召开会议，成立中国佛教协会云南省德宏州分会，会长为伍古腊，副会长为伍末利亚（傣）、召过铁（傣）、佛耀（汉）、幻光（汉）、龚缦（傣）、思鸿升（傣）等，中国佛教协会特致电祝贺。1957 年 6 月 21 日至 24 日，临沧地区耿马傣族佤族自治县佛教界朗德哥、英刀片、英德夏等大长老召集临沧地区佛教代表成立了中国佛教协会临沧专区分会筹备委员会。同年 12 月，正式成立中国佛教协会临沧专区分会。[①] 1963 年 3 月 21 日至 31 日，在景洪召开由 93

---

① 1963 年 6 月，中国佛教协会云南省分会成立之后，中国佛教协会西双版纳、德宏、临沧分会改为地区性佛教组织，在中国佛教协会云南省分会的统一领导下开展工作。

名傣族、布朗族代表参加的中国佛教协会西双版纳分会成立大会，选举松列·阿戛牟尼为会长，通过了有建设性的《关于西双版纳佛教内部若干问题的协议》和《中国佛教协会西双版纳分会章程》，并报送中国佛教协会。

1963年6月，来自云南各地的傣、汉、藏、布朗、德昂、纳西、佤等民族佛教代表参加了在昆明举行的云南省佛教第一次代表大会，正式成立了云南省佛教徒的联合组织——中国佛教协会云南省分会。会议选举南传佛教长老松列·阿戛牟尼为会长，藏传佛教松谋·昂旺洛桑丹增嘉措、汉传佛教长老自性等八人为副会长，这是云南佛教汉传、南传、藏传三大部派共同管理佛教事务，也是现代云南佛教教派和睦、民族团结的真实体现。

云南省佛教协会自1981年恢复以来，如期换届，正常运转，全面指导云南佛教工作。规章制度健全，主要负责管理宗教活动，培养僧侣，管理信众，开展对外宗教文化交流，指导县佛协工作，等等。西双版纳州现有州佛教协会1个，县佛教协会2个。德宏州现有1个州佛教协会，5个县佛教协会。2005年12月28日，临沧市佛教协会成立。

目前，除了云南省佛教协会之外，在南传佛教流传的地州（市）中，西双版纳傣族自治州和德宏傣族景颇族自治州设立了州佛教协会，有22个市（县）成立了市（县）佛教协会。现在南传佛教的管理工作常常是以云南省佛教协会为龙头，以地县（市）级佛教协会为辅翼开展工作。[①]

## 二 当代中国南传佛教管理的困境

就南传佛教的管理层面而言，存在一些困境，主要表现如下：

**（一）20世纪50年代以后的世俗政治组织制度的变化使得中国南传佛教管理磁场力量有所改变，但仍继续运行**

在20世纪50年代以前，中国南传佛教一直实行佛教界内部的佛寺佛

---

① 详参郑筱筠、梁晓芬《中国南传佛教团体发展五十年》，《中国佛学》2014年总第36期，社会科学文献出版社2015年版。

塔管理模式和佛教界外部的波章管理制度，这两条管理主线是并行的，但也是交叉的，某种程度上已经形成了良性互动型的管理磁场。

首先，金字塔形的佛寺佛塔管理制度有效地嵌入社会结构和政治结构中，形成了整个社会、政治运转的"阶序"逻辑①。而波章管理系统可以说是南传佛教管理有序运转的生命线，除了要完成波章角色的职责外，还要对整个区域内的佛教事务进行总的协调和分配，尤其是对辖区内佛事活动（尤其是一年中重要的几个大节庆活动）按照金字塔形的模型进行时间上的分配和协调等，其金字塔形管理模式与佛寺佛塔的管理模式已经形成了良性的管理磁场。但是，20世纪50年代以后，信仰南传佛教的少数民族地区原先的世俗政治组织制度不复存在，这样就导致以世俗组织制度为范本而形成的佛寺佛塔管理模式失去了依托，没有了范本。尤其是随着西双版纳地区不再举行祭"勐"活动，勐级管理体系逐渐退出政治组织制度，对于佛教有一定程度的影响。但是在具体的佛事活动中，由于有波章系统的存在，其在民间仍然按照传统的旧制组织活动。虽然世俗组织制度的勐级级别消失，使得南传佛教原有的管理磁场出现一些混乱，但是由于其磁场早已循环，故仍然继续运行。

### （二）三条管理主线同时运作，民间自组织管理磁场力量发生变化

目前在云南南传佛教信仰区域内，存在云南各级佛教协会组织、传统的僧团、佛寺管理制度以及波章管理制度三条管理主线同时运行，已经出现了民间自组织管理磁场发生变化的局面。

中国佛教协会成立于1953年，其宗旨是"团结全国佛教徒，在人民政府的领导下，参加爱护祖国及保卫世界和平运动，协助人民政府贯彻宗教信仰自由政策，并联系各地佛教徒，发扬佛教优良传统"。围绕这一宗旨，云南省佛教协会在中国佛教协会的指导下，积极带领地州（市）—县各级佛教协会组织开展活动，随着与内地的交往增多，僧人们的交往也相对较多，南传佛教僧人开始向汉传佛教、藏传佛教学习，不断地提高自己，在活动中进一步提高了自己的威望。

从管理模式而言，云南省佛教协会—各个地州成立州（市）—县这

---

① 有关南传佛教社会的"阶序"逻辑，详参郑筱筠《南传佛教与佤族社会生活的"阶序"逻辑——以云南临沧佤族为例》，《世界宗教文化》2013年第1期。

样三级佛教协会组织是一种新的管理模式，其优势在于可以协助政府贯彻宗教信仰自由政策，同时是在全国佛教界的大格局中进行活动，有助于积极开展各种活动。但由于各级佛教协会之间原先是没有上下级的隶属关系，彼此之间关系较为松散。另外，中国南传佛教区域内的佛教协会管理模式是一种新型的管理系统，是直接在各个南传佛教信仰本区域内的管理模型上再叠加。这样叠加的管理系统到目前为止，仅仅建立到县一级组织，还未深入到基层农村，故而在开展活动时，反过来又需要依托原先的管理系统安排活动，形成交叉管理的磁场。

在中国南传佛教区域，波章管理系统可以说是民间自组织的管理体系，是整个社会与佛教界进行内在协调的重要系统，但由于目前各级政府对此重视不足，这一管理力量呈现"衰弱"态势，在一些地区甚至出现没有人当波章，乃至于聘请境外村寨的人当波章的现象。这无疑会使中国南传佛教管理磁场发生变化。

此外，20世纪80年代以后，南传佛教寺院开始成立寺院管理小组或寺院管理委员会，其成员不是单纯由波章构成。虽然也有波章参加，但有的地方，波章在寺院管理委员会的影响力减弱。这在很大程度上影响了民间社会早已形成的波章管理系统的运作。另外，寺院管理委员会仅负责本寺的工作，缺乏与其他区域的联系，逐渐形成与其他佛教管理系统衔接不当的断层现象，这也造成了南传佛教管理磁场的变化。

## 三 对策建议

中国南传佛教信仰区域几乎全部与东南亚国家接壤，是我国重要的"边境守护卫士"，国外很多国家已经在我国边境沿线设立了一些重点发展地带，而中国南传佛教分布区域带由于其经济发展能力较弱，尚未形成强大的文化防护网，抵御宗教渗透的能力较弱，因此必须要抓好中国南传佛教管理工作，使之有良好的自我循环机制，这是中国南传佛教良性发展的基石，也是我国边疆稳定、社会和谐的重要保障。

针对以上问题，笔者认为可以从以下几方面进行思考：

### （一）首先要保证各级佛教协会的有效运转，有序发挥作用

就中国南传佛教管理层面出现的问题而言，这属于"成长的烦恼"，

是中国的制度性宗教在现代转型过程中遇到的问题。因此，对之进行妥善的疏导和解决是必要的。

中国南传佛教协会是20世纪50年代建立的，超越了原有管理模式的民间团体管理的模式。在现有的体制下，应该积极发挥佛教协会的作用。目前各级佛教协会的管理脉络凸显了管理线上的权威控制能力，它在20世纪50年代以后打破固有的管理传统，得到了放大。现在各级佛教协会基本能够处理好与政府、与当地佛教界、僧团和信徒的关系，在以佛教协会为单位组织的一系列活动中都发挥了重要作用，得到了当地群众的认可。此外，从各级佛教协会的组织机构成员来看，大部分都是当地较有影响力的僧人，可以继续发挥宗教权威的影响力。很多佛教协会的领导大部分都成为当地政协委员，参与政治和社会治理事务的讨论。在平时当地的一些佛事活动中，能贯彻执行党和政府的各项方针政策。因此，为了保持南传佛教地区发展的稳定，还应该继续发挥佛教协会的管理作用。

### （二）继续发挥波章管理系统的作用

波章系统是南传佛教信仰地区的民间组织对南传佛教界的制约机制，是管理基层佛教的世俗层面触角，是维系中国南传佛教稳定与否的基石。目前，政府有关部门对中国南传佛教的工作重点只放在佛教界，却忽略了中国南传佛教管理体系中的波章管理系统。

笔者认为云南南传佛教的波章管理体系不容忽视，认真研究南传佛教管理体系的特殊性是做好宗教工作的前提和基本保证。但目前我们对波章在社会管理体系中的作用重视不足，波章在各级佛教协会担任要职的并不多，同时由于波章的社会地位未得到充分重视，甚至有的村寨出现没有人当波章的现象。

因此，在目前南传佛教僧才明显不足的情况下，要多发挥基层村寨佛寺波章的作用。因为调研数据显示，在数量巨大的基层村寨中，波章作用尤其凸显。波章在很多"有寺无僧"的村寨里发挥着重要作用。在基层村寨佛寺中，由于僧才匮乏，平时很多佛事活动直接由波章来主持，如果该村寨没有佛爷主持活动，也是由波章们商量决定，是否到外村去请。甚至一些境外僧人来我国境内佛寺主持活动也是由波章去请的，但如果该外籍僧人的行为或言谈出现问题时，也是波章将之遣送出境。在此层面上可以说，波章是边境沿线村寨佛寺的核心人物，其政治导向和言论以及对宗教活动的控制能力影响着信众，是影响边境稳定的一个重要人物。因此，要逐渐建立波章档案制度的登记和管理，适当予以补助和待遇，同时也积极对之进行培训，提高波章的素质，以期进一步发挥其作用。

目前，中央统战部在组织佛教界人士到全国各地参观学习交流活动时，已经适当照顾和考虑南传佛教的波章人数比例。这一经验值得推广，不但使波章增长了见识，也是使波章走入其他文化视野的好机会，同时也凸显了政府各级部门对波章系统的重视。应使波章培训、学习体制化，这是推动波章系统有序转型、与现代管理制度对接的动力。

此外，积极推动寺院管理小组（或寺院管理委员会）与波章系统的对接。由于波章管理系统是历史发展过程中，民间社会形成的自组织管理机制，故应依托现有的寺院管理小组内的波章或村寨权威去努力与传统的波章管理系统对接，共同推动村寨佛教的有序管理，巩固基石，从而全面推动波章金字塔形的管理系统与现代社会机制的对接。

### （三）积极促使中国南传佛教固有的佛寺佛塔管理模式转型，与现代社会组织制度接轨

就中国南传佛教的佛寺佛塔组织管理体系而言，其主要是以 20 世纪 50 年代以前的世俗社会组织制度为范本来建立的，但其中"勐"作为一级世俗社会组织在 20 世纪 50 年代以后就不存在了。那么中国南传佛教寺院管理体系是否也会有相应的调整？在调研过程中我们发现，不同区域的情况不同。在社会经济相对发达、交通便捷的区域内，其管理体系已经开始转型，即开始形成总佛寺—各中心佛寺—村寨佛寺这一管理模型。但有的相对落后的区域，还沿袭旧制，在活动过程中，尤其是在泼水节、开门节和关门节这三大节庆活动时，还以原有的管理方式安排活动。因此，目前各地都在积极申请重新恢复建立中心佛寺，甚至建立"人造景观式"的大佛寺或大佛塔。对此，一定要慎重，既要考虑其传统管理建制，又要考虑现代社会发展的信仰需求。

总之，处理好南传佛教管理模式、佛教协会管理系统、波章管理系统三者之间的关系是解决问题的关键。这三种管理脉络形成了中国南传佛教管理磁场内部力量的张力，要进行正确疏导，使磁场力量平衡，从而保障中国南传佛教信仰区域社会的稳定，积极促进我国佛教分布格局的稳定，也是中国南传佛教的民族文化体系稳定的重要保障。

# 印度尼西亚应对伊斯兰恐怖主义的机制

## 廖大珂

2002年10月12日，印度尼西亚遭遇了自2001年"9·11"事件以来规模最大的恐怖主义袭击。自此以后，印度尼西亚一直对抗伊斯兰恐怖主义的威胁，逐步建立起一套应对机制，试图解决直接威胁和消除恐怖主义产生的潜在原因，并取得了比较显著的成果。印度尼西亚的多管齐下的应对恐怖主义机制为其他国家提供了有价值的例子。

## 一 印度尼西亚反恐机制的法律框架

印度尼西亚是一个民主国家，所以在打击恐怖主义方面注重反恐立法，而不是运用军事反叛乱策略。（Meijer，2012，p. 23）不同于马来西亚和新加坡，印度尼西亚缺乏一个内部安全法案，限制了政府在对付恐怖嫌疑分子时有更大的权限。（Wise，2005，p. 27）巴厘岛爆炸案发生以后，印度尼西亚政府即着手建立反恐法律体系。

### （一）反恐法

2002年10月12日巴厘岛爆炸案发生后不到一星期的10月18日，印度尼西亚国会紧急通过了两项反恐法令（Law No. 15/2003、Law No. 16/2003），（Meijer，2012，p. 23）。这两项法令效仿2001年加拿大通过的C-36反恐法案，赋予政府审查和惩处恐怖分子的极大权力。这两项法令不仅得到印度尼西亚公众的支持，而且也得到了印度尼西亚两大伊斯兰组织"伊斯兰神学会"和"穆罕默德伊斯兰运动"组织支持，（中新网，2002）这对抑制伊斯兰激进分子对法令作出反弹起到重要作用。

印度尼西亚的刑法和刑法程序都没有对恐怖主义行为进行分类和界定，因此使执法部门和情报机构采取行动的权力受到限制。新法令明确界定了不同种类的恐怖主义行为，扩大了执法人员和情报机构采取具体行动的权力，并包括了追溯效力的原则。法令规定，有关部门将根据情报部门提供的线索逮捕制造恐怖事件的嫌犯，并对嫌犯实施 3 天以内的拘留。拘留期满后，司法部门可以在不指控的前提下对嫌犯实施 6 个月以内的监禁，然后依法对其进行审判。倘若罪名成立，罪犯将面临至少 4 年有期徒刑直至死刑的处置。新法令还规定，总统有权委派警察部门的首脑组成反恐特遣部队，其成员主要来自军方和警方。反恐项法令堵塞了印尼法律体系存在的漏洞，为政府提供必要的法律措施来打击恐怖主义。国际舆论普遍认为，该法令的颁布是印度尼西亚在反恐领域取得的一项重要成果。（中国日报网站，2002）

2003 年，印度尼西亚政府为加强反恐工作，决定修改反恐法令，修正的条款包括：故意或非法交易爆炸原料者，将被处以 12 年监禁，如果所交易的爆炸原料被用作恐怖主义活动，将被处 15 年监禁；对恐怖主义活动知情不报者，将被处 12 年监禁，如果有关的恐怖主义活动确在发生，知情不报者将被处 15 年监禁。若策动他人做出恐怖主义行为，将被处终身监禁或死刑，如果所策动的恐怖主义刑事行为没有发生，行事者将被处 3—15 年监禁。（中新网，2003）印度尼西亚国会通过了这项法案。

2009 年 7 月 17 日，雅加达酒店爆炸案发生后，印度尼西亚政府计划大幅度修改反恐法令，给予执法当局更多权力，将允许当局扣留任何怀疑涉及恐怖主义的人至少 30 天，而无须将他们列为嫌犯。不过，一旦被确定为嫌犯，当局即可拘留他们长达 2 年。此前，印尼只能够扣留恐怖分子 7 天，在他们被列为嫌犯后，也只能拘留他们 120 天。（联合早报网，2009）但法令草案也引起人权组织的批评，担心这将侵犯恐怖嫌犯的人权。

2011 年 4 月，印度尼西亚国家反恐机构主任安夏德恩拜（Ansyaad Mbai）警察少将指出，为了取缔恐怖主义，修改反恐法令刻不容缓，印度尼西亚现行反恐法比起新加坡和马来西亚更宽松，所以变成恐怖分子藏匿和活动的温床。他在国会国防与外交委员会与国家反恐机构和国家情报机构举行的听证会上建议，有必要把拘留恐怖分子疑犯的期限延长。现行反恐法规定，恐怖分子疑犯被逮捕后，未被正式列为嫌犯或在没有证据佐证情况下，可以暂时拘留最长 7 天，安夏德恩拜对此指出，为了更有效地反恐和打恐，这项规定应予修正。国家情报局长苏丹托则表示，情报局始终希望，今后有权侦讯被逮捕的恐怖分子疑犯，以及情报人员可以在没有法院同意下进行电话窃听。（《联合早报》，2015a）

2014 年 6 月，伊斯兰国崛起，并蔓延到印度尼西亚。面临新的挑战，应对当前越来越多印度尼西来人出国投向伊国组织怀抱的趋势，印尼政府着手修订反恐法，拟对那些自称欲前往中东进行朝圣的团体展开更严格的筛查，探讨以取消公民权来惩处违反新反恐法的国民。国会同意与政府合作修改反恐法，以加强执法力度来遏制伊国组织影响力。修正案将涵盖现行反恐法未触及的范围，"可用于消除各种形式的激进主义"。（《联合早报》，2015b）修正案也将对触犯反恐法的不法之徒施以严厉惩罚。可以预见，如果印度尼西亚国会通过反恐法修正案，将进一步完善印度尼西亚的反恐法律体系。

### （二）反恐融资法案

资金是众多恐怖组织建立跨国资金筹集网络并独立构成系统的重要根基。印度尼西亚在反恐立法上的另一重大举措是通过反恐融资法案，落实各种机制，力求从源头上截断恐怖分子的资金来源。

巴厘岛爆炸案之后，印尼政府认为，从源头上截断恐怖融资迫在眉睫，因此考虑出台一项反恐融资法案。历经 10 年酝酿时间，2013 年 2 月 12 日，印度尼西亚国会终于通过了一项法案——《制止向恐怖主义提供资助法案》（简称《反恐融资法案》），旨在通过冻结国内外的可疑金融交易，进一步打击恐怖分子。这项法案在总统苏西洛·班邦·尤多约诺签署后成为正式法律。

《反恐融资法案》明确规定：凡利用任何形式筹划、筹集、提供或制造、租用、借用各种单位货币或物品，直接或间接支持恐怖主义，或其活动、其组织等，皆属于为恐怖主义筹资，也因此将触犯《反恐融资法案》。

法案规定：银行和其他金融服务公司必须向负责取缔洗黑钱的政府机构呈报任何可疑的交易。"金融法交易报告与分析中心"则有权冻结涉案人的银行户头、令其资产充公。

按照法案，印度尼西亚当局也有权与外国机构在引渡协议和相互法律援助下合作，理由是恐怖主义是跨国罪行。《反恐融资法案》第 4 条明确载明："凡故意触犯反恐融资法案者，将受到最高 15 年的监禁刑罚，并罚款 10 亿印尼盾。"

这项法案还使国家反恐机构（BNPT）、可疑金融交易报告分析中心（PPATK）及央行已做出各种努力，其中通过央行 2012 年 12 月 28 日，第 14/27/PBI/2012 号，"关于反洗钱及防止资助恐怖活动汇款的条例"有了法律依据。

《反恐融资法案》的通过对印尼反恐具有重大意义，法案通过后，主持国会全体会议的副议长桑托索向记者表示："鉴于国会全体大会通过了这项法案，印尼如今也将有正式的反恐融资法律了。"他强调，《反恐融资法案》将凸显印尼在全球反恐行动中的作用及立场。印国会反恐融资特委会主席亚当认为，《反恐融资法案》将有效预防和打击恐怖主义，因为恐怖分子需要资金购买制造炸药的化学品，如果恐怖主义很容易得到资金支持，将造成更严重的后果。同时，该法也将保护被指责向恐怖分子提供融资的个人或公司，使得他们的银行户口不能够被随意冻结，而是需要经过地方法院判决才能对其银行户口采取措施。这意味着，《反恐融资法案》生效后，这些公司也将能得到法律保护，以免被随意加罪。印尼司法和人权部部长夏叔汀在接受《雅加达环球报》的采访时表示："这项法案将增强我们在打击海外恐怖融资时的国际合作。"（法制网，2013）国际媒体也认为，印尼国会通过的《反恐融资法案》，将允许当局冻结涉嫌与武装分子活动有关的银行账号及没收资产，截断恐怖分子的资金来源，这将有效打击恐怖分子的活动。

### （三）执法机制

印尼政府一直敦促其他国家执法机构参与建设一个全面对抗恐怖主义的机制。2006 年，总检察长办公室设立了恐怖主义和跨国犯罪特别小组（Terrorism and Transnational Crime Task Force，TTCTF）。特别小组由训练有素的检察官组成，他们有运用打击恐怖主义的专长，并有权监督执行审判，并且通过大量增加预算使权限大为扩大。（Chalk，2009，p. 153）

这个机构得到美国国务院的支持，主要目的是为了帮助印尼应对大量增加的与恐怖主义有关的审判。该机构的骨干是受过特别训练的检察官，他们具备法律的专业知识，以及被授权对全国法院激进分子犯罪审判案件

的执行进行监督。(Chalk，2009，p. 153)

恐怖主义和跨国犯罪特别小组的检察官在起诉恐怖主义案件方面积累了丰富经验，这些案件是根据专门的反恐法，以不同于普通刑事案件的程序起诉。他们已经建立了同专业的警察部队"88 特遣队"长期的、密切的工作关系，"88 特遣队"则从事调查印尼的恐怖主义案件。(Office of the Coordinator for Counterterrorism，U. S.，2011)

## 二 反恐领导与协调机构

巴厘岛爆炸案之前，印尼没有专门的反恐机构。2002 年 10 月 22 日，印尼总统梅加瓦蒂签署了一项总统令，批准在政治、社会和安全事务统筹部成立反恐协调办公厅 (Terrorism Eradication Coordinating Desk，TECD)。这个新机构主要协调警察、军队和情报部门之间的反恐合作，并确保政府与其他反恐有关的机构之间更紧密的合作。(Sebastian，2003，p. 381) 时任统筹部部长的苏西洛说："这个部门将使各相关部门之间的工作更加协调，从而提高它们在防范和打击恐怖主义行动中的效率。" TECD 的建立是为了应对广泛认为国家警察和国家情报局 (BadanIntelijen Nasional，BIN) 未能预见到的一系列戏剧性的炸弹袭击。(Purwanto，2007，pp. 207—208) 但是，该部门没有单独执行政策的职能，只起协调作用。

印尼政府意识到，虽然近年来反恐努力获得极大成就，但其工作仍未完备。为了提高反恐效率，2010 年第 7 月 16 日，印尼总统苏西洛签署了46/2010 总统令，正式成立国家反恐机构 (Badan Nasional Penanggulangan Terorisme，BNPT)，来取代政治、社会和安全事务统筹部反恐办公厅，并任命前政治、社会和安全事务统筹部反恐办公厅主任安夏德恩拜 (Ansyaad Mbai) 少将担任首任主任。安夏德恩拜在宣誓就职典礼结束后告诉记者："要让反恐局有效运作，我们需要和其他机构，包括军方、宗教部门、学术界和其他相关方密切合作。"他指出，反恐机构的权限范围包括预防和根除恐怖主义。但在对抗反恐活动方面，警方将依然保持其主导地位。(《东盟经济时报》，2010)

成立国家反恐机构旨在制服恐怖主义及极端分子，不只负责采取反恐打恐措施，也负责处理诸如已被判刑的恐怖分子问题，它的成立有助于提升与反恐打恐相关单位的工作效率和能力，但将不会逾越既有部门所拥有的权力。追捕恐怖分子的工作仍由警方和 88 反恐特遣队进行。它的重要任务之一是协调所有相关机构来打击恐怖主义袭击和为修改反恐法律做准备。(Effendy, 2014, p. 142)

国家反恐机构作为一个独立的机构,由来自三军、国家情报局、警方、检察署、外交部、宗教部及教育部等部门,以及民间团体代表组成。新机构取代了反恐协调办公厅,设在安全事务政治、社会和安全事务统筹部。其首脑对总统负责,可以直接向总统报告和参加相关的内阁会议,但要接受政治、社会和安全事务统筹部的监督,政治、社会和安全事务统筹部也监督其他部门或机构,包括外交部、国家情报局和印尼国家警察。国家反恐机构有自己的预算和人员,包括从警察、国家情报局和军队调派来的成员。(Conboy, 2010)

国家反恐机构的组织包含一个秘书处,负责管理和计划协调;由三个副主任分别负责预警、防卫和非激进化工作,机构的日常运作,国际合作。(Office of the Coordinator for Counterterrorism, 2011)下设三个科:

预警、防卫和非激进化科(the Department for Prevention, Protection and Deradicalization),负责监控、分析和评估恐怖主义威胁。另外,还制定有关防止恐怖分子袭击的政策、战略和国家计划以及实施非激进化项目。它还设计针对激进意识形态的反措施和组织反恐怖主义的工作,以保证预警、防卫和非激进化。最后,该科制订非激进化行动的再教育方案,以及制订恐怖主义袭击受害者的康复方案。

行动和能力建设科(the Department for Operations and Capacity - Building),职责是监测、分析和评估打击恐怖主义的组织能力和全国战备。其他的任务是制定政策和打击恐怖主义的国家计划,并确定恐怖袭击威胁升级的性质,以及准备反恐怖主义行动。此外,它还协调打击恐怖主义的组织能力建设和筹划全国战备,动员国民支持反恐行动。

国际合作科(the Department for International Cooperation),职责是监测、分析和评估来自国外的恐怖主义威胁,制定反恐国际合作的政策、战略和方案,并加以落实。它还协调保护海外印尼公民和国家利益免受恐怖主义威胁。(Meijer, 2012, p. 31)

尽管许多分析家认为建立国家反恐机构是印尼向健全反恐机制迈进了一大步,但也有人质疑它是否比它的前身"反恐办公厅"更加有效。第一,国家反恐机构主要职能是"协调",而不具备重要的操作权力或能力，除了在非激进化项目或其他"软"方法之外，而战术能力甚至进行调查的基础设施（如法医实验室）仍然在国家警察手里。第二，该机构也可以被看作是在警察和军队之间的"官僚政治的妥协"，(Meijer，2012，p. 32）即吸收了来自警察和军队的人员，警察可以占更大的份额。第三，该机构在人员配备和制度建设方面进展缓慢。

# 三 执行反恐行动的主要机构

## （一）国家警察

与恐怖主义作斗争，同常规作战不同，它需要专业的反恐武装力量。在巴厘岛爆炸案之前，印尼没有一支部队接受过反恐训练，国家警察作为执法机关被认为应对打击恐怖主义负责。警方打击恐怖主义的力量主要是驻扎在 Gegana 的警察机动旅第 2 团，该团由情报、炸弹拆除、战术突击和训练 4 支分队组成。(Chalk，2009，pp. 153—154）爆炸案发生后，印尼临时建立了一支国家炸弹特别小组协助进行调查。

2003 年 6 月 30 日，为了提高打击印尼国内恐怖分子的能力，印尼借助美国的反恐援助项目，建立了一支精锐的反恐部队——88 反恐特遣队（印尼文：Detasemen Khusus 88，英文：Detachment 88），又称 Delta 88 或 Densus 88），它是印尼特种部队中的反恐小分队，隶属于印尼国家警察，具备调查、情报、人质救援和战术突击的能力。(Conboy，2008，p. 141）成立的原因是因为 2002 年巴厘岛爆炸案发生后，印尼没有一支部队接受过反恐训练。

成立之初，这支警察部队成员共 75 名，主要从警察机动旅、侦探科、炸弹拆卸班、情报科等部门的警察中挑选志愿者组成。(Strategypage，2014）在正式上岗之前，他们在雅加达之外的其他地区接受了为期三个月的强化训练，他们将协同雅加达的相关执法部门执行反恐任务。(徐海滨，2004）它由美国和澳大利亚提供训练与装备。这支部队装备美军最先进的武器，包括突击车辆、柯尔特式 M－4 突击步枪、阿玛莱特 AR－10 狙击步枪和雷明顿式 870 机枪。88 反恐特遣队在国家情报局的主持下，被指派公开和秘密的任务，以防止恐怖主义袭击。国家情报局对国家警察反恐小组、军队特种部队、海军特种部队和空军特种部队的情报工作进行整合。(人民网，2004）

2010 年，印尼国家反恐机构成立后，88 反恐特遣队脱离了与国家警察局犯罪调查组的关系，改由国家反恐机构负责它的运作和行动，但仍由国家警察首脑直接指挥。同时，撤销了各省的 88 特遣小组，以 10 个 88 地区特遣组取而代之。

现在 88 反恐特遣队大约有 400 人，主要在雅加达以南 50 公里的 Megamendung 接受美国中央情报局、联邦调查局和美国特勤处给予的最新技能和英特尔网络训练。其他的外国机构如澳大利亚联邦警察，也提供法医科学包括 DNA 分析，以及通信监控方面的训练援助。（Strategypage，2014）

在印尼，由于人们对军队在"新秩序"时期侵犯人权的不良记录记忆犹新，使用军队反恐一直是个敏感问题，因此打击恐怖主义主要依靠警察，尤其是 88 反恐特遣队在打击印尼恐怖主义方面发挥了关键作用，但也经常受到人权组织的批评。

在基层反恐方面，国家警察启动了"社区警务计划"（Community Policing Programme）。

这个计划要求各社区警察与社区居民密切交流，目的在于使警察与社会草根阶层建立信任和相互理解。建立了信任和相互理解，居民才能积极参与维护社区的安全与秩序，尤其是面对伊斯兰激进思想的传播和恐怖主义组织渗透的情况下建立社会抵抗力。（Meijer，2012，p. 31）

社区警务计划旨在使警察人性化，由于他们滥用权力，他们往往被草根社会视为一个共同的敌人。通过社区警务计划，鼓励警察作为执法者应像平民那样履行职责，用人性化的方法处理社会安全问题，包括与恐怖主义有关的问题。因此，由国际移民组织推荐，印尼警方组织了 个项目，旨在让官员熟悉人权的原则，对公众进行宣传，建立草根阶层的信任。2003 年 11 月至 2006 年 11 月，国际移民组织培训了 8280 名国家警察，其中 3545 名接受社区治安原则培训，4735 名接受人权意识培训。另外，有 2555 名人员参加了组织的警务和社区伙伴关系论坛。（Chalk，2009，p. 152）

### （二）国家军队

然而，88 反恐特遣队规模不大，只有区区 400 多人，而印尼国土辽阔，恐怖主义势力无孔不入，仅靠警方和 88 反恐特遣队毕竟有些力不从心。因此，自从 2009 年以来，印尼政府也开始让军队在反恐中发挥更大的作用，在此之前，反恐只是警察的职权范围。军方也自称处于备战状态，已经准备好对付恐怖主义。军方认为印尼陆军、海军和空军具备专业反恐能力，而这些宝贵的资源却处于闲置状态，应该把它们更好地投入战斗。军方的另一个理由是，军队拥有直至村庄的一个完备的指挥系统，它的收集情报的能力优于任何警察的情报机构，却没有得到充分利用。如果反恐怖主义的关键是良好的情报，那么就应该让军队在反恐怖主义斗争发挥更正式的作用。(Jones，2012)

2010 年 7 月，印尼设立国家反恐机构，政府决定动用军队参加反恐行动。2010 年 9 月，武装恐怖分子袭击了北苏门答腊省首府棉兰市郊区一警局，印尼当局十年来首次要求军方联手警方共同围剿北苏门答腊省的武装分子（中国日报网，2010），这是印尼军方首次加入反恐行动。军队的加入使得从事反恐行动的武装人员增加了一倍以上，数量从 350000 名警察增至拥有 780000 名警察和军人的综合力量。印尼军方开始参与多边反恐演习，与来自美国、澳大利亚、东南亚国家联盟、中国和其他国家的反恐部队成员一起训练。2013 年 9 月中旬，印尼军方举办了由 17 个国家参与的大型反恐演习，共有 872 名各国反恐精锐部队的成员在冼都（Sentul）地区参加了为期 5 天的演习。除了东盟 10 个成员国，其他参与的国家还包括美国、俄罗斯、中国、澳大利业、印度、日本、新西兰和韩国。（中新网，2013）

近年来，军队更积极介入反恐。2012 年印尼陆军参谋长帕拉莫诺（Pramono Edhie Wibowo）说："恐怖主义是每一个人的问题。" 2014 年，印尼军队总司令穆尔多科将军提出一项建立反恐特别部队的计划。这支新部队将从陆海空三军中有特种作战技能的部队中征召，但在和平时期，每个部队仍保留对这些士兵的指挥权。而国家反恐机构可以利用全国军队建制来实施反恐和情报收集。（Gindarsah，2014）在反恐行动中，军队主要在情报收集方面起到了至关重要的作用。（LaRocco，2011）

不过，印尼致命的弱点在于情报机构由于内部的竞争而遭到削弱，以及腐败和政治影响司法。另外，军队参加反恐行动遭到许多人批评，鉴于使用军队仍是一个敏感的问题，政府在反恐中运用军队不得不小心谨慎，这也限制了军队发挥更大的作用。（Sebastian，2002，p. 2）

**（三）国家情报局（Indonesian State Intelligence Agency，印尼语：Badan Intelijen Negara，BIN）：**

前身是国家情报协调机构（State Intelligence Coordinating Agency，印尼语：Badan Koordinasi Intelijen Negara，Bakin），2001 年该机构改组时改现名。主要负责协调印尼其他情报机构之间的情报共享和运作以及它自身的运作，当时它的协调作用不被重视。

巴厘岛爆炸案发生后，国家情报局受到重视。印尼政府大幅增加国家情报局的年度预算，并增强其进行秘密监视行动的权力。政府还设立了两个情报学校来提高情报人员的分析能力，尤其是训练情报官员的批判性思维和战略预测。（Kingsbury，2003，pp. 132—133）

2004 年，总统梅加瓦蒂进一步加强了国家情报局的权力，来协调所有情报活动，包括军队、警察和民间的情报机构。国家情报局声称它要比警察和军队在对付恐怖主义挑战方面拥有更好的装备，因此其经费预算和势力全面扩张。它配合政府努力防止恐怖主义，并一直致力于争取情报收集的权力，对成功围捕伊斯兰祈祷团的激进分子发挥了作用。（McEvers，2004）

2011 年 10 月 12 日，印尼国会通过了一项新的国家情报法（Law on State Intelligence），这使国家情报局的反恐权力得到空前的扩张。

该法案第四条明确了国家情报的作用是："为早期监测和发展早期预警系统进行努力、工作和活动，以预防、阻止和处理任何可能出现的和破坏国家稳定的威胁。"这使国家情报局从事反恐有了法律依据。

第六条授予印尼国家情报局从事"调查、安保、维稳"工作的广泛权力。（McEvers，2011）调查是指，以有计划的方式进行搜索、发现、收集和开发信息，这些情报信息可以作为政策制定和决策的依据。安保是指，进行有组织的活动，防止或反击其他情报机构，或损害国家利益和稳定的敌对势力的活动。维稳是指，进行有计划的活动，目的是有利于国家利益和国家稳定。

第九条规定国家情报机构由国家军事情报局（Intelligence of the Indonesian National Military）、国家警察情报局（Intelligence of the Indonesian National Police）、总检察长办公室情报处（Intelligence of the Indonesian Attorney General's Office）组成。这些国家情报机构的首脑有责任与国家情

报局进行协调。这就提高了国家情报局的权威。

第三十一条和第三十二条规定国家情报局有特殊权力拦截所有形式的通信，包括电子邮件，然后总检察长办公室和国家情报局可以援引这些拦截作为法庭上的证据。国家情报局有权查核那些被强烈怀疑支持恐怖主义、分离主义活动，或危害印尼统一国家主权的威胁、干扰、妨碍和挑战的资金流向。为了查核这些资金流向，根据法律，印尼银行、印尼金融交易呈报和分析中心（Pusat Pelaporan dan Analisis Transaksi Keuangan, PPATK）、非银行金融机构和资金转移服务机构有义务向国家情报局提供帮助。（Embassy of the United States，2012）为了防止恐怖主义和其他被认为威胁国家安全的行为，该法案还允许国家情报局获取财务记录和未经拘留和逮捕手续而审问个人。（Crisis Group，2010）

为了支持警方反恐，国家情报局制订了一个长期对抗激进主义计划，其中一个措施是建立所谓的"特别渗透小组"，又称43指挥部，对圣战组织进行渗透。国家情报局还采用一种更加系统的矩阵监控系统来监控伊斯兰组织和他们的社会网络，以便能够迅速识别宗教极端分子和追踪他们的内部关系，希望通过这套系统事先发现恐怖袭击。（Meijer，2012，p. 25）

## 四　反恐国际合作机制

巴厘岛爆炸案发生后，印尼政府不断加强与国际社会的合作，建立了一套联合反恐机制，大大遏制了恐怖分子的活动。关于印尼与东盟国家联合反恐的论述已经很多，以下主要介绍印尼与美国、澳大利亚的联合反恐机制。

### （一）　与美国的反恐合作

美印两国在反恐合作培训、军事和安全、军事援助和情报领域进行反恐合作，并建立了相应的机制。

1. 反恐合作培训

美国主要是通过"反恐援助计划"向合作伙伴提供培训、技术装备，以便提高印尼反恐人员的操作和技术能力综合素质，从而使其有效地预防袭击、摧毁恐怖主义网络和打击恐怖主义。此外"反恐"合作计划还促进了美国及印尼执法官员的合作水平，如提供先进的反恐培训和设施，以增强盟友发现和逮捕恐怖分子的能力。

2003 年，美国司法部海外起诉程序建立、援助及培训处（Overseas Prosecutorial Development，Assistance and Training division）派一名法律顾问常驻雅加达，帮助印尼政府实施新的反恐怖主义及反洗钱立法。美国国务院反恐怖主义协调办公室（State Department Office of the Coordinator for Counterterrorism）制订了计划和预算，让国务院外交安全局（State Department Bureau of Diplomatic Security）开展一项耗资 800 万美元的反恐怖主义援助计划，在印尼国家警察（Indonesian National Police）内部培训、装备并组建一支反恐支队——88 反恐特遣队。已有 69 名警官接受了美方培训，2005 年将通过扩大这项计划让 279 名警官接受培训。（雷鲁约，2004）2004 年，"反恐援助计划"为印尼国家警察提供了一系列的培训课程，包括爆炸后调查、对危机反应的战术指挥，以及大规模杀伤性武器的有关常识。到 2004 年底，美国为印尼培训的官员名单为：国家警察 156 名、"危机反应组"96 名、"爆炸事故对策组"30 名、"反恐调查组"30 名。（Unites States Department of State，2005）

2. 政治安全合作

政治和安全关系一直是美印两国合作的黏合剂，冷战期间两国为遏制共产主义进行政治安全的合作机制包括：（1）加强高层互访，总统和内阁官员的互访表明两国致力于高水平的接触和交流；（2）建立全面合作伙伴关系进展情况评估机制，每半年评估一次。这是一个制度化的非政府评估机制，包括名人小组，或者非政府组织和私营企业的代表，他们能够对伙伴关系的进展作出独立的评估；（3）将美—印立法机构之间的联系制度化，两国议会每年一次的定期互访能够提供军事和行政部门以外的持续交流平台；（4）开展两国在第三国领土上的合作，两国通过这一举措可以在诸如缅甸等国进行军事培训合作。由于印尼在东南亚、不结盟国家和伊斯兰合作组织内有着日益增强的地区领导力，使其成为美国全球反恐的理想伙伴；（5）增加美—印联合军事演习的范围、提高印尼在军事演习中的地位。印尼积极参与美国主导的多边军事演习，这表明印尼在亚太安全中的地位日益增强，也给美—印两国军队增加互信提供了广阔的空间。甚至穆雷希伯特（Murray Hiebert）认为应该增加双边军事演习的范围和频率，其重点不应该局限于美国主导的范围，而应增加印尼的主导地位；（6）加强和规范军官交流，以利于增强两军的互信程度；（7）美国向印尼提供安全援助。（Hiebert，2013，p. xiii13）

在上述原则的指导下，美—印两国采取一些具体措施进行实质性的反恐合作：2002 年美国国防部恢复"国际军事与教育培训"计划，向印尼军事人员提供技术培训，以增加印尼军事人员的专业化水平；加强对民主和人权的尊重，巩固印美两国的军事合作。美国国防部从 2002 年到 2004 年还向印尼资助了一个反恐奖学金计划，向包括情报人员在内的反恐人员提供学习机会。到 2005 年，两国军事关系基本正常化。2010 年两国建立包括政治和安全的全面合作伙伴关系后，奥巴马总统将美—印双边关系列入美国"亚太再平衡战略"的一个组成部分；（lliebert，2013，p. 4）2011 年，印尼通过军事采购，从美国进口 F－16 战斗机、军舰和 C－130 运输机的配件。（Economist，2012）

2012 年，美—印两国举行联合委员会会议，内容涉及继续进行国防战略对话等。希拉里·克林顿和其他官员的努力使两国合作伙伴关系取得新的突破，（Department of State，2012）包括向印尼提供 EDA F－16 战斗机、阿帕奇直升机以及其他重要设施，以满足印尼的国防需求。

两国建立另外一项协议，讨论双方的交流和安全，以促进两军的交流和安全。通过美国安全援助尤其是国际军事教育培训计划，印尼军队可以提高现代化和专业化水平。根据该协议，美国除了向印尼提供 C－130 战斗机外，还提供 C－130 战斗机的维修服务、海上监视系统设施的升级服务、继续向印尼军队提供专业化教育和培训，两国还决定将未来的安全援助集中于印尼民航设施的修建和维护。美—印两国每年实现了上百次的军事交流，此外，美国务院通过全球维和行动倡议，向印尼的"和平与安全中心"的发展提供支持，向印尼的军营建设和其他建筑设备提供 800 万美元的资金支持。（Department of State，2012）

3. 军事合作领域

尽管乔治·W. 布什 2001 年上台后就开始考虑恢复对印尼军事关系的可能，但真正对美—印尼军事合作起到催化作用的是全球恐怖主义的威胁。"9·11"事件后，布什政府认为，继续孤立印尼军队不但对结束其国内侵犯人权的行为无济于事，反而激起印尼社会对美国的反感。此外，印尼国内的恐怖威胁主要来自恐怖组织较小的分支机构，这些恐怖主义小组充分利用政府管理不善制造威胁。而印尼安全部队由于缺乏专业化水平,不能完全应对恐怖威胁,因此恢复两国军事关系是遏制恐怖主义的有效措施。正如美国时任国防部副部长兼驻印尼前大使保罗·沃尔福威茨所说:"确保印尼反恐能力的最好方法是影响印尼军队。"布什政府2002年初要求国会批准美国军方向印尼军方提供800万美元的初步预算,美国前国务卿鲍威尔2002年9月访印尼时又宣布向印尼安全部队提供5000万美元的援助,其中的一半主要用于印尼警力建设。(Smith,2003)印尼巴厘岛发生爆炸事故后,美国继续向印尼提供军事援助。2005年是印尼与美国军事关系迅速回暖的关键一年,2月,美国国务卿赖斯宣布美方决定恢复对印尼空军的训练项目。之后,美国与印尼军方展开密切接触,积极酝酿全面恢复双边军事合作。5月,苏西洛率领印尼外长哈桑、空军元帅苏亚托等军政高官赴美访问。同月,印尼和美国海军举行联合反恐演习。美国向印尼提供的军事援助从2006年的1400万美元增加到2011年的近4000万美元,2012年又签订了许多援助协定,援助总额达到7亿多美元。由美国"国际军事教育和培训计划"提供的援助保持较稳定增长,从2005年的72.1万美元增加到2012年的200万美元。

4. 情报合作领域

"基地"组织、"伊斯兰祈祷团"和其他恐怖主义组织在各国之间的人员流动、资金转移和武器走私表明美国及其"反恐"盟国之间的情报合作至关重要。

2002年8月,美国与包括印尼在内的东盟签署"反恐"合作协议,要求签约国重点提高情报共享能力、冻结恐怖主义的资产和加强边界控制。(Vivekananda International Foundation,2002)美国通过与印尼等国的情报合作,逮捕了几十名"伊斯兰祈祷团"的成员,包括数名组织头目,并根据被捕者的供词逮捕更多的恐怖主义者、挫败拟实施的袭击阴谋。(安高乐,2015,第63页)此外,美国国防部的地区防御反恐怖主义奖助金项目(Regional Defense Counterterrorism Fellowship Program)还提供230万美元培训了78名印尼情报官员,培训内容包括英语、军人职业素养及同反恐有关的课程。

5. 反恐融资合作

在金融反恐领域里,旨在促进印尼金融领域反恐能力而建立的美国、印尼"金融犯罪预防项目"(Financial Crimes Preventions Project)已日渐成熟,通过这一项目,美国向印尼提供技术顾问,并支持印尼形成有效而可信的机制以反对金融恐怖主义。美国政府及其他国际捐助方提供的培训和能力建设援助，极大地加强了印尼防止及应对恐怖主义融资及整个国际恐怖主义势力的能力。

（1）法律框架：要成功地起诉恐怖分子，需要拥有一个强大的法律框架。美国及其盟友向印尼提供援助，帮助他们制定严格的反恐融资或反洗钱法律。自2002年7月以来，美国一直在培训印尼及其他东南亚国家的司法官员如何起草并修改立法，以便采纳同反恐怖主义有关的联合国各项公约，并遵守联合国安全理事会第1373号决议，为用刑事手段惩治恐怖主义融资和洗钱铺平道路。美国国际开发署（USAID）及澳大利亚的相应机构一直在向印尼中央银行及其金融情报机构提供起草法律文件的援助，以便促进经济和金融改革。印尼反金融犯罪的记录不良，因此于2001年被金融行动工作组（FATF）列入不合作的国家与地区（Non–Cooperating Countries and Territories）名单。不过，印尼依靠美国一个跨机构工作组于2003年9月提供的技术性援助，为达到国际标准对其反洗钱法规进行了适当的修订，从而避免了金融行动工作组进一步对其采取反洗钱措施。由于这一立法进展，金融行动工作组现在正在监督实施反洗钱法。

（2）金融监管：印尼一直在同亚洲开发银行（Asian Development Bank）及其他国际捐助方共同努力，使其金融部门现代化。2003年10月，印尼中央银行人员参加了由美国国务院国际反毒和执法事务局（Bureau for International Narcotics and Law Enforcement Affairs）及美国财政部货币监理署（U. S. Office of the Comptroller of the Currency）主办的一个有关金融监管的培训班。这个培训东南亚地区中央银行人员的项目向银行监管人员提供了如何打击恐怖主义融资和洗钱活动及查明私营银行内可疑活动的技术性援助。这项培训使印度尼西亚银行（Bank Indonesia）建立了一个反洗钱/反恐怖主义融资监察项目并从2004年后期开始对各银行进行全面的现场监督和检查。此外，美国还向印尼的"金融犯罪交易分析中心"（Financial Crimes Transaction and Analysis Center）提供援助，该中心发布的"可疑性交易报告"（Suspicious Transaction Reports）由2002年时的每月10份增加为2007年每月483份。（United States Department of State, 2008, pp. 35—37）在美国看来，雅加达政府加强对金融领域的控制可以追踪潜在的恐怖分子的金融交易，这对彻底打击恐怖分子来说是必不可少的。

（3）金融情报机构（FIU）：侦破巴厘岛爆炸案的最有力的手段之一是分析伊斯兰祈祷团成员之间的通信和金融交易记录。为加强印尼开展反恐之战所需的这一关键部门，美国同澳大利亚金融情报机构为建立印尼金融情报机构而密切合作。2004 年美国邀请印尼金融情报机构人员及其他负责打击洗钱和恐怖主义融资的政府官员参加了一个为期一周的研讨会，主题是"基本情况分析及可疑交易举报"。由马来西亚的东南亚反恐怖主义地区中心于 2003 年 8 月举办的这次会议，是为打击恐怖主义同邻国政府进行合作与协调的持续不断的地区性努力的一部分。通过美国国际开发署提供的一笔用于采购关键性信息技术设备的赠款，美国于 2003 年 10 月直接帮助印尼金融情报部门开通了网上举报系统，以便收集私营机构对可疑交易的举报。依靠美国和澳大利亚提供的这种帮助，印尼的金融情报机构于 2004 年 6 月正式成为艾格蒙特金融情报机构联盟（Egmont Group of FIUs）的成员。（雷鲁约，2004）

## （二）与澳大利亚的反恐合作

澳大利亚是印尼国际反恐合作的主要伙伴之一，巴厘岛爆炸案发生后，双方的反恐合作迅速升温，建立起联合反恐的机制。

1. 建立反恐培训中心：2004 年 7 月，澳与印尼共同出资，在雅加达建立了专门为亚太各国培训反恐人才的"国际反恐培训中心"。该中心设有模拟实验室，拥有一架波音 737 飞机，由亚太地区的反恐专家担任教师，定期招收来自 21 个亚太国家和地区的警察及安全部门人员，接受为期 3 周的严格训练，学习如何处理劫机、爆炸等各项反恐技能。澳大利亚还同意在今后 5 年为中心提供 3800 万澳元（约合 2700 万美元）的资金。（新华网，2004）

2. 主办次地区反恐会议：2004 年以来，澳与印尼联合在巴厘岛多次主办次地区反恐会议，邀请菲律宾、马来西亚、新加坡和泰国的外交部长、警察总长和司法系统负责人与会，讨论如何加强次地区联合反恐中的情报交流、执法司法合作等。近年来，澳与东盟各国在反恐执法、边境巡逻、制定反恐法律、人力资源培训等方面的合作日益深化。

3. 加强亚太地区反恐合作：2004 年 2 月，澳与印尼联合主办了亚太地区反恐部长级会议。会议就加强亚太地区反恐合作提出了一系列措施和建议，包括加强执法机构和情报机关之间反恐信息的共享；加大反恐培训力度，提高执法人员的反恐能力；为执法机构提供相应的权限，提高司法人员处理恐怖案件的专业技能；遵守有关反对恐怖分子筹资和洗钱的国际及地区协议；加强边境监管、海事安全和航空安全；通过加强监管防止恐怖分子获得大规模杀伤性武器，切断其运输武器的渠道。

4. 拓展全方位合作关系。2005 年 4 月，澳与印尼签署全面发展两国伙伴关系的框架协议，加强两国在经济、贸易、教育、反恐、防灾等领域的全面合作。2008 年 6 月，澳总理陆克文访问印尼，与印尼总统苏西洛就加强两国全方位的合作达成共识，澳承诺未来 5 年在印尼实施总值约 20 亿美元的援助项目，拓展两国在政治、经济、文化、社会等方面的合作，继续开展反恐合作、执法人员互访和联合军事演习。（荣国，2008，第 11 页）

目前，印尼与美国、澳大利亚等国反恐合作虽然取得了一些成效，但国际反恐合作仍面临诸多现实难题。尤其是印尼国内政治、社会、宗教问题复杂，政府的国际反恐措施常常激起国内伊斯兰势力的反弹，制约着印尼政府与西方国家的反恐合作。另外，印尼在反恐斗争出现的侵犯人权的现象也引起西方国家和国际人权组织的批评。因此，印尼尚未形成高效的国际反恐合作机制，国际反恐合作仍然是任重而道远。

**参考文献：**

[1] 安高乐：《印尼与美国反恐合作及其柔性反恐研究》，《印度洋经济体研究》2015 年第 1 期。

《东盟经济时报》，《印尼成立首个跨部门反恐机构》，2010 年 9 月 10 日（http：//www. aseanecon. com/？ action – viewnews – itemid – 1889）。

法制网，《印尼立法阻截恐怖融资渠道国会通过反恐融资法案》，2013 年 2 月 19 日（http：//www. legaldaily. com. cn/bm/content/2013—02/19/content_4207326. htm？ node = 20739）。

联合早报网，《印尼要修宪加强反恐，人权组织担心侵犯人权》，2009 年 9 月 9 日。（http：//www. zaobao. com/node/101289）

《联合早报》，《反恐首脑：印尼修改反恐法刻不容缓》，2015 年 4 月 3 日。

《联合早报》，《加强力度遏制伊国组织影响力，印尼政府与国会同意合作修改反恐法》，2015 年 4 月 3 日。

塞莉纳·雷鲁约（Celina Realuyo）、斯科特·斯特普尔顿（Scott Stapleton)：《处理巴厘岛事件：一个成功的国际范例》，美国国务院：《打击恐怖主义融资的全球战争》电子期刊第 9 卷，2004 年第 3 期，《经济视角》，9 月（无页码）。

人民网，2004，Indonesia sets up anti-terror task force involving military，September 16（http：//en. people. cn/200409/16/eng20040916_ 157281. html）。

荣国：《印度尼西亚和澳大利亚加强反恐的主要举措》，《当代世界》2008年第 12 期。

新华网：《印尼和澳大利亚共同出资成立亚太反恐培训中心》，2004 年 7 月 4 日（http：//news. hsw. cn/gb/news/2004—07/04/content_ 1112606. htm ）。

徐海滨：《印尼警察组建反恐部队代号"特遣部队 88"》，2004 年（http：//gb. cri. cn/3821/2004/08/28/1062@ 282351. htm）。

中国日报网站：《印尼颁布反恐法令，恐怖分子有可能被判死刑》，2002年 10 月 19 日（http：//www. chinadaily. com. cn/gb/doc/2002—10/19/content_ 28837. htm）。

中国日报网，《印尼军方十年来首次联手警方 加入北部反恐行动》，2010 年（http：//www. chinadaily. com. cn/hqgj/2010—10/08/content_ 11385204. htm）。

中新网，《印尼紧急反恐法令赢得两大伊斯兰团体的支持》，2002 年 10 月 22 日（http：//www. chinanews. com/2002—10—22/26/234796. html）。

中新网，《印尼政府决定修改现行反恐法以加强反恐工作》，2003 年 10 月 24 日（http：//www. chinanews. com/n/2003—10—24/26/360892. html）。

中新网，《中国参与东盟"10 + 8"反恐军演 各国 872 名士兵协作》，2013 年（http：//www. chinanews. com/mil/2013/09—10/5265916. shtml）。

Chalk，Peter，Rabasa，Angel，Rosenau，William and Piggott，Leanne，2009，*The Evolving Terrorist Threat toSoutheast Asia：A Net Assessment*，RAND Corporation，Santa Monica，CA.

Conboy，Kenneth，2008，*Elite：The Special Forces of Indonesia*，1950—2008，Equinox，Jakarta.

Conboy，Kenneth，2010，*Indonesia Establishes New Counter-Terriorism Agency*（http：//counterterrorismblog. org/2010/07/indonesia_ establishes_ new_ coun. php）.

Crisis Group，2010，*Draft for the State Intelligence Law of the Republic of Indo-*

nesia, translation from the original parliamentary initiative dated 16 December (http: //www. crisisgroup. org/en/regions/asia/south – east – asia/indonesia/state – intelligence – law. aspx).

Department of State, 2012, "Indonesia – U. S. third Joint Commission Meeting", September (http: //www. state. gov/r/pa/prs/ps/2012/09/197980. htm) .

*Economist*, 2012, "Military Spending in South – East Asia: Shopping Spree", March 24 (http: //www. economist. com/node/21551056).

Effendy, Umar, Andi A. Y. Gani , Wijaya, Andy Fefta, 2014, "Analysis of Anti – Terrorism Policy in Indonesia: A Preventive Study in Preventing Terror Action from the Perspective of Collective Action Theory", *Asian Journal of Management Sciences & Education*, Vol. 3 (3) July.

Embassy of the United States, 2012, *Country Reports on Terrorism* 2011 (http: //jakarta. usembassy. gov/news/keyreport_ terrorism – 2012. html) .

Gindarsah, Iis, 2014, "Indonesia's Struggle Against Terrorism", *Council of Councils*, Apr. 11, Washington ( http: //www. cfr. org/councilofcouncils/global_ memos/p32772).

Human Rights Watch, 2011, *Indonesia: Repeal New Intelligence Law, Overbroad Provisions Facilitate Repression*OCTOBER 26 (http: //www. hrw. org/news/2011/10/26/indonesia – repeal – new – intelligence – law).

Jones, Sidney, 2012, "TNI and Counter – Terrorism: Not a Good Mix", *Strategic Review*, 9 Jan. .

Kingsbury, Damien, 2003, *Power Politics and the Indonesian Military*, Routledge, London.

LaRocco, Tim, 2011, "Indonesia's Anti – Terror Model", *The Diplomat*, August 17

(http: //thediplomat. com/2011/08/indonesias – anti – terror – model/).

Lliebert, Murray, Osius, Ted and B. Poling, Gregory, 2013, "AU. S. – Indonesia Partnership for 2020: Recommendations for Forging a 21 st Century Relationship", *A Report of the CS1S Sumitro Chair for Southeast Asia Studies*, September.

McEvers, Kelly, 2004, "Indonesia's expanding spy network alarms reformers", *The Christian Science Monitor*, February 4 (http: //www. csmonitor. co m/2004/0204/p07 s02 – woap. html）.

Meijer, Roel, ed. , 2012, *CounterTerrorism Strategies in Indonesia*, *Algeria and Saudi Arabia*, Netherlands Institute of International Relations 'Clingendael', The Hague.

Office of the Coordinator for Counterterrorism, U. S. , 2011, *Country Reports on Terrorism* 2010, August 18 （http：//www. state. gov/j/ct/rls/crt/2010/170255. htm）.

Purwanto, Wawan H. , 2007, *Terorisme Undercover*：*Memberantas Terorisme Hingga ke AkarAkarnta*, *Mungkinkah*? Citra Mandiri Bangsa Press, Jakarta.

Sebastian, Leonard, 2002, "Indonesia's New Anti – terrorism Regulations", *IDSS Commentaries*, October 25.

Sebastian, Leonard, 2003, "The Indonesia Dilemma：How to Participate in the War on Terror without Becoming a National Security State", Kumar Ramakrishna and See Seng Tan, eds. , *After Bali*：*The Threat of Terrorism in Southeast Asia* , Institute of Defence and Strategic Studies, Singapore.

Smith, Anthony, 2003, "US – Indonesia Relations：Searching for Cooperation in the War against Terrorism", *Asia – Pacific Security Studies*, Vol. 2, No. 2, May.

Strategypage, 2014, *Counter – Terrorism*：*Detachment 88 Protects Indonesia* （http：//www. strategypage. com/htmw/htterr/20140316. aspx）.

Unites States Department of State, 2005, *the Antiterrorism Assistance Program*：*Report to Congress for Fiscal Year* 2004, *February*.

United states Department of State, 2008, *Country Reports on Terrorism* 2007, April （http：//www. state. gov/j/ct/rls/crt/2007/）.

Vivekananda International Foundation, 2002, *ASEAN – United States of America Joint Declaration for Cooperation to Combat International Terrorism*, 2002 （*Multilateral*） （http：//www. vifindia. org/document/2002/asean – united – states – of – america – joint – declaration – for – cooperation – to – combat – international – terrorism#sthash. zhW52WWF. dpuf）.

Wise, William M. , 2005, *Indonesia's Waron Terror*, the United States – Indonesia Society, August, Washington.

# 新加坡道教的本土化历程

[新加坡]　　林纬毅

## 前　言

新加坡的道教源于中国，其根本是来自中国闽、广两省的民间信仰。在 1819 年开埠后的新加坡，经济发展迅速，吸引了大批先到马六甲的福建漳州、泉州商人和来自中国广东与福建省的移民。中国移民带来家乡的神明，建庙奉祀，成为保护神。集中在市区的商人，凭借经济力量与社会地位，在市区建立了以帮权为依据的庙宇，如潮州人的粤海清庙、福建人的天福宫、海南人的天后宫、广东人的广福古庙、广惠肇的海唇福德祠、丰永大与嘉应五属的望海福德祠①。然而，更多的普通人民居住在乡村地区，从事农业、养殖、渔业、砂石、小商业等，他们根据信仰的需要，将家乡供奉的神明也传入新加坡，建庙供奉②，一则作为保护乡民的神明，二则借奉拜与庆典的共同记忆联系乡民。不论是帮权庙宇或是乡间庙宇，都是新加坡道教的基本成员，只是当时并没有冠以"道教"名称。

"道教"这一名称在新加坡是后起的。第一个以道教为名的宗教组织

---

　　①　参考林孝胜《十九世纪新华社会的帮权政治》，载氏著《新加坡华社与华商》，新加坡亚洲研究学会 1995 年版，第 43—54 页。

　　②　参考林纬毅《国家发展与乡区庙宇的整合：以淡滨尼联合宫为例》，载林纬毅《华人社会与民间文化》，新加坡亚洲文化研究会 2006 年版，第 173—197 页。

是三清道教会，成立于 1979 年，是由闽、粤、琼籍道长联合组成，以联络道教善信、提供社会服务、研究弘扬道教为宗旨。尽管这是以道长为主的行业组织，却也是以道教来统合新加坡华人信仰的自觉，是新加坡道教历史发展中重要的里程碑。

从新加坡的社会特征来说，它是一个多元种族、多元宗教的社会，宗教和谐是社会安定、国家发展的基础。经历过加入马来西亚和建国初期的两次种族暴动的经验，新加坡政府对于宗教和谐的维持与确保是必然的。《1980 年新加坡全国人口普查》的数字，揭示了新加坡宗教平衡、宗教和谐的危机。20 世纪 80 年代后期发表的几份报告书[①]，使政府采取迅速的行动，立法以确保宗教和谐。

政府的立法确保宗教和谐，加速了民间信仰庙宇对正统道教的认同与皈依。新加坡道教的名称是在庙宇的自觉意识和政府政策的需要下确定的。1990 年成立的新加坡道教总会，逐渐使新加坡的道教有了中央组织。经过 20 余年自我完善的努力，建立了新加坡道教的宗教体制与宗教权威。前者主要是个别庙宇加强道教化的进程，采取道教科仪、经典，聘用神职人员；在全国的层面上通过传度大典，增加授箓信徒，以及开办道教课程，让信众更加了解正统道教教义，使新加坡道教更趋向于体制化的道教。后者是从主办大型活动，积极参与、支持新加坡政府所推行的宗教和谐政策，加强和国内其他宗教团体的交流等，显示道教的财力与势力，从面对歧视，到与其他宗教平起平坐，更让人另眼相看。

这是新加坡道教本土化的历程。

---

① 《新加坡的宗教：1980 年人口普查数据的一项分析》，*Religion in Singapore：An Analysis of the* 1980 *Census Data*，By Eddie CY Kuo，Associate Professor and Head of Department of Sociology，National University of Singapore. Report prepared for Ministry of Community Development，December，1987。《新加坡的宗教：一项全国性调查的报告》，*Religion in Singapore：Report of a National Survey*，By Eddie CY Kuo，National University of Singapore And Jon ST Quah，Institute of Policy Studies，Report prepared for Ministry of Community Development，August 1988。《新加坡的宗教和宗教复兴》，*Religion and Religious Revivalism in Singapore*，by Eddie CY Kuo，Jon ST Quah，Tong Chee Kiong，National University of Singapore；Report prepared for Ministry of Community Development，October，1988。《新加坡的佛教、孔教与世俗国家》，*Buddhism，Confucianism and the Secular state in Singapore*，By Treo O Ling，Visiting Professor at the Department of Sociology. 《新加坡传统华人信仰的趋势》，*Trends in the Traditional Chinese Belief in Singapore*，by Tong Chee Kiong，National University of Singapore；Report prepared for Ministry of Community Development，October，1988。

# 1980 年人口普查的警示——道教的衰弱

1980 年的新加坡人口普查以及随后的几份报告书，对新加坡的道教敲了警钟。这可以从以下几方面说明：

**道教名称的模糊：**虽然新加坡的第一个以道教为名的宗教团体在 1979 年成立，道教的名称和界限是模糊的，在 1980 年的人口普查中，道教是作为一个组别，以包括所有中国圣贤（孔子、孟子、老子）的信徒与祭拜祖先和其他华人宗教者①。在当时，道教和佛教的分别是有些模糊的，尤其是对于一般的信众来说，佛教和道教没有严格的区分，对于所奉拜的许多神明，不论原来是属于佛教或是道教，都不加以分别。大多数新加坡华人信奉的是结合佛教与道教成分的华人宗教②。相对地，对于正信佛教而言，佛教与一般的华人宗教的区别是清楚的。在 1989 年的《新加坡的宗教与宗教复兴》报告书中，仍然用华人宗教的名称来指称道教与佛教这一综合组别③。

尽管有上述的模糊，自称为道教徒的占 1980 年人口普查的宗教分布中的 29.3%，佛教占 26.7%④。道教与佛教是新加坡华族的最主要的宗教，道教徒占华族的 38.2%，而佛教徒则占 34.3%。从另一方面看，100% 的道教徒是华人，而佛教的华族百分比是 98.3%⑤。

**道教的问题：**在 1980 年人口普查之后，新加坡社会发展部委任新加坡国立大学所作的多项调查中，已显示新加坡道教的衰弱。社会发展部在 1987 年委任新加坡国立大学做了《新加坡的宗教：1980 年人口普查数据的一份分析》（*Religion in Singapore：An Analysis of the* 1980 *Census Data*）。报告指出：从 1921 年到 1931 年，华人基督教徒有显著的增加，从 1921

---

① 参考 1980 Population Census Release No. 9，p. 2.

② 参考 Eddie CK Kuo，*Religion in Singapore：An Analysis of the* 1980 *Census Data*，Report prepared for Ministry of Community Development，December，1987，p. 5.

③ Eddie CY Kuo，Jon ST Quah，Tong Chee Kiong，*Religion and Religious Revivalism in Singapore*，Reporter prepared for Community Development，October，1988，p. 6.

④ *Religion in Singapore：An Analysis of the* 1980 *Census Data* 中引用 1980 年人口普查的数字，第 4 页。

⑤ 同上书，第 7 页。

年的 2.4% 增至 1931 年的 2.8%，再增至 1980 年的 10.6%，其增长率是来自传统华人宗教信仰者的减少①。尽管道教和佛教是华人最主要的宗教，这一组合仍占人口宗教比例的 56%，由于道教的信徒 100% 是华族，这也说明了相对于华族基督教徒的增长，道教是衰弱了。

更令人警惕的是宗教与年龄、教育水平、社会经济地位、语言和宗教改信的联系。年轻基督教徒的绝对数目不但比年长者多，而且他们受更高的教育，社会经济地位也高。更多的原本属于传统华人宗教的年轻人，自认为无宗教；从年龄组别说，10—19 岁组，20—29 岁组和 30—39 岁组的无宗教者超过 40 岁以上的组别②。教育程度也是区分人们宗教的因素，数字显示，基督教和无宗教者多属于高教育水平者：受大学教育的基督教徒和无宗教者分别是 35.8% 和 35.2%，未完成小学教育的则分别只是 3.9%（基督徒）和 6.1%（无宗教者）。相反，有高达 41.8% 的道教徒的教育水平低于小学程度，属于大学教育组别的只有 4.8%。受高等教育的华族放弃传统信仰而转向基督教和无宗教是一个趋势③。从社会与经济地位说，不论职业、收入、住屋类型，基督教徒和无宗教者都比道教徒占优势④。

1988 年初的另一项《新加坡的宗教：一项全国调查报告》（*Religion in Singapore: Report of a National Survey*）进一步披露，与 1980 年人口普查的数字相比，声称属于基督教徒的百分比从 1980 年的 10.3% 增至 1988 年调查的 18.7%。同时，属于无宗教者也从 1980 年的 13.2% 增至 1988 年调查的 17.6%。基督教徒和无宗教者的增加相应着道教徒的减少。这期间，道教徒从 29.3% 剧减至 13.4%⑤。

其中最重要的一项报告是新加坡社会发展部在 1988 年 10 月发表的《新加坡宗教与宗教复兴》（*eligion and Religious Revivalism in Singapore*）的调查报告，对道教的个案做出探讨。指出：统计数字显示，相对于基督教

---

① *Religion in Singapore: An Analysis of the 1980 Census Data* 中引用 1980 年人口普查的数字，第 10 页及第 45 页，Table 3。

② 同上书，第 17—18 页。

③ 同上书，第 21 页。

④ 同上书，第 24—25 页。同时参考 *Religion in Singapore: Report of a National Survey*, pp. 18—24.

⑤ Eddie CK Kuo, Jon ST Quah, *Religion in Singapore: Report of a National Survey.* pp. 3—4.

徒的增加，道教徒在数字和百分比上有所减少。新加坡的道教徒全是华人，其典型是：一、年龄较大；二、相对而言，受较低的正式教育；三、在家里讲方言；四、和其他宗教信徒相比，社会经济地位相对较低。如果说基督教徒是代表年青一代；道教徒则是代表年老一辈，数目将继续下降。道教衰弱，不但表现在信徒数目的减少，新加坡的年轻人也认为道教没有意义。受过现代教育的很多年轻人，认为他们不了解传统仪式的意义，并质问道教的宗教理性。当他们认为有关仪式不合理，便加以拒绝；受较高教育、社会经济地位较高者尤其如此。在组织上，道教也是很弱的，没有中央组织机构。相反地，是以个别庙宇、自己的管理委员会进行自己的活动。尤有甚者，道教没有授圣职的神职人员，并不如基督教那样，道教不进行宣教。事实上，道教在新加坡作为一个宗教，总是通过相传、观察而进行。由于方言、地区、道士个人的喜好，而在仪式的执行上有很多的不同。因此，没有有系统的神道教义，常常让人认为只是没有结构的仪式和惯例的堆成。[1]

**基督教的快速成长与宗教平衡危机**：在道教衰弱的同时，基督教是在迅速地成长。《新加坡宗教与宗教复兴》报告书花了大约 1/4 篇幅对基督教的快速扩张作出评论，涉及基督教成长的范围、谁是基督教徒（及改信基督教徒）、基督教复兴的过程、改信基督教的过程、"推力"和"拉力"因素与混乱失范因素。在谈到传统华人信仰的衰退和"讨论与建议"的部分，也是关联着基督教迅速成长所造成的影响来论述的。在"讨论与建议"部分，报告书指出：近几十年来，新加坡人口的宗教组成有所改变。有些宗教的信徒对于自己所属宗教的兴趣和活动也更为热忱。近几十年来的市区重建造成了地域流动，不同宗教信徒的接触更为频繁。频繁的接触可能导致有关宗教或宗教习俗问题上的紧张与冲突。同时，频繁的接触也提供机会让"强势"的宗教侵占"弱势"宗教的疆域，而对后者造成威胁。传统上所接受的不同宗教的"界限"已经变模糊，并在改变中。当宗教领袖和信徒以行动保护自己的宗教，不论是为了意识形态的原因还是个人利益，这是造成宗教之间紧张的潜在根源[2]。

报告书更指出：快速成长的基督教可能影响新加坡各宗教长期的脆弱

---

[1]　*Religion and Religious Revivalism in Singapore*, pp. 25—26.

[2]　Ibid. , p. 30。

平衡。福音传道者的活动经常被其他宗教的成员认为是有进攻性的，而且对他们缺少敏感性①。

报告书也警告：迅速扩展的基督教徒中大多数是社会经济地位较高的人士。报告开始注意到，在新加坡的精英社群成员中，受良好教育、讲英语、有高尚职业的，同时也是基督教徒。如果这种趋势持续，新加坡人口结构中宗教的差异将等同于语言和社会等级的差异。这将是另一个必须严肃关注的问题，因为宗教冲突将与社会等级缠绕在一起。②

# 新加坡道教与宗教和谐

道教在 20 世纪 80 年代的衰弱是一个严重的事实，在此同时，基督教的快速成长，尤其是年轻和受高等教育的华族基督徒人数的增加，加上基督教在传教时无所不用其极的热情，为新加坡原本脆弱的宗教和谐拉响警报。政府对于上述《新加坡宗教与宗教复兴》报告书的建议非常重视，并立即采取行动。

**立法保障宗教和谐**：为了维护新加坡的宗教和谐，政府在 1989 年 12 月 26 日，应新加坡共和国总统的要求，向国会提交《维持宗教和谐》白皮书。白皮书指出：最近几年，各种宗教团体及其信徒对信仰的热忱、传教的热心以及坚持己见的态度等有了显著的提高，出现了各种宗教争取信徒和改变他人信仰的竞争，这种竞争且有越来越激烈的发展趋势。这些发展趋势将使新加坡赖以生存和发展的宗教宽容、和谐及和平共存的精神荡然无存。

因此，《维持宗教和谐》白皮书建议，为了维护宗教和谐，政府应通过立法的形式，确立一些基本原则，作为新加坡各宗教团体和种族在处理与其他宗教的关系时，必须共同遵守的准则。这些准则是：（1）认识我们的多元种族、多元宗教的社会特征，以及其他宗教组织的敏感性；（2）强调各宗教共同的道德价值；（3）尊重每一个人保有自己的信仰，与接受或拒绝任何宗教的权利；（4）不允许会员信众、职员或传教士对其他宗教或宗教组织做出不尊敬的行为；（5）不影响或煽动其会员以仇

---

① *Religion and Religious Revivalism in Singapore*，p. 31.

② Ibid. .

视或暴力对待其他组织，不论是宗教或非宗教组织。①

在不到一个星期的时间（1990 年 1 月 5 日），《宗教和谐法令》草案在国会上提出，1990 年 2 月 23 日二读通过，并议决交由维持宗教和谐特选委员会（Select Committee on the Maintenance of Religious Harmony）处理。该委员会经过邀请公众提呈维持宗教和谐书面意见、广泛讨论，并约谈提呈意见书之后，对草案作出修改，在 1990 年 10 月 29 日向国会提呈了《维持宗教和谐法令特选委员会报告书》②。经过国会议员在国会的热烈辩论，1990 年 11 月 9 日，国会通过《维持宗教和谐法令》③。

法令从提出草案到二读通过、征求意见、讨论、约谈、修改到国会辩论与正式由国会通过，仅仅 10 个月的时间，可见新加坡政府对实行这项法令的重视。《维持宗教和谐法令》目的是维持新加坡的宗教和谐，并确保宗教不被利用作为政治或颠覆目的。法令也规定成立"宗教和谐总统理事会"。

**《维持宗教和谐法令》**：在这一法令下，任何宗教组织或团体的任何领袖、职员或会员，如造成不同宗教组织之间的恶感，或促进一政治目标或进行颠覆活动，或以宣传或实践任何宗教信仰为掩护，激起对总统或政府的不满，内政部长将发出限制令以禁止此活动。部长可能限制他在任何集会上演讲，或出版任何出版物，或担任编委会职务，长达 2 年。

限制令也将发出给：任何人煽动一个宗教组织或团体或任何宗教组织或团体的任何领袖、职员或会员，以从事前述有害行为。限制令也将发出给：造成不同宗教有仇视与敌意的任何宗教组织或团体的领袖、职员或会员以外的任何人。

如果触犯限制令，将被罚款高达 10000 元或面对长达 2 年监禁，或两者兼施。

---

① *Maintenance of Religious Harmony* Cmd. 21 0f 1989, Presented to Parliament by the Command of President of Republic of Singapore. Ordered by Parliament to lie upon the Table: 26 December 1989. p. 5.

② *Report on the Select Committee on the Maintenance of Religious Harmony Bill*（Bill NO 14/90），Parl 7 of 1990, Presented to Parliament on 29th Oct 1990. 该报告书藏新加坡国立大学中央图书馆新加坡、马来西亚藏馆。

③ *Parliamentary Debates Republic of Singapore Official Report*, *Second session of the Seventh Parliament*, Part 1（from 7th June 1990 to 15th Jan. 1991）Vol. 56, No. 9, 1991, Singapore: Singapore National Printers Ltd.（Government Printer）printed for the Government of Singapore, pp. 593— 614. 该报告书藏新加坡国立大学中央图书馆新加坡、马来西亚藏馆。

《维持宗教和谐法令》在 1990 年 11 月 9 日通过时，新加坡道教总会已经在当年 2 月间成立了。然而，初成立的新加坡道教总会不能在《维持宗教和谐法令》下设立的"宗教和谐总统理事会"占有一席之地，代表道教的是新加坡国立大学的李焯然副教授，而不是道教界的代表。

## 道教中央机构的成立

**新加坡道教总会的初创**：在国家的层面上，政府马不停蹄地通过立法来维持新加坡和谐，使社会赖以安定、经济得以持续繁荣发展。在推行宗教和谐政策时，政府需要一个足以代表道教的组织。然而，在民间信仰的层面上，20 世纪 80 年代道教衰弱的事实，民间信仰庙宇一向各自为政，缺乏一个领导新加坡道教的组织，这引起了庙宇领导人的注意。

第一个以道教命名的三清道教会的几位领导者陈国显道长（三清道教会代表）、李金池（女皇镇忠义庙代表）和苏建成（通淮庙代表）等决定发起新加坡道教总会，把新加坡的民间庙宇联合起来，集合庙宇的力量，加强他们对道教的认同，把新加坡道教发展壮大。[①] 在他们的倡议下，经过多次讨论，达成共识，成立"新加坡道教总会筹备委员会"，于1989 年 6 月向新加坡社团注册官提出注册申请。1990 年 2 月，新加坡道教总会的申请获得正式批准。新加坡道教总会的注册成立是极合时宜的，这是第一个以宫庙为单位的全国性道教总机构，更是新加坡道教名称划时代的法定确立。

道教总会的成立是民间信仰庙宇的自觉需要。道教的神明体系庞大，有兼容性，可以容纳民间信仰的诸多神明，而一些民间信仰的庙宇也自动愿意皈依正统道教。道教总会的成立更符合政府实行宗教和谐政策的需要。政府的种族互信、宗教和谐政策的推行，需要一个属于"道教"的宗教组织。

新加坡道教总会的宗旨是：一、促进、加强及鼓励新加坡各道教团体和道教信仰者，彼此间建立更好与更密切的关系、协调、合作及了解；二、促进、主办或资助教育文化、社会及其他活动；三、提倡、资助或从

---

① 见徐李颖《佛道与阴阳：新加坡城隍庙与城隍信仰研究》，厦门大学出版社 2010 年版，第 239 页。

事有关道教文化及传统的研究；四、在公共与民间方面促进本会与其他组织间的关系、了解及合作；五、主办、参与或协助社区与福利服务；六、从事一切其他符合、利于促进上述宗旨或其中一项宗旨的活动。

成立后的新加坡道教总会，积极展开各项活动，与中国的大陆、台湾地区、香港和马来西亚道教界进行交流。每年农历二月十五日，轮流在会员宫庙隆重举行道祖太上老君圣寿庆典。1993 年道教总会在大士伯公宫主办"护国祈安清醮暨超度大法会"，1994 年 6 月推动道教文化节，举行文化展览和超度法会。1995 年在淡滨尼联合宫主办道教文化月。这些活动的举办为新加坡道教注入生机，也增进更多信众对道教的理解。

**道教总会的局限：**在道教衰弱危机下成立的新加坡道教总会，虽然做了一些有利于道教发展的事，但是各宫庙会员自主性强，总会没有固定的办事处，没有专职的雇员处理琐碎的事务，阻碍了会务的进展；加上经济来源的局限，主办大型活动时捉襟见肘。道教总会在 1995 年发生内部分裂，导致拖延了新加坡道教的发展。新加坡道教总会成立 10 年，没有为衰弱的新加坡道教带来新的气象。根据 2000 年的人口普查数字，道教人口从 1980 年的 30%，下降到 1990 年的 22.4%，进一步下降到 8.5%。在道教没有什么作为的 10 年中，基督教徒的百分比稳健成长，从 1980 年的 10.1%，到 1990 年的 12.7%，再到 2000 年的 14.6%。[①] 这是由于基督教的福音派新教会在 20 世纪 90 年代的宣教，集中在邀请属于传统宗教的道教徒和佛教徒，参加他们那充满动力的聚会。

在道教徒人数下降到最低谷的 2000 年，同样是属于华人宗教的佛教却从 20 世纪 80 年代的 27.0%，上升到 1990 年的 31.2%，并剧增到 2000 年的 42.5%。这主要是 20 世纪 80 年代学校宗教知识课程推行之后佛教学理化，对年轻一辈的吸引的结果。佛教是在道教衰弱的基础上增长。不论是相对于佛教人口的剧增还是基督教徒的稳增，道教在 2000 年的人口普查数字的显示是疲弱不堪的。

**道教总会的重建：**政府为了有效地推行宗教和谐政策，需要一个能够统合、领导新加坡道教的强有力道教团体，已经成立 10 年的新加坡道教总会显然无法负起这一任务。作为新加坡政府代表的曾士生为此穿针引

①  Leow Bee Geok, *Census of Population* 2000 *Advance Data Release*（Singapore Department of Stattistics），pp. 33—36.

线，鼓励韭菜芭城隍庙和陈添来担任领导道教总会的任务，希望将道教总会对民间庙宇的规范和领导，汇入新加坡政府所推行的种族与宗教和谐政策。①

陈添来在 2002 年担任会长之后，新加坡道教总会开始作为一个领导新加坡道教的中央组织。新加坡道教总会将秘书处固定设在三清宫，聘请专职职员处理道教总会事务，并出版《狮城道教》，刊载介绍道教教义的文章和报道宫庙会员的活动。专职雇员中包括拥有博士、硕士学位者。

世界的不太平，为新加坡道教总会提供主办世界和平祈祷大会的契机。经历 2001 年美国"9·11"恐怖袭击事件和 2002 年印度尼西亚巴厘岛爆炸事件，新加坡道教总会从 2002 年 12 月 31 日第一次成功联合其他宗教团体主办"世界和平祈祷大会"，以后每年举办类似活动。2005 年 1 月 1 日，在洛阳大伯公宫，新加坡道教总会主办"世界和平万人祈祷大会"，筹募救济南亚海啸灾民。由新加坡宗教联谊会、新加坡佛教居士林、回教传道协会、兴都教基金会、锡克教中央管理局、巴哈伊教灵修中心、天主教新加坡区主教团和 Parsi Association of Singapore 协办。各宗教代表团体信徒约 10000 人参加盛会，会上也为海啸死难灾民默哀一分钟，并由九大宗教团体宗教司联合祈求世界太平。这次活动筹募了 169925.40（新加坡元）善款。

"世界和平万人祈祷大会"初试啼声，取得成功之后，新加坡道教总会在 2005 年 3 月 11 至 15 日举办"道教文化节"，并把一年一度的"世界和平祈祷大会"安排在道教文化节开幕前一天举行，凸显道教文化节的多元种族的宗教和谐宗旨。新加坡总统纳丹伉俪参加了 3 月 13 日的道教文化节千人宴，并在三清宫上香，最重要的英文报《海峡时报》刊登了总统上香的照片。这说明了道教作为新加坡多元文化的组成部分，得到国家元首的认同；总统伉俪对道教三清的上香敬礼，对于提高与肯定道教的地位有一定的作用。《海峡时报》的报道，也可以让不了解道教的英文读者对道教有初步的认识。②

---

① 见徐李颖《佛道与阴阳：新加坡城隍庙与城隍信仰研究》，厦门大学出版社 2010 年版，第 241 页。

② 见林纬毅《大家文化节的重大意义》，载《狮城道教》总第 6 期，2006 年第 2 期，第 15 页。

在以上各项活动所奠定的基础上，道教总会同时通过加强与其他宗教的交流合作，参与重大灾难的救灾慈善活动，参与促进宗教和谐的政府组织，致使新加坡道教总会从普通的道教团体提升为全国道教的总机构。政府也肯定道教总会会长陈添来在新加坡道教的领导地位，举凡全国性的宗教组织、会议，都以道教总会和陈添来作为代表。政府与道教之间的沟通也是经由道教总会来完成。道教总会在新加坡的权威地位已得到了巩固。①

## 道教体制的建立

2000 年后至今的 15 年是新加坡道教重要发展的阶段，这主要是新加坡道教体制化的建立与宗教权威的进一步增强。前者是指道教的硬件建设和道教徒身份的肯定。

**正统道教宫观：**新加坡道教体制化的建立，在皈依正统道教的个别庙宇在不同进度上道教化的同时，2003 年三清宫的设立，是新加坡第一座正统道教宫观。三清宫正中大罗宝殿，供奉道教三清：玉清原始天尊、上清灵宝天尊、太清道德天尊。这是新加坡道教的重要硬件建设。三清宫附设神主牌位和骨灰塔，并提供了场地供道教法事用途，是新加坡道教在终极关怀上的贡献。这种硬件上的建设，在确定道教作为一个体制性的宗教方面，起了很大的作用。

**道教学院：**2008 年 12 月 21 日新加坡道教学院成立，三清道教图书馆启用。道教学院与图书馆的设立是相对固定、永久性的体制建构，在新加坡是具有里程碑意义的。其一，这是前所未有、从无到有的时间与空间进程；其二，它标示新加坡的道教向教育、学理层面进行实质理性化历程的开始②。道教学院初期开设一年制道教课程，举行隆重的开课和结业仪式，并开设各种短期课程、主办道教讲座。然后，道教学院不断提升课程质量，邀请著名道教、道家学者如陈鼓应、卿希泰、萧登福、陈耀庭、詹石窗等教授前来讲课。2015 年还主办《"多元通和，以道相生"——2015

---

① 参考《佛道与阴阳：新加坡城隍庙与城隍信仰研究》，第 241—248 页。

② 见林纬毅《成立道教学院：新加坡道教理性化的里程碑》，刊于《狮城道教》总第 14 期，2008 年第 2 期，第 4 页。

年新加坡道教论坛》，邀请中国大陆、中国香港和新加坡的高道大德、专家学者参加。

**道教徒身份的确定**：能传度是道教几千年来延传的一种引进信徒皈依入道的仪式，最主要的作用在于祛除修道者身心的破败运气及垢秽，引出本来具有的清净心，同时给修道者授予真言、秘印、秘意。其次，受传度者接受高功法师授予传度度牒，经过传度后成为正式道教徒。2010年以前，新加坡道教徒的传度和授箓大典是在中国江西龙虎山举行，由新加坡道教总会率团参与。从2010年开始，新加坡道教总会特别联合江西龙虎山道教协会，首次在新加坡举行传度大典。传度大典在2010年4月24日、25日举行，由道教祖庭江西龙虎山嗣汉天师府道教协会的法事团主持仪式，共有153名传度生授箓。在新加坡举行传度授箓具有重大意义，除了免除信徒远赴祖庭的时间、费用和辛劳之外，更增进了新加坡道教的体制化。2013年9月8日新加坡道教总会举办第二届传度大典，由中国道教协会副会长、龙虎山道教协会会长、嗣汉天师府住持张金涛亲授度牒，共有122位度生参加。

## 道教宗教权威的树立

在道教体制建立的同时，也树立了宗教权威。宗教权威的建立可从大型活动的举行和维护道教尊严上说。

**主办大型活动**：2010年12月3日，新加坡道教总会举行成立二十周年庆典暨新加坡多元种族多元宗教联欢晚会，邀请李显龙总理为大会贵宾。总理在致辞中指出：我国的道教徒在宗教信仰的问题上，向来抱着温和包容的态度，为我们这个多元宗教的社会定下非常重要的基调。他称赞道教总会为促进25个宗教团体的交流作了很多贡献，并赞赏新加坡道教总会会长在庆典之前走访25个宗教团体，促进交流和了解，并邀请他们的代表出席庆典宴会。李总理希望其他宗教团体能向道总看齐，为宗教的和谐与社会的安定尽一份力。[①] 其后出版《勤而行道二十载——新加坡道教总会成立二十周年纪念特刊》，并在2012年1月8日在三清宫由国家发

---

① 李显龙总理讲辞，刊于徐李颖主编《勤而行道二十年：新加坡道教总会成立二十周年纪念特刊》，新加坡道教总会2011年版，第162页。

展部兼人力部政务部部长陈川仁准将主持发布仪式。

2012 年 3 月 16 日，新加坡道教总会在新加坡博览中心隆重主办"庆祝道祖太上老君诞辰暨祈福世界和平暨宗教和谐联欢宴会"，大会贵宾是新加坡共和国总统陈庆炎博士，共有来自 30 多个宗教组织的 1300 人参与了这项盛会。

庆祝九皇大帝圣诞是新加坡道教的重要庆典，每年的农历九月初一到初九，一连九天热烈庆祝，精彩非凡。九月初九的恭送九皇大帝回銮，更是压轴的高潮。2014 年的九月初九是 10 月 2 日，李显龙总理伉俪首次参加盛港龙南殿的欢送九皇大帝盛典。同一天，副总理兼国家安全统筹部部长兼内政部长张志贤参加后港斗母宫的庆典。外交部部长兼律政部部长尚穆根伉俪（印度族）也参加义顺洪水港斗母宫凤山寺的欢送仪式，并在忠邦联合宫向 10 多名外交使节介绍恭送九皇爷回銮的宗教传统。①

在新加坡建国 50 周年大气氛的带动下，新加坡道教总会在 2015 年 4 月 15 日举办和谐晚宴庆祝成立 25 周年，李显龙总理再度受邀为晚宴贵宾。总理在致辞中，对新加坡道教总会在宣扬道教、配合政府落实宗教和谐的准则，服务社会，造福人们表示欣慰。这里注意到道教总会成立青年团，以更新和培养新一代领袖，并赞赏道总在促进国际道教文化交流，尤其与本地其他宗教团体的交流的多年努力，肯定取得成果，并为促进新加坡宗教的和谐，打下深厚的基础。②

基督教的圣灵降临教派在新加坡拥有大量的经济、社会、文化和象征资本，在所有的宗教中是具有最佳地位以挑战新加坡 40 多年来所成就的多元的世俗社会③。然而，2006 年新加坡总统纳丹莅临道教文化节，李显龙总理两次参加周年庆典，多位部长出席道教总会的活动，显示新加坡政府对道教的肯定与支持。更重要的是总统、总理举香奉拜道教神明，表示他们对道教的尊重与认同。新加坡道教总会主办各项大型活动，显示了道教的实力与财力，从而树立了道教的宗教权威。

**维护道教尊严**：新加坡道教在建立宗教权威的努力也表现在对异教和

---

① 参考《狮城道教》总第 40 期，2014 年第 4 期，第 12—13 页。

② 李显龙总理讲辞，刊于《事成道教》总第 42 期，2015 年第 2 期，第 4 页。

③ 参考 Daniel P. S Goh，*Pluralist Secularism and the Displacements of Christian Proselytizing in Singapore*，刊于 Juliana Finucane，R. Michael Feener 主编 *Proselytizing and the Limit of Religious Pluralism in Contemporary Asia*，p. 143。

媒体诋毁、侮辱道教的回应。这是新加坡道教总会的坚定做法，也是《维持宗教和谐法令》的制约。

2007 年坚信浸信教会（Faith Community Baptist Church）在 2 月的会讯中刊载了一篇冒犯道教的文章而遭受投诉。为此，该教会资深牧师邝健雄（Lawrence Khong），在新加坡全国教堂理事会主席主教纪木和（Bishop Terry Kee）的陪同下，亲向陈添来会长和所有被该文冒犯者，毫无保留地道歉，并确保绝对不会发生这类事件。

2008 年 2 月间，拥有 12000 信徒的灯塔教会（Lighthouse Evangelism）的创始人 Pastor Rony Tan，在布道会上，利用两名改信基督教的佛道教徒的声明，毁谤、轻侮佛教和道教的信仰和宗教习俗。有关视频先在灯塔教会的网站上公布，随后在网络上流传，引起讨论风暴，并谴责该牧师危害新加坡的宗教和谐。该牧师随后被新加坡内部安全局传召，进行数小时的盘问。随后他在网上道歉，并亲自拜访佛教总会和道教总会致歉。他也向主日聚会的会众道歉说：在主的荣耀下，在有效为基督做好工作的同时，我必须履行促进宗教和谐的承诺。[1]

四个月后，新造教会（New Creation Church）领导中文职务的黄姓牧师（Pastor Mark Ng）在他的一次布道会上嘲弄道教礼仪，将道教徒奉拜神明，贬抑为等同于向私会党的大佬寻求保护。关心人士将视频挂上网而使教会遭受攻击。黄牧师随即为他的"严重的言行失检"在新造教会的网站上道歉，并亲自前往道教总会向陈添来会长道歉。[2]

大伯公是新加坡道教崇奉的尊神。然而，本地最大华文报《联合早报》在报道新闻时，竟然仿效下层社会低俗用语，用"大伯公"作为非法借名让人经营按摩业的后台老板的代名词，引起信徒、庙宇和道教总会的极度不满。新加坡道教总会就此事致函报馆严正抗议。2008 年 5 月 22 日又再度出现同样字眼，5 月 23 日道教总会再次致函《联合早报》抗议。由于未获该报的任何回复，新加坡道教总会发表声明《请勿亵渎"福德正神"大伯公》[3]，声明指出：正当世界多个地方由于亵渎其他宗教而导

---

① 见《海峡时报》2010 年 2 月 10 日及 16 日报道，转引自 Daniel P. S Goh, *Pluralist Secularism and the Displacements of Christian Proselytizing in Singapore*，刊于 Juliana Finucane, R. Michael Feener 主编 *Proselytizing and the Limit of Religious Pluralism in Contemporary Asia*, p. 136。

② 见《海峡时报》2010 年 6 月 16 日及 17 日报道，同上书。

③ 见《狮城道教》总第 14 期，2008 年第 2 期，第 2 页（封面内页）。

致暴力冲突的时候，立足于新加坡华人社会的《联合早报》应该保有最低的宗教敏感度。出现这类亵渎华人社会普遍信奉的大伯公——福德正神的现象，实属不该。我国政府一贯坚持宗教和谐、宗教互信互重的原则。作为记者、编者，即使信奉其他宗教，也应该懂得尊重他人宗教信仰的基本道理。有鉴于亵渎神明称呼造成的不良社会影响，新加坡道教总会郑重要求报馆立即终止对"大伯公"名称的滥用，停止已在伤害全体道教徒的感情的做法，还福德正神应有的尊重。

2012 年 11 月中旬，新传媒制作的电视剧《对对碰》上演的某个桥段，出现财神爷的画像从演员的胯下穿过的不敬画面，引起观众的投诉。在新加坡道教总会向新传媒表示信众的不满后，8 频道的品牌与宣传副总裁陈国明承认是编导误失，并无对神明不敬，并向道教徒致以最诚挚的歉意。①

## 道教努力的成绩

新加坡道教总会在 2000 年后 10 多年的努力，取得了一定的成绩，这可以从 2010 年人口普查的数据看出。根据《2010 年新加坡人口普查》，道教徒从 2000 年的占人口的 8.5% 的最低点，上升到 2010 年的 10.9%。佛教徒占 33.3%（2000 年：42.5%），基督教徒则占 18.3%（2000 年：14.6%），如表 1 和表 2 所示。

表1 单位:%

| 宗 教 | 2000 年 | 2010 年 |
| --- | --- | --- |
| 总数 | 100.0 | 100.0 |
| 佛教、道教 | 51.0 | 44.2 |
| 佛教 | 42.5 | 33.3 |
| 道教 | 8.5 | 10.9 |
| 基督教 | 14.6 | 18.3 |

① 新传媒属下 8 频道 2012 年 12 月 22 日在《新民日报》刊登《道歉启事》，载《狮城道教》总第 32 期，2012 年第 4 期，第 12 页。

续表

| 宗教 | 2000 年 | 2010 年 |
|------|---------|---------|
| 伊斯兰教 | 14.9 | 14.7 |
| 兴都教 | 4.0 | 5.1 |
| 其他宗教 | 0.6 | 0.7 |
| 无宗教 | 14.8 | 17.0 |

表 2　　　　　　　　　　　15 岁以上人口的种族与宗教表　　　　单位:%

| 种族、宗教 | 2000 | 2010 |
|------------|------|------|
| 华族 | 100.0 | 100.0 |
| 佛教/道教 | 64.4 | 57.4 |
| 佛教 | 53.6 | 43.0 |
| 道教 | 10.8 | 14.4 |
| 基督教 | 16.5 | 20.1 |
| 其他宗教 | 0.5 | 0.7 |
| 无宗教 | 18.6 | 21.8 |
| 马来族 | 100.0 | 100.0 |
| 伊斯兰教 | 99.6 | 98.7 |
| 其他宗教 | 0.4 | 1.1 |
| 无宗教 | 0.1 | 0.2 |
| 印度族 | 100.0 | 100.0 |
| 兴都教 | 55.4 | 58.9 |
| 种族、宗教 | 2000 | 2010 |
| 伊斯兰教 | 25.6 | 21.7 |
| 基督教 | 12.1 | 12.8 |
| 其他宗教 | 6.3 | 5.4 |
| 无宗教 | 0.6 | 1.1 |

道教人口虽增加了 2.4%，但是道教徒全是华人，同属华人宗教的佛教徒从 2000 年的 42.5%减到 2010 年的 33.3%。道教徒虽然从 8.5%增至10.9%，增加的部分是从佛教分出的。这是道教总会努力的成果，由于道教与佛教有了清楚的区分，原来属于界限模糊的佛教徒，归入道教。

2010 年人口普查的数字，对于属于华人宗教的道教，问题依然严峻，因为华族中的基督教徒的比例增加了：从 2000 年的 16.5% 增至 2010 年的 20.1%。华族中的无宗教者也从 2000 年的 18.6% 增至 2010 年的 21.8%。华族无宗教者大多数是由道教徒分出。

从教育程度的组别来看，也是值得注意的。以教育水平来说，基督教徒在大学组所占的百分比比较高。庆幸的是道教在大学组从 2000 年的 2.7% 增加到 2010 年的 5.3%，相较于同属华人宗教的佛教保持的 23.6%，仍然大为逊色。基督教徒在大学组虽然从 2000 年的 33.5% 稍微减至 2010 年的 32.2%，只是在无宗教（24.2%）之下而雄冠各宗教之首，更在华人宗教佛道的总数 28.9% 之上，如表 3 所示。

表3　　　　　　　十五岁以上人口的宗教与教育程度表　　　　　　单位:%

| 宗教 | 中学以下 | | 中学 | | 后期中学（非大学） | | 大专与专业资格 | | 大学 | |
|---|---|---|---|---|---|---|---|---|---|---|
| | 2000 年 | 2010 年 | 2000 年 | 2010 年 | 2000 年 | 2010 年 | 2000 年 | 2010 年 | 2000 年 | 2010 年 |
| 总数 | 1000 | 100.0 | 1000 | 100.0 | 1000 | 100.0 | 1000 | 100.0 | 1000 | 100.0 |
| 佛教与道教 | 64.7 | 61.5 | 47.4 | 44.6 | 42.6 | 37.8 | 44.9 | 41.4 | 26.3 | 28.9 |
| 佛教 | 51.5 | 42.4 | 41.6 | 35.4 | 37.2 | 29.7 | 39.3 | 32.7 | 23.6 | 23.6 |
| 道教 | 13.2 | 19.1 | 5.8 | 9.2 | 5.3 | 8.1 | 5.6 | 8.6 | 2.7 | 5.3 |
| 基督教 | 6.4 | 8.8 | 14.6 | 15.9 | 18.7 | 16.5 | 22.7 | 21.4 | 33.5 | 32.2 |
| 伊斯兰教 | 17.2 | 16.1 | 18.9 | 19.9 | 15.7 | 23.8 | 7.2 | 11.6 | 3.5 | 4.3 |
| 兴都教 | 3.5 | 3.1 | 4.1 | 4.1 | 4.2 | 4.7 | 2.8 | 4.7 | 6.9 | 9.6 |
| 其他宗教 | 0.5 | 0.6 | 0.7 | 0.7 | 0.8 | 0.7 | 0.6 | 0.6 | 0.9 | 0.9 |
| 无宗教 | 7.7 | 9.9 | 14.3 | 14.8 | 18.0 | 16.5 | 21.8 | 20.0 | 28.9 | 24.2 |

## 新加坡道教的特色

在新加坡道教本土化的过程中，由于历史上的传承和对现实政治、社会环境的调适，新加坡道教也形成一些特色。

**以民间庙宇为基本内容：**新加坡道教总会属下的宫庙会员，绝大多数是民间信仰庙宇，由于自我认同道教而皈依道教的。在新加坡道教总会对正统道教的宣扬、推动中，许多庙宇采用道教科仪，增加道教活动，团结在新加坡道教总会的旗帜下，促进新加坡道教的发展。

在新加坡道教总会的 25 年历史中，只在 2006 年出版过会员名录。《新加坡道教总会会员名录2006》[①] 刊载了 69 个宫庙会员和 97 个个人会员。其中，除韭菜芭城隍庙三清宫、新加坡三清道教会之外，道教新加坡青松观，以吕纯阳祖师为主神，太上老君、邱祖师为副神。其他如新加坡善灵道教会、玄天坛道教会、哪吒行宫道教协会，虽然以道教冠名，属于民间信仰。

根据新加坡道教总会网站，2013 年 5 月 20 日更新的会员数目总计为 599 个宫庙会员，其中普通会员 125 个，附属会员 474 个。从宫庙的名称看，仍是民间信仰庙宇为大多数。

**形成一套特有仪式：**新加坡道教的神明奉拜虽然有些来自国外，却在新加坡形成一套特有的仪式。1993 年 11 月，韭菜芭城隍庙从北京白云观元辰殿分香六十尊太岁，设立太岁殿，开新加坡设立六十尊太岁的先河，并形成一套拜太岁的规范，回馈中国大陆。2013 年由中国香港黄大仙庙分香的月老及佳偶天成、和合二仙组合，也参考中国香港并依照新加坡的国情形成一套奉拜仪式。[②]

**道教祝酒词：**新加坡道教的一个特色是祝酒词。在新加坡一般通俗的祝酒词是喊三声拉长的粤音"饮……胜"。道教总会从 1991 年起，在林益华[③]的倡导下，提出以"道炁（气）长存"为祝酒词，沿用至今，形成新加坡道教宴会上独有的祝酒词。这独特的祝酒词的唱法是先唱出"道炁"两字，稍停一下，接着拉长唱"长"，能拉多长就拉多长，一直拉到尾声才大声唱出"存"字，并举杯祝酒。在盛大的场面上，以声音、行动，形象地将"道炁"长长久久地保存下来。

**打破传教的藩篱：**新加坡道教通过开办太极拳班、成立城隍戏曲学院和养生院、创立新加坡道乐团、颁发奖助学金、举办家庭日、提供社会服务等非传统性的活动，提高新加坡道教的名声，号召信众加入道教。其中，最重要的是在 2006 年成立道教青年团，主办多姿多彩的青年活动，

---

① 徐李颖主编：《新加坡道教总会会员名录》，新加坡道教总会 2006 年版。

② 参考林纬毅《古神明、新使命：新加坡俄月老信仰》，2015 年 9 月 23 日在台南成功大学举行的"月老信仰国际学术研讨会"的论文。

③ 林益华，毕业于新加坡南洋大学，是新加坡华文文艺创作者，早年为新加坡道教推广者，曾任职于新加坡道教总会，主编《狮城道教》。

引导和培养年轻的道教徒。道教青年团设有西洋乐队，用英语对其他宗教团体讲说道教。

**道教并列于世界宗教橱窗**：在多元宗教的社会基础上，加上《维持宗教和谐法令》的制约下，新加坡的道教和其他宗教相互尊重、和平共处。道教代表，和其他宗教代表一样，参加其他任何宗教的活动，大家同在一张桌子上用餐、开会，宗教会议的召开地点可以在任何宗教的场地举行。在只有718.3平方公里①的新加坡，几乎全世界的宗教都有其平等的立足点，成为世界宗教的橱窗。作为民间组织的新加坡宗教联谊会，其成员代表新加坡的十大宗教：道教、佛教、天主/基督教、伊斯兰教、兴都教、锡克教、犹太教、拜火教、耆那教、巴哈伊教。

---

① 见 *Singapore in Figures* 2015，新加坡统计局 2015 年版，第 1 页。

# 中国与缅甸宗教交流分析报告
## （2010—2015 年）

郑瑞萍

中缅两国山水相连，胞波情谊源远流长，在历史上谱写了许多友好交流的华章。在中缅两国人民的友好关系中，佛教始终是一条重要的纽带。本文将梳理 2010—2015 年期间中国与缅甸佛教交流的现状和重要事件，分析、总结这一期间两国佛教交流的特点及存在的问题，最后尝试提出加强和改进中缅佛教交流的对策建议。

## 一 2010—2015 年期间中国与缅甸佛教交流的现状及特点

缅甸是一个历史悠久的佛教国家，佛教信徒占到缅甸人口的 80% 以上，南传上座部佛教思想深入到缅甸社会的各个阶层和社会生活的各个方面。除此之外，缅甸还有 6% 左右的人信奉基督教，接近 5% 的人信奉伊斯兰教。因此，谈及中国与缅甸的宗教交流情况，其着力点主要在于佛教文化的交流与合作。2010—2015 年期间，在两国政府的大力支持下，中国与缅甸的佛教交流活动级别高、参与度广、形式多样，不仅频频结出友谊之果，而且这些善果影响深远，将在中缅乃至世界佛教交流史上留下重要的一笔。梳理这一期间中缅佛教交流相关活动，以下重要成果可圈可点：一是佛牙舍利第四次赴缅甸供奉；二是缅甸政府在洛阳白马寺援建的缅甸风格佛殿落成；三是北京灵光寺和仰光大金塔结为友好寺院；四是中国几位高僧分别获得了缅甸政府的宗教勋章；五是北京灵光寺复制三座佛牙舍利塔永久供奉于缅甸；六是中缅相互间的宗教慈善活动持续开展；等等。从时间节点来看，过去的六年间，2011—2012 年是中缅佛教交流的高峰，中缅高层互访频繁，佛牙舍利引来数百万人瞻礼；2014 年是中缅佛教交流的丰收年，这一年洛阳白马寺缅甸风格佛殿落成，而且两国无论是官方代表团还是僧侣代表团互动增多。

总结近些年来的交往和合作情况，中缅佛教交流在过去的六年间呈现出以下几方面的特点：

第一，得益于两国政府的支持和佛教界的整体推进，中缅佛教交流级别高、官方色彩浓厚。2010—2015 年间，正好是缅甸新一届政府任期，又时值中缅建交 65 周年等重要时间节点，因而两国政府充分利用宗教交流交往活动巩固和发展相互之间的友谊和合作，以提升两国面向共同繁荣与发展的战略合作关系的水平。在双方政府的领导下，中国国家宗教局、缅甸政府宗教部，以及两国佛教界一直以来高度重视佛教的交流与合作，双方高层互动频繁。中缅高层借助两国的深厚佛缘，互访杂糅了正式外交的官方色彩和公共外交的民间色彩，取得了诸多卓有成效的合作成果。比如，缅甸前总统吴登盛在任期内两度访华，访问期间多次参拜北京灵光寺、陕西法门寺、洛阳白马寺等著名古刹，并直接促成了佛牙舍利赴缅供奉、北京灵光寺和仰光大金塔结对、在华捐助缅甸风格佛殿等中缅佛教交流的标志性事件。此外，在此期间，缅甸中央议长、宗教部长、能源部长、新闻部长、海陆军总司令等政要以及议员代表团、军方代表团等受中国各级政府所邀请，均先后来华参拜北京灵光寺等名寺。同时，中方外交部、全国人大、中联部、文化部、国家宗教局、中国佛协等部门及相关领导都参与到中缅佛教交往合作事业之中，与缅方政要形成了良性互动。据不完全统计，2010—2015 年期间，中缅两国政府高层之间的佛教交流活动多达 30 余次，涉及人数达数百人。

第二，得益于两国传统法谊深厚，中缅佛教交流参与度广、往来频繁。中缅佛教交流历史悠久，两国佛教界缘分深厚。2010—2015 年期间，在两国政府的大力支持下，中缅佛教界参与度广、互动频繁，一方面是参与的各级社会团体和民众多，另一方面是参与的寺院多。具体来说，参与民众多的有力例证是佛牙舍利第四次在缅甸供奉，吸引了 400 多万名缅甸信众。来自联合国人口基金的数据显示，缅甸 2010 年总人口为 5050 万人①，其中佛教信徒为 4000 余万人，如此说来，超过 1/10 的缅甸佛教信徒亲身参与到了此次瞻礼中，加之未曾亲自参与但是间接了解供奉事件的人数，佛牙舍利供奉缅甸的受众规模之大和产生的影响之深远可以说是难以估量的。参与的寺院多，是指 2010—2015 年期间，中缅佛教交流交往活动先后在北京灵光寺、北京广济寺、北京龙泉寺、洛阳白马寺、陕西法门寺、广州六祖寺、缅甸内比都大金塔、仰光大金塔和曼德勒大佛像寺等中缅寺院间进行，由中缅友协、缅中友协、各级佛协等组织开展。据不完全统计，过去的六年间，中缅共计有 50 余座寺院开展了交往交流活动，涉及的僧人多达数千人次。

第三，得益于舍利圣物，中缅佛教交流以"一物两寺"为中心。释迦牟尼佛真身佛牙舍利是全世界佛教徒心目中的圣物，据佛典记载，世界上仅存两颗佛牙舍利，其中一颗保存在北京灵光寺，另一颗供奉在斯里兰卡。北京灵光寺保存的佛牙舍利，曾于 1955 年、1994 年、1996 年赴缅甸供奉，并带动了缅甸民众普遍的热情。2010 年，缅甸前总统吴登盛访华时提出再次迎请佛牙舍利赴缅供奉的请求。2011 年 11 月 6 日至 12 月 24 日，经国务院批准，佛牙舍利再次在缅甸供奉。中国佛牙舍利第四次巡礼，共接受 400 多万名缅甸信众的瞻礼供奉。因此，尽管中缅佛教交往交流的活动众多，辐射的寺院众多，但其焦点在于佛牙舍利，以及所供奉的寺院北京灵光寺。缅甸政府高层来华访问或者缅甸佛教界来华交流，其活动安排多半包括参拜北京灵光寺的圣物。而且，中缅的友好寺院缔结也是发生在北京灵光寺和缅甸仰光大金塔之间。随着缅甸政府援建的洛阳白马寺缅甸风格佛殿的建成，在灵光寺之外，白马寺也将在中缅佛教交流中具有特殊意义。因此，中缅佛教交流以"一物两寺"为中心，"一物"即佛牙舍利，"两寺"即北京灵光寺和洛阳白马寺。"一物两寺"将成为中缅佛教交流的品牌和核心，围绕它们开展的相关活动将会产生巨大的佛教文化向心力，将会在两国佛教交流活动乃至外交交流中发挥重要而特殊的作用。

第四，中缅佛教交流逐渐向宗教慈善、僧才培养等多方面发展。

---

① 商务部网站：《2010 年缅甸人口逾五千万》，http：//www.mofcom.gov.cn/aarticle/i/jyjl/j/201011/20101107221414.html。

佛教以慈悲为怀、善待众生为其根本理念，实践的是不分国界、不分种族地关怀尊重生命价值的博爱思想。佛教以此为基础，开展了许多服务社会的慈善活动。中缅佛教交流历史中，也留下了一些互帮互助、服务两国人民的佳话，比如缅甸遭遇地震等天灾时，中国佛教界举办祈福法会并捐助灾民。2010—2015 年期间，中缅佛教界亦主动开展了面向普通民众的慈善活动。例如，北京灵光寺在缅甸开展了修塔、助学、凿井等一系列基础民生慈善工程；中国佛教协会筹集善款，用以支持缅甸慈善事业，开展如援建中小学校、捐赠农机设备、为白内障手术提供医疗救助等项目；河北佛教协会捐赠拖拉机给缅甸；等等。缅甸方面，缅甸政府捐赠了洛阳白马寺缅甸风格佛殿，还将佛牙舍利供奉缅甸期间所获的善款和珠宝捐赠中国佛教界。除此之外，中缅两国在这一期间在僧才培养、佛教研究等方面开展了交流活动。例如，2013 年，由中国河南佛教学院、缅甸国际上座部佛教大学联合举办巴利文研修班，以及云南的一些佛寺邀请缅甸僧侣主持等均是中缅佛教界在僧才培养方面的积极作为。

## 二 2010—2015 年期间中国与缅甸佛教交流存在的问题

2010—2015 年期间，中缅佛教交流在取得诸多交流实绩和经验的同时，我们也应不回避其中存在的问题。

首先，中缅佛教交流官方推动多。2010—2015 年期间，中缅佛教交流由官方组织的活动多，高层互动频繁，也取得了众多成果。但是主要由官方来推动中缅佛教交流，也存在一些弊病。一方面，以政府、佛协、佛寺逐级推动开展中缅佛教交流的模式，难以发挥各地各级佛寺的积极主动性；另一方面，中缅官方互动频繁，许多交流活动服务于两国外交，不直接面向普遍民众，给缅甸民众造成"佛教文化交流只是官方和政府的事情，与自己无关的印象"，从而难以深入到缅甸信众之中，也难以在塑造中国的正面形象中发挥作用。

其次，中缅佛教交流的焦点扩散效应发挥尚不够。上文提到，中缅佛教交流主要以"一物两寺"为中心和焦点。围绕焦点开展活动，因历史因缘和受众的根基深，容易产生广泛的影响，且发挥重要的作用。但是如果始终围绕品牌开展大国外交活动，过多的人、财、物汇聚于此，一方面容易使交流活动流于形式，造成资源的浪费；另一方面也不利于更多寺院的发展。因此，还需以此为基础，拓宽思路，围绕"一物两寺"做大文章，辐射更多的寺院，带动更多的民众参与其中。

再次，中缅佛教交流在宗教慈善、僧才教育方面还有巨大合作空间。首届《佛教与慈善现代论坛》发布数据显示，"截至2014年，中国有佛教背景的专项基金49项，功德会/慈善会35家，从事公益慈善事业的寺院不可计数"①。而缅甸佛教信徒实践布施理念，在宗教慈善方面亦有不俗的口碑，在"世界捐款慈善指数"排名中名列第一。因此，尽管2010—2015年期间，中缅佛教界开展了面向民生的宗教慈善活动，但是在服务两国人民，共同推动两国的宗教慈善活动方面尚有更多更具深度的合作空间。僧才培养方面，目前合作举办培训班、互派僧人学习交流等合作项目力度不大，且没有形成长期的交流机制。

最后，中缅佛教交流重视跨境民族交流尚不够。中缅边境生活着十几个跨境民族，多数信仰南传佛教，他们之间有共同点，也有隔阂和疏离之处。中缅佛教交流虽然开展了诸如云南瑞丽的宗教文化交流会等活动，但是在重视跨境民族文化交流，促进边境稳定方面做得尚不够。比如，来华的缅甸僧侣虽然入主云南的佛寺，但是无法纳入各级佛协或者统战组织，在发挥民间外交方面尚有很多制度障碍。

## 三　面向未来加强中缅佛教交流的对策

外交形式有两种：一种是国与国之间的官方正式联络，以国家名义进行的外交，称作国家外交。在正常的对外交流中，它代表了国家和政府的行为，以契约的形式将两个国家与政府之间的关系固定下来。另一种是民间团体与私人之间的往来，即我们所说的民间外交，它通过私人，或者家族、民间团体，乃至宗教、文化、体育、商贸等交流方式表现出来。② 宗

① 李艳娜：《国内五大宗教 佛教慈善贡献最多》，公益中国：gy.china.com.cn，2015 – 07 – 15。

② 黄夏年：《充分发挥佛教对外服务的民间外交功能》，《世界宗教研究》2012年第3期。

教外交发挥其多样性和灵活性的特点，在民间外交或公共外交中发挥着重要的作用。尤其中缅两个佛教大国，宗教外交在某种程度上即为官方外交，是两国政治、经济、文化合作的重要组成部分。因此，中缅佛教交流更应在交流的广度、深度、高度上加强。

第一，在政府主导之外，鼓励以寺院为主体开展丰富的佛教交流活动。据中国佛教协会的统计数据，截至 2012 年，我国有汉传佛教、藏传佛教、南传佛教等各类佛寺 3 万余座，其中不乏众多历史悠久、久负盛名的千年古刹。而素有"千塔之国"的缅甸更是有大大小小的佛寺无数座。因此，中缅佛教界在官方推动之外，需多鼓励各级佛寺发挥自身特色"走出去"，既注重宣传中国民族宗教政策、传播中国传统文化，又注重共同探讨佛教大义，求同存异，共同繁荣东南亚佛教。中缅各大佛寺可搭建更多友好寺院，并以寺院为单位主动开展交流交往活动，在寺院管理、僧才交换培养等方面有所作为；中国佛寺还可在缅甸设分院，建佛塔，开展面向民生的慈善活动等。

第二，立足佛教文化效应拓展多层次的友好交流机制。中缅是好邻居、好兄弟，但是缅甸政治化改革后，缅甸舆论逐渐多元化，近些年来出现了批评中国投资和中国在缅甸角色的声音，中国在缅甸的一些重要投资也面对关停等挑战。在此背景下，中缅两国更需要立足佛教文化效应发挥宗教外交的作用，拓展多层次的友好交流机制，充分发挥佛牙舍利和两个焦点寺院的扩散效应，使两国佛教界和民众有来有往，进而带动整个中国佛教界走出国门，走进缅甸的街道、佛寺、村落，积极传播中国传统文化，运用宗教文化效应力向缅甸僧侣和普遍信众讲述"中国故事"，塑造中国良好的公众形象。

第三，充分发挥中缅边境地区佛教界的作用。在中缅佛教交流过程中，云南省占有及其重要的地理优势、族缘和亲缘优势。中缅边界线长达2000 多公里，其中 1900 余公里是滇缅边界，边界两侧居住着十多个跨境民族。这些民族居住地区的佛寺近年来出现了"有寺无僧"的现象，一些佛寺邀请缅甸僧侣入主。例如，到 2015 年，德宏州户撒乡开放的 7 所寺院中，6 所寺院的僧侣均来自缅甸。我们需充分发挥滇缅边界佛教界的作用，让彼此间天然的族源认同和文化认同转化成文化软实力，发挥民间外交的作用，化解边界摩擦，促进这一地区的和谐稳定和繁荣发展。

作为一种独特的宗教文化软实力，宗教在中国对东南亚发展战略和公共外交领域中，可以作为中国的软实力文化支撑点来夯实中国对东南亚国家内在联系基石，提升中国的国家形象。① 因此，中缅佛教交流需用心维护中缅之间的佛缘法谊，积极主动开展面向两国民众、惠及民生的交流活动，以充分发挥宗教文化软实力。鉴于缅甸特有的地缘政治优势以及潜在的风险，还有长期存在的宗教和民族问题带来的不良影响，今后中缅佛家交流过程中也可能会有周折，但是从长远来看，中缅佛教交流良性互动的基本面不会改变。

## 附录：中缅佛教交流大事记(2010—2015 年)

1. 2010 年 4 月 17 日，缅甸大使馆组织缅甸在北京的侨民和留学生在北京灵光寺举行泼水节。

2. 2011 年 5 月，缅甸前总统吴登盛参拜北京灵光寺佛牙舍利。

3. 2011 年 10 月，"佛风梵韵——缅甸佛文化展"在中国南宁开幕。展出的 80 余件佛教文物均属缅甸国家级精品，是首次离开缅甸进行境外展出。此次展览由国家文化部、文物局，广西壮族自治区人民政府，缅甸联邦文化部、宗教事务部主办；自治区文化厅、广西民族博物馆、缅甸国家博物馆、缅甸大金塔博物馆、缅甸宗教艺术博物馆承办。

4. 2011 年 11 月 6 日至 12 月 24 日，应缅甸联邦共和国的邀请，经国务院批准，北京灵光寺佛牙舍利塔中供奉的释迦牟尼佛真身佛牙舍利第四次在缅甸供奉，共接受 400 多万名缅甸信众的瞻礼供奉。

5. 2012 年 2 月 22 日，在仰光瑞德光大金塔，中国佛教界支持缅甸佛教和慈善事业新闻发布会暨北京灵光寺与仰光大金塔缔结友好寺院签字仪式隆重举行。

6. 2012 年 9 月缅甸前总统吴登盛参拜陕西扶风法门寺佛指舍利。

7. 2013 年 3 月 10 日至 5 月 30 日，由中国河南佛教学院、缅甸国际上座部佛教大学联合举办的巴利文研修班将于 3 月 10 日在河南佛教学院正式开班。

8. 2013 年 6 月 1 日，北京灵光寺举行赠送缅甸三尊佛牙舍利塔（复

---

① 郑筱筠：《当代东南亚宗教现状、特点及发展战略》，载郑筱筠主编《东南亚宗教与社会发展研究》，中国社会科学出版社 2013 年版，第 45 页。

制品）开光起驾法会。这三尊一比一复制佛塔将分别永久供奉于缅甸内比都大金塔、仰光大金塔和曼德勒大佛像寺。

9. 2013 年 6 月 24 日，中缅佛教界在内比都大金塔这一庄严神圣的道场举行"佛牙舍利等身塔安奉法会"，北京灵光寺为满足缅甸广大佛教徒瞻礼朝拜而特别制作的三尊佛牙舍利等身塔中的第二尊从此永久供奉在内比都欧巴达丹蒂大金塔内。

10. 2013 年 6 月 25 日，中国佛教协会北京灵光寺向缅甸捐赠农业机械设备仪式在缅甸首都内比都举行。中国佛教代表团团长、北京灵光寺方丈常藏法师、缅甸农业和灌溉部长吴敏莱、中缅友好协会副会长耿志远等出席捐赠仪式。

11. 2013 年 12 月 19 日，中国国家宗教局副局长蒋坚永与缅甸驻华大使吴丁乌共同签署了《中华人民共和国国家宗教事务局与缅甸联邦共和国驻华大使馆就缅甸政府向中国河南省洛阳市白马寺捐建缅甸风格佛塔事谅解备忘录》。

12. 2014 年 3 月 10 日至 17 日，应缅甸联邦政府宗教部邀请，中国佛教协会副秘书长、北京灵光寺住持常藏法师率团赴缅出席缅政府宗教勋章颁发仪式并进行友好交流活动。

13. 2014 年 6 月 28 日，应国家主席习近平邀请，来华访问的缅甸前总统吴登盛一行 72 人专程参访有着 1200 多年历史的佛教古刹北京灵光寺。

14. 2014 年 6 月 30 日，缅甸前总统吴登盛造访河南洛阳白马寺，出席落成典礼暨安奉开光法会。

15. 2014 年 7 月，洛阳白马寺缅甸风格佛殿落成，成为中缅佛教交流的又一重要标志。

16. 2014 年 10 月 15 日，缅甸缅北僧侣代表团一行十余人在团长 Visareinda 带领下、由中国缅甸友好协会工作人员陪同来龙泉寺参访。

17. 2014 年 10 月 25 日，由来自缅甸的十位方丈组成的缅甸佛教代表团，受广东四会六祖寺方丈大愿大和尚邀请，来到六祖寺进行中缅佛教文化交流活动。

18. 2015 年 4 月 8 日，为庆祝中缅建交 65 周年，"中缅佛教艺术交流展"在缅甸仰光大金塔开幕，中国驻缅甸大使杨厚兰、中缅友协会长耿志远、缅政府官员和缅中友协代表等出席。

19. 2015 年 11 月 10 日，为加强宗教文化交流，促进边境地区和谐稳定，由云南省瑞丽市中缅边境文化交流协会宗教文化交流部主办、瑞丽市佛教协会承办的"2015 中缅边境地区南传佛教文化交流会"在云南瑞丽市召开。会议主题为"弘扬佛教文化、促进社会和谐稳定"，邀请了当地政府及分管民族宗教工作的有关领导，傣学会、佛教协会、宗教界人士代表共 200 余人。

20. 2015 年 12 月 26 日，中国佛教协会会长学诚法师、副会长演觉法师在北京广济寺会见来访的缅甸国家僧侣委员会主席库玛拉毕万萨长老一行，并就两国佛教交往展开交流。

# 中国与柬埔寨佛教交流分析报告
## （2010—2015 年）

王鹤琴　黄　凯

中国与柬埔寨两国间的友谊源远流长，佛教是中柬两国人民文化交流的纽带。中柬两国有着悠久友好的佛教交流历史，进入 21 世纪后特别是 2010 年以来更是展现出频繁、多样的佛教交流图景，惹人注目，对其的关注分析不仅有助于理解把握当今世界佛教格局中汉传佛教与南传佛教的互动，而且对促进中国与柬埔寨的政治、经济、文化等全方面的合作有重要作用。

## 一　中柬佛教交流的方式

2010 年至 2015 年期间，中国与柬埔寨之间的佛教交流全面广泛，既有佛教界之间的往来，也有依托于佛教的政治、文化、民族等之间的连结，既有官方支持下的交流，也有民间自发的对话，其中主要的几类交流方式有：

### （一）中柬合作举办国际性佛教文化交流活动

2011 年 12 月 15 至 17 日，以"祈祷世界和平，弘扬佛教文化"为主题的 2011（首届）亚洲佛教文化节在柬埔寨王国首都金边和世界文化圣地吴哥窟成功举办，此次佛教文化节由柬埔寨王国政府宗教部、文化部主办，中国广东四会六祖寺参与发起并支持，来自东亚、东南亚、南亚等15个国家和地区的佛教代表团参加，柬埔寨王国政府副总理涅文才、宗教事务部长孟肯、柬埔寨两派僧王布格里和狄旺、中国广东四会六祖寺方丈大愿法师等出席了活动。① 12 月 17 日，参与首届亚洲佛教文化节活动的各国诸山长老共同发布"吴哥宣言"，此次文化节的举办对于进一步加深中柬两国佛教界和广大民众之间的相互了解与传统友谊、提升中柬两国佛教文化在国际佛教舞台上的影响力发挥了重大作用。

### （二）中柬互派佛教艺术团队演出展览

2010 年 3 月 24 日，"佛缘同心·滴雪丹青"慈善佛缘作品亚洲巡回展新闻发布会在京举行，国家宗教事务局副局长蒋坚永出席新闻发布会并致辞。此次巡回展以佛缘作品为载体，以弘扬慈善、友爱与和谐文化为目的，巡回展分为两条路线，其中一条线路即是在柬埔寨等南亚国家巡展。②

2010 年 4 月 25 日至 5 月 1 日，应柬埔寨政府副首相、王室典礼大臣贡桑沃亲王邀请，以中国佛教协会王健秘书长为团长、国家宗教事务局王哲一副司长为顾问、中国佛教协会国际部普正主任为秘书长、浙江杭州佛教协会会长光泉法师为佛乐团领队的代表团一行 27 人，赴柬埔寨出席了"文明遗迹与艺术表演"活动（the 4th Trail of Civilization and Performance）。杭州灵隐寺佛乐团的演出获得了柬埔寨各界及与会各国代表的一致好评，组委会主席贡桑沃亲王对佛乐团作为与会唯一一支由佛教僧人组成的艺术团表示赞叹，认为中国佛乐团的表演为本次活动增光添彩，是演出活动的一大亮点。③

2011 年 10 月 28 日在一场交织着感动与禅悦的佛教文艺汇演中，2011 广东禅宗六祖文化节圆满闭幕。在这台佛教文艺汇演中，来自柬埔寨阿布萨拉湄公河协会的演员表演了颇具东南亚特色的佛教祈福舞蹈

---

① 《首届亚洲佛教文化节在柬圆满闭幕发表吴哥宣言》，佛教在线网站，http：//www．pusa123．com/pusa/news/dujia/201124095．shtml，阅读时间为 2016 年 11 月 26 日。

② 《国内最高规格佛教题材亚洲巡回艺术展将 4 月启程》，佛教导航网站，http：//www．fjdh．cn/bznews/2010/03/143410100206．html，阅读时间为 2016 年 11 月 26 日。

③ 罗喻臻：《王健秘书长率团赴柬埔寨出席"文明遗迹与艺术演出"活动》，《法音》，2010 年第 5 期。

《天空的舞者》，这一禅与武、静与动水乳交融的禅武表演将晚会推向了高潮。①

这些佛教艺术文化活动，不仅加强了中柬两国之间的交往，而且为弘扬亚洲国家及不同宗教间友谊、和平、合作、和睦的关系做出了重要贡献。

### （三）中国对柬埔寨实施救灾、援助等

对柬埔寨进行援助也是中柬佛教交流开展的形式之一，其援助内容涉及技术、经济、人力、佛事等多个方面；援助的发起既有中国政府官方组织的，也有民间自发而为的；既有来自中国大陆的，也有来自中国台湾的。例如，2010 年 11 月 27 日，中国政府援助柬埔寨吴哥古迹茶胶寺保护修复工程开工仪式在茶胶寺举行，柬埔寨副首相兼内阁办公厅大臣索安、中国文化部部长蔡武、中国驻柬大使潘广学、联合国教科文组织官员等以及当地民众代表近 300 人出席了开工仪式。这次援助修复茶胶寺，中方不仅提供技术专家直接参与，而且对该项目给予 8 年总计 4000 万元人民币的资助。② 2010 年 12 月 12 日，在金边钻石岛举办的"祈福保安暨超度冥阳两利大法会"上，来自中国台湾地区的佛教华僧会主法大师净心长老与多国僧人，在数百位来自柬国各地佛教信众及善信同胞虔诚的见证下，为柬埔寨踩踏事件遇难者超度，也为柬国消灾解厄，保佑柬国人民否极泰来、国泰民康、繁荣富强。2011 年柬埔寨发生严重水患，中国台湾法鼓山慈善基金会于 2011 年 11 月 1 日前往柬埔寨勘灾并参与救灾工作。

### （四）中国政、教界代表受邀访问柬埔寨

2010 至 2015 年期间，应柬埔寨政府与宗教界邀请，中国政、教界代表多次率团对柬埔寨进行访问。例如，2011 年 2 月 20 至 25 日，应柬埔寨大众部狄旺僧王邀请，中国佛教协会副会长正慈法师、四川省佛教协会副会长素全法师率代表团一行 16 人赴柬埔寨进行友好交流。访柬期间，代

---

① 《2011 广东禅宗六祖文化节圆满闭幕歌舞映禅心》，佛教在线网站，http：//www. fjnet. com/jjdt/jjdtnr/201110/t20111029_ 185586. htm，阅读时间为 2016 年 11 月 26 日。

② 郑筱筠著：《斯里兰卡与东南佛教（从佛教传入至公元 20 世纪)》，《世界佛教通史》（第 12 卷），中国社会科学出版社 2015 年，第 308—309 页。

表团受到柬佛教与各界的热情欢迎，西哈莫尼国王、两派僧王及柬政府宗教部长先后会见代表团；2013 年 9 月 13 日，应柬埔寨王国宗教部的邀请，中国佛教协会副会长、深圳市佛教协会会长、深圳弘法寺方丈印顺法师率领由中国国家宗教局、中国佛教协会、深圳市宗教局相关人员组成的代表团访问柬埔寨，受到柬埔寨宗教界的热烈欢迎；2014 年 5 月 11 日，国家宗教事务局陈宗荣副局长率代表团一行抵达金边，对柬埔寨进行为期五天的正式访问，受到了柬埔寨政府和宗教界的热烈欢迎；2015 年 3 月 19 日，国家宗教事务局蒋坚永副局长与中国佛教协会副会长、深圳弘法寺方丈印顺法师应邀率领中国佛教代表团对柬埔寨进行了友好访问。

### （五）柬埔寨政要、高僧参访中国佛寺

2010 至 2015 年间，有许多柬埔寨政要参访了中国各地佛寺。国王诺罗敦·西哈莫尼除了 2011 年以外，每年都参访中国佛教圣地，地域广泛，包括福建泉州开元寺、河南嵩山少林寺、南京栖霞寺、山西五台山、江西云居山真如禅寺等。西哈莫尼国王的参访活动无疑对于增进中柬两国佛教友谊具有极大的促进作用，例如，2010 年 3 月 2 日，在参访福建泉州开元寺时，开元寺方丈道元法师将 1983 年西哈莫尼国王的父亲西哈努克国王携夫人前来访问的一张珍贵照片赠送给他，令西哈莫尼国王十分惊喜感动并赠予寺院金佛像；2013 年 8 月 16 日，在参访南京栖霞寺时，西哈莫尼国王还瞻礼了佛顶骨舍利；2015 年 9 月 9 日，在参访云居山真如禅寺时，西哈莫尼国王供奉一尊释迦牟尼佛像于大雄宝殿，象征中柬两国佛教友谊源远流长。

除了西哈莫尼国王以外，在这期间参访过中国佛寺的柬埔寨政府重要官员代表有：柬埔寨国会主席韩桑林、柬埔寨王国 NheK Bun chhay 副首相、柬埔寨国务大臣兼商务部长占蒲拉西、柬埔寨参议院秘书长翁萨勒、柬埔寨西哈索瓦·西里拉亲王、柬埔寨王国副首相涅本才、柬埔寨皇家三军副总司令夫人金昌迪、柬埔寨首相洪森、柬埔寨驻广州总领事（2015 年）、柬埔寨宗教部部长孟肯、柬埔寨国务秘书布如么·速卡等人，参访的佛寺有：四川峨眉山报国寺、广东四会六祖寺、河南嵩山少林寺、河南洛阳白马寺、无锡开元寺、陕西扶风法门寺、杭州灵隐寺、广东韶关南华禅寺、深圳弘法寺、合肥开福禅寺等。这些大量的参访活动对于增进中柬双方相互了解大有裨益。

　　另外，柬埔寨的高僧信众对中国佛寺也有参访。2010 年 9 月 20 日，柬埔寨王国佛教法宗派宗长、西哈莫尼佛教大学校长布格里僧王一行参访广东韶关南华禅寺；2010 年 10 月 30 日，柬埔寨佛教协会高僧参访北京灵光寺；2012 年 6 月 4 日，柬埔寨布格里僧王秘书索瓦纳克率佛牙舍利朝拜团来到北京灵光寺参拜佛牙舍利；2013 年 12 月 21 日，柬埔寨王国洛达僧王（智慧法师）一行参访浙江长兴寿圣寺；2014 年 9 月 5 日，柬埔寨第四僧王隆庞长老一行参访深圳弘法寺；2015 年 6 月 7 日，来自柬埔寨等六个国家的南传佛教法师和信众参访江西九江东林寺；2015 年 10 月 26 日，柬埔寨宗教部部长孟肯一行参访深圳弘法寺。

　　虽然柬埔寨高僧信众对中国佛寺的参访次数相较于政府官员要少，但是他们经常参加中国佛寺举办的法会等活动，给予大力支持，这是中柬佛教交流的另外一种形式。

### （六）柬埔寨政要、高僧出席中国佛教活动

　　柬埔寨政要、高僧参加中国佛教活动是中柬佛教交流的又一重要形式。例如，2011 年 5 月 21 日，中国佛教协会北京灵光寺全寺圣像开光庆典暨供佛斋僧法会在北京隆重举行，柬埔寨驻华使节出席了法会；2011 年 10 月 27 至 28 日，2011 广东禅宗六祖文化节在四会六祖寺隆重举行，柬埔寨王国佛教法相应派僧王出席相关法会、活动，并与大愿法师等十余位诸山长老共同主法；2012 年 9 月 23 日，中国佛教协会副会长、海南省佛教协会会长印顺法师荣膺海南三亚南山寺方丈晋院升座庆典隆重举行，柬埔寨皇家副司令发来贺电，来自柬埔寨的高僧大德参加了盛会；2012 年 12 月，首届湖北药师佛文化节在武汉举办，来自柬埔寨的政要和高僧参加了此次活动，柬埔寨王国佛教法宗派宗长、西哈莫尼佛教大学校长布格里僧王出席了文化节的亮灯仪式并致贺辞；2013 年 6 月 16—17 日，亚洲禅学研讨会在香港隆重举行，研讨会期间，还举行了三皈五戒、全山斋法会、祈祷世界和平法会等，来自中国、柬埔寨以及其他国家的三大语系高僧共同主法；2013 年 10 月 24 日，第五届深圳佛教文化节的重点内容之一“知恩报恩，护国息灾——2013 年万众普佛供灯祈福大典”隆重举行，柬埔寨大宗派僧王狄旺、柬埔寨法宗派僧王布格里等出席法会并带领南传佛教僧众为大家诵经祈福；2014 年 4 月 18 日，山东龙口南山禅寺隆重举行真龙法师荣膺方丈暨南山大佛开光十周年庆典法会，广东六祖寺方

丈大愿法师、柬埔寨布格里僧王等海内外高僧大德参加了升座庆典仪式，柬埔寨僧王还向真龙法师赠送了佛像；2014 年 10 月 31 日，香港宝莲禅寺隆重举行万佛宝殿落成开光庆典，中国佛教协会副会长学诚法师、柬埔寨布格里僧王等海内外三大语系的高僧参加了庆典，三大语系开光仪式分别进行，汉传佛教和藏传佛教的仪式皆由中国高僧主法，南传佛教的仪式由布格里僧王等主法；2015 年 9 月 20 日，湖北大慈恩寺举行本焕长老舍利回山永久安奉祈福法会，中国佛教协会副会长、深圳弘法寺方丈、湖北大慈恩寺住持印顺法师，柬埔寨第四僧王、波莱波廊寺方丈都彭长老和藏传佛教萨迦派大堪布堪布多杰大师等三大语系高僧共同主持法会；2015 年 10 月 24 日，在江苏无锡第四届世界佛教论坛开幕式上，柬埔寨法宗派僧王布格里长老出席开幕式并宣读柬埔寨国王贺信；2015 年 10 月 28 日，2015 崇圣论坛在大理崇圣寺隆重举行，来自中国和柬埔寨等国家和地区的宗教领袖出席论坛；2015 年 11 月 1 日，深圳弘法寺举行 "万众普佛供灯祈福大典"，中国佛教协会副会长、深圳弘法寺方丈印顺法师，柬埔寨法宗派布格里僧王等高僧大德出席了庆典。

### （七）柬埔寨迎请中国僧人舍利永久安奉

2015 年 3 月 19 日，应柬埔寨佛教界邀请，经国家宗教事务局批准，中国国家宗教局副局长蒋坚永与中国佛教协会副会长、深圳弘法寺方丈印顺法师率领中国佛教代表团对柬埔寨进行友好访问，并护送中国佛教泰斗本焕长老真身舍利赴柬埔寨永久安奉。柬埔寨王国举行最隆重的国家级庆典，迎接本老舍利到安放供奉地乌廊山波莱波浪寺。

这是继 2013 年 3 月 22 日泰国首次迎请本焕长老舍利永久安奉后，本老真身舍利再次出国。这不仅是中国历史上具有跨时代意义的重大事件，而且对南海佛教周边国家乃至整个华人圈都产生了重要影响，促进了中国与东南亚国家之间进一步的文化交流，体现了南海佛教周边国家之间 "精神共享、文化同归" 的新格局。

## 二 中柬佛教交流的特点

2010 年至 2015 年期间，中国与柬埔寨两国之间的佛教交流往来有了长足进展，交流频率增加，并呈现出以下几个特点。

### (一) 交流方式多样，涉及领域广泛

在过去的 5 年里，中柬两国合作举办国际性佛教文化交流活动、互派佛教艺术团队演出展览，中国对柬埔寨实施救灾援助，中国政、教界代表受邀访问柬埔寨，柬埔寨政要高僧参访中国佛寺、出席中国佛教活动，柬埔寨迎请中国僧人舍利永久安奉等，表明中柬两国的佛教交流呈现出多样化的发展态势。与此同时，两国佛教交流所涉及的领域也不断扩展，过去 5 年里，两国佛教在文化艺术、舍利祖庭、文物保护、灾难救助、节庆活动、学术交流、青年教育等领域都开展了频繁的互动交流，并且表现出交流方式不断增加、交流领域继续扩展、交流程度日益加深的趋势。

### (二) 政治交往对佛教交往产生了明显的推动作用，反过来佛教交往也助益政治交往

在中国与柬埔寨的佛教交往中具有较为明显的官方主导、受政治交往推动的特征。2013 年柬埔寨西哈努克亲王逝世，中国政府高度重视，时任总理温家宝前往吊唁、全国政协主席贾庆林出席葬礼，中国佛教协会也发出唁电，极大地促进了中柬两国友谊。佛教作为中柬两国交往的重要桥梁和纽带之一，为两国政治、经济、文化等方面的交往也做出了极大贡献。

当然，除了官方主导和支持以外，中柬两国佛教交流也有许多民间自发的行为，主要表现在中柬两国佛教僧人共同出席在两国境内举办的佛教文化节、一同参加法会等佛事活动上。

### (三) 在教界的佛事活动之外，国际性的学术活动成为日益引起重视的交流媒介

在 2010 年至 2015 年间，中柬两国之间的佛教交流虽然形式多样，但由中柬两国僧人共同参加的佛事活动仍然是其中重要的组成部分。例如，在 2012 年印顺法师荣膺海南三亚南山寺方丈升座庆典法会、2013 年深圳万众普佛供灯祈福大典、2014 年山东龙口南山禅寺真龙法师荣膺方丈庆典法会、2014 年香港宝莲禅寺万佛宝殿落成开光庆典、2015 年湖北大慈恩寺恭迎本老舍利永久供奉祈福盛典、2015 年湖北报恩禅寺万佛宝塔落成开光法会、2015 年广东省弘法寺万众普佛供灯祈福大典、2015 年深圳

龙岗龙兴寺全殿落成开光祈福法会等佛教界的活动中，均有来自柬埔寨的僧人参加，且参与主法。

此外，需要引起注意的是，在佛事活动举行的同时，往往伴随有国际性的学术研讨会，中柬两国通过学术盛会来深化佛教交流。2012 年 12 月 18 日，湖北药师佛文化节之药师佛文化与健康禅学术研讨会在武汉开幕，柬埔寨王国政府培训部副部长出席并致辞。2013 年 6 月 16 日，亚洲禅学研讨会在香港召开，柬埔寨法宗派僧王布格里长老出席。2013 年 10 月 25 日，第二届中华佛教宗风论坛在深圳开幕，柬埔寨大宗派僧王狄旺长老、柬埔寨法宗派僧王布格里长老出席。可以看到，佛教学术交流开始受到中柬两国僧人的重视，并逐渐在两国的佛教交流活动中占有一定的比重。

### （四）广东、福建等省份在两国佛教交流中扮演了重要角色

由于广东、福建等中国东南沿海省份在地理位置上靠近柬埔寨，加上那里经济发达、佛教信仰氛围浓厚，因此在两国佛教交流中非常活跃，扮演了极其重要的的角色。

在两国政要、高僧往来方面，2010 年 9 月柬埔寨王国布格里僧王一行参访广东韶关南华禅寺，2011 年 2 月世界越柬老社团领袖访问团一行参访厦门南普陀寺，2011 年 5 月柬埔寨王国副首相一行参访广东四会六祖寺，2013 年 9 月深圳弘法寺方丈印顺法师访问柬埔寨，2014 年 9 月柬埔寨第四僧王一行参访深圳弘法寺，2015 年 6 月柬埔寨驻广州总领事一行到禅宗祖庭南华禅寺参观，2015 年 10 月柬埔寨宗教部部长访问深圳弘法寺。

在文化及佛事互动方面，由两国联合举办的活动有：2011 年 12 月由柬埔寨佛教与宗教部、文化部和中国广东四会六祖寺共同举办的 2011 亚洲佛教文化节。由中国举办、柬埔寨政要、高僧参加的活动，例如，2011 年 10 月在广东四会举办的 2011 禅宗六祖文化节、2012 年 9 月在海南举行的印顺法师荣膺海南三亚南山寺方丈升座庆典法会、2013 年 6 月在香港举办的首届亚洲禅学研讨会、2013 年 10 月在深圳弘法寺举办的第二届中华佛教宗风论坛、2014 年 10 月在深圳弘法寺举行的第六届佛教文化节全国名家书法作品展、2014 年 10 月在深圳弘法寺举行的纪念本焕长老诞辰108 周年祈福大典、2014 年 10 月在香港举行的香港宝莲禅寺万佛宝殿落成开光庆典、2015 年 3 月在深圳举行的柬埔寨王国隆重恭迎本焕长老舍

利安奉仪式、2015 年 10 月在云南大理举办的 2015 崇圣论坛、2015 年 11 月在深圳弘法寺举行的万众普佛供灯祈福大典、2015 年 11 月在深圳龙岗举行的龙兴寺全殿落成开光祈福法会、2015 年 11 月在深圳举行的三水本焕寺大雄宝殿落成暨佛像开光祈福法会等。

从以上这些中柬佛教互动往来我们可以看到，中国南方寺院及僧人在中柬佛教交流中表现得比较积极，广东较为突出。四会六祖寺和深圳弘法寺不仅是柬埔寨政要、高僧频繁参访的对象，而且在佛教活动方面也和柬埔寨僧人保持着长期密切的联系。另外，南方其他省份如浙江、福建、湖北也都和柬埔寨佛教有着比较频繁的互动交流，而北方虽然如陕西、山西、河南等地也有柬埔寨政要、高僧前往参访，但教界直接的沟通互动则比较少见。

## 三　中柬佛教交流的未来

2010 年至 2015 年期间，中、柬两国的佛教交流取得了丰硕的成果，相信未来会沿着这一道路继续稳健发展，为增进两国人民的友谊、推动两国文化的发展作出更大的贡献。

### （一）鼓励、支持佛教界自主的合法交流

官方主导、政治交往是中国与柬埔寨的佛教交往中较为明显的特色之一，虽然在过去的 5 年里中柬两国佛教交流中也活跃着许多民间自发的行为，但就互动频度、交流深度、影响程度等方面来看依然还不够，民间自主交流仍然存在较大发展空间。因此，在合法的范围内，政府可以适度鼓励和支持佛教界自主自发的交流往来。

### （二）汉传佛教与南传佛教的对话有待深入

在过去的 5 年里，中、柬两国的佛教交流表现在文化领域的多，而涉及义理修行等信仰层面的少，在佛教学术研究领域，两国的交流也非常薄弱。近几年，南传佛教在中国传播迅猛，特别是南传系统的禅修掀起一股热潮，这为南传佛教与汉传佛教的深入交流带来了良好契机。因此，中柬两国之间的佛教交流可以就此展开协作。

21 世纪是一个强调对话的时代，不仅宗教之间需要对话，不同佛教

传统之间也需对话。① 加强三大语系佛教传统的交流合作，了解共通性，尊重差异性，排除误解与对立，消弭因教义诤论而生的冲突矛盾，同心尽力追求社会和谐与世界和平，已成普遍共识，也是未来佛教发展的趋势之一。

### （三）佛教教育的合作需要加强

在过去的 5 年里，中柬两国的佛教交流繁荣，但涉及到佛教教育方面的交流成果则并不明显，截止 2015 年底，尚无中国和柬埔寨的佛学院之间正式建立起合作办学、聘请外籍教员或互派学生等教学互动。不过，这一局面在 2016 年有所突破。2016 年 10 月，应柬中友好协会的邀请，中国佛教协会副会长、海南省佛教协会会长、南海佛学院院长印顺大和尚与柬埔寨大宗派僧王狄旺长老和法宗派僧王布格里长老共同签订了《关于柬埔寨选派僧侣赴华学习的协议》。协议商定中方将向柬方每年提供 60 个留学名额，资助柬埔寨僧人前往南海佛学院学习深造。② 此举不仅标志着两国佛教在加强人才培养上有了实质性进展，也对两国佛教文化交流起到了巨大的促进作用。

### （四）在继续保持中国东南沿海地域优势的基础上，带动内地佛教界与柬埔寨的往来

如前文所述，在过去的 5 年里，中柬两国佛教交流呈现出比较明显的地域性差异，南方地区尤其是东南沿海地区与柬埔寨佛教交流频繁、互动密切，而相比之下，北方地区与柬埔寨的佛教交流不仅在频度上远远不够，在交流范围、程度上也远远逊色于南方。柬埔寨与中国全国性佛教交流还有很大的发展空间。这种与中国佛教界更多地区的交往，将有利于柬埔寨对中国佛教建立起更为全面的认识。中国内地佛教界也要转变观念，培养人才，积极走出去。

综上所述，中国与柬埔寨的佛教交流在继承友好历史传统的基础上，

---

① 《"汉藏南传佛教对话交流高峰会"在上海华东师大隆重举行》，凤凰佛教网站，http：//fo．ifeng．com/a/20160908/44449219_ 0．shtml，阅读时间为 2016 年 11 月 27 日。

② 《柬埔寨派驻学僧赴中国南海佛学院留学深造》，弘善佛教网站，http：//www．liaotuo．org/fojiaoxinwen/guoji/165241．html，阅读时间为 2016 年 11 月 27 日。

近五年又表现出了一些新的特点，取得了很大成就，相信未来会有更好的发展，正如郑筱筠研究员所言："随着双方合作交流机制的进一步完善，尤其是在中国'一带一路'战略倡议框架下，打造亚洲命运共同体，互利互信，互赢互通已经成为中国与柬埔寨人民友好往来的共识，相信以后两国佛教界的交流还将进一步加强，成为发展中国与柬埔寨友谊的重要桥梁。"①

---

① 郑筱筠:《斯里兰卡与东南亚佛教（从佛教传入至公元 20 世纪)》，魏道儒主编:《世界佛教通史》第十二卷，第 309 页。

# 中国与新加坡宗教文化交流分析报告
## （2005—2015）

杨　莉

　　新加坡于 1965 年独立，于 1990 年 10 月 3 日与中国正式建交，之后两国的国事往来不断，2007 年温家宝总理正式访问新加坡，2009 年 11 月，国家主席胡锦涛也对新加坡进行国事访问。2012 年 9 月，新加坡总理李显龙再次访华与国家主席胡锦涛会面。为了庆祝两国建交 20 年，中国将一对大熊猫借给新加坡，为期 10 年，并由此展开了长期的科研交流和合作计划。

　　实际上，新加坡与我国的交流历史悠久，内容丰富，这主要是因为新加坡以华人为主要族群，这使得我国和新加坡在宗教和文化上存在着某种程度上的联系。独立后的新加坡主要由 4 个族群组成，华人、马来族、印度裔以及其他少数族群。而华人主要是来自中国闽粤社会的移民以及移民后代，大体上为福建人、广东人、海南人、客家人。

　　据新加坡政府 2011 年新加坡总人口为 3789300 人，华人为 2808300 人，马来族为 506600 人，印度裔为 349000 人，其他族群为 125300 人，华人占总人口的 74.11%，马来族占总人口为 13.67%。2015 年的统计年鉴显示，新加坡永久居住人口为 3870739 人，华人为 2874380 人，马来族为 516657 人，印度裔为 353021 人，其他族群为 126681 人，华人占总人口的 74.26%，马来族占总人口的 13.35%。从 2011 年到 2015 年，华人人口总数增幅为 0.15%，第二大族群马来人为减少 0.32%。由上述数据可以看出，华人在新加坡不仅是数量占优势的族群，而且在 4 年的时间中，相对于马来族群人口数量的减少，华人人口数量有明显的小幅增加。而中国又是新加坡华人的祖籍国，因此，各种形式、层次的宗教文化交流是不可避免的。

# 一 中国和新加坡宗教文化交流的几种类型

## （一）具有官方性质的宗教文化交流活动

虽然宗教交流本身就与两国的外交会晤有所不同，但是就宗教交流本身的类型、性质和参与人员的级别等维度，在宗教交流活动中进行细化，分出哪些活动具有官方性质，诸如国家宗教协会层面的交流活动，其性质和作用相当于两个国家宗教界的互访。这类宗教文化交流活动，通常是多个宗教一起来访，由我国的某一宗教协会接待，例如，应国家宗教事务局叶小文局长的邀请，以惟俨法师为团长、李木源居士为副团长、广声法师为秘书长的组成的"新加坡佛教总会访华交流团"于 2005 年 4 月 10 日至 20 日，来华进行为期十天的友好访问。[①]

2008 年 11 月 14 日，由团长迦嘉（Mr Rustom M. Ghdailai）先生率领的新加坡宗教联谊会访华交流团一行 15 人来访我会。中国基督教三自委员会主席傅先伟长老、协会会长高峰牧师、三自秘书长徐晓鸿牧师等热情地接待了来访的客人。双方主要交流了各自的组织结构与主要事工，特别是对宗教和睦与和谐的主题进行了较深入的分享与交流。[②]

2013 年 5 月 10 日上午，以新加坡宗教联谊会道教代表、新加坡道教总会会长陈添来为团长的新加坡宗教联谊会代表团一行 26 人拜访中国佛教协会，受到中国佛教协会副会长学诚法师的热情接待。[③] 同日下午，中国天主教主教团主席马英林主教、中国天主教爱国会副主席刘元龙热情接待了该团。此次新加坡宗教联谊会一行人员中有：天主教、道教、佛教、伊斯兰教、兴都教、巴哈伊团体等宗教团体。[④] 2012 年 9 月 28 日，中国

---

① 《法音》，2005 年第 5 期。

② http：//www.ccctspm.org/news/de_re/2008/1119/08111975.html

③ http：//www.chinabuddhism.com.cn/xw/jliu/2013 – 05 – 10/2745.html

④ 陈雪梅：《新加坡宗教联谊会代表团一行访问"一会一团"》，《中国天主教》，2013 年第 3 期。

基督教三自爱国运动委员会主席傅先伟长老应邀出席了圣公会新加坡教区在教区主教座堂圣安德烈堂为周贤正主教举办荣休感恩礼拜。2013 年 10 月 24 日，新加坡佛教居士林一行 50 余人在延续法师带领下拜访中国佛学院。① 2014 年 10 月 16 日下午，新加坡新亚学院院长赵克文牧师携师母一行 2 人到访到访云南省基督教两会。2016 年 9 月 9 日至 12 日，以中国佛教协会副会长、湖南省佛教协会会长圣辉法师为团长，中国佛教协会副会长、江苏省佛教协会会长心澄法师为副团长，国家宗教事务局宗教研究中心副主任雷丽华为顾问，中国佛教协会副秘书长宏度法师为秘书长的中国佛教代表团一行 10 人应邀访问新加坡，出席新加坡佛学院建校十周年暨新教学楼落成庆典。②

由上面列举的互访可见，这种交流形式主要是增进两国宗教界的了解，促进两国宗教的和谐，为两国宗教交流定下总的纲领，相互学习宗教管理经验，发挥"他山之石可以攻玉"的优势。两国政府借助两国宗教类型相似的便利条件，充分发挥宗教外交的优势，促进两国在其他领域的共同繁荣和深度合作，通过互惠互利的发展与合作增进两国之间的友谊，10 年来两国都有的五大宗教的官方互访有十数次，甚至还不包括文化民俗艺术交流团中的宗教部分。

### （二）具有民间自发组织性质的宗教交流活动

1. 以进香团为主要形式的宗教交流活动

来自中国闽粤地区的早期移民将当地的神灵和民间信仰一起带到了新加坡，不仅希望这些来自家乡的神灵可以保佑自己，同时也存续了与家乡的联系。当初来到东南亚的早期移民，按方言分为五大方言帮，也就是闽南人、广府人、客家人、潮州人、福州人，因此，这些神灵也具有地缘—方言帮的特性，所以，对这些神灵的信仰也是对于自己家乡的认同。

因此，这一类的宗教文化交流通常是以进香、寻根、祭祖为主要形式的民间自发的交流活动。例如，由 200 多名新加坡信众组成的保生大帝进香团来到城隍庙谒祖进香。③

---

① 《法音》，2013 年第 11 期。

② http：//www. sanwen. net/mp/yynlwff. html

③ http：//www. qzwb. com/dzb/dzb_ wb/content/2008 - 12/09/content_ 2970344. htm

此类活动还有 2015 年 3 月 12 日，由 150 人组成的新加坡龙山岩法主君进香团，12 日抵达福建福州嵩口月洲张圣君祖殿谒祖进香。由于福建衍播出去的张圣君道教信仰在新加坡广为传播，但近年来这样大型的组团回乡谒祖还属首次，这类活动的目的就是加强海外华人与祖籍地的联系，共同努力发扬中华传统文化。

这种活动是由于早期华人移民的"分香"、"分炉"使得同一神灵在海外和中国大陆都有庙宇和信仰人群，而海外华人又将中国内地的庙宇奉为祖庭。这是当代民间宗教文化交流的主要形式之一。即到中国大陆的神灵的祖庙、祖庭进香，并与当地的同宗同族（基本上就剩同姓）进行联谊活动。通这种民间的民俗文化交流活动，可以加深华人华侨对于故乡和祖籍国的了解和认知，有效增进了他们与家乡的情谊，同时也有利于传统文化间的保留和发扬。

2. 以神灵和庙宇为核心的民间宗教文化交流活动

此类活动以海外的宫庙为主，包括新庙建立拜谒祖庭，神灵的回銮、神灵的分香活动。换言之，就是以神缘作为纽带的各种形式的宗教文化交流。

以 2014 年闰九月新加坡修德善堂养心社宋大峰祖师金像百年回銮活动为例，当代社会海外移民通过将源自中国的传统文化习俗回传而与中国社会进行宗教文化的交流。祖师百年回銮不仅是一宗教事件，是神灵信仰的交流，而是为中国传统文化的传播与改善注入了新元素。潮人移居海外，同时在海外将潮人信仰理念传播开来。中国实施改革开放后，与移民共同迁移的祖师信仰也可以实现"返乡"——交流和传播。① 除了民间信仰的庙宇之外，中国新加坡的佛教庙宇也有着稳定的共建和交流活动，例如，2016 年 4 月 8 日上午 9 时，中国福山合卢寺与新加坡光明山普觉禅寺缔结兄弟友好寺院签字仪式在山东省烟台市福山区合卢寺普觉文化传媒中心大讲堂隆重举行。中国福山合卢寺方丈悟实大和尚和新加坡普觉禅寺方丈广声长老分别致词，并在大众的见证下签署和交换了缔约文书。②

3. 依托华人社团的宗教文化交流活动

---

① 参见王惠《海外移民与宗教仪式回传——甲午年新加坡修德善堂心社宋大峰祖师金像百年回銮》，《华侨华人历史研究》，2016 年第 3 期。

② http://science.china.com.cn/2016 - 04/11/content_ 8694166. htm

新加坡社团注册局每年在《新加坡政府宪报》上公布合法注册社团的名单。2006 年的数据显示，当时新加坡合法注册的社团共计 6126 个，其中宗教类团体 1229 个，占总数的 20%。[①] 有上述统计数字可以看出，宗教类的团体占到 20%，再加上在东南亚地区华人主要的组织方式之一的会馆，期间也供奉有神灵，很难将这种地缘性的神灵信仰和会馆的功能截然分开，而新加坡颁布了社团注册的相关法例之后，很多华人的会馆和庙宇都登记为社团。由此可见，以社团为主的活动也是新加坡和我国宗教文化交流活动的主要形式之一。就这种形式而言，交流活动的类型更为宽泛。例如，2014 年 12 月 14 日，新加坡高要会馆参访团一行近 30 人回乡观光联谊。

4. 中国和新加坡民间宗教慈善的交流活动

此类活动主要是以新加坡的华人庙宇和宗教团体为主将筹募的资金用于祖籍地的慈善活动，比如捐献救灾款，帮助家乡建设，在家乡建设建学，也有祠堂修建，这种活动通常是某一华人宫庙和华人教团体诸多活动中的一部分。

例如，2012 年 1 月新加坡海南会馆和中国海南琼州天后宫联合颁发敬老渡岁金，作为慈善活动。通过这种方式，海南会馆和琼州天后宫形成了一种稳定的共建联系，不但进行了宗教的交流，还对当地社会的公益事业有所助益。

5. 中国和新加坡宗教文化交流中的文教活动

宗教作为一种社会文化现象，很难局限于个人信仰层面，必然会包含各种文娱活动，比如华人宫庙筹办的娱神戏、各种庙会的庆祝活动，甚至是宗教造像展，书法绘画展等。在海外还有学习中国传统文化的活动，这些在新加坡多是由华人的宫庙、会馆、社团所承担的，通过巡展、巡演的方式进行宗教文化的交流。

例如，2007 年 12 月 14 日，韭菜芭城隍庙邀请来自福建、湖北、台湾、香港等地的民俗表演团体先后参加"亚洲民俗文化夜"、"神像巡游"、"亚洲种族宗教文化夜"和"过平安桥"等活动的演出。[②] 2009 年

---

① Supplement to the Republic of Singapore Government Gazette, Friday, 27 October, 2006.

② 陈碧：《新加坡韭菜芭城隍庙跨境文化交流活动的人类学考察》，《东南亚研究》，2013年第 6 期。

12 月 15—23 日，由中国道教、佛教、伊斯兰教、天主教及基督教五大宗教协会与新加坡宗教联谊会和新加坡十大宗教团体携手举办"中国——新加坡 2009 宗教文化展"。①

值得一提的是，这两个活动一个是民间庙宇主办，一个具有官方的性质，为期月余，都产生了巨大的影响，尤其是新加坡韭菜芭城隍庙的活动不仅与中国大陆内地的侨乡进行交流，还深入到了中原地区，形成了真正的依托宗教进行民间的文化交流。

除了传统宗教，伊斯兰教的传统民俗活动也在中新交流中起到了重要作用，例如，中国民间传统的伊斯兰教门武术，就曾随访新加坡，进行文化交流。

### （三）中国和新加坡宗教文化的学术研讨会

与上述的宗教交流活动略有不同，主办学术研讨会，广邀东南亚的各地学者，尤其是中国大陆的学者，进行宗教对话和讨论。这种活动很难界定到底是属于官方还是民间，但是就以现在越来越多的学术讨论会来看，不是由海外的院校主办，而是由某一宫庙或者宗教团体，基本可以认为是一种由民间参与的宗教学术交流活动。如果是官方发起的比如新加坡佛教总会，而受邀方是中国大陆的宗教协会，那么就基本认定是官方属性的。例如，由新加坡韭菜芭城隍庙于 2007 年 12 月 11 日举办"道家与道教"专题讲座。邀请了来自中国大陆的 6 位学者和道长主讲并讨论，包括厦门大学的詹石窗教授、台湾中国文化大学陈鼓应教授、四川大学张钦教授、中国道教协会副会长张继禹道长、加拿大阿尔伯塔大学（ University of Alberta）白瑾（ Jean De Bernardi）教授、新加坡韭菜芭城隍庙诵经团导师黄信成道长等②，而与会听众则是当地普通居民和城隍庙的信众，通过这种交流方式让当地居民更好的理解道教和生活的关系，以及道教的渊源。

正如上面所述，有一种更具有官方性质的学术研讨也是交流的主要形式，例如 2013 年 12 月 15 日，"两岸三地谈太虚——太虚大师与人生佛教"研讨会在新加坡大会堂隆重举行，来自两岸三地及新加坡佛教界的

---

① http://iwr. cass. cn/xw/201312/t20131217_ 16105. htm

② 陈碧：《新加坡韭菜芭城隍庙跨境文化交流活动的人类学考察》，《东南亚研究》，2013年第 6 期。

法师、居士大德数百人齐聚新加坡，围绕着"太虚大师与人生佛教"共同展开研讨。这种相当于两个国家的宗教界就某一问题或者宗教进行对话，与民间的普及活动区别甚大，但也是宗教文化交流的重要形式之一。

不仅是华人传统宗教，中新两国的伊斯兰教交流也不容小觑，例如，2012年10月19日至21日中国伊协副会长杨志波应新加坡伊斯兰宣教协会邀请，出席了在新加坡召开的题为"穆斯林非政府组织在群体中的服务：挑战与机遇"的伊斯兰教国际学术会议。

## 二 中国和新加坡宗教文化交流活动的特点

### （一）民间交流的大型活动多，且活动具有综合性

前面将中国和新加坡的宗教文化交流活动进行了简单的分类之后，纵观这10年的交流活动，由新加坡华人宫庙、宗教团体主导的活动逐渐增加。在这十年间的早期，新加坡的宗教总会和我国的宗教协会的交流较多，属于一种互访的性质，而后一阶段以民间交流活动为主，而且也不在局限于某一宗教的仪式，或者是"分香""回祖庭"等宗教仪式活动，其中还包括与中国大陆省级的宗教协会的交流，近年来更是呈现出综合性的特点，例如，在"分香""拜谒祖庭"的活动中有参观交流、寻根，甚至同时还开展慈善活动，比如捐赠、放生。而依托宫庙的交流活动还包括娱神戏，这种文娱活动促进了中国大陆和海外华人的多层次的交流。

近年来，中国和新加坡的民间交流不乏大型活动，例如上文提到的新加坡韭菜芭城隍庙的跨境文化交流，不仅是和中国大陆地区，同时也包括中国台湾。这种大型活动涵盖了文教、宗教仪式、宗教学术讲座等多个交流层面，为期月余，是近年来华人宫庙主办的宗教文化交流中的典型代表。

### （二）华人会馆虽然不是宗教组织，但是在宗教文化交流中起到重要作用

新加坡的华人会馆在两国的宗教文化交流中起到了非常重要的作用。新加坡的华人会馆有着悠久的历史，从早期华人移民开始就已经建立，每一乡里几乎都有自己的宗亲组织，即同乡会或会馆。当时的会馆不但是同乡联谊的地方，也在这里祭祀本乡"地头公"或是中国传统

的神灵。

新加坡独立后，传统的会馆不得不思考在新的历史时期和社会中的定位，以谋求自身的发展。1984 年 12 月 2 日，新加坡的 9 个宗乡社团福建会馆、潮州八邑会馆、南洋客属总会、晋江会馆、广东会馆、三江会馆、福州会馆、琼州会馆及惠安公会联合发起召开"全国宗乡会馆研讨会"，来自全国 185 个宗乡组织的 665 名代表及其他 37 名社团代表和个人齐聚潮州八邑会馆参加了这次盛会。新加坡宗乡会馆联合总会于 1985 年 12 月 9 日获准注册成立。总会成立之初有 104 个会馆加入，2005 年会员数目是 191 个。总会成立的宗旨是加强、协调新加坡华人宗乡会馆的关系；促进、主办或资助教育、文化、社会等活动，提高公众人士对华族语文、文化和传统的认识、了解及欣赏能力；提倡、资助或从事有关华族语文、文化及传统的研究；促进总会与其他组织间的关系、了解及合作；主办、参与或协助社区与福利服务；促进与保障会员的利益与福利。① 从新加坡宗乡会馆联合总会的宗旨可以看出，其中主要的职能就是促进、主办教育、文化活动，促进总会与其他组织间的关系，以及社区福利等，因此，新加坡的各地宗乡会馆组织了很多交流活动，因此，新加坡会馆在中新宗教文化交流中起到了重要作用。

### （三）中国和新加坡两国的各个宗教交流密切

新加坡是多民多宗教的国家，因此，在中国和新加坡的宗教文化交流中，几乎涵盖了在两国传播的大多数宗教，尤其是三大世界性宗教。中国的基督教协会和新加坡圣公会、三一神学院、新加坡卫理公会在这 10 年间有过多次互访，而且形式多样。这种交流不仅停留在国家基督教两会层面，省市级的基督教两会和新加坡的宗教团体也有频繁交流、往来。如，江西省两会、青岛市两会都曾到新加坡进行交流访问。

除了基督教之外，中新的伊斯兰教交流也颇为密切。例如，2009 年中国伊斯兰教交流团秘书长张广林向新加坡巴阿维清真寺赠送玉刻《古兰经》，新加坡外交部高级政务部长再诺、巴阿维清真寺伊玛目赛益哈为代表接受了这份珍贵的礼物。由此可见，虽然在新加坡佛教是信仰人数最

---

① 白叶：《社会变迁与新加坡华人宗乡社团之演变：以新加坡海南会馆为研究个案》，厦门大学，硕士论文，2007 年。

多的宗教，但是两国的各大宗教都有频繁的往来。据不完全统计这十年来，各宗教的交流活动有近百次，而且官方民间两种方式并行，增进了两国的友谊，促进了深度合作。

### （四）伊斯兰教、基督教以官方交流为主

由于中国和新加坡的宗教管理制度的差异，使得某一宗教文化交流属于官方还是民间性质并不能很好界定。但是基督教和伊斯兰教则更多的呈现出了官方性质，例如，赠送玉刻《古兰经》一事，代表新加坡巴阿维清真寺的不仅有伊玛目，还有外交部高级政务部长，可见这属于宗教外交活动。

基督教情况也与此相近，无论是新加坡的圣公会、新加坡卫理公会，还是三一神学院来访，都是由国家基督教两会接待，而我国去新加坡交流的基督教团体也多是各地的两会或者是神学院。

相对于此，道教就更多的呈现出民间色彩，新加坡的道教庙宇或者是民间信仰的宫庙经常来中国大陆各省市的道教协会进行交流学习，尤其是道教科仪之类。两国佛教的民间交流也是屡见不鲜，因此，中国和新加坡的宗教文化交流，基督教和伊斯兰更多的呈现出官方性质，是两国外交的体现。

## 三　中国和新加坡宗教文化交流中值得关注的现象和趋势

首先，近年来，在中新两国的宗教文化交流中，研讨会和讲座较以往有所增加。以前，研讨会通常是由学院邀请举办，现在更多的是宗教团体出面组织主办宗教研讨会，广邀各路学人。而且这种研讨会通常是和法会、仪式一起进行，成为交流活动中的一环。

其次，民间交流活动大型化、综合化。以敬香团为例，现在的敬香活动通常是几百人一起来，相似的服装，同谒一个庙宇，成为当地宗教文化交流的一道风景线。不仅如此，分香、回祖庭等活动也是非常大型的民间交流活动。

最后，是交流的多层次。除了官方性质的外交互访和民间性质的交流，还有一种既有民间，又有官方性质的交流趋势的出现。在某种程度上，这是一种令人欣喜的发展趋势，让官方和民间两个路向相互合作，互

相补充，相互助益，在适当的场合呈现合适的性质，使得两国的宗教文化交流向着复合、高效、有益的方向发展，增进两国的有益，通过这种良性的交流还可以为两国的经济合作带有帮助。

# 中国与斯里兰卡佛教文化交流分析报告
## (2010—2015 年) [①]

司　聆

　　中国与斯里兰卡在佛教文化交流方面具有极为深厚的因缘：早在西汉时，王莽便遣使节出使黄支国（今印度境内 kanchipura），使者后辗转至斯里兰卡，《汉书》记载"黄支之南，有已程不国。汉之驿使自此还矣"[②]，"已程不国"即斯里兰卡古称之一，此可算是我国与斯里兰卡第一次有史记载的官方交流。东晋时期，斯里兰卡国王听闻孝武帝尊崇佛教，因而派遣沙门昙摩前来中国，昙摩法师历经十年航海跋涉，于义熙二年（406）到达汉地，带来四尺高玉佛像一尊，正式开启中国与斯里兰卡两国长达千载的佛教交流。

　　新形势下，佛教交流是一条重要纽带，可向斯里兰卡民众传递中国宗教信息及其他信息，借以这些正面信息与相同价值观，拉近包括两国佛教界在内的社会各界人士认知和情感上的距离。本文以 2010 年至 2015 年中国与斯里兰卡佛教交流现状及发展为中心，以期探讨新形势下的中斯佛教交流以及如何借两国佛教交流的历史符号重新发展伙伴关系，有效地促进两国双边关系的发展。

---

　　① 本文为中国社会科学院 2015 年度创新工程"东南亚宗教研究"项目、中国博士后基金面上资助项目"中国与斯里兰卡佛教文化交流模式及其经验研究"(2016M601221)阶段性成果。
　　② （汉）班固：《汉书》，中华书局 2009 年版，第 209 页。

# 一　2010—2015 年期间中斯佛教交流的现状及特点

"从古至今，斯里兰卡一直是印度洋的前哨，且是远东和东南亚地区与西亚、欧洲、北非海上交通的要冲。"[①] 斯里兰卡隔保克海峡（Palk Straits）与马纳尔湾（Gulf of Mannar）与印度遥遥相望，而以亚当桥为代表的一系列岛屿与链形沙洲将之相连，在东南方向半围住印度，形成一个天然的半包围圈。

就历史而言，作为海上丝绸之路上的节点国家之一，斯里兰卡是印度洋岛链上最重要的一个环节，其地缘的重要性不言而喻。作为多宗教的国家，斯里兰卡的宗教在历史与现实中都占有十分重要的地位，斯里兰卡主体民族僧伽罗人（据 1981 年人口普查数据显示，约占全国人口比重的 70%）信仰佛教，约占全国人口比例 18% 的泰米尔人信仰印度教，除此之外，还有部分信仰基督教的亚欧混血民族以及信仰伊斯兰教的穆斯林居民等。

斯里兰卡的宗教虽构成复杂，但国家政策规定，佛教为优势性宗教。现如今，斯里兰卡所盛行的佛教为小乘佛教，"与东南亚地区是一个体系，且是这些国家佛教之源头，与之有着千丝万缕的密切联系"[②]，由此可见佛教对斯里兰卡的重要。即使在现代化的今日，佛教依旧是斯里兰卡传统历史文化中最重要的标志之一，其所发挥的历史作用与宗教功能并未改变，深入影响到了僧伽罗民族共同体。

本文梳理 2010—2015 年间中国与斯里兰卡佛教界的交往与合作情况，两国佛教交流大致呈现出以下几方面的特点：

1. 以"世界佛教徒联谊会"为中心

1950 年 5 月，斯里兰卡学者马拉拉·塞克拉倡议成立的佛教徒国际组织世界佛教徒联谊会（World Fellowship of Buddhists，WFB）在科伦坡举行成立大会，总部初设科伦坡，组织简称"世佛联"，首任会长即是

---

[①]　Ravi Kaul：The Indian Ocean：A Strategic Posture for India，New Delhi：Young Asia Publications，1974，p. 66.

[②]　印顺：《南海佛教和南海战略》，《世界宗教研究》，2014 年第 6 期。

"著名的斯里兰卡巴利文及佛学学者马拉拉·塞克拉博士"①。"世佛联"总部虽在之后几易其址（1958 年迁往缅甸仰光，1969 年选定泰国曼谷为永久会址），但该组织与斯里兰卡有深厚的渊源。

在过去的 6 年中，"世佛联"秘书长攀洛（斯里兰卡籍）每年皆到访中国，参与多项佛教活动；此外，2014 年 10 月 16 日至 18 日，第 27 届世界佛教徒联谊会大会在释迦牟尼佛指骨舍利供奉地——陕西宝鸡隆重召开，斯里兰卡总统马欣达·拉贾帕克萨等领袖发来贺电。又，2010 年，第 25 届"世佛联"大会上，中国佛教协会副秘书长张琳作为执委成员，加入了"世佛联"执委会，显然，这将更有利于"世佛联"和中国佛教界之间的互动与合作。过去的几年中，两国佛教交流始终以世界佛教徒联谊会为中心，此为凝结两国佛教徒来往的关键点，值得我国宗教部门重视。

2. 与两国政治关系紧密结合

2012 年，斯里兰卡总统、自由党主席拉贾帕克萨会见中央政法委副书记王乐泉时，提出"进一步加强两国各层次交往，大力推进各领域交流与合作，为中斯关系深入发展注入新的活力"②。2014 年习近平出访斯里兰卡，此为自 1986 年以来，中国国家主席首次访问这个南亚岛国，期间发表题为《做同舟共济的逐梦伙伴》的署名文章。在 13 天的出访时间中，《人民日报》以《一带一路，千年的时空穿越》等为题，共发表涉及斯里兰卡等相关报道文章 11 篇，可见对斯里兰卡重视程度。

习近平在《做同舟共济的逐梦伙伴》一文中，从"法显开启的千年佛缘"③谈起，畅谈友好相处、互利合作的愿景，阐述了从历史纽带到实现未来伟大梦想的美好期待。法显以私人身份前去斯里兰卡求法，不仅为中国带来了宝贵的经书，也留下许多关于中国与斯里兰卡两国交流的动人故事，对两国皆有特别的意义。而四年前 2011 年，正值法显西渡斯里兰卡 1600 周年，由中国佛教协会、斯里兰卡驻华使馆联合主办，中国佛教文化研究所、北京灵光寺承办的"法显的足迹——纪念法显西渡斯里兰

---

① （斯里兰卡）马欣达·拉贾帕克萨：《斯里兰卡总统马欣达·拉贾帕克萨的贺信》，《法音》，2014 年第 10 期。

② 车宏亮、黄海敏：《斯里兰卡总统会见王乐泉》，《人民日报·要闻版》，2012 年 5 月 18 日。

③ 习近平：《做同舟共济的逐梦伙伴》，（斯里兰卡）《每日新闻》，2014 年 9 月 14 日。

卡 1600 周年学术研讨会"在北京灵光寺隆重举行，此次活动规模较高，斯里兰卡驻华大使前去参加并致辞，可视为两国政治互信交往的文化前提。在纪念法显西渡斯里兰卡 1600 周年学术研讨会上，中斯两国佛教界代表及佛教研究者与会者众，斯里兰卡驻华大使阿穆努加马表示"通过这个活动来纪念法显将中国与斯里兰卡建立联系，希望踏着法显古老的足迹进一步密切中国与斯里兰卡之间的关系"①，两国政府间借佛教文化交流进一步加强联系的意图已昭然若揭。

法显作为在两国民众中都有高知名度的高僧，其形象所蕴含的宗教文化含金量不言而喻，80 年代中斯建交之后，斯里兰卡将法显当年所住村落改名为"友谊村"；2014 年两国拟开展全面合作之后，又打出法显这一宗教文化品牌。两国政治外交中，往往以佛教文化为互信的基础，因此佛教交流与政治紧密结合。

3. 围绕高僧进行佛教交流

从古到今，中斯两国之间出现数位在两国佛教交流中做出过突出贡献的高僧，前有东晋高僧法显以私人身份前去斯里兰卡求法，开启千年佛缘；后有法舫法师两度出国讲学传教，为大乘佛教在东南亚和南亚的弘扬，为中斯文化交流作出了很大的贡献。法舫法师不仅是我国现代僧人走向国际弘法讲学的先驱者，也是现代佛教国际化的推动者：他参与并协助全锡兰佛教会会长马拉拉塞克拉（Malalasekera）博士创立世界佛教徒联谊会，之后代表中国佛教界参加了第一届"世佛联"大会，成为中国首位"世佛联"执委会成员。

在过去 6 年的中斯佛教交流中，两国之间部分活动与高僧法舫法师相关，如 2015 年 11 月 4 日上午，"法舫大师舍利返乡迎送法会"在斯里兰卡举行，河北省佛教协会副会长明勇法师率团抵达斯里兰卡凯拉尼亚大学智严佛学院，迎请法舫法师舍利回国安奉。凯拉尼亚大学校长、智严佛学院院长善法长老亲自迎接迎请团一行，双方进行了亲切友好的交谈。

---

① 中国佛教文化研究所：《佛学研究·在"法显的足迹——纪念法显西行斯里兰卡 1600 周年学术研讨会"上的致辞》，《佛学研究》年刊社 2011 年总第 20 期，第 3 页。

## 二 加强中斯两国佛教交流之对策

重建 21 世纪海上丝绸之路战略的提出对中斯佛教交流有积极的影响，在国务院出台的《推动共建丝绸之路经济带和 21 世纪海上丝绸之路的愿景与行动》报告中，已明确指出要"加强不同文明之间的对话""广泛开展文化交流、学术往来……为深化双多边合作奠定坚实的民意基础"①等，提供了充分的政策依据，开辟了广阔的战略合作空间，也提出了新的更高要求的期盼。在此之上，中斯两国佛教交流应从以下三个层面入手：

1. 加强深化同斯里兰卡佛教界的联谊

建国后，中国与斯里兰卡佛教界曾有着较为紧密的联系，如《现代佛学》创刊伊始，便连续两期刊登在斯里兰卡举行的佛教史上的首届世界佛教徒联谊会，以及在该会上成立世界佛教徒联盟等事宜。可见中国与斯里兰卡的佛教界在相当长的一段时间依然保持着紧密联系。不仅如此，中国与斯里兰卡另有一层特殊的佛教渊源，世界公认仅存的两颗佛牙舍利，一颗在中国北京的灵光寺，一颗在斯里兰卡的佛牙寺，除了浩如烟海的经藏与人数众多的佛教徒，中国佛教还有着较为完善的仪轨制度与组织架构，与斯里兰卡的佛教徒而言，无形中又增加许多亲近感。②

中国与斯里兰卡佛教界的交流可紧密围绕高僧、圣物进行。对在新时代对两国的佛教交流进行总体规划把握，不仅可谓深化双边合作奠定坚实的民意基础，更能使互利合作迈向新的历史高度。

2. 积极开展与国际佛教团体的交往

一段时间以来，中斯两国佛教团体交往表现形式较为官方，较少参与斯里兰卡当地民众活动。而开展海外交流是中国佛教的一大优良传统，单纯的佛教团体互访无法体现出中国佛教的实力，中国佛教僧众在海外应融入当地民众的集体生活中，加强民众认知度，打响中国佛教品牌。如杭州佛学院学生为主要成员的佛乐团应斯里兰卡佛教电视台邀请，前去录制节

---

① 国家发展改革委、外交部、商务部：《推动共建丝绸之路经济带和 21 世纪海上丝绸之路的愿景与行动》，《人民日报》，2015 年 3 月 29 日。

② 司聘：《佛教外交对重建海上丝绸之路政策的影响——以中国与斯里兰卡关系为中心》，《丝绸之路》，2015 年第 16 期。

目，并直播佛乐节目。在班达拉奈克大厦举办的纪念佛陀成道 2600 周年国际佛教电影节开幕式上，中国佛乐团在开幕式上表演了精彩的佛乐演出吸引众人前来观看，成为开幕式上最受欢迎的表演，此外，斯里兰卡主流报纸予以大幅报道。

在新的历史阶段深化国际佛教团体交流，要充分发挥民间宗教团体与社会各界的作用，如在中斯两国之间举办"法显文化年""佛牙巡展"，通过高水平国际会议、学术论坛、佛教团体互访等形式加强合作交流。唯有如此，才能进一步发展与斯里兰卡佛教界的友好关系，增进与斯里兰卡佛教徒和人民之间的相互了解与友谊，成为国家民间外交的一支重要力量。

3. 培养留学僧侣及相关海外交流人才

早在 2011 年，国内教界便提出三大语系佛教发展不均的问题，认为"作为三大语系佛教的中国佛教协会应该考虑到藏语系和南传佛教的对外文化交流工作"[①]。而近代佛教复兴运动以来，斯里兰卡一直在世界佛教舞台上扮演着十分重要的角色。研究佛法的欧美学者大都以斯里兰卡所传巴利文三藏为依据，甚至在斯里兰卡依大寺法统出家学佛。随着佛教复兴运动的不断高涨，熟悉英文的斯里兰卡弘法高僧和居士也纷纷在欧美国家和日本等亚洲国家建寺或建分会组织，并与各佛教国家建立了新型的国际关系。[②] 因此，国际化专业佛教人才的交流将是新世纪佛教交流的重要形式之一。

尤其在全球一体化的当前形势下，佛教交流更是呈现出专业性强、理论性高等特点，而"世界范围内宗教典籍的翻译与流通，有望成为未来国际翻译的主流之一"[③]。僧才难得，应重视对赴斯里兰卡留学僧侣的培养：懂英语、梵语、巴利语、僧伽罗语等外语的僧人，可用外语说经唱法，海外佛教文化的工作才能进一步加强。

要使中斯之间佛教交流产生深远影响，互动合作教学之势绵绵不息，

---

① 桑吉扎西：《中国佛教协会第八届理事会海外交流委员会会议在河南登封举行》，《法音》2011 年。

② 郝唯民：《近代佛教复兴时期的中斯佛教文化交流——纪念法舫法师诞辰 110 周年》，《法音》2014 年第 9 期。

③ 学诚：《经典翻译与宗教传播——在首届国际佛学论坛暨"中国人民大学国际佛学中心"成立仪式上的致辞》，《法音》，2011 年。

必须大兴研究之风，加强两国佛教研究机构、相关高等院校的合作，相互派遣留学生、访问学者等，让中斯佛教交流在政府的扶持下打好基础，在民间推动下扩展空间，在学术研究中提升层次。

新世纪伊始，宗教的社会功用愈发被世界重视。佛教已逐渐发展成为各国佛教领袖、佛教徒向世界展示本国佛教发展的平台，也成为各国佛教徒从佛教的角度为解决国际冲突、促进全球和谐发展出谋划策的舞台。

## 三 结语

2014 年习近平出访斯里兰卡是自 1986 年以来，中国国家主席首次访问这个南亚岛国，期间发表题为《做同舟共济的逐梦伙伴》的署名文章。诚然，国家间的关系随时代下彼此的重要性作相应调整，具体到中斯关系而言，主要出于地缘经济与地缘政治两个层面的考虑。结合海上丝绸之路等相关规划，不难看出斯里兰卡在我国周边外交中的重要，尤其是作为"21 世纪海上丝绸之路"战略的重要支点，更是将两国关系放到一个十分重要的地位。

斯里兰卡属于与中国长期友好交往，在宗教文化上认同度比较高，近年来经济往来频繁，并且该国扼守印度洋战略要冲，国土面积虽不大却十分重要。中国是世界第二大经济体，目前正在加快实施"走出去"战略，对外贸易、投资频繁且规模日益庞大；斯里兰卡则是快速发展的新兴市场国家，在饱受战乱、恐怖主义和海啸之苦后百废待兴，急需外国技术与资金援助、外国企业参与国内重建，深化与中国经济合作的愿望迫切。而在中国与斯里兰卡展开全面合作的情势下，以佛教交流打造"宗教区位优势"[①] 便成为重中之重。

改革开放以来，中斯全面交往进入一个新的时代，但相较周边大国印度，中国在斯里兰卡着墨不深，中国应该从两国佛教交流入手，怀着

---

① 此观点详参郑筱筠：《东南亚宗教情势分析报告》，郑筱筠主编《东南亚宗教研究报告——东南亚宗的复兴与变革》，北京：中国社科出版社，2014 年；郑筱筠：《积极发挥南传佛教在我国"一带一路"战略中的作用》，《中国民族报》，2015 年 5 月 12 日；郑筱筠：《南传佛教与中国对东南亚战略及公共外交》，徐以骅、邹磊主编《宗教与中国对外战略》，上海：上海人民出版社，2014 年版，第 137—146 页。

"以宗教力的区位优势来持续打造文化区位优势，补充经济区位动力的不足"①，宗教作为一种独特的文化软实力，在中国对外发展战略和公共外交领域中，可以作为中国的软实力文化形象支撑点，来夯实两国互信的基石，提升中国的国家形象。②

佛教具有广大的受众群，"是一种弥散于公众广大无垠心灵空间的精神力量"③。古代社会，宗教是最容易突破民族、国别等隔阂进行文化交流的载体与媒介之一，在中国与斯里兰卡的交流史上，作为文化交流的特殊载体，发挥过极为重要的作用。当代社会，出现全球性宗教复兴潮流，宗教信徒人数快速增长，宗教团体愈发活跃，因此，宗教外交也成为一种不同于现代外交的新外交形式，对双边关系产生较为深远的影响。

斯里兰卡的主体民族僧伽罗人信仰南传佛教，而中国也有占相当比例的佛教徒。因此，文化互融，携手共建"命运共同体"是未来中国与斯里兰卡展开全面合作的根本前提，不同国家间的民众意愿基础需要夯实。中国通过佛教文化交流项目等途径，向斯里兰卡民众传递本国宗教信息及其他信息，借以这些正面信息与相同价值观，拉近包括国家间佛教界在内的社会各界人士认知和情感上的距离。由此，佛教文化交流对中国与斯里兰卡深化全面合作伙伴关系起到重要作用，超越单一的资源互换方式，双方因共同文化信仰而建立保持长期而稳定的交流合作关系，成为全面的合作伙伴。

# 中国与斯里兰卡佛教交流大事记

## 2010 年

1.9 月 6 日，世界佛教徒联谊会秘书长攀洛·泰阿利及其夫人访问中国佛教协会，受到会长传印长老、副会长学诚法师、秘书长王健的亲切

---

① 郑筱筠：《当代东南亚宗教现状、特点及发展战略》，载郑筱筠主编《东南亚宗教与社会发展研究》，北京：中国社会科学出版社，2013 年版，第 42 页。

② 同上书，第 45 页。

③ 涂怡超、赵可金：《宗教外交及其运行机制》，《世界经济与政治》，2009 年第 2 期。

会见。

2.9 月 19 日，由中国佛教协会、斯里兰卡驻华使馆联合主办，中国佛教文化研究所、北京灵光寺承办的"法显的足迹——纪念法显西渡斯里兰卡 1600 周年学术研讨会"在北京灵光寺隆重举行。

3.11 月 16 日，国家宗教局王作安局长率政府代表团、中国佛教协会副会长学诚法师与王健秘书长率佛教代表团赴斯里兰卡参加世界佛教徒联谊会第 25 届大会暨 60 周年庆典并致辞。

### 2011 年

1.4 月 10 日，"世佛联"秘书长攀洛·泰阿利及泰国僧王代表一行 13 人拜访中国佛教协会，受到学诚副会长、王健秘书长的热情接待。

2.5 月 17 日至 22 日，以杭州市佛教协会会长、杭州佛学院院长光泉法师为团长的中国佛教代表团一行 43 人赴斯里兰卡进行友好访问，出席纪念佛陀成道 2600 周年系列庆祝活动。

3.5 月 21 日，北京灵光寺隆重举行全寺圣像开光庆典暨供佛斋僧法会，斯里兰卡等国驻华使节参加。

4.8 月 12 日至 24 日，第 26 届世界大学生运动会在深圳举行，佛教僧人参与深圳大运会宗教服务，斯里兰卡等国的佛教徒参赛者对此皆持好评。

### 2012 年

1.4 月 26 日至 27 日，由中国佛教协会、香港佛教联合会与中华宗教文化交流协会共同主办的第三届世界佛教论坛在香港隆重举行，斯里兰卡"全锡兰佛教会"会长贾格特·苏玛提帕拉参加。

### 2013 年

1.8 月 16 日至 20 日，常藏副秘书长率中国佛教协会代表团一行 9 人出席斯里兰卡佛牙节以及暹罗派在斯里兰卡开宗立派 260 周年庆典暨斯里兰卡国际佛学院（SIBA）首届毕业典礼活动。

2. 由云南省佛教协会主办、大理崇圣寺承办的"2013 崇圣论坛"11 月 2 日在"妙香佛都"大理崇圣寺隆重开幕，斯里兰卡国宗局局长拉达纳雅卡出席。

3. 12 月 11 日至 13 日，中国佛教协会会长传印长老在云南西双版纳出席总佛寺大雄宝殿、僧寮、福顺楼、鼓楼落成开光庆典活动，并会见出席开光仪式的"世佛联"攀洛·泰阿利秘书长、斯里兰卡占达南达佛学院院长果达嘎玛长老等海外来宾。

**2014 年**

1. 8 月 3 日至 8 日，应斯里兰卡佛教电视台的邀请，中国佛教协会组成以中国佛教协会副秘书长、北京灵光寺方丈常藏法师为团长的友好访问团一行 15 人，出席在斯里兰卡中部山区佛教圣地康提举行的一年一度的佛牙节庆祝活动。

2. 9 月 5 日，纪念法舫法师诞辰 110 周年座谈会暨学术研讨会在中国社会科学院举行，来自斯里兰卡龙华书院的专家学者参加了会议。

3. 9 月 16 日，中国佛教协会副会长印顺法师应邀率众参访斯里兰卡，受到斯里兰卡僧团及教育机构僧众的热情接待。

4. 10 月 16 日至 18 日，第 27 届世界佛教徒联谊会大会在释迦牟尼佛指骨舍利供奉地——陕西宝鸡隆重召开，斯里兰卡总统马欣达·拉贾帕克萨等领袖发来贺电。

5. 11 月 1 日，云南省佛教协会、大理崇圣寺联合主办的"2014 崇圣国际论坛——佛教与亚洲人民的共同命运"在大理崇圣寺举行。来自斯里兰卡等 10 余个国家和地区的多位僧王、佛教领袖参加了会议。

**2015 年**

1. 3 月 17 日下午，中国佛教协会副会长学诚法师在广济寺怀远堂亲切会见了以斯里兰卡国家电视台台长索马拉特纳·迪萨纳亚克为团长的斯里兰卡记者团一行。

2. 4 月 11 日，斯里兰卡佛教学与巴利语大学副校长苏玛长老拜访中国佛教协会，受到副会长宗性法师的热情接待。

3. 5 月 20 日至 24 日，中国佛教协会副会长、广东省佛教协会会长明生法师率广东佛教友好交流团一行 67 人赴斯里兰卡进行友好交流访问。

4. 6 月 22 日上午，学诚会长在北京广济寺会见了以斯里兰卡阿斯羯利派副导师万达路维·乌帕里长老为团长的斯里兰卡佛教代表团一行 13 人，宾主双方进行了友好的交流。

5. 11 月 16 日上午，由广东省佛教协会、珠海市佛教协会主办，珠海普陀寺、珠海金台寺、广州光孝寺承办的"中国佛教与海上丝绸之路"系列活动开幕式在珠海隆重举行，世界佛教徒联谊会秘书长攀洛·泰阿利等人前来参加。

6. 12 月 7 日至 15 日，应斯里兰卡国际眼库主席 G. Ariyapala Perer 先生的邀请，以陕西省佛教协会常务副会长、大兴善寺方丈宽旭法师为团长的大兴善寺佛教参访团一行 7 人对斯里兰卡进行了友好访问。

# 第二编　东南亚天主教研究

# 菲律宾圣十字架节：
# 宗教节日世俗化的背后

霍 然

　　菲律宾是一个节日氛围浓重的国家，从城市到乡村，民众都热衷于庆贺节日。在这个天主教为大环境的国度，宗教节日不可或缺。和西方一样，圣诞节是菲律宾人家庭团聚的日子，海外劳工一般也选择此时回乡。复活节圣周的庆祝则更有特色。除了参加弥撒、手持棕榈叶参加宗教游行外，人们还用当地语言吟唱街头流传的赞美诗，一些地方人们还会背负或手持沉重的十字架追随花车游行，完成苦行忏悔之旅。还有人自愿被鞭笞抽打、钉上十字架，亲身体验耶稣受过的苦难。除了圣诞节、复活节这些基督徒普遍庆祝的节日外，菲律宾人每个城镇还有自己的城镇节日。在这些繁多的节日中，除了因纪念耶稣受难的圣周期间气氛庄严肃穆，其余的节日总体氛围都是欢乐、喜庆的。

　　圣十字架节就是这样一个节日。它的名称 Santacruzan 源自西班牙语 Santa Cruz，意思是"圣十字架"。圣十字架节是为了纪念君士坦丁大帝的母亲圣海伦娜皇后在圣城耶路撒冷找到了耶稣被钉上的真正的十字架。它的主要形式是庆典游行，人们模仿《圣经》中的人物，穿上华丽的服装，在人工抬起的竹编拱门（arko）的衬托下依次走过大街小巷，亲自参与游行。圣十字架节被称为节日中的皇后，是全国各地都会庆祝的节日。

# 一　圣十字架节与菲律宾的圣母敬礼

虽然圣十字架节纪念的是寻找圣十字架的故事，看似与圣母无关，但背后的概念支撑和信仰背景离不开对圣母的敬礼。在菲律宾天主教信徒中最受欢迎的形象有三个：扛十字架的耶稣、圣母马利亚、圣婴，其中对圣母的敬礼是重要的一部分，体现了菲律宾文化中对母性的倾向。菲律宾天主教徒相信 1571 年 5 月，也就是黎牙实比所率领的殖民军队占领马尼拉的同一年，麦哲伦把一尊黑色皮肤的圣母像和圣婴像同时带到菲律宾群岛，那是圣母马利亚以"引领女神"（NuestraSeñora de Guia）的形象第一次显现。① 自那之后，在菲律宾多地都出现了圣母显灵的迹象。因此，大到城市、小到乡村，都有不同形式的圣母敬礼。较有名气的圣母像包括奎松市圣多明我教堂的"海上圣母"②、班嘉诗兰省的"马纳瓦格圣母"③、黎萨省的"安蒂波罗圣母"④，等等。（Barcelona & Estepa, 2004）菲律宾各地大小教堂中人们所祈祷的圣母像有的来源于当地，有的则是天主教会从来源国引入并正式册封。天主教中的圣母头衔本身已经有很多头衔，在菲律宾当地又发展出更多的头衔和名号，不同行业、不同地区、不同村落可能有自己偏爱的某一个圣母形象。每年 12 月 8 日的"圣母无染原罪日"，马尼拉殖民古迹西班牙王城内会举行圣母像大游行（Grand Marian Procession，GMP），全国各个教区都派代表参加，共有超过 60—80 尊圣

---

① 这尊菲律宾最古老的"黑圣母"像现位于马尼拉市埃尔米塔教堂。据史料记载，黎牙实比的船员在马尼拉湾边发现一群当地人正在祭拜一尊女神像，后来认定此雕像为圣母。还有记载称这尊圣像是麦哲伦 1521 年送给胡马旁国王的礼物。

② "马尼拉海上圣母"雕像塑于 1593 年，在 1646 年荷兰海军侵犯马尼拉时，西班牙和菲律宾水手通过念诵《玫瑰经》、向圣母祈福，战役获得胜利，因此"海上圣母"还是菲律宾海员的守护者。此圣像是一位华裔天主教徒所雕刻，因此面相具有华人特征。"海上圣母"的节日在 10 月第 2 个星期天。

③ "马纳瓦格圣母"是伤弱者的守护者，其节日每年有两次，在复活节之后的第 3 个星期天和 10 月第 1 个星期天。马纳瓦格这个地名来源于"马纳瓦格圣母"，而 Manaoag 这个词来源于当地语言中的"呼唤的女人"（Dimad Apo Yamantatawag），传说圣母向一个当地农民显圣时呼喊他的名字。

④ "安蒂波罗圣母"是保佑平安和海上航行顺利的守护者。每年进入 5 月的前夜，许多信徒从大马尼拉整夜步行至约 25 公里外的安蒂波罗教堂参加清晨的弥撒。

母马利亚雕像参加花车巡游，下午 4 点开始，用时约 3—4 个小时，直到每尊雕像都被介绍一遍。全国其他教区、城镇、乡村也有自己的圣母像巡游活动。无染原罪圣母还是 1942 年由教皇庇护十二世正式册封的"全体菲律宾人民的主保圣女"。[①] 按照天主教徒受洗时领受圣名的传统，菲律宾有太多女孩取名为马利亚，以至于她们经常把 Maria 这个名字缩写成"Ma."，而采用中间名以示区分。这些都是菲律宾尊敬圣母的大环境。

菲律宾大部分地区庆祝圣十字架节都在 5 月的最后一个周日，整个 5 月都是献给圣母马利亚的。这里不得不提另一个常与圣十字架节"捆绑"出现的节日——5 月花节（Flores de Mayo）。在菲律宾，5 月意味着旱季即将过去，雨季即将到来，也是瓜果成熟、感恩收获的时候。在这个雨水增多、鲜花盛开的时节，人们用唱歌跳舞等形式感谢雨水浇灌作物。人们前往教堂吟唱西班牙语赞美诗，女孩们为圣母像献花，这一仪式性的过程在当地语言中称 alay – alay，字面指"贡品"，因此贯穿整个 5 月的"5 月花节"也被称作"花供节"（alay），各教堂的圣母像每天都被满满的鲜花所装饰。贯穿一整个月的 5 月花节最大的亮点是最后一个周日举行的圣母像大游行，圣母像被安置在花车上，由信徒用蓝色的丝带牵引走过大街小巷，接受人们的许愿。虽然 5 月花节和圣十字架节是完全不同的两个节日，各自有各自的宗教游行，但它们因时间接近，常被联系在一起，它们是相伴相生的"双胞胎节日"，也并称为全菲律宾众多节日中的"节中皇后"。由于"双节"的相似性，它们在有的地区也同时庆祝，或者干脆合二为一。

其次，具体分析圣十字架庆典游行里的人物就会发现，它是关乎美与女性的节日，是圣母马利亚崇拜影响下的展现外表美、心灵美的节日。菲律宾的宗教节日往往以欢乐、外显的聚众活动为形式，与此同时还充满了丰富的民间性，融入了很多菲律宾语境下特殊的文化元素。圣十字架庆典游行的主要人物是 10—20 个女孩，她们身着华丽服装扮演《圣经》中的一些女性角色，每个女孩身后有两人负责抬起花朵点缀的竹编拱门，拱门上

---

[①] "Insularum Philippinarum Beatissima Virgo Maria Titulo Immacu lata Conceptio Primaria Universalisque Patronaet Sanctae Virgines Pudentiana ac Rosa Limana Patronae Secundarias Declarantur," *Acta Apostolicae Sedis*34（1942）：336—337. http：//www. vatican. va/archive/aas/documents/AAS – 34 – 1942 – ocr. pdf，查询日期 2015/07/18。

会写着女孩所扮演的角色是谁。根据角色和它们背后传说故事的不同，有的女孩身旁有男伴或小孩作陪。虽然女孩们所做的仅仅是优雅地排队从街上走过，与路边人们挥手致意即可，但她们精心配备的"道具"——器物道具如手杖，"人工道具"如小天使——往往使熟悉游行习俗的人不看她们身后的拱门也能知道她们所扮演的分别是谁。找寻圣十字架的故事主角是圣海伦娜皇后和君士坦丁大帝。在游行中，走在最后的永远是"圣海伦娜皇后"，她的身边总有一个头戴王冠的小男孩扮演君士坦丁大帝。

这些女孩都是 sagala。这个词来自西班牙语的 zagala，意思是"牧羊女"，圣奥古斯丁修会神父佩德罗·加伦德（Fr. Pedro Galende）认为 zagala 可能早期用来指 5 月"双节"中唱诵赞美诗、模仿《圣经》中人物参加游行的年轻女孩（Florendo & Austria，2006：13）。菲律宾学者 Nicanor Tiongson 认为对圣母的敬礼距今约有 150 年的历史（Tiongson，1975：38）。5 月为圣母所唱诵的赞美诗最早可以追溯到 1865 年，当时布拉干省的女孩在教堂唱诵的赞美诗被记录了下来。最早关于圣十字架节庆祝的记录在布拉干省的马洛洛斯（Malolos），当地的圣十字架节是 5 月 3 日，各村落都会在歌曲 *Dios Te Salve* 的音乐伴奏下有序地游行。女孩们的盛装游行中，最美的那个来扮演圣海伦娜皇后。有时，会请名人来为圣十字架节增色，例如 1967 年马洛洛斯的圣十字架节请来当红影星伊娃·戴伦装扮成圣海伦娜皇后。多数情况下，圣海伦娜皇后是节日筹备委员会从候选人中挑选出来的，作为节日亮点中的亮点，常常保密到最后一刻（Sevilla，2008：35）。

圣十字架节以圣海伦娜皇后为中心，君士坦丁大帝也"降格"为小男孩扮演，为圣海伦娜皇后陪衬的是众多宗教经典和传说中的女性人物，很多是从圣母马利亚衍生出的。《圣经》中关于圣母的记载并不多，按照《圣经》注释学的方法，教会人士看到《旧约》《新约》中的联系，常把圣母马利亚与《圣经》中其他人物联系在一起，比如犹太女英雄朱迪斯、摩西的姐姐米利暗、古代波斯王后艾斯德尔、人类始祖夏娃。《圣经》注释中的这些类比是酝酿想象力的丰富土壤。圣十字架节中，女孩扮演的主要角色可以分为以下几类：

（1）马利亚的众多头衔，主要来自《罗莱托连祷经》。如辩护之后（Reyna Abogada）、正义之镜（Reyna Justicia）、天使之后（Reyna de los Angeles）、智慧之座（Luklukanng Karunungan）、天堂钥匙（Susing Langit）、众星之后（Reyna de las Estrellas）、神秘玫瑰（Rosa Mistica）、玛丽之心（Corazon de Maria）、最神圣玫瑰之后（Reyna del Santisimo Rosario）、月亮之后（Reyna Luna）、殉道之后（Reyna de los Martires）……

（2）"信、望、爱"三超德化身。包括信仰之后（Reyna Fe）、希望之后（Reyna Esperanza）、慈爱之后（Reyna Caridad）。

（3）宗教和历史人物。如示巴女王（Reyna Sheba）①、艾斯德尔王后（Reyna Ester）②、朱迪斯（Reyna Judít）③、圣维罗妮卡（Sta. Veronica）。

（4）菲律宾语境下的历史或当代角色。如旗帜之后（Reyna Banderada）④、阿埃塔之后（Aetas）⑤、摩洛之后（Queen Moor）⑥……

可以看出，女孩们所扮演的角色，只有一部分是真正的人物，有历史人物也有传说人物。其余则是菲律宾人发挥想象、把一些宗教概念、文化概念具象化的结果。这种具象化主要体现在道具上。比如"正义之后"手持天平，"信仰之后"手持十字架象征信仰，"希望之后"手持船锚象征希望，"智慧之座"手持《圣经》，"殉道之后"手持荆棘王冠象征圣母七项苦难。对于《圣经》和历史、传说人物则更加直观，例如"朱迪斯"一手持剑、一手持敌军首级，再现女英雄在伯图里亚斩下亚述大军统帅赫洛弗尼斯首级的故事；为耶稣拭脸的"圣维罗妮卡"手持一幅印有三幅耶稣脸部画像的旗帜；最后亮相的"圣海伦娜"手持小型十字架。

这种把抽象事物具象化为女性的信仰表达背后蕴含着丰富的想象力和创造力，也是一种艺术再现。但正因为圣十字架节日游行形式是比较固定的传统，所以尽管在人物数量上因地制宜，其象征物已经深入人心，其发挥空间也是有限的。大部分的女孩都选择穿传统的菲律宾女装国服"特尔诺"（terno），或者其他隆重的礼服，靠道具和其他伴随出现的人物来突出自己的身份，有时由男伴陪同，有时由身背翅膀的小天使陪同。

---

① 示巴女王是《圣经旧约》记载的一位统治非洲东部示巴王国的女王。
② 艾斯德尔王后是《圣经旧约》记载的波斯帝国亚哈随鲁的王后。
③ 朱迪斯是天主教《圣经旧约》中的一位犹太寡妇，用美色骗取亚述将军的信任，拯救了以色列人民。
④ 举着黄色旗帜的旗帜之后象征天主教来到菲律宾。
⑤ 阿埃塔人是菲律宾的一个民族，象征所有菲律宾原住民人口。
⑥ 摩洛之后代表菲律宾穆斯林人口。

# 二　一种社区生活方式

圣十字架节虽然和西班牙、拉丁美洲所庆祝的 5 月十字架节有相同的宗教历史来源，但它体现的是菲律宾的日常宗教生活方式，尤其是社区性。圣十字架节是全国各地的自治区、市、城镇、村庄都会组织的活动，规模各不相同，但都是由社区专门成立节日委员会负责组织和管理。节日委员会每年会推选一位赞助人，被人们称为 Hermano Mayor 或 Hermana mayor（西班牙语"大哥""大姐"）。[①] 他（她）并非教会人士，但一般是家境富裕、有名望的人士，因为赞助人需要负责圣十字架的所有开销。赞助人起源于乡村庆祝圣十字架节时，那个负责为大家提供食物、给全村小孩准备零食的人。这一身份常常有家族历史，比如布拉干省的一位女赞助人阿妮塔认为自己是在延续家族传统，其母亲就曾包揽全村的圣十字架节活动。阿妮塔需要花钱请人来表演戏剧、租来音响设备、给工人劳务费、购置桌椅鲜花，一半的开销是食物。光是请人表演一场 tibag（讲述圣海伦娜寻找十字架故事的戏剧表演）要花 20 万比索（约 2.7 万元人民币）。她表示虽然花费巨大，但也会把这一身份传给自己的女儿。根据菲律宾记者的采访和统计，一个菲律宾基层社区（巴朗盖）组织一场最简单的圣十字架节大约花费 5 万—10 万比索（约合 7000—14000 元人民币）。[②] 但赞助人仍然心甘情愿，因为全村的人都会来围观，赞助人以喂饱他们、让大家开心为目的，也收获美名。另外，赞助人还握有重要的权力——有权挑选出当年的"圣海伦娜"。笔者的采访对象 Andrea 曾经在所在城镇索索贡（Sorsogon）参加过两次圣十字架节，当时 8 岁和 15 岁，两次扮演的都是"鲜花之后"（Reyna de las Flores）。第一次参加时，她母

---

① 华侨华人也把这个身份叫作"老大哥""老大姐"。菲律宾华裔作家柯清淡（Cua Ching Tam）最知名的一篇华文散文《五月花节》讲述自己第一次来到马尼拉好奇地观赏"番仔的风俗"圣十字架节游行，35 年后已经慢慢融入、扎根菲岛，被邻居一致推选为当年节日的"老大哥"。

② Alvin Perez & Ronald Mendoza, "The Economics of Santacruzan: The Cost of Organizing the Queen of Pinoy Festivals," *philstar. com*, May 24, 2014. 这是一篇出自菲律宾媒体的新闻专题。http: //www. philstar. com/news - feature/2014/05/24/1326803/economics - santacruzan - cost - organizing - queen - pinoy - festivals，查询日期 2015/07/19。

亲是当年的赞助人。自己若要扮演圣海伦娜是名正言顺，但由于自己不爱出风头，加上：①她的名字含有"玫瑰"（Rose）；②她所住的街区名叫Flores。种种巧合让节日委员会觉得她更适合"鲜花之后"的角色。不参加的时候，她每年都会和大部分孩子一样，节日期间到赞助人家中领取零食。她说自己的母亲连续三四年都是赞助人，因为一方面自己的家庭在当地是历史悠久、人丁兴旺的大家族；另一方面自己的母亲在教会是较活跃的成员。

赞助人不仅需要自己出钱，还需要竭尽所能拉来更多赞助，在城市可能是商家企业的赞助，在乡村可能是私人的捐助。有人负责出钱，余下的体力活则是节日委员会组织社区所有人参加，例如制作鲜花拱门、女孩身上的绶带，等等。参加游行的女孩们身上所穿的华服有的来自知名设计师，有的来自公司赞助。如果预算有限，女孩就自己负责租借服装、化妆打扮，常常全家齐上阵，享受节日中齐心协力的凝聚感。菲律宾人引以为豪的"巴亚尼汗"精神（bayanihan）就是指这样一种社区全员参与、相互扶持的文化传统，这一点在宗教节日中体现得尤为明显。尤其菲律宾是个自然灾害频发的国家，许多募捐的场合是与节日的操办结合在一起的。捐助同胞、解决社区困难为目的的募捐也常常借由组织节日的契机进行，因为宗教节日是感恩、互助的时刻。笔者的采访对象第一次参加的圣十字架节还没有募捐内容，第二次则是为了当地教堂的翻修：

> 节日之前的一个月，参加的女孩每个人都得到一个信封，可以让自己的亲朋好友、同学同事往里贡献一些钱，然后节日委员会会进行统计，募捐到最多钱的女孩就是圣海伦娜……当然，有竞争在，自然就有"政治"，比如有钱人家就会为自己女儿花很多钱，确保她"募捐"到最多的数量。①

她的表妹还参加过为修建学校募捐的圣十字架游行。她认为募捐形式也是时代在发展的结果。本来节日就是轻松、团聚的时候，如果能顺便募集资金，分担整个节日的花费，这也是作为社区成员愿意看到的，因为不仅仅是赞助人等组织者的家庭，几乎所有社区成员的人都会参加节日。有的人把参

---

① 访谈对象 Andrea，女，28 岁，2015 年 7 月 31 日。

加节日视作一种苦修，比如手持蜡烛、吟唱歌曲跟随队伍走完游行，还有负责扛拱门，节日期间付出体力劳动被认为是感谢圣母所作牺牲的一种方式。

## 三　一场美的盛宴

然而圣十字架节这个具有宗教起源、又有社区凝聚作用的节日竟也招致教会人士的批评，主要原因是圣十字架节越来越"堕落"为一场时装秀、美女秀。菲律宾天主教会主教团（Catholic Bishops' Conference of the Philippines，CBCP）公共事务委员会主席蒂奥西·伊尼格斯（Deogracias Iñiguez）对媒体表示传统的圣十字架节固然是一个多姿多彩的节日活动，但不应被剥去其宗教内涵。马尼拉总教区礼拜事务部吉纳罗·迪瓦神父（Fr. Genaro Diwa）称如果圣十字架节要用庆典的方式庆祝，必须同时尊重它天主教根基，尊重十字架这个天主教的重要象征标志。"如果他们要办游行庆典，需要明确的是教会并不推广这一形式。"[1] 天主教会对菲律宾许多"民间天主教"节日也持类似的消极态度，认为这是偏离了天主教正统的节日形式。

天主教和菲律宾民间文化之间复杂、含混的关系自它们相遇之时就存在了。实际上，当今菲律宾的多种民间天主教节日、仪式、信仰正是源自教会在殖民早期为传教所做的努力。菲律宾"顺利"接受天主教的过程很大程度上归功于早期来菲的传教士。在尚无西班牙语学校的情况下，他们主动学习当地多种语言，用生动形象的本地戏剧形式（如 pasyon, sinakulo）来展现《圣经》故事。这些传统流传至今。从一开始，教会对本地信仰的态度就是矛盾的，一方面教会希望消除民众的灵媒信仰、偶像崇拜，销毁一切形式的文字和图形，生怕这些异域符号煽动起反抗。但另一方面又不得不依赖本地人更容易接受的方式促进天主教的传播。这是方法上，或者说传教方的促进。在内容上，或者说接受方的角度，学者认为天主教与菲律宾人原本拥有的信仰体系有着类似的结构，都以一个至高无上的神为中心，与此同时衍生出其他许多神明和超自然力量。另一个重要因

---

① Evelyn Macairan, "Santacruzan Not a Fashion Show – CBCP," *philstar. com*, May 6, 2011. http：//www. philstar. com/headlines/682659/santacruzan – not – fashion – show – cbcp, 查询日期 2015/07/19。

素是，除了早期一些教会学者外，并不是所有的传教士都是专业的神学家，许多来自西班牙和墨西哥的传教士也并未接受长期的教育，他们本身就携带了具有民间元素的天主教信仰，对菲律宾人的日常生活产生了重大影响。因此，菲律宾人接受天主教是自然、顺当的过程（Macdonald，2004：78—93）。菲律宾人用游行形式庆祝天主教节日，这个习俗来自于西班牙15世纪出现的大量兄弟会组织（Delos Reyes，2006：8—9）。西班牙历史名城、安达鲁西亚自治区首府塞维利亚以圣周期间的传统游行庆祝而闻名，菲律宾的许多天主教节日也保持着类似的形式。尽管直接记述民间宗教游行活动的史料很少，历史学家普遍推断这些形象直观、内涵丰富的圣像、圣物游行在天主教传播早期是一种更容易被人接受的传教方式，能让受众很快看懂并熟悉《圣经》故事，进而了解基本教义（Santos，1982：36）。作为一种民众普遍参与、发生在节日期间的群体性活动，它在拥有丰富宗教内涵的同时本身不可避免地带有观赏性和娱乐性。

圣十字架节和现代意义上来自西方、流行于世界各地的选美竞赛并不是一回事，但它的确是一场关于美的盛会。一个有趣的事实是，传说中圣海伦娜找到十字架的时候已经77岁，君士坦丁大帝也已经当了20年皇帝。但扮演圣海伦娜的一般都是年轻漂亮的女孩，也是节日最大的亮点。为了合理化其作为母亲的身份，君士坦丁大帝只能由小男孩扮演。所有的sagala女孩都要经过挑选。身着华服、盛装打扮成为sagala参加当地圣十字架节的游行是一些菲律宾女孩从小的梦想。

事实上，圣十字架由女孩扮演的众多角色从圣海伦娜母子出发，呈现不断延伸、发散、增加的趋势，也与时代的发展有关。虽然很难追溯早期圣十字架节日游行的记录，但从零星的记录中，我们可以看到圣十字架节永远是和民间文化联系在一起的。圣十字架节和其姐妹节日5月花节仿佛一对性格迥异的双胞胎，一个活泼，一个肃穆。圣十字架节是具有"户外、活泼"风格的另一种圣母敬礼。20世纪20年代，圣十字架节是孩子们对圣母表达尊敬的时候，孩子在礼拜之后会争抢挂在高处的糖果，这项传统游戏叫bitin。到了30年代，圣十字架节变得更加丰富，不仅是小孩的节日，成人也加入，由美丽的女孩们扮演圣海伦娜（Santos，1982：36）。演变至今日的众多角色，很大程度上是由于参加者众多，节日本身为了迎合人们的需求而产生的。比如，有的圣十字架节出现了"埃及艳后"克里奥佩特拉七世，身旁由安东尼护卫；还出现了纽约"自由女神"——这些显然是美国大众文化的影响。当然，在民族主义的影响下，还出现了手持菲律宾国旗的"国旗女神"。这些五花八门的"女王""女神""皇后"，是为了适应参与者的需求，不断发展出的大众文化。在民间节日的实践上，菲律宾人是极富创造力的。

直至今日，圣十字架的盛大与否并不取决于参加人数，而是高端与否。20 世纪 70 年代，媒体协会主办了一场大型圣十字架节，君士坦丁大帝的扮演者是从名门望族里的众多小男孩中挑选出的。2014 年在马尼拉王城举行的圣十字架节游行中，每位 sagala 身后的传统鲜花拱门已经变为写着时装设计师姓名的牌子，介绍身后这位美女穿的是谁的作品。许多地方的圣十字架节争抢电影明星加入，不仅能够提高知名度，也变相提高了赞助人、赞助商的知名度。由于竞争激烈，不少地方还出现了"第一海伦娜"（Primera Elena）、"第二海伦娜"（Segunda Elena）、"第三海伦娜"（Tercera Helena）这样的场面。商业化也是圣十字架节被人诟病的一点。

圣十字架节为何经历了商业化、所谓"低俗化"的转变？结合以上分析，本文认为原因内外皆有：

（1）节日的社区性致使其组织过程与地方权力挂钩。节日期间，天主教尊敬圣母的九日敬礼在社区的组织情况是，连续九日每晚的弥撒和小型游行由 9 个不同家庭负责组织。九个赞助人不惜花费，在食物、装饰、道具上尽善尽美，不输给别人。最后一日的游行最为盛大，当天的节日赞助人也往往是最有权势的家族。他们的女儿往往能够扮演圣海伦娜，不论她是不是最漂亮的那一个（Zabilka，1963：129）。操办圣十字架节的赞助人因为资金原因，一定是来自有财力的家族。赞助人是菲律宾古老的庇护制的留存和体现。脱胎自圣母敬礼的圣十字架节虽有西方宗教起源，本质上是地方权力体系下的、政治经济主导的本土日常表达。

（2）20 世纪 60 年代开始，圣十字架节的女性参与、选美游行传统特质契合了一股女性时尚潮流，而这股时尚潮流以美国殖民时期的影响为基础，同时也是与战后菲律宾性别政治相关。最早有记录可循的马洛洛斯省圣十字架节，女孩们统一穿着蓝色裙子，戴白色头纱。但 1936 年开始，不再穿统一的服装，尤其自 60 年代开始，逐渐演变为一场选美舞台，并催生出众多服装设计师，带动一股选美皇后、名人明星的时尚风潮（Tiongson，1975：38）。这股时尚风潮让传统的圣十字架节与西方式选美竞赛相遇，让大大小小的选美赛事在菲律宾受到追捧。大到环球小姐之类的国际选美比赛，小到城镇节日中的"皇后加冕"仪式风靡全国各地。全国性的选美赛事深受美国殖民时期的影响。早在1908年，美国殖民政府就在马尼拉举办了第一届嘉年华，用以展示菲律宾农业、手工业、商业的进步以及良好的殖民统治关系。殖民政府的商业部长卡梅隆·福布斯负责组织了第一届马尼拉嘉年华。1908—1939年每年都会选举出一位嘉年华皇后，参加者均来自马尼拉的显赫家庭。菲律宾独立后，嘉年华皇后的头衔演变为"菲律宾小姐"，至今仍在继续。许多早期的选美皇后通过知名度成功跻身政界，或者通过嫁给政界人士得以发挥权力和影响力，比如菲律宾女议员玛莉亚·卡蒂巴曾是1931年的嘉年华选美皇后，其母亲是1908年第一届嘉年华皇后。菲律宾前总统罗哈斯、前外交部长罗慕洛的夫人分别是1920年、1922年选美皇后，分别来自布拉干省、内湖省的大家族。更不用说最有名的第一夫人伊梅尔达·马科斯，她拥有1946年"塔克洛班玫瑰"、1952年"马尼拉缪斯"两项选美头衔。学者米娜·罗塞斯（Mina Roces）认为，女性美在战后菲律宾性别政治中以一种特殊的方式得到运用。美可以是权力的来源，与权力的接近也可以是美的来源（Roces，2003：291—316）。这种权力与美的辩证关系同时也是家族政治的延续。笔者认为，以圣十字架节为代表的民间"选美"活动背后的组织方式是菲律宾独立之后女性在地方政治、乃至国家政治中发挥能动作用的原型。

这一原型，并不是指所有菲律宾政治中的女性都是通过选美活动而接近权力，而是选美活动是由家族所支撑，大家族的存在是殖民时期贵族的延续。城镇圣十字架节通过赞助人的组织方式实行，美与权力在地方层面的碰撞把女性送入前台，得到过分的关注，容易让人忽略其背后的家族支撑。近年来的菲律宾政坛，不论是曾经的总统柯拉松·阿基诺、格洛丽亚·阿罗约，还是目前很可能参加2016年总统大选的格蕾丝·波因，都是来自实力庞大的家族。菲律宾女性的地位也经常被认为比亚洲其他国家的女性要更高。因此，如同节日的世俗化只是表象一样，女性政客的表现抢眼也并不一定说明菲律宾女性的政治自由度高、参与度高，虽然民主选举下政治家族的女性越来越参与正式权力领域，但家族政治本身就是与民主政治相对立的，它降低了普通公民、尤其是普通妇女参与权力政治的可能性，根本上来说并不利于女性权力的参与和扩大。并且东南亚的女领袖虽有一定个人能力，但都是利用父权制才得以接近权力，虽预示性别差别在缩小，但她们的存在反而意味着父权制得到维护（范若兰，2014：87—96；范若兰、陈妍，2012：4—9）。

1969 年，第一夫人伊梅尔达·马科斯在总统府举办了一场盛大宴会欢迎美国总统约翰逊，其中包括一场全部由影星名人着装扮演的圣十字架游行，得到约翰逊总统的极度称赞（Pedrosa，1969：7）。2014 年的马尼拉王城圣十字架游行，扮演众多宗教象征人物的全是来自角逐环球小姐、世界小姐等国际选美大赛的菲律宾美女。圣十字架节引来的争议不仅是宗教渐渐受到政治化、商业化的"污染"而不再纯洁这么简单，它背后真正发挥作用的是基于赞助人，也就是基于地方家族的组织方式。这样的组织方式同时影响着当地的政治和经济，而且它不仅在圣十字架节体现，在其他节日也有体现，甚至也延伸到了海外。

## 四　海外圣十字架节

圣十字架节（或 5 月花节）可以说是传播地域最广的菲律宾节日。菲律宾人把圣十字架节带到了美国、意大利、德国，乃至中东的巴林，还有新闻报道台湾地区的菲律宾外劳庆祝圣十字架节。① 笔者于 2015 年 6 月 6 日在加州瓦列霍（Vallejo）的实地考察印证了已有文献的部分观点。在离散人群中，节日更加具有团结凝聚的功能，尤其是所凝聚的对象是所有当地的菲律宾人。节日的组织形式得到延续，赞助人通常是从事文化的非营利组织、菲律宾人俱乐部等民间组织，不一定是领事馆这样的官方机构，这就意味着海外圣十字架节的花费所依靠的也是私人或机构的募捐和赞助。宗教性仍然是圣十字架节的主题，但节日文化在海外，尤其是以游行这种公开的形式表达时，占上风的是民间性。比如，菲律宾人参与圣十

① 关于在意大利帕多瓦的菲律宾人庆祝圣十字架节见 Chantal Saint – Blancat& Adriano Cancellieri，"From Invisibility to Visibility? The Appropriation of Public Space through a Religious Ritual：the Filipino Procession of Santacruzan in Padua，Italy，" *Social & Cultural Geography* 15，No. 6（2014）：645—663. 还有 2 本描写美国加州戴利城和纽约菲律宾人的专著提到了圣十字架节的海外庆祝：Vergara Benito，*Pinoy Capital：The Filipino Nation in Daly City*（Philadelphia：Temple University Press，2009）；Martin F. Manalansan IV，*Global Divas：Filipino Gay Men in the Diaspora*（Durham：Duke University Press，2003）。还有 1 篇值得参考的文章探讨的是在巴林的菲律宾人于独立日前后举办的选美活动：Sharon Nagy，"The Search for Miss Philippines Bahrain – Possibilities for Representation in Expatriate Communities."*City&Society* 20，No. 1（2008）：79—104。

字架节为了庆祝自己的传统，为了将自己独具特色的节日文化展示给外国人看，证明传统是活的，只要人在，传统就能得到延续。菲律宾人通过短暂地利用节日场所，扭转人们对海外菲律宾人的刻板印象，展示海外菲律宾人作为整体凝聚力、组织力（Saint‐Blancat&Cancellieri，2014：645—663）。但是，据笔者的观察，瓦列霍的圣十字架节所得到的当地媒体关注并不多，虽然参与游行的女孩和"随从"有部分不是菲律宾人，或只有部分菲律宾血统，但无论是参加者还是游客，都局限在菲律宾人和他们的亲友。正是由于圣十字架节以户外为开放空间，其宗教传统更容易被民间性所掩盖。外人并不容易看懂这场游行是为了什么。加州瓦列霍是个小城，本身就没有太多游客，笔者当日似乎是唯一的非菲律宾人。一篇文献则提到，意大利帕多瓦的圣十字架游行则让意大利人和外地游客猜测这是不是一场婚礼。还有意大利人表示如果这是宗教节日，女孩不应该穿这么暴露（Saint‐Blancat&Cancellieri，2014：645—663）。这样看来，似乎宗教性反而让菲律宾裔人口局限在自己的小圈子里，造成了菲律宾移民与当地社会的隔阂。虽然空间移到了海外，但组织形式并未改变，传统的组织形式让赞助人的身份在菲律宾人、特别是有财富的菲律宾人之间传递，除了以亲人的身份，外人很难融入节日组织委员会的圈子。因此，虽然圣十字架节的可见度高，但真正的文化传播度并不高。

# 五　结　语

圣十字架节是起源于西班牙殖民时期的节日传统，但传统本身也一直在经历冲击，呈现转型态势。民间天主教节日并不是简单的民间元素与天主教元素的简单加乘，或者说追寻这种转型中接受了哪些外来文化元素的影响仍然不够。本文的作用在于通过圣十字架节的例子说明菲律宾传统宗教节日背后真正发挥作用的是它的组织形式，这样的组织形式历史久远，还映射了直至近代地方政治、乃至国家政治的一些现象。

**参考文献：**

[1] 范若兰：《当代菲律宾家族政治与女性权力政治参与的关系》，《南洋问题研究》2014 年第 4 期，第 87—96 页。

[2] 范若兰、陈妍：《东南亚民主化浪潮中的女领袖现象探析》，《东南亚

研究》2012 年第 1 期，第 4—9 页。

［3］姜永仁、傅增有等：《东南亚宗教与社会》，国际文化出版社 2012
年版。

［4］［罗］伊利亚德：《神圣与世俗》，王建光译，华夏出版社 2002 年版。

［5］［美］本尼迪克特·安德森：《想象的共同体：民族主义的起源与散
布》，吴叡人译，上海人民出版社 2011 年版。

［6］Barcelona, Mary Anne & Consuelo B. Estepa. *Ynang Maria：A Celebra-
tion of the Blessed Virgin Mary in the Philippines*. Manila：Anvil Publish-
ing, 2004.

［7］Delos Reyes, Michael P. *Prusisyon：Paghahanda at Pagdiriwang*. Quezon
City：Claretian Publications, 2006.

［8］Florendo, Abe and Zardo A. Austria. *Sagala：the Queen of Philippine Fes-
tivals*. Quezon City：Fashion Designers Association of the Philippines,
2006.

［9］Sevilla, Marlyna O. *The Living Past*. Bloomington, Indiana：Xlibris Cor-
poration, 2008.

［10］Javellana, Rene B. S. J. The "Divinization" of Mary of Nazareth in Chris-
tian Imagination：The Iconography of the Virgin Mary. *Landas：Journal of
Loyola School of Theology* 19, No. 1 (2005)：101—118.

［11］Macdonald, Charles J – H. "Folk Catholicism and Pre – Spanish Reli-
gions in the Philippines," *Philippine Studies* 52, No. 1 (Global/Local,
2004)：78—93.

［12］Pedrosa, Carmen Navarro. *The Untold Story of Imelda Marcos*. Rizal,
Philippines：Tandem Publishing Company, 1969.

［13］Roces, Mina. "The Gendering of Post – war Philippine Politics." In
*Gender and Power in Affluent Asia*, edited by Krishna Sen&MailaStivens,
291—316. London & New York：Routledge, 2003.

［14］Saint – Blancat, Chantal and Adriano Cancellieri, "From Invisibility to
Visibility? The Appropriation of Public Space through a Religious Ritual：
the Filipino Procession of Santacruzan in Padua, Italy." *Social&Cultural
Geography* 15, No. 6 (2014)：645—663.

［15］Santos, Luz Mendoza. *The Philippine Rites of Mary：A Votive*

Offering. Manila: National Printing Company Inc. , 1982.

[16] Tiongson, Nicanor. *Kasaysayan at Estetikang Sinakulo*, *at ibang Dulan-gPanrelihiyonsa Malolos*: *Kalakipang Orihinal*, *Partitura*, *mga-LarawanngPagtatanghal*. Quezon City: Ateneo de Manila University Press, 1975.

[17] Zabilka, Gladys. *Customs and Culture of the Philippines*. Tokyo, Rutland: Charles E. Tuttle Corporation, 1968, c1963.

# 揭开信仰的华服：
# 一项对菲律宾天主教圣像崇拜的研究

## 郑友洋

### （一）研究背景与方法

天主教伴随西班牙的殖民扩张在 16 世纪传入菲律宾，如今有 85% 左右的菲律宾人信奉罗马天主教。[①] 菲律宾的天主教又被称作"民俗天主教"（Folk Catholicism），这是一种融合了"前西班牙时期菲律宾人的传统宗教观念与习俗、罗马天主教、西班牙以及墨西哥的一些宗教信仰和风俗、祭祀仪式等元素"[②] 的特殊宗教形式。民俗天主教有其自身多样化、本土化的节日、庆典仪式、宗教诗歌和戏剧等信仰形式，本文的话题"圣像崇拜"就是其中一个较为普遍的元素。

"圣像（icon）一词，是形象，肖像之意。狭义的圣像是指用颜料画在木版上的基督教形象，包括基督、圣母、天使、圣徒和节日场景的画像。但考古学、历史学上广义的圣像，还包括教堂壁画、马赛克、雕塑

---

① 吴杰伟：《菲律宾天主教对政治的介入》，《东南亚研究》2005 年第 6 期。

② 施雪琴：《菲律宾天主教研究天主教在菲律宾的殖民扩张与文化调适：1565—1898》，厦门大学出版社 2007 年版，第 131 页。

等。"① 本文所描写的菲律宾圣像，指的均为立体雕塑形式。圣像在菲律宾语中被称作"santo"，与"圣人"是同一个单词，因为菲律宾人视之为圣人在俗世的代表。除"santo"这种表述以外，菲律宾人还把圣像称作"poon"，意为"主"（lord）。根据用途划分，菲律宾的圣像可以分为游行用与家用两种，前者主要出现在节庆场合，通常有真人大小。后者的尺寸则小得多，它们是家庭财产，不归教堂所有。在宗教节庆中，人们会用锦衣华服打扮大型圣像，并将其游行于大街小巷；在日常生活中，几乎所有的天主教家庭，无论富贵还是贫穷，都供有各自崇拜的圣像。平日里各个教堂也分别矗立着不同的圣像，多数都穿着鲜艳绚丽的衣裙。圣像崇拜作为一种宗教现象，在基督教史上曾备受争议："加尔文信徒和慈温利信徒坚决反对在教堂中悬挂任何画像，称这些画像宣示的行为是偶像崇拜，是严重的亵渎行为，所以将他们占领的天主教堂中的圣像通通拆除了。但是，对天主教徒来说，恰恰是这些图像，即雕像和画像，是装饰上帝之家的重要元素；应该用图像颂扬上帝，并通过它们在尘世创建天国。"② 可见，圣像是构成天主教民众信仰的重要部分，"根据天主教的想法，使用崇拜物和艺术这一切手段，是用来理解上帝话语的重要方法"③。圣像一方面满足了宗教的艺术需求；另一方面则促进了民众的上帝信仰。当圣像被殖民者带到菲律宾以后，它凭借形象生动、真实可感的特点迅速吸引了土著居民，有力推动了天主教在当地的传播。"在大多数成长于伊比利亚殖民传统的国家，圣像是民俗天主教的一个显著特征。"④ 美国学者史蒂芬·古德曼在一项针对巴拿马农村地区的圣像研究中说："在整个拉美地区，以及部分的地中海世界，罗马天主教会的圣人（saint）是多种仪式实践和民间信仰的核心。人们在危难时刻向其求助，诚心诚意地向其献上供品，讲述关于它们的当地神话。它们被朝圣者和光鲜的仪式所尊崇，其

---

① 徐凤林：《东正教圣像史》，北京大学出版社2012年版，第23页。

② ［德］哈特曼：《神圣罗马帝国文化史1648—1806年：帝国法、宗教和文化》，刘新利、陈晓春、赵杰译，东方出版社2005年版，第85页。

③ 同上书，第102页。

④ Aram A. Yengoyan and Perla Q. Makil, eds. *Philippine society and the individual : selected essays of Frank Lynch*, (Loyola Hts. Q. C. : Institute of Philippine Culture, Ateneo de Manila University, 2004), p. 216.

在民众中的重要性已经远超官方宗教正统。"① 圣像崇拜虽然是西方殖民者文化影响的结果，但在广大殖民地国家，它不可避免地经历本土化的过程，融入当地宗教生活。构成信众宗教生活的是那些具有民俗特色的"仪式实践"，本地人顶礼膜拜的对象是具体、形象的圣人。本文试图探讨的问题就是：承载着外来宗教内涵的圣像如何与菲律宾人的生活实际相融合，以及圣像崇拜这一宗教现象为我们揭示了菲律宾人的哪些价值观念。对这些问题的回答有助于我们更深入地理解菲律宾人的宗教情感与生活态度。

为获取真实的材料，笔者在马尼拉走访了虔诚的天主教徒。雅典耀大学的西班牙语教师帕特里克·卡比利（Patrick Capili）先生在办公室里向笔者介绍了关于菲律宾圣像的基本知识。帕特里克对圣像的历史有较全面的理解，自己在家中也供奉了多尊圣像。他在次日热情地带笔者来到马利金纳区的圣婴耶稣教堂（Iglesia Filipina Independiente Parokya ng Sto. Niño Hesus de Marikina），笔者在那里完整地观察了信徒为圣像制作、穿戴新衣的仪式过程，并对 3 名信徒乔玛·约瑟夫（Dionne Mar Josef）、约翰逊·格瓦拉（Johnson Guevara）、杰杰（Jay Jay Jivio）进行了访谈，从而形成了撰写本文的完整思路。其中，乔玛和约翰逊是帕特里克事先约好的报告人，他们为当晚的仪式做了一定的准备工作，在教堂等待我们。杰杰的出现则在意料之外。他下班后途经教堂，发现楼顶亮着灯，便知道有活动，于是上来看看。帕特里克等人高兴地招呼他进来，向他说明缘由，让他也加入访谈和仪式。此四人是生活在同一社区（马利金纳城的圣婴区）的多年老友，年纪相仿，都是 30 岁出头；又因为积极参与教区事务、热衷于照顾圣像而形成了亲密关系。帕特里克用相机全程记录了访谈和仪式，随后上传至社交网站，作为活动纪念与更多人分享。所以一方面是笔者在向他们获取论文材料，但另一方面这一事件对他们而言也是一项新颖的教区活动。参与当日仪式的还有在教堂服务的青少年团体，由十多位学龄孩子组成。本文的观点和结论都围绕对上述经历的记录展开。

---

① Stephen Gudeman, "Saints, Symbols, and Ceremonies," *American Ethnologist*, Vol. 3, No. 4 (1976)：709.

### （二）圣像的人格化

弗兰克·林奇在《菲律宾的民俗天主教》一文中曾提出疑问：教徒虽然知道圣像仅仅是"像"而不是那个真正的终极崇拜对象，为什么在他们的言行中圣像仿佛就是人呢？[1] 对笔者而言，这个问题也是理解圣像崇拜的关键一步。圣像在菲律宾人眼里，不仅仅是普通的物件，而且是被高度人格化的神灵的象征。本节要介绍的是圣像的人格化特征如何被人们以照顾的方式与心理体现出来。

文中四位访谈对象在现实生活中有各自不同的职业：帕特里克是大学老师；乔玛是酒店前台接待员，业余时间里帮教堂制作圣像的衣服，作为"奉献"（debosyon）[2]，即为圣像所做的无偿服务；约翰逊和杰杰在戏剧中心工作。但他们有一个共同的身份：照顾圣像的人。[3] 菲律宾语将其定义为"tagapag – alaga o nagmamay – ari ng imahen ng santo na isinasama sa prusisyon"，[4] 直译即"负责照顾或是拥有那些跟随在游行中的圣像的人"。因此，这个身份的含义是"照顾"（alaga）和"拥有"（may – ari）。需要注意的是，这里强调的是游行用的圣像，即这四位照顾者在节日期间负责为其制作新装、安排花车等工作，因为他们是该教区里极为虔诚热心的教徒。而对于普通的菲律宾人来说，他们在某种程度上也都是圣像的照顾者，因为他们都拥有家用的小圣像，并对其进行日常的维护与打理。

在访谈中，笔者发现教徒似乎更重视"照顾者"这个角色。乔玛说，比起"圣像的拥有者"（may – ari ng santo），他认为"负责照顾的人"（tagapag – alaga）这个术语更合适、更准确；而所谓"照顾"，就是"把他当成你家庭的一部分，既像兄弟，也可以像父母"。对菲律宾人来说，圣像是圣人在尘世的代表者。在交流中，菲律宾人总是把圣像称呼为

---

① Aram A. Yengoyan and Perla Q. Makil, eds. *Philippine society and the individual*, p. 216.

② 奉献：在菲律宾语中，debosyon 是名词，对应英文中的 devotion 一词，指的是天主教徒的私人宗教实践。

③ 约翰逊说："当有需要的时候，在特殊时节，比如圣周，我们就暂时从工作中抽身，为了照顾我们的圣像。"所谓的"照顾"是一个含义宽泛的词，后文还将多次出现。对圣像的照顾指的是日常生活中或是节日庆典时对圣像进行的清洗、打扮、保护等工作。——笔者注

④ Diccion, "Ang liminalidad, bisa at aliw sa pagtatanghal ng salubong ng Aglipayanong Kongregasyon sa Paliparan, Sto. Niño, Lunsod ng Marikina", p. 15.

"他（们）"或"她（们）"，即使用一系列第三人称代词来指代圣像（如"siya""kaniya""nila"），而笔者作为无神论者则总是习惯使用"它（们）"一词（ito）。"照顾"一词很好地体现了菲律宾人将圣像人格化的态度，笔者在观察教徒为圣像穿戴新衣的仪式时，直观地感受到了这种"照顾"情怀。

当日使用的圣像是一尊圣约瑟夫（St. Joseph）的旧像，是由教区的一名信徒捐赠的。在接受这尊像之前，他们需要为之举行一定的仪式，穿戴新衣是第一步。由于是旧像，尘埃已染，衣裳褪色，信徒们首先要对其进行一番清洗。在清洗和穿戴过程中，为圣像制衣的乔玛是主要执行者，约翰逊和一名叫晨晨的少年在一旁辅助他，杰杰带领着其他孩子坐在塑料椅上不间断地念祈祷词。乔玛的动作非常谨慎、细腻。他用湿布给圣像擦洗脸部的时候，不遗漏眉角或是眼圈周遭的任何一个角落，在擦拭圣像的身体与双脚时也是如此面面俱到。给圣像穿上新制的衣服以后，乔玛、约翰逊和晨晨一起整理圣像的仪表，比如在它的肘部将衣服别起一些褶子，在腰部围上一根细细的黄带子。他们脸上的神情十分庄重，举止温柔，如同在给一个小孩梳洗打扮，而不是在擦拭或装点一件随便、普通的雕塑，因为在虔诚教徒的内心里，圣像被视为有生命的人。

教徒将圣像人格化，这反映了菲律宾人重视身边"邻人"的态度。在访谈中，教徒多次将圣像比作"邻人"（kapwa，意为"伙伴，同伴"），他们和圣像之间的关系是具体而紧密的。圣像的人格化是"一种连接、弥合人与圣人之间巨大间隙的方式"①。弗兰克·林奇认为，这种心态还与菲律宾人关于"信任"的心理机制有关：要表达信任与友谊，就要将对方视为亲戚，同时有身体上的接触。② 而圣像的人格化特征正是拉近尘世之人与彼岸世界距离的重要途径。通过对圣像进行照顾，人们得以触摸它，为其清洁、置衣，这些感性的接触把圣人变成了和蔼的"邻人"。在一系列拟人化的言辞与行动之间，信徒与圣像建立起亲近的信任关系，而后他们便能虔诚地向圣像倾诉。

① Aram A. Yengoyan and Perla Q. Makil, eds. *Philippine society and the individual*, p. 217.
② Ibid.

### （三）圣像与家庭的关系

在这一部分，笔者将介绍教徒对圣像的"拥有"关系。这是一种可以被继承的关系，反映了菲律宾人基于家庭团结的道德体系。本节要厘清的问题是：圣像崇拜如何促进家庭的团结；长辈与圣像的联系、晚辈与先人的情感纽带如何在家庭内部得到体现。

为了向笔者解释什么叫"拥有"圣像，乔玛讲述了自己的经历。他有一尊圣母像，对他而言意义非凡。"很久以前，这尊像属于我外公。圣像一直摆在外公的房间陪伴他，他通过圣像向上帝祈祷。他照顾她，很爱惜她。外公去世后，圣像传给了我母亲。母亲当初是如何关爱、照顾我外公的，她便是如何关爱、照顾这尊圣像的，她把感情都倾注在这尊像上。现在我长到合适的年龄了，母亲就把圣像传给我。尽管我看不到我的外公，但他还是和我们在一起。当然啦，总有一天我也要把这传给更小的一代。如果我有孩子，或者没有孩子的话就传给我侄子。我们很珍视对圣像的照顾，不是为了膜拜。"对一尊像的"拥有"意味着一种友好共处的关系——教徒向圣像祈祷，圣像被信徒照顾、护理、装饰。这种关系是可以代代相传的，由于后代沿袭了照顾圣像的传统，他们也就记住了圣像曾经的拥有者，即自己的先人。得以传承的不仅是圣像这一物件，还有家庭传统以及对先人的记忆与怀念。乔玛说："每当你看到圣像的时候，你就想起祖先们是如何照顾他的。这被称为一种，嗯，好像是'财富'，继承给下一代。"这尊圣母像之所以对乔玛意义重大，是因为他的外公和母亲曾经照顾过它。当一尊圣像被子孙后辈继承以后，它的重要性就不再局限于"它是圣人的代表"了，而更多地来源于"它是祖先留下的纪念"。在乔玛的自述中，笔者发现他开始用"它"（ito）来指代圣像，这大概是为了在语境中，将圣像与人——"他"（外公）和"她"（母亲）做一个区分。在人神关系之外，圣像在此处反映了家庭成员间的伦理联系。

费妮拉·坎奈尔（Fenella Cannell）在研究菲律宾比科人（Bikol）的宗教与权力关系时发现，一方面，圣像在家庭中的地位类似于孩子——家庭成员关心它，给它穿衣，照顾着它；另一方面，它的角色也如同父母或庇护人，这在奉献活动中体现得尤为明显。① 圣像必须被穿戴整齐、装饰一番，然后参与圣周的公共游行。所有的奉献活动都有相同元素：祈祷，唱赞美诗，以及在节日当天提供给所有参与活动的亲戚和虔诚信徒的一顿饭。② 费妮拉·坎奈尔认为，这种对圣像的奉献活动体现了子孙后代对先人的敬爱，也加强了后代之间的联系。因为在比科，父母在家庭中供奉的圣像也是要被子女继承的。她将此与土地继承作了类比：如果一家中有多位子女，那么父母死后其土地将由子女们轮流耕种。"所有的后代对于父母财产有同等的继承权。"③ 而父母留下的圣像，也由子女们轮流照顾，并在节庆的日子里举行游行，把所有的后代都聚集到一起。围绕圣像所展开的奉献活动和聚餐为日渐疏远的亲戚们提供了相聚的机会，特别是当后代们共同的先祖早已被遗忘时，他们仍然在圣像的注视下被紧密联系在一起，分享着各自心中关于父母—子女之爱的回忆与经历。在这里，圣像作为一种家庭财产被继承下去，并发挥了维护家庭团结和亲情的社会作用。

### （四）面向圣像的祈祷

祈祷不是专属于基督教的活动，它存在于世界上绝大多数的宗教中。作为基督教生活的中心，祈祷不仅是教会礼拜中的基本敬礼，而且也延伸到了私人生活中。"个人可以向上帝祈求健康、安全乃至考试及格等一切合理的东西。"④ 祈祷可以面向上帝，也面向圣人。"观看圣像不是审美欣赏活动，而首先是一种祈祷活动。"⑤ 菲律宾人对圣像尽了"照顾"的职责，而圣像也在倾听菲律宾人的祈祷。笔者认为，教徒的祈祷心理可以更好地说明他们对圣像的感情。为了方便介绍菲律宾人对于"祈祷"与"神迹"的态度，笔者先列举两个访谈中记录的例子。

第一是约翰逊本人的经历："有段时间我在找工作。赚不到钱，有3家公司都没录用我。一次我路过一家教堂，就在距离我理想单位很近的地

① Fenella Cannell, *Power and Intimacy in the Christian Philippines*, Cambridge University Press, 1999, p. 184.

② Ibid. , p. 186.

③ Ibid. , p. 184.

④ Michael Walsh. *Roman Catholicism*：*the basics*. Routledge, 2004, p. 124.

⑤ 徐凤林：《东正教圣像史》，第25页。

方，我进入教堂祈求，对圣像说，如果我被这一家公司录用了，日后每天我都来看您。这是一个有结果的祈祷。过了 5 天，这家公司打电话通知说我被录用了。这可能就是我得到的好处，因为我向他（圣像）祈祷了。作为报答，当我在那里工作的时候每天都去教堂看他，去祈祷，也祈求一些其他东西，比如我的健康、父母的健康，这些东西至今我还从他那里得到。"

第二个例子是乔玛所述："一家菲律宾大型电视公司的副总，制作了一部本地电影，但担心电影会失败。他在班加诗兰（Pangasinan）的一家大教堂祈祷了 9 天。那里供着我们的巴纳瓦圣母（Lady of Banawag），他决定在那里祈求恩赐，祈求电影成功。最后他果真大赚一笔。成功以后他就大行感谢。他提供给巴纳瓦圣母价值 50 万比索的圣母衣服。喏，有这样的事情。"

上述事例表明，菲律宾人的祈祷内容与现实生活中的福利有关，一旦福利实现，他们便将许诺过的感谢付诸行动。人们在圣像面前，或祈求好运降临，或祈求安康顺利，或祈求宽恕、感谢恩赐，然而当这些祈求没有灵验的时候，他们又将作何反应呢？约翰逊回答道："当有些人需求一样东西的时候，对圣像祈祷，圣像有可能会把好东西给他们。如果没有被给予或者祈求没有灵验，我们还会相信，那并不代表信仰的终结。"杰杰补充说："每件事发生都有原因。我们还是不能就这样抛弃他们（圣像）。"这些教徒对于神与个人命运的关系有一种较为理性的认识，他们对圣像的祈祷并不是盲目崇拜。以下是约翰逊和乔玛对神人关系的解读：

"我们有个说法，叫作上帝在听，但并不给予全部，因为成事在人，上帝负责怜悯。祈祷并不是直接的方式，让生活自动变好。这是一种请求帮助的方式，就像我刚才给你讲的，因为我在找工作，然后我向上帝祈祷，他帮我找到了工作。在我的寻找中，不只是我自己在努力，除此之外还有圣人和上帝在帮助我。"

"在菲律宾，有一个地方，在布拉干附近，如果夫妻不育，就在节日上跳舞，然后会有孩子。当然造人的过程是不能免的，该做的还得做。那些夫妇在节日庆典上跳舞，他们相信如果你跳舞，并且同时向圣母马利亚祈祷，你就可以怀孕。当然这个造人的过程在你跳舞之后。有很多都灵验了，几个月以后，女人怀孕了，生活就翻新了。但这不是自动的。如果我去跳舞，就不会怀孕，哈哈。"

菲律宾人有一句口头禅："Bahala na."（无所谓，没关系）其中，"Bahala"是原始宗教中对至尊神或造物主的称呼，[①] 后来也用于泛指"主人"。这句话影射的是菲律宾人的一种民族心理，即把一切都交给神来决定，神自会管理、安排世事，替他们做主。在这种心理的影响下，祈祷便成为一项重要活动，因为它为人们提供了与上帝交流的途径，与上帝的交谈便是将心事托付与神的过程。祈祷的意义在于，当菲律宾人相信上帝已经听到、感应到自己的诉求时，他们便同时相信主会管这些事了，他们从而能在现实生活中获得安宁、平和的心态。

圣像是人们心目中诸神圣人物在尘世的代表，它们的外观呈现神的形象，在某种程度上成为了人与神之间沟通的物质媒介。信徒在圣像面前祈祷的时候，其言语的对象虽是雕像，但在人们心里，他们是在和神对话；当生活中发生了美好的事情并且信徒认为是神帮助了自己时，他们通过善待圣像来表达对神的谢意，即在照顾圣像的同时，人们也实践了对神的回馈与感恩；而在日常生活中，人们通过一点一滴的"奉献"行为获得内心安稳。杰杰的一番话诠释了这种逻辑："我们照顾圣像，但更重要的是向马利亚、耶稣和其他那些圣人所做的祈祷，以及向邻人施的善行。行善就是在信仰，相信生活会变得井然有序，不生病，生活丰裕，等等。你看乔玛，他做衣服没有赚钱，但因为他做的是虔诚的奉献，所以他就很健康。"教徒将尘世的幸福与美好与宗教虔诚与奉献行为联系起来，这构成了"照顾圣像"的心理基础。

### （五）仪式与集体经验

"天主教徒的信仰与实践是外露可见的，比如周日去望弥撒，去领圣餐，等等。但是大多数天主教徒是不能就这些行为给出逻辑连贯的神学解释的。天主教是一种生活性的宗教（a lived religion）。"[②] 天主教信仰对于普通的教徒而言，是由一系列非常具体的活动、仪式构建起来的，他们重视的是参与和践行祈祷、祭献、圣事这些教仪和规范。因此从行为层面上看，世界各地的天主教徒无大差异，基本上都遵循一套相似的行为方式。

---

① 姜永仁、傅增有编著：《东南亚宗教与社会》，国际文化出版公司 2012 年版，第 438 页。

② Michael Walsh, *Roman Catholicism: the basics*, p. 122.

值得探究的是教徒们所无法统一给出的"逻辑连贯的神学解释"，即他们自己如何理解这种宗教及其教仪。在这一部分，笔者将着重描述仪式内外的诸多细节，展现教徒对仪式的态度以及对圣像崇拜的诠释。在乔玛为圣像制衣之前，他指着桌上摆的一大匹绿布告诉笔者："你知道这匹布在迪维索利亚（Divisoria）① 卖多少钱吗？只要 100 比索，很便宜，但它可以变得神圣。"这个让一匹布"变得神圣"的过程就是笔者接下来观察到的一系列仪式：穿衣、祈祷诵经、唱圣歌。当一匹布成为圣像身上所穿的衣服以后，它就成了圣物。"神圣"是这组仪式中的关键词，也是崇拜思想的根基。然而，笔者在观察过程中感受到的却是一种模糊的神圣观念，相较于此，更为明显的是教徒对集体经验的重视。

　　"天主教推崇社群价值观"，② 其仪式也讲究集体性，即一群人共同参与到相应的仪式中来。"这是在集体完成一项宗教献祭，气氛相当重要。"③ 只有当人们都受到同一种宗教情感的感染，仪式才能有条不紊地完成。在笔者对整个仪式的观察中，最能凸显宗教气氛的是诵经与唱圣歌环节。当圣像的新衣制成以后，大家一齐起立，由杰杰带领在场的信徒先诵了一段菲律宾语版本的《使徒信条》，其大意是讲述耶稣的生平。当乔玛等人开始给圣像穿衣时，杰杰和孩子们就坐到各自的塑料椅上接着诵经。这时候背诵的经文是《玫瑰经》。"《玫瑰经》是最为广泛流传的天主教祈祷词。念《玫瑰经》的过程是重复十次《啊！马利亚》，接着是《我们的父》和上帝赞美诗。"④ 教徒们对《玫瑰经》的诵读严格依照这一顺序，每段经文都由领祷者先提词，之后由孩子们一起念。领祷者手中攥着长串念珠，在诵经过程中不时交接给另一位领祷者。念珠的作用是计算经文是否已念完规定的次数。在天主教正统教仪中，这里经文的重复"不仅仅是重复"，因为"当人在念《玫瑰经》的时候，他被期待去思考和冥想基督的生活"。⑤ 这本应是非常严肃庄重的状态，但这些教徒却并没有完全实现念诵《玫瑰经》的意义。笔者在注意观看乔玛等人细致的穿衣

① 迪维索利亚是马尼拉著名的小商品市场。——笔者注。

② Michael Walsh, *Roman Catholicism：the basics*, p. 147.

③ 吴飞：《麦芒上的圣言：一个乡村天主教群体中的信仰和生活》，道风书社 2001 年版，第 87 页。

④ Michael Walsh, *Roman Catholicism：the basics*, pp. 128—129.

⑤ Ibid., p. 129.

过程时，也用手机录下了众人诵经的画面。有意思的是，笔者在回顾时看到有一两位少年几乎从头到尾都没有张口；在此期间，各位诵经者有的神态十分认真虔诚，有的面露疲倦，打起了呵欠（当时正是晚上八九点钟左右），有的则小动作频现，如窃窃私语、抓耳挠腮等。这些画面显然不是"思考和冥想"的理想状态。

在诵经仪式开始之前，大家需要为圣像的梳洗打扮做一番准备工作，比如用盆接水，备下别针、干布等用品。在这段时间里，得空的人们就开始活跃气氛，有说有笑。就在这时，杰杰突然转过头来问笔者道："你的录音机还开着吗？开着还是关着？"看到笔者茫然的神情，帕特里克解释道："他问你有没有在录音，因为他在讲粗鄙的笑话。"接着众人又大笑起来。"在宗教观点和常识观点之间来回转换，实际上是在社会生活中发生的较为明显经验事件之一，它同样也是社会人类学家最为忽略的事情之一，但实际上他们无数次地看到它发生。"① 此处细节恰恰反映了格尔茨所述的宗教与常识世界之间的转换，因为当一切准备工作就绪以后，这些嬉笑打趣的人们又能迅速进入状态，严肃地念起经文来，或是挽着手陶醉在圣歌的旋律之中。

当圣像整装完毕后，杰杰在雕像底座前放上一截燃烧着的蜡烛，他说这是光明的象征。在圣像周围摆放蜡烛也是天主教信仰的一个特征，"蜡烛和雕像是用以区分天主教和新教的标志"。② 可见，教徒们在仪式细节方面是严格遵守天主教传统的。仪式圆满结束后，众人盛情邀请笔者参与聚餐活动（salo‒salo）。据帕特里克解释，将聚餐作为仪式或节日的尾声是菲律宾人重要的文化传统。因为大家一起来帮忙做成了一件事，所以事后通常伴有聚餐。听到"吃饭"，孩子们略带倦容的脸都兴奋起来。笔者跟着众人走进一家小饭馆，大家点了两大碗卤面和几碟春卷，一起分享。席间，大人和孩子肆无忌惮地围绕同性恋（Bakla）话题开着玩笑，喧嚣太过张扬，差点引起了与邻桌食客的争执。看到杰杰与邻桌的中年妇女横眉怒目、高声讥讽对方，笔者突然意识到，这些场面与刚才在教堂内进行的仪式一样重要，都展现了这些教徒的生活实况。他们在照顾圣像、为之祈祷的时候无疑是内心充满虔敬的。在经文和圣歌旋律所营造的宗教气氛

① ［美］克利福德·格尔茨（Clifford Geertz）：《文化的解释》，韩莉译，译林出版社1999年版，第147页。

② Michael Walsh, *Roman Catholicism: the basics*, p. 130.

中，他们神态严肃、甚至还有些动容。然而，这种肃穆并不能维持太久，他们在仪式之外可以轻而易举地回归到轻松诙谐、富有娱乐精神的日常生活语境中去。格尔茨说："没有一个人，甚至没有一个圣徒永远生活在宗教象征形成的世界里，多数人只是暂时生活在其中。"[1] "当我们说某人信仰宗教时，指的是因宗教所驱使……当他受到恰当的刺激时，他有进入特定的情绪中去的能力。我们有时将这些情绪归纳为'恭敬的、严肃的、崇敬的'这样一些修饰性的词汇。但是，这种一般化的词语实际上掩盖了大量的有关气质的经验上的多样性。"[2] 如果仅仅关注乔玛等人为圣像清洗穿衣时的恭敬态度、诵经唱歌时庄严的气氛，那么我们很可能会用"宗教热忱"来概括这些天主教徒的气质特点。但是通过仪式内外那些与宗教世界中的严肃情感相矛盾的细节，我们便会发现仪式中的宗教信仰与日常生活中的宗教信仰是两种模式，教徒们可以在两种情绪间自如切换。"宗教信念在人类生活中的出现，是以宗教仪式的具体活动为背景的。任何宗教仪式都要涉及生活准则及世界观的融合。"[3] 现在我们要讨论的问题就是，这项宗教仪式内外的细节可以说明教徒们拥有怎样的生活准则和世界观。

乔玛告诉笔者，当得知有学生要来研究圣像时，他打算让笔者跟他们一同去附近的安蒂波洛镇（Antipolo）看游行："那里有很多安蒂波洛树，有西班牙人带来的马利亚妈妈，那里供奉她的像，非常漂亮。有很多关于她的节日和游行，届时会有非常多的人。当队伍前行的时候有蜡烛（相随），她（圣母像）乘着漂亮花车，旁边有祈祷者。那天你没来，我们大家一起去了安蒂波洛。"说罢，他望向在座的孩子，问道："你们谁去了，举个手。你们去安蒂波洛有什么体验吗？他们也是第一次去（向笔者），体验到了游行，看到那么多的人。喂，你们说说呗。"这段话提醒笔者，菲律宾人的宗教生活是很看重"体验"这一概念的。所谓"体验"，即一种集体经验，既可以是整个家族的后代聚在一起照顾先人留下的圣像（如前文中的比科人），也可以是一个社区内的教徒团体合作照顾教堂的财产——圣像。涂尔干认为，宗教力是被实体化的集体力、道德力，仪式

---

① 格尔茨：《文化的解释》，第146页。
② 同上书，第118页。
③ 同上书，第138页。

是在集合群体之中产生的行为方式；它们必定要激发、维持或重塑群体中的某些心理状态。① "在聚会上，团体成员通过一道表明其共同的信仰，使他们的信仰重新被唤起了。"② 通过共同参与宗教仪式所激发和维系的情感，其所唤起的最重要的信仰是一种群体信念。对菲律宾人来说，纷繁多样的宗教庆典和仪式为他们提供了重要的集体经验，去体察自己与他人、与社会之间的亲密关系。以圣像之名举行起来的一系列活动，诸如为其清洗打扮、布置花车、参加游行、聚众祈祷，等等，其实质可谓能够拉近人们距离的聚会。"照顾圣像"由此产生了社会功能，即通过在宗教节日、教堂活动中互相帮助、宴饮聚餐，人与人之间逐渐形成了稳固、团结、友善的关系。

仪式和信仰是涂尔干所说的宗教现象的两个基本范畴。③ 在解释了仪式的集体性之后，我们来考察教徒对自身信仰的理解。笔者在访谈中发现，这些教徒的宗教神圣观念是比较粗浅的。笔者也曾问过类似格尔茨所说的会"被人怀疑成白痴"④ 的问题："你们相信那些发生在圣人身上的故事都是真实的吗？"其答案是显而易见的，因为宗教观的基础是要知必须先信。⑤ 然而教徒的回答却也颇具启发性："我们相信这些故事是真实发生在圣人身上的，因为基于《圣经》。我们相信《圣经》，那些（故事）就是曾经发生过的。"教徒同时表示，"因为菲律宾还是个穷国"，民众很少有通读《圣经》的，没受过教育的普通人很难去阅读宗教经典。但每个家庭都拥有圣像，这些人物的故事与传说构成了大部分普通民众对宗教神圣的理解。杰杰自嘲道："哪怕是在这里的我们（即极为虔诚的信徒，热衷于教堂事务和照顾着许多圣像的人），也没有谁敢说自己从头至尾读过《圣经》。教区内有的教徒为教堂服务，成立教育组织，去公立学校教授宗教课程，因为（公立学校）没有宗教老师教授宗教知识。这样人们可能得到关于各种圣人的历史（的知识）。在私立学校，有专门的宗教老师。还有那些慈善家，搞《圣经》学习班，传授天主教教义。但普通人还是更熟知这些圣人的故事，比如圣婴是菲律宾第一个圣人。一个人

---

① ［法］涂尔干：《宗教生活的基本形式》，商务印书馆 2011 年版，第 11 页。
② 同上书，第 290 页。
③ 同上书，第 45 页。
④ 格尔茨：《文化的解释》，第 144 页。
⑤ 同上书，第 135 页。

可能不知道或者没读过整本乃至部分的《圣经》，他仍然信仰上帝，他不是因为《圣经》而是因为圣像。"比起艰深的义理，圣像作为具体可感的宗教道具，在菲律宾人的生活中扮演了更为关键的角色，它构成了普通信众对信仰的基本认识。

当笔者向众人问起圣人的神圣性来自哪里时，整个晚上都侃侃而谈的教徒们迟疑了一下，互相推脱，最后约翰逊受大家的推荐开始回答："对我而言，神圣就是'好'（kabutihan）。圣人所做的事情绝大部分是好事，比如圣母，作为一个妈妈的全部的好，都集中在她的特点里。圣像代表了'好'。一尊圣像，他的神圣性可能是基于圣人的故事，或者他所代表的生活。他们通过弥撒、游行等方式成为神圣的标志。"这里他对"神圣"的解释也并没有超出"故事""仪式""善举"等日常范畴。而与此处大家的面露难色形成强烈对比的是，在聊到具体的风俗习惯和圣人传说时，他们则表现出高昂的兴致，津津乐道，显得非常愉快而自信。比如，他们向笔者介绍为圣像人物制衣时要讲究颜色的挑选，各位圣人有专属的颜色，而这些颜色的使用还有严格的说法；又如，当乔玛讲到马乌拉文（Maulawin）的圣母之树的故事①时，杰杰热心地让一个孩子从里屋拿来一幅用相框裱好的图片，向笔者展示："你看，这就是那棵树。"他们所主动道出的内容都代表了其最熟悉和擅长的领域。他们热心讲解的是富有本土特色的地方性知识。哪怕是文化水平最高的帕特里克，也是如此。在他们对有关自己信仰的一系列叙述中，世俗生活与宗教神圣之间的界限仿佛是模糊的。圣像尽管具有神圣的属性，但在教徒的叙述中，它们并不存在于遥远的彼岸世界，而是与日常生活融为一体的。

## （六）结语

格尔茨将宗教视为一种文化体系，它代表人的世界观、群体的气质和生活方式。他提倡人类学对宗教的研究应包含两个步骤，即分析构成宗教的象征符号所表现的意义系统；并将这些系统与社会结构和心理过程联系

---

① 一个马乌拉文伐木人走进森林，他挑选了一棵树。他依稀看见在那棵树上，好像有一张圣母马利亚的像。经过他的砍伐，人像渐渐显现出来。据说，这不是人们杜撰的故事，而是真实发生的。——笔者注。

在一起。① 在菲律宾天主教徒的圣像崇拜中，圣像的神圣性是维系教徒与神性世界沟通的纽带。圣像作为这一宗教现象中核心的符号，确立了一套关于它的传说、仪式、供奉系统。教徒在这一系统的实践中展示了他们的文化心理：通过将圣像人格化，教徒与之建立了更亲近的关系，这体现的是菲律宾人关于信任的心理机制，即强调与周围的人（kapwa）亲身接触增进感情；照顾圣像还是一项家庭传统，圣像的代际相传实则是不断重申对长辈的纪念，这反映了菲律宾人重视亲子人伦的观念；对圣像的祈祷延续了传统的"Bahala na"价值观；而教徒模糊的神圣观念与对集体体验的重视表明，维系信仰活动的是社群价值观，构成信仰的重要要素是具体的圣像，而不是系统的神学理解。我们可以看到，圣像崇拜折射出了一些菲律宾人传统的道德和价值观念，分析圣像崇拜中包含的宗教情感同时也是一个理解菲律宾人文化心理的过程。

起初，圣像是作为西班牙人在殖民地传播新信仰的工具来到菲律宾的。无论是逼真的雕像本身，还是雕像身上华丽的服饰；无论是体现神圣人物高尚品德的传说故事，还是围绕圣像举行的一系列节日庆典，这些都对普通民众极具吸引力。可观可感的人像配合着传教士的说教，使天主教成功取代原始宗教成为大多数人的信仰。然而，当信仰落地生根以后，菲律宾人却用自己的方式重新去理解、演绎信仰。"千百年来几大世界性宗教之所以能够广为传播，其首要条件无疑在于，它们均能适应不同的文化、民族、国家或社会境遇，并以不同的方式实现本色化、本土化、处境化或民族化。"② 本文所列举的几个实例，诸如圣像与家庭宗族的关系、祈祷行为的世俗功利意味、宗教活动的群体性、对宗教理解的随意性，无一不彰显了菲律宾天主教信仰的本土特色。教徒按照天主教的原则与习惯表达信仰、念经祈祷，但是他们的宗教生活仍然在很大程度上是遵循传统伦理的。吴飞在一项针对中国农村天主教群体的研究中曾得出这样的结论："尽管教友们接受了天主教的终极信仰和世界图景，这却并不能影响到他们的基本伦理。这些信仰并没有变成伦理性的实践技术，没有渗透进日常生活，更没有取代他们的日常伦理。他们不是哲学家，没有一套前后

① 格尔茨：《文化的解释》，第153页。
② 张志刚：《基督教中国化研究》（第1辑），宗教文化出版社2013年版，第3—4页。

一贯、逻辑严密的终极关怀。"① 对于异文化的教徒而言，易于接受的是天主教所提供的世界图景，比如上帝创世、耶稣受难，等等；而难以动摇的是本土文化中的"日常生活""日常伦理"。"天主教认为雕像并不是被崇拜的对象，而是意在提醒人们谁值得崇拜。"② 这是天主教对于圣像意义的阐释。而在菲律宾，圣像被当作教徒们亲密的朋友、家人，所谓的"崇拜"事实上被人们寄予了浓厚的世俗情感的依托，人们对圣像神圣性的解释也没有超越日常范畴而进入形而上层面。当我们逐层揭开圣像崇拜现象的面纱，显露在我们眼前的是一幅天主教信仰与菲律宾人的生活方式水乳交融的画面。圣像崇拜从表面上看是源于基督教文明的文化现象，但其在菲律宾的存在和发展是契合菲律宾人传统价值观的。通过对圣像崇拜的解析，我们发现，对圣像的崇拜和信仰已经与菲律宾人固有的宗教与文化观念紧紧结合在一起。

**参考文献：**

［1］［德］哈特曼：《神圣罗马帝国文化史 1648—1806 年：帝国法、宗教和文化》，刘新利、陈晓春、赵杰译，东方出版社 2005 年版。

［2］姜永仁、傅增有编著：《东南亚宗教与社会》，国际文化出版公司 2012 年版。

［3］［美］克利福德·格尔茨：《文化的解释》，韩莉译，译林出版社 1999 年版。

［4］施雪琴：《菲律宾天主教研究天主教在菲律宾的殖民扩张与文化调适：1565—1898》，厦门大学出版社 2007 年版。

［5］［法］涂尔干：《宗教生活的基本形式》，商务印书馆 2011 年版。

［6］吴飞：《麦芒上的圣言：一个乡村天主教群体中的信仰和生活》，道风书社 2001 年版。

［7］吴杰伟：《菲律宾天主教对政治的介入》，《东南亚研究》2005 年第 6 期。

［8］徐凤林：《东正教圣像史》，北京大学出版社 2012 年版。

［9］张志刚：《基督教中国化研究》（第 1 辑），宗教文化出版社 2013

---

① 吴飞：《麦芒上的圣言》，第 160 页。

② Michael Walsh, *Roman Catholicism: the basics*, p. 131.

年版。

［10］Diccion, Ariel A. "Ang liminalidad, bisa at aliw sa pagtatanghal ng sa-lubong ngAglipayanong Kongregasyon sa Paliparan, Sto. Niño, Lunsod ng Marikina." M. A. Thesis, Ateneo de Manila University, 2011.

［11］Cannell, Fenella, *Power and Intimacy in the Christian Philippines*, (Cambridge University Press, 1999).

［12］Gudeman, Stephen, "Saints, Symbols, and Ceremonies." *American Ethnologist*, Vol. 3, No. 4 (1976): 709—729.

［13］Yengoyan, Aram A. and Makil, Perla Q. eds. *Philippine society and the individual: selected essays of Frank Lynch*. Loyola Hts. Q. C. Institute of Philippine Culture, Ateneo de Manila University, 2004.

［14］Walsh, Michael. *Roman Catholicism: the basics*. Routledge, 2004.

# 第三编　南亚、东南亚佛教研究

# 佛性与人性

## ——泰国佛像造型艺术剖析

### 段立生

佛是佛教的创始人和最高级别的领导人，名乔达摩·悉达多，系公元前6—前5世纪人，北天竺毗罗卫国（今尼泊尔境内）王子。16岁结婚，29岁出家，35岁悟道成佛，被尊为释迦牟尼，意即释迦族的尊者，简称释尊。按照佛教宣扬的理论，佛并不是超人至上的神，而是指觉悟者，"大觉"就是"佛"。"觉"包括自觉、觉他和圆觉三部分，不管是谁，只要达到这个境界，便可成佛。

既然佛是觉悟者，那么佛性就是悟性。

任何一位普通人，只要悟到了佛教的基本教义：四念处、四意断、四禅、五根、五力、七觉意、贤圣八道，达到"无上正等正觉"，就能立地成佛。于是，古往今来出现了无以数计的和尚尼姑、沙弥居士，他们尽毕生之精力，皓首穷经，心无旁骛，精进修行，以图完成由人性向佛性的转化。其中，究竟有多少人如愿以偿，我们不可得知。

然而，对于佛本身来说，为了使他的学说为一般民众所广泛接受，从佛还在世的时候起，他就力图走下神坛，使自己平民化、百姓化。即使佛涅槃后被变成偶像，在佛像造型艺术的历史发展过程中，我们都能看到一条清晰的演变脉络：佛由神变成人，佛性逐渐转化为人性。

佛性与人性的相互转化，是佛学研究中一个值得注意的现象，且以泰国佛像造型艺术的发展历程作为个案进行剖析。

# 一 佛像的出现

佛像造型始于何时？佛陀在世时是否有佛像？关于这个问题，学术界有不同的认识。

有一种传说认为，佛在世时就开始有了佛像的制作。《法显传》曾记载了这个传说："佛上忉利天为母说法九十日，波斯匿王思见佛，即刻牛头旃檀做佛像，置佛坐处。佛后还如精舍，像即避出迎佛，佛曰：'还坐。吾般泥洹后可为四部众做法式。'像即还坐。这像就是众像之始，后人所法者也。"①《增一阿含经》卷二十八也有这个传说的记载。但是，学者们认为，佛在世时不可能为佛造像。因为《十诵律》规定："佛身不应作。"这是小乘佛教的金科玉律，不敢轻易破戒。信徒们认为，佛是精神超人，具备32相80种好，不可以造像表现。就是佛灭度后相当长一段时间，信徒们都是以象征的方式来表现佛的形象，如以大象表示佛的诞生；马表示出家；座表示降魔；菩提树表示成道；法轮表示说法；塔表示涅槃。

佛像大约出现于公元1世纪前后，即印度的贵霜王朝（Kusak）时期，发源地是马朱拉（Mathura）一带。其后印度受到波斯、希腊文化的影响，形成犍陀罗艺术。佛像的制作，仿希腊神像的制作方式，从脸型、发式到衣褶，全然是希腊模式。有人将犍陀罗佛像的特点归纳为：欧洲发式，希腊鼻子，波斯胡子，罗马长袍，印度薄衣，袈裟透体。

约在公元4—5世纪之间，是印度的笈多王朝（Cupata Dynasty）时期。这是印度佛像艺术最辉煌的时期，形成了笈多佛像的特殊风格。它把佛陀弯曲的头发变为印度珠宝帽的形式，被后人称作释迦头。衣服由宽敞变为合身，由多层变为单层。腰部由粗变为苗条，呈女性化趋势。眼帘下垂，表现出安宁静谧的气氛。脸型也从欧洲人变成印度人。

可以说，印度的犍陀罗佛像和笈多佛像是世界佛像造型艺术之滥觞。

# 二 堕罗钵底佛像

当佛教于公元前2世纪传入泰国时，最早登陆的地点是佛统一带。这

---

① 章巽：《法显传校注》，上海古籍出版社1985年版，第72页。

一地区被称为黄金地，泰语读音"素弯拿普米"（Suwarnabhumi）。佛教典籍《善见律毗婆沙》卷三记载了印度阿育王派出 9 个僧团外出弘法，其中有一个僧团由高僧须那迦（Sona）和郁多罗（Uttaro）率领，来到黄金地。当时，那里存在一个金邻国（又叫金陈国）。到 6—11 世纪变成了堕罗钵底国。堕罗钵底的佛像艺术，明显受到印度笈多艺术的影响，基本上看不到印度贵霜王朝时期流行的希腊神像的样式。佛像传到泰国地区后，因当时统治这一地区的民族是吉篾族，佛的面孔也变成吉篾族的方形脸，厚嘴唇，由印度人变成了吉篾人。堕罗钵底佛像造型的特点是，面部表情丰富，头顶有角椎状的肉髻。佛陀身着的袈裟，轻薄透明，如同刚从水里捞出来一样，称为出水佛衣，即使用坚硬石材雕刻出来的佛像，也可以感受到佛衣轻薄透明的质感。这正是堕罗钵底佛像艺术魅力之所在（图1）。

图1　堕罗钵底佛像

佛统地区还出土了堕罗钵底时期的一批众生佛，在整个泰国绝无仅有。在佛像制作过程中，信众根据自己所属民族的相貌改变佛的相貌，不仅适合他们的民族心理习惯，也符合佛教的信条。佛就是觉悟者，人皆可以成佛。佛性就是人性。佛是天上的人，人是地上的佛。因此，泰国堕罗钵底时期的这组泥塑佛像，相貌不同，发式各异，表情夸张，神态有别，完全是根据现实生活中的芸芸众生塑造的。可以明显看出这些芸芸众生属于孟—吉篾人种，代表普通民众（图2）。

佛性与人性的结合，正好反映了佛教在泰国传播的早期，为了挑战婆罗门教森严的等级制度，提倡众生平等，争取社会下层广大信众的支持而做的种种努力。表现在佛像造型上，佛和人之间没有不可逾越的鸿沟。神秘的成分很少，以平凡朴实为基调。不像婆罗门教宣扬的那样，人之所以分为贵贱不同的五个种姓，是因为他们从湿婆神身体的不同部位诞生出来的缘故，人天生就不平等，处于不同的阶级，后世永远不可变更。佛教以众生平等的理论和实践，来挑战婆罗门教的种姓制度，因而得下层广泛的民众支持，很快地取代了婆罗门教的统治地位。

图 2 堕罗钵底时期的一批众生佛

# 三　三佛齐佛像

三佛齐是 7—14 世纪称雄东南亚的一个强国,在中国唐代的载籍里称为室利佛逝,在宋代以后的载籍里称为三佛齐,学者们认为,室利佛逝和三佛齐皆是 Srivijaya 的同音异译。而 Srivijaya 这个词,则在苏门答腊、爪哇和马来半岛出土的碑铭中多次发现。三佛齐的政治中心在苏门答腊岛上的旧港。跟随郑和下西洋的通事(翻译)马欢在其著作《瀛涯胜览》旧港条说:"旧港即古名三佛齐是也。番名渤淋邦,属爪哇国所辖。"①

三佛齐强盛的时候,曾一度扩张到马来半岛,把这一地区置于他的统治之下,成为他的属国。现今泰国南部的素叻它尼府、春蓬府一带都属于三佛齐的范围。这一地区先后发现了一批三佛齐时期的佛像。就其流派来说,属于大乘佛教,与泰国其他地区流行的小乘佛教不同。大乘和小乘是佛祖灭度后佛教形成的两大宗派。"乘"就是车。大乘教派认为,自己乘坐的是大车,因为他主张不但要度己,而且要度人。正如地藏王菩萨的宏大誓愿所言:"地狱不空,誓不成佛,众生度尽,方正菩提。"②而把比较注重"自度"的教派称为乘坐小车的小乘。当然这种带有歧视的称呼不为对方所接收,小乘自称上座部,而把大乘称为大众部。

图 3　三佛齐菩萨像

"大乘之异于上座部的特色是菩萨观念,实行六度波罗蜜,发展菩提

---

① 马欢:《瀛涯胜览》旧港条。
② 《地藏王菩萨本愿经》。

心，修习十地行法、三身和真如的观念，目的是成佛道。"① 只有大乘教派信奉菩萨，小乘教派不拜菩萨。在猜也、洛坤等地发现许多三佛齐时期的菩萨像，在泰国其他地区很难找寻。

三佛齐的菩萨像通常以青铜或石料制成，最常见的是观音菩萨像，呈男性，貌似君王，衣着装饰华丽，神态慈祥，显示大慈大悲、救苦救难的菩萨心肠（图3）。

早期三佛齐的泥塑佛像没有什么特点，后期值得重视的是藏于枯哈山洞（Kuha Cave）里的泥塑佛像、菩萨像和模压小佛像。佛像上镌有巴利文、北印度文和古爪哇文，带有明显的中爪哇的艺术特点，同时可以看到受印度波罗（Pola）王朝的影响。因为地处东印度的波罗王朝与三佛齐的关系十分密切，互有来往，故常交流佛像制作技术。这些泥塑佛像和菩萨像计有毗卢遮那佛、观音菩萨、文殊菩萨、普贤菩萨等。9世纪，印度阿底沙尊者未入西藏弘法之前，曾到三佛齐求法12年，依止法称论师修习佛法，由此证明大乘佛法在三佛齐之兴盛。三佛齐时期大乘教派由爪哇传至泰南，当是毋庸置疑的。

学者们总结三佛齐佛像的造型，提出了一些值得注意的特点，例如佛像的额头圆而光滑，没有螺状的发髻，前额饰做成菩提树叶形或花边形。所穿的袈裟，外层宽大，衣褶整齐。内层僧衣在胸前重重折叠，系以束胸带。内层僧衣和外层袈裟一样，是用一块大布折叠而成，未经缝纫制成衣裳。佛头上的大智印如火焰状。

## 四 真腊佛像

真腊是高棉人（Khmer 又译吉篾人）建立的国家，前身是扶南国，是雄踞东南亚的泱泱大国。真腊发轫于现今泰国东北部被称为上高棉的地区，如今在武里喃府、素攀府、四色菊府及邻近一些府，还保留着一些早期真腊时代的宗教遗迹。

武里喃府巴空猜县发现一组青铜浇铸的菩萨像，年代大约在7—8世纪，一尊菩萨高47厘米；另一尊高137厘米。菩萨是大乘教派供奉的神。

---

① 莫佩娴：《印度佛教部派的历史》，载《印度佛教史论》，台北大乘文化出版社1978年版，第138页。

所谓菩萨，就是"觉悟了的众生"，是仅次于佛的果位。

11—12世纪的真腊佛像多为小乘教派，故很少见到菩萨像，而是以佛像为主。佛像的造型出现了各种款式。有一尊纳伽护顶的佛像，堪称这一时期佛像艺术的代表。佛的面部表情比较严肃，面庞如高棉族的方脸，螺髻状的鬖发如一顶王冠，头顶上的椎状火焰变成了王冠的饰件。佛结跏趺坐于盘卷起来的纳伽蛇身上，纳伽的七个头像轮盘一样遮盖佛头。

纳伽（Naga），周达观《真腊风土记》称作九头蛇精，实际上我们现在看到的纳伽造像多为五头或七头。纳伽原是婆罗门教毗湿奴的坐骑，后来变成佛教的护法。据说有一次佛祖在讲经，遇上下雨，纳伽爬到佛祖头上遮雨。所以小乘佛教有佛祖坐在纳伽身上的造像（图4）。

在真腊时期遗留下来的佛像文物中，也有真人的造像，如在柯叻府的披迈石宫中就发现真腊国王阇耶跋摩七世（Jayavarman Ⅶ，1181—1291年在位）的石雕像（图5）。反映出王权与神权的结合，王者乃佛陀之转世。这种情况，在北传佛教的中国也时有所见。唐朝女王武则天利用弥勒佛的信仰为其登基制造舆论，自称是弥勒佛转世，龙门石窟的弥勒佛像的脸孔就是按武则天的相貌雕塑。

由此可见，在真腊时期的佛像造型中，无论是把佛的螺髻式鬖发做成一顶王冠，或者干脆按照国王的面孔来塑造佛，都说明佛像造型已从最初的平民化、大众化，迈进了上层统治

图4 真腊时期坐在纳伽身上的佛像

阶级的门槛，与王权相结合。当然，国王也是人，只不过是一位具有特权的人。佛性依然保持着人性，但国王的目的是让自己沾染更多的神性。

图5 阇耶跋摩七世真人像

图6 素可泰时期姗姗而行的青铜佛像

# 五 素可泰佛像

素可泰是13世纪泰族推翻高棉族统治后建立的一个王朝。因为高棉族的真腊王国信奉大乘佛教，所以素可泰的兰摩甘亨王有意反其道而行之，专程派人去锡兰（斯里兰卡）请来上座部的高僧到素可泰弘扬小乘佛教。

十三四世纪的素可泰王朝，将佛像造型艺术推向一个新的高度。其代表作是一尊姗姗而行的青铜塑像。它将佛陀塑造得十分平民化，赤足而行，步履轻盈，像是在外出化缘。佛的面孔安然慈祥，手臂犹如象鼻，袈裟飘逸潇洒。一反传统佛像造型不是正襟危坐，就是昂然直立的姿势，显得格外亲切。素可泰时期的佛像一般具有如下特征：佛头上有火焰状光芒，发髻较小，鸭蛋形的脸，柳叶状的眉，鹰钩鼻（按照印度伟人常见的样式），嘴带微笑，手臂如象鼻，四根手指一样长（图6）。

素可泰历史文化公园保存了素可泰王朝首都大量的佛寺和佛像的遗迹，这些佛像堪称素可泰佛像艺术的精品。

希初寺的佛像是一尊泥塑巨型坐像，呈降魔式。素可泰时期的碑铭称其为"不可动摇之佛"。最初的设计是将佛像置于正中的明亮透光处，即平时安放佛塔的位置。后来有人建了一个尖顶的宫殿式建筑，把佛像围入其中。为了让大家看得见佛像，便在正面墙壁上开了一个大孔，从很远的地方便可望见佛端坐在宫殿中。佛像前的主殿原是一个正方形的藏经阁，现已倒塌。透过狭窄而高长的门洞，正好看见佛微睁双目，面带微笑，一副安然慈祥的样子，同时又透出自信自在、无私无畏的气概。这就是素可泰时期佛像的经典之作，体现了佛的高大庄严（图7）。

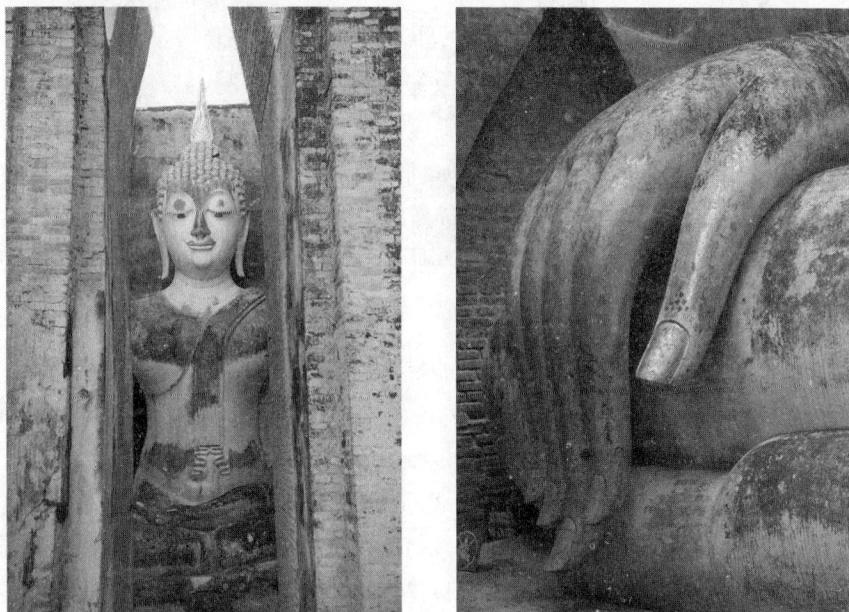

**图7　希初寺佛像**

玛哈它寺东边的一尊大佛被称作阿沓罗佛（Atthrot），因为这尊佛高18肘（两只手臂伸开的长度为1肘，18肘折合9米），"阿沓罗"在泰语里是18肘的意思，故名。素可泰时期，曾一度流行建18肘高的大佛，素可泰历史文化公园现存阿沓罗佛3—4尊。宣示佛像造型向高大的趋势发展（图8）。

# 六　阿瑜托耶佛像

1350—1767年是泰国历史上的阿瑜托耶王朝时期。阿瑜托耶王朝在

图8 阿沓罗佛像

图9 阿瑜托耶"君王形"佛像

长达417年的时间里，留下了大量的佛像。王朝初期的佛像，受素可泰和吉篾（真腊）佛像制作的影响较深，直到从拉玛铁菩提二世起（公元1491年即位），才真正形成阿瑜托耶佛像的艺术风格。

这段时期的佛像有了一个重大的飞跃，流行一种称为"君王形"的佛像。这种佛像按人间君王一样穿着打扮，头戴王冠，佩戴装饰品。阿瑜托耶的国王也向真腊国王学习，自称是佛陀下凡，本意是为着使神权与君权合二为一，结果却带来佛像装饰上的华丽变化，就连佛座的装饰也发生了改变，显示出凛然不可侵犯的气势。因为是代表国王对臣民进行统治，所以多数佛像施无畏印，其中举双手称禁海式，单举右手称禁亲式，单举左手称禁檀香木式（图9）。

阿瑜托耶城郊的銮抱多佛像，意即大佛，以体形硕大闻名，铸于公元1324年，是泰国最大的一尊金属铸佛。一个正常人的身高还没有该佛的一根手指长。每当给大佛换袈裟时，需架以数层楼高的扶梯。此佛现存帕南车寺，华人称为三宝公庙，以纪念明朝七下西洋的三宝太监郑和（图10）。

图 10　銮抱多佛像　　　图 11　曼谷王朝时期的佛像（佛座装饰华丽）

# 七　曼谷王朝佛像

从 1782 年拉玛一世即位至今为曼谷王朝时期，传位九世，历时 233 年。

曼谷王朝时期的佛像制作从 4 个方面汲取营养：（1）学习阿瑜托耶的制作方式。（2）学习素可泰的制作方式。（3）学习中国的制作方式。（4）学习西方的制作方式。最终形成真正的曼谷王朝制作方式。

拉玛一世皇登基后，下令将被战争损坏的阿瑜托耶时期的佛像，集中到曼谷来修葺或重铸，数量多达 1200 尊。工匠们必须修旧如旧，因而对他们来说是一个学习阿瑜托耶佛像艺术的好机会。

拉玛三世到拉玛四世时期，兴起了一股复兴素可泰佛塔和佛像制作的热潮，用素可泰的方式修建了一些锡兰式的佛塔，佛像的风格也出现复古的倾向。

拉玛三世以后与中国接触日渐频繁，因此在佛像造型艺术方面大量向中国学习和借鉴。中国传统的庑殿式大屋顶被移植到泰国，用龙头凤尾作为建筑材料，用碎瓷片拼成图案装饰墙壁和佛座。在佛像制作上，追求制造超级大佛。拉玛三世对单举右手的禁亲式的佛像情有独钟，故坊间大量流行此种样式的佛像。此外还制作了各种姿势的佛像，总计40种，作为佛像的法定姿势。

从拉玛四世到拉玛六世，泰国自上而下地进行旨在学习西方的行政制度的改革，开始与西方有了广泛的接触。西方文化的影响潮水般涌入泰国。西方文化的影响是多方面的，仅从佛像造型艺术方面分析，佛像制作明显朝平民化方向发展，尽管依然保持作为佛像的一些基本特征，比如佛头顶上的光芒，头发盘成结，耳垂长等，但是佛像身体的肌肉、脸庞、双脚却像常人一样，完全合乎人体解剖学。佛身上穿的袈裟非常具有质感，皱褶好像是被风吹皱一样，展示出一种自然美（图11）。

总而言之，泰国不同时期的佛像都有自己的个性和特点，都遵循着一条朝着人性化、平民化的发展道路。尽管有一段时间出现了"君王形"的佛像造型，把佛像装扮得像君王一样穿戴华丽，比常人富贵，但毕竟君王也是人。泰国的佛像不像婆罗门教的神祇那样有三头六臂，显示超人的神通；也不像中国的佛像有面貌狰狞、圆睁怒目的金刚，叫人恐怖。泰国的佛像总是面带微笑，和蔼可亲。由此让人想到泰国的国民性，泰国人乐善好施，性格平和，不喜争斗，与人为善，嘴角边总挂着泰国式的微笑，这难道跟他们崇信佛教没有关系吗？反过来也可以这样说，泰国佛像的造型体现了泰国的国民性。所以我们说，佛性就是人性。

# 佛教现代主义与当代禅修发展：
# 以香港新兴南传佛教禅修发展为例

刘雅诗

## 前　言

　　在一个炎热夏天的早上，位于香港上水金钱村的香港内观静坐中心①，大约 30 位参与 10 天内观禅营的朋友首次彼此愉快地聊天交流。来自巴西的一位男士兴奋地跟我分享他的双腿在禅修营的首几天是多么的痛苦，以及他如何成功地观察强烈的身体感觉。另一位女士告诉我，第五天她有离开这个禅营的想法，不过，后来打消了。另一名香港男士则尝试分析和比较气功与内观禅修的功效。在过去的 9 天，参加者都保持沉默地在同一个空调房间里，以盘腿的姿势练习内观禅修。在房间内，没有图像，没有仪式。10 天以来，参加者只是跟从葛印卡老师的录音带指示学习内观禅修。正当我们倾谈得兴奋的时候，突然禅修的铃声响起，大家即时保持缄默，依依不舍地慢慢走回禅堂准备下一节的禅修练习。过了这一天，大家就成功地完成了为期 10 天的内观课程，并可以回家了。

　　正如以上所描述，来自东南亚上座部（Theravāda）佛教传统的一些禅修方法最近十多年逐渐传入中国香港、台湾地区和中国大陆等地②，吸

---

① 详见 http：//www. hk. dhamma. org/new/HKVMC_ Chi/HKVMC_ Home_ Chi. html。
② 台湾地区见陈家伦（2012）；中国大陆见郑筱筠（2012，第 79—88 页）。

引了佛教徒和非佛教徒参与各类新兴的禅修活动包括讲座、禅修营和短期出家活动等。这些上座部禅法如何引起华人的兴趣？这类禅修方法如何被引入这些地区？禅法有何吸引之处？通过人类学的研究方法，包括参与式观察（participant observation）和访谈（interview）①，这篇文章以香港新兴南传佛教禅修现象为例子，讨论东南亚国家佛教现代主义（Buddhist modernism）对当代禅修发展的影响。本文将分为四个主要部分：一、回顾东南亚国家与佛教现代主义（Buddhist modernism）；二、引进香港的南传禅法的两个案例；三、南传禅法和修习者的身心体验；四、分析与总结。

# 一 东南亚国家与佛教现代主义(Buddhist modernism)

## （一） 斯里兰卡的佛教复兴（Buddhist revival）

不少学者均指出东南亚国家所出现的佛教现代主义（Buddhist modernism）② 始于 19 世纪殖民时期，例如，当英国人于 1796 年继承了荷兰人对斯里兰卡（Sri Lanka）的殖民统治后，不少僧伽罗（Sinhalese）精英皈依了基督教。随着有利于传教士的官方政策，教堂建于佛寺附近作为新的权力象征③，殖民政府并未有如以往帝王般保护佛教团体④，挑战性的环境就开始引起了佛教现代主义运动的出现（Seneviratne，1989）。例如，有些佛教僧侣开始与基督教传教士作书面和口头公开辩论，其中较著名的事件是僧侣 Gunānanda 于 1862 年成立了一个模仿基督教会的弘法组织，并于 1873 年在 Panadura 与教会辩论并获得令人深刻的胜利，不但令一些僧伽罗中产阶级加入佛教改革行列，更影响了美国人 Henry Steel Olcott 和俄罗斯人 Helena Blavatsky 于 1875 年在纽约创立神智会（Theosophical Society）⑤。

当中最知名和最有影响力的斯里兰卡佛教改革者是来自富裕的僧伽罗佛教家庭的 Don David Hewavitharane（1864—1933 年）。他于基督教学校

---

① 该项研究为本人的硕士论文研究（Lau，2014）。

② 据 Gombrich（2006，第 172 页）指出，Bechert 教授以"佛教现代化"（Buddhist modernism）一词形容新派佛教，Obeyesekere 教授则用"基督新教佛教"（Protestant Buddhism）一词。

③ Gombrich & Obeyesekere，1988，pp. 202—203.

④ 例如命令寺院住持驱逐行为不当的比丘离开（Gombrich，2006）。

⑤ 见 Malagoda（1976）。

受教育，在参加了 Gunānanda 和 Olcott 的演讲后，他开始在科伦坡（Colombo）的神智会服务，最终成为一位独身者 Anagārika①，并以护法（Dharmapāla）为名。当护法于佛陀悟道的菩提迦耶（Bodhgaya）看到破烂的佛塔和佛像感到震惊悲痛后，他于 1891 年创办了摩诃菩提会（Maha Bodhi Society），立志通过建立现代佛教机构，包括学校和医院、出版书籍和期刊等以重建菩提伽耶，并推广全球佛教网络，护法亦以在家人身份推广禅修②。

护法的佛教复兴运动不但影响了斯里兰卡本土，也涉及其他东南亚国家，例如在印度，佛教经已于 13 世纪被全面摧毁，在护法的影响下，不可接触者（Untouchable）Ambedkar 于临终前带领 50 万名追随者在 1956 年，即佛陀悟道的第 2500 周年纪念，皈依佛门（Ram，2008；Zelliot，2004）。护法也影响了尼泊尔佛教的现代主义者 Dharmaditya Dharmacharyya（LeVine and Gellner，2005）弘扬南传佛教，以及在马来西亚建立佛教弘法协会（Buddhist Missionary Society）③ 的斯里兰卡僧侣 Sri Dhammananda，后者对华人社会引起了直接的影响。

## （二） 缅甸的在家人禅修运动（lay meditation movement）

缅甸的禅法独特，而且有多家门派④，近几十年吸引不少外国人到缅甸学习内观（vipassanā）禅修，并且将其弘扬海外，现今于西方医疗界流行的八周正念减压课程（mindfulness – based stress reduction programme）的禅修练习其实源自于马哈希长老（Mahāsi Sayādaw）所推广的禅法。追本溯源，不能忽略雷迪长老（Ledi Sayādaw）于 19 世纪末向大众推广禅修教育方面的贡献。

缅甸自 1824 年开始被英国殖民，1948 年才结束，生于缅甸的雷迪长老（1846—1923）目睹佛教所面临的种种危机后⑤，将毕生精神投放于保

---

① 为了方便弘法，他坚持一生受持八戒，于临终前一年才受具足戒成为 Bhikkhu。
② 见 Gombrich 和 Obeyesekere（1988）。
③ 建于 1962 年。
④ 例如有孙伦（Sunlun）禅法和莫哥（Mogoh）禅法等，由于篇幅所限，未能在文中逐一介绍。
⑤ 英国政府于 1886 年将当时缅甸最后一个皇帝放逐至印度，因此无政权保护佛教。

护佛法，他认为在家人可以代替当权者，承担保护佛法的重任①。他重编阿毗达磨（Abhidhamma）并将其简化，利用当时的印刷技术大量印制书籍，到缅甸各个重要镇上教授在家人（laity），并委派当地村长做领袖监察小组和设奖励推广教育，在 1903 年至 1926 年期间，有超过 300000 人学习②，可见当时缅甸大众学习阿毗达磨与禅修的流行程度，最终令大量在家人学习禅修甚至教授禅修，因此，Braun 认为雷迪长老虽然并没有创立禅法，但是对于近年的"在家人禅修运动"（lay meditation movement）功不可没。

例如，雷迪长老的学生 Mingun Sayādaw（1904—1982）影响了他的学生马哈希尊者（Mahāsi Sayādaw）（1904—1982），马哈希尊者所推广的内观禅修③，也被称为"新缅甸方法"（New Burmese method），现今有数以百万人修习④。在英国殖民于 1948 年结束后，第一任总理吴努（U Nu），力求将缅甸发展为一个具佛教身份的国家。他邀请了马哈希尊者在国家支持的禅修中心教授禅修，因此，禅修中心的参与人数在几年内倍增⑤。学生众多，马哈希未能亲身教授，于是将教导记录于录音磁带上教授其他新来的学生，1972 年前有超过 70 万缅甸人曾在马哈希禅修中心学习内观禅修，马哈希和他的弟子们应邀在其他国家教授禅修，包括斯里兰卡、印度、印度尼西亚、泰国、尼泊尔和英国等，亦吸引了不少外国人到缅甸学习禅修。⑥ 美国人 Jack Kornfield 和 Sarah Salzberg 等到缅甸向马哈希学习禅修后，于 20 世纪 70 年代回美国创立"智慧禅修学会"（Insight Meditation Society）⑦推广禅修，成为西方社会在家人教授和学习禅修的重要典范。

此外，目前在世界各地流行的葛印卡（Goenka，1924—2013）禅修中心亦受到雷迪长老的影响，葛印卡的老师乌巴庆（U Ba Khin，1899—

---

① 见 Braun，2013，pp. 109—121。

② Ibid.

③ 马哈希的禅法以雷迪长老的阿毗达磨为蓝本，不过，他的禅法有其特色，例如他强调以腹部作为觉察所缘，亦教授禅修者以概念处理妄念和五官所觉察的对象等。

④ 见 Bond（2003）。

⑤ 见 Jordt（2007：XI—XIX）。

⑥ 见 Bond 2003；LeVine and Gellner 2005；Shattock 1970（1958）。

⑦ 详见网址 http://www. dharma. org/。

1971）是雷迪长老的学生。

葛印卡出生于缅甸一个印度商人家庭，年轻时他开始受偏头痛折磨，经朋友推荐，他开始跟乌巴庆学习内观禅修 14 年。后来葛印卡开始教授 10 天内观课程，并建立了遍布世界各地跨国内观禅修中心 （Vipassanā meditation centre），1976 年在印度建立首个禅修中心，1979 年在美国成立第一个海外中心[1]，内观禅修中心已经流行且已迅速扩展到超过 200 个中心。

东南亚国家的佛教现代主义 （Buddhist modernism） 始于 19 世纪殖民期间，在面对佛教受到威胁情况下，有佛教僧侣向西方宗教学习，以现代化方式向大众弘扬佛法，以期达到保护佛法的目的，将佛法弘扬至其他国家甚至西方社会，从以上有关斯里兰卡和缅甸的例子，我们可见他们所付出的努力是有成果的。以下部分，我将讨论南传禅法传入香港的两个案例。

## 二 引进香港的南传禅法的两个案例

近年被引进香港的南传禅法有不少，例如泰国的森林派 （forest tradition）、缅甸的孙伦 （Sunlun） 禅法、缅甸的马哈希 （Mahasi） 禅法等，由于篇幅所限，在这一节中，我将简略介绍两个案例。

### （一） 葛荣禅修同学会 （The Association of Godwin's Spiritual Friends）

萧老师[2]目前是香港开设南传佛教禅修课程学生最多的老师，在过去 15 年，超过 17400 人曾参加他的课程 （表1）。笔者曾多次在萧老师指导下在大屿山的精舍禅修，萧老师动作轻柔沉稳，声音柔和谦卑，眼神安详微笑温暖，也许是源于他长期的实践。萧先生解释："修行可以改变一个人的性格和气质。学习佛教禅修后，我减少了心里的愤怒等烦恼。当一个人努力修行，五盖会被根除。"

虽然萧老师没有完成中学教育，他的学生有着不同的社会背景和事

---

① 见 Hart, 1987。

② 萧先生曾学习气功和中国的音乐，但不能满足于生命的意义。1986 年他开始在妙华佛教会学习汉传佛法各种理论。

业。他和几位朋友于 1993 年参观了斯里兰卡大学禅修中心和佛教出版中心（Buddhist Publication Society），遇到在那里服务的葛荣（Godwin）导师，于是 1995 年开始邀请葛荣导师到香港带领禅修营，直至于 2000 年去世。2001 年成立葛荣禅修同学会（The Association of Godwin's Spiritual Friends），定期于大屿山组织禅修营和出版"禅修之友"，自 1997 年以来，萧老师开始在著名的汉传佛教净土宗道场志莲净苑夜书院教授禅修课程。

萧老师说葛荣是他的启蒙老师，"他介绍慈爱和引导禅修，对我和许多佛教徒来说这些都是新方法"。他强调，"更重要的是，我们要回到巴利经文，这是指导我们迈向涅槃的修行重要参考。否则，实践的方向将不清晰"。2008 年，萧先生开设了两年制的"原始佛教与现代生活"课程，分享如何将巴利原典的智慧用在城市生活上。由于缺乏汉文版的巴利经典，自 2002 年萧老师和他的同事一直在斯里兰卡籍 Anuruddha 尊者的指导下努力翻译巴利语的尼柯耶（Nikaya）。自 1997 年以来禅修的课程从没有间断。

## （二）香港内观静坐中心（Vipassana Meditation Centre，Hong Kong）

有关香港内观静坐中心的成立缘起，不得不提及台湾内观中心。台湾物理学家林崇安教授①在 20 世纪 80 年代末阅读了一些内观实践的书籍后，于 1992 年邀请泰国禅师隆波通（Luangpor Thong）到台湾教授禅修②。他于 1995 年 1 月在尼泊尔参加 10 天内观课程后，8 月邀请了创始人葛印卡老师到台湾带领 10 天禅修营，共有 220 人参与，当时是台湾佛教界一件盛事，第一个永久性的内观中心于 1997 年成立，有超过 30000 人参加。

几位热心的香港旧生在台湾参加课程后③，借用一些营舍，1998 年于香港组织了第一次为期 10 天的课程，2000 年又邀请葛印

---

① 林崇安教授佛教研究和修习各种佛法理论，包括禅宗、藏传佛法等，亦是引进上座部佛教禅修到台湾的其中一位先驱，详见《法光月刊》（2000）。

② 见陈家伦（2012）。

③ 葛印卡老师规定只有旧生才能参与组织禅营和捐款。

卡导师到香港。最初几期课程都以"吉普赛"的方式组织，经常转换地方，约于 2000 年有旧生捐出上水坑头村一小块农地和一个弃置的养猪场作为临时的香港内观静修中心建设，有一个禅堂，可容纳约 40 人，宿舍能容纳 18 名男性和 24 名女性，由于地方限制，男性和女性的餐厅均设于户外。香港中心每年大约有 17 场 10 天禅营，从 1999 年至 2013 年，超过 10000 人次曾参加 10 天课程。香港中心的地方狭窄，设备简陋，不像其他地方的中心，设有个人禅修房间，只能提供有限的基础设施，然而，不少旧生表示能感受法益，都继续支持课程成为法工服务他人（即是他们的义工），而且，长假期的课程例如农历新年和圣诞节的课程，一个月前这些课程已经满额；此外，也有不少不同国籍人士来港参与课程和旅游①。下一节我会以香港内观静坐中心为例，讨论南传禅法和禅修者的身心体验（mind – body experience）。

## 三　南传禅法和禅修者的身心体验

### （一）内观禅营时间作息安排和生活规则

每年约有超过 10 万人在遍布世界各地的中心参加葛印卡老师所设计的 10 天内观禅修课程。各中心的课程安排、时间作息和基本生活规则大致上是一样的②，参与者被要求在开始前第一天抵达报到并签署几份文件，以作承诺并遵守所有的规则，包括 10 天内不离开营地和保持"高贵沉默"的协议，并且填写身心状况，以确保参加者能照顾自己。在香港中心，手提电话和有价值的个人物品均被工作人员保存。参考其他中心的做法，餐厅只提供简单素食早餐和午餐，在每天黄昏时，所有新生都可以吃水果，旧生则只能喝柠檬蜂蜜水。

---

①　举例来说，我遇过一位韩国年轻男子来港旅游和参加禅营。来自澳门的一位女士告诉我，她来港参加是因为澳门并没有课程。其他包括澳大利亚，巴西和法国等。2012 年，我也遇见了在中国内地工作的三个美国人。与台湾相比，更多的教师和法工在香港可以用英语交流。此外，欧美人士可以免签证。因此，香港中心较易吸引外籍人士。

②　在每个中心所使用的语言是根据本地参与者的需求。例如，香港中心以英语和粤语为主，台湾中心则以普通话授课。

葛印卡强调这个课程的非宗教性①，欢迎任何背景人士参加，不过，由于相当多的学生可能有自己的信仰和修行方法，他要求参加者必须全程练习他的方法，并禁止学员进行其他活动，如做运动、练习瑜伽、气功和诵经祈祷等。此外，第一天所有参与者都要求"三皈依"和遵守"八戒"，这种做法在上座部佛教寺院的禅修活动十分普遍。②

### （二）内观禅营十天课程

在整个为期 10 天的课程里，葛印卡是唯一的老师，他的禅修指引通过扬声器广播，每个禅营均安排了一名或多名合资格的助理老师（Assistant Teacher）负责面见学生和回答学生的问题。第一天，所有学员被要求"三皈依"，遵守"五戒"（新生）或"八戒"（旧生）（表 2）。每天晚上所有学员均会聆听葛印卡的演讲。除了进餐时间和晚上的讲座，学员每天练习约 10 小时至 12 小时（表 3）。最初 3 天，学员的练习重点是通过观察呼吸发展专注定力（samadhi），之后余下的日子，学员则练习内观（vipassanā）——以平静的心境从头到脚、从脚到头观察感觉如全身扫描。第十天，葛印卡会于上午教授慈心修习，参与者就可以开始交谈。然后，大家都要在第十一天离开禅营。

为了保持课程的纯洁，所有禅修中心没有受薪职员，只有完成 10 天课程的旧生有资格捐献或担任法工协助课程的进行③，只有旧生可以参加为期 8 天的四念处课程或 20 天的课程。葛印卡试图设计一个现代化的 10 天禅修课程，吸引了来自不同背景的人练习。葛印卡使用巴利经典中的重要概念包括无常（annica）、无我（anattā）、法（Dhamma）、慈心（mettā）和业（saṅkhārā）解释心运作的原则。他要求所有的学生都皈依

---

① 虽然葛印卡的教学内容来自佛教经典，但他强调内观是一个非宗教活动，是一种帮人去掉烦恼的技巧而已，任何人均能受益。佛陀并没有教授佛教，只是分享了一种生活方式。因此，所有内观中心不设有佛像和宗教符号，甚至要刻意遮盖。1999 年，我参加了当时在大屿山莲池寺进行的内观禅营，法工以一块巨大的黄布覆盖大佛像。基于这点，可以想象葛印卡和他的学生更倾向于建立自己的中心和设施，以符合课程的宗旨。

② 一名助理老师（Assistant Teacher）告诉我说，曾经有一名男同学于共用卧室中背诵咒语，其他男同学都被吓坏了。由于参加者来自不同的背景，因此，老师和法工停止任何类似的做法。

③ 一个为期 10 天的课程中，至少需要五名法工进行必需的基本管理和使厨房运作，其中包括课程管理和厨师。

三宝和受持五戒，这明显是南传上座部佛教的模式。然而，从他的指导和晚上演讲来看，葛印卡应用了不少西方心理学的术语和日常生活的例子，并以幽默的语言说服非佛教徒，令他们可以从内观实践中获得益处。

### （三）　内观禅营学员的身心体验

1.　处理压力的内观学员

在我的考察过程中①，有很多学员告诉我他们从课程里获得益处，包括减压、处理皮肤问题和失眠等身心疾病，此外亦有处理情绪问题等。例如，黄安娜是一名专业室内设计师，她已婚并没有孩子，她曾经是藏传佛教徒，她一直希望多一些时间禅修，所以参加了这课程，她认为只有实践能够改变一个人。她从佛教杂志得悉这课程，参加了至少十次 10 天课程和一次 20 天课程。跟葛印卡一样，她曾患严重头痛，但是在几次课程后头痛完全消失。从具体的经验，她意识到身体和心理有密切关系。

> 　　在内观实践中，你要面对各种情绪，如愤怒，恐惧和负面情绪，尤其是在长期的禅修营里如 20 天。它们（烦恼）将自然浮现。当你面对它们，你可以像扔掉垃圾般清除它们。整个人会变得更加清晰和敏感，你可以更细心地觉察自己和他人。

安娜承认她比以前更快乐，因为她可以接纳和原谅别人。当她看到她的负面情绪和习惯性的反应，她能理解自己和他人的困难。她笑着说："当你能理解你的困难，你也能理解别人。包容将扩大而人际关系将得到改善。"她高兴地告诉我，她成功说服了她母亲和妹妹参加加拿大的课程。

梁朝伟是一个年轻的男子，在他 30 岁前已经完成了四次 10 天课程，还担任四门课程的法工。2005 年他参加第一次内观课程时并不愉快，因为他的父母敦促他向女友求婚。2006 年 12 月在他的第二次 10 天课程时，他第一次发现他在压力下心情紧张并经常磨牙齿，于是他通过修习内观令自己放松。另一个大的变化是他的情绪反应。他回忆说：

---

　　① 在 2011 年至 2014 年的考察期间，我曾对 14 名女性和 15 名男性进行了正式访问，包括助理老师、法工（Dharma Worker）和学生在内。在本文中，受访者的真实姓名被修改以保护受访者身份。

我之前脾气很坏，会被情绪淹没。但现在我懂得立刻观察身体感觉或呼吸来释放压力。因此，我变得冷静和亲切，我笑得更多。跟以前不一样，我会愿意与别人分享我的不快乐感觉，我可以放下它们。我的父母现在知道，我过得比以前更幸福。……最近，我开始在家里定期练习。

### 2. 从惨痛经历解放

卢克是一位年轻的银行家，他只有 30 多岁，在 2011 年的一次 10 天禅营里，我们一起担任法工。他已经完成三次 10 天的课程、一次 8 天的四念处课程和 10 天的服务。卢克告诉我，2009 年他决定学习禅修以帮助自己。他清楚地回忆起自己的第一个禅修经验时，忍不住流泪。

最初五天，我只想离开，因为每天禅修时都靠着墙睡，但是我第七天开始做梦。我问老师为什么我这么多年没有梦，老师的回答真是吓了我一跳，"对不起卢克，你的灵魂一直都在深度睡眠"。我还记得那个梦，因为我变得非常自觉，在第十天的时候，我们练习慈心时我太感动了，因为它是关于宽恕。我终于可以和家人解决关系问题。我的母亲在我八岁时离婚，并离开我。然后我哥哥突然改变他的个性和虐待我几年，我建立了很多负面的价值观，我认为世界是不可靠的。但是，当我禅修时，我能回忆我母亲的片段。此外，我看到一个古代的画面：我是一个读书人，但经常虐待仆人，仆人就是我这辈子的哥哥，我终于明白所有问题都是由我建立的。这实在是一个大解放！

在澳洲升学之后，卢克就已经有 16 年吸烟和饮酒的习惯，回到香港后他还与友人开设酒吧，但是，第一次禅营后他就放弃了长期吸烟和饮酒的习惯。他意识到，没有必要再折磨他的身体。此外，他成为了一个素食主义者，他能体验到"众生平等"的理念。对他来说，没有必要伤害动物。当他年轻的时候，他认为自己无法改变什么。但是现在他认为他可以改变世界。"我很幸运"，修习内观后，他享受独自一人的喜悦和平静。第二次禅营后，他卖掉了酒吧，并在家里工作，令他可以花更多时间照顾他的家人。"我与家人的关系改善了很多，以往痛苦的经历给了我修习内观的机会。"卢克成功地说服他的母亲和妹妹参加为期 10 天的课程，并担任法工。之后，他分享了他的经验，鼓励其他朋友和同事参加了一次为期 10 天的课程，他相信他的经验可以帮助那些有类似童年创伤的人。

虽然他曾在香港就读于天主教学校，但他不相信上帝存在，然而，在内观课程中，他能感觉到有很多天使和神的正能量。"经过内观，我认为神是存在于世界的……神就是爱，是自然法则的，佛教的佛法，道教的道。"他不认为宗教信仰会影响内观练习，相反，内观能允许不同宗教和平共存。

3. 非佛教徒的内观修习者

罗先生是学校老师，出身于一个基督教家庭，在朋友推介下，他第一次参加内观课程。在此之前，他曾探索各种天主教和佛教传统的禅修练习。例如，他曾经练习基督教冥想和缅甸的孙伦（Sunlun）禅法。罗先生告诉我内观禅修令他能提升对自己的理解，包括他的个性和缺点。例如，他认为他不喜欢别人谈话。然而，10 天闭关期间，他清晰地观察到他被禁止与其他人沟通时的愤怒。

> 我很欣赏这种做法的原则，如 annica（无常），泰然处之，并要改变身体的感觉理论……内观可以帮助我面对我的情绪起伏。我认为，我有点情绪问题。几年前，一位医生告诉我，我有抑郁症、焦虑症和恐惧症。

罗先生说，他将继续保留天主教的身份修习内观。他认为佛教禅修与他的宗教兼容。不过，他承认，有时他经历内心的一些挣扎，因为佛教和基督教的宇宙论是不同的。他花了一些时间来调整。他强调内观的好处，"虽然我不冷静，我能学习接受自己的状况，如葛印卡强调，泰然处之是非常重要的"。

Pankaja 来自印度，和丈夫在香港居住 10 年，她已经完成了五次内观课程，2008 年她第一次在印度参加课程。

> 对我来说这是一个生活的转变。我一向认为"我是一个真正的好人"。可是，内观课程第四天，我看见我心里有很多的 sankhārā。我能看到在我身上的变化。课程结束后，我知道有一个潜意识，身心的反应是痛苦的原因。学习内观技巧后，我可以通过观察消除那些感

觉。我将其应用到我的生活里，我的灵性得到改变，我成为一个更加和平与平静的人，现在我感到很快乐。

Pankaja 作为一个印度教徒，她会读印度教经文和故事，以培养智慧和积极的想法，但是，她不会练习任何崇拜仪式。她认为修习内观并不会构成冲突，她希望内观禅修这种方法可以帮助更多人。

以上是通过修习内观转化苦难的一些成功案例。它是否适用于每个人呢？Carvalho（2013）指出一些禅修者在 10 天闭关后会遇到身心的困难，有些人甚至会经历心理问题，如幻觉等。2012 年那次禅营，曾经有一个案例，一名外籍男子彼得没有正式报名，但是他想参加禅营，他决定等待出现的空缺。到了晚上，只有 17 个男性到达中心，助理老师决定接受彼得参加。然而，在第八天的下午，彼得被缺席了一场禅坐，他被发现以攀墙方式离开营地。老师和法工得悉后都很为他担心，幸运的是，他们找到了彼得，他跟一名警察抱怨说，他的财物被中心扣留，所以他希望警察帮他领回，老师跟彼得交谈后便让他马上离开禅营。

助理老师解释，彼得的幻觉是轻微的，相信他在参加禅营前有些个人问题需要解决，但是长时间的静坐令他更烦恼和困难，他以为只能通过攀墙逃离营地。事实上，彼得并没有跟老师讨论他的困难，如果他提出，老师会尽力帮助他，让他离开。换句话说，彼得参加禅营的身心准备不足。"不过，没有必要担心，只要他如常生活，例如看电影、购物，不久后就能恢复正常意识。"

葛印卡和所有的高级教师会定期开会，讨论任何在世界各地所发生的问题。关于内观禅修中心的网站，它清楚说明，患有严重精神障碍病患者不应参加内观，期望内观课程医治身体或心理疾病亦是不切实际的期望，助理老师强调该中心一定会拒绝任何精神病患者①，因为当他们从潜意识

---

① 中心网页："偶而也有患上严重精神异常的人来参加内观课程，怀着不切实际的期待，希望这个方法可以治疗或减轻他们的精神问题。一些人际关系相当不稳定并且受过各种精神治疗的人，会被这些额外的因素导致他们无法从中得益，也很难完成整个 10 天的课程。我们的组织是由非医疗专业的自愿者所组成的，因此不可能对有上述背景的人提供妥善的照顾。虽然内观能带给一般人最大的利益，可是它不能取代医药或精神病的治疗。所以我们不推荐给患有严重精神异常的人来参加这项课程。"详见 http：//www.hk.dhamma.org/new/HKVMC_ Chi/CourseInfo_ Chi.html。

释放自己压抑的 sankhāra 时是非常危险的。在印度尼西亚，曾经有个家庭安排一位精神病患康复者参加内观课程，并在报名表上隐瞒病情，该女性在 10 天后病情恶化了，家人尝试投诉追究时才揭发事件。正确的内观禅修可以帮助减少精神和肉体上的烦恼痛苦，获得轻松自在，不过，并非可以被误用为万能的治疗工具。

## 四　分析与总结

在这篇文章中，我首先回顾了始于 19 世纪殖民时期东南亚国家的佛教现代主义（Buddhist modernism）如何引发佛教僧侣改革求变，以期达到保护佛法的目的，例如斯里兰卡的护法（Dhammapala）建立现代的弘法机构，如学校和刊物等，又例如在缅甸，雷迪长老（Ledi Sayādaw）向大众推广阿毗达磨和禅修教育，引发独立后的大众禅修运动，亦令缅甸独特的禅法得以弘扬海外。之后，我介绍了南传禅法传入香港的两个案例，第一，是萧老师邀请斯里兰卡的葛荣老师到香港教授新的禅法如慈心禅，之后在汉传道场的支持下，萧老师开始教授南传经典与禅法，成为本地稳定的大型禅修班；第二，葛荣禅法在引入至台湾后，再被 20 世纪 90 年代末引入香港，并建立了临时中心，任何人士均可参与学习该禅法。这些新兴的南传禅法一般简单易明有系统，并且依据上座部巴利语佛教典籍，禅法简单易懂，短时间内见效果或明显改变，禅修老师有出家人，也有在家人（laity），贴近一般在家人的需要。此外，不少禅法都发展了跨国禅修中心，参加者都可以到海外自学，构成与旅行结合的一种吸引力。

最后，透过葛印卡内观中心的几个个案，反映了南传禅法对禅修者可能带来的利益和转化，包括处理失眠，情绪问题和压力，甚至一些童年创伤等身心烦恼。禅修者以各种概念重新理解他们的烦恼痛苦，如 annica（无常），sankhāra（业），继而作出自然的改变。即是以具体的经验去消化、了解佛法抽象的概念，给予禅修者重新理解身心现象的空间与机会，成为了改变的关键。这可能是南传禅法于过往十多年得以普及的原因。

**参考资料：**

［1］《法光月刊》，《访问林崇安教授谈学佛历程》，浏览日期：2010 年，http：//www. insights. org. tw/xoops/modules/tadbook2/view. php？book_ sn =3&bdsn =402。

［2］陈家伦：《南传佛教在台湾的发展与影响：全球化的分析观点》，《台湾社会学》2012 年第 24 期，第 155—206 页。

［3］邓家宙：《二十世纪之香港佛教》，香港史学会 2012 年版。

［4］Bechert，Heinz（eds.）1978. *Buddhism in Ceylon and Studies on Religious Syncretism in Buddhist Countries.* Gottingen：Vandenhoeck & Ruprecht.

［5］Bond，George D. 2003. The Contemporary Lay Meditation Movement and Lay Gurus in Sri Lanka. Religion，33，pp. 23—55.

［6］Braun，Erik. 2013. *The Birth of Insight：Meditation，Modern Buddhism and the Burmese monk Ledi Sayadaw.* Chicago：The University of Chicago Press.

［7］Carvalho，Simões Lopes Paiva de. 2013. Performing Meditation：Vipassana and Zen as Technologies of the Self. PhD dissertation of Philosophy and Sociology (unpublished).

［8］Cook，Joanne. 2010. *Meditation in Modern Buddhism：Renunciation and Change in Thai Monastic Life.* Leiden：Cambridge University Press.

［9］Gellner，David N. and Sondra L. Hausner. 2013. Multiple versus unitary belonging：how Nepalis in Britain deal with "religion". InDay，Abby，Giselle Vincett and Christopher R. Cotter（eds.）In *Social Identities Between the Sacred and the Secular.* Surrey：Ashgate Publishing Limited.

［10］Gombrich，R. and G. Obeyesekere. 1988. *Buddhism transformed：religious change in Sri Lanka.* Princeton：Princeton University Press.

［11］Gombrich，R. 2006. Theravada Buddhism：a social history from ancient Benares to modern Columbo. New York：Routledge.

［12］Hart，W. 1987. *The Art of Living：Vipassana Meditation as Taught by S. N. Goenka.* Harper San Francisco.

［13］Lau Ngar – sze. 2014. Changing Buddhism in Contemporary Chinese Societies，with special reference to meditation and secular mindfulness practices in Taiwan and Hong Kong（MPhil thesis）. Oxford：Institute of Social and Cultural Anthropology，University of Oxford.

［14］ Malalgoda, K. 1976. *Buddhism in Sinhalese Society*, 1750—1990: *A Study of Religious Revival and Change*. Berkeley: University of California Press.

［15］ Shattock, E. H. 1970 (1958). *An Experiment in Mindfulness*. London: Rider.

表 1　　　　　　　　　萧老师于志莲夜书院教授的禅修课程①

| 学年 | 禅修理论与静坐实践② | 进阶③ | 禅定共修班④ | 原始佛教与现代人生⑤ | | | |
|---|---|---|---|---|---|---|---|
| | | | | 1 | 2 | 3 | 4 |
| 1997—1998 | 42 | — | — | — | — | — | — |
| 1998—1999 | 40 | — | — | — | — | — | — |
| 1999—2000 | 46/43 | 39 | 218 | — | — | — | — |
| 2000—2001 | 48/57 | 53 | 250 | — | — | — | — |
| 2001—2002 | 143/178 | 72 | 237 | — | — | — | — |
| 2002—2003 | 164/186 | 69 | 465 | — | — | — | — |
| 2003—2004 | 201/210 | 85 | 485 | — | — | — | — |
| 2004—2005 | 210/226 | 68 | 550 | — | — | — | — |
| 2005—2006 | 217/239 | 110 | 619 | — | — | — | — |
| 2006—2007 | 217/239 | 88 | 539 | — | — | — | — |
| 2007—2008 | 216/247 | 176 | 800 | — | — | — | — |
| 2008—2009 | 240/259 | 184 | 669 | 96 | 109 | — | — |
| 2009—2010 | 229/261 | 204 | 651 | — | — | 112 | 104 |
| 2010—2011 | 233/270 | 194 | 788 | 441 | 493 | — | — |
| 2011—2012 | 234/258 | 175 | 452 | — | — | 468 | 469 |
| 2012—2013 | 231/257 | 185 | 299 | — | — | — | — |
| 2013—2014 | TBC | TBC | 180 | — | 423 | — | — |
| Total | 2629/2930 | 1702 | 7202 | 537 | 1025 | 580 | 573 |

① 资料来自萧老师访问及课程单张（2013—2014）。

② 禅修理论与静坐实践（星期日上午8：15—9：45）。

③ 进阶禅修理论与静坐实践（星期二下午7：45—9：45）。

④ 禅定共修班（星期一下午7：45—9：15）。

⑤ 原始佛教与现代人生（星期日上午10：30—12：00）。

（续表）

| 学年 | 一天冥想 | 孩子们冥想 | 总计的数量 |
|---|---|---|---|
| 1997—1998 | — | — | |
| 1998—1999 | — | — | |
| 1999—2000 | — | — | |
| 2000—2001 | — | — | |
| 2001—2002 | 211 | — | |
| 2002—2003 | 175 | — | |
| 2003—2004 | 261 | — | |
| 2004—2005 | 301 | — | |
| 2005—2006 | 305 | — | |
| 2006—2007 | 158 | — | |
| 2007—2008 | — | — | |
| 2008—2009 | 20 | — | |
| 2009—2010 | 100 | — | |
| 2010—2011 | 62 | 22 | |
| 2011—2012 | 72 | 32 | |
| 2012—2013 | 354 | 52 | |
| 2013—2014 | 251 | 46 | 17475 |

表2 戒律①

所有参加内观课程的人在课程进行期间必须严格遵守下列五戒：

- 不杀害任何生命
- 不偷盗
- 不邪淫（意思是：禁绝所有性行为）
- 不妄语（不说谎）
- 不服用所有的烟酒、毒品

旧学员（曾参加过一次葛印卡老师或其助理老师主持的十日课程）必须加持守另外三戒：

- 过午不食（过了中午以后不再进食）

① 禅营参加者需要受持的戒律，详见 http：//www. hk. dhamma. org/new/HKVMC_Chi/Code_Chi. html。

- 不作感官方面的娱乐、不装饰身体
- 不用高大或豪华的床

下午五点钟的茶点时间,旧学员要持守第6戒,所以只供应凉茶或果汁,新学员则有奶茶及一些水果。一些旧学员可能因健康原因可获得老师的允许免持此戒。第7、8戒则无例外可言。

表3 　　　　　　　　　　**香港内观静坐中心时间表①**

清晨起床堂

| | |
|---|---|
| 4：30～6：30 | 在大堂或自己房间修习 |
| 6：30～8：00 | 早餐及休息 |
| 8：00～9：00 | 大堂共修 |
| 9：00～11：00 | 在大堂或自己房间修习 |
| 11：00～12：00 | 午餐 |

下午

| | |
|---|---|
| 12：00～1：00 | 休息（可向老师个别提问） |
| 1：00～2：30 | 在大堂或自己房间修习 |
| 2：30～3：30 | 大堂共修 |
| 3：30～5：00 | 在大堂或自己房间修习 |
| 5：00～6：00 | 茶点 |
| 6：00～7：00 | 大堂共修 |
| 7：00～8：30 | 葛印卡老师开示 |
| 8：30～9：00 | 大堂共修 |
| 9：00～9：30 | 大堂提问或回寝室就寝 |
| 9：30 | 就寝——熄灯 |

表4 　　　　　　　　　　**香港内观静坐中心参加人数**

| 日期 | 课程 | 老师 | 男性人数 | 女性人数 | 总人数 | 中途离开人数 |
|---|---|---|---|---|---|---|
| 3—14/ 8/ 2011 | 十天 | 澳洲男老师 | 13（36.1%） | 23（63.9%） | 36 | 1 male student |
| 21/12/2011 to 1/1/ 2012 | 十天 | 两名香港女老师 | 18（47.4%） | 20（52.6%） | 38 | 2 male and 1 female student |

---

① 香港内观静坐中心十天禅营时间表 http：//www. hk. dhamma. org/new/HKVMC_ Chi/Code_ Chi. html。

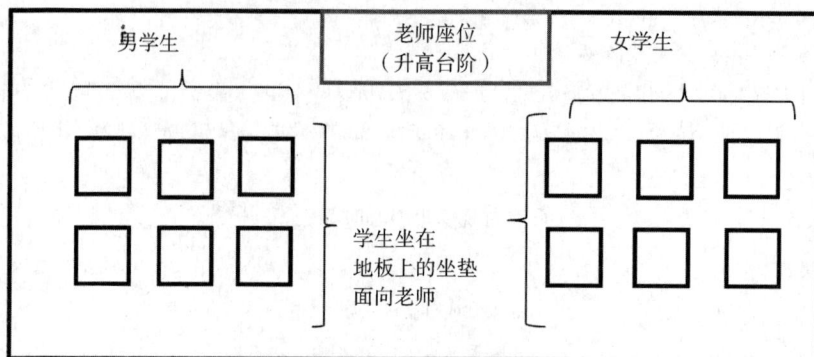

**图1　葛因卡内观禅修空间布置**

# The Sinhala Poetic Literature Enriched and Developed by Buddhism

## Rev Malwane Chandarathana Thero

The origin of the Sinhala poetry date backs to the 3rd century and the art of calligraphy started and developed with the introduction of Buddhism to Sri Lanka by the Ven. *Arihath Mahinda*. Therefore, the historical documents about Sinhala literature is found after this era. Although it is evidential that the Sinhala poetry existed even before the 3rd century B. C. , but there is no enough evidence to prove it. The commentaries that were in *Päli* language and protected by the method of by heart brought by *Arihath Mahinda* from India, had been translated into Sinhala. *The Mahävansa* mentions five such commentaries

> Mahä aööhkatä
> Mahä paccarē aööhakatä
> Kurundi aööhakathä
> Andhaka aööakatä
> Sankēpa aööakathä[①]

Thereafter, *Acärya Buddhagōsha* who came from India translated them a-gain into *Päli* language. It is recorded that thereafter *Acärya Buddhagōsha* had taken back Sinhala commentaries to India. Most of the stories in the commentar-ies are in the form of the *Päli* verses at present and it is thinkable that those *Päli* verses were in Sinhala. But it is unfortunate that there are no Sinhala commentar-

---

① Punchibandara Sanasgala, Sinhala Sahitya wanasa, 47 page, Lake House Press, Colombo, 1961.

ies to prove it.

When finding the facts about the Sinhala poetry it is important to note that there are ancient rock inscriptions and these rock inscriptions are evidential for the origin of Sinhala poetry.

*Maharajaha gamani*
*Abhayaha dewana piyaça*
*Ramani bariya milakatiça*
*Vihare käritē katiya*[1] (kossagamakanda inscription)

Although there is no poetical language in those inscriptions but still the foundational characteristics of poetry could be seen in them. In the 4th century the sacred tooth relics of the Buddha were brought to Sri Lanka, during the period of *Kérti sri mēghavarëa* by the princess and prince *Hēmamälä* and *Danta*. Thereafter a text called *Elu daladävansa* was written according to the *Mahävansa*. But that book of poetry is unseen today. The *Mahävansa* mentions about a book written during the period of *Mugalan II*, 6th century. There mentions that there were 12 poets during the period of king *Agbōl* in his court.

Another important text about the Sinhala literature is the *Siyabaslakara* written by a king called *silämēghavarëa* in the 9th century. This is not an independent work but a transliteration of the *Kävyädarça* of *Danòin*. But there are independent ideas in that text and it influenced the Sinhala poetry to a great extent. The statementthat is influential is the "*Peden Budusiritha*" (if poetry is written the theme must be the life of Buddha). Hence, till the period of *Gampola*, the three texts composed had their themes as the past life stories of the Buddha as their themes. They have been written in the form of poetry. They are the *Sasadävata*, *Muvadevdävata* and *Kavsilumiëa*.

## Sinhala poem developed by jataka katha – Polonnaruwa Period

### *Muvadevdävata*

This has been written based on the *Makhädēva Jätaka*, a birth story of the Buddha. There are 164 for verses written in the form of poetry. The content of this *jätaka* story is that the Buddha was born as *bōdhisattva* in one of his previous births and saw that one of his head – hair was gray and understood that he was in the evening of his life and becoming old. As a result, he decided to go from home to homeless to practice meditation, *täpasa caryä*. The admonition given by the poet to society is that one should practice *täpasa caryä* at the old age and lead a spiritual life[2].

---

① Kothmale Amarawansa Thero, Sahitya Latha, S. Godage Press, Colombo, 1968.

② Muwadevdawatha, ed. , Walagedara Somaloka Thero. M. D. Gunasena Press, Colombo, 1966.

### *Sasadävata*

The other text written is the *Sasadävata* which followed the method of *Muvadevdävata*. The theme of this text is the *Sasa jätaka*. A story of the previous birth of the Buddha is found in this *jätaka* story. He was born as a rabbit in one of his previous births, and led a life of complete morality. At that time king *Sakra* wanted to test his observance of morality and garbed as an old man and appeared before the rabbit and asked something for eating. As it had nothing to give, he asked the old man garbed as *Sakra* to eat him. Then the king *sakra* made a heap of fire and asked the rabbit to jump onto it for him to take him as a food. When the rabbit jumped into the fire, the king *Sakra* took it into his hands and drew the picture of the rabbit on the moon. This is the story found in the *Sasadävata*. The composer of this text expected to give the message of the blessings of morality to the people in that society. It can be seen that this text has received the influenced of Sanskrit rhetoric. Apart from that, the appreciations of cities, kings, and paths have also been written taking the same way. The Author of this text which has 293 poems is anonymous. [1]

### *Kavsilumiëa*

The *Kavsilumiëa* is the epic that we come across in the literature of Sinhala poetry and it has been written by king *Paräkramabhähu* II(1266—1267 A. D. ) . This is regarded as the greatest epic in the history of Sinhala poetry. Hence, it is also known as the *padychüdamaëi*. The theme of this epic is the *Kusa Jätaka* of *Päli jätakaööhakatä*. The content of that *jätaka* story is that he as anugly king called *kusa* get married a beautiful princess named *Prabvati*. However, there it is said that the king worked hard with diligence to get married to the princess. The admonition given here is the concept of diligence and indomitable courage to reach one's goal. This epic which has been written in accordance with the rules of *Sanskirt* School ofrhetorictradition, has 15 sections and 770 poems. [2]

## Kōtte Period, the Golden Era of Sinhala Poetry

The *Kōtte* period begins in the 15th century A. D. and the first king was the *Paräkramabähu* V. He was interested in the composition of pieces of literature and supported the composers. However, *Kōtte* period is important in the composition of poetry specially based on various themes many pieces of poetries were written during this period. Those books of poetry are

- *Mahä kävya ( epics )* – *Kävyasēkara*

---

[1] Sasadawatha, ed. , K. D. P. wickramasinghe, M. D. Gunasena Press, Colombo, 1961.

[2] Kavisilumina, ed. , Weliwitiye Soratha Thero, Abhaya Press, Colombo, 1966.

- *Khaëda kävya*（*short poems*） - *guttila/buduguëälankära*
- *Upadēsa kävya*（*poetries on admonitions*） - *lōvedasangarä*

### Kävyasēkaraya

The second Epic of Sinhala poetry is the *kävyasēkara* and the theme of it is the *Jätaka* tale of *Sattubhatta*. There are 15 sections and 887 verses and the composer is Ven. *Totagamuvē sri rähula*. The content of this text is to discuss the matters pertaining to the homely life. This texts describes the marriage of an old *Braùamëa* with a young female *Barùmaëa* and when he was not at home the female *Braùmaëa* had some other relationship with a young person. The poet anticipated here to advise the newly wedded females and most of the verses have been dedicated for that purpose.

It is obvious that the poet has followed the Sanskrit poets and their ideas are included in this poetry. It is clear that he has followed the texts such as *Kädambari*, *Kumärasaàbhava*, *Padychüdämani*, *Raguvansa*, *Siçupälava- dha* and *çakuntala*etc. [1]

### Guttila kävya

*Guttilakävya* belongs to the category of *Khaëdha kävya* and was written by *äcärya Vēttēvē*. The theme is the birth story of the Buddha, *Guttila jätaka* story. The poet has used various rhetorics and *virit*. The aim of the poet was to convey a special message to the reader. A fully talented *äcärya* named *Guttila* teachers the art of music without remaining to a student who is low in moral quality. After the grasping of the art of music, he challenged his old teacher to come for a competition. However, in the great competition, the *Sakra* assists the old teacher and he becomes victorious. Here it is discussed in detail the nature of relationship that should exist between the teacher and the pupil. This emphasizes that the respect and honor for the teacher should be always maintained towards the teacher. [2]

### Buduguëälankära

The other *Khaëdha kävya* is *Buduguëälankära* in the *Kōttē* period and the composer is *äcriya Védägama mahämaitri*. The theme is the catastrophe that took place in the city of *Visälä* due to the disharmony that took place among the *licchavi* rulers. There spread three kinds of disasters such as the fear of scarcity of food, fear of sickness and fear of demons. Then the Buddha visited the city and chanted the *Ratana sutta*. As a result there started rainfall, and everything became good and disappeared the three kinds of fear. This is given in 560 verses.

The message given here is that when governing a country the king and the

---

① Kavyassekaraya, ed., kirielle Nanawimala Thero, M. D. Gunaseana Press, Colombo, 1969.

② Guththila kavya warnana, ed., W. F. Gunawaradana Mudali, Lake House Press, Colombo, 1907.

ministers should establish themselves on morality and righteousness. Thus, when the king becomes just and moral ministers become so and also the subjects. Further it is messaged if the king becomes unjust the ministers and the subjects become unjust. On the other hand, the theme of the *Buduguëa Alankära* is to venerate the qualities of the Buddha. [1]

### Lōvada sangaräva

This was written by *äcärya Vēdagama Mahämaitri* and most of the Sri Lankans have read it and it has influenced the mind of Sri Lankans. This is a poetry book of higher admonitions which can be understood even by the ordinary people. This became popular among the ordinary people due to the fact that it has many similes understandable by any one. On the whole the main objective of this piece of poetry is to give advice how to live fowling the moral qualities in the face of human problems. [2]

### Sétävaka Period

Towards the end of the *Kōttē* period, with the arrival of Portuguese Sinhala literature received a setback. It became extreme difficult for the Buddhists and Buddhist monks to live in the areas ruled by the Portuguese and they went to other areas for their protection. The result was the fall of the Sinhala literature. However, even in the face of obstructions, then learned people paid their attention on the literary compositions. There are only five literary compositions during the period of *Sétävaka*. Another specialty is that all those were compositions of verses and written by one person.

- *Dahamsoìda kävya – Dharma kata kävya*
- *Kusadä kava – Jätaka kävya*
- *Subhäsitaya – Upadēsa kävya*

### Dahamsoìda kävya

This is a work of poetry on *Dhamma* composed by *Alagiyavanna mukavēti*. There is a demon who knows *Dhamma* and Bodhisattva requests him to preach *Dhamma*. But he says that he cannot do so as he is hungry. Then the Bodhisattva attempts to sacrifice his life to him. This is one of the *jätaka* stories of *Jätakatthakatä*. There are 106 verses and is written with lucid language. The objective of this literary composition is to pervade the people to listen *Dhamma* and to make them lead a life of morality[3].

---

[1]  Budugunaalankaraya, ed. , D. B. Jayathilaka, Visrutha press, Colombo, 1930.

[2]  Lowedasangarawa, ed. , T. A. Dharmabandu, M. D. Gunasena Press. Colomobo, 1926.

[3]  Punchbandara Sannasgala, Sinhala Sahityawansa, 299 page, Lake House Press, Colombo, 1961.

### *Kusajātaka kāvya*

This is composed based on the *Kusa jātaka* found in the *Jātakattha-katā*. Before this an epic has been written known as *kāvyachūdamaëi*. The reason for writing a literary composition based on the same *Jātaka* story is that the language of the previous composition was highly academic and the ordinary people cannot understand it easily. Therefore, this has been composed for the ordinary people using a lucid simple language. There are 13 sections and 687 verses in this literary composition[①].

### *Subhāsitaya*

This is a literary composition composed for admonition by *Alagiyavnna mukavēti*. The term *subhāsita* means words of pleasantness. The composer has used Sanskrit admonitions found in the *çārgadhara*, *Kuvalāyananda*, *Hitōpadeçaya* and it is clear that he has received the influence of Sanskrit literary works of above. There are many instructions for a harmonious life in this literary work. [②]

---

① Ibid. , 300 page.

② Punchbandara Sannasgala, Sinhala Sahityawansa, 303 page, Lake House Press, Colombo, 1961.

# 斯里兰卡佛教传入与阿努拉特普勒王朝君王弘法护法研究

马仲武

## 一　斯里兰卡与斯里兰卡佛教基本特点

斯里兰卡是一个有着长达两千多年文字记载历史的南亚岛国，古称"狮子国""师子国"，其主要民族僧伽罗族视自己为"狮子的后代"。在晋代高僧法显所著的《佛国记》以及《宋书》《梁书》中均有关于"狮子国"的记载。

斯里兰卡是举世闻名的佛国，推崇上座部（Theravada）佛教，坚持释尊住世时之原始教法，只尊崇佛、法、僧三宝，传诵与尊奉巴利语律、经、论三藏，追求"自度"，致力于断除烦恼、解脱生死、证悟涅槃，以证得阿罗汉果为最高目标。

佛教是斯里兰卡历史最悠久的宗教，也是斯里兰卡国教。斯里兰卡现存的三部诗体编年史《大史》《小史》和《岛史》主要记述与佛教相关的重大事件以及历代君王政绩。佛教传入之后对于斯里兰卡历代政治、经济、社会发展和文化艺术等领域产生了重要影响。佛教发展史与僧伽罗民族发展史两者水乳交融，构成了斯里兰卡古代史的核心部分。

## 二　佛陀三次抵岛

斯里兰卡是佛教从印度本土向国外传播的过程中接受佛教最早的国

家，也是除印度以外佛教历史最悠久的国家。根据斯里兰卡史书《大史》①（Mahavansa）的记载，佛陀身前曾有三次抵岛弘扬佛法。

第一次抵岛是在佛陀成佛后第9个月圆之日。当时居住在斯里兰卡东北部玛辛阳格纳（Mahiyangana）地区的"雅克沙"（yaksha）部落内部发生严重纷争。佛陀通过讲经说法消除了部落危机，促进了部落内部团结。②

第二次抵岛是在成佛五年后巴克月（bak masa，斯里兰卡传统历法中第四个月）晦日。当时在斯里兰卡北部"纳格迪普"（Nagadeepa）岛上居住着"纳格"（naga）部落。部落中两位主要首领，即巨勒达乐（Chulodara）和玛厚达乐（Mahodara）就如何分配祖传宝座（镶嵌有名贵宝石的椅子）发生了冲突。为了解决这一纷争，佛陀第二次抵岛。两位首领在聆听佛陀讲经说法之后言归于好，争夺转为礼让，最终决定将价值连城的宝座供献佛陀。

当时前去声援其兄长玛厚达乐争夺宝座的斯里兰卡西部凯拉尼亚（Kelaniya）地区"纳格"部落首领玛尼亚凯科（Maniakkhika）亲眼见到佛陀通过讲经化干戈为玉帛，感受到了佛法的神奇力量与博大精深。他盛情邀请佛陀再次访问岛国，并届时造访凯拉尼亚，为众生说法解惑，解救众生。佛陀接受了玛尼亚凯科的邀请。③

第三次抵岛是在成佛八年后维萨克月（vesak masa，斯里兰卡传统历法中第五个月）月圆之日。在此次造访中，佛陀实现了对玛尼亚凯科首领的许诺到访凯拉尼亚，并向当地"纳格"部落成员讲说佛法。之后在萨马冉纳山（Samanala Kanada）地区部落领袖的盛情邀请之下前往萨马冉纳地区弘法。佛陀在萨马冉纳山顶峰留下了自己的足印，受到了人们的虔诚瞻拜。之后，萨马冉纳山以"圣足山"闻名于世。此外，佛陀还造

---

① 《大史》又称《马哈文沙》，是使用巴利语撰写的最重要的斯里兰卡编年史，成书于公元5世纪，作者为马哈那摩（Mahanama）长老。该书在斯里兰卡历史、佛教和文学等领域均占有重要的地位，被历代尊为"国宝"。《大史》创作之初记载了公元前6—3世纪800年历史，全书共有37章，约2800多颂，历代王朝均创作续篇补充其中。《大史》主要包括僧伽罗民族历史起源、佛陀三次来岛、佛教传入与发展、历代国王政绩等内容。

② 同上书，第17—43颂。

③ 同上书，第44—70颂。

访了斯里兰卡僧伽罗文明发源地——阿努拉特普勒城。①

## 三 阿努拉特普勒王朝与佛教传入背景

斯里兰卡古代历史主要包括阿努拉特普勒王朝（公元前 437—1017 年）与婆隆纳鲁瓦王朝（公元 1017—1235 年）两个时期。其中以阿努拉特普勒城为首都的历史时期即为阿努拉特普勒王朝。阿努拉特普勒城是早期僧伽罗国家政治、文化、宗教和艺术中心，也是僧伽罗文明发源地。它作为都城的历史长达一千多年。佛教的传入是这一时期最重大的历史事件，它对斯里兰卡的政治、社会、历史和文化等各方面的发展都产生了极为深远的影响。②

印度孔雀王朝阿育王 Asoka 皈依佛教之后，佛历③234 年邀请著名高僧目犍连子帝须长老（Moggali Putta Dissa）召集精通经、律、论三藏比丘 1000 人，历时 9 个月，在华氏城（Palalupu）举行佛教发展历史上最重要的一次大集结——第三次大结集。④ 在集结中众高僧诵出三藏，整理正法。第三次集结中还决定派遣 9 个弘法使团到印度边缘省份与国外弘扬佛法，主要包括克舍米尔、缅甸、斯里兰卡等地区和国家。这一决定为佛教在印度本土以外传播与发展奠定了坚实基础。其中派遣到斯里兰卡的弘法高僧为皈依了佛教的阿育王之子摩哂陀长老（Mihindu）。

## 四 佛教传入与阿努拉特普勒王朝君王弘法护法

### （一）德瓦南比亚帝须（Devanam Piyadissa）国王（公元前 307—前 267 年）

佛历 236 年波颂月（poson masa，斯里兰卡传统历法中第六个月）月圆之日，摩哂陀长老带领弘法僧团从印度抵岛。斯里兰卡弘法僧团一行共 7 人，包括伊提耶（Ittiya）、乌提耶（Uttiya）、桑巴拉（Sambala）、巴德

---

① 《大史》第 1 章，第 71—84 颂。

② 王兰：《列国志：斯里兰卡》，社会科学文献出版社 2004 年版，第 57 页。

③ 历法的一种，以佛陀释迦牟尼圆寂后一年为纪元元年。

④ （僧伽罗语）卡哈瓦比蒂·迪拉纳德法师：《佛教历史》，斯里兰卡科伦坡宝石出版社 1971 年版，第 23 页。

瑟勒（Bhaddasala）以及摩哂陀长老在内的5位阿罗汉，沙弥僧苏马纳（Sumana）和居士班杜卡（Bhanduka）。[①] 弘法僧团中包含沙弥僧和居士是为了更好地传授沙弥戒与具足戒。

弘法僧团抵达都城阿努拉特普勒之后，在一块名为弥辛德勒（Mihinthala）的巨岩附近邂逅了在附近狩猎野鹿的德瓦南比亚帝须国王（阿努拉特普勒王朝第三位君王）。阿努拉特普勒王朝与印度孔雀王朝之间素有往来，德瓦南比亚帝须国王对于佛陀和佛教也有所了解。国王询问摩哂陀长老为何造访斯里兰卡。摩哂陀长老回答说：我们是佛陀的弟子，从印度造访此地是为了弘法布道，解救众生。

佛法高深莫测，只有具备一定智慧的人方可领会。为此，在决定向德瓦南比亚帝须国王传授佛教之前，摩哂陀长老用著名的"杧果树"与"亲戚"难题测试了国王的智慧与思辨能力。

> 摩哂陀长老首先指着一棵树向国王问道：这是什么树？
>
> 国王回答：长老，这是一棵杧果树。
>
> 长老又问道：除了这棵杧果树以外还有其他杧果树吗？
>
> 国王回答：有的。
>
> 长老又问：除了这棵杧果树和那些杧果树以外还有树吗？
>
> 国王回答：有的。
>
> 长老又问：那么，除了那些杧果树和非杧果树以外还有其他树吗？
>
> 国王回答：有的，就是这棵杧果树。
>
> 之后，摩哂陀长老又提出了"亲戚"难题：您有亲戚吗？
>
> 国王回答：有的。
>
> 长老又问：那有非亲戚吗？
>
> 国王回答：有。
>
> 长老又问：那么，除了亲戚和非亲戚以外还有亲戚吗？
>
> 国王回答：有，那就是我。[②]

了解到德瓦南比亚帝须国王善于思辨，智力非凡，摩哂陀长老欣然接

---

① 《大史》第13章整章。

② 《大史》第14章，第17—22颂。

受了国王的邀请，前往王宫讲经说法。摩哂陀长老首先传授了《象迹喻小品经》（*Chullahatthi Padopama Sutra*）：即有一位对动物很了解的人在野外见到了一个巨大的大象脚印。此时他并没有立刻判断那是巨象的脚印。因为他了解森林中还栖息着三种脚印硕大但是体形相对较小的大象。他沿着大象的脚印不断往前搜索，直到他看到不远处低头觅食的巨象，他才最终判断之前所看到的脚印是巨象脚印。

在佛教传入之前，斯里兰卡只存有一些关于日月星辰、猛兽等的原始信仰，系统宗教尚未出现。《象迹喻小品经》巧妙地展示了佛教是一种尊重客观事实的宗教，包含一个讲究因果关系的缜密的宗教体系。

此外，摩哂陀长老还传授了《天使经》和《智愚经》。他述说了天宫种种美妙快乐之事，指出行善积德之人可升入天堂，享受善报；而言行不端，胡作非为必造恶业，死后必堕地狱，成为饿鬼，遭酷刑，受折磨。此生死轮回之常规，善恶报应之法则，很容易被人接受。[①]

德瓦南比亚帝须国王先前已经对于佛教有所了解，听完摩哂陀长老讲经之后，被佛教的博大精深所折服，欣然皈依佛教。德瓦南比亚帝须国王成为斯里兰卡历史上有确切史料记载的首位佛教徒，也是阿努拉特普勒王朝首位皈依佛教、大力支持佛教在斯里兰卡传播与发展的僧伽罗君王。

德瓦南比亚帝须国王皈依佛教是对佛教在斯里兰卡传播最有力的支持。在德瓦南比亚帝须国王的示范下，阿努拉特普勒王朝皇室、官员以及臣民纷纷效仿国王，皈依佛教。德瓦南比亚帝须国王与阿努拉特普勒王朝臣民皈依佛教无疑成为了斯里兰卡佛教发展史上的重要转折点。

大兴寺庙、佛塔、佛学院，从印度迎请佛陀舍利与圣菩提树，供奉一千沙弥僧和沙弥尼等是德瓦南比亚帝须国王对于斯里兰卡早期弘法护法最主要的贡献。

为了支持摩哂陀长老在斯里兰卡布道讲经传播佛教，德瓦南比亚帝须国王首先决定将阿努拉特普勒城中佛陀生前曾经到访的摩诃梅旺御花园（Mahamevna Udyanaya）供献给摩哂陀长老。之后又投入大量人力、物力，将御花园中国王行宫扩建成为佛教寺庙——大寺（Maha Viharaya）供摩

---

① 邓殿臣：《东方神话传说·佛教、耆那教与斯里兰卡、尼泊尔神话》（第五卷），北京大学出版社 1999 年版，第 299 页。

晒陀长老及弘法僧团居住修行。① 大寺成作为斯里兰卡佛教历史上首座寺庙成为当时阿努拉特普勒城中讲经说法，传授佛教知识，传播佛教文化的重要场所。为了弘扬佛教，培养本土僧人，德瓦南比亚帝须国王在阿努拉特普勒城中新建了数座佛学院，例如卡拉帕勒萨达佛学院（kalaprasada pirivena）、迪迦羌卡马那佛学院（deegachankamana privena）、帕拉贾佛学院（phalagga privena）等。这些佛学院成为当时阿努拉特普勒城中传播佛教文化与研究佛教教义的中心。

为了满足信众瞻仰佛祖舍利的愿望，也为了进一步推动佛教在斯里兰卡传播。在德瓦南比亚帝须国王支持下，摩晒陀长老派遣沙弥僧苏马纳返回印度，迎请七颗珍贵的佛陀舍利，供信众瞻仰。为了珍藏上述佛陀舍利，国王修建了数个佛塔，其中左右下颌骨舍利珍藏于摩诃梅旺御花园中著名佛塔——杜巴拉莫耶佛塔（thuparamaya）中。② 杜巴拉莫耶佛塔成为斯里兰卡首个佛塔，也是斯里兰卡阿努拉特普勒城八大佛教圣地之一。

此后，德瓦南比亚帝须国王向印度孔雀王朝派遣特使，表达希望迎请圣菩提树到斯里兰卡的意愿。在阿育王的支持和指示下，已经皈依佛教的阿育王之女，桑加米德（Sangamittha）比丘尼经由斯里兰卡北部丹布寇勒港口（Dambakola Patuna）护送圣菩提树分枝到达阿努拉特普勒城。《僧伽罗圣菩提传》中详细记载了迎请圣菩提树、圣菩提树到达斯里兰卡之后的相关重要事件以及供奉圣菩提树仪式等内容。③ 德瓦南比亚帝须国王以超高礼仪迎请圣菩提树，接待桑加米德比丘尼。圣菩提树位居阿努拉特普勒城中佛教徒虔心膜拜的八大佛教圣地之首。

桑加米德比丘尼造访斯里兰卡，不仅迎请了圣菩提树，而且也向斯里兰卡传入了比丘尼戒。为了使佛教真正在斯里兰卡生根发芽、生生不息，在摩晒陀长老的建议与僧伽罗皇室贵族的支持下，以阿里德王子（Aritha）和阿努乐公主（Anula）为首的五百童男与五百童女共计1000人皈依佛教，成为斯里兰卡早期佛教发展历史上重要事件之一。④ 童男童女集

① 《大史》第15章整章。

② 《大史》第17章整章。

③ （僧伽罗语）布基班达勒·桑纳斯格勒：《僧伽罗文学史》，斯里兰卡科伦坡雷克豪斯出版社1964年第2版，第209页。

④ （僧伽罗语）卡哈瓦比蒂·迪拉纳德法师：《佛教历史》，斯里兰卡科伦坡宝石出版社1971年版，第70—71页。

体皈依佛教奠定了佛教在斯里兰卡未来发展的坚实基础，使得佛教发展后继有人。此外，这一事件也开创了斯里兰卡比丘尼发展史。

### （二）乌帝耶国王（Uththiya）（公元前267—前257年）

德瓦南比亚帝须国王的继任者乌帝耶国王执政第八年，摩哂陀长老在斯里兰卡圆寂。摩哂陀长老的舍利被珍藏于阿努拉特普勒城中各大寺庙与佛塔中。一年之后，桑加米德比丘尼也相继在斯里兰卡圆寂。乌帝耶国王分别为摩哂陀长老和桑加米德比丘尼举行了隆重的国葬，举国哀悼两位佛教先驱的逝世。[①] 摩哂陀长老与桑加米德比丘尼自到达斯里兰卡之后从未离开，直至圆寂。两位佛教圣者对于斯里兰卡佛教的传入与传播功德无量，在斯里兰卡佛教历史上名垂千古。阿育土将其子女摩哂陀长老与桑加米德比丘尼双双派往斯里兰卡弘法足见其对于在斯里兰卡传播佛教的重视。

### （三）杜度盖慕努（Dutugemunu）国王（公元前161—前135年）

此后不久，斯里兰卡遭受外族入侵，来自印度的泰米尔人占领阿努拉特普勒城，统治了阿努拉特普勒王朝大部分疆域。这一时期斯里兰卡历史上出现了抵抗异族，恢复僧伽罗族统治地位的民族英雄——杜度盖慕努国王[②]。杜度盖慕努国王是虔诚的佛教徒。为了团结僧伽罗族推翻泰米尔统治者，他提出了战争不是为了个人福祉，而是为了保卫国家与弘扬佛法，是为了维护僧伽罗族的血统的战争宣言。最终，他成功击败泰米尔统治者，重新建立了统一的僧伽罗佛教国家。

杜度盖慕努国王掌权之后，大力推广佛教，大兴佛教寺庙和佛塔。他支持修建了当时最大的佛塔——鲁旺迈里塞耶佛塔（Ruwanvali Seya）。鲁旺迈里塞耶佛塔高达80米，珍藏有大量佛陀舍利，在阿努拉特普勒城八大佛教圣地中位居第二。后人专门撰写了《塔史》一书，详细记载鲁旺迈里塞耶的设计和建造过程以及其在斯里兰卡佛教、历史、建筑以及考古等领域的重要地位。[③] 建造鲁

---

① （僧伽罗语）艾尔拉瓦勒·梅达南德法师：《僧伽罗君王传》，斯里兰卡科伦坡达亚旺萨·迦叶够迪出版社2006年版，第51页。

② 杜度盖慕努国王为阿努拉特普勒王朝南部属国——鲁忽努国卡万蒂萨（kavanthissa）国王之子。

③ （僧伽罗语）布基班达勒·桑纳斯格勒：《僧伽罗文学史》，斯里兰卡科伦坡雷克豪斯出版社1964年版，第192页。

旺迈里塞耶佛塔是杜度盖慕努国王的一大宏愿，为此花费了巨大的人力、物力、财力。杜度盖慕努国王亲自参与了宝塔修建过程。在他晚年病重卧榻期间，仍旧念念不忘修塔事宜。他专门委托其胞弟萨达迪思萨（Saddha Dissa）督办建塔事务。最终杜度盖慕努国王驾崩于鲁旺迈里塞耶佛塔落成仪式上，如愿看到鲁旺迈里塞耶佛塔成功修建。① 此外，杜度盖慕努国王还修建了米利瑟维迪耶佛塔（Mirisa Veteya）。米利瑟维迪耶佛塔也是八大佛教圣地之一，珍藏有佛陀舍利。

杜度盖慕努国王对于阿努拉特普勒王期佛教发展中的另一重要贡献便是修建九层铜顶戒律楼，简称"铜顶楼"，僧伽罗语称"罗哈布勒萨德耶"。② 铜顶戒律楼成为当时阿努拉特普勒王朝推行佛教僧团清规戒律，惩治和防范僧人过失、犯罪等佛教事务的重要场所。每逢月圆节众僧人云集铜顶戒律楼，僧团长老用巴利语诵读律藏，众僧仔细聆听，反思自身。对于严重触犯戒律者处以逐出僧团处理。铜顶戒律楼在奉行佛教戒律，维持僧团纯洁等方面意义重大，为推动阿努拉特普勒王期时期佛教长足发展提供了制度保障，是当时管理僧团的核心机构之一。

杜度盖慕努国王自传中提到一生曾主持修建了 99 座寺庙。作为一名虔诚的僧伽罗族佛教徒，杜度盖慕努国王为僧伽罗族的发展壮大以及佛教在斯里兰卡的发扬光大倾注了毕生精力。

### （四）瓦拉甘巴（Walagamba）国王（公元前 89—前 77 年）

瓦拉甘巴国王是一位虔诚的佛教信徒。在他的统治期间内由于天灾等原因，当时的阿努拉特普勒王朝遭遇了百年不遇的大饥荒，多地出现了"路有饿殍"的现象。瓦拉甘巴国王担心大饥荒会危及僧团生存，进而导致佛教经典失传，便召集斯里兰卡各大寺庙的饱学长老五百比丘齐聚中部小城马德勒（Matale），将巴利《三藏经》经文与注释全部唱诵审校之后用僧伽罗语篆刻在贝叶之上。③

在这之前，斯里兰卡佛教经典完全依靠佛教师徒相承，口口相传，从未见诸文字。在此次《三藏经》篆刻过程中首次使用文字记载《三藏经》

---

① （僧伽罗语）艾尔拉瓦勒·梅达南德法师：《僧伽罗君王传》，斯里兰卡科伦坡达旺萨·迦叶够迪出版社 2006 年版，第 67 页。

② 《大史》第 27 章整章。

③ （僧伽罗语）卡哈瓦比蒂·迪拉纳德法师：《佛教历史》，斯里兰卡科伦坡宝石出版社 1971 年版，第 88—89 页。

全部经文，对于佛教经典和佛教文化的保护与传承，对于佛教未来传播与发展意义重大。这也是斯里兰卡佛教对于世界佛教发展的重要贡献。

为了支持佛教发展，瓦拉甘巴国王还修建了众多佛塔。其中最著名的便是阿努拉特普勒城八大佛教圣地之一——阿贝耶吉利佛塔（Abaya-giriya）。建塔之后，又以佛塔为中心修建了著名的阿贝耶吉利寺庙。在皇室的支持下，阿贝耶吉利寺庙与阿贝耶吉利派僧人曾在瓦拉甘巴国王时期盛极一时，成为阿努拉特普勒王朝时期影响最大的三大佛教教派之一。①

### （五）西里梅旺（Sirimevan）国王（公元299—327年）

为了缅怀摩哂陀长老，敬仰长老对斯里兰卡佛教传入与发展的无量功德，西里梅旺（Sirimevan）国王（公元299—327年在位）在阿努拉特普勒城举行了首次摩哂陀佛教游行。游行在西里梅旺国王的命令与主持下进行，游行当天整个阿努拉特普勒城充满节日气氛，大量僧人与佛教信徒热情洋溢地参加游行。游行队伍抬着摩哂陀长老巨幅画像，延绵数里，从摩哂陀长老初到阿努拉特普勒城时巧遇德瓦南比亚帝须国王的弥辛德勒巨岩出发，沿途经过阿努拉特普勒城中主要街道，一直到摩哂陀长老生前居住修行的大寺结束。② 此后，举行一年一度的摩哂陀佛教游行成为阿努拉特普勒王朝重要的佛教文化传统之一。

西里梅旺国王时期，印度境内许多王国为争夺著名的佛牙舍利③产生了一系列纷争。为了免生不测，守护佛牙舍利的印度卡林谷国（Kaligu）国王决定将佛牙舍利送往斯里兰卡。西里梅旺国王执政第九年，卡林谷国国王派遣其女——海摩马勒（Hemamala）公主和丹恩德（Dantha）驸马从印度坐船护送佛牙舍利到达斯里兰卡。为了保护珍贵的佛牙舍利免出意外，海摩马勒公主将佛牙舍利藏于自己发饰中。公主一行在斯里兰卡东部沿海苏穆度鲁吉利（Samudurugiri）寺庙附近登岛后，沿陆路到达阿努拉

---

① （僧伽罗语）江德拉·维克拉玛加：《八大圣地》，斯里兰卡马哈勒贾玛达让基出版社2001年版，第64—69页。

② （僧伽罗语）D. B. 库玛勒江德：《兰卡简史》，斯里兰卡科伦坡勾德盖出版社2002年版，第54页。

③ 相传佛祖有40颗牙齿，卡林谷国所保存的佛牙舍利为佛陀犬齿舍利，在佛牙舍利中最为著名。

特普勒城并将佛牙舍利呈送给西里梅旺国王。[①]

西里梅旺国王盛情招待了公主与驸马，迎请了珍贵的佛牙舍利。佛牙舍利到达阿努拉特普勒城的喜讯迅速传遍全城。大寺、阿贝耶吉利寺、杰德瓦纳寺（Jethavana）三大著名寺庙的方丈请求国王将佛牙舍利供奉于自己寺庙中。为了避免不均，国王保持了中立态度，决定自己守护佛牙舍利。为了满足广大佛教信众参拜佛牙舍利的强烈需求，西里梅旺国王开始举办盛大的佛牙游行，供信众瞻仰膜拜。[②] 我国晋代高僧法显曾在斯里兰卡游学两年，在他的《佛国记》中也曾对当时的佛牙游行盛况进行了记载。此外，每逢大旱年份国王通过举办佛牙游行祈雨也是阿努拉特普勒王朝时期重要的佛教传统之一。

佛牙游行这一古老佛教传统从西里梅旺国王时期流传至今。斯里兰卡现今每年在康提举行艾瑟勒月（asala masa，斯里兰卡传统历法中第七个月）佛牙游行。艾瑟勒月佛牙游行已经成为斯里兰卡最大的佛教游行活动。佛牙舍利不仅是佛教信众崇拜的佛教圣物，而且成为了斯里兰卡镇国之宝和王权的象征。在僧伽罗王朝时期，谁拥有佛牙舍利便是真命天子，被百姓拥戴为一国之君。

为了纪念佛牙舍利入岛这一重要佛教事件，西里梅旺国王时期创作了著名的颂体《佛牙史》。根据《大史》记载该书中包括佛牙舍利入岛、君王供奉佛牙舍利、佛牙游行等内容。[③] 令人遗憾的是，目前该书已经失传。

## （六）达度塞纳（Dhathusana）国王（公元461—479年）

阿努拉特普勒王朝还有一位治国有方的国王——达度塞纳国王。阿努拉特普勒王朝是农耕文明的典型代表，农业是国家发展的根基。斯里兰卡属于热带季风性气候，不分四季，只分雨季和旱季。阿努拉特普勒位于斯里兰卡中北部平原地带，气候较为干旱。因此，通过人工方式均衡利用雨水至关重要。熟谙农耕之道的达度塞纳国王建造了当时最大的人工湖卡拉

---

① 《大史》第37章整章。

② （僧伽罗语）卡哈瓦比蒂·迪拉纳德法师：《佛教历史》，斯里兰卡科伦坡宝石出版社1971年版，第114页。

③ （僧伽罗语）布基班达勒·桑纳斯格勒：《僧伽罗文学史》，斯里兰卡科伦坡雷克豪斯出版社1964年版，第49页。

湖 (Kala Veva)。为了保护和庇佑此湖，达度塞纳国王在卡拉湖对面的巨大岩石上凿刻了斯里兰卡最大的佛像阿鲁卡纳 (Avukana) 佛像。[①]

修建人工湖蓄水，发展农业灌溉体系成为阿努拉特普勒王朝时期除了"举行佛牙游行祈雨""祭祀卡拉湖祈雨"等方式以外切实有效地保障农耕用水的重要方式。

### （七）穆格朗二世（Mugalan Ⅱ）（公元 539—559 年）

阿努拉特普勒王朝君王弘法护法方式不拘一格。除了传统的兴建佛教寺庙、佛塔，支持僧团发展等以外，还有几位才华横溢的国王通过创作以佛教为主题的文学作品推动佛教文化传播。这些作品丰富了百姓的精神生活，满足了佛教信众的文学与信仰需求。有利于结合佛教中因果报应等教义劝人为善，教化百姓，维护社会安定。

穆格朗二世是一位著名的诗人。他基于佛本生经故事等佛教经典，创作了数量众多的僧伽罗语诗歌作品。穆格朗二世经常骑着大象，行走于阿努拉特普勒城主要街道并大声诵读自己的佛教诗歌作品。[②] 穆格朗二世所创作的佛教诗作满足了佛教徒的信仰需求，便于吟唱，易于传播，迅速风靡全城。这些诗作也教导信众遵循佛教教义，积德行善，做一名虔诚的佛教徒。

### （八）塞纳一世（Sena Ⅰ）（公元 846—866 年）

塞纳一世则通过颁布国王御令的方式规定僧伽罗语诗歌创作必须围绕佛教这一主题。在塞纳一世亲自撰写的诗歌创作指导书《塞耶巴斯拉科勒》（*Siyabaslakara*）一书中提到"peden budu sirith a"，明确规定诗歌创作必须以佛本生经故事为蓝本。[③] 塞纳一世这一御令影响了之后较长一段时期内诗歌创作的主题与风格，开创了僧伽罗诗歌作品悠久的佛教文化传统。

---

① （僧伽罗语）D. B. 库玛勒江德：《兰卡简史》，斯里兰卡科伦坡勾德盖出版社 2002 年版，第 55—56 页。

② （僧伽罗语）布基班达勒·桑纳斯格勒：《僧伽罗文学史》，斯里兰卡科伦坡雷克豪斯出版社 1964 年版，第 39 页。

③ 同上书，第 61 页。

### （九）恺撒博五世（kassapa V）（公元 929—939 年）

阿努拉特普勒王朝末代君王之一恺撒博五世也通过创作文学作品支持佛教发展。恺撒博五世所撰写《达姆比亚阿杜瓦盖得巴德》（*Dhampiya Athva Getapadaya*）一书对律藏重要组成部分之一——《达姆巴德》（*Dhamma Pada*）一书进行了注释，尤其对书中晦涩难懂部分进行了详细注解。①《达姆比亚阿杜瓦盖得巴德》一书成为后世研习佛教必读著作和重要工具书之一。

## 五 结语

僧伽罗文明是斯里兰卡早期文明的主体，僧伽罗文明发扬光大离不开佛教的滋润。佛教传入使得僧伽罗族有机会接触和体会佛教的博大精深，使得僧伽罗人得到了学习佛教教义和佛教文化的宝贵机缘。佛教成为僧伽罗族的精神寄托与民族团结的核心力量。自从佛教传入斯里兰卡之后，僧伽罗佛教徒成为了斯里兰卡的真正主人。

阿努拉特普勒王朝僧伽罗族君王绝大部分为佛教徒。他们深谙此道，清楚佛教对于维护封建统治、维护国家长治久安等方面的重要作用。他们对于弘法护法不遗余力，不惜代价从印度迎请圣菩提树与佛牙舍利供佛教徒膜拜，修建阿努拉特普勒王朝佛教文明标志——"八大处佛教圣地"以及大量的寺庙、佛塔、佛像、佛学院等。更有甚者亲自创作佛教诗歌作品宣传佛教教义和佛教文化。

此外，阿努拉特普勒王朝是典型的农耕文明，与佛教产生的时代背景相似。阿努拉特普勒王朝君王作为封建统治者，必然会关注和学习佛教中有关国家治理与农业发展的内容。例如在早期修建佛塔时，需要挖土。挖土之后留下的大坑往往被扩建成人工湖并纳入农业灌溉体系中。"村落—寺庙—湖泊—佛塔"成为极具斯里兰卡特色的古代佛教农业社会模式。

僧伽罗民族曾用谚语生动形象地总结本民族与佛教之间的亲密关系：

---

① （僧伽罗语）布基班达勒·桑纳斯格勒：《僧伽罗文学史》，斯里兰卡科伦坡雷克豪斯出版社 1964 年版，第 65 页。

僧伽罗族与佛教的关系犹如树干与树皮，两者必不可分。阿努拉特普勒王朝僧伽罗族君王大力弘扬佛教，佛教庇佑阿努拉特普勒僧伽罗王朝。这使得阿努拉特普勒王朝时期佛教、僧伽罗统治与农耕文明三者有机结合，相得益彰。

# 由极乐寺的创建看 1900 年前后大马佛教僧侣与世俗社会之关系

宋燕鹏

　　众所周知，汉传佛教有两个主要的传播方向，向东是朝鲜半岛和日本列岛，向南则是东南亚。汉传佛教很早就传播到越南，对其文化的形塑影响深远。进一步在东南亚的传播，则已经进入清代了。其中，大马半岛是重要的传播区域，在 18 世纪的马六甲青云亭就已经看到僧人的名字。但是佛教势力真正站稳脚跟，则是以佛教寺院的正式建立为标志。这就是如今在整个东南亚都赫赫有名的槟城极乐寺。极乐寺是大马佛教研究，乃至东南亚佛教研究的重要内容。

　　极乐寺是槟城也是东南亚最负盛名的汉传佛寺，由来自福州鼓山寺的妙莲法师所倡建。该寺完成于 1904 年，正式落成于 1905 年 1 月 13 日。迄今已有学者对极乐寺多所阐述，但皆限于所论主题而未能加以全面分析。① 笔者不拟对极乐寺全面铺叙，只着眼于极乐寺为什么会在 19 世纪末期方才出现，从其创建过程中，所展示出来的大马佛教僧侣与世俗社会

---

　　① 对极乐寺有所研究者，可见陈美华《马来西亚的汉语系佛教：历史的足迹、近现代再传入与在地扎根》，载《马来西亚与印尼的宗教认同：伊斯兰、佛教与华人信仰》，台北"中央研究院"人社中心亚太区域研究专题中心 2009 年版，第 53—121 页。白玉国《马来西亚华人佛教信仰研究》，巴蜀书社 2008 年版；郑筱筠《试论马来西亚佛教发展的现状及特点》，《宗风》庚寅夏之卷，宗教文化出版社 2010 年版，第 226—253 页；陈秋平《移民与佛教：英殖民时代的槟城佛教》，柔佛南方学院 2004 年版。

的关系。略述于后，以就教于方家。

# 一 1900 年前后的槟城华人社会

1786 年英国殖民者在槟榔屿开埠，是大马半岛历史发展的一个重要关键时刻。这是英国人在大马半岛第一个落脚点。随着 1819 年新加坡开埠、1824 年荷兰将马六甲交给英国，英国殖民者在大马半岛沿海已经有了三个重要的落脚点。1826 年，三地合并成为海峡殖民地（Straits Settlement），归东印度公司管辖。起初，槟榔屿是隶属于孟加拉总督和参议会管理下的驻扎管辖区，1805 年升级为一个同孟加拉、马德拉斯和孟买平级的省区，只隶属于印度总督的统一指挥。① 1867 年海峡殖民地划归殖民部管辖，成为皇家殖民地（Crown Colony）的一员，直至 1946 年并入马来亚联邦。

伴随着槟榔屿开埠，包括华人在内的各族群大量涌入。槟榔屿是以资本主义为蓝本所开拓的殖民桥头堡。因为东印度公司“腐化与吝啬的行政”，导致其行政运作失灵，利益为少数资本家所垄断，尤其在烟、酒、嫖、赌等“饷码”的运作下，市政名义上由行政长官统筹，实质上则由“甲必丹”所操纵；被招募前来的各地移民，大多各自栖身在“公司”或行会的保护伞底下；除了拥有跨文化优势的“峇峇”，以及善于跨界钻营的政商名流之外，大多数中下层的劳动阶级，往往以血汗营生，甚或以暴乱对抗环境的改变与压迫。在金权竞逐下，严重失衡的移民社会，始终维持着不均衡的发展的态势，而“优胜劣败”的资本主义竞争，充斥着 19 世纪中后期的整个东南亚。“槟榔屿地方”（Penang Locale），更是资本家权力竞逐的主要地方。

从广福宫碑刻可见，福建人与广东人虽然在槟榔屿开埠之初便共同分享商业与劳务机会，但是在 19 世纪 20 年代以前，财势雄厚的福建人是占有绝对优势的。之后则是广东商人逐渐崭露头角，并且开始瓜分“饷码”（Farmer System）。换句话说，从 1786 年槟榔屿开埠，历经一个世代的财富累积之后，广东群系开始具备与福建人抗衡的实力，槟城的华人社会也

---

① ［英］理查德·温斯泰德：《马来亚史》（下册），姚梓良译，商务印书馆 1974 年版，第366 页。

在此时，渐渐迈向权力角逐与社群分化互为因果的不归路（表1）。

表1 　　　　　　　　　槟城1900年前后华人方言群人数一览① 　　　　　　单位：人

| 方言群＼年份 | 1891 | 1901 | 1911 |
|---|---|---|---|
| 福建 | 24246<br>（27.5%） | 29072<br>（29.8%） | 54528<br>（49.2%） |
| 广东② | 17400<br>（19.7%） | 18355<br>（18.8%） | 22575<br>（20.4%） |
| 海南 | 2850<br>（3.2%） | 2880<br>（2.9%） | 4166<br>（3.7%） |
| 客家 | 7216<br>（8.20%） | 7951<br>（8.1%） | 12898<br>（11.6%） |
| 潮州 | 19218<br>（21.8%） | 15085<br>（15%） | 16482<br>（14.8%） |
| 福州 | — | 661<br>（0.6%） | — |
| 侨生 | 16981<br>（19.3%） | 23500<br>（24.1%） | |
| 总计 | 87911<br>（100%） | 97504<br>（100%） | 110649<br>（100%） |

　　1800年成立的广福宫是华人内部的神庙组织，起到调解华人内部纠纷的作用。但是随着以方言群为基础的秘密会社争夺经济资源和"饷码"承包，加上方言群组织进一步扩展，巩固各自的势力，均削弱广福宫的作用。1867年槟城大暴动和1872年至1874年的霹雳拉律（Larut）战争，削弱了华人社会的凝聚力，广福宫作为排解华人社会内部问题的功能失

---

① J. R. Innes，*Report on the census of the Straits Settlements* 1901，p. 68. J. E. Nathan，*The census of British Malaya* 1921，pp. 79—83.

② 即广府人。

效，无法执行创建时的宗旨与目标。① 一些跨帮的组织本身也充满帮派权力分配，其理事或是重要的领袖是按照各帮成员分配固定的席位。1881年成立的平章会馆，即是如此。平章会馆成立的原因，就是 19 世纪 60 年代以来槟城的华人秘密会社之间不断冲突的结果。创馆之初，平章会馆的14 位理事，分别由福广两帮各占 7 位，模仿广福宫的制度，拟恢复广福宫的精神。

但事实上，无论从人数还是财力上，福建人都是槟城首屈一指的。详细的海峡殖民地的人口调查数据，最早是 1891 年，虽然华人人口变动不居，很难有全面真实的数据，但是毕竟给我们提供了一个可参照的数字。把 1901 年和 1911 年的数据也放在一起，就有一个比较直观的比较。

从表格中的数字可见，福建人的比例从 1891 年开始的 27.5%，很快增长到 1911 年的 49.2%，已经几近一半。无论是说广东话的广府人，还是潮州人，都无法单独和福建人竞争，尤其是潮州人人数比例下降很快。所以广府人只有和潮州人、客家人联合起来，才能形成一股势力。这也就是为什么槟城有福建公冢，相应的是广东暨汀州公冢，汀州是客家人，在这个时候，和说闽南话的漳、泉为主的福建人并不在一个阵营里。据麦留芳的论证，福帮在槟城的财力无人能出其左。他根据各帮捐款的数额论证，广东人的经济实力较福建人低 13 倍，和新加坡的广东人相较，他们面对更为强大的福建人压力。② 在某种程度上，客家人在这时候是纳入了广东人的认同范围内。极乐寺创建的 20 世纪 90 年代，就面对着这样一个被方言群所笼罩的华人社会。

## 二 妙莲禅师与极乐寺的创建

大马最早的华人庙宇是马六甲的青云亭，其次就是 1800 年创建于槟城椰脚街的广福宫。广福宫就是 1800 年由广东人和福建人联合起来所创建。创建碑文称："先王以神道设教，其有功斯世者，虽山隔海澨，

---

① 拉律（Larut）战争的前因后果及影响，参阅 Khoo Kay Kim, *The Western Malay States 1850—1873: The Political Effects of The Growth of Economic Activities*, Kuala Lumpur: Oxford University Press, 1975, pp. 159—175。

② 麦留芳：《方言群认同：早期星马华人的分类法则》，台北"中央研究院"民族学研究所 1974 年版，第 149—180 页。

舟车所至者，莫不立庙，以祀其神。"① 该文并未指出是什么神明，也未提到任何与佛教有关的含义。1824 年碑文称："槟榔屿之麓，有广福宫者，闽粤人贩商此地，建祀观音佛祖者也，以故宫名广福……重建后进一座告成后，载祀列圣之像于中，旁筑舍以住僧而整顿之。"② 此时方正式确认主神为观音佛祖，并且有了常驻僧人。出于"神道设教"目的，各种华人神庙也于 19 世纪在槟岛陆续建立起来，形成槟岛华人社会的信仰版图。

虽然海峡殖民地的华人庙宇有僧人存在，但是多以获得香资维持庙宇内的牌位香火，同时进行法事以供华人丧葬之超度礼仪。这是世俗化的佛教，并无对佛教本身教义的传播，根本无法起到发展佛教的作用。振兴佛教或传播佛教，往往都要有高僧大德在场，原因就在于佛教的精髓在于其佛法，非有长时间的修行是无法达到的。随着华人南来人数越来越多，发达起来的华商也开始通过对桑梓的捐赠，来获得家乡的声望，以及清政府的封赠。

除了传统神庙的拜拜和迎神赛会活动，一些福州的佛教僧人开始到南洋各地弘法和募化。根据现在于怡山西禅寺的铭刻，监院微妙禅师在 1884 年至 1886 年以槟城为根基，向南洋福建帮侨领与商贾筹募经费，并将所募得巨款回中国福州重建西禅寺。其后，鼓山涌泉寺住持妙莲禅师（1845—1907 年）于 1887 年到达槟城，受邀驻锡广福宫。他的另一个任务是要挽回因先前僧人不守清规而被破坏的广福宫的声誉。③

妙莲禅师是驻锡南洋的第一位高僧。首先来看妙莲禅师所来自的鼓山涌泉寺。鼓山涌泉寺，位于福州市东郊，别称石鼓，以山巅有巨石如鼓，永春普济寺闽江北岸鼓山白云峰之南麓，鼓山故名。涌泉寺因寺前有罗汉泉涌出地面而得名。原为一积水潭。五代梁开平二年（908 年）闽王王审知填潭建寺，请名僧神晏来居。北宋咸平二年（999 年），宋真宗赐额"鼓山自云峰涌泉禅寺"。明永乐五年（1407 年）定名为涌泉寺。为福州

---

① 《重建广福宫碑记》，傅吾康、陈铁凡：《马来西亚华文铭刻萃编》（第 2 卷），吉隆坡马来亚大学出版社 1985 年版，第 526 页。

② 同上书，第 532 页。

③ 邝国祥：《槟城散记》，第 12、13 页。

五大丛林之一。该寺建筑严格按照汉传佛寺的规制，排列在中轴线上的主要建筑有：天王殿、大雄宝殿和法堂。东西两侧，分别建有钟楼、鼓楼、印经楼、宝积仓、学戒堂、弥陀厅、圣箭堂、如意堂、念佛堂、白云堂、斋堂、祖堂、观音阁等。①

寺内保存的北宋陶塔、铜铁大锅、近万块佛经、佛像木雕板，闻名海内外。寺外的数百处摩崖石刻，也很有价值。该寺富庋藏，收集有明代南北藏、清代龙藏、日本续藏两万卷，明清两代本山高僧元贤、道霈著述七千五百多册，明清经版万余方，苦行僧刺血写经六百七十五册。民国前期即被日本学者称为"中国第一法窟"②。弘一法师于1929年4月间，游鼓山，于涌泉寺藏经楼发现清初刊本《华严经》及《华严经疏论纂要》，叹为近代所稀见。

妙莲禅师，"本姓冯，闽之归化人，父书泰以茂才出家怡山，好放生，母杨氏，亦禀优婆夷，戒师少勤于商，事母尽孝，年三十三复省亲怡山，父谓之曰：汝时至矣，缘在石鼓，勿自弃也。师遂出家鼓山，礼奇量和尚为师，越年受具足戒于本山怀忠和尚，师性行慈柔，见者喜悦，值鼓山大殿颓坏，乃孑身往台湾等处募资助修，旋领监院职。甲申，量公以老退，众乃举师继方丈任"③。据他自称"幼托空门，勤功面壁。方丈鼓山涌泉者，念（廿）余载"④。"幼托空门"有些夸张，但是担任涌泉寺方丈二十多年，却是事实。可知妙莲禅师已然成为千年名刹的方丈，承临济宗第四十二世法脉。相比之前大马半岛的佛教僧侣，无论是其佛教地位，还是佛学修养，妙莲禅师都是当时一位极具佛教地位和影响的高僧。他的到来，给槟城汉传佛教带来一股清风。

由清幽的鼓山涌泉寺来到槟城闹市区的广福宫，修行环境的落差是非常大的。不仅位置喧嚣，而且寺庙的规模差距也是非常大的。由《鼓山志》卷七可知涌泉寺的产业遍布鼓山。而广福宫逼仄于椰

① 罗哲文、刘文渊、韩桂艳：《中国名寺》，百花文艺出版社2006年版，第176、177页。

② 林应麟：《福建书业史——建本发展轨迹考》，鹭江出版社2004年版，第653—655页。

③ 释宝慈：《槟城鹤山极乐寺志》卷2《沙门·妙莲和尚传》，白话文、张智：《中国佛寺志丛刊》第99册，江苏广陵书社2011年版。

④ 《张煜南颂德碑》，傅吾康、陈铁凡：《马来西亚华文铭刻萃编》（第2卷），吉隆波马来西亚大学出版社1985年版，第650页。

脚街，实在是令人难以忍受。"广福宫庙居屿市，地狭人嚣，苟非动静一如之土，便生挂碍，莲师苦之"，所以，为长远计，妙莲"于是刺履选胜，杖策寻幽，遂于亚逸意淡山中而得本寺地址"。[①]亚逸意淡（Ayer Itam）"山秀水清，峰排海绕，幽静迥异寻常，最足为藏修参禅之所"[②]。最终是另觅适宜修行的净土，于是有了后来的极乐寺（图1）。

图1 极乐寺

志在奉法的妙莲，后来征得福建人杨秀苗同意，于1891年购下他于亚逸意淡山坡的别业，作为建寺修禅之所。他邀同得如、本忠二位禅师南来协助筹募经费和监督建寺的工程。1893年9月该地产得到殖民政府的确认。[③] 极乐寺的创建并不是一蹴而就的，内部建筑是在不同的时间分别修建，如表2所示。

---

① 释宝慈：《槟城鹤山极乐寺志》卷7《外记·极乐寺缘起述略》，白话文、张智：《中国佛寺志丛刊》第99册，江苏广陵书社2011年版。

② 《张煜南颂德碑》，傅吾康、陈铁凡：《马来西亚华文铭刻萃编》（第2卷），吉隆坡马来西亚大学出版社1985年版，第650页。

③ Benny Liow Woon Khin, Buddhist Temples and Associations in Penang, 1845—1948. *Journal of the Malaysian Branch of the Royal Asiatic Society*, Vol. 62, No. 1（256）（1989），p. 71.

表2 **清代极乐寺内部建筑创建时间一览表**

| 建筑名称 | 时　间 | 创建者 |
|---|---|---|
| 地藏殿 | 光绪甲午年（1894） | 得如、本忠 |
| 福神洞 | 光绪甲午年（1894） | 得如、本忠 |
| 天王殿 | 光绪乙未年（1895） | 妙莲、得如、本忠 |
| 驻锡亭 | 光绪乙未年（1895） | 妙莲 |
| 大雄殿 | 光绪丁酉年（1897） | 妙莲、得如、本忠 |
| 法堂 | 光绪戊戌年（1898） | 得如、本忠 |
| 藏经楼 | 光绪己亥年（1899） | 得如、本忠 |
| 东西客堂 | 光绪己亥年（1899） | 得如、本忠 |
| 海会塔 | 光绪辛丑年（1901） | 妙莲、得如、自来 |
| 百福池 | 光绪辛丑年（1901） | 妙莲、得如 |
| 甘露泉 | 光绪辛丑年（1901） | 本忠 |
| 钟鼓楼 | 光绪辛丑年（1901） | 得如、善庆 |
| 西归堂 | 光绪辛丑年（1901） | 得如 |
| 斋堂 | 光绪壬寅年（1902） | 得如、本忠 |
| 香积 | 光绪壬寅年（1902） | 得如、本忠 |
| 浴房 | 光绪壬寅年（1902） | 得如、本忠 |
| 澡德池 | 光绪壬寅年（1902） | 得如、本忠 |
| 解脱门 | 光绪壬寅年（1902） | 本忠、善庆 |
| 大士殿 | 光绪壬寅年（1902） | 妙莲 |
| 白云堂 | 光绪壬寅年（1902） | 妙莲 |
| 方丈 | 光绪癸卯年（1903） | 妙莲、善庆 |
| 库房 | 光绪癸卯年（1903） | 妙莲、善庆 |
| 祖堂 | 光绪甲辰年（1904） | 本忠、善庆 |
| 伽蓝殿 | 光绪甲辰年（1904） | 妙莲、本忠、善庆 |
| 花坞 | 光绪乙巳年（1905） | 妙莲、意通 |
| 放生池 | 光绪乙巳年（1905） | 妙莲凿 |
| 榕园 | 光绪丙午年（1906） | 本忠、善庆 |
| 蹬道 | 光绪丁未年（1907） | 慈恩、意通 |
| 佛足亭 | 光绪丁未年（1907） | 优婆夷陈西祥 |

资料来源：释宝慈纂《鹤山极乐寺志》卷1《寺院》。

从表2可见，极乐寺从1894年始建地藏殿开始，一直到1907年期间还不断进行修建工作。从表中可见，1894年最先建的是地藏殿和福神洞，地藏殿一般是汉传佛寺的主要配殿，但是极乐寺为何会最先建设地藏殿？据《极乐寺志》云："其两旁为僧寮"，可知地藏殿附近是僧房所在，对于初来乍到的妙莲禅师及其同行，解决住宿问题和吸引信众前来，是面临的两个燃眉之急。地藏殿所供奉的是地藏菩萨，哪里有地狱，哪个地方最苦，哪里就一定会有地藏菩萨在度众生，地藏菩萨的本愿力就是"地狱不空，誓不成佛"，受这种大悲愿力的熏习，以及众生得度的机缘成熟，因此地藏菩萨与娑婆世界五浊恶世的众生法缘特别殊胜。[①] 因此，在19世纪的南洋华人心目中，地藏菩萨具有无可比拟的吸引力。福神洞则因山而建，相对比较容易，"其左为僧寮"，成为极乐寺最早的建筑景观。此外，以西禅寺微妙法师在19世纪80年代在槟城的活动为说明，他当时也是活跃于福建义山。处理生死大事或是当时僧人与民众接触的最主要的因缘。佛教超度法会中最常供奉地藏菩萨，故极乐寺最先建立地藏殿也是有其社会和宗教的功能和意义。

第二年，1895年，创建了天王殿和驻锡亭。天王殿是进入山门后的第一个建筑，汉传佛教以左右两边四大天王塑像，中间供奉弥勒佛，弥勒佛背后则为韦陀菩萨，这成为辨别是否为汉传佛寺的主要标志之一。驻锡亭在地藏殿后，是妙莲"驻锡"于槟榔屿的自我纪念。修好天王殿后，经过两年的积累，才在1897年修建主殿——大雄殿，供奉释迦牟尼佛。1898年在大雄宝殿后修建法堂，法堂是寺院中仅次于大雄宝殿的重要建筑，位置一般在寺院中心线佛殿后面，方丈的前方。法堂也称讲堂，是僧人讲演佛法、举行受戒仪式和重要集会的场所。1899年建藏经楼和东西客堂，藏经楼"在法堂上，供前清德宗所赐《大藏经》若干卷，分贮六橱"，东西客堂"在大雄殿前两庑，分别款待男女客之所者也"。1901年建海会塔，"在本寺后山……入寂诸僧火化后，骨灰皆藏于此"。

除了上述有形建设外，妙莲禅师还有更重要的一个举措。1902年，妙莲禅师辞退涌泉寺住持职务，由古月禅师继任。1904年，妙莲禅师进京朝见光绪帝，请来御赐藏经二部，分别贮存于槟城极乐寺和漳州南山寺。光绪帝并赐法衣和"钦命方丈""奉旨回山""钦赐龙藏""敕赐极

---

① 释大愿讲述：《大愿与地藏法门》，宗教文化出版社2012年版，第355页。

乐禅寺""万寿无疆"等牌匾。现在极乐寺还有慈禧太后题的"海天佛地"和光绪帝的"大雄宝殿"等匾额。到这时极乐寺才算是获得了国家权力的最终认可。妙莲用自己的努力，将极乐寺打造成和鼓山涌泉寺一样为朝廷承认的寺院，并且取得皇太后和皇帝的亲笔牌匾作为寺院自身的社会资源。这对清末海外华人来说，影响是不可比拟的。

这些初步建设，大致形成了极乐寺建筑的基本规模，在随后数年的建设中，基本功能皆备，且具有了游赏的娱乐功能，吸引了大批信众前来观赏，其中不少文人在和妙莲禅师的交往中，也建立了友谊。1907 年的《槟城新报》记载了当时的英国亲王游览极乐寺的报道：

> 英亲王哥讷公奉命巡视东方军备，以初七日抵屿，阅操见客，国事劳凡（应为繁），旅屿绅商皆开欢迎会，以表诚效，盖盛事也。王妃及郡主以本屿山水佳盛，特于下午六点钟偕参政司夫人及四州府总兵华加蹬命驾往极乐寺游玩，以冯君云山、吴君金和为译员，寺僧皆礼服出迎，撞钟礼佛，为妃及郡主祝福，随具山茶招待……寺僧以贵人莅止，佳会难逢也，特请照相留镇山门，遂与同行者合拍一照予之妃以下皆亲署名，顾诸僧曰：爪印偶留，即他日之纪念也。[1]

从此报道可见极乐寺虽然刚刚基本完成，但在当时已然成为槟榔屿岛上的著名游览胜地。

## 三 极乐寺的创建与槟城华人社群之关系

寺院创建，从来都不只是僧侣独自经营的事情，而是需要信众的捐赠，以及士绅的大力协助。晚明开始，地方士绅的财富开始大量流向寺院，这造就了各地具备地域影响的寺院，并且地方官员也乐于将寺院作为和地方士绅接触的场所。无形中，带有国家力量意味的地方官员和退休官员，以及本地士绅，就构成了寺院有形的保护伞。[2] 与地方官员和士绅维

---

① 《英亲王游寺记》，《槟华新报》1907 年 2 月 20 日。

② ［加拿大］卜正民：《为权力祈祷——佛教与晚明中国士绅社会的形成》，江苏人民出版社 2005 年版，第 311—328 页。

护关系，才能保护寺院，来自中国福州涌泉寺的妙莲禅师应深谙此道。一座寺院的创建，在很多情况下，就反映了寺院的主持僧侣是代表佛教寺院与世俗社会接触的柴道。

鼓山涌泉寺里的北宋以降的官员士人摩崖题字比比皆是，对这些来访者来说，留下自己的墨宝有传世的效用，而对涌泉寺来说，何尝不是一块块无形资产。在与这些官员与士人的交往中，涌泉寺获得了巨大的发展。官员题字成为寺院的保护伞，士人题字成为文化资源。在很多情况下，官员与士人的身份往往又是合一的。妙莲禅师来到槟榔屿后不久，就发现了一大批类似身份的人。这就是那些有清朝官衔的华商。

清朝政府为财政上的需要，对华侨推行卖爵鬻官。如此鬻官的目的，部分是要帮助救济中国天灾的灾民，部分却旨在诱使海外臣民倾向中国，保存中国的传统，并促使他们在政治上效忠中国。星马华侨对这种"皇恩"表示欢迎，因为他们过去一向遭受清朝政府的歧视。大多数官衔，是以捐献某种救济金的方式购买。所捐之官有四种：即捐虚衔、捐出身、捐加级、捐封典；不过实质的官职或出身却不鬻卖，所以华侨仍被拒于清帝国的官场体制之外。虽然清朝于 1893 年改变对海外臣民的传统政策，但实际情况依然如旧。这种的排斥，部分是由于太多的人，准备取得有限的官职，部分却是清朝的传统政策所造成。对华侨本身来说，他们在心理上有购买清朝官衔的强烈需求。这种需求，部分起于光宗耀祖的传统价值观；部分则与官衔所带来的社会声望有关。但是最重要的，还是清朝的官衔，有助于承认和确认一个人在华族社会的实际领导地位和潜在领导地位。①

上述具有清朝散官官衔的华商，虽然并没有真正进入清朝的官场体制，但却很容易被社会接纳为具有政治资本的人。在这些人中，以槟榔屿副领事地位最高。

清政府在新加坡设置领事，开始于光绪三年（1877 年），任命当地华商胡璇泽为领事，但只是处理新加坡一地事务。1881 年首位由清政府直接派出新加坡领事为原驻英使馆翻译左秉隆，1880 年 12 月，升为总领事

---

① 颜清湟：《海外华人史研究》，新加坡亚洲研究学会 1992 年版，第 1—15 页；黄建淳：《晚清新马华侨对国家认同之研究——以赈捐投资封爵为例》，台北海外华人研究学会 1993 年版，第 239—339 页。

馆，兼辖槟榔屿、马六甲及英属各岛屿交涉事宜，并在槟榔屿设置领事馆。首任总领事为著名诗人黄遵宪，首任槟榔屿副领事为当地华商张弼士。张弼士并非由科举而进入仕途者，正因如此，清政府任命他为槟榔屿副领事，也是看中了他在南洋华侨中的地位和影响。在清朝的官制中，领事可以归入有实际差遣的职事官，而其他海外华侨的捐赠而授予者皆为无实际差遣的散官。从这个意义上说，槟榔屿在 1890 年后就形成了以槟榔屿副领事为首的，以拥有清朝散官为主的华侨上层。而参与极乐寺的大总理皆来自客家。

不少学者忽视了妙莲禅师的籍贯意义，他是福建归化县（1933 年改名明溪县）人。明溪县是福建省的纯客家县之一，客家民系形成的主要地域是闽西、赣南和粤北，而明溪县就处于这块区域之中，从方言、民俗，以至于姓氏的迁移来看，都属于典型的客家县。在客家民系形成中，客家方言也在这块地域同步形成。[1] 清末的归化县就属于客家县，而妙莲禅师出身客家毫无疑问。妙莲禅师来到槟榔屿，虽然应平章会馆的邀请驻广福宫，毕竟乔治市是广福两帮为主的环境，对一个说客家话、来自福州的僧侣来说，他所适应的语言环境，是客家人为主的一个社群。

表 3　　　　　　　1906 年极乐寺功德碑有官衔者捐银一览表

| 姓　名 | 官　衔 | 捐银数目 |
|---|---|---|
| 张振勋 | 诰授光禄大夫、商务大臣、头品顶戴花翎、侍郎衔、太仆寺正卿 | 3 万 5 千元 |
| 张煜南 | 覃恩诰授光禄大夫、赏换花翎、头品顶戴、候补四品京堂、前驻扎槟榔屿大领事官、大荷兰国赏赐一号宝星、特授大玛腰、管辖日里等处地方事务 | 1 万元 |
| 谢荣光 | 钦加二品顶戴、布政使衔、槟榔屿领事、尽先选用道 | 7 千元 |
| 张鸿南 | 覃恩诰授荣禄大夫、赏戴花翎、二品顶戴、江西补用道、大荷兰国赏赐一号宝星、特授甲必丹、管辖日里等处地方事务 | 7 千元 |
| 郑嗣文 | 花翎二品、封职候选道、加四级 | 6 千元 |
| 戴春荣 | 钦加二品衔、赏戴花翎、候选道 | 3 千元 |

数据来源：极乐寺《功德碑》（一），傅吾康、陈铁凡编《马来西亚华文铭刻萃编》（第 2 卷），第 652 页。

--------

[1]　张长河：《明溪纯客家县的界定》，载中国人民政治协商会议文史资料编辑室、福建省明溪县委员会文史资料编辑室编《明溪文史资料》（第 15 辑），2003 年版，第 67 页。

张振勋，字弼士，广东大埔人。幼年因家境贫寒漂洋过海，流落到了荷兰所属的巴达维亚。到 19 世纪末就已经成为当时南洋华侨中首屈一指的巨富和德高望重的侨领。1890 年清政府委任张振勋为槟榔屿首任领事，并于 1895 年继任新加坡总领事，从此他走上了亦官亦商的道路。经李鸿章推荐，张振勋回国先后任粤汉铁路帮办、总办等职。光绪皇帝也多次召见他，并采纳其抵制洋货，发展实业，兴办铁路"事权自掌，利不外溢"的建议，授予他太仆寺卿，并赐头品顶戴等诸多荣职。在海外华人中，属政治地位最高者，不仅是官衔品级高，还在于他受到过光绪皇帝的多次接见，这足以使他成为槟榔屿华人无人堪比的荣耀。

张煜南，号榕轩，1851 年（清咸丰元年）生于广东梅县贫苦农民之家。童年在家乡读过几年私塾。稍长即随父亲在松口墟做米谷小商，难得温饱。当时海禁初开，梅县、蕉岭一带乡民多出洋谋生，经商致富的也大有人在。对此，张煜南心向往之，遂征得父亲同意，于 1868 年只身南渡谋生。先到英属马来亚的槟榔屿，后转赴荷属东印度苏门答腊的棉兰。当他站稳脚跟后，即招弟鸿南南来，同在张弼士手下做事，次第提拔为高级职员。后二人自立门户，先后担任荷兰人任命的甲必丹和"玛腰"，成为南洋华侨中的佼佼者。[1] 他在 1894 年 7 月到 1898 年 5 月任槟榔屿副领事。

谢荣光，原籍广东梅县，1847 年出生于坤甸，成年后到苏门答腊谋生，因有功于荷兰人，先后被封为"雷珍兰"和甲必丹，成为当地华侨领袖。1890 年左右移居槟榔屿，与女婿梁碧如（即接任槟榔屿副领事的梁廷芳）经营霹雳矿山，也与张弼士在彭亨州的文冬（Bentong）等地合作开矿。与张煜南是儿女亲家，因此张煜南号召进行的潮汕铁路建设事宜，他也积极参与。[2] 在 1898 年 5 月—1903 年 1 月、1906 年 12 月—1907 年 12 月两任槟榔屿副领事。

槟城副领事由张弼士担任首任外，其后张煜南、谢荣光、梁廷芳、戴春荣也都以客家同乡和姻亲的关系而先后继任，形成了槟榔屿后来居上局面的客家社群领袖。形成这种局面的前提，是在槟榔屿的福建人和广府人

---

① 严如平、熊尚厚：《中华民国史资料丛稿民国人物传》第八卷，中华书局 1996 年版，第 351—353 页。

② 参见张晓威《近代中国驻外领事与海外华人社会领袖角色的递换——以驻槟榔屿副领事谢荣光（1895—1907）为例》，《"国立"政治大学历史学报》2004 年 11 月第 22 期。

之外，在19世纪后期客家人开始大量进入，打破了原来广、福两帮占有绝对优势的局面。这一批在荷属东印度崛起的客家华商，在进入槟榔屿后，借由清朝直接任命的槟榔屿副领事的职务，获得了相对具有优势的政治资源。围绕着客属的槟榔屿副领事，客家富商也多有联合，比如极乐寺大总理之一的郑嗣文，就是著名的霹雳州华人甲必丹郑景贵（1821—1898年），他是惠州客家，虽然立功德碑时他去世数年，但依然把他列为第五位捐赠者。① 可见在1900年前后，客家人因方言而形成一股不可忽视的势力。这一点，妙莲禅师应当是清楚地看出来的。

客家人虽然分处福建和广东，但是在槟榔屿的福建省客家人主要来自于汀州，已经被纳入了广东人的阵营，因此妙莲禅师因方言的亲近，而首先于槟榔屿的客家人社群建立了联系，并且在日常交往中，与客家社群的接触也较多。

> 当创始之秋，草架茅舍，藉以蔽风雨，奉大士焉。方丈几费心力，谋建筑卒未得人集款，莫能举动为憾。适侍郎公权槟领事篆，方丈欣然曰：公来，寺之幸福耶！抑如须达挈布金，使精舍得以有建耶！遂殷殷以此举相属望。公政暇来游，深以地势优美为赞，曰：曷不提倡缔造乎？方丈曰：固所愿也，正有待于公耳。公毅然认巨资，谋厥成，更得张公振勋、谢公荣光、张公鸿南、郑公嗣文、戴公春荣诸慈善暨闽粤绅、商等，好行其德，捐输而襄其事，始渐次扩充，而底以有成也。②

可知妙莲禅师在起初经营时候的不如意，经费无着，无人捐款。笔者推论这是他的客家人的身份在槟城并无市场。但是恰好"侍郎公权槟领事篆"，即张煜南任槟城副领事。他来槟城后，即与妙莲禅师建立了良好的关系。他自称"光绪甲午年冬余余日里甲必丹，署理槟屿领事官。两处兼权，徒劳跋涉。公余之暇，辄与同人杨善初诸友，往阿易意淡与极乐

---

① 对极乐寺碑文的分析，可参看张少宽《槟榔屿华人史话》，吉隆坡燧人氏事业有限公司2002年版，第295—301页。

② 《槟城极乐寺碑记》，傅吾康、陈铁凡编：《马来西亚华文铭刻萃编》第2卷，第664页。

寺住持方丈妙莲，谈佛经，说因果，不觉俗虑顿清，赋此以志鸿爪"①。
张煜南发迹后，热衷功名，以 10 万两白银，捐得清朝候补四品京堂虚衔，
从此亦官亦商，踌躇满志，附庸风雅，吟诗写字，居常专练"福寿"两
字，并以这种字幅裱成斗方酬赠亲友。② 而中国传统寺院的高僧，往往也
有很好的文化修养，因此妙莲禅师以"谈佛经，说因果"而获得了张煜
南的信任。张煜南对极乐寺有重要贡献，"因慨胜景之待兴，尤冀佛光之
普照。遂于乙未之岁，购地福园一区，施之本寺，为香火业。既而又作布
金之施，复尽提倡之力。其时以源泉无出，饮濯维艰；浴僧之举无成，奉
客之茶几乏。旋而探悉后山有瀑，其清且洁。公又购其园坵，施之本寺。
更以铁管导泉，入笋厨，时在庚戌夏月，因名之曰保榕，所以志德也"③。
最终张鸿南以其身份为号召，形成六位客家人任大总理，有广、福两帮参
与的极乐寺的捐赠格局。

1906 年极乐寺功德碑所记录捐赠总额为 21 万零 3 元。其中六位大总
理捐赠合计为 6.8 万元，几占捐款总额的 1/3。如果再加上如刘金榜（南
靖县，4000 元)④、胡子春（永定，2000 元）、梁廷芳（梅县，2000 元）、
李桐生（梅县，2000 元）、姚克明（平远县，2000 元）、伍百山（新宁
县，1200 元)、谢学谦（谢荣光之父，1000 元）等其他客家华商的捐款，
客家人在极乐寺的捐款比例就会更高。他埠的客家人，也有捐赠。如吉隆
坡最后一任甲必丹叶观盛，是广东台山县赤溪客家人，也捐赠了 500 元。
当然这次捐赠也有大量福建人参与进来。比如福建永春籍的颜五美捐银
3000 元，海澄丘汉阳亦捐银 3000 元，他是建德堂（即大伯公会）的大哥
邱天德的哲嗣，亦获清廷授"候选道、加三品衔"。将地产售于妙莲禅师
的闽商杨秀苗也捐赠了 500 元。连马六甲青云亭亭主陈若准也捐银二百

---

① 《福神祠石壁刻诗》，傅吾康、陈铁凡编：《马来西亚华文铭刻萃编》（第 2 卷），第
630 页。

② 严如平、熊尚厚：《中华民国史资料丛稿民国人物传》（第 8 卷），中华书局 1996 年版，
第 351—353 页。

③ 《张公煜南纪功碑》，傅吾康、陈铁凡编：《马来西亚华文铭刻萃编》（第 2 卷），第
666 页。

④ 刘是有官衔者，但在此碑上没有显示，可能是以免喧宾夺主之嫌。他于 1898 年捐巨资
创修了新加坡双林寺，寺内其落款有"例授道议大夫、赏戴花翎、候补道"和"赏戴花翎、钦
加二品顶戴"等衔。见柯木林《柯木林卷：石叻史记》，新加坡青年书局 2007 年版，第 105—
116 页。此处"道议大夫"为"通议大夫"之误。

元，陈为福建永春籍。广府人著名者如余东璇，是著名的"余仁生"的创始人余广之子，也是著名的矿业家，捐赠了 200 元。

如果说这次捐赠是客家人有意为之，或者说是通过捐赠加强了客家意识，笔者认为也是过度解释。在槟榔屿华人社会的社群概念里，闽南人构成福建省人主体，相对应地，就是广府人、潮州人、海南人、嘉应客家人构成广东省。而由于闽南人的强烈排斥，福建汀州客家人无法埋葬进福建公冢，只好投靠广东省人，就构成了广东暨汀州公冢的基本架构。不仅乔治市是如此，在浮罗山背的华人社群结构也是如此，以慈山寺、福建公冢、福建公所构成福建人三位一体的社群结构，以玄武宫、广汀公冢、广汀公所构成广东人三位一体的社群结构。客家人都是在广东暨汀州的社群架构下存在。英国人的调查以方言为依据，凸显了客家人的存在，但是客家人的意识里，自己还是广东人，极乐寺的碑刻署名中，1904 年时张煜南还署"广东张煜南"。[1] 此时在平章会馆的董事名额分配上，也是广、福两帮平均名额，客家人也是在广东人的大旗下开展活动，他们更多地被认为是广东人，还并非被看作是客家人。早期福建公冢的控制权在漳州海城县人手里，特别是四大姓：陈谢林邱，他们不准操客家话的汀州府乡民下葬，甚至连同属漳州的诏安县客家也不允许下葬。一直到 1886 年李丕耀开辟巴株眼东福建公冢允许客家及诏安人下葬后，这种情况才有所改变。但是诏安人埋葬在广东暨汀州公冢的要求一直到 1929 年还有，但这时已经被拒绝了。[2] 尤其是在槟榔屿韩江家庙中的匾额"九邑流芳"，与大马其他地域的"潮州八邑"的称呼区别开，因为将客家大埔县纳入，而没有以方言排除在潮州之外。这说明在槟榔屿，省级行政区划的籍贯认同在某种程度上已经超越了方言认同。但这就造成了客家人分散在两个省级社群认同内而人为被分裂的局面。

# 结 论

极乐寺的创建，表面上是在南洋建立了第一所汉传佛教寺院，但却是

---

① 张少宽：《槟榔屿华人史话》，第 297 页。

② 郑永美：《槟城广东第一公冢简史（1795）》，载范立言主编《马来西亚华人义山资料汇编》，吉隆坡马来西亚中华大会堂总会（华总）2000 年版，第 42 页。

妙莲禅师通过与世俗社会的交往，而获得支持，才得以让汉传佛教在南洋真正生根发芽。作为来自福建鼓山涌泉寺的高僧，妙莲禅师自身的佛学和文化修养，是其赖以和槟榔屿世俗社会交往的资本。甚至其客家身份，在获得槟榔屿华人政治身份最高者的副领事的支持上，也有重要作用。妙莲禅师深知，通过自上而下的号召，才是极乐寺得以顺利创建的根本条件。随着其他高僧不断南来弘法，1900 年之后开启了汉传佛教在南洋传播的另一个阶段。

但是通过对极乐寺的捐赠，不仅使得客家人在广东省内的地位大大提高，也带动了广、福两帮的交流，在平章会馆之外，增加了一次合作的机会。因此，通过极乐寺的捐赠，槟城广东省的次生社群势力进行了一次重新整合，籍贯认同开始超越方言认同，成为新时期华人认同的一种新趋势。

# 试析马来西亚佛教在华人社会网络中的作用

杨 莉

## 一 马来西亚华人信仰佛教的基本情况及其特点

### (一) 马来西亚华人信仰佛教的基本情况

东南亚地区是个多宗教多文化的区域。在东南亚 11 国中，越南、柬埔寨、老挝、泰国、缅甸、新加坡和马来西亚的部分地区都有佛教传播发展，其中既有南传佛教，也有汉传佛教。据《大英百科年鉴》在 20 世纪 80 年代初的统计，在世界范围内约有佛教信徒 3 亿多人，统计数字是涵盖了汉传佛教、南传佛教以及藏传佛教三大语系的佛教信徒，其中 98% 的佛教徒在亚洲，而东南亚地区又是佛教信徒最为密集和集中的地区。来自中国华南社会的移民多信仰汉传佛教，而来自泰国、缅甸、斯里兰卡的移民则将南传佛教带到了马来半岛，本文这里主要讨论的是多数华人信仰的汉传佛教对于华人社会网络的影响。

明朝中叶以后，许多中国移民来到马来半岛谋生，他们不仅带来了各自当地的民间信仰，还带来了汉传佛教。虽然这些移民很多都认为自己是佛教徒，但主要是拜观音。除了具有民间拜观音的香客自认为是佛教徒之外，"迄今为止，在马来西亚北部尚未有太多证据可以追溯和说明华人佛教僧侣在 19 世纪初的南来事迹。广福宫《重建广福宫碑记》记载说明，槟城的广福宫可能是英殖民者占据槟榔屿之后南来北马的中国僧侣最早落脚之处，它极可能是北马地区最早延请僧侣主持的庙宇"。① 20世纪20年代至40年代期间，马来西亚的僧侣逐渐增多，并在当地兴建寺院。例如，极乐寺的第二任方丈在槟城兴建观音寺，并将其先前组织的念佛莲社迁至观音寺，作为净土宗道场，这是马来西亚最早的基于佛教教派建立的寺庙。随后又有多间佛教庙宇建立，其中不仅有僧人建立的寺庙，还有为妈祖建立的斋堂，但是这一阶段的汉传佛教寺院并没有完全脱离民间信仰的范畴。但是在20世纪40年代华人佛教信徒开始纠正过去与民间信仰纠葛的佛教，"教导佛教徒正确地了解佛教义理，使佛教和非正信的成分脱离"。在一阶段之后马来西亚佛教迈入系统发展的时期，在具有系统受过宗教教育的僧侣与居士的带领下，汉传佛教开始建立正规的佛教寺庙、团体，并探讨佛法的真义，使得佛教开始脱离民间信仰的信仰模式，具有了精英宗教的性质。②

据马来西亚的调查报告显示，华人族群中佛教信奉者的比例从1990年的68.13%上升到2000年的76.15%。③ 据1991年的统计，马来西亚华人中约有68.3%的人信仰佛教，另有20%的人信仰道教或其他传统宗教。④

通过表1可见，马来西亚华人的宗教信仰包括佛教、儒教的传统信仰、民间信仰、基督宗教等，那么就华人信仰传统宗教（包括儒释道三教和民间信仰）人数而言，1980年的华人传统宗教占到华人信仰比例的90.31%，1991年华人宗教占到华人宗教信仰的88.60%，而到了2000年，华人宗教占华人信仰人数的86.70%。由此可见，华人传统宗教的信仰人数呈下降趋势，每10年以2个百分点的速度下降。但是与此形成对比的是，信仰佛教的华人在华人总信仰人口中的比例逐年增加，从1980年的53.56%上升到了1991年的68.30%，直至2000年增加至76.00%，在这20年间，华人信仰佛教的人数呈稳定上升趋势，且保持每10年12—15个百分点的速度增长。因此，可以认为佛教在这20年呈现出猛烈增长的势头，且与华人传统宗教整体下降的趋势并不匹配。

---

① 白玉国：《马来西亚华人佛教信仰研究》，巴蜀书社2008年版，第91页。
② 参见白玉国《马来西亚华人佛教信仰研究》，巴蜀书社2008年版，第92—98页。
③ [新加坡]《联合早报》2001年11月8日。
④ 张禹东：《华侨华人传统宗教及其现代转化》，《华侨大学学报》2001年第4期。

表1　　　　马来西亚华人家庭宗教信仰构成以及1980—2000年的变动①

| 宗教 | 宗教人口（人） | | | 百分比（%） | | |
|---|---|---|---|---|---|---|
| 年份 | 1980 | 1991 | 2000 | 1980 | 1991 | 2000 |
| 伊斯兰教 | 9686 | 17117 | 57221 | 0.23 | 0.37 | 1.00 |
| 基督宗教 | 242851 | 357751 | 539556 | 5.84 | 7.76 | 9.50 |
| 印度教 | 4548 | 9142 | 16741 | 0.10 | 0.20 | 0.30 |
| 佛教 | 2220115 | 3146515 | 4324971 | 53.56 | 68.30 | 76.00 |
| 儒道传统信仰 | 1551643 | 919854 | 605571 | 36.47 | 19.90 | 10.60 |
| 民间信仰 | 11513 | 4508 | 7897 | 0.28 | 0.10 | 0.10 |
| 其他宗教 | 12774 | 13436 | 12228 | 0.30 | 0.30 | 0.20 |
| 无宗教信仰 | 132277 | 125846 | 88896 | 3.22 | 2.70 | 1.60 |
| 不详 | | 14880 | 39453 | | 0.32 | 0.70 |
| 合计 | 4144607 | 4609049 | 5691908 | 100 | 100 | 100 |

## （二）马来西亚华人信仰佛教的特点

马来西亚与东南亚其他地区的华人华侨的来源情况基本一致，主要是来自中国的华南社会。通常来马的华人移民按方言聚集，形成方言群体，主要的方言群就有闽南、客家、广府、潮州、海南、广西、福州等。这些群体在宗教信仰上具有相似性且特点鲜明。按其表现形式可以概括地分为几类：首先是供奉神灵的杂多，一个庙宇中可能供奉三个至五个，或者是更多的神灵。其次是庙宇中供奉的神灵不分其神谱来源和宗教，信仰者对神灵信仰的选择基本来自这些神灵发生过的神迹与灵验程度。最后是供奉的神灵具有较强的地域性，不同的群体有属于自己的地域神。

也正因为上述华人华侨的宗教信仰特点，使得佛教在早期华人华侨的宗教信仰中呈现"大众化""功利化""差异性大"等特点。

首先，是大众化，对于佛教的戒律持修、精神佛法，这一地区的华人信众所信仰的佛教更注重民俗性的活动，比如说佛事，或者是在佛教庙宇中所举办的各种庙会，有僧人参与的各种仪式，因此，这些人的信仰核心

---

① 资料来源：黄海德、张禹东主编：《宗教与文化》，社会科学文献出版社2005年版，第325页。

是庙宇和神像，而不是对佛法的修持、教义的理解。

其次，是功利性。认为学佛是为了保佑自身和家宅平安。学佛之人通常只是烧香磕头、吃斋念佛、参加法事、做功德，因此，在这个层面上与民间信仰几无差别，所以在现代不免被认为带上了迷信的情感色彩。这些信众也因为这种信仰方式而被"污名化"，认为他们是落后的、迷信的。

最后，信仰群体差异性大。这一特点并不局限于早期马来西亚的华人华侨这一群体。佛教信仰者的差异极大，例如身份差异、教育背景差异、贫富差异、城乡差异、家庭背景差异等。基于这些差异，华人华侨中学佛的人对佛教的理解和宗教诉求上也存在巨大差异。

因此，身份、教育背景、收入等人口结构变量的历史性改变，也使得马来西亚佛教呈现出一种动态的发展过程。在这一发展过程中，出现了两个取向变动，即精英佛教和类似于民间信仰和民俗性质的大众佛教。

## 二 马来西亚佛教在华人社会网络中的作用

正如前面所述，来自中国华南社会的移民将自己原居地的宗教文化带到了移居国。这些移民面对陌生的环境需要形成自己的社会网络。社会网络理论是社会学的理论，但是现在的一些学者已经将社会网络不仅作为一种研究视角，而且是一种既定的已知概念，特别是在移民群体中使用。社会网络强调的是一起移民的亲友和同乡之外的社会关系，是基于移民建立的一种社会互动的模式。社会网络理论发端于20世纪30年代，成熟于20世纪70年代，是一种新的社会学研究范式。拉德克里夫—布朗认为"社会生活方式是人们的社会行动和活动方式，所谓社会行为和活动是指人与人加减的作用和相互作用，这种作用构成了一种极其复杂的社会网络关系，而这种社会网络关系的排列顺序也就是所谓的社会结构"①，格兰诺维特提出了"关系力量"的概念，并将其应用于社会网络理论，他将关系分为强和弱，认为强弱关系在人与人、组织与组织、个体和社会系统之间发挥着截然不同的作用。强关系维系着群体、组织内部的关系，弱关系在群体、组织之间建立了纽带联系。格兰诺维特所说的社会关系是指人与人、组织与组织之间由于交流和接触从而实际存在的一种纽带关系，这

---

① 潘蛟：《原始社会的结构与功能·译者序》，中央民族大学出版社1999年版。

种关系与传统社会学分析中所使用的表示人们属性和类别特征的抽象关系不同。

社会网络理论同样被应用于华人社会的研究。在理解华人华侨的社会群体建构模式之时，血缘、地缘关系通常被认为是建立社会群体的重要纽带。费孝通先生的"差序格局"理论认为中国社会的人际关系是以自身为中心，通过血缘关系逐渐向外推移，这也符合儒家文化的"爱有等差"，这种等差表明了自己和他人关系的亲疏远近。费孝通先生明确地指出以家庭为核心的血缘关系，继而通过"血缘关系的投影"又形成了聚族而居的地缘关系，因此这两种关系密不可分、相辅相成，相互交织。因此，原来有助于华人在原乡的血缘与地缘群体中拓展社会网络的民间信仰，转而成为了华人超出血缘和地缘边界并与其他群体建立联系的一个重要平台。宫观庙宇的地缘边界逐渐松弛，神缘即民间信仰开始成为华人社会网络形成的关键因素，因此，"在华人的跨地区联系中，地缘、血缘、神缘无疑是三条最主要的纽带"①。

那么地缘、血缘、神缘这三种关系如何在华人华侨的社会网络的整合过程起到作用，起何种作用，下面以马来西亚佛教为例进行探讨。

### （一）佛教在"差序"网络关系中的整合作用

如果按照"差序格局"理论，海外华人华侨的社会网络建立是依托血缘、地缘关系，除此以外，还有以某一庙宇为核心形成的信仰群体的社会网络，这种关系可以称为神缘关系。但是其中可能并不是一种层级关系，诸如首先是血缘，其次是地缘，最后是神缘。通常认为血缘关系是移民的基础，所以血缘关系是其核心，然后是"方言帮"的方言群体，也就是地缘关系，这就形成了一个同心圆的结构，而神缘则是贯穿于其中的一个维度。

中国移民从原乡来到东南亚地区，往往是由于血缘关系的帮助，永春《桃源前溪周氏族谱》在这方面有较详细的记载：二十世永炭，"弱冠遵父命南渡营商，开张万振兴布店于麻六甲埠，率诸弟学商……"随后，其弟永通、帝山相继赴洋，"再张万振兴商店……启子侄辈商战之基"，

---

① 范正义：《民间信仰与华侨华人生存空间的构建及其意义转换》，载郑筱筠主编《东南亚宗教与社会发展研究》，中国社会科学出版社 2013 年版。

至二十一世隆炽、隆堵，或"髫年随父往南洋麻六甲学商"或为"致力于商"，而"径往南洋之麻六甲"，"将其先人所遗万振兴号商店张而大之"。① 由此可见，马来西亚的华人华侨在来到移居国之前就已经形成了一种基于血缘关系的社会网络，这是原居地血缘关系的重组，在血缘这个同心圆中原本亲近的关系可能因为分隔两地或者从事不同的行业而变得疏远，而在移居国中原本只是族亲的相对较疏远的亲属关系会变得更为亲近，这就是血缘的重组，例如，永春《东熙王氏族谱》所载，"早岁南渡东呷坡，经营橡皮业，以勤俭起家……旋命子侄辈相继南行，开拓所业"。因此，这种血缘关系在原居国已然既定，到了移居国之后关系的稳定方式是原有关系的延续，所以不是建构关系的方式。由此可见，血缘关系虽然是社会关系中的强关系——维持群体内成员间关系的方式，但却不是社会关系建构中的强关系。

地缘关系，方言帮是其群体特点。但是在方言之后是一地之文化的体现。不同方言群体其背后的信仰具有差异性，而地缘关系的表现方式之一就是各地的会馆，但是会馆的本质之一就是对一地之神灵的供奉祭祀。"盖闻客旅重洋，互助为先，远适异邦，馆舍为重。兹我梅州应和馆，立于喀地。屋建三重，既羡神灵得所……"② 不仅是东南亚地区，中国京畿之地的会馆原本也有祭祀地方神灵之功能。因此，会馆既有维护原乡文化传统的作用，又是方言群体共同信仰的神圣空间和象征符号，在社会网络中它扮演着维持异地团结的角色，是异乡中群体社会凝聚的力量。"故吾乡人之旅居者尤众。惟向无团体，形同散沙，莫可讳言也，夫人类进化，首重合群，而群之结合，恒以同乡为起点，吾乡人欲联络感情，固结团体，则会馆之设立尚矣。"③ 可见会馆的作用之一就是在异乡中凝聚群体。"地缘关系群体"所关心的，与其说是社会空间本身，毋宁指涉"拥有一定具体地理领域的社会"，以及"人们如何产生地方感与地方认同"等具有人地互动意义的范畴。④

---

① 庄为玑、郑山玉：《泉州谱牒华侨史料与研究》，中国华侨出版社 1994 年版，第 1114 页。

② 陈荆和、陈育崧：《新加坡华文碑铭辑录》，香港中文大学出版社 1970 年版。

③ 同上。

④ 高丽珍：《"神道设教"与海外华人地域社会的跨界与整合：马来西亚槟城的实例》，《台湾东南亚学刊》2010 年 7 卷第 1 期。

概言之，虽然在探讨东南亚地区华人华侨社会群体网络之时，通常都会认为是以血缘为基础，地缘相辅，但实际上，血缘关系是维持方式，而不是建构方式。地缘关系实际上是移民中凸显的整合和凝聚的关系，是社会网络理论中的强关系，也就是华人华侨群体中内部维系关系的重要联系。

那么什么是维系不同华人群体间关系的纽带呢？即神缘关系。在某种意义上，神缘不仅局限于某一地区的地方神，也可能会扩大到其他宗教上，因此，这种神缘可以涵盖佛教、道教，甚至是中国本土的传统文化。例如，槟榔屿的广福宫碑记所载："槟榔屿之麓，有广福宫者，闽粤人贩商此地，建祀观音佛祖者也，以故宫名广福"，该广福宫的重修碑记上所载："槟屿之有广福宫者，固两省都人士所建，于以宁旅人而供香火也，其所由来旧矣。"[①] "居常祈福延禧，共遂家庭之乐" "将见忠信笃敬，可行于蛮陌" 等，是凝聚社群的核心价值，"有基勿坏、毋侈前人、毋废后观、和衷济事、共消雀角之争" 等语，除了标榜神明信仰所要建构的 "神圣秩序" 之外，也映照出当时华人社会山头林立的现实。[②] 从建造重修碑记的捐赠人看，主要来自广东省和福建省，加之提到的凝聚社群核心价值、延续建构神圣秩序，可见其有助于建构超越地缘关系的社会网络，成为不同方言群体间的纽带，也就是格兰诺维特所说的社会网络中的弱关系。这都说明佛教庙宇在跨方言和跨地域的移民中同样起着整合作用。

前面也概括了马来西亚佛教具有 "大众化" "功利化" "差异性大" 等特征，就使得佛教和民间信仰有了可以交汇的节点。"宫殿巍峨，蔚为壮观，即以中殿祀圣母神像，特表尊崇，于殿之东堂祀关圣帝君，于殿之西堂祀保生大帝，复于殿之后寝堂祀观音大士。" 在马来西亚早期的观音信仰，基本上也就成为地区上的共同信仰及团结象征，以至扮演了各个社群或个人的 "保护神" 角色，但却不一定会很快能有随着出现的活跃佛教活动，他们对于庙会酬神等活动的热心超越了对佛教的五戒十善的重

---

① 陈铁凡、傅吾康：《马来西亚华人铭刻萃编》第二卷，吉隆坡马来亚大学 1985 年版，第 537 页。

② 高丽珍：《"神道设教" 与海外华人地域社会的跨界与整合：马来西亚槟城的实例》，《台湾东南亚学刊》2010 年第 7 卷第 1 期。

视，也不会有深入经典教义的注重。① 因此，观音信仰既可以代表佛教，也可以成为民间信仰中的神灵，在这里信仰者并不做区分，但是也正是因为所供奉的神灵谱系中有了观音，使得这些庙宇超越了一乡一地一群体的限制，成为了整个东南亚华人华侨的信仰归宿。宗教信仰毕竟是背井离乡的海外移民，赖以安顿自我、标志族群认同（identity）与归属（belonging）的凭借；群体性的祭祀活动尤其具有"巨大的整合作用"，可以说是促进移民社会转型的催化剂。② 在中国原乡观音所化身的各种神职包含广泛，所以其香火旺盛、各种活动较多，信仰群体广泛，因此，必然可以成为建构华人社会网络的元素。

移民来到新的环境中，其最初的生存模式不是建构新的生活，而是期望延续原乡地的生活状态，也就是原来生活"区域"的再现。从社会学面向诠释，则"地域"是一种"社会关系的空间"，是"共同在场者，借由其在场域中不同结构位置所引致的利益，以及所连接的资源，进行策略性行动，从而巩固或改变的社会秩序"。③ 既然社会关系的本质是为了巩固或改变社会秩序，那么这个秩序就是原乡社会中的原本的生活方式和信仰模式。这里就存在一个不同性别信仰倾向问题。性别是社会网络中强关系中的一个变量，女性信徒更倾向于信仰观音，男性则在信仰上相对开放。例如1942年对于昆阳县的一个人口调查，拜祖先的男性占被调研人口比例的15.96%，而女性占11.41%，拜偶像（也就是民间信仰中的各种神灵）男性占被调研人口的22.89%，女性占28.99%，而认为自己信仰佛教（这里所指的佛教是包括精英佛教和民众信仰的佛教）的男性占被调研的信仰人口的6.79%，而与前两项数量相差不大的情况不同，女性信仰佛教的人数占总数的20.99%。由此可见，佛教更符合女性的宗教心理诉求。昆阳的个案对于来自华南社会的移民同样适用，这里的佛教应该指的是观音信仰或者是吃斋念佛的信仰方式的佛教，因为女性受教育程

---

① 王琛发：《马来西亚客家人的宗教信仰与实践》，马来西亚客家公会联合会2006年版，第133页。

② 高丽珍：《"神道设教"与海外华人地域社会的跨界与整合：马来西亚槟城的实例》，《台湾东南亚学刊》2010年第7卷第1期。

③ 柯志明：《从权力组织与土地利益安排的形成与演变看平埔族地域社会的内部整合与冲突：以岸里社群为案例的分析》，第二届"族群、历史与地域社会暨施添福教授荣退"学术研讨会，台北"中央"研究院台湾史研究所。

度低，很难理解教理教义精微的精英佛教。想来观音信仰对于女性有一种天然的吸引力。因此，弱关系在不同变量的群体中更能起到连接、建构、整合群体关系的作用。

### （二）马来西亚佛教的两条路向在华人社会网络分层中的凝聚作用

在探讨了社会网络中佛教在其中的作用，即属于强关系连接还是弱关系纽带之后，其在本质上判断的根本原则是界定社会网络的边界，在早期移民时期，这些华侨是以方言帮派等进行分群聚落的，所以当时的地缘关系成为强关系，而佛教则是这一阶段的弱关系。但是在"二战"之后，中国在东南亚的移民已经开始融入当地社会，所谓的"植根"阶段。因此，华人华侨的状态已经不是原乡的复制，其华人群体中的人口变量也发生了变化，例如家庭背景、教育情况、职业等。因此，再次界定华人社会网络之时就不能再以方言地域进行划分，现在的华人社会网络应该是和不同背景阶层的华人之间以及同为一国之公民的其他民族。

马来西亚佛教也随着移民社会的发展变化而变化。由中国华南地区的早期移民带来的佛教具有强烈的民间信仰的色彩，或者说是和民间信仰交织在一起的。由于当时的移民文化程度低，所以对于佛教的教理教义、经典等几无认识，而且是来马来西亚的华人开始兴建庙宇，就更无高僧，这样的佛教是佛教的大众路向，但是随着马来西亚国家政治政策的改变，华人的教育水平不断提高、经济实力也在不断增强，所以对佛教的需求也在发生着变化。这时的佛教的信徒开始注重个人的修行体验，对于佛教经典中的精妙佛理也多有研读，佛教开始脱离了原初时期的民间信仰的迷信色彩，开始体现出了居士佛教的精英性质。因此，形成了马来西亚佛教的两条路向，一是带有民间信仰性质的大众佛教；二是带有精英性质的精英佛教。

马来西亚佛教具有精英和大众的两种属性，这就使得佛教的这种特性成为整合马来西亚华人群体不同文化和阶层的一种变量，将不同教育背景、不同收入、不同年龄的华人连接起来，成为其新的纽带。因为之前民间信仰在地域性上的局限，以及其信仰形式带有较强的功利性，再加之其缺乏完整的教义理论体系和精妙的宗教经典，就使其在当代的适应性较低。在东南亚的地区，华人华侨传统宗教的信仰者，通常具有被"污名化"为低学历、高年龄、低收入等特点，这种观点并非完全是偏见导致的，而是在某一时期或者某一群体内存在这样的问题。但是现在这种情况发生了变化，随着信仰人口结构的改变，佛教、道教有可能不再是文化的遗留，是从原居地带来的文化符号，很有可能成为现代人宗教信仰的理性选择，而佛教的两重路向使其整合自身认同的较优的选择。

佛教的两重路向可以满足不同年龄、教育背景、家庭出身、经济基础的马来西亚华人的需求，这样就可以使得华人这一群体通过一种宗教文化进行群体内部的文化认同的整合。

在这个意义上的华人社会网络的建构，就存在分层连接的问题。第一个层次主要是指佛教在同一层次的人群中起到的是强关系的连接作用，将教育背景、家庭出身、经济收入相似的群体进行整合，因此，马来西亚居士也存在不同侧重的学佛状态，例如精英佛教和大众性质的民间佛教。第二个层次是整合不同阶层的人，同作为学佛的居士也存在不同的宗教诉求，也有不同的宗派归属，但是对于佛教佛法僧三宝的尊崇和信仰始终如一。所以在这一分类范畴内佛教对于马来西亚华人华侨的文化的整合作用又是一种弱关系的体现。在格兰诺维特的理论中，"因为群体内部相似性较高的个体所了解的事物、事件经常是相同的，所以通过强关系获得的信息往往重复性很高。而弱关系是在群体之间发生的，由于弱关系的分布范围较广，它比强关系更能充当跨越其社会界限去获得信息和其他资源的桥梁，可以将其他群体的重要信息带给不属于这些群体的某个个体"。[1]

## 三 总结

首先，马来西亚佛教在华人华侨的社会网络中所起的作用的模型如图1所示。

---

① 肖冬平、梁臣：《社会网络研究的理论模式综述》，《广西社会科学》2003年第12期。

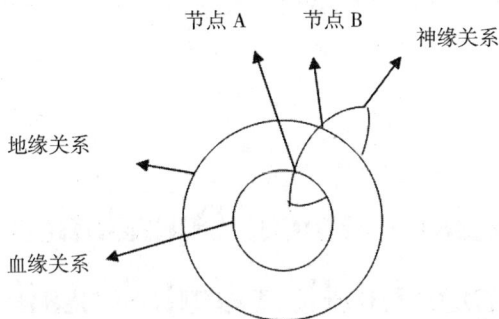

图 1

综上所述，同心圆中的小圆代表的是血缘关系，是对于原乡的社会网络的延续，是保持的形态，同心圆中的大圈代表的是地缘关系，是在血缘关系的基础上扩展建构的，地缘关系和血缘关系具有同构性，例如在中国华南社会聚族而居的形式使得血缘关系和地缘关系就具有同一性。神缘关系是跨越血缘、地缘的另一种社会网络整合方式，就以本文的汉传佛教为例，由庙宇和佛教信仰为基础建立的社区在某种程度上将血缘和地缘关系结合起来，节点 A 和节点 B 就是神缘关系可以作用于不同群体的弱关系纽带的节点。节点 A 即是宗族中女性比男性更容易接受佛教这一特点的交叉点，而节点 B 是地缘关系中由于早期移民带来的佛教与民间信仰在信仰模式和信徒的宗教体验上具有相似性，因此成为佛教整合的第二个交叉点。

其次，是马来西亚的汉传佛教具有精英和民间信仰性质的两个路向，因此，可以在具有相似人口结构特征的信仰者中起到强关系作用，同时又可以在同为佛教信仰者但是所处的阶层和具有的人口特征不同的群体中起到弱关系作用，而这种社会网络中的强弱关系不仅可以整合华人群体，还可以跨越华人群体进行更为广泛的交流和认同的作用。

# Psycho – ethical Foundation of Human Intellect and Sensation, The Buddhist Standpoint

## Dr. Rajitha P. Kumara

B. A. M. A. Mphil. ( Kelaniya ) Phd. ( Renmin )

Senior Lecturer/Dept. of Pali& Buddhist St. University of kelaniya/ Sri Lanka

According to the Buddhist teachings the material and the mental elements of the phenomenal world represent different kinds of functionsthat produce energies. Thus, there arefour units of matter known as the primary elements of the physical world[1] and the four units of human mentation known as the aggregates of mental world[2]. The common terminology used for them is the Aggregates of clinging[3].

The four units of mental phenomena known as the aggregatesof human mentation represent the various functions of human mind[4]. According to Buddhist teachings the four units of different mental functions produce various kinds of thoughts for decision making, formulation of views, cogni-

---

① Rhys Davida T. W. , WillamStede. , ( 1997 ) Pali – English Dictionary, Asian Foundational Services. , New Delhi, p. 527.

② Ibid. , pp. 233—234.

③ Nayanatiloka ( 1987 ) Buddhist Dictionary, Taiwan, p. 185.

④ Ibid.

tion, knowledge, ideation and volitional activities[1]. The inter – related four units of mind is thus important in the formation and development of human behavior as well.

## 1. Vedana and Human Experience

The unit or aggregate known as *vedana* is important in many respects and especially it is the first mental function that arises when the faculties come in contact with the relevant objects of the phenomenal world[2]. The term *vedana* denotes "to sense" "to experience" and is of three kinds as unhappy, happy and neutral[3]. However under the concept of *anupassana* a detailed explanation of *vedana* is found which represents the different aspects of human experience[4]. In addition the Abhidhamma philosophy provides the six kinds of *vedanas*, such as *sukha*, *dukka*, *somanssdomanss* and *upekka*[5].

In the Dependent Origination, "*vedana*" stands in between *phass* and *thanha*[6]. This is important in many respects and especially it signifies that the foundation of human bondage or repugnance is a direct result of *vedana*[7]. Thus, it is clear that the process of cognition starts with this basic human experience[8]. In other words, it is the sensational side of human mind that generates the thoughts of sense experience. The variegated human thoughts are generated in terms of the kind of experience that one gets based on the different kinds of feelings. Thus, in the Buddhist teachings, *vedana* is the foundation for motivations and emotions; an important aspect of human behavior. It causes to act in a

---

① DhammakittiSiriDhammananda, (1999) The commentary on the MajjhimaNikaya, Part II . The Tripitaka Publication, Colombo, pp. 61 – 63.

② Ibid.

③ Ibid. , p. 306.

④ Rhys Davida T. W. , WillamStede, (1997) Pali – English Dictionary, Asian Foundational Services. , New Delhi. , p. 39.

⑤ NaradaMahaThera, (1989) A Manual of Abhidhamma, Singapore Buddhist Meditation Center, p. 17.

⑥ LeonFeer M. , (1989) Sanyuttanikaya II. , PTS. , Oxford, "*tanhapaccayabhikkhaveupadanam. Vedanapacchayabhikkavetanha. Phasspacchayabhikkhavevedana.* " p. 25.

⑦ NaradaMahaThera, (1989) A Manual of Abhidhamma, Singapore Buddhist Meditation Center, "According to the commentaries feeling is like a master who enjoys a dish prepared by a cook. The latter is compared to the remaining mental states that constitute a thought – complex. Strictly speaking, it is feeling that experience an object when it comes in contact with the senses" , p. 84.

⑧ Ibid. "Like contact feeling is an essential property of every consciousness. It may be pleasurable, painful, or neutral. Pain and pleasure pertain to body as well", p. 83.

particular way inspired by the kind of feeling which depends on humanperceptionenergized by greed, love, attachment, ill – will, ignorance etc.. Thus, Buddhist teachings have identified energizing elements of feelings and the advice is given under the concept of *anupasssana* to reflect upon the different kinds of insinuating elements of covert and overt nature, as they could easily lead the individual into doing good or bad deeds[1]. The different types of mental states such as surprise, excitement, interest, sense of fear and shame all are due to the sensations. On the other hand, there are various kinds of physical sensations as well such as sensations of warmth, dizziness, uneasiness etc.. Thus whether it is mental or physical, they make the foundation for human motivation or emotions.

The Buddhist teachings given under the concept of *Anupassana* for the control of the different types of human feelings are important as they are helpful for the development of self – control, Thus the concept of *Anupassana* known as contemplation has a subjective as well as objective aspect and is given in the teachingsasa significant and effective method in order to control the arising of harmful mentalelements that divert the human conduct towards the achievement of harmful goals[2].

## 2.　Nature of Human Perception

The aggregate of human*sanna* signifies a developed form of human perception. The term *sanna* stands for perception or cognition, a mental function that has a significant influence on human behavior[3]. It takes the particular characteristics of an object in order to reflect upon again and again whenever it is necessary.

According to Buddhist teachings *sanna*is two fold, as the *patighasamphassa*[4] and *advacanappass*, i. e., sense – impression and the recognition. However, the purification of or correct application of *sanna* is given as six fold, in order to make it a correct process[5]. On the other hand, again we find a more developed

---

①　Gunaratana Y. F., (1981) The satipatthanaSutta., The Wheel Publication No. 60., Kandy, "*Anissitocaviharatinacakinciloke upadiya*". p. 14.

②　Ibid.

③　Narada Maha Thera. ,(1989) A Manual of Abhidhamma., Singapore Buddhist Meditation Center, p. 84.

④　Nayanatiloka (1987) Buddhist Dictionary, Taiwan, "perception of sense reaction" "patigha – samphassa, (mental) impression caused by 5 fold sensorial reaction", p. 136.

⑤　Leon Feer M., (1975) SamyuttanikayaIII., Pali Text Society, Oxford. "*rupassanna, saddasanna, gandhasanna, rasasanna, phottahbbasanna, dhammasanna*", p. 60.

form of *sanna* giving as 10 fold[①].

However, it is important to note that in the process of sense perception, *sanna* is a vital function. The twofold aspect of *sanna* in this regard is very important because they represent significant two aspects of human mind. The term *patighasamphassa* or sense – impression signifies how one perceives the world of phenomena[②] and the *adhivacana* recognition of the impression of something. (Designation, attribution[③]). Thus it is clear that this mental function is important to get to know something in the first instance and again and again by the designation and attribution. This signifies the Buddhist explanation of the different aspects of memory power which are important in the enhancement of human knowledge. Thus *sanna* in a way signifies the quality of understanding and it is a very important function in the process of reasoning.

## 3. Sankhara and Composite of Nature of Human world

The next aggregate is the *sankhara* or mental formation and denotes an advanced form of mental function in the Buddhist teachings and bears a variety of meaning. According to the Dependent Origination, the consciousness is conditioned by *sankhara*[④]. The term *sankhara* thus denotes the composite nature of the phenomenal world or in other words the conditions or properties making up or resulting in life or experience. Thus, almost all the composite things of existence come under the concept of *sankhara*. However, when it is taken as a mental element, it has a very specific meaning and signifies the volition or the purposiveness that represents the result oriented human action; a purposive, aspiring state of mind[⑤]. As a mental property it represents all such formations made due to the conditioned nature of the phenomenal world. Thus, mental formations signifies a deeper state of human mind, representing the production of thoughts of vari-

---

① Hardy E. , (1979) Anguttaranikaya V . , Pali Text Society, London, "*Asubhasanna, marnasanna, aharepatikkulasanna, sabbalokeanabhiratasanna, aniccasanna, ancchedukkhasanna, dukkheanattasanna, pahanasanna, viragasanna, nirodhasanna.*" p. 105.

② Nayanatiloka (1987) Buddhist Dictionary, Taiwan, "perception of sense reaction" "*patigha – samphassa*, (mental) impression caused by 5 fold sensorial reaction", p. 136.

③ Rhys Davida T. W. , WillamStede, (1997) Pali – English Dictionary, . Asian Foundational Services, New Delhi, p. 30.

④ Nayanatiloka (1987) Buddhist Dictionary, Taiwan, p. 129.

⑤ Ibid . , "When used as one of the five aggregates, it refers to all the mental states, except vedana and sanna. In the Paticcca – Samuppada it is applied to all moral and immoral activities, good and bad thoughts. When sankhara is used to signify that which is subject to change, sorrow etc. , it is invariably applied to all conditioned things", p. 18.

ous kinds.

Whereas human ability skillfulness and knowledge are concerned mental formation plays a vital role. In other words, it is the mental formation that decides one's ability of the application of one's knowledge wherever it is necessary. This meaning is clear in the cognate term "abhisankhara①". The three kinds of sankharai. e. punnabhi, apunnabhi, and anenjahabhisankhara give the more detailed meaning of it. They connote :

- Accumulation of merit,
- Accumulation of defilements, and
- Imperturbable , static②

The abhisankhara, purposiveness or intellection thus signifies human skillfulness, generation or formation③. Thus it is important in diverting human behavior to a higher state or degree due to one's ability of application of what one has gathered in one's mind.

## 4. Vinnana, Energizing Constituent of Human Mentation

On the other hand, the other most important function of mind is the vinnana which also has a verity of meanings. It is said in the Dependent Origination that sankharais the condition for consciousness "vinnana" and is an important element that is conducive for the formation of Name and Form in the process of human existence④. In the context of Five Aggregates vinnana represents the incorporeal energizer of human mentation. It is the energizing constituent that is necessary for all other mental functions and is the principle of conscious life, a regenerative force. As a dynamic function of animate existence it is said to be discriminating ( vijanati ) of tastes, sapid things, pleasant or painful feeling⑤. It is clear that while standing as the energizing principle of human life, it representsspecific function that identifies different kinds of feel-

---

① Rhys Davida T. W. , WillamStede. , (1997) Pali － English Dictionary, . Asian Foundational Services. , New Delhi. , "putting forth, performance, doing, working, practice etc. " p. 70.

② Leon Feer M. , ( 1989 ) Samyuttanikaya Ⅱ . , Pali Text Society. , Oxford. "Avijjagato yam bhikkavepurisapuggalopunnamcesankharamabhisamkharoti. Punnupagamhotivinnanam. Apunnacesankharamabhisankharoti. Apunnupagamhotivinnanam. Anejamcesankharamabhisankharoti. Anenjupagamhoti. Vinnanam. " p. 82.

③ I bid.

④ Nayanatiloka ( 1987 ) Buddhist Dictionary, Taiwan, pp. 129, 130, 131.

⑤ Rhys Davida T. W. , WillamStede. , ( 1997 ) Pali － English Dictionary, Asian Foundational Services, New Delhi, pp. 618, 619.

ings, tastes and the sapid things: an important part of knowledge. This indicates that what is called mind has a wide – ranging meaning and represents the intellectual and the sensational part of human mind. The *vedana* signifies the sensational part while the other three represents the intellectual part of human mind.

## 5.  Sensational and Intellectual Domains of human Mind

The intellectual domain according to Buddhist teachings can be classified into three as memory, mental formation and cognition. (here the memory signifies the power of mind by which facts can be remembered) . This special ability is produced by perception and consciousness.

The sensational domain of human mind is special as it generatesa variety of human feelings. According to Buddhist teachings among various kinds of feelings, the Four Sublime States of mind are given a high priority. Advice is given to develop the*metta*, *karunamuhudita* and *upekkha*[1] towards the world of beings. They could make a significant attitudinal change in human life. According to Buddhist teachings mind is full of positive and negative qualities and they are always functional based on the internal and external influences, hence, advice is given to enhance the positive qualities of human mind and among them Four Sublime States are significant.

The first factor of the Four Sublime States i. e. *metta*[2] and signifies the generation of the thoughts of loving – kindness or the active interest in others. Thus it means the wish for the generation of good thoughts in order to bring the welfare and good to the fellow beings. The next element is the *karuna* which denotes the acts of compassion and connotes the objective of removing bane and sorrow from the fellow beings and to bring welfare and good[3]. Thus, it signifies how one puts into practice the thoughts of loving – kindness. The term *mudita* signifies the soft – heartedness, sympathy and appreciativeness or the thoughts of appreciativeness[4]. The term *upekkha* signifies the maintenance of the thoughts of equanimity or anequipoise stance towards the happenings of the sentient world[5]. It is

---

①  Pamunuwe Buddhadatta Thera, (2006) Visuddhimaggo, Vol. VIII, Somawati Hewavitarana Trust Office, Colombo, pp. 218—241.

②  Rhys Davida T. W. , WillamStede, (1997) Pali – English Dictionary, Asian Foundational Services, New Delhi, "active interest in others. Desire of brining welfare & good to one's fellow – men", pp. 540, 541.

③  Ibid. , "desire of removing bane and sorrow from one's fellow men", p. 197.

④  Ibid. , "sympathetic & appreciative. Congratulatory & benevolent attitude ", p. 537.

⑤  Rhys Davida T. W. , WillamStede, (1997) Pali – English Dictionary, Asian Foundational Services, New Delhi, "hedonic neutrality or indifference, zero point between joy & sorrow", p. 150.

clear that the aggregate of feeling is an important function of mind and represents the sensational part of human mind and makes the foundation for motivational or emotional arousal in an individual though it does not directly imply motivation or emotion. Due to the painful or happy mental and physical agreeable ordisagreeable feelings changes take place in the sensational part of human mind. However, it is important to note that the Buddhist teaching semphasize the development of positive qualities shown above as they directly involves the human feelings or sensations.

It is the attitudinal change required for positive behavior and it isdependent on the change of different feelings based on the Four – Sublime Sates of mind. According to Buddhist teachings, attitudes signify the particular way of thinking and behaving. The generation of the thoughts of loving – kindness, helpfulness, appreciation and taking an impartial stance in life have been emphasized as the very foundation of human life. Thus, a positive change in ones' attitudes lead to the wellbeing of oneself and society.

The intellectual side of human mind basically composes of *sanna*, *samkhara* and *vinnana* functions. Here intellect signifies the power of mind to reason out and acquire knowledge and it is totally dependent on the above three functions. Remembrance or the memory, interpretation of the sense objects mental and physical and the application of knowledge are the most important in this regard. According to Buddhism, *sanna* and *vinnana* basically signify what is called knowledge and with those functions one is able to distinguish the various characteristics of mental and material phenomena and maintain it for future use. The Buddhist meaning of knowledge signifies the perception (*sanna*), distinguishing (*pajanati*) and the discrimination (*vijanati*), the end product of understanding. But the problems of human knowledge arises due to the grasping of the conceptual meaning that diverts the individual towards the formation of extremist views of the world of phenomena. It is obvious that the knowledge does not signify the mere collection of data or information but the right interpretation and memorizing of them for further use independent of the application of *Iness* or *Myness*.

On the other hand, an important function of human mind is the right interpretation of data and the application of knowledge acquired through their interpretation whenever necessary; the terms *sankhara* and *abisankara* signify this. As a result of the synthesis and the analysis of data one develops the special ability of application of that knowledge. It is another result of the empirical (feelings) and the rational (intellectual) process of human mind. However, advice is given to develop skillfulness in the application of knowledge on a non – subjective foundation which is a right skill that one gets. The application of knowledge in a subjective way though a skill would lead to or generate wrong attitudes, knowledge and concepts towards the world of phenomena.

## Conclusion

Thus, the Buddhist teachings on Four Aggregates signify different mental functions and they signify two domains of human mind i. c. intellectual and sensational. Further sensations stand for the attitudes and the intellect signifies the knowledge and human competencies necessary for a complete transformation of human personality. The discourses such as *Madhupindika*, *Karaniyametta*, and *Mangala* have given a broad view of the foundational, formational and developmental stages of attitudes, knowledge and skillfulness. The *Madhupindikasutta* explains the psychological process of the formation of attitudes, knowledge and skillfulness. The *Karaniyamettasutta* signifies the basic approaches applicable for the development of attitudes, knowledge and skillfulness. The *Mangalasutta* illustrates the developmental stages and necessary of ingredients for knowledge and skillfulness. All those discourses are replete with the required elements for a positive transformation in attitudes, knowledge and skillfulness.

# 南传大藏经相应部《女人相应》
# 思想主题的价值及其新译①

程恭让　释慧如

## 关于南传大藏经相应部《女人相应》的思想价值

《女人相应》是南传大藏经相应部六处品中十部分相应经之第三部分相应经，原来的名称是：Mātugāmasaṃyuttaṃ。Mātugāma，是"女人、女性"的意思，saṃyuttaṃ，是"相应"之意，表示经典的主题分类，因此这部经典的名称，可以译为《女人相应》，或《女性相应》。此经一共包括三个部分的内容：(1) 第一品：中略品，共包括 16 部小经；(2) 第二品：中略品，共包括 10 部小经；(3) 第三品：力品，共包括了 10 部小经。故南传相应部这一部分名为《女人相应》的经典中，其实一共包括 34 部小经。

本经在叙事方式上，是由薄伽梵对诸比丘说出，及对尊者阿那律说出。由经文内容的质朴性、生动性、现实性来看，应可断为释迦牟尼佛原始佛教时期一部重要的经典文献。由经文的思想主题来看，本经是一部关于女性思想的重要经典。再由经文编集的逻辑性、系统性来看，本经的编集显然经过了佛陀早期弟子认真、细致的整理和编排。

本经的重要性，当然在于本经所揭橥的思想主题。作为一部关于女性思想的佛教经典，本经思想主题的特殊性及其价值，我们认为有以下四个

① 本文为程恭让教授所主持 2013 年度国家社科基金项目"诠释学视野中的佛典汉译与理解问题研究"（项目编号为 13BZJ018）课题成果的一部分，特此致谢！

方面值得关注：

（一）本经是佛教文献中一部关于女性思想的专门经典。从本经的内容、结构可以看出，佛陀在这一部分经文中，对于女性的日常现实生活，女性生活与男性生活的相同性、特殊性，女性在现实生活中的成功与失败，女性精神成长的问题，女性来世生活的方向等等涉及女性生存诸多方面的问题，都给予了极为客观、极为细致的观察，以及极富条理与思想深度的分析。尤其是对于普通社会女性之一般生活行为、伦理价值规范具有系统性的佛法指导，而这样专门自觉着眼于女性生活与思想问题的经典，在佛教的传统文献中其实并不多见，我们甚至可以说这部《女人相应》是佛陀留下的经典及后世佛教文献中唯一一部关于女性思想的专书，本经女性思想的价值由此可见一斑！

（二）本经包涵了佛陀的性别平等思想，是研究佛陀性别思想及其性别平等思想的一部宝贵文献。本经虽然在整体上命名为"女人相应"，是佛陀关于女性思想的专书，但是经中第一部小经名为《女人经》，第二部小经名为《男人经》，前者描述具备"五个条件"的女人，为男人所喜欢，具备"五个条件"的女人，不为男人所喜欢；后者描述具备"五个条件"的男人，为女人所喜欢，具备"五个条件"的男人，不为女人所喜欢。佛陀在这两部小经中所列出的导致男人喜欢、不喜欢，导致女人喜欢、不喜欢的所谓具体的"条件"，是完全一致的，足见佛陀对于人类日常社会生活中内在于人性的天然的平等性，有着深刻而明锐的观察。本经第一品第三部小经《特殊苦经》，描述女人比男人一般要经历、承受的五种特殊的苦，即：年轻出嫁苦，月经苦，怀孕苦，生育苦，照顾家庭苦，在这里佛陀是以非常客观的语气叙述女人一般要经历、而男人一般不会经历的五种苦，丝毫不含有后世经典中或在人们的习见中那种据此指责女性业力深重的一类观念，反映了佛陀对于女性的价值尊重及深厚的同情。因此本经提供了一个鲜明的证据，足以证明佛陀的性别思想是基于平等性的性别思想。平等的性别思想，高度尊重和关怀女性现实生活及其精神成长的思想倾向，是佛陀性别思想及其平等思想的核心内涵！

（三）本经中所体现的佛陀的女性思想，如果我们要用一个关键词概括其要点，大概应当选择"品德"这个词。在女性日常现实生活的成功中，品德这个条件与其他四个条件一起，是女性为男人喜欢或不为男人所喜欢的一个重要条件（第一品第一经）；从女性内在生命的角度讲，品德这种力量与其他四种力量一起，又是构成女性内在生命力量的一种重要力量（第三品第一经）；从法律和社会道德的角度讲，一个女性如果具备良好的品德，而不具备其他优越的条件，还是会受到法律和社会道德的保护，反过来说一个女人即便具备其他优越的条件，但如果在心灵品德方面存在严重的亏欠，则往往不仅得不到法律和社会舆论的保护，甚至会受到法律和社会道德的严惩，这一点足以证明在人类社会的伦理及法律体系中，品德的培养对于女性在现实生活中的生存与发展，具有首屈一指的极端重要意义（第三品第五经、第六经）；最后，女性虽然有形象力、财产力、亲族力、子女力、品德力这五种力量，但是最终决定其来世生命上升或下降趋势的究竟是哪种力量呢？经文明确回答：是品德的力量（第三品第七经）。所以我们认为在《女人相应》中所体现的佛陀的女性思想，以及在本经以女性修学为中心的佛法思想中，对于"品德"的高度重视，是其核心关键的价值倾向。我们在早期佛陀文献中，能够发现佛陀对于人类的伦理、道德生活，其实一直保持敏锐的关注，在这一方面具有许多丰富的言教和指导，而这一方面的思想其实构成了佛法中有关普世思想的重要部分。因此从这个角度言，《女人相应》以品德为重心讨论女性的生活问题，是保存在南传大藏经中涵有佛陀普世价值思想的一部重要思想文献。

（四）我们前面已经指出过，佛陀的本怀是完整的，发源于佛陀本怀的佛陀的教法，当然也是完整的。释迦牟尼佛在其生活的时代，曾经与各种不同的社会人群保持长期的积极的接触，也给予了各种不同社会人群具有不同性质而又不失其内在统一性的佛法指导。所以我们今天如果要思考佛法的体系问题，尤其是如果要思考佛教思想的现代转型、发展问题，一个不可忽视的关键，是要完整、准确地理解佛陀本怀及佛陀教法，并积极活用佛陀给我们树立的榜样和智慧，来指导我们解决今天人类所遇到的各种复杂的价值观的问题。这部《女人相应》经典就是佛陀惠予后世弟子理解佛陀普世价值思想、信仰一个绝好的典范经本，对于指导佛教思想在21世纪如何成功实现现代转型，特别是如何正确解读、诠释后世佛教传统中关于女性思想及关于性别思想的一些不恰当、不准确、不系统的叙述、发挥，建构既符合佛陀的根本精神、核心精神，又符合现代社会普世价值观的新型佛教女性观，具有特别重要的启发意义！

最后，我们在本文中还需要指出：《女人相应》在古代汉译阿含经中，并无完整对应的经本。惟东晋时期罽宾三藏瞿昙僧伽提婆所译《增一阿含经》卷27之第4经前半，保留有如下一段经文：

> 闻如是：一时，佛在舍卫国祇树给孤独园。尔时，世尊告诸比
> 丘：
> 女人有五力，轻慢夫主。云何为五？一者色力，二者亲族之力，
> 三者田业之力，四者儿力，五者自守力。是谓女人有此五力。比丘当
> 知，女人依此五力已，便轻慢夫主。设复夫以一力，尽覆蔽彼女人。
> 云何为一力？所谓富贵力也。夫人以贵色力不如，亲族、田业、儿、
> 自守尽不如也。皆由一力，胜尔许力也。①

比较可知：《增一阿含经》的这段经文，与《女人相应》第三品之第
三经（《控制经》）、第四经（《唯一经》）内容基本相同。

同一汉译本《增一阿含经》卷27之第5经前半，保存有如下的一段：

> 闻如是：一时，佛在舍卫国祇树给孤独园。尔时，世尊告诸比丘：
> 女人有五欲想。云何为五欲想？一者生豪贵之家，二者嫁适富贵
> 之家，三者使我夫主言从语用，四者多有儿息，五者在家独得由己。
> 是谓，比丘！女人有此五事可欲之想。②

比较可知：《增一阿含经》的这段经文与《女人相应》第三品之第八经
（《地位经》）的内容，也是相同的。不过，《增一阿含经》中的上述两段经
文，从上下语境可以看出，都不是专门思考和指导女性修学问题的经典，所
以这种经典结集的目标、宗旨，与南传大藏经相应部《女人相应》致力于思
考、指导女性人生问题的结集宗旨，是存在重大差异的。于此我们可以约略
窥见佛陀之后不同佛教宗派的经典结集思想方向的差异，也约略可以窥见佛
陀之后早期佛教经典结集时代有关佛陀女性思想理解、诠释的轨迹。

正是鉴于南传大藏经相应部包涵了这部完整的《女人相应》，而在北
传佛教阿含经典中这一部分内容相对而言不够完整，所以我们现在根据巴
利文南传藏经，将这一部分经典重新译出，希望能对今后进一步研究佛陀

---

① 《增壹阿含經》，大正藏第2册，No. 0125，第699上。
② 《增壹阿含經》，大正藏第2册，No. 0125，第699中。

的女性思想，理解佛法的女性关怀，推动人间佛教理论、实践的发展，起到参考和借鉴的作用。

附：

## 南传大藏经相应部·女人相应

（Mātugāmasaṃyuttaṃ）

译者：程恭让教授（南京大学中华文化研究院教授）
释真广（保定市佛教协会会长）
裴昱（临床心理学与医学博士）

# 《女人相应》之第一品：《中略品》

### 第一经：女人经

诸位比丘！一个具备五个条件的女人，男人们确定不喜欢。哪五个条件呢？无形象，无财产，无品德，懈怠懒惰，不能生育。

诸位比丘！一个具备五个条件的女人，男人们确定会喜欢。哪五个条件呢？有形象，有财产，有品德，聪明而不懒惰，能够生育。

### 第二经：男人经

诸位比丘！一个具备五个条件的男人，女人们确定不喜欢。哪五个条件呢？无形象，无财产，无品德，懈怠懒惰，不能生育。

诸位比丘！一个具备五个条件的男人，女人们确定喜欢。哪五个条件呢？有形象，有财产，有品德，聪明而不懒惰，能够生育。

### 第三经：特殊苦经

诸位比丘！女人有五种特殊的苦，是指在男人所经受的诸苦之外，女人特别经受的诸苦。哪五种特殊的苦呢？

第一，女人年纪轻轻，就嫁到丈夫的家庭，离别亲人，与其共住；

第二，女人有月经期；

第三，女人有怀孕期；

第四，女人要生育子女；

第五，女人要照顾男人。

诸位比丘！上述五种生活中经受的苦，是女人需要经受的特殊的苦！

### 第四经：三法经

诸位比丘！一个具备三个条件的女人，在身坏命终之时，大多数都生于低等的世界。哪三个条件呢？

诸位比丘！一个女人的心意若被悭吝所缠绕；若被嫉妒所缠绕；若被贪欲所缠绕。具备上述三个条件的女人，大多数在身坏命终之时，会生于低等的世界。

### 第五经：易怒经

有一次，尊者阿那律来到佛陀那儿，坐在旁边，对佛陀说：

"大德啊！我以胜过常人的清净天眼，看见女人在身坏命终之时，生于低等的世界。大德啊！请问具备哪些条件的女人，在身坏命终之时，会生于低等的世界呢？"

"阿那律啊！"佛陀回答到："一个具备无信、无惭、无愧、易怒、恶慧这五个条件的女人，在身坏命终之时，会生于低等的世界。"

### 第六经：恶意经

"阿那律啊！一个具备无信、无惭、无愧、恶意、恶慧这五个条件的女人，在身坏命终之时，会生于低等的世界。"

### 第七经：嫉妒经

"阿那律啊！一个具备无信、无惭、无愧、嫉妒、恶慧这五个条件的女人，在身坏命终之时，会生于低等的世界。"

### 第八经：悭吝经

"阿那律啊！一个具备无信、无惭、无愧、悭吝、恶慧这五个条件的女人，在身坏命终之时，会生于低等的世界。"

### 第九经：越轨经

"阿那律啊！一个具备无信、无惭、无愧、越轨、恶慧这五个条件的女人，在身坏命终之时，会生于低等的世界。"

### 第十经：无德经

"阿那律啊！一个具备无信、无惭、无愧、无德、恶慧这五个条件的女人，在身坏命终之时，会生于低等的世界。"

### 第十一经：无知经

"阿那律啊！一个具备无信、无惭、无愧、无知、恶慧这五个条件的女人，在身坏命终之时，会生于低等的世界。"

### 第十二经：懒惰经

"阿那律啊！一个具备无信、无惭、无愧、懒惰、恶慧这五个条件的女人，在身坏命终之时，会生于低等的世界。"

### 第十三经：失念经

"阿那律啊！一个具备无信、无惭、无愧、失念、恶慧这五个条件的女人，在身坏命终之时，会生于低等的世界。"

### 第十四经：五怨经

"阿那律啊！一个具备杀生、盗窃、淫乱、妄语、因酒而放逸这五个条件的女人，在身坏命终之时，会生于低等的世界。"

## 《女人相应》之第二品：《中略品》

### 第一经：不怒经

有一次，尊者阿那律来到佛陀那儿，坐在旁边，对佛陀说到：

"大德啊！我以超过常人的清净天眼，看见有女人在身坏命终之时，生于上等的世界。大德啊！请问具备哪些条件的女人，在身坏命终之时，会生于上等的世界呢？"

"阿那律啊!"佛陀回答到:"一个具备信仰、羞惭、愧疚、不怒、智慧这五个条件的女人,在身坏命终之时,会生于上等的世界。"

### 第二经:无恶意经

"阿那律啊!一个具备信仰、羞惭、愧疚、无恶意、智慧这五个条件的女人,在身坏命终之时,会生于上等世界。"

### 第三经:不嫉妒经

"阿那律啊!一个具备信仰、羞惭、愧疚、不嫉妒、智慧这五个条件的女人,在身坏命终之时,会生于上等的世界。"

### 第四经:不悭吝经

"阿那律啊!一个具备信仰、羞惭、愧疚、不悭吝、智慧这五个条件的女人,在身坏命终之时,会生于上等的世界。"

### 第五经:不越轨经

"阿那律啊!一个具备信仰、羞惭、愧疚、不越轨、智慧这五个条件的女人,在身坏命终之时,会生于上等的世界。"

### 第六经:美德经

"阿那律啊!一个具备信仰、羞惭、愧疚、美德、智慧这五个条件的女人,在身坏命终之时,会生于上等的世界。"

### 第七经:博学经

"阿那律啊!一个具备信仰、羞惭、愧疚、博学、智慧这五个条件的女人,在身坏命终之时,会生于上等的世界。"

### 第八经:精进经

"阿那律啊!一个具备信仰、羞惭、愧疚、精进、智慧这五个条件的女人,在身坏命终之时,会生于上等的世界。"

### 第九经：正念经

"阿那律啊！一个具备信仰、羞惭、愧疚、正念、智慧这五个条件的女人，在身坏命终之时，会生于上等的世界。"

### 第十经：五戒经

"阿那律啊！一个具备停止杀生、停止盗窃、停止淫乱、停止妄语、停止因酒而放逸这五个条件的女人，在身坏命终之时，会生于上等的世界。"

## 《女人相应》之第三品：《力品》

### 第一经：自信经

"诸位比丘！女人有五种力。哪五种力呢？是形象力、财产力、亲族力、子女力、品德力。一个女人具备形象力、财产力、亲族力、子女力、品德力，会是一个自信的居家者。"

### 第二经：强制经

"诸位比丘！女人有五种力。哪五种力呢？是形象力、财产力、亲族力、子女力、品德力。女人具备形象力、财产力、亲族力、子女力、品德力，会是一个能够强制丈夫的居家者。"

### 第三经：控制经

"诸位比丘！女人有五种力。哪五种力呢？是形象力、财产力、亲族力、子女力、品德力。女人具备形象力、财产力、亲族力、子女力、品德力，会是一个能够控制丈夫的居家者。"

### 第四经：唯一经

"诸位比丘！一个具足一种力的男人，就是一个能够控制女人的居家生活者。是哪一种力呢？是统治力。诸位比丘！形象力并不庇护被控制的女人，财产力并不庇护被控制的女人，亲族力并不庇护被控制的女人，子女力并不庇护被控制的女人，品德力并不庇护被控制的女人。"

### 第五经：部分经

"诸位比丘！女人有五种力：形象力、财产力、亲族力、子女力、品德力。

一个女人具足形象力，不具足财产力，她这部分就不圆满。如果具足形象力，又具足财产力，她这部分就比较圆满。

一个女人具足形象力、财产力，不具足亲族力，她这部分就不圆满。如果具足形象力、财产力，又具足亲族力，她这部分就比较圆满。

一个女人具足形象力、财产力、亲族力，不具足子女力，她这部分就不圆满。如果一个女人具足形象力、财产力、亲族力，又具足子女力，她这部分就比较圆满。

一个女人具足形象力、财产力、亲族力、子女力，不具足品德力，她这部分就不圆满。如果一个女人具足形象力、财产力、亲族力、子女力，又具足品德力，她这部分就很圆满。

诸位比丘，以上所述是女人的五种力。"

### 第六经：赶走经

"诸位比丘！女人有五种力：形象力、财产力、亲族力、子女力、品德力。

如果一个女人具足形象力，却不具足品德力，人们常常赶走她，不让她住在家里。

如果一个女人具足形象力、财产力，却不具足品德力，人们常常赶走她，不让她住在家里。

如果一个女人具足形象力、财产力、亲族力，却不具足品德力，人们常常赶走她，不让她住在家里。

如果一个女人具足形象力、财产力、亲族力、子女力，却不具足品德力，人们常常赶走她，不让她住在家里。

如果一个女人具足品德力，而不具足形象，人们让她住在家里，绝不会赶走她。

如果一个女人具足品德力，而不具足财产力，人们让她住在家里，绝不会赶走她。

如果一个女人具足品德力，而不具足亲族力，人们让她住在家里，绝不会赶走她。

如果一个女人具足品德力，而不具足子女力，人们让她住在家里，绝不会赶走她。

诸位比丘！以上所述是女人的五种力。"

### 第七经：因经

"诸位比丘！女人有五种力：形象力、财产力、亲族力、子女力、品德力。

一个女人在身坏命终之时，不是或以形象力为因，或以财产力为因，或以亲族力为因，或以子女力为因，得以生于上等的世界。

一个女人在身坏命终之时，以品德力为因，得以生于上等的世界。

诸位比丘！以上所述是女人的五种力。"

### 第八经：地位经

"诸位比丘！一个未作善行的女人，往往在世间生活中难以获得五种地位。哪五种地位呢？

女人们希望生于合适的家庭，一个未作善行的女人却难以得到。

女人们希望生于合适的家庭，嫁到合适的家庭，一个未作善行的女人却难以得到。

女人们希望生于合适的家庭，嫁到合适的家庭，在一夫一妻制的家庭中生活，一个未作善行的女人却难以得到。

女人们希望生于合适的家庭，嫁到合适的家庭，在一夫一妻制的家庭中生活，生养众多的子女，一个未作善行的女人却难以得到。

女人们希望生于合适的家庭，嫁到合适的家庭，在一夫一妻制的家庭中生活，生养众多的子女，并且在和睦的家庭生活中具有权威性，一个未作善行的女人却难以得到。

一个未作善行的女人难以获得上述五种地位。"

"一个已作善行的女人，往往在世间生活中容易获得五种地位。哪五种地位呢？

她们希望生于合适的家庭；

她们希望生于合适的家庭，嫁到合适的家庭；

她们希望生于合适的家庭，嫁到合适的家庭，在一夫一妻制的家庭中生活；

她们希望生于合适的家庭，嫁到合适的家庭，在一夫一妻制的家庭中生活，生养众多的子女；

她们希望生于合适的家庭，嫁到合适的家庭，在一夫一妻制的家庭中生活，生养众多的子女，并且在和睦的家庭生活中具有权威性。

诸位比丘！一个已作善行的女人容易获得上述五种地位。"

### 第九经：五戒自信经

"诸位比丘！一个具足五种法的女人，是自信的居家者。哪五种法呢？

停止杀生，停止盗窃，停止淫乱，停止妄语，停止因酒而放逸。

诸位比丘！一个具足上述五种法的女人，是一个自信的居家者。"

### 第十经：成长经

"诸位比丘！以五种成长得以成长的一位圣女弟子，是依圣成长而成长，她掌握了生命的本质，及生命中最优异者。

哪五种成长呢？以信仰成长，以品德成长，以博学成长，以施舍成长，以智慧成长。

诸位比丘！根据上述五种成长得以成长的一位圣女弟子，是依圣成长而成长，她掌握了生命的本质，及生命中最优异者。"

佛陀又以偈说言：

"凡是以信仰、品德成长，

以智慧、施舍、博学成长，

这样具足品德的优婆夷，

就掌握自己生命的本质。"

《女人相应》至此圆满。

# 第四编　东南亚伊斯兰教研究

# 伊斯兰教与马来西亚经济现代化

## 范若兰

宗教与经济发展的关系，是学界关注的问题之一。早有韦伯关于新教促进资本主义经济的研究，近有儒教与亚洲四小龙经济起飞的探讨，那么，伊斯兰教对经济发展有何影响？应该说，伊斯兰教重视经济，主张两世并重，经济思想在伊斯兰教教义体系中占有相当大的比重，其基本原则包括：（1）鼓励勤奋工作，鼓励参与现世物质活动，鼓励人们通过诚实劳动获取财产，禁止以不正当手段取得财富。（2）主张公平、公正地分配社会财富。（3）提倡有节制地消费，禁止挥霍和浪费。（4）重视商业，强调经商要遵守道德规范，如公平买卖、足秤足量；债务登记要有规范；禁止出售未成熟的果实，禁止买卖酒、死亡动物的肉、猪肉和偶像；禁止重利。① 重利和利息都出自阿拉伯文"里巴"（riba）一词，主要是指高利贷，但后来有些法学家将里巴的定义引申到一切利息。伊斯兰教经济思想产生和完善于中世纪比较简单的生产方式和经济结构下，更多地带有道德训诫和理想主义色彩。当历史进入近代，伊斯兰社会被殖民者强行纳入资本主义体系，他们发现西方现代经济理念和运作方式与伊斯兰经济思想格格不入。西方社会经过宗教改革的洗礼，变得越来越世俗化，"寻求上帝的天国的狂热开始逐渐转变为冷静的经济德性；宗教的根慢慢枯死，让位

---

① 《古兰经》有多处经文提到重利，"真主准许买卖，而禁止重利"（2：275），"你们为吃利而放的债，欲在他人的财产中增加的，在真主那里，不会增加"（30：39）。

于世俗的功利主义"（马克斯·韦伯，1987，p. 138）。资产阶级的经济伦理形成了，其最显著的特征是对财富的无限制地狂热追求，相比之下，穆斯林对财富的追求却是有限的、有节制的，"这使得穆斯林发展经济、扩大生产的动机与气魄就远不如资本主义社会的人们那么强烈"（杜红，1996，p. 12）。此外，伊斯兰教所提倡的一些商业道德和商业规范，如禁止利息，影响到现代金融和银行业的经营。

随着民族国家的独立，国强民富是伊斯兰国家的首要目标，为此要进行经济现代化，引进植根于西方的经济体系和经济制度。但伊斯兰经济原则不可避免地会对国家的经济发展政策、经济制度和穆斯林的经济行为产生影响。因此，如何制定经济发展政策，如何在不违背伊斯兰原则的前提下运用现代经济制度，如何激励穆斯林努力工作、积累财富，是各国政治家和经济学家面临的主要问题。马来西亚是伊斯兰国家，在现代化进程中，马来西亚比较成功地实现了经济现代化，其经济增长速度和国民收入不仅位居东南亚"四小虎"之首，而且在伊斯兰世界名列前茅。目前学术界对伊斯兰经济思想以及对中东国家经济发展的影响有较深入探讨，但对伊斯兰教与东南亚三个穆斯林人口占多数的国家——印度尼西亚、马来西亚和文莱经济关系的研究尚不多见，[①] 中国学界对此总的研究更是少之又少。[②] 本文以马来西亚为个案研究，主要通过分析马来西亚如何协调伊斯兰与经济发展政策，如何将伊斯兰伦理与现代化相结合，如何将伊斯兰原则引入银行制度，来探讨伊斯兰教与马来西亚经济现代化的关系。

---

① 国外有关伊斯兰教与东南亚经济发展的研究较少，主要有 Ed. by Mohamed Ariff, *Islamic Banking in Southeast Asia* ( Singapore：Institute of Southeast Asian Studies, 1988 ), Angelo M. Wenardos, *Islamic Banking & Finance in South – east Asia：Its Development & Future* ( Singapore：World Scientific, 2005 ), Robert W. Hefner, Islamzing Capitalism on the Founding of Indonesia's First Islamic Bank, in eds. by Arskal Salim and Azyumardi Azra, *Sharia and Politics in Modern Indonesia* ( Singapore：Institute of Southeast Asian Studies, 2003 ), ed. by Mohamed Ariff, *The Muslim Private Sector in Southeast Asia* ( Singapore：Institute of Southeast Asian Studies, 1991 ), Patricia Sloane, *Islam, Modernity and Entrepreneurship among the Malays* ( London：Macmillan Press LTD. , 1999 ) and Rodey Wilson, Islam and Malaysia's Economic Development, (*Journal of Islam Studies*, 1998, No. 2 )。

② 目前只有许利平的《解析马来西亚的伊斯兰金融系统》，《东南亚研究》2004 年第 1 期，探讨马来西亚的伊斯兰银行和保险业。

## 一 公平与发展:伊斯兰教与马来西亚经济发展政策

20 世纪 70 年代以来，马来西亚经济发展政策主要体现在"新经济政策"和"新发展政策"上。

新经济政策主要目的是消除种族间经济不平等。在 1969 年以前，马来西亚各种族经济发展不平衡，马来人最为贫困，1969 年马来西亚贫困人口中，马来人占 74%，华人占 17%，印度人占 8%，在马来人中，有 65% 的马来家庭处于贫困线以下，华人中只有 26% 的家庭处于贫困线以下，印度人家庭是 39%。（陈晓律等，2000，p. 289）经济上的种族不平等激化了种族间的矛盾，1969 年爆发的"5·13"事件促使马来西亚政府重新检讨种族政策，政府认为根源就在于马来人的贫困和种族间经济不平等。为消除种族间的经济差别，促进马来西亚经济发展，政府制定新经济政策，提高马来人对现代经济的参与。（韩方明，2002，第 259—260 页）

伊斯兰教与新经济政策有何关系？马来西亚总理拉扎克曾在 1972 年新经济政策制定时指出:"新经济政策就是在《古兰经》指导下进行的。"（Malaysia Digest，1972，pp. 2—3）按政府的说法，新经济政策所追求的种族间平等是符合伊斯兰教的"公平""公正"原则的。马哈蒂尔担任总理后，一再声称要将伊斯兰发展概念结合进马来西亚的发展战略中，要发挥伊斯兰教在经济中的作用。但是反对党伊斯兰党一直谴责新经济政策，认为新经济政策是基于种族主义而不是伊斯兰原则，市场导向的现代化忽视了穷人和农村人，只有一小部分马来精英获益。

确实，新经济政策虽然在一定程度上缩小了种族间经济差距，但却加剧了种族内部经济差距，新经济政策的最大受益者是马来政治家、公务员、企业家、农场主等少数人，"马来族政治官员，上到总理，下到各部部长及州务大臣，无不亲自担任几家到十几家国营企业的董事会主席，并成为企业的重要股东"。（贺圣达，1995，第 234 页）而马来人的贫困率仍然较高，尤其是农村马来人贫困率更高。所以尽管政府标榜新经济政策符合伊斯兰教的公平、平等原则，但许多马来人认为新经济政策是基于种族主义而不是伊斯兰原则，没有解决贫困问题。国际伊斯兰大学教授哈扎里（Aidit Ghazali）在其著作《发展:一个伊斯兰观点》中指出，新经济政策虽然改善了一些马来人的经济地位，但没有解决众多穆斯林的贫困问题，而且新经济政策以种族为基础，在一个多元种族和宗教社会引发了更多问题。他还特别指出政府没有发展伊斯兰机制，来促进穆斯林官员和商人的道德实践，以减少腐败。（Aidit Ghazali，1990，pp. 128、133—134）

新经济政策实施了 20 年，虽然没有完全达到预期目标，但大部分目标已经实现。同时，非马来人、尤其是华人的经济活力在新经济政策中受到压制，引起他们的不满，也影响到马来西亚的经济发展。为了平息非马来人的不满，也为了加速国家的经济发展，1991 年马来西亚政府以"新发展政策"取代新经济政策，新发展政策的目标是实现国家团结与经济的均衡发展，强调应该在"经济增长与平等分配"的原则上进行经济运营，为了取得经济增长，必须进一步推行工业化。新发展政策不再强调马来人优先，而是强调各种族间的合作。1991 年马哈蒂尔总理提出"2020 年宏愿"（Wawasan，2020），要在一代人时间内将马来西亚建成一个充分发达的工业化国家，这个国家是团结的、自信的国家，人们被坚定的伦理道德准则所激励，生活在一个民主、自由与宽容、仁爱、经济公正平等、进步和繁荣的社会中，完全拥有一个有竞争力的、有生气的、强劲而有活力的经济。（韩方明，2002，第 292 页）他特别提到要将马来西亚建成一个道德社会，公民有强烈的宗教精神，拥有最高道德水平。

在马哈蒂尔看来，新发展政策和"2020 年宏愿"是在伊斯兰原则指导下制定的。因为新发展政策更强调发展，他也就更多地从伊斯兰教允许追求财富来解说新政策。他指出马来西亚必须加速现代化步伐，加速经济增长，积累财富，才能应对 21 世纪的挑战，他认为马来西亚现代化努力的一个动力来自于宗教，"这是一种吉哈德（Jihad），因为当我们成为一个工业化国家……这不仅表明我们能赢，而且表明没有人能压迫我们"。（Virginia Hooker and Norani Othman，2003，p. 251）他还一再重申"真正的伊斯兰"能促进马来西亚进入全球"知识经济"，增加个人和国家的财富，只要这些财富的一部分能分配到穷人手中，新发展政策就是符合伊斯兰原则的。正如政府智囊团的伊卜拉罕（Ismail Bin Haji Ibrahim）博士指出的，2020 年宏愿，包括通过科学和技术革新使马来西亚更具有国际竞争力，是符合伊斯兰教的，因为"在《古兰经》中有许多经文涉及科学的重要性，这就是，人类怎样利用科学使自己生活得更美好"。他还认为"伊斯兰教并不禁止它的追随者积累财富……伊斯兰教强调的是追求财富要符合规范"。（Dato Dr. Ismail bin Haji Ibrahim，1992，p. 40）

马来西亚政府在制定新经济政策和新发展政策时都强调伊斯兰原则，前者应对的是种族间的不平等，所以强调的是"公正"，后者应对的是促进经济增长，所以强调的是积累财富和发展。

## 二 新马来人:伊斯兰伦理与现代化的结合

经济现代化不仅意味着带来财富的增长，也带来现代经济制度和经营理念，还产生一大批投身现代经济活动的"经济人"。但是传统马来人似乎与现代经济格格不入，在西方人和马哈蒂尔笔下，传统马来人被描绘为安于贫穷、懒惰、不思进取、保守而落后的人，这是他们不积极参与现代经济，因而贫穷和落后于华人的根本原因。马哈蒂尔对伊斯兰教义进行现代诠释，指出伊斯兰教强调物质和精神并重，赞成积累财富，鼓励学习所有知识，鼓励勤奋工作（Mahathir bin Mohamad，1986），他将伊斯兰价值观与现代经济结合起来，并通过新经济政策为马来人提供优先机会，鼓励马来人积极投身商品经济和企业发展，培养富于竞争精神、勇于进取、承担宗教责任和社会责任的新马来人。

在新经济政策的扶持下，越来越多的马来人进入现代经济部门，许多马来人辞去公职，建立自己的企业，他们与政府保持良好关系，承包政府项目，同时积极拓展经营范围，形成广泛的社会网络。如马来西亚的大企业沙布拉控股集团（Sapura Group）的创立者沙姆苏丁·阿卜杜·卡迪尔（Shamsuddin Abdul Kadir）就是从新经济政策中抓住机会的马来企业家，他原是马来西亚电讯局的电气工程师，于1971年辞去公职，成立沙布拉控股公司，最初是出租收费电话机，后与马来西亚电讯局连续三次签订五年期合同，向电讯局提供收费电话机。1976年他承包了马来西亚电讯局电缆铺设，这为他赢得巨额利润和名声。1977—1989年沙布拉公司是马来西亚电讯局唯一的一家电话机供应商，此后公司开始生产电话机。1983年沙布拉公司又与马来西亚电讯局签订25亿马元的电缆铺设合同，据说利润率高达40%。（原不二夫，1996，第4页）1990年以后，沙布拉公司成为通讯公司，独立研发、生产磁卡式电话机、信用卡式电话机及高性能的收费电话软件，并研制出监视控制及数据收集系统，以及先进的光纤工程技术等，公司还将产品打入国际市场。此外，沙布拉公司还生产汽车零配件和钢铁器具，并兼营苹果计算机，实施经营多元化战略，沙布拉公司成为马来西亚著名的企业集团。

沙姆苏丁的创业史其实是众多马来企业家的缩影，他们的成功首先是得益于马来西亚经济起飞和新经济政策提供的马来人优先的环境，因为是马来人，也因为与政府有良好关系，他们更容易得到政府部门的合同，并在贷款、融资、基础设施等方面得到政府的帮助。其次企业家精神也有助于他们的成功，他们具有高等教育背景和专业技术，勤奋工作，勇于探索，能抓住机遇。一位马来妇女罗基娅（Rokiah）是一个成功的企业家，她有商业智慧和资本，在商人和政府官员中有很好的人脉关系，她的侄子阿里夫（Arif）想到一个创意，即发明一种儿童玩具，能教儿童怎样说、写英语，他来找罗基娅合作，希望借助后者的经商智慧和人脉网络，来投资生产。罗基娅刚好读到一篇文章，说马来西亚政府鼓励马来学生学习英语，因为他们在英语考试中落在华人学生后面。罗基娅认为这是一个推销英语学习玩具的极好机会，阿里夫思考得更具体："我要把制造出的第一套学习玩具送给马哈蒂尔总理，我给玩具起名为 EG2020，即教育游戏2020（Educational Game 2020）。"（Patricia Sloane，1999，pp. 20—21）这个玩具的名称不仅回应了马哈蒂尔提出的"2020宏愿"，而且会通过送玩具给总理而得到关注，为其进入教育机构、扩大销售开拓道路。

更重要的是，在这些企业家看来，是企业家精神与伊斯兰伦理相结合，促成了他们的成功。马来人拿督哈桑（Hassan）是一个企业家，与政府关系密切，他办公室墙上挂着他与政府要员和王室成员的合影。谈及他的过去，他感到羞愧，年轻时他干了许多违背安拉旨意的事，如喝酒和赌博，浪费光阴。留学归来后，他得益于马来人特权，进入非马来人企业当管理者，无所事事，其实是不干事只拿工资。在伊斯兰复兴运动的影响下，他开始礼拜、学习《古兰经》、朝觐，伊斯兰教导打开了他的心扉，机会也向他打开大门，他努力学习商业知识和国际金融，取得商业成功。在哈桑看来，安拉教导他学习、做人和责任，他悟出成功不是目的本身，人们必须努力工作，以理解安拉选择他们的目的，满足安拉的愿望。安拉给了他一个又一个机会，而他则抓住机会，得到一次又一次回报。所以哈桑认识到努力工作、礼拜、思考，都是安拉给人类的礼物，人们要积极接受这些礼物，才能改变命运。如果只是坐等命运的安排，既违背了安拉的意愿，也不会成功。（Patricia Sloane，1999，pp. 60—63）许多新马来人坚信安拉并不喜欢贫穷，因为贫穷与懒惰、消极和不负责任相随，所以马来人必须勤奋工作，给安拉的礼物增光。

伊斯兰伦理也深深影响到企业家的行为，他们乐于助人、服务社会、讲究道德和诚信。沙姆苏丁的经商哲学是，"凡事都必须按规律去办。不能用不正当的手段利用他人。要有道德之心，以合作者的姿态与对手共处，使双方都得到发展。不能坑害对方，而应该帮助对方发展"。（原不二夫，1996，第25页）尽管上述言论并没有提到伊斯兰教导，但其中渗透了伊斯兰原则：获取财富的手段要正当、公正、帮助他人等。拿督哈桑也有自己的"马来穆斯林企业文化"，他认为一个成功的企业家是无止境地、利他地服务安拉和穆斯林社会，在他看来，仅成为一个好穆斯林还不够，还要成为一个好穆斯林商人，才能全面地为安拉和社会服务。（Patricia Sloane，1999，p. 60）阿里夫也强调："我是一个企业家，企业家必须有诚信，勤于工作，乐于帮助他人……教育和经济发展也改变了我……安拉和政府赋予我知识和机会去帮助其他马来人，这是我们的责任。"（Patricia Sloane，1999，p. 20）正是因为执着于伊斯兰信念，马来企业家乐于帮助他人、服务社会，在经济不景气的1986年，许多企业大量裁人，而沙布拉公司却没有解雇一名员工，该公司员工90%以上都是马来人。沙姆苏丁认为，当公司景气时，员工为公司扩大销售量，而在经营不景气时就解雇员工，这是不公正的。当时公司的员工为了留在公司，也为了帮助企业渡过难关，都自愿接受减薪，职员和老板的关系犹如家人和家长，在一个大家庭中亲密地生活在一起。

现代化改变了马来人的传统观念，新经济政策造就了一批马来企业家和中产阶级，加上伊斯兰教认同，培养了一代"新马来人"，他们赞同这样的说法：传统马来人相信宿命、不思进取、懒惰、贫困，是违背伊斯兰的，马来人只有勤奋工作、努力进取、获取财富、帮助他人，才是真正的伊斯兰。这是马哈蒂尔一再努力向马来人灌输的思想，得到新马来人的赞同。

## 三　伊斯兰银行与马来西亚经济发展

马来西亚伊斯兰银行是在两个因素推动下出现的，一是中东地区伊斯兰银行运动的影响；二是马来西亚伊斯兰复兴运动的推动。在伊斯兰复兴运动的影响下，穆斯林希望严格按照伊斯兰原则规范自己的价值观念和生活方式，现代银行的利息被认为是违背伊斯兰的，穆斯林要求建立伊斯兰银行。马来西亚政府为了表明自己的亲伊斯兰态度，在将伊斯兰原则引入行政管理、教育领域的同时，也要将伊斯兰原则引入经济领域，因此建立伊斯兰银行势在必行。

1983 年 7 月 1 日马来西亚第一家伊斯兰银行"马来西亚伊斯兰银行有限公司"（Bank Islam Malaysia Berhard，BIMB）建立，其宗旨是"公司所有业务将依据伊斯兰原则、法规和实践运作"，它与一般银行区别之处在于：一是伊斯兰银行不支付任何存款利息，取而代之的是银行与储户分享投资的利润，银行与储户利润分成比例是 7：3；二是伊斯兰银行只经营许可（halal）的业务，不能与伊斯兰原则相冲突。在伊斯兰银行成立庆典上，马哈蒂尔发表讲话，指出"今天我们建立伊斯兰银行，目的是将伊斯兰教和金融管理与现代经济相适应"。（Utusan Malaysia，1983）他将伊斯兰银行视为马来西亚伊斯兰化的重要步骤，该银行的建立既能符合伊斯兰原则，又能促使穆斯林节俭、储蓄和致富。伊斯兰银行初期业务比较简单，银行资本为 8000 马元，其中马来西亚政府投资占 30%，其他投资者包括"朝觐管理和基金委员会"、各州伊斯兰委员会和帕克姆组织。随后 10 年伊斯兰银行发展较迅速，1987 年其资本达到 3.22 亿马元。（Mohamed Ariff，1988，p.87）1992 年上市，到 1994 年底有 52 家分行，1280 名雇员，477000 名储户。（Rodey Wilson，1998，p.269）

单一的伊斯兰银行难以形成伊斯兰金融体系，而要建成伊斯兰金融体系，必须具备三个条件，一是拥有大量客户和服务项目；二是有各种类型的伊斯兰金融机构；三是具备伊斯兰内部金融市场。为了促进伊斯兰金融体系的形成，1989 年马来西亚政府又出台《银行和金融机构法案》，授权国家银行监管伊斯兰银行的开设，国家银行允许现有银行机构从事伊斯兰银行服务，使用它们现有的支行，这个政策有效地增加了提供伊斯兰银行服务机构的数量。伊斯兰银行服务项目也大大增加，有 40 多种伊斯兰金融产品和服务项目，运用各种伊斯兰概念，有"穆达拉巴制"（Mudaraba）、穆拉巴哈制（Murabaha）、穆沙拉卡制（Musharaka）、伊吉拉（Ijara）等，（Angelo M. Wenardos，2005，pp.115—117）服务项目的增多大大加强了伊斯兰银行的吸引力和活动，1994 年马来西亚伊斯兰内部金融市场正式建立，1999 年 10 月 1 日马来西亚第二家伊斯兰银行（Bank Muamalat Malaysia Berhard，BMMB）成立，加上其他金融公司、商业银行和招商银行，马来西亚伊斯兰金融体系已经形成。截至 2002 年上半年，马来西亚属于伊斯兰金融体系的机构包括伊斯兰银行 2 家、商业银行 14 家、金融公司 10 家、招商银行 5 家。伊斯兰银行发展最快，1984 年它的总资产只有 5.51 亿马元，2002 年 3 月发展到 190.95 亿马元，存款总额从 1984 年的 2.41 亿马元上升到 2002 年的 161.03 亿马元，贷款总额则从 1995 年的 19.66 亿马元上升到 2002 年的 78.52 亿马元。商业银行数量最多，资产总额也最多，从 1995 年的 20.39 亿马元发展到 2002 年的 272.83 亿马元，存款总额从同期的 17.45 亿马元上升到 228.09 亿马元，贷款则从同期的 8.43 亿马元上升到 130.45 亿马元。此外，金融公司和招商银行的资产总额和存贷款数额也一直在增加。（Angelo M. Wenardos，2005，pp. 127—130）

经过 20 多年的发展，马来西亚伊斯兰银行已自成体系，马来西亚是世界上第一个执行双重银行体系的国家。少数伊斯兰国家，如伊朗和巴基斯坦是完全的伊斯兰金融体系，其他伊斯兰国家则以普通银行为主，加上零星的伊斯兰银行，只有马来西亚形成了完整的、系统的伊斯兰金融体系。马哈蒂尔对此十分自豪，2000 年 9 月 1 日他在美国芝加哥一个会议上指出：“我们实践了独特的伊斯兰银行体系，称之为双重体系。这是一种成熟的伊斯兰银行体系，与普通银行体系并行，每个人，不论是穆斯林还是非穆斯林都能从伊斯兰银行的服务中获益，不论人们的信仰是什么，都能接受伊斯兰银行服务，这是令人赞赏的，它不会妨碍经济活动和影响增长。”（Hashim Makaruddin，2000，p. 54）这种双重银行体系的马来西亚模式，受到其他伊斯兰国家的重视，被它们认为是伊斯兰国家未来发展的模式。

但是伊斯兰银行也面临一些困难，这是由它的性质和宗旨所决定的，伊斯兰银行从一开始就肩负着双重职能：执行伊斯兰原则和促进马来人经济，为了证明伊斯兰经济理念的优越性，伊斯兰银行要保证盈利，所以马来西亚伊斯兰银行不得不规避风险，不愿更多投资给小企业，因为小企业失败率高，而愿意投资给有一定规模、更稳定的企业，这与促进马来人中小企业发展的初衷是相违背的。更重要的是，伊斯兰银行依据投资和利润分享原则参与企业的管理，事实证明这种运作模式不仅不方便，而且增加了成本。此外，伊斯兰银行也面临管理风险，因为伊斯兰银行持有大量的长期资产，如长期房贷抵押等，这些资产又都是由短期存款融资，因此有

可能引发资产与债务比例失衡的风险。(《南洋商报》, 2006 年 2 月 8 日)

## 四 伊斯兰教在马来西亚经济现代化中的作用

人们一般认为伊斯兰教对现代经济发展不利，尤其是它对物质追求的谴责和对里巴（利息）的禁止，影响了穆斯林追求财富的愿望和对现代经济制度的应用。但马来西亚的经验提供了相反的证明，马来西亚经济现代化走在伊斯兰世界和东南亚国家的前列，马来西亚对此十分自豪，当时还是外交部长的巴达维指出："马来西亚伊斯兰教的传播是与经济增长相伴随的。"(*New Straits Times*, 1997) 他认为马来西亚伊斯兰教模式（Malaysian Model of Islam）应该成为其他国家的榜样。其他伊斯兰国家也确实认为马来西亚是伊斯兰世界成功的榜样，它的高速经济增长、比较和谐的种族关系、浓厚的伊斯兰认同都向其他国家显示伊斯兰教是可以适应并促进现代化的。美国伊斯兰学者奥斯曼·巴克尔（Osman Bakar）认为马来西亚向世人证明了伊斯兰和社会的现代化可以并行不悖，足以成为其他穆斯林国家的榜样，(Osman Bakar, 2003) 埃及爱资哈尔大学校长穆罕默德·赛义德·坦达瓦（Mohammad Syed Tantawi）称赞马来西亚是伊斯兰世界的模范国家。(潘月强、魏月萍, 2003, 第 34 页)

伊斯兰教对马来西亚经济发展产生了积极影响。

首先表现在伊斯兰公正原则对平等与发展的影响。伊斯兰强调"公正"，与现代社会的"平等"观念合拍，所以在"平等与发展"成为社会发展主流的今天，伊斯兰的"公正"成为穆斯林社会追求"平等与发展"的基础，也成为马来西亚制定经济发展政策的基础之一，马来西亚在制定新经济政策和新发展政策时都强调伊斯兰原则，这在一定程度上有助于经济均衡发展和缩小贫富分化。

其次表现在伊斯兰的伦理、道德要求被赋予新的解释，使之成为鼓励穆斯林勤奋工作、积极进取、积累财富的动力，进而发展为企业家精神，推动穆斯林的个人现代化。伊斯兰伦理 + 现代观念，培养了一大批"新马来人"，他们投身现代经济部门，为马来西亚经济现代化作出贡献。

再次表现在用伊斯兰经济原则对现代经济制度进行改革，建立伊斯兰银行，使之成为普通金融体系的补充，一方面体现了伊斯兰经济原则能适应现代社会，另一方面也表明伊斯兰经济原则能促进现代化。伊斯兰银行

在马来西亚金融市场所占份额不断加大。据马来西亚国家银行统计，1996
年伊斯兰银行存贷款比例只占全部市场份额的 2% 和 2.2%（Mohd. Azmi
Omar，1999），2003 年伊斯兰银行占银行市场份额的 10%（《南洋商报》，
2003 年 11 月 18 日），2006 年占 12%（《南洋商报》，2006 年 6 月 10 日），
马来西亚国家银行预计 2010 年伊斯兰银行所占份额将上升到 20%。从伊
斯兰银行在金融市场所占份额不断加大的事实，说明伊斯兰银行在融资和
投资方面表现良好，推动了马来西亚经济的发展。

  伊斯兰原则尽管对马来西亚经济发展产生积极影响，但我们更要
看到，与伊斯兰教对政治和个人生活领域的影响相比，伊斯兰教对经
济领域的影响是最小的，所以伊斯兰教对马来西亚经济政策的制定和
经济领域的影响都不能高估。因为民族国家一直将能带来国富民强的
工业化和经济现代化放在首位，他们必须采纳现代经济体制和运作模
式，强调效率和发展，尤其在全球化的今天，经济一体化程度日益加
深，各国的经济运作模式必须与国际接轨，如果过分强调严格遵守所
有伊斯兰经济原则，势必与现代经济体系格格不入。所以，伊斯兰教
在经济领域的影响更多的是体现在适应上，它的经济原则被重新解
释，以适应现代化。政府在制定经济发展政策时虽然强调以伊斯兰原
则为基础，但实际上是基于种族、利益和效率，如马来西亚一直允许
博彩业存在，尽管伊斯兰党对此提出尖锐批评，认为博彩业是违背伊
斯兰的，但博彩业能带来丰厚利润，又是华人经营的，所以马来西亚
政府对其不加禁止。

**参考文献：**

中文：

[1] 陈晓律等：《马来西亚——多元文化中的民主与权威》，四川人民出
  版社 2000 年版，第 289 页。

[2] 陈中和：《对马哈迪伊斯兰化理念的一种解读》，载潘月强、魏月萍
  主编《再见马哈迪》，马来西亚大将出版社 2003 年版。

[3] 杜红：《伊斯兰教与经济现代化》，《世界宗教文化》1996 年第 3 期。

[4] 韩方明：《华人与马来西亚现代化进程》，商务印书馆 2002 年版。

[5] 贺圣达等：《战后东南亚历史发展（1945—1994 年）》，云南大学出
  版社 1995 年版。

**外文：**

[1] ［德］马克斯·韦伯：《新教伦理与资本主义精神》，于晓、陈维纲等译，三联书店1987年版。

[2] ［日］原不二夫编：《马来西亚企业集团的形成与改组》，刘晓民译，厦门大学出版社1996年版。

[3] Aidit Ghazali, *Development：An Islamic Perspective*, Selangor：Pelanduk Publications, 1990.

[4] Angelo M. Wenardos, *Islamic Banking & Finance in South – East Asia：Its Development &Future*, Singapore：World Scientific, 2005, pp. 127—130, table 5. 5—5. 6. Bank Islam Malaysia, 相关年份。

[5] interview with Dr. Mahathir, Utusan Online, 15 October 2001. in Virginia Hooker and Norani Othman, eds. , *Malaysia：Islam, Society and Politics*, Singapore：Institute of Southeast Asian Studies, 2003.

[6] Dato Dr. Ismail bin Haji Ibrahim, How Far Does Vision 2020 Fulfill the Requirements of Islam, in "*Towards the 21st Century：Islam and Vision 2020*", Transcript of IKIM Congress, 3—4 July 1992.

[7] Hashim Makaruddin, ed. , *Islam and the Muslim Ummah Selected Speeches of Dr. Mahathir Mohamad*, Subany Java：Pelanduk Publications (M) Sdn Bhd. 2000, p. 54.

[8] Mahathir bin Mohamad, *the challenges*, Selangor：Pelanduk Publications, 1986.

[9] Mohamed Ariff, ed. , *Islamic Banking in Southeast Asia*, Singapore：Institute of Southeast Asian Studies, 1988.

[10] Mohd. Azmi Omar, The Islamic Financial Landscape in Malaysia, the paper in International Conference Islamic Economic in the 21st Century, 1999, Kuala Lumpur, Malaysia.

[11] Osman Bakar, *Modernity and Religion：The Malaysia Experience*, Paper Present in World Conference of Islamic Scholars, Kuala Lumpur, 11th July, 2003.

[12] Patricia Sloane, *Islam, Modernity and Entrepreneurship among the Malays*, London：Macmillan Press LTD. , 1999.

[13] Rodey Wilson, Islam and Malaysia's Economic Development, *Journal of*

*Islam Studies*，1998，No. 2，p. 269.

［14］《与众不同特质及符合回教教义 回教银行管理风险扩大》，《南洋商报》2006 年 2 月 8 日。

［15］《回教式银行成功之道，值得成为学习典范》，《南洋商报》2003 年 11 月 18 日

［16］《去年盈利突破 10 亿　回教银行资产达 1 千亿》，《南洋商报》2006 年 6 月 10 日。

［17］*Malaysia Digest*，1972，9.

［18］*Utusan Malaysia*，2 July 1983.

［19］*New Straits Times*，February 25，1997.

# 东南亚女性穆斯林宣教群体研究

马 景

## 一 问题的提出

宣教团体兴起于 20 世纪 20 年代的印度社会，创传人是穆罕默德·伊利亚斯（Maulana Muhammad Ilyas，1885—1944 年），该思潮主要是为了回应印度德里西南部麦瓦特（Mewat）地区印度教徒改变穆斯林的信仰而起。其主要针对的目标是信仰非常淡薄的穆斯林群体，通过学习和宣传伊斯兰教的基本常识，以维系自身的信仰纯洁和传统。是迄今为止，宣教团体作为世界上影响最大的民间伊斯兰运动，在世界各国都有不同程度的传播与发展。到 2008 年为止，已经传播到了世界 213 个国家和地区。现在世界上大约有 1 亿至 1.5 亿穆斯林是该团体的成员。如今每年在南亚举行的宣教集会中，来自世界各地宣教人员达 400 多万，成为继朝觐之后，世界上最大的穆斯林集会。

宣教团体传入东南亚的时间为 20 世纪 50 年代初，经过半个多世纪的发展，已经成为东南亚地区影响较大的宗教思潮。与此同时，东南亚的宣教现象已经引起学者们的足够重视，出版或发表的成果也非常多。① 然而他们对于女性参与宣教活动缺乏研究。笔者曾在《伊斯兰教宣教团体在东南亚的传播与发展》一文中初步探讨了讨宣教团体在该地区传播与发展的历史进程以及社会各界的态度和看法②，但并未探讨女性穆斯林参与宣教的情形。基于此，本文在前期成果的基础上，继续就东南亚地区女性参与宣教的情形作深入的探讨，以展示该运动在东南亚的发展特点及面临的问题。

## 二 宣教运动关于女性的基本原则和主张

在宣教运动兴起初期，参与者几乎都是男性。当宣教运动在麦瓦特地区发展到一定的规模后，伊利亚斯意识到，如果不让女性群体积极参与到宣教运动中，那么他的使命是不完美的。为此，他向自己任教的德奥班德经学院的学者提出让女性参与外出宣教的想法。学者们立即驳回了他的提议，认为在当时印度社会处于一种混乱的时代，女性们在没有正确地遮盖自己的情况下出门，女性就会把宣教旅行作为一种"奔向自由"的"借口"而加以利用。③

事实上，学者们消极应对伊利亚斯的提议还在于当时的社会传统。在印巴次大陆的传统中，不主张女性前往清真寺参加礼拜或其他宗教活动。即便是家庭中，只允许妇女参加婚礼和葬礼，届时有大量妇女集中。当然，除了严格限制外，在印度的传统中，女性可以参加纪念苏非圣徒的活动。宣教运动发起者号召女性外出宣教的新模式，在印度社会属于首次，对既定的传统风俗产生影响，因此会引起传统力量的抵制和抗议。

---

① 国外学者研究宣教团体的主要成果有 Abdul. Aziz, The Jamaah Tabligh movement in Indonesia: Peaceful fundamentalist. *Studia Islamika*, 11 (3), 2004, pp. 467—517. Alexander. Horstman, The Revitalization of Islam in Southeast Asia: The Cases of Darul Arqam and Jemaat Tabligh. *Studia Islamika*, 13 (1), 2006, pp. 67—88. Alexander. Horstmann, Tablighi Jamā'at, Transnational Islam, and the Transformation of the Self between Southern Thailand and South Asia. *Comparative Studies of South Asia, Africa and the Middle East*, 27 (1), 2007, pp. 26—40. Farish A. Noor, *Islam on the Move: the Tablighi Jama' at in Southeast Asia*, Amsterdam University Press, 2012.

② 马景：《伊斯兰教宣教团体在东南亚的传播与发展》，《世界宗教文化》2015 年第 3 期。

③ Yoginder S. Sikand, Women and the Tablighi Jamaat. *Islam and Christian - Muslim Relation*, 10 (1), 1999.

虽然宗教学者对女性外出宣教持否定态度，但是伊利亚斯不仅坚持自己的想法，而且恳求大家同意女性参与宣教工作。最终德奥班德的一名知名教法学者转变了观念，赞同伊利亚斯的构想。此后伊利亚斯见到自己的一名弟子阿布杜斯，要求他说服自己的妻子参加宣教团体在德里总部关于女性穆斯林中的宣教工作。据说在伊利亚斯的教导下，这名女性组织了由数名女性组成的小组，在她们各自丈夫的陪同下以及伊利亚斯的另外一名弟子的监督下，前往德里西南部麦瓦特地区开展妇女的宣教工作。此后，女性参与宣教的人数逐渐增多，并像宣教运动的思想一样，在世界各地得到女性的支持。①

外出宣教的女性要求居住在一个比较安全的私人住宅或公寓。从组建第一个女性小组开始，宣教运动内容制定了一些规定。比如女性所在的屋子内部必须设置一个厕所。虽然这种做法当时在麦瓦特地区非常罕见，人们难以理解，但是现在却变得很受欢迎。对此情况，有历史文献记载，宣教运动的主创者当时的做法再次证明，这种做法是为了尊敬值得尊重的人和城里人，以至于她们不会大半夜到野外去上厕所。

与男性一样，宣教运动的倡导者伊利亚斯充分认识到女性在伊斯兰教复兴方面发挥的中心的、积极的作用。他鼓舞普通的女性穆斯林利用自己空闲的时间，组成宣教小组，到信仰薄弱的地区宣教，向那里的人们传授具有改良性质的伊斯兰教。从一开始，女性要求在两个月内，外出三天宣教。当她们外出获得一定的知识和经验后，她们可以加入为期半月的小组。自此以后，她们可以选择外出 40 天的小组，甚至时间更长。1934 年的宣教大会上，伊利亚斯要求外出的女性戴面纱。②

宣教运动内部没有关于女性宣教者的文献记载，现已有的资料都是针对男性。在宣教运动的理论家穆罕默德·扎卡里亚的著作《伊斯兰的教导》中有一章内容提到了先知穆罕默德时期的女性参与宗教活动的一些个案。当然还有一些非正式的小册子，列举了宣教团体关于女性参与宣教活动的 5 个条件和 14 条原则。比如，女性宣教首先从家庭开始，得到更

① Barbara D. Metcalf, *Women and Men in a Contemporary Pietist Movement. The Case of the Tablighi Jamaat. In Patricia Jeffery and Amrita Basu* (Eds.), Routledge, 2011, p. 112.

② Masud M. Khalid, The Growth and development of Tablighi Jamā' at in India. In M. K. Masud (Ed.), Travelers in Faith: Studies of Tablighi Jamā' at as a Transnational Islamic Movement for Faith Renewal, p. 10.

多的同情者。只有已婚的妇女且必须在丈夫或直系亲属的陪同下方可参加；由于当时印巴社会处于混乱中，因此要求在不同的城市旅行宣教；女性宣教者必须与非直系亲属保持隔绝；女性只能依靠陪同她们的男性亲属参加宣教活动或者集会。①

女性外出宣教期间，必须加强自身的学习和阅读伊斯兰教书籍，尤其是扎卡里亚的《伊斯兰的教导》一书，该书涉及伊斯兰教的基本常识，诸如斋戒、朝觐、礼拜、《古兰经》诵读、伊斯兰教故事以及其他的宗教礼仪实践。此外，宣教运动的另外一个学者特别强调，女性在外出宣教期间必须保持低调，甚至沉默。这种情形与对男性的要求几乎一致，因为宣教运动本身强调的是个人的信仰和榜样作用，而不是与人争论、辩论。另外宣教理论家还规定，要求女性外出期间必须履行每日必须的礼拜和附加的礼拜，诵读《古兰经》，诵念祈祷词。要求女性早起，向真主做祈祷，希望真主保佑穆斯林信仰群体和全世界的人类。女性在学习时可以召集当地的一些女性，以便使她们得到教育或感化，信仰得到觉醒。女性宣教者外出期间，应当召集和鼓励当地的穆斯林参加在她们各自家庭举行的宣教活动，以及举办每周的聚会和学习。外出的女性必须选择属于她们的带领人，但事先必须与同行的男性商议。外出期间的费用由个人自筹。女性的宣教演讲一般不要求男人聆听。女性外出时必须穿朴素的衣服，除了简单的首饰外，不能佩戴珠宝之类。用宣教理论家的说法，这样做可以有效地保护女性免遭伤害。②

女性参与宣教活动以后，带动了麦瓦特地区底层民众的信仰热情，同样，在早期女性小组鼓舞和帮助下，培养了当地的女性骨干。然而，宣教运动作为一种新思潮，其本身的宗教合法性在印巴社会存在争议，而且作为一支重要的力量，首次出现在宣教的前沿阵地，这种出现对印度社会的传统造成很大的冲击，因此也引发外界的批评和非议。宣教群体顶住各种压力，继续从事宣教工作。

关于早期女性宣教中的细节，宣教运动的理论家有不同的记载，而且

---

① Yoginder S. Sikand, Women and the Tablighi Jamaat. *Islam and Christian – Muslim Relation*, 10 (1), 1999.

② Barbara D. Metcalf, *Women and Men in a Contemporary Pietist Movement. The Case of the Tablighi Jamaat.* p. 113.

在宣教者中间流传的故事很多，其中被人津津乐道的有：当夫妻外出宣教后，家里的许多情况发生变化，比如，不听话的孩子变好了，长期生病的父母亲病情好转了，悬而未决的纠纷解决了。① 宣教者内部的这种说法在外人看来不可思议，甚至有伪造或美化的嫌疑，然而，从事宣教者却坚信这是来自信仰的力量。尽管如此，不可否认的是，当夫妻同时外出宣教时，家庭由谁来照看和维持是很大的问题，一些宣教者因没有处理好宣教与家庭之间的关系而备受诟病。同样也给宣教运动内部带来新的考验和问题。为此，宣教理论家根据实际情况作出判例，认为作为个人家庭是很重要的，作为男女首先要承担家庭的角色和重任。至于外出宣教，就如同朝觐一样是有条件的。当男女双方没有债务、老人、孩子有人照料或没有诸如此类的拖累时，夫妻方可外出宣教。宣教内部的不断调整，使得宣教的理念得到了一些人的理解和支持，自然，女性参与宣教的模式也随着宣教运动的向外传播而遍及世界范围。

# 三　东南亚女性穆斯林宣教群体

宣教运动在向全球的传播过程中，东南亚是较早传播的地区，时间大概是 20 世纪 50 年代初。由于政治和文化各方面的影响，早期的成效并不明显，直到 80 年代以后，宣教运动在东南亚有了快速的发展。在此传播与发展中，女性的宣教者也逐渐成长起来，并成为宣教运动内部有力的支持者和参与者。

## （一）女性宣教群体兴起的时间

第一支由女性组成的宣教小组抵达印度尼西亚的时间是 1985 年，她们来自巴基斯坦。她们一行在首都雅加达，以及东爪哇省（马吉丹）和南苏拉威西省（孟加锡）。当这个小组在印度尼西亚旅行宣教后，当地的 9 对夫妻跟随她们前往巴基斯坦学习。巴基斯坦宣教小组希望她们中的女性学习宣教的规则和模式，希望她们回国后将所学到的东西传授给周边的

---

①　Barbara D. Metcalf, Tablighi Jama at and Women. In M. K. Masud（Ed.），Travelers in Faith：Studies of Tablighi Jamā' at as a Transnational Islamic Movement for Faith Renewal, Leiden：Brill. 2000，p. 54.

女性穆斯林。1986年，女性首次参加宣教群体在雅加达举行的宣教大会。此次以后，女性参与宣教的人数不断增长。对于印度尼西亚而言，女性积极参与外出宣教的活动还得益于有大量的伊斯兰寄宿学校，通过这些学校，将广大的穆斯林女生连接在一起。比如外语东爪哇省的法塔赫寄宿学校创办于1953年，万丹省的寄宿学校创建于1982年。① 除了外出宣教外，供女性学习的圈子遍及印度尼相亚的各个角落。通常她们只在星期四、星期六和星期天聚会。

女性宣教群体在印度尼西亚成功之后，逐渐扩展到周边的马来西亚和泰国南部，经过近30年的发展，不仅已经成为东南亚地区伊斯兰复兴的重要力量之一，而且直接改变了一部分女性的生活方式与价值观念。

### （二）女性群体的构成及特点

东南亚女性宣教群体从年龄段来分，主要分为中青年群体和老年群体，前者社会文化水平较高，思想多元，经济收入高，处于宣教初期阶段，经验有限。后者社会文化水平较低，经济收入非常有限，思想单一，严格恪守宗教主张，宣教经验丰富。

在东南亚的许多地方，年长女性宣教者大多出生于中下层，她们的家庭背景包括经济收入和受教育程度都很低，这就决定了她们必须依附于自己的丈夫或者依靠丈夫。由此也使得她们不得不服从丈夫的要求，包括外出宣教的活动。中下阶层的女性宣教者向其他女性宣教的情况非常少。她们承认在与陌生女性交流时感觉非常不自在，而且信心不足。关于这种情况，有研究者提到一个访谈记录：

> 20世纪80年代中期之前，很少有女性参与宣教，因为在接触其他女性并邀请她们宣教时，我们感觉很羞愧。我们认识的很多女性都不敢接近我们不认识的人。而现如今，这种情况发生了很大的变化，现在与其他陌生穆斯林交往的任务由这些出身优越、受教育程度高的女性担任。我认为她们的成功之处在于她们有便利的条件、非常高涨

① Eva F. Amrullah, Seeking Sanctuary in "the Age of Disorder": Women in Contemporary Tablighi Jamā' at. Contemporary Islam, 5 (2), 2011.

的自信心和压倒性的勇气。她们在社区的宣传方面发挥的作用越来越大，而不像我们这些文化层次低的女性。①

中青年女性人数虽然少，但是她们经济收入高、文化水平很高，在宣教活动中取得的效果明显，影响较大。有研究者提到印度尼西亚的一群特殊女性：

> 在进入宗教学习小组的房间之前，我很担心走错地方。因为房子外面的氛围与我所到过的其他地方形成鲜明的对比。豪华的车辆停放在屋子周围，房屋的主人有一个保安。当进入屋子以后，参加学习的小组很多成员的外貌特点再次使我震惊。很多人穿着很精致的长袍，几乎遮蔽了全身，这些长袍大多从迪拜、埃及、沙特等地购买而来。她们拿着时髦的手提包（路易威登、普拉达、爱马仕、芬迪、圣罗兰、库奇），其中一些人着妆很浓。在我参与调研之前，我已经形成一种印象，就是参与宣教群体的女性大都是中下阶层，甚至是穷人。然而眼前的这一幕完全颠覆了我此前的想象。因为在其他的一些学习场合，女性一般是和她的丈夫、孩子骑着电动车前往学习。我所拜访的第一个学习小组是在一个伊斯兰寄宿学校，当地的民众非常贫穷，而且不是本地人，主要来自印度尼西亚的许多地方。住在寄宿学校，她们打算帮助学校或者得到一些帮助，实践宣教团体的一些理念，尤其是当她们的丈夫外出宣教时。她们居住在简陋的出租屋内，其条件与前面描述的女性形成鲜明的对比。②

鼓励女性参与外出宣教的主要目的是为了将她们塑造成宣教者、虔诚的信仰者、老师、教育工作者、服务他人者、严于律己者。这六个特征是培养女性虔诚的条件。从这个意义上来说，虔诚就意味着宗教行为的优秀体现。

---

① Eva F. Amrullah, Seeking Sanctuary in "the Age of Disorder": Women in Contemporary Tablighi Jamā' at. Contemporary Islam, 5 (2), 2011.

② Ibid. .

### (三) 女性加入宣教的动因

女性加入宣教团体的动机很多，其中最主要动因来自宣教运动本身。宣教组织高层内部的结构很简单，底层没有任何限制，这就意味着任何人都可以成为宣教团体的成员。在宣教群体的底层，每个人都有机会履行宣教。除此之外，参与宣教的底层女性所表现出的谦逊的本质也鼓舞着上流社会的女性，使她们意识到虽然底层女性的生活条件低下，但是她们并不感到悲惨，因为对于下层社会的女性而言，人生最大的意义不是积累大量的财富，而是通过虔诚的行为积累更多来自真主的报酬。

同样，宣教团体远离政治的主张以及渐进式的特点也是吸引女性尤其是上流社会女性加入宣教行列的因素。宣教团体有一个原则是禁止宣教参与者探讨政治或者探讨具有争议的宗教话题。有研究者采访了印度尼西亚的一名女性宣教者，她说：

> 我在寻找真正的伊斯兰教时，终于发现宣教团体所表现出的特征是我所想要的。对我而言，宣教团体提供给我的方式非常简单：仅仅是引导我们成为一个好穆斯林。宣教团体的教导很明确，即要求我们像先知穆罕默德及其弟子那样去遵循伊斯兰教的实践。然而，这种宗教实践与当前印度尼西亚的其他宗教派别形成鲜明对比。比如当前各种形式的赛莱菲派，他们经常讨论有争议的话题，时常评判其他组织和个人，包括宣教组织。在他们看来，这种宗教实践和认识是不正常的。[1]

从历史的发展来看，宣教组织严格地遵循了穆罕默德伊利亚斯的教导，他曾向追随着明确强调：你们应当切记，我们的运动和伊斯兰教宣传工作不仅不允许伤害他人的感情，而且也不能听到有害的和破坏性的言语。你们不能将别人称作异端，你们将来应当避免这类煽动混乱的言辞。[2]

---

[1] Eva F. Amrullah, Seeking Sanctuary in "the Age of Disorder"; Women in Contemporary Tablighi Jamā' at. Contemporary Islam, 5 (2), 2011.

[2] MasudM. Khalid, The Growth and Development of Tablighi Jamā' at in India. In M. K. Masud (Ed.), Travelers in Faith; Studies of Tablighi Jamā' at as a Transnational Islamic Movement for Faith Renewal, p. 28.

宣教团体当前被看作是最流行的宗教复兴运动之一，主要在于通过自身的特点获得大量女性穆斯林追随者。现如今在东南亚，有一个重要的现象，就是非宣教团体的一些年轻的宣教者不断受到社会的欢迎，他们不仅由此成为名人，而且成功地开辟了自己的市场，特别是吸引了一批年轻穆斯林。然而，他们的方式方法并没有引起生活富足的上流社会女性的青睐。究其原因，有访谈对象这样认为：

> 我对年轻宣教者非常失望，他们虽然忙于宣教，但是他们以一种非伊斯兰的方式生活。看看这些宣教者的妻子，他们甚至不能教导自己的妻子正确地遮蔽身体。他们如何能够向穆斯林传授正确的伊斯兰教义，难道穆斯林要按照他们的方式实践伊斯兰教。再来看看宣教团体的宣教者，当我看到这些谦逊的宣教者时，他们与众不同。他们很细心地实践伊斯兰教义的每个细节，而这种教义正是来自先知穆罕默德的实践。除此之外，他们很积极地寻找我们，像我这样的人渴望伊斯兰教的语言，不是我们追赶他们，说真的，我在宣教群体中找到了真正伊斯兰教的内在美。①

除了宣教运动本身的特点之外，成员希望接近真实伊斯兰教的纯正目的也具有感染力。对于新成员而言，外出的动机仅仅是花费时间甚至游玩，当他们的朋友邀请她们参加宣教群体的学习小组，她们以前从未出现在宗教集会的人群中，因此这种邀请对她们来说是很新鲜的，值得去做。一旦这些女性加入以后，宣教团体的思想就对这些女性产生重要的影响。

### （四）女性宣教群体的基本要求

作为伊斯兰复兴的一种形式，宣教团体主要通过类似既定的原则，从社会底层实施伊斯兰化。从这个层面来说，正如有学者指出，就宣教团体的规则和主张而言，女性在文化承载方面具有重要的责任。对于大多数的伊斯兰复兴运动而言，他们所关注的问题之一集中在女性方面，即如何从道德的层面和信仰的层面入手，提出一些正确的生活方式。

---

① Eva F. Amrullah, Seeking Sanctuary in "the age of disorder"：Women in Contemporary Tablighi Jamā' at. Contemporary Islam, 5 (2), 2011.

在宣教团团中，对虔诚女性的期望主要通过为她们所制定的一些行为准则体现出来。其中一种共同遵循的原则是如果没有直系亲属陪同，女性不允许与男性交往。为了避免出现男女混杂，她们总是穿着遮蔽全身的衣服，在这种情况下，她们可以保持男女之间的界限。甚至在学习圈子中，女性也是如此。女性外出宣教时，她们坐在车里也需要穿戴遮蔽的衣服，以致男性司机和女乘客之间不能相互影响。

为了避免男女混杂，宣教群体在房屋的设置方面也有相应的规定。例如女性主要活动的外出宣教、周末学习以及聆听别人的演讲等。一般而言，人们进入屋子的门是分开的，男性从一个门进入，女性从另外一个门进入。在房子里面，有两三个室内盥洗室，专门为女性所设。按照要求，房子里面必须要空气流通，因为当女性宣教者入住后，当地的女性穆斯林会探望她们，并与她们交流。此外，当女性宣教者抵达之前，有两名专门负责宣教群体的男性事先察看屋子内的情况。

对于精英阶层的女性而言，她们以一种适当的方式管理她们的住宿安排。而中下层的女性更喜欢居住在一起。这种情形为女性们提供了很多的便利，尤其是当她们的丈夫外出宣教的时候。自从宣教思想传入当地后，中下层的女性大都选择居住在临近的地方，特别是距离寄宿学校较近的地方，这是一个很重要的现象。当一对夫妻选择外出旅行宣教时，他们不必要为自己的孩子操心，因为周围的其他宣教者会照看他们的孩子。然而，对于精英阶层的女性而言，自从有了现代化的设施，比如汽车，是否住在相对较近的地方并不重要，有了现代化的交通工具，一切变得很容易。正如有学者指出的那样，女性教育的提升和收入的增加，为她们的活动带来足够的机遇。相反，受教育程度较低，收入有限的女性社会流动性不大。

另外一项需要女性严格遵循的行为准则就是当她们外出宣教时，她们必须穿上能够遮盖整个身体的衣服，包括眼睛。根据宣教群体的基本规定，任何人在外出宣教时不能以任何理由忽略宣教群体内部的规章，他们必须保持虔诚和谦逊。这就意味着任何人都不能违背内部的原则。对于女性而言，保持虔诚和谦虚，不仅要求穿戴遮蔽全身的衣服，穿上袜子，而且还要戴上手套。在印度尼西亚的一些地方还规定，女性所穿的遮蔽全身的衣服必须是朴素的，不能有任何装饰物在上面。而在泰国南部，女性要求穿黑色的衣服。① 为了让年青一代遵循这种原则，在寄宿学校，女学生的穿着与宣教团体的主张有很重要的关联性，女学生都要求穿上遮蔽全身的衣服。②

### （五）女性的宣教活动

前文已经提到，女性外出时的一切行为准则都是来源于宣教团体对女性的要求。其中的表现在前文提到的六个方面特征。这里我们仅仅分析第一个和第五个特点。宣教群体不仅在实践中多次强调这两个特点，而且是她们感觉最有意义的。所有的女性都要求不仅都能宣教，而且需要坚持内部细微的形式。比如以优美的方式表现自己，以便这种行为得到别人的模仿。要求所有女性宣教的实践之一就是坚持每周的外出学习小组，学习期间，有人专门负责阅读关于知识的书籍，或者传达相关信息以及讨论的话题。在学习期间，女性要求以宗教的语言，解释宣教团体的基本教义主张。这些话题基本不出伊斯兰教经典的范围，大多数都是从男性宣教圈子那里复制而来，而这些资料都是由宣教群体内部出版的。自从宣教团体产生于印度以后，伊利亚斯特别强调追随者遵循基本的原则，不断地重复和熟记关于宣教群体的基本思想。迄今世界各地的女性在参与学习期间的程序和内容几乎是一致的。

据学者的实际调查发现，对于初次参与宣教群体，之前没有任何宗教背景的女性而言，她们时常感到很兴奋，从事宣教的积极性很强。她们随口能够谈到宗教的话题。这同样也被看作是她们宣教的方法。这也使她们成为新的宗教圈中宗教精英的组成部分。从事宣教之前，必须掌握大量的关于宣教团体内部的基本原则和主张，进而对伊斯兰教有比较深入的了解。对于刚加入者而言，她们没有系统接受过伊斯兰教基本学科的教育，比如《古兰经》、圣训、《古兰经》注释、法学，等等，因此，她们除了探讨关于宣教群体记录在书本上有关伊斯兰教的知识外，不能更深入探讨关于伊斯兰教的话题。相反，其他的宗教组织或团体，尤其是赛莱菲派的

---

① Alexander Horstmann Gender, Tabligh and the "Docile Agent": The Politics of Faith and Embodiment among the Tablighi Jama'at. *Studia Islamika*, 16 (1), 2009.

② Eva F. Amrullah, Seeking sanctuary in "the Age of Disorder": Women in Contemporary Tablighi Jamā' at. *Contemporary Islam*, 5 (2), 2011.

人们，他们在宣教之前，掌握了大量关于伊斯兰教的知识。基于此，其他组织女性穆斯林严厉批评从事宣教的女性，认为她们是不成熟的宣讲者。

女性宣教者的另外一个重要的角色是服务。服务是宣教团体的重要主张之一，服务的范围很广，不仅服务所在的宣教小组，而且服务周围的人，这方面对体质的要求更高。她们也很愿意为他人服务，以她们的实际行动来感化周围的人，以便赢得更多的追随者。对于这种感化的宗教，有学者称其为"积极的虔诚"。这就意味着她们不仅积极实践伊斯兰教的基本信仰，而且要求她们的穆斯林姐妹们也仿效她们的方式。通过这种行为，使得女性宣教群体具有一种自我满足感，自我的价值由此体现出来。

需要指出的是，试图说服他人加入宣教群体的活跃宣教者大都是上流社会的女性，相对而言，她们的宗教常识比较有限。但她们富有激情，一般情况下非常热情要求他人，尤其是自己的家庭成员、朋友、亲戚、保姆、仆人、司机等成为宣教群体的成员，其招募具有选择性。而对于那些年长的经验丰富的老成员而言，虽然她们也参与招募新的成员，但是她们采取柔和的方法，不会轻易要求他人加入。相对而言，出生底层的女性穆斯林不会主动参与招募他人。其理由是，按照宣教群体的原则，招募有选择的目标主要是男性的职责所在。女性的任务主要是通过诵念相应的祈祷词以协助自己的丈夫招募，向真主做祈祷，希望真主援助她的丈夫招募成功。因此上流社会女性参与招募既定的目标主要是她们生来具有的创造力，这有助强化宣教运动的力量。另外，上流社会女性的地位使得她们具有更快的流动性。一般而言，她们有保姆和仆人，当她们外出时，保姆和仆人会照看她们的孩子，同样她们的司机也有助于她们的流动。这种情况与出身一般的女性形成鲜明的对比。有研究对象强调：

> 我们也想积极开展宣教工作，但是我们有很难的限制，我们没有适当的交通工具，比如汽车，我、我的五个孩子和丈夫因此而不易到达目的地，参加学习或外出拜访别人。和其他许多人一样，我也非常喜欢外出宣传，但谁能照看我的孩子，只有我自己照看。除此之外，我们也喜欢外出，但是我们没有足够的钱。①

---

① Eva F. Amrullah, Seeking sanctuary in "the Age of Disorder": Women in Contemporary Tablighi Jamā' at. *Contemporary Islam*, 5 (2), 2011.

由此可见，对于大多女性宣教者来说，经济资本是她们在外出流动宣教中能否顺利进行的主要因素。很多情况下，资金不足是影响流动性的关键因素。

# 四　结语

宣教运动的魅力在于强调所有的穆斯林，男性和女性，富人和穷人，无论他们的背景如何不同，都有义务参与宗教活动，实现自我的改造和提升。虽然宣教运动提出了比较严格的宗教实践要求，但是城市女性对宣教运动仍然钟情于此，当然她们对宗教的理解和实践与她们的父辈有明显的不同，从而也说明宗教不是传统意义上传承制度，对于大多数积极的女性而言，她们很坚定地寻求真正的伊斯兰教。当然从宣教运动内部引入的生活方式已经对她们物质生活方面的依赖产生重要挑战，而且宣教运动的成功之处在于使得这些女性相信通过积极投身于宗教活动，物质生活中的任何事都是在积累来自真主的报酬。

宣教运动作为一种自筹经费的活动形式，为东南亚大多数女性尤其是城市女性的社会流动提供了更多的机遇。她们加入高度强调宗法制度的宣教运动并不意味着她们完全受到压迫或者屈从于男性亲属，特别是自己丈夫。相反，对她们而言，选择成为宣教运动的一部分，表明她们有权决定自己的生活。同样她们相信，宣教运动所强调的严格的性别隔离为她们以自己的方式从事宣教活动提供了很多的机遇。对于她们而言，宣教运动所倡导的伊斯兰教主张并没有排斥或歧视她们，她们与男性具有同样的地位和平等。事实上，通过宣教运动的主张，她们意识到在支持宗教发展过程中的重要性。宣教过程中形成的集体认同和团结结合在一起，使得她们将宣教运动的责任内在化。对宣教运动的归属感不仅使她们积极努力成为真正的穆斯林，而且积极寻找多种传播伊斯兰教的方式，维系她们所认为的由宣教运动所主张的真正的伊斯兰教义主张。

当然，为了避免外界的批评，女性宣教团体组建之初，宣教团体的倡导者特别强调男女之间的界限，并为女性提出了更为严格的要求——遮蔽全身。对于宣教参与者本身而言，这种方式是她们愿意接受的，是体现自己外在虔诚的标识。然而，在世俗力量看来，这是一种近似极端主义的表现，尤其是在当下反恐的浪潮下，频频受到新闻媒体和世俗力量的攻击。这种情况在中亚穆斯林女性宣教群体中表现得尤为突出，她们的着装不断受到来自世俗力量乃至政府批评和打压，迫使她们不得不做出调适，走本土化的道路。① 而在东南亚地区，女性穆斯林并未因着装而受到强制性待遇，宣教运动忠实的女性追随者的行为消除了外界的陈旧的看法，即生活在这样一种运动下的女性经历了宗教保守力量的压迫性影响。而同样在欧洲等地，普通穆斯林女性的头巾问题成为政府试图通过法律予以禁止的焦点。由此也产生诸多的疑问，在全球化的浪潮下，女性戴头巾或遮蔽全身是一种信仰自由与权利还是信仰限制与压迫？是女性的解放还是自我约束？是一种历史的倒退还是一种进步？这都属需要探讨的话题。

---

① Mukaram Toktogulova, The Localisation of the Transnational Tablighi Jama' at in Kyrgyzstan: Structures, Concepts, Practices and Metaphors. *Crossroads Asia Working Paper Series*, No. 17, 2014.

# 菲律宾新伊斯兰恐怖主义：
# 苏莱曼酋长运动组织

辉　明

## 一　苏莱曼酋长运动组织产生的背景

RSM 起源于"巴利克伊斯兰运动"（Balik Islam Movement）。（Ban-laoi，2006，p. 1）"巴利克伊斯兰"意为"回归伊斯兰教"，指的是原天主教徒"回归"伊斯兰教。（Guillermo，2012，p. 57）据估计，巴利克伊斯兰的成员约有 20 万人，主要分布于菲律宾北部和中部传统上是天主教的省份。（Adio，2008，p. 2）早在 20 世纪 50 年代，吕宋岛就有天主教徒改宗伊斯兰教。当时，一个改教者的小组织找到菲律宾唯一的穆斯林参议员多莫考·阿朗多（Domocao Alonto），寻求他帮助组织星期五的礼拜。因为他们遇到"悲哀的事情"，即马尼拉没有一所清真寺。这个组织称为吕宋岛伊斯兰信徒（Muhminin al – Islam Fil Balad il – Luzon），是由一位前天主教徒伊玛目·穆罕默德·阿尔劳希·德·利昂（Imam Muhammad al – Lauhi de Leon）于 1953 年成立的。1956 年 3 月 16 日，就在阿朗多参议员的住所，大约有 50 名的改教者举行了马尼拉有组织的第一次祷告。（Ayuda，1980，p. 12）然而，直至 1964 年 7 月，由于菲律宾穆斯林协会（Muslim Association of the Philippines）的努力，才在马尼拉奎阿坡区（Quiapo）建立了一个祷告的永久场地。而真正的清真寺是在 1975 年建立的，当时主要是来自棉兰老岛拉瑙省的马拉瑙人（Maranao）移居马尼拉，使穆斯林社区的人口增加到 2.5 万人，其中包括了许多改教者。（Matuan，1983，p. 85）估计，在马尼拉大约有 2 万名改教者，主要分布在奎阿坡、塔吉格（Taguig）。还有奎松市的古堡（Cubao）和坦丹索拉（Tandang Sora）、圣胡安（San Juan）的格林山（Greenhills）、加洛坎市（Caloocan City）、甲米地（Cavite）都是改教者主要的居住区。中吕宋、南他加禄区（Southern Tagalog）、碧瑶市、班诗兰省（Pangasinan Province）也有一定数量的改教者人口。（ICG，2005a，p. 4）1968 年，阿尔劳希·德·利昂在马尼拉成立了"菲律宾回归伊斯兰协会"（Convert to Islam Society in the Philippines，CONVISLAM），其成员主要是皈依伊斯兰教的原天主教徒及有关的穆斯林。（Adio，2008，p. 4）

然而，巴利克伊斯兰形成颇具规模的运动最初是在海外菲律宾人中发起。（Niksch，2007，p. 7）从 20 世纪 70 年代中期开始，菲律宾政府就制定了鼓励劳工到国外就业的政策，中东地区成为菲律宾劳工主要的输入地。1975 年在中东地区的菲律宾劳工还仅占海外劳工总数的 10%，1977 年这个比例增加到 70%，到 1981 年竟达到 90%（Catong，2003，p. 3），沙特阿拉伯是菲律宾劳工的最大输入国，他们主要从事石油和建筑等行业。2001 年底，在中东地区工作的菲律宾劳工达 150 万人，其中沙特阿拉伯占了915 239 人。（Catong，2003，p. 33）

沙特阿拉伯的菲律宾劳工主要信仰天主教，但是当他们离乡背井，来到异国他乡时，产生了一种不安全感，既为人身安全也为工作保障感到担心。其中一些人因为对所在国的日常生活感到好奇，或者因为感到无聊、孤独，或者希望进入当地的社交圈而改宗伊斯兰教。然而，更强有力的诱因是沙特阿拉伯政府大力宣扬沙拉菲派伊斯兰教。[①]无论是在国内还是在国外，沙特政府都把外来劳工作为宣教活动的目标，目的既是为了国内的稳定，也是为了扩大在外来劳工国家的影响力，因为这些劳工最终是必须回国的。在沙特，菲律宾人是仅次于印度人的最大非穆斯林族群。

据菲律宾官方的报告，在 20 万巴利克伊斯兰教徒中，大多数都曾经在中东国家工作过。（Al‑Qaeda，2004）他们接受的是沙特官方的原教

_____

① 沙拉菲教派是伊斯兰教逊尼派中的一个原教旨主义派别。"沙拉菲"一词在阿拉伯语里是"前辈""先人"的意思，这一派别的价值观和信仰宗旨，就是追随祖辈的遗训，复古怀旧，完全按照伊斯兰最高经典《古兰经》的教诲行事，清除西方对伊斯兰的影响以及不适当的法律。

旨主义瓦哈比/沙拉菲教派，主张革除多神崇拜和一切形式的"标新立异"，"回到《古兰经》去"，恢复先知穆罕默德时期伊斯兰教的"正道"，严格奉行认主独一的教义，所以往往比菲律宾国内的穆斯林对伊斯兰教要更加虔诚，也更加激进。当他们回国后，由于巴利克伊斯兰教徒处于改教的地位，往往被主要穆斯林摩洛人作为二等公民来对待，这反过来使他们更热衷和接受伊斯兰复兴主义，其中一些人也更容易产生极端主义。

1990 年，有六七个改教者在沙特阿拉伯成立了一个名为"伊斯兰研究服务与指导"（Islamic Studies Call and Guidance,ISCAG）的组织,（ICG,2005a,p.5）目的是为在菲律宾出版宣教刊物、建立慈善机构和伊斯兰中心而在沙特募集捐款。它的主要赞助人是沙特人谢赫·哈穆德·穆罕默德·阿尔拉希姆（Sheikh Hamoud Muhammad al - Lahim）,他同巴利克伊斯兰运动的首任主席比恩韦尼多·哈利德·埃瓦里斯托（Bienvenido Khalid Evaristo）密切合作,源源不断地制作英语和他加禄语的伊斯兰宣传物。由于菲律宾没有自己的伊斯兰印刷业,"伊斯兰研究服务与指导"的宣传品就成为菲律宾伊斯兰读物的主要来源,它们是在沙特印制,进口到菲律宾并免费分发。这些读物主要宣扬伊斯兰神学、仪式和行为,以激励穆斯林,有力地推动了巴利克伊斯兰运动的发展。例如,马尔·阿莫莱斯（Mar Amores）出生于维萨亚斯的萨马岛一个传统的罗马天主教家庭,在他 20 岁时,听到媒体报道有关摩洛人匪徒在棉兰老岛杀害天主教徒时感到愤怒,这促使他去了解穆斯林"敌人",因此伊斯兰教引起了他的关注。他回忆说:"我想知道他们是什么样的人。"他开始阅读历史书籍,学习有关穆斯林和伊斯兰教的读物,经过 20 年的观察,他对穆斯林的仇恨变成了"理解"。1999 年,他决定把名字改为佐勒菲卡尔·穆瓦马贾利勒·阿莫莱斯（Zulfikar Muamarjalil Amores）,成了一名巴利克伊斯兰。（Torres）

除了返国的海外菲律宾人之外,巴利克伊斯兰教徒还有其他三个重要来源:（一）异族通婚。在棉兰老岛的一些地区异族通婚并非罕见,根据伊斯兰法,天主教徒的妻子必须随丈夫改信伊斯兰教。（Adio,2008,p.4）如果男方是非穆斯林,也必须改信伊斯兰教,条件是可以免除向女方交付聘礼。他们所生的子女可能像他的母亲一样认为自己是巴利克伊斯兰而自觉地接受了父亲的宗教。（二）哥里布安—苏巴农（Kolibugan - Subanen）部族成员。哥里布安—苏巴农部族属于"南菲律宾语群",主要分布在棉兰老岛三宝颜半岛西北部，是当地的土著部落。他们是最近才伊斯兰化，或者部分伊斯兰化，但更热衷于伊斯兰教，因为希望通过转向伊斯兰教提升他们的地位。（三）原棉兰老岛的天主教徒。在20世纪70年代和80年代早期的棉兰老冲突的高峰期间，一部分天主教徒受雇在穆斯林占多数的地区，为了自身的安全而皈依伊斯兰教。（Lacar，2001，pp. 39—60）

巴利克伊斯兰运动的成员自称"回归伊斯兰教"，而不是"皈依伊斯兰教"，有两个原因。首先，在一般的和个人层面上，他们认为，所有人类生来就是伊斯兰教徒，但是，由于父母或监护人误导，可能在其他传统中被抚养成人。尽管如此，根据伊斯兰教理论，在他们的心灵深处，仍保有伊斯兰教基本宣称的那种原初本质（birthheritage，阿拉伯语为Fitrah）。因此，他们回归到与神的基本关系是一种自然的倾向，这是神赋予他们的选择权利。其次，在集体的层面上，他们认为，伊斯兰教是菲律宾的原始宗教和菲律宾最早国家的基础，15世纪中叶到16世纪初，在苏禄和马京达瑙就已经建立了苏丹国。穆斯林民族主义者对所谓的个人原初本质产生了强烈的共鸣，认为，如果没有西班牙殖民者的入侵，自然发展的过程将是整个群岛都接受伊斯兰教，（ICG，2005a，p. 2）即伊斯兰教在菲律宾的传播被西班牙殖民入侵而遭强行逆转。因此，巴利克伊斯兰运动的激进分子要求清除西方的影响，回归原教旨主义的伊斯兰教，将整个菲律宾群岛伊斯兰化。苏莱曼酋长运动组织就是其中极端的一翼，代表了巴利克伊斯兰运动中狂热的那部分人，而且得到众多巴利克教徒的支持。

## 二　苏莱曼酋长运动组织的形成

苏莱曼是西班牙殖民者占领马尼拉之前统治马尼拉的穆斯林酋长（Rajah）。1571年4月，西班牙殖民者侵入马尼拉，遇到顽强的抵抗。在酋长苏莱曼的指挥下，马尼拉人民奋勇抵御西班牙的侵略。1571年6月3日苏莱曼在海战中阵亡。（Blair，1903—1907，pp. 141—172）RSM即以苏莱曼酋长命名。

RSM是由艾哈迈德·桑托斯（Ahmad Santos）于2001年建立的。（Inza，2012，p. 14）桑托斯于1971年出生在班诗兰一个富有的天主教家庭，原名伊拉里翁·戴尔·罗萨里奥·桑托斯三世（Hilarion del Rosario Santos Ⅲ），是3个兄弟中的老大。大约在他5岁时，父母离异，他的父亲伊拉里翁二世得了一种精神分裂症,被送进一家精神病院,因此他与两个弟弟是由祖父抚养成人。无疑这场家庭变故在幼小的桑托斯兄弟心灵上留下了创伤,对他们后来皈依伊斯兰教产生了重要的影响。①

桑托斯中学毕业后曾申请加入美国海军,但未能获准。之后到沙特阿拉伯工作了 6 个月,1992 年,他回到菲律宾,与他的第一任妻子在古堡市的一所天主教堂结婚。他经常收听菲律宾伊斯兰宣教理事会(Islamic Daawa Council of the Philippines,IDCP)的广播,深受其影响,开始经常去附近的"伊斯兰研究服务与指导"的办公处,最后于 1993 年皈依了伊斯兰教。"伊斯兰研究服务与指导"的创始人艾哈迈德·戈拉斯卜斯科(Ahmad Geras-pusco)也是班诗兰人,于是招聘桑托斯作为他的司机和总助理。(ICG,2005a,p. 6)桑托斯的二弟蒂龙(Tyrone)跟着于第二年皈依了伊斯兰教,并改名为达吾德·穆斯林·桑托斯(Dawud Muslim Santos),三弟赛勒斯(Cy-rus)也加入了伊斯兰教。

为了在菲律宾天主教徒大众中进行传教,劝导他们"回归"伊斯兰,1995 年 8 月,桑托斯在"伊斯兰研究服务与指导"另一名领导人阿卜杜拉·加川(Abdullah Gacuan)的帮助下建立了"伊斯兰宣教和资讯中心"(Fi Sabi-lillah Da'wah and Media Foundation,FSDMFI),它是在天主教徒为主的马尼拉和吕宋岛鼓吹激进的皈依伊斯兰运动的主要机构。该组织宣称,它的目标是"传播伊斯兰教的真正本质和纠正对伊斯兰教和穆斯林的误解"。(Banlaoi,2002,p. 125)桑托斯在广播电台和电视台购买播放时间定期播放他的观点并出版一份报纸。这些活动使他同后来的摩洛伊斯兰解放阵线(Moro Islamic Liberation Front,MILF)领导人萨拉马特·哈希姆(Salamat Hashim)和阿尔—哈吉·穆拉德(Al－Haj Murad)建立了联系,并编织起越来越复杂的个人和组织的联系网络作为他可靠的基础,并利用这个组织建立了巴利克伊斯兰运动与阿布沙耶夫组织(Abu Sayyaf Group,ASG)紧密的同盟关系。

桑托斯最初追求的是遵奉教法规定的行为规范和生活方式,以抵制西方腐朽文化和生活方式的污染。1996 年,他的祖父去世,桑托斯继承了祖父在安达的房地产,他把这些房地产捐给 FSDMFI。他的一些追随者作为

---

① 国际危机组织曾采访了巴利克伊斯兰教徒,他们很多都有不幸的家庭背景,其中一些看来是有意识地反叛天主教所谓的"神圣家族"的观念。

乌托邦式公社,在那里这些追随者可以进行耕种,并实践伊斯兰的生活方式而不受社会上腐朽生活的影响。这个农场对那些无地的人和为了逃避家庭或被人疏远的改教者特别有吸引力。然而,在第一批招募来的15名成员中,一些人"一旦了解了这个组织的真正使命就离开了"。(Mendoza,2003,p. 9)桑托斯的乌托邦实践遭到严重挫折。

桑托斯最终成为有圣战主义倾向的人,这部分要归咎于他同ASG和后来的MILF主席萨拉马特·哈希姆的接触,深受其影响。他开始利用FS-DMFI作为招募成员、教化、训练、筹集资金、后勤保障和同其他具有相同理念的组织进行合作活动的基地。RSM实际上就是在FSDMFI活动中产生的,并在鲁文·拉维利亚(Rueben Lavilla)的指导下成立的。(Banlaoi,2006,p. 1)鲁文·拉维利亚,皈依伊斯兰教后改名谢赫·奥马尔·拉维利亚(Sheik Omar Lavilla),是说伊农戈语(Ilonggo)①的天主教改信伊斯兰教者。他毕业于菲律宾大学,获得化学工程学位,不久前刚从俄罗斯回国,据说参加了车臣的圣战,并与当地一个妇女结婚。对桑托斯来说特别有价值的是,拉维利亚拥有麦地那伊斯兰大学研究生学历,学的是伊斯兰法学和哈底斯学(hadithic science)②,据说精通阿拉伯文的《古兰经》和所有逊尼派的四种教法③,可以说,拉维利亚在意识形态方面塑造了RSM,因此成为该组织的理论家和精神领袖。

2001年,桑托斯在班诗兰的安达镇的一个训练营地成立了RSM,据菲律宾反恐专家鲁道夫·门多萨(Rudolph Mendoza)将军说:"RSM这个名称最初是桑托斯开玩笑时提出的,但最终使用了这个名称",以纪念第一个马尼拉穆斯林统治者。(Banlaoi,2006,p. 1)然而,就所有的意图和目的而言,FSDMFI和RSM其实是同一回事。

另一个对RSM的形成发挥了重要作用的人物是沙特阿拉伯珠宝商穆罕默德·贾马尔·哈利法(Mohammed Jamal Khalifa)。他是本·拉登大学时代的一位同窗挚友,也是他后来的妹夫。1991年,哈利法被本·拉登派往菲律宾,并同两个菲律宾女人结婚。他在菲律宾建立了10多家公司和慈

①　伊农戈语,又称希利盖农语(Hiligaynon),是菲律宾西维萨亚斯地区居民操的一种南岛语族语言。

②　指有关"圣训"的学说。

③　逊尼派穆斯林以《古兰经》、圣训、公议、类比为四大法源或法理依据。

善机构,形成伊斯兰慈善机构的网络。(Abuza,2003,pp. 26—28)哈利法担任总部设在沙特阿拉伯的国际伊斯兰救济委员会(InternationalIslamic Relief Organization,IIRO)的区域主任,不仅负责在菲律宾的项目,也负责印度尼西亚、泰国和中国台湾地区的项目,(Abuza,2005,p. 5)其办事处经常雇用ASG 和 MILF 的成员,如办公室主任就是 ASG 的情报首脑。(Kevin)国际伊斯兰救济委员会引起菲律宾情报机构的注意,情报机构的一份报告指出:"IIRO 声称是一个救援机构,但却被外国的极端分子利用来作为为当地极端分子提供资金的便捷管道。"(Herrera,2000,p. 1)

1999 年 1 月,桑托斯同 ASG 最高领导层卡达菲·简加拉尼(Kadaffy Janjalani)和小吉那·安特尔·萨利(Jainal Antel Sali, Jr. )①的妻妹结婚,这是他的第二次婚姻。此后,他前往麦加朝觐,此行加强了他同阿拉伯激进分子的联系。从 1999 年 6 月开始,他同伊斯兰全球训诫团一起工作,2003 年3 月,他成为医疗紧急救援委员会国际基金会(MER – C International Foundation)的"商业伙伴"。由于同这些组织的关系,桑托斯同哈利法成了亲密的伙伴,这提高了他的地位从而获得大量资金。另外,在沙特的菲律宾劳工中的一些人也对苏莱曼酋长运动组织提供了最初的资金来源。(ICG,2005a,p. 1)

## 三 苏莱曼酋长运动组织同其他
## 伊斯兰恐怖主义组织的关系

尽管 RSM 是菲律宾很小的一个恐怖主义组织,但它同 ASG、MILF、伊斯兰祈祷团及基地组织都有错综复杂的合作关系,联手进行恐怖主义活动,力量得到加强,从而对菲律宾的稳定和安全构成了严重的挑战。

RSM 主要同 ASG 合作,实际上两者是同盟关系,这种合作是以婚姻关系为纽带:桑托斯的第二任妻子努琳·东贡(Nurain Dongon)来自北棉兰老岛的卡加延—德奥罗市(Cagayan de Oro City),也是一名从天主教改信伊斯兰教者。她有 3 个姐妹,其中一个柴纳布(Zainab)嫁给 ASG 领导人

---

① 小吉那·安特尔·萨利,别名阿布·苏莱曼(Abu Solaiman),是阿布萨耶夫组织的领导人之一,于 2007 年 1 月 16 日在马尼拉以南的一个村庄同菲律宾武装部队空降特种部队的交火中被击毙。

卡达菲·简加拉尼,另一个阿米拉(Amina)则嫁给简加拉尼的副手小吉那·安特尔·萨利。而且她的一个兄弟加法尔·东贡(Jaffar Dongon)是ASG 的特工。(Crisis Group Interviews,2005)"可以说明 RSM 与 ASG 之间关联的一个事实是,桑托斯于 2005 年 10 月 26 日在菲律宾三宝颜市被捕之时,他还兼任 ASG 的新闻局长。"(联合国安全理事会)

一份接近 RSM 的情报说,尽管桑托斯同 ASG 领导人之间有婚姻关系,但桑托斯更关注于同 MILF 的联系,因为萨拉马特·哈希姆已经是 MILF 的主席。1999 年 8 月,桑托斯和他的两个弟弟前往 MILF 的阿布巴卡营地(Camp Abu Bakar)与 MILF 领导人会晤。2001 年 12 月,桑托斯在 MILF 位于南拉瑙省的布拉沙营地(Camp Bushra)接受了军事和爆炸训练。据报告,在 2001 年12 月 MILF 至少为 RSM 的 50 名成员提供了训练。(Banlaoi,2002,pp. 116—117)RSM 还从"希而吉来之家基金会"(Darul Hijrah Foundation)①接受资金援助,该基金会是由 MILF 的成员建立的,由 MILF 的财政委员会前任主席尤索普·阿龙甘(Yusop Alongan)领导。(Abuza,2003,p. 35)

但是拉维利亚同 ASG 的联系更为紧密,一份来自 RSM 的消息来源称,在 2003 年哈希姆死后,RSM 同 MILF 的联系削弱了。(Rajah Solaiman Movement,p. 388)拉维利亚与卡达菲·简加拉尼是棉兰老州立大学的同学,1992 年两人同在伊玛目沙菲仪之家学院(Darul Imam Shafi'ie academy)接受训练。该学院设在马拉威市(Marawi City),是由哈利法的国际伊斯兰救济委员会菲律宾分部在 1989 年建立的,主要进行宗教教育,它的学员也在 MILF 的布拉沙营地接受军事和爆炸训练,在那里拉维利亚与卡达菲·简加拉尼可能直接接受过瓦利·汗·阿明·沙(Wali Khan Amin Shah)的爆炸训练。(ICG,2005a,p. 7)阿明是本·拉登的亲密助手,1994—1995 年间他是拉姆兹·优素福(Ramzi Yousef)②在马尼拉恐怖小组的关键人物。

2000 年后期,ASG 领导人许诺帮助 RSM,ASG 通过它在马尼拉的掩护机构菲律宾穆斯林协会伊玛目之家有限公司(Association of Muslimah Daul Eemanm Inc.)同 RSM 和巴利克伊斯兰活动分子相联系。(Banlaoi,2005,p. 9)警方情报来源称,RSM 从卡达菲·简加拉尼那里得到 20 万美元用于

---

① "希而吉来"指公元 622 年伊斯兰教先知穆罕默德领导早期穆斯林由麦加迁徙麦地那的事件,该事件是穆罕默德传教活动由艰难曲折走向发展胜利的重大历史转折点。

② 优素福是 1993 年世界贸易中心爆炸案的主谋,1995 年在巴基斯坦被捕。

初期在马尼拉开展的活动。(Banlaoi,2006,p. 2)

RSM 与 ASG 和 MILF 在进行恐怖主义活动上进行密切的合作。卡达菲·简加拉尼在接受电台记者采访时证实,2002—2003 年间,在 ASG 的棉兰老营地为 RSM 训练了大约 80 名活动分子。(Rajah Sulaiman Group,p. 386)RSM 则为 ASG 在马尼拉及菲律宾北部其他地区的恐怖主义袭击提供帮助。根据国际危机组织的报告,2004 年超级渡轮爆炸案和 2005 年情人节爆炸案显然都是主要在 ASG 领导人卡达菲·简加拉尼和阿布苏莱曼(Abu Solaiman,ASG 的发言人)的指导下,通过巴利克伊斯兰的成员与桑托斯的 RSM 联系而执行的。RSM 的恐怖分子是在 MILF 的保护下由伊斯兰祈祷团的专家训练的。RSM 的麦地那训练营(Medina Training Camp)位于中棉兰老卡拉瑙山(Mount Cararao)的伊斯兰祈祷团的雅巴尔·库巴训练营(Jabal Quba Training Camp)附近,MILF 则在那里设置警戒线来保证它的安全。(ICG,2005a,pp. 16—18)

RSM 还同印度尼西亚伊斯兰祈祷团建立了紧密的合作关系。据说,桑托斯曾在棉兰老岛接受了伊斯兰祈祷团成员的炸弹训练。早在 2002 年 2 月,他就和伊斯兰祈祷团一道训练了一批潜在的爆炸人员。2002 年 5 月安达训练营被菲律宾国家警察突袭后,RSM 成员到棉兰老岛的 ASG 训练营寻求庇护,后在卡拉瑙山接受了伊斯兰祈祷团教官的爆炸训练。2004 年,伊斯兰祈祷团教官在雅巴尔·库巴训练营为 RSM 成员实施了另一个名叫"圣战之书"(Kital Jihad)的训练方案,训练内容是破坏和爆炸以及熟悉火器。(联合国安全理事会)

经挑选的 RSM 成员由伊斯兰祈祷团通过 ASG 招募实施炸弹袭击。在准备过程中,被 RSM 招募的人员要在伊斯兰祈祷团和 ASG 主持下接受训练,特别是处理爆炸物和制造简易爆炸装置的训练。这些训练班的毕业生成为爆炸人员或提供行动支持,例如为简易爆炸装置购置部件或事先察看攻击目标。ASG 和 RSM 成员参加了以伊斯兰祈祷团和 ASG 名义策划的在大马尼拉市和棉兰老岛的一系列联合爆炸袭击和其他阴谋活动,导致数百人死伤,其中就包括 2004 年超级渡轮爆炸案和 2005 年情人节爆炸案。

桑托斯被捕后承认了 RSM 与伊斯兰祈祷团的关联,供称他在 2004 年初与伊斯兰祈祷团成员乌马尔·帕特克(Umar Patek)协作过。乌马尔·帕特克是 2002 年巴厘岛爆炸案的主要嫌犯,2004 年初在棉兰老岛躲藏。他

给了 RSM 250000 菲律宾比索(约 5000 美元),供其开展后来遭到挫败的
"大爆炸"(Big Bang)或"大崇拜"(Great Ibadah)行动,针对的目标是位于马
尼拉艾米塔(Ermita)区的美国大使馆和外国人,特别是美国人常去的一些
商业机构。2003 年 7 月 14 日,伊斯兰祈祷团一名骨干分子高兹(Fathur Roh-
man al – Ghozhi)①从菲律宾国家警察拘留所逃脱,他在去棉兰老岛武端市
之前,先到南甘马粦(Camarines Sur)一名 RSM 联络人的住处寻求庇护。
(联合国安全理事会)

　　苏莱曼酋长运动组织同基地组织也有千丝万缕的联系。早在 RSM 成
立的阶段,据说就与基地组织建立了联系。根据警方的情报,基地组织
"9·11"恐怖袭击的飞行员曾参加了桑托斯在邦板牙农场举办的 RSM 训
练营,他们后来学会了驾驶飞机。桑托斯供认,RSM"对参加'9·11'恐怖
袭击的恐怖分子提供训练方面的帮助并为他们提供庇护所"。菲律宾反恐
专家门多萨将军也写道:"基地组织的飞行员最初是在邦板牙的安赫莱斯
市(Angeles City)进行训练的……但在赴美国之前,他们去了 RSM 的训练
营,这个训练营是桑托斯在班诗兰省安达镇马龙村他的私人农场里建立
的。"(Banlaoi,2006,p. 2)

　　联合国安理会的委员会这样形容 RSM 同其他恐怖主义组织的关系:
RSM 招募的人员接受了基地组织附属的 ASG 和伊斯兰祈祷团的训练、资金
和行动援助。作为回报,RSM 则提供了(爆炸的)实地执行人员和一批具有
被招募潜力的人员,使 ASG 和伊斯兰祈祷团得以将其活动范围扩大到菲律
宾的城市地区。(联合国安全理事会)而 MILF 则对上述的三个伊斯兰恐怖
主义组织提供了保护。

## 四　苏莱曼酋长运动组织的意识
形态、目标和恐怖主义活动

### (一) 意识形态和目标

　　同阿布沙耶夫一样, RSM 的意识形态可以说是伊斯兰圣战主义,或

---

　　① 高兹(Fathur Rohman Al – Ghozi)也是 MILF 的爆破专家和爆炸物教练员。他是伊斯兰祈祷
团和摩洛伊斯兰解放阵线之间的主要联络人,并接待到棉兰老的新加坡和马来西亚伊斯兰祈祷团
成员。

者说是激进的伊斯兰复兴主义倾向，这种倾向是非正常的，已经超出了为建立民族国家和民族主义斗争的范围，他们认为为真主而战或圣战决战（jihad qitaal，指为对敌人而进行的政治斗争或战争）是必要的。（Wadi，2006，p. 96）同 ASG 不同，RSM 很少提到摩洛人的目标，而是强调圣战，圣战被看成是伊斯兰教不可或缺的，而且大圣战（jihad al akbar）和小圣战（jihad al saghir）① 是相辅相成的，小圣战在棉兰老尤其重要。

无论是 MILF 还是 ASG 组织，它们的政治目标都是在菲律宾南部建立一个伊斯兰国，而 RSM 的目标是通过宣教（da'wah）和圣战（jihad）来使整个国家伊斯兰化，而不仅仅是南部菲律宾传统的摩洛人地区。所谓的圣战包括了参加恐怖主义行动，通常是与 ASG 和伊斯兰祈祷团进行合作。桑托斯说，这也是为了支持在棉兰老岛为建立伊斯兰国而进行的圣战和全球圣战。（Rajah Solaiman Movement，p. 382）一个观察家描绘该组织的目标是：通过使非穆斯林皈依伊斯兰教来"解放"菲律宾所有的城镇，在北吕宋和中吕宋（即整个吕宋岛和米沙鄢岛）发起恐怖主义袭击是对在棉兰老岛的穆斯林主战场发挥牵制作用，并帮助在南部菲律宾建立一个独立的穆斯林国家。（Razzaque，2006）

## （二）恐怖主义活动

在 RSM 最盛时期，警方情报机构估计其成员为 50—100 人之间，核心成员不超过 30 人，（Rajah Solaiman Movement，p. 385）但它的成员遍布菲律宾的主要岛屿吕宋岛，其中包括马尼拉都市区。（Montlake，2005，p. 7）RSM 主要从巴利克伊斯兰激进分子中吸收它的战士和支持者，同时，从中东回国的菲律宾工人往往也是激进巴利克伊斯兰的意识形态追随者的最重要来源。桑托斯是这个组织的埃米尔（Amir，领导人），拉维利亚则是精神领袖。2005 年 1 月，警方情报机构的记要还提到其他两名 RSM 的领导人：艾哈迈德·贾维尔（Ahmad Javier），称他是桑托斯被捕之后接任了 RSM 的埃米尔并担任副指挥官；阿卜杜勒·穆海敏（Abdul

---

① 伊斯兰教认为，先知具备斗志旺盛的品质，他经常参加一些向反对真理和破坏和谐的力量发起的战斗。在内地，这种斗志意味着持续地向欲望开战，向人内部的拒绝主和主的意志的趋向开战，他把这种内部的奋斗称为"大圣战"；在外地，它意味着发起军事的或政治的或社会的战争，先知把这种战争称为"小圣战"。

Muhaymin），称他是 RSM 的特别行动组指挥官（the Amir Sab）。但是，他们的领导作用是不能同桑托斯和拉维利亚相比拟的。[①]

桑托斯最初关注的是"净化"吕宋穆斯林社区中某些不良的行为，他和他的同伙最初是寄送恐吓信要求人们改变他们的行为，进而从事圣战活动。2001 年他们开始购买武器并在安达镇桑托斯的乡下农场中进行军事训练，武器的主要来源是向非法武器供应商购买，但一些非法组织如 ASG 也向 RSM 提供武器。（Jane's，2007，p. 68）后来 RSM 在打拉省的圣克莱门特（San Clemente）又建立了一个训练营。起初桑托斯派遣 4 名 RSM 的成员参加 MILF 在布拉沙营地的"特种训练"，后来就仿效 MILF 的训练制度，先在安达训练营学习 45 天的阿拉伯语和伊斯兰教，以及体能和武术训练，然后转到圣克莱门特训练营学习游击战术和制造炸弹，还计划在打拉市或马尼拉进行爆炸训练，可能还包括偷盗车辆和绑架。（Mendoza，2003，p. 9）桑托斯被捕后在警方审讯中承认，他和拉维利亚要把受训者训练成人体炸弹，直至他们立志舍希德（shaheed，意为殉教，承诺牺牲自己）为止。桑托斯和拉维利亚向受训者灌输"最伟大的牺牲是把自己的生命献给真主和伊斯兰"的信念。（Banlaoi，2006，p. 2）RSM 主要在吕宋岛开展活动，除了在马尼拉以北的班诗兰和打拉有两个已知的训练营地，事实上它的总部是设在马尼拉都市区的 FSDMFI 办公室，直至它在 2002 年被政府关闭。

由于苏莱曼酋长运动组织规模小，它的军事组织是简单的。一份警方情报谈到"巴克利伊斯兰在班诗兰和打拉的小组"是由少数的活动分子所组成。（Banlaoi，2002，p. 111）同一情报提到了卡利德·特利尼达旅（Hukbong Khalid Trinidad，它以 RSM 第一个烈士命名，是 RSM 特别行动小组），它是 RSM 名义上的军事组织，说"卡利德·特利尼达旅吕宋分队是由 5 个独立小组所组成，每个小组有 5 个成员"。然而，一份有关 RSM 的详细报告称，卡利德·特利尼达旅是由军事人员组成，以增加 RSM 的威胁。（Mendoza，2005，p. 6）

RSM 的战略是宣教和圣战同时进行，发动武装斗争是为了反对敌人——菲律宾政府。主要的战术是通过制造爆炸案从经济上损害政府，以

---

① Personal Communication by Saifullah to Soliman M. Santos, Jr. on 19 May 2007, see *Rajah Solaiman Movement*（*RSM*），p. 384.

此来削弱它所认为的政府维持反对穆斯林战争的经济能力，并使它的敌人感到恐惧。至于平民伤亡则被看成是为实现破坏经济的目标而"附带的"和为了伊斯兰的荣誉实现正义而必须作出的"牺牲"。据报告，拉维利亚把他的战士描绘成"都市圣战者"（urban mujahideens），他们制造的有关伤亡事件大部分都发生在都市地区。（Banlaoi，2006，p. 1）其恐怖袭击的手段几乎全部采用简易爆炸装置而不是进行武器攻击行动。因此，它试验了大量的简易爆炸装置的设计，如把炸弹藏在电视机里，或把塑胶炸药用煤油溶解后注入医疗保健器皿内。但是，与其他恐怖组织不同的是，它的爆炸的主要目标是运输车辆或城市中心的公共场所，而不是居民区。（Jane's，2007，pp. 67—68）

RSM 制造的恐怖主义袭击事件主要有：

2004 年的"超级渡轮爆炸案"。菲律宾当地时间 2 月 26 日晚 11 时，"超级渡轮—14"号从马尼拉港口启航，前往菲中部城市巴科洛德（Bacolod）。凌晨 1 时左右，在驶离马尼拉港口 2 小时至克雷吉多尔岛（Corregidor Island）附近，"超级渡轮—14"号突然爆炸起火，导致 116 人死亡。这是菲律宾近年来最严重的海上恐怖主义袭击事件。

2005 年"情人节爆炸案"。2 月 14 日是情人节，当晚菲律宾首都马尼拉以及南部城市达沃和桑托斯将军城分别发生爆炸事件，造成 12 人死亡、100 多人受伤。其中在马尼拉马卡迪商业区制造爆炸的嫌犯安吉洛·特立尼达（Angelo Trinidad）是一名改教者。（ICG，2005a，p. 8）

同年，RSM 成员袭击了陆军一支分遣队，打死 10 名士兵。

以上的恐怖袭击事件实际上是 ASG 同 RSM 成员共同进行的，或者说，在 ASG 的指挥下，由 RSM 的成员实施的。除了这几起事件外，根据警方的情报，RSM 还制订了自己的大规模爆炸计划，包括：2004 年 4 月，RSM 制订了一个计划，有 7 名人体炸弹作了殉教的宣誓（Shaheed）。但在 5 月和 6 月，菲律宾警方采取了反恐行动，7 名人体炸弹中有 2 名被捕，另外 2 名由于政府加强了警方行动而宣称"暂停"活动，其余的 3 人则在逃；（Banlaoi，2006，pp. 2—3）2005 年在马尼拉都市几个地点进行爆炸的计划，这些地点显然大部分是每年 1 月天主教徒举行大规模游行的地点；在 2006 年菲律宾宿务市即将召开东盟峰会期间，参与袭击英国、美国和以色列驻马尼拉大使馆的阴谋活动，但菲律宾安全部队在突击马尼拉郊区一所房子时，缴获了近 600 公斤的炸药，挫败了 RSM 的阴谋。其他的计划还包括在美菲举行"肩并肩·2001"联合军事演习时发动袭击、在2002年2月袭击部署在棉兰老的美国特种部队、针对阿罗约总统的卡车炸弹袭击、用火箭发射手雷袭击美国大使馆、用手榴弹和炸弹袭击在马尼拉市郊的石油库、其他的对公司大楼的炸弹袭击、进行绑架以勒索赎金、刺杀著名的政府和警方高官。据说，该组织已经发展了一小批可能的人体炸弹以执行某些计划。（Mendoza，2002，p. 114）一份熟悉RSM的情报确认了这些计划，但称这些计划从未启动。

RSM对伊斯兰恐怖主义在菲律宾"圣战"的战略价值在于：它的主要支持者巴利克伊斯兰运动分布的地理范围主要是在菲律宾北部的吕宋岛，尤其是在马尼拉主要的都市地区，这里是天主教的中心地带，以及国家政治、经济、文化和金融中心。由于RSM的一些成员接受过自杀性恐怖袭击训练，没有南方口音和穆斯林的种族特征，因此更容易渗入非穆斯林地区进行活动，对国家安全构成了严重的威胁,（Inza，2012，p. 14）这为在穆斯林在棉兰老传统战线之外为圣战和宣教开辟了一条新的战线。

## 五　菲律宾政府的反恐行动

早在RSM成立之初，桑托斯就引起警方的注意。2001年11月，当居民投诉桑托斯在安达的私人农场传出持续不断的枪声，当地的法官便发出了搜查证。接着桑托斯禁止渔民进出他的农场，而以前渔民总是穿过他的农场出海捕鱼，同时赶走他的租户并整夜不同寻常地进进出出，这也引起当局的怀疑。2001年11月27日清晨，当地警方突袭了农场，发现有20个青年在一所临时住所睡觉和2支手枪，手枪的许可证属于桑托斯。警方的突袭没有遭遇反抗，警察也没有逮捕任何人，但他们的可疑活动没有停止，从而引起该省和国家警察的注意。（Crisis Group interviews，2010，p. 408）

2002年5月1日，两名年轻人名叫哈立德·特立尼达（Khalid Trinidad）和德克斯特·马约诺（Dexter Mayuno），在打拉市的公共汽车上同警察发生了交火，警察击毙了特立尼达，抓获了马约诺，并从他们身上缴获了手枪和手榴弹。在审讯中，马约诺供认，桑托斯的农场和圣克莱门特的一个地点是以前不为人知的RSM的训练营。这个事件使警方的视线返回到了安达。过了3天，警方搜查了上述两个地点，使用警犬起获了4支冲锋枪、2支猎枪、2支手枪、22支步枪和手榴弹，以及3颗地雷和其他爆炸装置等。警方还在桑托斯的农场发现了一个超越障碍训练场、几个散兵坑和哨所，以及上有弹孔的射击靶。于是在安达逮捕了6人，在圣克莱门特逮捕了2人。（Mendoza，2002，p. 115）这是 RSM 的成员首次遭到逮捕，也揭开了 RSM 的秘密。

"超级渡轮爆炸案"和"情人节爆炸案"后，菲律宾加强了对 RSM 的打击。2005年3月23日，菲律宾安全部队突袭了 RSM 在奎松市的一处庇护所，缴获了600公斤的炸药，至少逮捕了7人，其中包括桑托斯的弟弟蒂龙。其中另一人名叫雷东多·德罗沙（Redondo Cain Dellosa），是一名改信伊斯兰教的原天主教徒，他承认是他在"超级渡轮爆炸案"中引爆了炸弹。但拉维利亚在几天前离开了安达，因而幸运地成为漏网之鱼。（Banlaoi，2006，p. 2）

10月26日，桑托斯在三宝颜市藏身的一所公寓被安全部队逮捕，指控他策划炸弹袭击马尼拉高知名度的目标，其中包括美国大使馆，与他同时被捕的还有7名 RSM 成员，这是 RSM 遭受的最沉重打击。两个月后，菲律宾安全部队在三宝颜市逮捕了 RSM 的另一个领导人。菲律宾官员随后声称，这些俘虏帮助他们挫败了 RSM 在圣诞节期间在马尼拉发动攻击的计划。（Bocobo，2007）

由于菲律宾政府的军事和警察行动，RSM 受到很大削弱，而且组织涣散，但它仍然是相当活跃的。2005年12月，国际危机组织的一份报告称，这个组织仍然继续招募新成员，并称它所保存下来最早的成员依然是"巨大的、潜在的危险"。（ICG，2005a，p. 8）国际危机组织顾问基特·科列尔（Kit Collier）说："甚至在它的领导人桑托斯被逮捕之后，RSM 仍然是以棉兰老为基地的恐怖主义组织在菲律宾的'中心地带'进行活动的工具。"（ICG，2005b）桑托斯被捕后，拉维利亚接任 RSM 领导人。2007年简氏战略咨询中心认为，它对菲律宾国家安全不再是一个严重的威胁。（Rajah Solaiman Movement，pp. 380—381）

然而，2007年10月19日，首都马尼拉的马卡迪金融区一大型购物中心发生爆炸，爆炸导致9人死亡，120多人受伤。第二天，菲律宾 ABSCBN 电视台收到一条文本信息，发信人自称是 RSM 的发言人鲁本·奥马尔·拉维利亚，他声称该组织对马卡迪爆炸案负责，要求在24小时内释放桑托斯，否则的话该组织将对公共场所和重要设施发动类似的袭击。拉维利亚还警告说："如果军队不停止杀害棉兰老岛的穆斯林和在24小时内释放艾哈迈德·桑托斯，针

对基督徒的圣战将继续进行,基督徒将再次承受后果。"(Bocobo,2007)

2008 年 7 月,拉维利亚在巴林落网,并被引渡回菲律宾受审。菲律宾移民局官员称,拉维利亚是在巴林申请银行贷款时泄露自己的可疑身份,被捕前他的公开身份是巴林一家杂志的编辑,同时还是菲律宾驻巴林使馆的翻译。①

拉维利亚被捕后,由帕雷哈(Dinno – Amor Pareja)接任 RSM 领导人。(Inza,2012,p.14)但在 2009 年 8 月 21 日,警方在棉兰老岛马拉维市(Marawi)突击了帕雷哈的藏匿住所,抓捕了现年 28 岁的帕雷哈。据悉,在 2006 年菲律宾宿务市即将召开东盟峰会期间,帕雷哈参与了袭击英国、美国和以色列驻马尼拉大使馆的阴谋活动,以及一系列恐怖袭击事件。由于 RSM 的领导人接二连三地落网,菲律宾国家警察总长 Jesus Verzosa 在记者会上表示说:"我们相信,帕雷哈领导的组织已被根除。"②

尽管 RSM 遭受一连串的沉重打击,实力削弱,恐怖活动也一度沉寂,但远未被摧毁和根除。2011 年 11 月初,一个自称阿布—杰哈德—哈利勒(Abu Jihad Khalil al – Rahman al – Luzoni)的人在 YouTube 上发布了一段阿拉伯语的视频,要求人们支持他。许多人认为他是 RSM 的领导人,如果哈利勒重操旧业,寻找资金和新成员,可能意味着马尼拉将看到更多有计划的圣战活动。(Jones,2012)

以上的预言并非是危言耸听。2014 年 10 月 7 日,马尼拉警方在奎松市逮捕了 3 名 RSM 的成员,这 3 人是阿叶尔斯、瓦尔迪兹和马卡帕加尔,他们图谋在马尼拉地铁制造爆炸。其中阿叶尔斯曾被指控与哥打巴托阿旺机场爆炸案有关,被抓获时缴出了一颗手榴弹。其后,大马尼拉地区 2 所大学连续接获炸弹恐吓电话,校方被迫宣布停课。因此,美国驻菲律宾大使馆于 9 日发布通告,提醒在大马尼拉地区的美国人,提防炸弹攻击事件。③ 可见,RSM 并未销声匿迹,对菲律宾的安全仍然构成严重的威胁。

---

① 参见《四年前造成百人死亡菲律宾轮船爆炸案主谋落网》,中国日报网环球在线,2008 – 08 – 30,http://www.chinadaily.com.cn/hqgj/2008 – 08/30/content_ 6983984.htm。

② 参见《菲律宾抓获伊斯兰极端组织高级领导人帕雷哈》,http://baike.baidu.com/view/3203855.htm? fr = aladdin。

③ 参见林行健《美驻菲使馆:提防炸弹攻击》,http://www.msn.com/zh – hk/news/world/%E7%BE%8E%E9%A7%90%E8%8F%B2%E4%BD%BF%E9%A4%A8%E6%8F%90%E9%98%B2%E7%82%B8%E5%BD%88%E6%94%BB%E6%93%8A/ar – BB8if3R。

# 结 语

RSM 的出现说明了菲律宾伊斯兰恐怖主义问题的复杂性。首先，菲律宾恐怖主义组织组织已经形成了复杂的网络，并超越了国境同国际恐怖主义组织网络紧密地结合在一起。如果不能杜绝国际恐怖主义的渗透，那么菲律宾的反恐斗争就很难取得最后的胜利。其次，菲律宾恐怖主义猖獗的原因绝非仅仅是南部穆斯林分离主义运动，其根源是该国经济和社会发展中存在的问题，经济衰退、贫富差距大、贪腐严重、高失业率等社会矛盾为恐怖主义提供了得以滋生的新土壤，许多年轻人对现实不满而转向伊斯兰教，甚至以进行恐怖主义活动来宣泄。如果这些问题不能得到解决，就难以结束伊斯兰激进主义和圣战主义对 RSM 的社会基础巴利克伊斯兰运动的影响，不能排除出现新的类似于 RSM 的恐怖主义组织。RSM 挫败的经历可能推动更年青一代激进主义和圣战主义的穆斯林改教者去寻求替代的行动计划，RSM 也可能改头换面，用其他的名称而复活。总之，RSM 仍然是影响伊斯兰恐怖主义发展的一个因素。（Jones，2012）

**参考文献：**

[1] 联合国安全理事会，关于基地组织及有关个人和实体的第 1267（1999）号和第 1989（2011）号决议所设委员会网站，1999 年。（http：//www. un. org/chinese/sc/committees/1267/NSQE12808C. shtml）

[2] Abuza, Zachary, 2003, *Funding Terrorism in Southeast Asia*：*The Financial Network of al Qaeda and Jemaah Islamiyah*, NBR Analysis, Vol. 14, No. 5, The National Bureau of Asian Research, December, Seattle.

[3] Abuza, Zachary, 2005, *Balik - Terrorism*：*The Return of the Abu Sayyaf*, Carlisle, Strategic Studies Institute, US Army War College, Pennsylvania.

[4] Adio, Nassef M. , 2008, *Relationship between Balik Islam（Muslim Reverts）and Ful l - Fledged Muslams under the Auspices of Islamic Teachings in Philippine Setting*, University of the Philippines, Diliman.

[5] Al - Qaeda, 2004, "Converting Christians for Militant Work", *Strait-*

stimes, May 10.        ( http: //www. freerepublic. com/focus/f – news/
1132869/posts)

[6] Associated Press, 2006, "Terror Cell Tagged Most Dangerous", *Philip-
pine Daily Inquirer*, 29 September.

[7] Ayuda, 1980, Khatib Ibrahim Pedro B. , *Brief History of Convislam*,
Converts to Islam Society, Manila.

[8] Banlaoi, Rommel C. , 2002, *Philippine Jihad Inc.* , Unpublished Manu-
script, No Identified Publisher, Quezon City.

[9] Banlaoi, Rommel C. , 2005, *Leadership Dynamics in Terrorist Organiza-
tions in Southeast Asia: The Abu Sayyaf Case*, paper presented to The
Leadership and Structure of Terrorist Threats in Southeast Asia, April 18—
20, Kuala Lumpur.

[10] Banlaoi, Rommel C. , 2006, "The Rise of the Rajah Solaiman Move-
ment (RSM): Suicide Terrorism in the Philippines", *IDSS Commentaries*
(109), Institute of Defence and Strategic Studies, Nanyang Technical U-
niversity, 9 October, Singapore.

[11] Bocobo, Dean Jorge, 2007, "Rajah Sulaiman Movement Owns Up To Makati
Mall Terrorist Attack", *Philippine Commentary*, October 20. (http: //philippi-
necommentary. blogspot. com/2007/10/rajah – sulaiman – movement – owns – up
– to. html)

[12] Blair, E. H. & Robertson, J. A. , 1903—1907, *The Philippine Islands*,
1493—1898, Vol. 3, The A. H. Clark Company, Cleveland.

[13] Catong, Esnaen, 2003, *Philippines – Saudi Arabia Relations*, 1968—
1998: *A Diplomatic History*, PhD thesis, University of the Philippines,
Manila.

[14] Crisis Group Interviews, 2005, *Fi – Sabilillah Members Who Attended
the Lectures*, April, Manila.

[15] Crisis Group Interviews, 2010, *Anda*, *Pangasinan*, April 2005, *and
Anda Police Blotter Entry* 1310, 27 November.

[16] Guillermo, Artemio R. , 2012, *Historical Dictionary of the Philippines*,
Scarecrow Press, Lanham, Md.

[17] Herrera, Christine, 2000,     "Bin Laden Funds Abu Sayyaf Through

Muslim Relief Group", *Philippine Daily Inquirer*, August 9.

[18] ICG (International Crisis Group), 2005a, *Philippines Terrorism: The Role of Militant Islamic Converts*, Asia Report No. 110, Jakarta/Brussels: ICG. 19 December.

[19] ICG, 2005b, *Philippines: Militant Islamic Converts and Terrorism*, Jakarta/Brussels 19 Dec. (http://www. crisisgroup. org/en/publication – type/media – releases/2005/asia/philippines – militant – islamic – converts – and – terrorism. aspx)

[20] Inza, Blanca Palacián de, 2012, *Islamic Terrorism in the Philippines*, ieee. es, Analysis Document, 41, Madrid.

[21] Jones, Sidney, 2012, "Changing terrain of terrorism in South – East Asia", *The Straits Times*, 4 Jan.

[22] Jane's Strategic Advisory Services, 2007, *Non – state Armed Groups Study: Study of Non – statearmed Groups in the Philippines*, Background Document Commissioned by the Small Arms Survey, 2 July.

[23] Kevin, *Combating Terrorism Acts from the Root Cause: A Study Case from Rajah Sulaiman Movemen*, Parahyangan Catholic University, Bandung. (无页码, 无出版年)

[24] Lacar, Luis Q. , 2001, "Balik – Islam: Christian converts to Islam in the Philippines, c. 1970—98", *Islam and Christian – Muslim Relations*, Vol. 12, No. 1, January.

[25] Matuan, Mochtar I. , 1983, *The Maranao Migrants in Metro Manila*, Master's Thesis, University of San Carlos, Cebu.

[26] Mendoza, Rodolfo B. , 2002, *Philippine Jihad Inc.* , Philippine National Police.

[27] Mendoza, Rodolfo B. , 2003, *Radical Islamic Reverts in the Philippines and their Networks*, Philippine National Police, 10 November, Manila.

[28] Mendoza, P/Sr. Supt. Rodolfo B, 2005, *Special Report: Current Terrorist Plans of the Rajah Solaiman Movement/Hukbong Khalid Trinidad* (RSM/HKT), 3 January.

[29] Montlake, Simon, 2005, "In Philippines, Watchful Eye on Converts", *Christian Science Monitor*, November 28.

［30］ Niksch, Larry, 2007, *Abu Sayyaf: Target of Philippine – U. S. Anti – Terrorism Cooperation*, US Congressional Research Service, Washington.

［31］ *Rajah Solaiman Movement（RSM）*.

［32］ Razzaque, Mohammed Yakub, 2006, *Alleged Number Two Leader of Rajah Sulayman Movement Still Evasive & Remains the Last Irritant in the Almost Obsolete Muslim Terrorist Group*, Handwritten Manuscript Faxed to the Japanese Daily Newspaper Nikkei/ Nihon Keizai Shimbun, 31 March.

［33］ Rodolfo B, Mendoza, P/Sr. Supt. , 2005, *Special Report: Current Terrorist Plans of the Rajah Solaiman Movement/Hukbong Khalid Trinidad （RSM/HKT）*, 3 January.

［34］ Torres, Jose Jr. , *Troubled Return of the Faithful.* （http: //pcij. org/ imag/SpecialReport/balik – islam. html）

［35］ Wadi, Julkipli M. , 2006, "Islamic Nationalism and Philippine Politics", Teresa S. Encarnacion Tadem and Noel M. Morada, eds. , *Philippine Politics and Governance: Challenges to Democratization and Development*, Department of Political Science, University of the Philippines, Quezon City.

# 从艺术的多文化源头看马来世界
# 伊斯兰教的包容性

## 吴杰伟

## 伊斯兰教在东南亚的传播

伊斯兰教在东南亚的传播，存在两种可能的途径。一方面，海岛地区的当地人同伊斯兰教接触并采取皈依行动。另一方面，已经是穆斯林的外国亚洲人（阿拉伯人、印度人、中国人等）在东南亚一个地区定居，同当地人通婚，采用当地生活方式，以至实际上他们变成了马来人或任何其他当地人。这两个过程往往可能是同时发生的。① 从学界普遍的共识来看，第二种传播方式是主流。关于伊斯兰教传播的方式，有学者总结为：贸易传播说、传教者传播说、神秘主义者传播说、政治传播说、对抗基督教传播说和自身优势传播说等。② 此外，郑和下西洋对伊斯兰教在东南亚的传播也起到了积极的推动作用。

伊斯兰教传入东南亚的时间可能是在七八世纪之间，其传播活动是

---

① ［澳］梅·加·李克莱弗斯：《印度尼西亚历史》，周南京译，商务印书馆1998年版，第5页。

② Caesar Adib Majul, "Theories of the Introduction and Expansion of Islam in Malaysia", *International Association for Historians of Asia*, Second Bennial Conference Proceedings, Taipei, Taiwan, 1962, pp. 339—397. 转引自［新加坡］廖裕芳著《马来古典文学史》（上卷），张玉安等译，昆仑出版社2011年版，第323页。

从海港城市开始的。穆斯林（包括阿拉伯人和印度人）商船在马六甲海峡、苏门答腊和马来半岛沿岸各港口靠岸，补充食物和淡水，等待季风的到来。伊斯兰教在海岛地区的传播，继承了贸易型海岛国家的特点，传播活动主要围绕贸易活动而展开。一些穆斯林在沿海港口定居下来，与当地的妇女通婚，并建造小规模的清真寺，逐步形成早期的穆斯林社区。9 世纪之后，在北苏门答腊和马来半岛的沿海地区已有大批穆斯林商人定居，形成许多商业城邦或商业中心，如霹雳（864 年）、巴赛（Pasai，1042 年）、亚齐（1065 年）等。① 伊斯兰教从传入东南亚地区开始，一直到 14 世纪的大规模传播，中间经历的过程，一直是学者研究和讨论的重点。"它（伊斯兰教）是如何来的？它又是如何传播的？虽然阿拉伯人早就在商路上建立了殖民点，早在 674 年前后苏门答腊西岸就接触到了伊斯兰教，但直到 14 世纪时它才开始产生广泛的影响。"②

到公元 13 世纪，伊斯兰教已广泛传播于马六甲海峡两岸的苏门答腊西北部和马来半岛南部沿海地区。马可·波罗和伊本·白图泰都曾在各自的旅行游记中描述伊斯兰教在港口城市传播的兴盛情况。苏门答腊的第一个穆斯林统治者苏丹马利克·萨利赫（Malikal Salih）墓碑上的日期为伊斯兰教历 696 年（1297 年）。这是海岛地区存在穆斯林王朝的第一个明确的证据。③ 从 14 世纪开始，伊斯兰教在马来半岛大规模传播开来。伴随着传统海上贸易强国室利佛逝、满者伯夷的衰落和马六甲苏丹王国的兴起，穆斯林控制了马六甲海峡的贸易。15 世纪中叶，马六甲王国征服海峡两侧地区，伊斯兰教以马六甲海峡为中心，得到迅速地传播。④ 从森美兰州的庞卡兰肯帕斯残存的一块碑铭看，这个地区于 15 世纪 60 年代过渡成为伊斯兰教地区。墓碑分为两个部分，一部分用阿拉伯字体的马来文，另一部分用印度字体的马来文。墓碑使用印度萨迦历（Saka），并且显然记录了萨迦历 1389 年（1467—1468 年）名叫艾哈迈德·马贾纳或马贾努

---

① 金宜久主编：《伊斯兰教史》，江苏人民出版社 2008 年版，第 353 页。

② 吴海鹰主编：《郑和与回族伊斯兰文化》，宁夏人民出版社 2005 年版，第 35 页。

③ ［澳］梅·加·李克莱弗斯：《印度尼西亚历史》，第 6 页。

④ Abdul Halim Nasir, ed., *Mosques of Peninsular Malaysia*, Kuala Lumpur：Berita Pub.，1984，p. 13.

的叛乱者之死。① 到 1480 年，马六甲王国控制了马来半岛南部所有人口稠密区和苏门答腊沿海地区，伊斯兰教也跟随着马六甲王国的扩张而在马来半岛和苏门答腊取得统治地位。

　　13 世纪末，苏门答腊的穆斯林商人开始进入爪哇北部沿海地区传播伊斯兰教，并和当地居民通婚，使爪哇的穆斯林人数剧增。传教士在爪哇兴建清真寺和学校，教授念诵《古兰经》，其中著名的伊斯兰传教士是以马利克·易卜拉欣（Maulana Malik Ibrahim）为代表的"九大贤人"（WaliSanga，也称为"九大贤哲"）。② 伊斯兰教首先在港口城镇，进而在爪哇岛内地迅速传播，穆斯林的力量日益壮大，相继建立了独立的政权。其中沿海的穆斯林王国淡目势力日益强大。1575 年，苏塔·威查亚（Suta Wijaya）（？—1601 年）统一这一地区，建立伊斯兰马打兰王国（Mataram）（1582—1755 年）。马打兰王国统治着东爪哇和中爪哇，于 1639 年灭爪哇最东端信奉印度教的巴兰巴安（Blambangan，王任叔的《印度尼西亚古代史》翻译成"巴蓝班甘"）。至此，爪哇岛已基本上实现伊斯兰化。爪哇岛的伊斯兰化比较缓慢，但较为彻底。③ 伊斯兰教沿着马来半岛上的港口，从南向北传播。14 世纪，伊斯兰教传播到丁加奴（Trengganu，位于今马来西亚东北部）。1887 年在丁加奴州发现了一块 14 世纪的石碑。根据碑文的记载，统治丁加奴州的国王是曼达力卡（Raja Mandalika），实行伊斯兰教法。④ 丁加奴石碑是一项法令的断片。然而，末尾的日期看来不完全，而这个铭文可能的日期介于 1303 年至 1387 年之间。石碑看来表明伊斯兰教法已经进入先前非伊斯兰教的地区。⑤ 通过语言学的分析，丁加奴州的伊斯兰教化主要受到苏门答腊的影响。⑥

　　所有的证据加在一起构成了一幅关于从 13 世纪末到 16 世纪初伊斯兰

---

　　① ［澳］梅·加·李克莱弗斯：《印度尼西亚历史》，第 9 页。萨迦历是爪哇年历，据传说中的阿齐·沙加抵达爪哇之时，即 78 年为爪哇历元年。

　　② 这些圣贤都被冠以"Sunan"，意为"尊敬的"。

　　③ 金宜久主编：《伊斯兰教史》，第 345 页。

　　④ Zakaria Ali, *Islamic Art in Southeast Asia*：830 A. D.—1570 A. D, p. 47.

　　⑤ ［澳］梅·加·李克莱弗斯：《印度尼西亚历史》，周南京译，商务印书馆 1998 年版，第 7 页。

　　⑥ Zakaria Ali, *Islamic art in Southeast Asia*：830 A. D.—1570 A. D, p. 48.

教发展的画卷。以苏门答腊北部为起点，它传播到远至印度尼西亚的香料产区。伊斯兰教确立得最巩固的地区是那些在国际贸易中最重要的地区：马六甲海峡的苏门答腊海岸、马来半岛、爪哇北岸，文莱、苏禄和马鲁古。到13世纪末，伊斯兰教已经在北苏门答腊确立了，14世纪在马来亚东北部、菲律宾南部和东爪哇若干王国中间确立了，15世纪在马六甲和马来半岛其他地区确立了。若干墓碑或旅行家的游记提供了早期穆斯林存在或出现的证据。① 伊斯兰教在东南亚的传播在16世纪达到一个鼎盛的时期，虽然西方殖民者开始在东南亚建立殖民统治的基地，但在广阔海岛内陆地区、偏远的地区，伊斯兰教化的进程并没有停止。穆斯林人口数量持续增长，以伊斯兰教作为共同信仰的文化特征不断加强。在菲律宾南部、马鲁古群岛地区，伊斯兰教和天主教的传播互相重叠，一直持续到19世纪末。在东南亚的民族解放斗争中，伊斯兰教成为团结民众的重要手段，并在东南亚形成了覆盖印度尼西亚、马来西亚、菲律宾南部和泰国南部为主要地区的伊斯兰教地区。

## 东南亚的清真寺建筑艺术的多样性

伊斯兰教认为建筑是一切美术品中最持久的，而宗教建筑是美术的最高成就。"札玛尔"即清真寺的圆顶，代表着神的完美。伊斯兰建筑独具特色的是穹庐顶和拱券顶以及两个主要装饰，宗教建筑和世俗建筑共有的"帕提"和钟乳饰。"帕提"是一个拱形门厅。钟乳饰是墙和拱顶之间具有装饰性的过渡部分。

东南亚清真寺建筑风格的发展变化吸收了印度教、佛教和本土建筑中的艺术元素。② 也有学者将东南亚清真寺的建筑元素归纳为本土传统和外来元素。本土的传统主要是包括气候、地形、环境和生活方式所决定的建筑样式，而外来的元素则主要包括中东清真寺的圆拱、印度摩尔式穹顶和西方古典式的建筑风格。有的清真寺还创造出具有当地特色的带褶皱的伞形穹顶。清真寺最初的形式主要采取木质的材料，外形主要是东南亚的干

---

① ［澳］梅·加·李克莱弗斯：《印度尼西亚历史》，周南京译，商务印书馆1998年版，第10—11页。

② Nurban Atasoy, etc., *The Art of Islam*, Unesco & Flammarin, 1990, p. 167.

栏式。① 曾经有建造者尝试使用石质材料建造清真寺的圆形拱顶，但由于建筑经验和建筑技术的缺乏，最终没有建成。在东南亚地区，历史较长的清真寺，主要是砖石结构的墙体加上东南亚式的屋顶。当西方殖民者进入东南亚以后，西方的建筑风格和建筑材料传入东南亚地区，出现了西方式的清真寺。第二次世界大战以后，东南亚诸多国家相继取得独立，清真寺的建造工作进入了一个新的阶段。虽然在功能上东南亚的清真寺和中东的宗教建筑是一致的，但由于气候和自然环境的差异，两者在外形上具有很大的不同。② 从东南亚清真寺的外形结构看，最能够体现东南亚文化特色的是清真寺的屋顶和讲坛。

　　东南亚清真寺的发展可以分成三个阶段。第一个阶段是 12—15 世纪，这是伊斯兰教在东南亚传播的阶段，清真寺的建筑风格融入了大量本土文化传统、印度教元素和中国文化的元素。这个时期保留至今的清真寺很少，现在看到的这个时期的清真寺都是后期重修的。第二个阶段是 16—19 世纪，西方殖民者在东南亚地区建立殖民统治，东南亚清真寺的建造开始有西方设计师参与，来自欧洲、中东和印度的清真寺建造风格跟随着西方殖民征服迅速进入东南亚地区。伊斯兰建筑艺术的传播速度远远超过了此前的时期。第三个阶段是 19 世纪末至今，随着东南亚民族主义思潮的崛起，特别是在东南亚各国相继独立以后，本土的文化元素和本民族的建筑师成为清真寺建设的主体，清真寺成为兼容宗教功能和民族主义的文化象征。从建筑材料的角度看，最初的清真寺主要是全木制结构，其后出现砖墙或石墙加上木制的屋顶，最后出现水泥和钢筋结构的清真寺。

　　伊斯兰王国的发展为熟练的工匠创造了展示自己才华的机会。他们建立了适合当地的环境，特别是气候和全年降雨量的清真寺建筑；用上相匹配、容易获取但毫不侵蚀清真寺功能的木材材料。淡目清真寺（Masjid Agung Demak）被视为现存最早的清真寺。其建筑反映了早期的马来群岛的清真寺风貌和清真寺卓越的建筑架构。这种形式的清真寺传遍马来群岛，特别是穆斯林社区所居住的地方。阿拉伯、土耳其、波斯、中国和西

---

　　① Lucien De Guise, *The Message & the Monsoon*：*Islamic art of Southeast Asia*, The Islamic Arts Museum Malaysia, 2005, p. 27.

　　② Zakaria Ali, *Islamic Art in Southeast Asia*：830 *A. D.* —1570 *A. D*, p. ⅩⅩⅤ.

方建筑的影响被吸纳到整个群岛，形成不同形式的、大大小小的清真寺。① 除了梅鲁叶（Meru，也可直译为"山形"）与其他形式的多层屋顶是最早的清真寺建筑结构，也有在建筑的侧面屋顶上采用了直板横脊，扎上垂直墙壁的屋顶元素，为封闭的空间提供新鲜空气，促进空气循环。在爪哇岛，金字塔形的屋顶成为马来列岛最流行的清真寺形状，这种形式与爪哇传统民居的结构设计联系在一起。自殖民时期以来，混凝土开始被使用。20 世纪，东南亚的清真寺建筑的新形式出现了。这种形式称为"洋葱头式圆顶"，因为屋顶的形状像圆顶被平切的洋葱。此类清真寺的建筑对房屋式的清真寺建筑或在马来列岛的清真寺建筑形式是非常有影响力的。第二次世界大战以后，马来世界对切洋葱圆顶屋顶形式的清真寺更加关注，这导致房屋式的清真寺建筑或马来列岛清真寺建筑形式较少受到关注。大部分的旧清真寺被拆毁或被遗弃，或做一些装修，如有的清真寺由一个圆切洋葱屋顶取代旧式的圆顶冠屋顶。独立之后，民族主义为当地建筑师提供了新的设计元素，马来西亚国家清真寺独特的伞形屋顶，雅加达既美丽又堂皇的独立清真寺（Masjid Istiqlal），文莱斯里巴加湾（Bandar Seri Begawan）美丽的赛福鼎清真寺（Masjid Sultan Omar Syarifuddin），及宏伟矗立在马来西亚雪兰莪州苏丹萨拉赫丁·阿卜杜勒·阿齐兹·沙阿·沙阿拉姆清真寺（Masjid Sultan Salahuddin abdul Aziz Shah），成为展现民族特色的建筑精品。②

## 东南亚伊斯兰文学艺术的多样性

伊斯兰文学，从内容上看，大体可分两大类。一类是直接为宣传伊斯兰教服务的宗教文学，包括伊斯兰教的经典著作，如《古兰经》《圣训》和有关阐释伊斯兰教教义、教法、伦理道德、行为规范等的著作；伊斯兰教人物故事，如先知故事，尤其是有关穆罕默德的各种神话传说，以及伊斯兰教的英雄故事。这些故事不是枯燥的说教，而是以生动的人物形象和

① 本文虽然对清真寺的建筑风格进行分类，但每座清真寺都是多种建筑风格相结合的产物。区分不同类型的清真寺只是选取其中典型的建筑元素进行分析。

② Abdul Halim Nasir, *Seni Bina Masjid di Dunia Melayu – Nusantara*, Penerbit Unversiti Kebangsaan Malaysia, 1995, Introduction.

引人入胜的故事情节来展示思想主题，达到宣传伊斯兰教的目的。这种类型的文学作品宗教意味浓重，充分表现宗教的发展历史和思想精髓。另一类是伊斯兰教影响下的世俗文学，有从阿拉伯、波斯、印度为主的各民族的神话传说、动物寓言、人物传奇等提炼出来的各种散文故事书，其中最脍炙人口的是《一千零一夜》和《卡里莱和笛木乃》，还有为统治者树碑立传、以记述帝王的政绩与历史、仁政与暴政、战争与内乱、典章与制度、礼仪与习俗等为内容的作品。伊斯兰世俗文学源于各族民间流传的口头文学，是伊斯兰教之前的产物，本来与伊斯兰教无关，在伊斯兰化之后才被注入伊斯兰教的精神或者被加上伊斯兰教的色彩，使之带上伊斯兰特色而得以继续在伊斯兰大帝国内盛行不衰，并随着伊斯兰教的传播而在东南亚地区产生影响。①

为了吸引更多的民众对伊斯兰教产生兴趣，伊斯兰传教者将有关伊斯兰教先知的故事，特别是穆罕默德先知的故事介绍到东南亚地区。这些故事充满引人入胜的神话传奇色彩，能寓宗教于娱乐之中，深受欢迎。这些伊斯兰文学作品的传入对扩大伊斯兰教的影响和巩固伊斯兰教的地位起了促进作用。当出现第一个马来伊斯兰王朝的时候，王朝统治者意识到文学的影响，所以开始创作以伊斯兰教为指导思想的宫廷文学，以巩固王朝的统治基础。东南亚海岛地区的宫廷文学，一方面要大力宣传伊斯兰教和政教合一的思想，使伊斯兰教成为王朝主要的精神信仰；一方面要大力美化王朝统治者，宣扬王族的显赫历史，以树立国王的绝对权威。从东南亚文学的发展历史看，歌颂统治者丰功伟绩的传统在融入了伊斯兰元素以后，得到了进一步强化。宫廷文学的主要内容集中在两个方面：一方面是有关王朝的兴衰史，尽量把王族的世系与伊斯兰教先知英雄建立联系或关系，把皈依伊斯兰教的过程神圣化；另一方面是有关宗教的经典和教法教规的论述，把伊斯兰教思想贯彻到朝野的各个领域。② 从宗教文学的社会功能上看，这是神王合一思想的真实写照。《古兰经》是伊斯兰教的经典，经典的影响会渗透到社会的各个领域，是正统、严肃的代表。而伊斯兰教先知和英雄故事与马来文学中强大的口头传统、富有想象力的故事演绎传统相结合，加上故事套故事的文学结构，形成了具有东南亚地区特色的伊斯

---

① 梁立基：《印度尼西亚文学史》（上册），昆仑出版社2003年版，第192、194页。
② 同上书，第193页。

兰传奇故事。从创作者的角度而言，各种文学家的文学作品，都是表达宗教虔诚的有效方式，是宗教热忱的自然流露和表达。多样化的文学创作方式综合在一起，构成了马来世界伊斯兰文学丰富的养分，为好的文学作品提供了坚实的创作基础和读者群。文学评论家认为，在印度尼西亚的文学界，是不是伊斯兰文学的讨论远远没有是不是好文学的讨论来得重要。① 因此，好的伊斯兰文学作品，首先是好的文学作品，是读者喜欢的文学作品，是能够广泛、长期流传的文学作品。在现代的东南亚伊斯兰文学中，宗教的因素已经成为一种自然而然的存在，文学和宗教的结合非常紧密、顺畅，丝毫没有做作，而且也很难截然分开。

马来古典文学中的传奇故事，产生的年代无法确定，因为此类作品都无署名，也不标写作日期，最初是用爪哇文写的。继印度史诗故事之后，盛行于阿拉伯、波斯和印度的大故事套小故事的警喻性寓言故事和神话冒险故事也成为马来地区早期民间传奇故事（Hikayat，也音译为"希卡雅特"）的重要题材和素材来源。"希卡雅特"一词也是从阿拉伯语借用过来的。从语言交流的角度而言，马来"希卡雅特"传奇故事的兴起，是在伊斯兰文化文学传入马来地区之后，"希卡雅特"的流传与伊斯兰教的传播有着密切的关系。②

"希卡雅特"传奇故事以鲜明生动的人物形象，曲折的故事情节和通俗的语言风格而备受民众的喜爱。早期的希卡雅特作品带有从印度教向阿拉伯伊斯兰教过渡的时代痕迹，例如早期的希卡雅特作品是印度史诗故事《室利·罗摩传》（*Hikayat Sri Rama*），伊斯兰教传入以后，《室利·罗摩传》被加工改造过，使之适应信仰伊斯兰教的马来读者和听众的价值取向。马来古典文学中的《室利·罗摩传》讲的是《罗摩衍那》的故事，但与印度教影响时期的爪哇印度史诗罗摩故事大相径庭，它已失去印度教经典的性质，等同于一般的民间传奇故事，而且还掺入了伊斯兰教的成分。例如罗波那用最严酷的自虐方式苦修了 12 年而赢得真主的垂怜，是真主派阿丹先知去满足他的要求，让他统治人间、天上、地下和海里的四

---

① Rahmah Ahmad H. Osman, *A Bird's Eye View on the Islamic Literature Discourse in Indonesia*, The International Journal of Business and Social Science, USA. Vol. 2, No. 11, Special Issue – June 2011. p. 101.

② 梁立基、李谋主编：《世界四大文化与东南亚文学》，第 334 页。［新加坡］廖裕芳著：《马来古典文学史》（下卷），第 21—22 页。

大王国，条件是他必须主持公道，不得违背戒律。罗波那让自己的儿子当天上、地下和海里三大王国的国王，而他自己则当人间王国的国王，在楞伽城修建宏伟的宫殿，以贤明公正而赢得天下人的归顺。这段情节原故事里是没有的，显然是信奉伊斯兰教的人后加的，罗波那已重新被塑造成类似公正苏丹王的形象。更有趣的是，加工者甚至把悉多也说成是罗波那的女儿，这样罗摩便成为罗波那的女婿。而在另一部作品《室利·罗摩故事》里，罗摩和悉多则成了神猴哈奴曼的父母，于是罗波那、罗摩和哈奴曼成了祖孙三代。由于人物的性质变了，讲到罗波那劫持悉多的那一段情节时，便出现重大的改动：罗波那认出悉多是自己的女儿后，本打算立刻把她送回去，但为了考验罗摩对自己女儿的忠诚，才决定暂时把她留下，让罗摩前来解救。罗波那能从反面人物变成正面人物，主要是因为他能以虔诚苦修而赢得真主的垂怜和佑助，同时也因为他是印度教大神毗湿奴的化身罗摩的对立面。有人还写了一部叫《罗波那大王传》（Hikayat-Maharaja Rawana）的传奇作品，专门为罗波那树碑立传。而作为毗湿奴化身的正面人物罗摩却成了凡夫俗子，有的甚至把他贬为酗酒的牧象人，完全失去了原印度教中的神性光华。①

　　菲律宾南部棉兰老地区的传说中，也有很多是关于一些并未出现在史诗中的当地英雄。当地是伊斯兰地区，传说中大量出现的也是穆斯林英雄，比如哈吉·尹达拉帕塔拉（Indarapatra）和哈吉·苏莱曼（Lajah So-laiman）兄弟俩，沙里夫·卡本苏安（Shariff Kabungsuan）以及卢马拜特（Lumabet 或 Lmabat）。马拉瑙人的传说中，巨人奥马坎（Omaca-an）在当地为非作歹、捕食当地人，哈吉·尹达拉帕塔拉和哈吉·苏莱曼兄弟率领人民奋起反抗，苏莱曼英勇牺牲，但最终尹达拉帕塔拉还是杀死了凶恶的怪物，当地人的生活又恢复了平静。在巴格博人和布拉安人中都有关于卢马拜特的传说，都是说他们带领各自的人民升到了天堂，获得了永生。② 伊斯兰教在 13 世纪中叶进入菲律宾南部，形成了摩洛人较为独特的民间文学，明显地区别于菲律宾的中北部天主教地区。比如在菲律宾南部，很多民间故事和传说都带有非常明显的伊斯兰教和阿拉伯文化的痕迹；有的民间故事还采用了类似于《一千零一夜》的"故事套故事"的

① 梁立基、李谋主编：《世界四大文化与东南亚文学》，第332—333页。
② 史阳：《菲律宾民间文学》，宁夏人民教育出版社2011年版，第51页。

连环穿插式结构。例如，《庞格的过错所引出的故事》讲述了庞格由于自己的过错，误将一个部族的首领（大督）当作猎物杀死了，在他埋葬大督的地方长出了一棵大树。由这棵大树而引起了第二个关于蓝阙苏丹的儿子撒肯戴尔拉格雅和坦米鲁苏丹国公主的爱情故事。在第二个故事的结尾，由于蓝阙苏丹所做的一个梦而引起的特巴和肯撒的英雄传奇故事。这三个故事之间并没有实质性的联系，这可能受到了阿拉伯民间故事中故事套故事的叙事结构的影响。

## 东南亚伊斯兰装饰艺术的多样性

装饰艺术是一种古老的视觉艺术形式，主要是指各种依附于某一主体的绘画、雕塑、文字等视觉工艺，使被装饰的主体得到预期的美化。装饰艺术与社会生活联系广泛，结合紧密，几乎一切美学领域均与装饰艺术有关。伊斯兰教装饰艺术中三大形式：富有生命力的植物图案、几何图形和书法文字被普遍地用于建筑物、彩饰画、地毯还有陶瓷器皿。精美的线条和丰富的色彩，使艺术摆脱了真实世界形体的束缚，而进入梦幻境界。[①]在纺织品、陶器、玻璃等器物上铭刻大量的文字在 9 世纪中期就成了一种风尚。当一个人朗读盘子底部或者杯子边缘的铭刻，如"健康、幸福"或者"祝愿持有者永远好运"时，他是在对碰巧聚在他周围的人宣读这些祝福。对大多数铭文来说，它们表达的是普通信徒的虔诚信念、劝诫、对好运气的期盼，但也有一些铭文充满智慧，甚至包含了深奥的哲理。[②]伊斯兰视觉艺术富于装饰作用，色彩鲜艳，就宗教艺术来说，是抽象的。典型的伊斯兰装饰图案称为阿拉伯装饰风格，这种装饰或风格利用花卉、簇叶或水果等图案作要素，有时也用动物和人体轮廓或几何图样来构成一种直线、角线或曲线交错、复杂的图案。这种装饰被用在建筑和物品上。比起其他文化，伊斯兰文化更擅长利用几何图形来表达艺术效果。人们凝视着装饰在建筑正面、铺设瓷砖的屋顶、书籍、象牙匣子上面的几何图形时，很可能把这些图形当作抽象的甚至神秘的思想的外在体现来观看。[③]

---

① 徐湘霖：《净域奇葩佛教艺术》，四川人民出版社 1995 年版，第 234—235 页。
② ［英］罗伯特·欧文：《伊斯兰世界的艺术》，第 137 页。
③ 同上书，第 162 页。

　　虽然在东南亚地区出现了大量的《古兰经》，但基本上都没有注明出版的日期。东南亚最早的《古兰经》可能出现在 13 世纪，大量出现应该是在 16 世纪。不过现在保存下来的《古兰经》主要都是 19 世纪以后出版的版本。由丁加奴苏丹扎纳尔·阿比丁收藏的、1817 年出版的《古兰经》就充分体现了东南亚地区《古兰经》的装饰艺术。这部《古兰经》以金箔作为书页，经文写在页面的正中，页面的四周搭配黄色、红色和蓝色的天然颜料画成的装饰。这三种颜色也是东南亚《古兰经》中最常见的装饰颜色。在一些历史和文学书籍中，如英雄传奇故事文学中也会有大量的装饰图案，除了抽象的动植物装饰母题外，还有一些手抄体的经文作为装饰。①

　　东南亚的《古兰经》一般都采用黑色的墨水书写，标题使用红色的墨水。在《古兰经》经文的四周，会有很多色彩丰富的线条进行装饰。东南亚《古兰经》在页面的边距会标出经常念诵的章节。东南亚的穆斯林有集体背诵《古兰经》或与领诵者一起背诵《古兰经》的习惯，通过标注这些经常被唱诵的章节，可以帮助穆斯林更有效地融入宗教仪式当中。在马来西亚北部地区和泰国的北大年地区，经文的四周会有一圈的边框，边框由弯曲的线条组成，有的装饰边框还会形成一个钟乳石状的突起。页面的四周都用金箔或金黄色的颜料进行装饰。② 在印度尼西亚的亚齐地区，红色的拱顶装饰广泛出现在《古兰经》的页面装饰中。爪哇岛的《古兰经》页面装饰与其他地区的不同之处在于，两个页面的中间（中缝）也都加上了装饰的图案。③ 除了传统的书籍装饰艺术，在东南亚还有卷轴式的《古兰经》和木板式《古兰经》。

　　从艺术的表现形式来区分，伊斯兰装饰主要可以分为雕刻和绘画两个方面，艺术品的材质主要包括金属、木材和纺织品。通过材质和艺术形式的不同组合，创造出了各种具体的艺术品，例如，克里斯就是既有金属材质（金、铁）也有木头材质（剑柄）；又如《古兰经》中有大量绘画装饰，而盛放《古兰经》的木盒子则具有大量的雕刻装饰。装饰艺术和穆

---

① Lucien De Guise，*The Message & the Monsoon*：*Islamic Art of Southeast Asia*，pp. 19—20，48.

② Fong Pheng Khuan，ed.，*Islamic Arts Museum Malaysia*，Vol. 1，Islamic Arts Museum Malaysia，2002，p. 180.

③ Lucien De Guise，*The Message & the Monsoon*：*Islamic Art of Southeast Asia*，pp. 49，58，60.

斯林的日常生活联系非常紧密，是广大穆斯林日常生活的一部分。可以说，装饰艺术一方面是深深地融入了穆斯林的现实物质世界，另一方面也是紧紧地依附于伊斯兰教的精神世界。装饰艺术与伊斯兰教互相结合，一方面使装饰艺术获得了更大的创作空间，另一方面使宗教教义和礼仪更加贴近广大穆斯林。

马来世界的纺织品也是体现伊斯兰教装饰艺术的重要形式。动植物的母题和阿拉伯书法都出现在纺织品的装饰图案中。纺织品中常见的颜色是黄色、红色、绿色、蓝色、黑色和白色，不同的颜色代表不同的传统文化内容，例如黄色代表着权力和皇室。[①] 纺织品的视觉艺术形式主要包括纺织图案、蜡染图案和刺绣图案。蜡染在东南亚地区是一种常见的服饰装饰形式。印度尼西亚的蜡染（batik）是东南亚蜡染艺术的一个典型代表。来自印度尼西亚的蜡染纺织品中融合了大量的伊斯兰教的艺术元素，其中最典型的形式就是伊斯兰的书法艺术在东南亚的蜡染中得到了充分的体现。带有伊斯兰教经文的蜡染布主要用作穆斯林的头巾，在《穆达传奇》（*Hikayat Raja Muda*）的主人公穆达国王就是戴着印着伊斯兰经文的头巾出发去追求自己的妻子。长方形的蜡染布主要用作穆斯林的披肩。[②] 伊斯兰装饰艺术中还体现在各种木制和金属工艺品中，包括在建筑、船只、武器、首饰盒和家庭用品，清真寺中的讲坛是伊斯兰木刻装饰艺术的主要体现区域。

穆斯林比较偏好轻便的武器，而且身上基本上不穿铠甲。东南亚的穆斯林在铠甲方面也是比较简单的。有时只是包一个头巾，身上穿着单薄的纱笼。[③] 克里斯（Kris 或 Keris）以其非对称的波浪形刀刃（luk）而闻名于世，最早的克里斯佩剑出现于 14 世纪，可能最早出现于满者伯夷王国。关于克里斯的原型，有的学者认为来自越南东山青铜文化，也有学者认为来自印度的匕首。[④] 虽然这种艺术在 20 世纪 90 年代曾经受到商业活动的强烈冲击，但随着克里斯被联合国教科文组织确定为世界非物质文化遗产（2005 年），这一传统艺术正在逐步复兴，制作的工艺也得到不断发展。作为一种非常悠久的文化符号，克里斯在印度尼西亚、马来西亚、文莱、

---

① Lucien De Guise, *The Message & the Monsoon*：*Islamic Art of Southeast Asia*, p. 22.

② Ibid., pp. 110—111.

③ Ibid., p. 156.

④ Fong Pheng Khuan, ed., *Islamic Arts Museum Malaysia*, Vol. 1, p. 173. 广义的东山文化范围包括了马来群岛地区。

泰国南部和菲律宾南部（称作 Kalis）都很流行。有的地区标志，如历史上马打兰苏丹的王旗，现在印度尼西亚廖内省、马来西亚丁加奴州和雪兰莪州的旗帜，1962 年马来西亚发行的一分硬币中，都采用了克里斯作为标志的一部分。

克里斯可分为三个部分：剑刃（wila 或 bilah），剑柄（hulu）和剑鞘（warangka）。剑刃通常很窄，呈波浪形，波浪的数量一般是奇数，剑刃弯曲的个数在 3—13 个之间不等，有的克里斯剑刃弯曲的个数超过 13 个，甚至达到 29 个。不同地区的克里斯，剑刃的长短和宽窄也不一样。剑柄和剑鞘通常是木制的，也有铁制、金制或象牙质地的，是装饰艺术集中的地方，也是区分不同地区、不同样式克里斯的主要线索。在泰国北大年地区，剑柄（kristajong）呈 90 度弯曲，雕刻着抽象形式的脸谱，带着长长的鼻子。在爪哇地区，剑柄（kraton）呈直立形状，雕刻的痕迹相对较浅。① 克里斯短剑的艺术价值主要体现在"达泼尔"（dhapur，剑刃的形状和设计，约 150 种）、"帕莫尔"（pamor，剑刃的装饰图案，约 60 种）和"坦戈"（tangguh，佩剑的历史和来源）。高质量剑刃的铸造，需要融合多种金属，数百次的淬炼以及极其精确的处理。克里斯的装饰主要包括三种工艺：雕刻、蚀镂和镶嵌。在伊斯兰教传入东南亚之前，印度教的毗湿奴、湿婆和其他神灵的形象是克里斯装饰艺术的主要内容。克里斯被认为拥有神奇的力量，既可以当作武器，也可以当作护身符和世代相袭的传家宝，还可以是社会地位的标志。现代的克里斯佩剑是庆典礼服装饰的重要组成部分，也是社会身份和英雄品质的象征。

关于克里斯的波浪形剑刃，有的学者认为是火或水的象征，有的学者认为是蛇或那伽的象征。有的克里斯在靠近剑柄的地方雕刻那伽的头，而将整个剑刃作为那伽弯曲的身体。贵重的剑柄和剑鞘用黄金或象牙制成，并装饰各种钻石和宝石。剑柄和剑鞘上会有各种精美的雕刻，主要是一些抽象化的人物形象。克里斯不仅是一种铸造的武器，而且可以通过特定的仪式注入神秘力量。有的克里斯在剑刃的部分雕刻了《古兰经》经文，可以增加对克里斯主人的保护。② 从这个角度而言，克里斯被认为是精神的媒介，是沟通现实世界和精神世界的工具。在马来世界的传说中，克里

---

① Lucien De Guise, *The Message & the Monsoon：Islamic Art of Southeast Asia*, p. 158.

② Fong Pheng Khuan, ed., *Islamic Arts Museum Malaysia*, Vol. 1, p. 99.

斯被描述成可以在精神力量的驾驭下而杀死敌人；有的克里斯在听到主人召唤的时候，会自己站立起来；有的克里斯可以帮助主人避开水灾、火灾或其他灾难；有的克里斯可以为主人带来财富、丰收和好运。

## 东南亚伊斯兰教艺术的特点

在漫长的历史发展过程中，东南亚伊斯兰艺术吸收了大量的外来文化，但随着时代的发展，越来越多的伊斯兰艺术呈现出趋同性的特点。早期的伊斯兰艺术是在印度教—佛教的文化环境下逐渐发展起来，面临不同政治区域划分，为了适应广阔而多样化的文化背景，16 世纪之前东南亚不同地区的清真寺在建筑风格上体现了不同的传统形式，从外形上可以直接地看出不同区域清真寺的区别。16 世纪初到 19 世纪末，东南亚地区的伊斯兰教和殖民地化同时进行，东南亚的建筑师掌握了更多具有同源性的建筑材料和建筑技术，欧洲和中东的建筑风格伴随着伊斯兰教的广泛传播以及殖民据点数量的增加而在东南亚地区广泛传播。由于传统木材无法保证清真寺的长期存在，新建的砖石结构的清真寺成为主体。进入 20 世纪，特别是在东南亚国家从殖民统治下取得独立以后，伊斯兰教已经不再是外来文化，而是本土文化的一个有机组成部分，这个时期修建的、具有代表性的伊斯兰艺术已经不是考虑突出传统文化的问题，而是主要考虑伊斯兰艺术的社会功用的问题。由于社会功用的趋同性，伊斯兰艺术的风格也表现出明显的趋同性，不同艺术的区别变成了规模和精细程度的差异。随着伊斯兰教成为东南亚本土文化的一个有机组成部分，而不是一种外来文化的表现形式，伊斯兰艺术也成为了表现东南亚本土文化传统的一种重要手段。

东南亚伊斯兰艺术的设计理念源头来自阿拉伯世界的文化传统和伊斯兰教的教义，但在艺术风格的发展过程中，东南亚艺术风格吸收了多种艺术风格的元素，这是伊斯兰艺术和东南亚文化包容性的共同体现。纵观现代的东南亚清真寺建筑，任何一座清真寺都不是单一的建筑风格，而是多种建筑风格结合、搭配在一起的形式。三宝垄的中爪哇大清真寺（Masjid Agung Jawa Tengah，2006 年落成）就是一座融合了爪哇传统、阿拉伯传统和希腊元素的清真寺。这种多国伊斯兰教建筑语言的糅合和混搭表现了东南亚对伊斯兰教的理解，体现了东南亚伊斯兰世界希望走进伊斯兰教文明中心的理想。[①] 东南亚的伊斯兰艺术体现了极大的宽容性。在泗水郑和清真寺中有郑和的壁画，在劳特清真寺中的卡拉兽浮雕，在海岛地区广泛流行的哇扬戏（傀儡戏），都充分体现了文化的包容性。伊斯兰艺术已经完全融入了东南亚穆斯林的社会生活，在伊斯兰艺术元素的形式下，各种细节包含了多种文化的象征含义。例如清真寺的长度、宽度、拱顶的数量都包含着特定的含义。伊斯兰艺术成为了东南亚伊斯兰文化最直接的象征，同时也是多种文化共生的象征。

可能和热带的自然环境有关系，东南亚民族是热衷于运用各种色调的民族，对各种色彩的搭配和运用在伊斯兰装饰艺术上得到充分的体现。进入 20 世纪以后，经济水平的发展和建筑材料的改进为东南亚民族将清真寺装饰成色彩斑斓的艺术品提供了坚实的物质基础。东南亚早期的清真寺主要保持了建筑材料本身的颜色，而现代的清真寺除了传统的白色、蓝色色和金黄色的拱顶装饰外，还出现了黑色（如马来西亚的查希尔清真寺和印度尼西亚的阿齐兹清真寺）、蓝色（如马来西亚的萨拉赫丁·阿卜杜勒·阿齐兹苏丹清真寺，Sultan Salahuddin Abdul Aziz Shah Mosque）、粉色（如马来西亚的水上清真寺）、银白色（如马来西亚布城清真寺，Tuanku-Mizan Zainal Abidin Mosque）等拱顶。穹顶的形状包括中东式圆形、印度摩尔式、洋葱头式、西方古典式、伞形（如马来西亚国家清真寺、文莱宰纳卜清真寺）等形状，马来西亚丁加奴州的水晶清真寺（Crystal Mosque）的拱顶甚至建成褐色水晶切面的形状。[②] 清真寺的拱顶还会搭配各种颜色的几何纹和植物纹，如马来西亚的水上清真寺的拱顶是粉红色和浅黄色纹饰，特尔纳特大清真寺（Ternate Grand Mosque）的拱顶是浅黄色和绿色的几何纹饰。清真寺中的窗户、屋顶、礼拜堂内墙、庭院的各个角落，也都会被加上色彩绚烂的装饰。现代建筑材料的使用使东南亚清真寺摆脱了传统通风和防潮的功能限制，更多地注重清真寺建筑中的审美功能和象征意义。

---

① 谢小英：《神灵的故事——东南亚宗教建筑》，第 218 页。

② Abdul Halim Nasir, *Mosque Architecture in the Malay World*, Bangi, Penerbit University Kebangsaan Malaysia, 2004, p. 144.

# 第五编　中国—东南亚跨境民族与宗教文化交流研究

# 宗教与中国公共外交转型与创新：
## 东南亚、南亚的面向

周　娅

随着大国崛起步伐的加快，中国在全球的核心利益诉求已经从保持主权完整、政治稳定、经济发展的基本利益层面，迅速扩展到在保护自身基本权益的同时，在区域和全球层面推动和深化经济一体化、维护与促进和平稳定、保护全球生态环境、积极参与建构可持续的合作制度和国际新秩序等大国发展和责任的复合利益层面。中国国内社会转型和国际地位转变的现实，促使中国在政治外交领域的核心利益诉求升级，给我国公共外交工作提出了更高的要求。公共外交，即以国家利益和国家形象的双重考虑而实施的外交行为①成为我国外交重点领域之一。运用宗教资源拓展外交空间而形成的宗教外交，则是我国公共外交的重要组成部分。

## 一　宗教在中国公共外交领域的地位和作用

当今国际局势一个不可回避的现象，是宗教在全球范围内的强势复兴。在全球许多区域，宗教不仅没有走向衰亡或私人化，反倒呈现出全球

---

① 赵可金：《公共外交的理论与实践》，上海辞书出版社2007年版，第122页。

复兴及政治化的趋势。① 宗教问题，正与贫富差别、种族、民族、恐怖主义等国际问题一道，拧成一股"全球碎片化"的逆流，不断冲击着正在深化的全球一体化进程。不可否认，"文化—文明因素十分重要"②。而作为文化—文明重要结构性因素的"宗教"，已成为影响全球地缘政治格局和区域发展最不可忽视的社会诱因之一，成为国家间外交活动中不可回避的重要议题。

尽管当今世界因宗教纷争而引发的国际性或地区性冲突频发，"宗教"似乎成为一些国家或地区地缘文化中的不稳定因素，尤其伴随恐怖主义在全球的蔓延，极易引发国际社会的动荡和恐慌，"但从整体来看，宗教发展的主线和主流仍然是促进世界和平、维护社会和谐的。宗教和平已经成为世界和平的重要保障，而宗教沟通与理解则是实现这种和平的可行通途。可以说，宗教信仰已经成为国际交往、国际关系中的一个重要因素"③。因此，积极发掘国内宗教资源，拓展宗教外交渠道和平台，"探究宗教管道提升国家软实力的人文外交新空间"，④ 扩大我国公共外交的影响面，从而提升国家软实力，将是我国公共外交领域在宗教渠道上的有益探索和应有实践。

当前，我国在世界体系和区域格局中的地缘政治和地缘经济环境复杂，但地缘文化环境却相对宽松，为我国在公共外交领域灵活运用宗教、宗教文化作为外交资源和渠道，进一步推动中国与世界其他国家尤其是亚洲国家的地缘文化交流互动，建构有利于中国的国际周边环境创造了有利条件。

历史上，我国曾一度以无神论的意识形态淡化宗教对国家与社会的功能和影响，忽略宗教在国内和对外交往中的积极作用，这种态度取向已与当今全球宗教复兴的国际背景格格不入，已成为我国加速崛起的大国国际

① 周娅：《宗教对中南半岛地缘文化的社会性建构研究》，郑筱筠主编《东南亚宗教研究报告：东南亚宗教的复兴与变革》，中国社会科学出版社 2014 年版，第 65 页。

② ［俄］谢·卢涅夫：《金砖国家的合作潜力与文化文明因素》，刘锟译，《中国外交》2015 年第 2 期，第 90 页。

③ 卓新平、徐以骅、刘金光、郑筱筠：《对话宗教与中国对外战略及公共外交》，《世界宗教文化》2012 年第 4 期，第 33 页。

④ 马丽蓉：《中国"思路战略"与伊斯兰教丝路人文交流的比较优势》，《世界宗教文化》2015 年第 1 期，第 27 页。

地位的掣肘因素。事实上,"中国拥有极为丰富的宗教资源,但它在中国的对外关系中,是负资产而非软实力,中国在宗教领域的国际贡献并未得到相应的认可"。① 大国外交的内涵底蕴由其传统文化(含宗教)因素的具有一定普世性价值观念所决定。而宗教文化在公共外交领域的缺位,必然会对大国外交的质量和水平产生负面效应,削弱战略影响力。目前,宗教仍是中外之间相互认知水准最低、信任赤字最大、分歧最为严重的一个领域。这成为中国与国际社会在"宗教对增加人类社会的信任半径起到了至关重要的作用"② 之主流认知背道而驰。如这种不利局面和"印象危机"得不到及时纠善,必将折损我国的国际地位和国际形象。

宗教作为超越阶层、民族、种族、国界等的信仰和实践,历来是中外文化交流的主要管道和重要组成部分,无疑能为中国开展公共以及民间外交提供有力的依托。目前,我国宗教界已与世界上约 80 多个国家的宗教组织建立、发展了友好关系,积极参加涉及不同文明、信仰、宗教的国际宗教会议和宗教学术会议,广泛参与国际宗教组织③,应该说已经为宗教在公共外交领域积极作用的发挥搭建好了一定规模和体量的交往平台。然而,尽管中国拥有潜力和实力巨大的宗教资源,例如,历史上,中国不仅有通过海陆丝绸之路与世界多种形态的宗教交流融合的历史事实,还具宗教外交性质的郑和七下西洋国际商贸和文化交流活动之巨大影响和丰富遗产;又如中国不仅是传统宗教大国,也是新兴宗教大国,不仅宗教形态丰富多元,而且各宗教间关系和谐、和平共处,且在海外拥有基于文化认同而存在于东南亚和欧美等地的庞大华人信众群体;"不仅有丰富的宗教传统、典籍、思想以及圣地和圣物,也是全球最大的宗教商品生产和集散地;全球的华人宗教信徒或'信仰中国'的海外版图,以及我国多元通融的宗教传统实践,是中国可与世界上任何宗教平等相处和交流对话的巨

---

① 卓新平、徐以骅、刘金光、郑筱筠:《对话宗教与中国对外战略及公共外交》,《世界宗教文化》2012 年第 4 期,第 33 页。

② [美] 弗朗西斯·福山:《大分裂:人类本性与社会秩序的重建》,刘榜离译,中国社会科学出版社 2002 年版,第 299 页。

③ 卓新平、徐以骅、刘金光、郑筱筠:《对话宗教与中国对外战略及公共外交》,《世界宗教文化》2012 年第 4 期,第 33 页。

大资源"①；等等。但这些潜在或现有的宗教资源在现阶段却未能较好地通过公共外交将其成功转化为维护与促进中国国家利益的有利因素。

"解铃还须系铃人。"重视公共外交领域宗教资源的运用，是能够改善有关宗教的中国负面形象、甩掉宗教历史负资产、在当今国际舞台上重新开启"信仰中国"新时代面貌的最迅捷、最具说服力也是最有效度的途径。宗教主动参与全球公共议题，而不是被动缺席，已是时势所趋、时代所需。② 宗教外交必将成为我国公共外交领域新的增长点。

公共外交的主要目的是面向对象国公众提升本国国家形象。从现阶段看，将宗教资源引入公共外交领域，力拓宗教外交渠道和空间，不仅是必要和切实可行的，而且对于我国优化国家形象，提升国家软实力有着不可替代的作用：

1. 宗教作为中国传统文化的有机组成部分，是中国"文化治理"③的有力依托和"社会治理"的重要力量，与现阶段"中国特色社会主义"建设是可相互促进、相互依托、并行不悖的正向关系。对其在公共外交领域任重善用，有利于改善新中国成立至20世纪七八十年代期间所形成对国际社会而言过于强调意识形态的、刻板的历史形象，使中国特色社会主义的现代中国形象更鲜活、更富于文化魅力和生命力。

2. 国家形象的塑造一定程度上有赖于国民形象的整体可辨识度。积极开展宗教外交，以中国特色宗教文化的继承与发扬为基础，能够进一步激发和凝聚中华民族的自尊心、自信心、文化认同和国家认同，塑造现代中华民族的精神风貌、共同的价值观和共有信念，摆脱国际上对"无信仰中国"的印象危机和误判，有利于重塑并真实展现现代中华民族"善""勤""信"（有信仰、讲诚信）的时代新形象和整体风貌。

3. 在宗教外交中展现我国多宗教信仰和谐共处、共促祖国建设发展的积极形象，让国际社会了解到宗教正积极融入现代中国社会治理，为弥

---

① 卓新平、徐以骅、刘金光、郑筱筠：《对话宗教与中国对外战略及公共外交》，《世界宗教文化》2012年第4期，第34页。

② 王进：《全球化时代的道教信仰版图问题》，《云南社会科学》2014年第3期，第135页。

③ 参看徐一超《"文化治理"：文化研究的"新"视域》，《文化研究》2015年第1期，第55页。

合中国从传统到现代的社会转型过程中的各种价值和行为失范问题，引领新一轮的中华传统美德和伦理道德建设发挥积极的作用，有利于进一步巩固和维护我国繁荣安定、民族团结的政治面貌和国家形象，有利于升级我国改革、开放、发展、文明的东方文化大国形象。

4. 将宗教视为公共外交的重要资源，是对中华传统文化更深层次的继承与弘扬。宗教文化中蕴含的丰富哲学思想和深刻智慧，能够成为国家内政外交决策的思想源泉，为国家行为和国家利益找到价值观依据和支点，占领道德制高点，从而在治国理政、进而参与全球治理的价值理念上赢得国际社会的理解、信任和尊重，有利于强化我国"亲、诚、惠、容"的总体外交形象。

5. 宗教参与公共外交，有利于我国与其他国家一起，弘扬全球宗教"和平""崇善""爱"的主流精神和国际共有价值观念，树立与反人类的全球恐怖组织坚决斗争到底的反恐卫士与世界和平维护者形象。

包含国家形象的文化软实力不仅是国家综合国力的一部分，也是国家利益本身的一部分。中国是个文化资源大国，却尚未成长为举世公认的"现代文化强国"。这与我们在宗教文化软实力的发挥上尚未解放思想、迈开步子，尚未在国际交往中充分发掘和运用宗教外交的潜力和作用不无关系。因此，重视宗教资源在国家发展和公共外交领域的实践与运用，必将推动和加速这一进程，为中国的大国形象增添新的软实力砝码，为捍卫国家利益，提升国家软实力的竞争力发挥更大作用。

## 二　宗教与中国对东南亚、南亚公共外交转型与创新

东南亚和南亚是我国具有"首要"外交战略意义的周边区域之一。但以往的外交工作中我们多注重与其在政治、经济方面的合作与交流，近年来也在人文外交领域取得了一定成就，但就宗教外交方面来说，却尚有极大空间待开发与交流合作。尤其东南亚、南亚区域在地缘文化上有其特殊性：一定程度上说，该区域的国家大都具有"宗教化"特点，宗教信仰在其国家政治、经济发展、社会运行、国民生活以及文化传统等方面，有着如影随形的重要地位和强大影响力，且与各国政治间的联系较为紧密。因此，宗教以及"宗教化"特征是东南亚、南亚地区绝不能忽视和低估的"国家级要素"乃至"区域性要素"，对各国国家层面和区域超国

家层面的地缘政治、经济和地缘文化等，有着尤其突出的建构作用。针对这一特性，在以南亚和东南亚国家为对象国进行公共外交活动时，宗教应是不容缺位的重要资源。

21 世纪以来，人文交流已逐渐成为我国外交中与安全、经贸同等重要的外交支柱，且突飞猛进、特点鲜明。① 我们今天在开发丝绸之路经济带以及"海上丝绸之路"的进程中，必须关注其宗教文化的存在与交流。② 东南亚和南亚地区是"一带一路"战略实施的重点区域之一，是我国与之开展人文外交大有可为之地，尤其是该区域以丰富多元的宗教人文因素所构建的地缘文化，为我国与之开展宗教外交提供了广阔空间。

我国曾在 20 世纪 90 年代和 21 世纪初通过"佛牙外交""佛指舍利外交""菩提树外交"等佛教资源，开展过对缅甸、泰国、斯里兰卡等东南亚、南亚国家的宗教外交，为增进中缅、中泰、中斯人民之间的友谊，为我国建立与东南亚、南亚国家的友好关系发挥了积极的作用。然而，上述成效显著的宗教外交活动却多是应对方国家邀请而开展，反映出其时我国在以往对于宗教外交尚缺乏应有的重视和主动性。虽然我国近年来已通过"世界佛教论坛""国际道教论坛""中美基督教领袖论坛"、双边和多边的"伊斯兰文化展演"等多种渠道和活动，在宗教公共外交领域取得了长足进步，但在主动针对东南亚、南亚区域国家整合宗教资源、规划开展有较大影响力的宗教公共外交活动方面，力度还有待加强。在当前我国加速崛起的新形势下，这样被动为之的局面不但不能适应和满足在亚洲和全球范围内进一步提升中国大国软实力的新要求，而且可能成为桎梏我国外交工作全方位开展的阻力因素。因此，在新的时代背景下，我们有必要主动挖掘和善用宗教资源，从战略和策略上充分重视宗教在对该区域国家的公共外交中作用的发挥。

东南亚、南亚各国虽然在宗教生态上复杂多样，但只要我们抓住其地缘文化中最具稳定性和公约性的特征，在重视各国主流宗教，尊重其国内政教关系和宗教间关系的同时，有选择地善用我国具有适配性的宗教资源与其开展公共外交，即能减少文化不适与摩擦，推动双方文化交往和政治互信，进而有力地促进我国对东南亚、南亚地区的国际关系，为中国在亚

① 赵磊：《中国和平崛起的战略框架》，《中国外交》2015 年第 2 期，第 9 页。
② 卓新平：《丝绸之路的宗教之魂》，《世界宗教文化》2015 年第 1 期，第 26 页。

洲地缘格局中谋求更有利的国际环境。

东南亚大体上可划分为半岛国家和海岛国家两个次区域。中南半岛五国中，除越南受大乘佛教的影响较大外，柬、泰、老、缅四国都是南传上座部佛教占主流的国家，上座部佛教对其国内政治、经济和社会发展的影响巨大，信众人口均占其各国总人口的绝大多数：其中，柬埔寨和老挝分别有93%和约80%的人口信仰上座部佛教，① 且两国均奉其为"国教"；缅甸和泰国的上座部佛教徒分别占其国内人口总数的近90%②和92%③，缅甸历史上曾以上座部佛教为"国教"，僧人至今对其国内政治有较高影响力；泰国的上座部佛教则被视为"不是国教的国教"。泰、缅、老、柬四国与位于南亚的"在上座部佛教发展之初扮演主要角色"④ 的、上座部佛教文化发达的、信众人口占国民人口70%以上⑤的斯里兰卡一起，构成了亚洲的南传上座部佛教文化核心区。加上分布于南亚印度、尼泊尔、不丹、孟加拉等国和新加坡、印度尼西亚、马来西亚等东南亚海岛国家的佛教信众规模，不难看出，佛教仍是面向南亚、东南亚区域层面最具影响力和联共性的宗教形态之一，是南亚、东南亚最主要也是最具影响力的地缘（宗教）文化形态。因此，国内的三语系佛教资源是我国面向东南亚、南亚国家开展宗教外交时应重点考虑的主要宗教类型之一。

相对来说，在东盟国家中，中南半岛五国因佛教尤其是南传上座部佛教为优势较大的主流宗教形态而较易取得共识。而东南亚海岛诸国却因为各国间在宗教方面的差异性较大：如马来西亚和文莱是伊斯兰教国家，穆斯林占其国民总人口数比均在60%以上；印度尼西亚是世界上穆斯林人

---

① 参看李晨阳、瞿健文、卢光盛、韦德星编著《列国志·柬埔寨》，社会科学文献出版社2005年版，第43页；马树洪、方芸编著《列国志·老挝》，社会科学文献出版社，第40页。

② 参看贺圣达、李晨阳编著《列国志·缅甸》，社会科学文献出版社2009年版，第87—88页。

③ 数据来源参看刘金光《东南亚宗教的特点及其对我国对外战略实施的影响》，载郑筱筠主编《东南亚宗教与社会发展研究》，中国社会科学出版社2013年版，第23—24页。

④ Robert C. Lester, *Theravada Buddhism in Southeast Asia*, Published in the United States of America by the University of Michigan Press, 1973, p. vi.

⑤ 参看百度百科"斯里兰卡"条"文化"分条"宗教"，http://baike.baidu.com/view/7722.htm#11_1；以及维基百科"斯里兰卡佛教"条，http://zh.wikipedia.org/wiki/%E6%96%AF%E9%87%8C%E5%85%B0%E5%8D%A1%E4%BD%9B%E6%95%99。登录日期2015年3月20日。

口最多的非伊斯兰教国家，有 2 亿穆斯林，约占该国人口数的 88%[①]和占全球穆斯林人口总数的 12.5%[②]；而菲律宾是亚洲唯一的天主教国家，天主教徒人数占全国人口的 84%，此外信仰基督教新教、伊斯兰教和佛教等其他宗教的各约 9%、5% 和 2%，[③] 其中信仰伊斯兰教的穆斯林多为菲律宾南部少数民族，菲国内天主教徒和穆斯林的冲突是影响其国内政治经济乃至区域社会发展的敏感问题之一，需要在宗教外交中注意对其加以合理规避。新加坡则是多宗教国家，佛教、道教、基督教和伊斯兰教信众各占 33%、11%、18% 和 15%，另有印度教（5%）和锡克教徒（1%）[④]少量，宗教类型多元、和谐而平衡，等等。

值得注意的是，东南亚 2.5 亿穆斯林人口数[⑤]，足以让伊斯兰教成为东南亚地区尤其是海岛国家较突出的宗教形态。目前，面对恐怖主义在全球蔓延，日益显著的由中东等中心区域向欧美、南亚乃至东南亚等地区扩散的趋势，以及基地组织和 IS 等极端组织的分支机构在东南亚一带的活动日渐活跃的现实[⑥]，东南亚国家传统的伊斯兰温和主义面临恐怖主义侵袭和挑战，反恐任务繁重。我们在与这些国家尤其是印度尼西亚、马来西亚、文莱等国的宗教外交中，应注意与其主要宗教团体间达成宗教文化沟通与共识，共促国家间在 "联合反恐" "反恐共识" 等方面的沟通、交流与合作。

就南亚方面看，中国与南亚大国印度之间既有竞争又有合作的新兴大国间关系，是中国在该区域最具关键性战略意义的双边关系。事实上，印度国内的宗教生态多样，但并不十分复杂。印度在历史上曾经是佛教缘起

---

① 贺圣达：《伊斯兰教与东南亚政治发展以及我们的对策》，郑筱筠主编《东南亚宗教研究报告：东南亚宗教的复兴与变革》，中国社会科学出版社 2014 年版，第 16 页。

② Max Singer, *History of the Future：the Shape of the World to Come Is Visible Today*. Published by Lextington Books, 2011. p. 103.

③ 马燕冰、黄莺：《列国志·菲律宾》，社会科学文献出版社 2007 年版，第 42 页。

④ 参考百度百科 "新加坡" 条 "宗教" 分条，http：//baike. baidu. com/link? url = 3lUo3aAK9oKBq3v7NfeADMa2XbEI49JADKeR − XnJ6JoaSqNR8tmPurhZCBmPGZWHxvNa1jN2Dq3yfnhhtpLA 9_ #9_ 5. 登录日期 2015 年 3 月 25 日。

⑤ Hussian Mutalib, *Islam in Southeast Asia*, Southeast Asia background Series No. 11, First Published in Singapore by ISEAS publications, 2008. p. 30.

⑥ 参看马丽蓉《中国 "思路战略" 与伊斯兰教丝路人文交流的比较优势》，《世界宗教文化》2015 年第 1 期，第 30 页。

地，但佛教现在在印度国内宗教人口的比例仅占 2%，影响较小；信仰人口占全国约 15% 的伊斯兰教影响也较有限，而信仰人口占 80% 的印度教则是印度国内的主流宗教，但由于印度教更多地被视为印度国内的或次区域性的宗教而非国际性宗教，其区域辐射影响力不及佛教在亚洲的联动整合力强。因此，为凸显自己的文化影响力，印度亦常利用自己佛教缘起地、拥有众多佛教圣地遗址的佛教资源优势与东南亚国家在佛教文化交流方面保持着紧密联系，并以此作为扩大其在东南亚区域国家软实力的一个重要策略。同时为遏制中国成为事实上的佛教文化大国，不时跳出来利用涉藏问题指摘中国宗教政策，企图影响国际舆论，削弱中国的佛教文化软实力。针对印度可能与我国在东南亚地区形成的佛教公共外交竞争的局面，我们可以利用印度"历史佛教大国"与中国"现时佛教大国"的关系来从容应对。一方面，我们可利用印度教"梵我一如"、业报轮回、宽容、非暴力等教义和价值观与我国的佛教、道教等在"和而不同""天人合一"、崇尚和平、和谐等方面的共同特点，选取佛教、道教等更有文化适配性的宗教资源来参与对印人文外交；另一方面，借助印度作为"传统佛教大国"善于在东南亚经营其历史性佛教资源开展公共外交的特点，在积极融入东南亚、南亚佛教公共外交活动的同时，借力打力，充分整合和调动国内经济优势和现时性佛教资源，主动谋划和营造中国"现代佛教大国"的宗教外交品牌形象。

尼泊尔和孟加拉国都因为国内既有印度教，又有佛教和伊斯兰教乃至基督教等其他宗教，属于国土面积较小但宗教多元的国家。但因为地缘政治和经济方面更多地受制于印度，区域影响力较小，因此我们只要注意在宗教交流中尽量合理规避一些区域性敏感问题（如孟加拉与缅甸之间关于罗新亚人的问题、尼泊尔佛教的涉藏问题等）即可。

南亚另一大国巴基斯坦是以伊斯兰教为基础建立的国家，居民中约 97% 为穆斯林。宪法规定伊斯兰教为其国教。国内尚有少数印度教教徒、基督教徒、锡克教徒和祆教徒等，但人数很少，只占全国人数的 3% 左右。① 考虑到巴基斯坦与我国长期稳定的全天候伙伴关系，目前对该国在宗教外交方面尚无须过多运作。此外，对南亚的宗教外交也要注意印巴两国间的敏感关系，可采取对巴基斯坦重传统外交，对印度在兼顾政府间传

---

① 参看唐孟生、孔菊兰《巴基斯坦文化与社会》，民族出版社 2006 年版，第 107 页。

统外交的同时倚重经济、文化（含宗教）等公共外交的策略来应对。

相对来说，天主教在东南亚、南亚的区域影响力较弱，仅在菲律宾、东帝汶和越南有较大影响。例如，天主教在越南是仅次于佛教的全国第二大宗教，拥有信徒近600万，占全国人口总数约8%。① 由于近年来围绕南海问题，中越、中菲关系呈现恶化趋势，在当前传统外交关系受损的情况下，通过宗教外交或可增进彼此交流，一定程度地促进双边关系的改善与缓和。

对东南亚马来西亚、文莱和印度尼西亚等伊斯兰教为主流宗教的国家，可通过反恐、"海上丝绸之路经济带"以及教育合作等机制和形式积极加强交流。还需要"积极开展有利于宗教温和派影响的交流，支持东南亚国家对宗教极端主义派别的分裂主义、恐怖主义的斗争"②。

还应注意的是，针对越南、新加坡、马来西亚、印度尼西亚等宗教多元化国家，应充分重视其国内华人华侨群体所信仰的儒、释、道和民间宗教的较大影响力及其与中国传统宗教的文化亲缘关系。一般说来，儒、释、道三教是随着我国移居东南亚定居的华人华侨群体传入东南亚各国的。③ 目前，它们仍为东南亚各国华人华侨所广泛信仰，并成为东南亚华人华侨群体民族认同、文化认同的重要桥梁纽带。因此，积极主动地发挥国内儒、释、道和民间宗教等宗教文化资源和渠道对东南亚国家华人华侨与儒教、佛教、道教和民间宗教的教缘亲和作用，以增强中国对这些东南亚国家华人华侨的传统文化向心力和祖籍国感召力，以及在文化身份、文化认同、文化记忆和民族认同方面的强纽带作用，增强华人华侨在现籍国内为祖国的繁荣发展争取更好的周边环境和民意支持，将能带动东南亚华人华侨的公共外交能力的发挥和效用的提升，从而促进和提升我国在该区域内国家形象和软实力。

目前，我国对东南亚、南亚国家在宗教资源运用与其在公共外交可以起到的积极作用方面还认识不足、重视不够。现有的许多宗教外交资源也未能给予足够重视和善用。例如，位于尼泊尔蓝毗尼园的中华寺是我国在

① 参看徐绍丽、利国、张训常编著《列国志·越南》，社会科学文献出版社2005年版，第95页。

② 贺圣达：《宗教与东安南亚区域社会发展》，郑筱筠主编《东南亚宗教与社会发展研究》，中国社会科学出版社2013年版，第12页。

③ 姜永仁、傅增有等著：《东南亚宗教与社会》，国际文化出版公司2012年版，第53页。

南亚地区知名度较高的佛寺。但因为人力资源受限、国际交往和危机处理能力和经验不足、缺乏为公共外交服务的意识等原因，国内外佛教徒对中华寺的负面评价口碑并不鲜见，对我国在南亚地区的国家级佛教品牌形象和来尼佛教朝圣旅游的佛教信徒心目中的中国国家形象均产生了不同程度的负面影响，对中国在南亚、东南亚乃至全球佛教信徒心目中的"现代佛教文化大国"形象的塑造不力。这些问题都应引起中国文化部、统战部、外交部等相关部门以及中国佛教协会等的关注和重视。

总之，我国在与东南亚、南亚国家进行宗教外交时，应注意有针对性地根据区域和各国实际情况选取适配性、同质性较强的，或是与对象国主要宗教有较多价值契合点的宗教资源作为具体的公共外交管道组成部分来开展宗教外交，从而激发所在国民众的亲近感和认同感，增强和提升公共外交能效。

在美国亚洲再平衡战略中充分施展"巧实力"来应对中国对亚洲日益增长的软实力①之时，宗教和宗教文化是较能体现共有价值观念的社会文化形态，是公共外交中最具文化特色、最能体现和提升中国与亚洲各国"价值观外交"的重要渠道。"宗教工作参与国家公共外交非常重要。"②是我国外交工作顶层设计中不应缺位的重要内容。但目前，宗教外交在中国尚处于起步阶段，是中国公共外交中的"短板领域"。现阶段尤其需要注意以下方面能力的建设：

一是以中国宗教文化思想理念和价值观丰富和发展中国特色社会主义强国的公共外交理念，提升国家形象。我们应积极探索中国传统文化中儒学、佛教和道教方面的普世性智慧，灵活运用其中的哲学观念和与中华民族现代社会发展相符合的价值观，促进传统文化向公共外交普世价值观的转换。以儒、释、道为主流文化的我国传统宗教形态与世界各大宗教间没有大的价值观冲突。加之国内基督教和伊斯兰教的快速发展和与主流文化和宗教形态的和谐共存，为世界范围宗教和平相处、和谐共存作出的贡献，正日益受到国际社会的了解和肯定。这非常有利于我们本着"和谐

---

① Joseph Chinyong Liow. Southeast Asia in 2009：A Year Fraught with Challenges. On Daljit Singh edited. *Southeast Asian Affairs*, 2010.

② 刘金光：《宗教参与公共外交的舞台——参加英国威尔顿庄园国际会议有感》，《论坛》2012 年第 2 期。

世界"的理念进一步在宗教领域公共外交工作的拓展。

二是要加强宗教外交能力建设，宗教管理部门与团体要树立为国家公共外交服务的责任意识。"中国传统宗教作为世界宗教的重要力量之一，今后要多多利用国际会议等多边场合，拓展宗教外交空间，服务我国外交工作大局。"① 我们应抓住机遇制定相应的中国宗教外交政策和战略规划，并充分动员社会各界力量，尤其是云南、广西等面向南亚、东南亚的前沿窗口省份的宗教团体、宗教学院、智库、新闻媒体、相关团体机构等部门，在国家外交部和地方政府相关部门（如统战部、文化部）和宗教事务管理部门的协同指导下，大力培育宗教领域公共外交的参与者和建设者，加强宗教外交能力建设，改变以往中国宗教外交缺位、被动的不利局面。通过对政府宗教政策的宣传和阐释，对国内宗教发展现状的介绍，宗教文化交流（如宗教精英宣教活动、宗教论坛、宗教教育合作、宗教艺术交流、宗教出版物发行、宗教学术活动等），宗教媒体合作宣传，宗教慈善活动，宗教旅游活动等宗教公共外交活动的开展，使东南亚、南亚国家和人民能够更充分地了解和认知中国和平崛起与我国对周边国家"亲、诚、惠、容"② 外交原则。为中国加速崛起与和平发展创造良好的周边环境，占领国际道德、舆论和话语权制高点，掌握国际形象的自塑权，推动并优化中国对东南亚、南亚公共外交的发展与繁荣。国内宗教管理部门与相关宗教团体、机构也应应时而为，在相关的涉外和对外交往活动中，树立服务国家宗教公共外交的意识和理念，提升自身宗教文化交流与公共外交能力和形象建设，为中国在东南亚、南亚软实力建设和国家形象的优化塑造，作出应有贡献。

三是应着力培育和打造一批具有高知名度和美誉度的宗教外交品牌，并注重将现有的宗教基础设施资源向宗教公共外交及时可用的品牌资源的转变。例如作为面向东南亚、南亚开放的陆路前沿的云南省，在"一带一路"国家战略中具有教缘相亲、地缘相近的突出优势，与东南亚、南亚国家在"孟中印缅经济走廊""GMS 合作"等多个国际机制中发挥着积极的建设作用。但云南省在对外交往中还没有充分挖掘自身地缘文化特

---

① 徐文臻：《发挥宗教交流在公共外交中的积极作用——随团出席第四届世界与传统宗教领袖大会的感受与思考》，《中国宗教》2012 年第 9 期，第 60 页。

② 祁怀高：《关于周边外交顶层设计的思考》，《中国外交》2015 年第 2 期，第 29 页。

点和优势，对充分调动省内宗教文化资源，积极开展面向东南亚、南亚地区宗教公共外交所能发挥的重要建设性作用尚认识不足。建议应定期拟定配合国家东南亚、南亚公共外交战略布局中宗教领域公共外交方面的省域系统规划，以便更有利、有力地整合现已极具影响力的一些宗教资源，更好地服务国家战略。

云南省在宗教资源的富聚度上优势明显。丰富多样的宗教形态不仅使云南有着"宗教博物馆"的美誉，还有着"云南佛学院""（鸡足山）崇圣寺佛教论坛"等潜在且能较快转换为现实可用的宗教外交资源的品牌。云南佛学院是我国唯一一个三语系佛教培养体系俱全的佛教学院，是东南亚、南亚国家了解"中国特色"佛教教育体系的最具地缘优势的窗口单位，有潜力可以发挥重要的公共外交平台作用。可考虑将云南佛学院作为面向东南亚、南亚地区的中国佛教学术交流与国际化僧才培养基地和中国最具特色的宗教外交品牌之一加以打造，在僧才培养中注重加强其在对外学术交流和公共外交技能等方面的培养，整体提升其与东南亚、南亚佛学界的交流合作。而近年来非常活跃的"崇圣寺佛教论坛"，已经在事实上形成具有一定规模的、知名度和美誉度较高的"中国·云南"宗教外交品牌之一，发展潜力巨大。

# 余　论

因此，大力挖掘国内宗教文化资源，发展宗教公共外交，优化加速崛起的中国国家形象，提升国家软实力，应是我国外交工作在新时期的一项长期战略。宗教资源作为中华传统文化的核心组成部分，是中国内政外交理念和中华民族价值观的不竭源泉，对内是"文化治理"的重要内容和"社会治理"的重要力量，对外是不容浪费的公共外交资源。

与欧美国家所奉行的"世俗主义"，即主张在政治和社会生活中摆脱宗教控制，奉行"政教分离""公私分离"以及"弱化宗教实践"的原则不同，东南亚和南亚地区的国家社会大都有着"宗教化"特点，宗教在国家的政治、经济、社会运行和国民生活等诸多方面有着持续性的强劲影响力。"宗教化"成为这一区域地缘文化中最醒目的标签。针对这一特征，宗教外交应是中国面向东南亚、南亚国家公共外交的重要管道和内容，尤其不可缺位。诚然，20世纪末以来在缅甸、泰国等东南亚国家出现了一些值得注意的宗教发展新动向，例如，在泰国佛教中出现的各种佛教运动及其思潮活跃，使得泰国佛教传统呈现多元化发展的趋势；缅甸则出现"969运动"等佛教激进主义和种族主义团体；马来西亚"伊斯兰教党"等宗教政党的迅速崛起等；以及在东南亚海岛国家伊斯兰教徒与中东地区宗教联系频密所可能引发的地区恐怖主义威胁升级等问题，使东南亚国家的宗教生态从原先的"多元型"向更为复杂的"复合多元型"急速转型升级，加大了这些国家宗教—政治生态的复杂性，也对我国宗教外交活动的开展提出了更多的挑战。但从总体上看，我国面向东南亚、南亚区域国家开展外交活动时，宗教仍然是最具潜力和有效性的公共外交资源和渠道。应使其成为国家东南亚、南亚外交战略的有机组成部分，更好地服务与助力区域一体化建设。

中国宗教和宗教界作为世界宗教的重要力量，今后要充分利用国际互访与交流、双边或多边会议等宗教外交场合，积极融入中国宗教外交领域可发挥作用的国际体系和机制，积极拓展国家公共外交空间、密度，增进友谊，促进合作，提升为中国国家形象和国家战略大局服务的意识和效能。同时注意吸收和借鉴世界先进经验，熟悉宗教公共外交的技巧和国际规则，以宗教交流、对话及合作推动亚洲安全和全球治理，高举反对宗教极端势力和宗教分裂主义的旗帜，为善化中国国际形象、夯实国家软实力、弘扬中国传统文化，为国际关系和谐、世界和平作出更大的贡献。

# 马来西亚新山柔佛古庙神明崇拜探研

## 刘守政

新山柔佛古庙中供奉着五尊神明，分别由华族五帮主要供奉，吴华先生记载：

> 古庙供奉五位神明。主神为元（玄）天上帝。据说乃是陈大存由陈厝港玄天上帝庙内请来的。玄天上帝为北方八宿自然崇拜的人格神，民间称为上帝公、上帝爷或帝爷公，也叫真武大帝，是道教主神之一。
>
> 洪仙大帝之来历。被新山福建帮所供奉。似乎奉祀的最早帮派是潮州帮。洪仙大帝，在中国没有这个神的记载。台湾的史料研究工作者林天人认为洪仙大帝相信是与私会党组织有关。洪仙大帝便是洪公圣君，是马来西亚本地的神明。
>
> 华光大帝，有三只眼，是一位佛教神，他神通广大，能在天地风水火中穿行自如，搭棚业、陶瓷业、武师等都拜他为祖师。
>
> 感天大帝即许真君，又称慈济真君或许真人。
>
> 赵大元帅——玄坛元帅，又称玄坛爷、赵玄坛和银主公，民间祀为财神爷。
>
> 每年农历正月廿日，恭请诸神出宫，并巡游新山市区，正月廿一日为游神盛会，各帮人士均参加，队伍编排次序是：琼州会馆的"赵大元帅"、广肇会馆的"华光大帝"、客属同源社的"感天大

帝"、福建会馆的"洪仙大帝"、潮州八邑会馆的"元天上帝"。在游神盛会的期间，市中公演潮剧、闽剧、琼剧三台。正月廿二日为诸神回庙之日，在当天上午十一时，诸神环游市区一周，然后回到庙中。

古庙内，除了上述五位神明外，另供奉：观音娘娘、速报爷、风雨圣者、虎爷将军、天公、皇令爷、青龙、白虎、师爷、英烈千秋圣爷爷、金童、门神诸神祇。①

吴华先生初步梳理了五尊神明的来历，并描述背后凸显的华族及地方帮权意识。然而，我们仍可探讨该现象背后所蕴藏的秘密及理论意义。

# 一 五尊神明原乡渊源考述

中国传统宗教文化中，道教是与乡民宗教的联系最为密切的正统宗教。无数乡民宗教的神明，多少都与道教传统有关。新山柔佛古庙主祀的五尊神明，同样可以在中国传统道教中追溯到相应的渊源。

## （一）玄天上帝

玄天上帝原是道教神明，"唐则天时，赠为武当山传道真武灵应真君"。② 该信仰兴起于宋代，繁盛于明代。《道藏》收录与玄天上帝有关的经典有十五种，③ 其中，《元始天尊说北方真武妙经》撰于唐代末期，内容不出六朝至唐代道教经典的普通观念。进入北宋以后，"玄武"之词改为"真武"。④ 元成宗大德七年（1303 年），正式敕封真武为"元圣仁威玄天上帝"。⑤ 石衍丰介绍，元时"国家肇基朔方，以神武定天下"，大德八年（1034 年）三月"特加号玄天元圣仁威上帝"。（《玄天上帝启圣灵

---

① 吴华：《柔佛古庙的历史与修复》，载吴华、舒庆祥编《柔佛新山华文史料汇编》，马来西亚新山陶德书香楼 2008 年版，第 390 页。

② 胡孚琛主编：《中华道教大辞典》，中国社会科学出版社 1995 年版，第 1467 页。

③ 二阶堂善弘：《玄天上帝的演变》，载二阶堂善弘著《元帅神研究》，刘雄峰译，齐鲁书社 2014 年版，第 311 页。

④ 山田俊：《〈太上说玄天大圣真武本传神咒妙经〉以及陈伀注思想浅析》，《日本东方学》第 1 辑，中华书局，第 167 页。

⑤ 《元史》本纪二一，成宗大德七年之项，转自二阶堂善弘《元帅神研究》，第 309 页。

异录》）明时"北极玄天上帝真武之神，其有功德于我国家者大矣！"（明《御制真武庙碑》）为此，明成祖大修武当宫观，供奉玄天上帝，成为武当山道教圣地之特色。[①]

大概五代时，玄天上帝具有了人格神形象，[②]据石衍丰介绍：

> 《道法会元》："教主北极镇天真武玉虚师相玄天上帝。""玄帝果先天始炁五灵玄老太阴天一之化。按《混洞赤文》所载：玄帝乃先天始炁，太极别体，上三皇时下降为太始真人，中三皇下降为太初真人，下三皇时下降为太素真人，皇帝时下降符太阳之精，讬胎于净乐国王善胜皇后，孕秀一十四月，则太上八十二化也。"玄帝诞于王宫。"生而灵异，举错隐显，聪以知远，明能察微，念及七岁，经书一览，仰观俯视，靡所不通。""玄帝长而勇猛，不统王位"，十五岁"辞亲慕道"，经历了"元君授道""天帝赐剑""九渡洞阻群臣""童真内炼，捂杵成针"以及"折梅寄榔""蓬莱仙侣"等，而于"紫霄圆道"至"白日上升"。"玄帝飞升至金阙，朝参玉陛，上帝告曰：卿往北方统摄玄武之位，以断天下邪魔。""玄帝所居之宫，则曰天一真庆宫，在紫微北上太素秀乐禁上天，太虚无上常融天，二天之间宫殿巍峨，皆自然妙炁所结，此处则玉虚无色界也。""玉虚师相玄天上帝。"（《玄天上帝启圣录》卷一）[③]

道教的神话编撰及国家对玄天上帝信仰的不断敕封和崇奉，共同塑造了玄天上帝信仰的繁荣盛况。自然，玄天上帝信仰渐渐演变成为中国乡民宗教中重要的奉祀神明，且在各地地方或行业形成不同形态的玄天上帝信仰形象。

大陆、台湾等地的玄天上帝信仰有着自己的信仰特色。玄天上帝是潮州人所敬仰的神明，被奉为祖神。根据《叻报》在1904年的一则报道，潮州澄海地区，每年阴历八月、九月间，有祝北帝飞升之举，演戏200、

---

① 胡孚琛主编：《中华道教大辞典》，中国社会科学出版社1995年版，第1467页。

② 二阶堂善弘：《玄天上帝的演变》，载二阶堂善弘著《元帅神研究》，刘雄峰译，齐鲁书社2014年版，第316页。

③ 胡孚琛主编：《中华道教大辞典》，中国社会科学出版社1995年版，第1467页。

300台，城乡人家耗费巨额金钱；后来因戏价昂贵，已减去三分之一。但是男邑门外望美地方，又有名为补祝飞升，除了演戏以外，又敛财制成一架形状如轮船的烟景，拉到内沟烧放，引来观者无数；乡民牵男携女，甚至涉溪越岭而来。（《叻报》1904年11月21日）时至今日，玄天上帝仍被潮州人尊称为"大老爷"，在一般潮州善信的心目中，"大老爷"这一普遍的尊称已经取代了玄天上帝的名号。①

福建至迟在唐宋时就有真武庙。泉州城东南石头山上的真武庙，就建于宋代，为祭海神之所。其他各州县均有真武庙，其中莆田黄石的北辰宫规模较大，每年元宵节、三月初三（诞辰）、九月初九（去世）、十二月廿四（上天）、正月初六、初七（回銮）都举行祭典。② 闽南地区认为玄天上帝原来是个屠户，《闽杂录》载：

> 上帝公，五代时泉州人，姓张，杀猪为业，事母至孝。母嗜猪肾，虽高价亦不售，留归奉母。母死后一日，顿悔杀生过多，罪恶深重，乃走至洛阳桥畔，以屠刀剖腹，投肠肚于江中，遂成佛。后其肠化为蛇，肚化为龟，每兴风作浪，竟又再显灵收之。故民间庙祀者极多，所塑金身，都穿盔甲、手执剑，一脚踏龟，一脚踏蛇，状其降服二妖也。③

广府地区的佛山就建有玄天上帝祖庙。"广东佛山市佛山祖庙，建于北宋元丰年间（1078—1085年），供奉各行各业祖师，洪武五年（1372年）重建，专祀真武帝君，殿内所供景泰三年（1452年）铜铸真武像重五千余斤。"④ 海南省，真武庙（宫）也更广泛分布于琼州府、澄迈、文昌、乐会、昌化、万州、儋州、定安、感恩。⑤ 基于陆丰的玄天上帝香火

---

① 林纬毅：《从粤海清庙的文物看新加坡潮人对玄天上帝的信仰》，载李志贤主编《海外潮人的移民经验》，新加坡潮州八邑会馆八方文化企业公司2003年版，第215页。

② 福建省地方志编纂委员会编：《福建省志·民俗志》，方志出版社1997年版。

③ 同上。

④ 李玉昆：《泉州民间信仰》，大众文艺出版社2009年版，第286页。

⑤ 赵全鹏：《古代海南汉族民间信仰研究》，载闫广林主编《海南历史文化》（第2卷），社会科学文献出版社2012年版，第64页。

旺盛，其他客属人区亦有上帝庙，客属人对玄天上帝原不陌生。①

特别说明，反清复明中，玄天上帝可能扮演重要的角色，并对义兴公司产生非常重要的影响。

### （二）洪仙大帝

洪仙大帝是柔佛古庙主祀神明中最扑朔迷离的一尊。当地学者基本主张，该神属于新加坡和马来半岛柔佛州南部一带特有的奉祀神明。同时，并不否认原乡造神的基本运作手法被应用到了洪仙大帝造神运动中。洪仙大帝形象最为突出的是"伏虎"，非骑即踏。同时，文章也透露，洪仙大帝信仰区域的宫庙报道人中，一些认为洪仙大帝原型是梅州大埔县洪姓善武之人，另一些认为来自福建地区。学者将该现象归纳为，客家人或闽帮人乐见于将神仙归入本帮渊源中。②

然而，我们似乎还可以再对"洪仙大帝"知识进行一番考古。洪仙大帝崇拜最早起源于新加坡顺兴古庙，信仰群体祖籍以潮州诏安顺兴周边地区为主，洪仙传说是"伏虎"的"山君"形象。我们发现，漳浦地区的一些三王公庙亦有类似的骑虎神像，如：

> 盘陀镇梁山脚下盘陀内村三王公庙。此庙原建在梁山上的中周社，因建梁山水库，梁山的口黄、中周、内曾三个村子移民到梁山下，原村中三王公庙也随迁至此。庙虽新建，庙中一副对联和三尊骑虎神像却十分古老。其对联为："策杖扶鸠，善功铭钟鼎；贻谋绵世，泽虎帐延厘。"据说此联是原梁山三王公庙对联，从字面上看，山村居民已把山神三王公作为"策杖扶鸠"的土地公。庙中三尊骑虎神像十分威武，按中、左、右排列。居中者白脸，左手执弓，右手持箭，坐骑头朝前，尾向后；左边者黑脸，两手执双剑，坐骑横站，头朝中，并转向庙前方；右边者红脸，双手执双铜或鞭，坐骑也横站，头朝中，并转向庙前方。从神像来看，三王公是三位武将，与记载中的"三勇士"相符，以老虎为坐骑，充分表现其为降服老虎的

---

① 王琛发：《马来西亚客家人的宗教信仰与实践》，马来西亚客家公会联合会 2006 年版，第 16 页。

② 安焕然、萧开富：第 113、116、132—135、114、127 页。

勇猛山神，与峨冠博带、手持元宝的土地公大不相同。……石榴镇长兴庵中三王公，与佛祖等神同祀。原有白脸、黑脸、红脸三尊骑虎神像，后被猎户请回家中奉祀，今仅存空殿。……漳浦县三王公信仰历史悠久，源于潮州，大部分被作为山神崇拜，个别村社当为社中崇拜，由于年代古老，民众不晓神之来源，后来逐渐被其他神灵所取代，而渐趋衰落。①

诏安地区是否还有类似骑虎形象的三王公宫庙存在，尚难确定。但是，以地理位置考察，漳浦与潮汕地区具有地缘关系，且三山国王信仰与漳州三王公信仰具有神缘。因此，在新加坡，洪仙大帝由诏安籍移民奉祀，且有骑虎形象，或许与三王公信仰有关。另外，潮州地区流行的伯爷公信仰，伯爷也被传说具有制服老虎的能力，如：

潮汕民间传说，伯益主持开山辟路时，曾制服了山中之王的老虎，使老虎不敢为害人类，故潮汕俗话云："伯公无点头，老虎唔敢食人"，说的就是这个故事。后来，因伯公是老虎的克星，故古时山脚乡村都建有伯公庙，把伯公的神像造型为白须、持剑、骑虎的雄姿，期望以此来防止虎害，确保人畜平安。潮汕的伯公庙很多，仅汕头老市区就有10多座，其中以金平区大窖老伯爷公庙的规模、影响为最大。伯公庙有些地方又成为"感天大帝庙"，例如汕头市金平区金砂乡的伯公庙灯笼就写有"感天大帝"四字。一般而言，伯公庙比妈宫、关帝庙等规模较小，但又比土地庙大。②

此外，闽南地区盛行的法主公信仰，尤其安溪地区的"三法主"，其中就有"洪"姓祖师。据传：

开庆年（1259 年），福建永春九龙潭石牛洞中，潜伏一条三叉尾

① 林祥瑞：《漳浦的三王公信仰初探》，载中国人民政治协商会议福建省漳浦县委员会编《漳浦文史资料·1—25 辑合订本（1981—2006 年）》（下册·15—25 辑），2007 年版，第 987、988—989 页。

② 叶春生、林伦伦：《潮汕民俗大典》，广东人民出版社 2010 年版，第 238—239 页。

的千年蛇妖，经常变幻成人形伤害生灵，附近村民慑其灵邪气，为求地方上人畜的安宁，每年以一对童男女献祭，否则有虫害及风灾水患。时有安溪张、萧、洪三位异性兄弟，闻蛇妖为害，决心剪除它，于是等待蛇妖到潭中嬉游的时候，合力围剿，缠斗经时；张姓扼住蛇首，脸部被蛇口喷黑烟熏乌；萧姓手持月斧挥斫蛇神，仓皇无措，大蛇猛力挣扎，满脸通红，并导致误伤洪姓额部，经过一番苦斗，终于将大蛇制服，三人乃化为一缕轻烟缓缓升空。……故今天供奉的法主公有三尊，塑像为一黑脸的张姓、一红面的萧姓，及一青面的洪姓面有刀痕。[①]

台湾法主公宫庙所祀张、萧、洪三圣君，其中"洪公"被叶明生教授证实为"黄公（即黄惠胜）"，因为闽南方言"黄""洪"读音相同。[②]但是，习惯使然，在马来西亚一些地方仍称洪公，如加影锡米山关东峇鲁的顺南宫。我们推测，闽帮人认为洪仙大帝来自福建，极可能把它当作了洪公。

总之，洪仙大帝信仰形成是乡民原乡记忆、现实虎患困境及相应情感叠加的结果。

### （三）感天大帝

吴华先生认为，"感天大帝"是道教净明道祖师——许逊，潮汕原乡还把它认作伯公（伯益）。

台湾有称许逊为"感天大帝"的民俗：

> 感天大帝，姓许，名逊，生于江西省，为县令，精通医术。相传，豫州有一怪物叫作业龙精，生卵于长江，有一个叫作张亮者，食其卵化为蛟龙加害渡江的良民。许逊讨伐此怪龙，他遂逃往福州一个井中，许逊又用铁板盖于井口，自此除了毒害。又传，许逊因

---

① 追云燕著：《三教圣诞千秋录》，引同上高贤志文，第48页，转自叶明生《闽台张圣君信仰及法主公教之宗教传统探讨》，载陈志明等编《传统与变迁——华南的认同和文化》，文津出版社2000年版，第142页。

② 叶明生编著：《闽台张圣君信仰文化》，海潮摄影艺术出版社2008年版，第60页。

治晋皇后的乳肿，加封真人，殁后授封感天大帝。民间则祀为治病
之神。①

在道教传统中，净明道是宋元时期兴起的新道教之一，以江西南昌西
山玉隆万寿宫为传教中心。白玉蟾曾作《许真君传》，细数许真君种种神
异故事，洋洋大观。闾山派也奉许逊为祖师。许逊信仰广泛存在于闽粤赣
等地，并远播台湾及海外。

此外，"感天大帝"又是潮梅地区对"伯爷"的称呼，陈达先生说：
"在潮梅的土地神，有时候称伯公或伯爷；前者当是大伯公的简称，后者
或系伯益的转音。相传夏禹用其臣伯益，开辟土地，烈山泽，使人民得有
所居，后人不没其功，所以奉祀。"② 有些乡村也把土地神称为"感天大
帝"。历史根据是："南宋末年，宋帝昺被元兵追逐，与其臣陆秀夫逃避
于潮州饶平属之大月山（山麓南与樟林乡交界）即在山顶扎营，拟避入
饶平沿海的百州及三百门等地，以便与元兵凭险相持。据说某夜山神土地
对于宋帝加以默佑，宋帝感其德，封之为'感天大帝'。"③ 作为土地神的
感天大帝，民间留有相关鬼神故事，如：

> 感天大帝，人们称为伯公，址在伯公巷头。曾有人为此庙题了一
> 联曰："赐嬴氏助禹治水驯兽，封感天为民禳灾去厄。"又有联曰：
> "感应黎庶昭日月，天恩保赤贯乾坤。"伯公，名伯益，助禹治水立
> 功，能调驯鸟兽，是黄氏等十四姓始祖，舜帝赐姓嬴氏。传说这位地
> 头父母官施职为民极严肃，值得人们称道。有过这样一段故事：时值
> 深秋午夜，两个鬼差手拿铁索脚镣，哗啦啦地响着，入南门，沿街
> 行进，秉承罚辖司之令，前来塘湖抓猪仔归案。这两个鬼差，一名
> 叫日游巡，一名叫夜游巡，过去经常到猪仔家做客，喝他的茶，抽
> 他的鸦片，用他的纸钱。要抓他，犹豫不决，左右踌躇，日游巡献
> 计说，何不如此这般，夜游巡听后回道："只能如此。"原来两鬼差
> 商议抓一名叫猪蕾顶替，起初他未商定抓猪蕾时，猪仔已昏迷了，

---

① 吴瀛涛：《台湾民俗》，台北众文图书股份有限公司1992年版，第73页。
② 陈达：《南洋华侨与闽粤社会》，商务印书馆2011年版，第273页。
③ 同上书，第273—274页。

改抓猪蕾，猪蕾也就昏昏沉沉，而猪仔反而清醒过来。当猪蕾被抓时，灵魂已被摄去。行到伯公巷头，伯公即离座，走出来查验，校对阴司冥文，分明抓错人口，急上前驳问。鬼差初时还强辩说："猪仔与猪蕾差不多。"伯公听后很生气，坚决制止，说："虽差不远，人则不一样，哪可乱抓，如不听话，我当即向查察司控告你俩。"鬼差被驳得哑口无言，心里惊怕，只得唯唯是从，把猪蕾放回，去抓猪仔，这时猪蕾已苏醒复活，命不该终，而猪仔已一命呜呼矣。(据《龙湖志》)①

可见，感天大帝信仰有两种源头，或许土地神的意涵在潮梅地区更为广泛。至于，感天大帝被当作许逊作为信仰主神，其内涵转化，是否与客家人接盘主祀原因有关，尚待深入探讨。总之，柔佛古庙中的感天大帝，神源又是多重的。

### (四) 华光大帝

《宗教大辞典》载，华光大帝：

> 亦称"灵官马元帅""三眼灵光""华光天王""马天君"等，道教护法天神之一，一说系由佛教华光如来转化为道教之神。与赵公元帅、关圣帝君、温琼元帅并称"护法四元帅"。相传姓马，名灵耀，因生有三只眼，故民间又俗称"马王爷三只眼"。据《三教搜神大全》称，曾三次"显圣"，降五百火鸦，杀东海龙王，为救母亲大闹地狱，玉皇大帝封为真武大帝部将，护法天界。明人余象斗编有《五显灵官大帝华光天王传》（又名《南游记》），称他为"火精"，身藏金砖、火丹，故民间又将其视作火神，在农历八、九月间举行"华光醮"，祈求免除火灾，专祀之庙称华光庙，传说华光大帝神诞是农历九月二十八日。②

---

① 潮安县龙湖镇人民政府、潮安县政协文史委员会编：《龙湖寨文化史谭·湖安文史（专辑）》，潮安县龙湖镇人民政府广东省潮安县政协文史委员会2005年版，第86—87页。

② 任继愈主编：《宗教大辞典》，上海辞书出版社1998年版，第322页。

南宋王契真纂《上清灵宝大法》载："凡建玄坛，当建四驿庭，专一承受传递符檄，亦由阳间邮亭之象也。所谓四驿者，蛟龙驿、金龙驿、风火驿、金马驿是也。每驿各有神吏主之，伏如力士，持黄令旗，听候差使。须当依式书符召之，方能感降也。"① 其中：

> 风火驿者，有一院号曰火院，有一判官主之。院辖左右，风驿、火驿，左者专一传递南院符命、赦书文檄；右者专一传递北院符敕文檄。所谓判官，即主管南北二院文书。风火院判官马胜，青面三目，簇金罗帽，朱袍金甲，绿靴赤发仗剑，或变身三头九目。管下两驿之中，各有判官十员，驿吏三百人，应所告敕书符篆简章，皆经由主者，逐一检授，或有讹件，皆积在止驿，不得上达，各付所属狱罪也。凡建斋必先具公文申告，乞为改正，仍以此符，差驿吏即为传达，必获彰感，今符法后众称"风火驿传"，正谓此也。②

该文明确指出，风火院主管为"判官马胜"，"主管南北二院文书"。道法会元中留存一批与马胜相关的道法③，《金臂元光火犀大仙正一灵官马元帅秘法》载："盖灵官乃神霄四帅之一真也。总司雨旸赋伐之权，所以祈祷皆可，亦不过水火两部将兵。水火即南北二院之所属也。"④ 马胜

---

① 《上清灵宝大法》卷40，《道藏》第31册，第49页。

② 南宋王契真纂：《上清灵宝大法·斋法符篆门·风火驿》卷40，《道藏》第31册，第49页。

③ 《正一灵官马元帅大法》，《道法会元》卷36，《道藏》第29册，第1—2页；《正一吽神灵官火犀大仙考召秘法》，《道法会元》卷222，《道藏》第30册，第376—389页。东华敕命，径下九天，所召帅将，火官大仙。……神霄敕法玄坛赵元帅……（第377页）……"遣咒"恭闻元帅魁罡之精，总辖风火，统领天兵，飞烟掷火，走石扬尘。封山破洞，遏天横行，怒震天地，五岳摧倾，轰天霹雳，电掣雷奔，六天火部，掷火流铃。飞天之崇，着地之精，不正山魈，一并收擒，瘟黄恶鬼，灭迹除形，上帝敕下，大显威灵。急急如玉皇上帝律令敕载念（第378页）；《上清都统马元帅驱邪秘法》，《道法会元》卷223，《道藏》第30册，第389—391页；《金臂元光火犀大仙正一灵官马元帅秘法》，《道法会元》卷224，《道藏》第30册，第392—401页；《火犀大仙马官大法》，《上清都统马元帅驱邪秘法》，《道法会元》卷225，《道藏》第30册，第401—405页；《正一灵官马元帅秘法》，《道法会元》卷226，《道藏》第30册，第405—412页。

④ 《道法会元》卷224，《道藏》第30册，第396页。

在道教清微派中属于四大元帅之一。①《正一吽神灵官火犀大仙考召秘法》
称其主法为"祖师金门羽客太素凝神通妙侍宸林真人"的，该"林侍宸"
应为林灵素，则可判断"马元帅"相关道法不但属于清微派，还可上溯
至神霄派。一则《马天君宝诰》，或能进一步证明其为神霄护法神：

> 志心归命礼　斗口魁神，璇玑上将。三头磊落，应化三台照耀之
> 形。九目辉华，印就抖光华之象。秉西灵之金气，足蹑白蛇。戴南极
> 之威灵，背飞丹乌。寄化冲天风火院，专司北极号天罡。宝剑珠铃，
> 挥霍妖魔皆绝灭。帝钟法印，行持神鬼悉皈依。随梓橦而佐文衡，辅
> 紫微而司禄命。大悲大愿，大圣大威。高上神霄玉府，混元护法元
> 帅，玉府司命真君，光明华藏，寂道真玉，南极火犀大仙。北帝都天
> 罡，梵天威烈神王，摄魔雷令大神。②

《正一吽神灵官火犀大仙考召秘法》的一则"召咒"载："微妙真空
（戍），华光五通（酉），驱雷掣电（坤），走火行风（兑），何神不使
（玉），何鬼敢冲（离），神鸦一噪（午），万鬼无踪（上），急急如律
令。"③"华光五通"，在《南游记》记载其马灵官的"五通"为："一通
天，天中自行；二通地，地赶自裂；三通风，风中无影；四通水，水中无
碍；五通火，火里自在"；并"一个天眼，挪开可见三界"。④可判断正一
灵官马元帅即赣粤戏班的戏神"华光大帝"。

广府地区有一种"祭火神"的习俗，是围绕华光帝信仰而进行的。⑤
这证明华光大帝当今依然是粤剧行业的保护神及祖师，同时还是地方的当

---

① 按《正一灵官马元帅大法》（帅班马魅）与《神捷勒马玄坛大法》（帅班赵公明）、《地
祇上将阴雷大法》（温琼）、《蓬玄摄正雷书》（关羽）统称《清微马赵温关四帅大法》（载
《〈道法会元〉目录》，《道藏》第28册，第670页，及《道法会元》卷36，《道藏》第29册，
第6页），说明马元帅大法属清微派道法之一。

② 潘恩德编著，潘兆耀绘图：《全像民间信仰诸神谱》，巴蜀书社2001年版，第128—
129页。

③《正一吽神灵官火犀大仙考召秘法》，《道法会元》卷222，《道藏》第30册，第
377页。

④《南游记》，《四游记》，上海古籍出版社1986年版，第57页。

⑤ 吴智文、曾俊良、黄银安著：《广府平安习俗》，广东人民出版社2013年版，第63—
71页。

境神明。而在福建地区，马元帅被说成是福清真人和马灵官两种身份：

> 原名马容容，福清县人。生于唐光化二年（899 年）九月廿八日，卒于后梁贞明元年（916 年）十月初四，年仅 18 岁。志称：马氏生前为人善良，常济贫扶危，见义勇为，受到村民的爱戴。去世后乡民感其恩德，立庙祀之。后晋天福八年（941 年）因"阴助"官兵御寇有功，被敕封为"调遣阴兵卫国护民元帅"。马元帅信仰后传入罗源，在城关东郊建庙祭祀，成为罗源城关一带的保护神。当地群众事无巨细都要到庙中祈求保佑，每逢其生、忌辰也要举行隆重的祭典。其主庙罗源城东的马元帅庙于 1983 年修葺一新，香火颇盛。莆田等地的一些寺庙也奉祀马元帅，俗称"马公"或"马灵官"，相传为南斗第六星所化，生来就三头九目，手执玉戟金砖，跨火犀，职掌驱邪祛疫。[①]

或许"马容容"确是道教马元帅的原型，经过道教转化，成了莆田地区的"马灵官"或华光大帝。至于造神的来龙去脉，还有待作谱系学的考古。

## （五）赵大元帅

赵大元帅，即赵公明，其信仰源头亦来自道教，《〈正一龙虎玄坛大法〉序》载：

> 昔汉天师修炼大丹于鄱阳山，丹成未服，封闭于炉中。忽一日，有山神窃而饵之，罄其所有。天师遂怒，作法役召天神斩之，其头复生。天师言曰：非汝之力，乃吾神丹之功也。与之立誓，永为下鬼，血食一方，今号涌头大王，即其神也。天师复过信州之贵溪，见其石壁岩窦奇怪，乃谓弟子王真人曰：山奇水秀，虎踞龙盘，可复成吾大丹，遂与弟子入山，结庐修炼神丹。因鉴前弊，乃飞神白于神霄真王，乃使翊卫大神赵公明统领二十八将、八王猛吏、五雷神兵等众，守护坛界乃得成就。天师谓弟子曰：吾丹服之便可升举，然无功及

---

① 福建省地方志编纂委员会编：《福建省志·民俗志》，方志出版社 1997 年版。

民，他日臣事三清得无愧乎？遂挈入蜀奉上帝敕令战鬼于青城山，建立福庭二十有四治，后奉帝命白日上升。自此号曰龙虎玄坛，永远辅佐行持剿戮天下不正妖魔，实自龙虎而启矣。天师乃以石函封闭，藏于鬼谷山思真洞。后有奉法之士，得遇天师以梦授之，因传于世。元帅将吏威雄猛烈，兴云致雨，甦厥焦枯，次则伐庙诛邪，扫除凶怪，其余禳官散事，捕盗追魂，有翻天覆地之功，塞海移山之势，神功博巨，笔舌难穷，得之者，切宜秘之。谨叙其本末，标于篇首以告来者。仙源嗣法湛然子谨序。①

《神捷勒马玄坛大法》载：

> 元帅姓赵，字公明，终南山人也。自秦时避世山中，积修至道，功行圆成。奉上帝旨，召为神霄副帅，本皓庭霄度天，慧觉昏梵炁化生其位，在乾金水合气之象也。策役三界，巡察五方，提点九州，为直殿大将军，又为北极侍御使。汉祖天师修炼大丹，元帅奉玉旨授正一玄坛元帅，"正"则万邪不干，"一"则纯一不二，其职尤重，斯其概耳。夫体则为道，用则为法，故清微法中，有"神捷勒马"之称，此绘像是也。其雄威猛烈，震雷霆、撼山岳，除邪辅正，福国裕民，功莫能述。信向之士得此而崇奉者，和合万事，禦灾捍患，招祥致庆，殆有异感焉。要在敬恭，夙夜心与神会，久久不渝，则无求不应，无感不同矣。传曰：有其诚则有其神，奉者免之。②

在道教系统认为，张天师升天后，玄坛元帅代为守护龙虎玄坛，且被吸收为神霄元帅。玄坛元帅与马胜、温琼、关羽一同被纳入了玄天上帝的管辖之下。

但是，道教系统的神明的功能也在不断地转化，地方政治系统和民间转化了原有的道教功能神。例如，海南地区的玄坛庙被认为是保卫城门门神和保佑发财的财神：

---

① 《〈正一龙虎玄坛大法〉序》，《道法会元》卷236，《道藏》第30册，第471页。
② 《清微马赵温关四元帅秘法》之《神捷勒马玄坛大法》，《道藏》第29册，第4页。

玄坛庙是明代洪武十二年（1379 年）海南卫指挥蔡玉兴建的。庙址在今府城镇北胜街。庙中供奉之神，据《搜神记》所载，名叫赵公明，秦时避乱山中，精修至道，功行圆满后，被玉帝命为神霄玉清宫副将，把守宫门。但明代《姑苏志》却说他赵姓名朗字公明，乃三国名将赵云的从兄弟。蔡玉乃武将，他兴建庙宇的原意，是想借助神力保卫城门，但几百年来，府城人对它必恭必敬，香火不断，则是想神灵保佑自己富起来，赵公明从一个守门官变成了财神爷。财神爷是怠慢不得的，这大概就是府城镇那么多神坛寺庙拆除后未能复建，而它却被居民一直保存下来的原因吧。1989 年重修的赵元帅庙共三进，前为庙门，中为拜亭，后为神殿。庙门内竖有复修序碑和乐捐名碑，由于紧挨民舍，地处闹区，庙中常有人闲坐，并没有一点威严恐怖的气味。①

除琼州府，崖州、感恩等地也有玄坛庙，② 至于在玄坛庙所发挥的社会功能，恐跳不出海口玄坛庙的范围。这也是海南帮能够接受玄坛元帅，并抬轿供奉的原因所在。

据说，柔佛古庙除了洪仙大帝是新马自创神明，其他四尊来自陈厝港灵山宫（元天上帝、赵大元帅、华光大帝）和天尊宫（感天大帝伯公），且四尊神明在潮汕地区具有深厚的信仰根基。③ 实际上，洪仙大帝信仰也可在潮汕地区或附近找到相应的信仰原型。总之，柔佛古庙的五尊神明保留了潮汕地区神明信仰传统。

现如今，柔佛古庙神明崇拜，已经被建构成新山华族的新式信仰模式。该模式，虽可称为文化"嘉年华"，但仍有浓重的中国传统宗教底色。其独特之处，恐怕就在于：与原乡信仰形态渐行渐远，又不全离；与新山本土其他多种信仰类型不相类似，却又独标特出之处。华族内外复杂社会环境，于焉凸显。

---

① 梁统兴：《琼台胜迹记·琼山卷》，南海出版公司 2000 年版，第 393 页。

② 赵全鹏：《古代海南汉族民间信仰研究》，载闫广林主编《海南历史文化》（第 2 卷），社会科学文献出版社 2012 年，64 页。

③ 安焕然：《从潮州游神民俗到嘉年华会——马来西亚柔佛古庙游神的演变》，载陈春声、陈伟武主编《地域文化的构造与播迁——第八届潮学国际研讨会论文集》，中华书局 2012 年版，第 193—206 页。

## 二 神明崇拜所反映的社会系统类型

如以原乡道教传统和民间宗教传统作参照，柔佛古庙五尊神明的崇拜形式及游神仪式，根本就是一个大杂烩。

梳理原乡民间宗教的印记，追溯古庙神明的来历，尚有迹可循。华光大帝和玄坛赵元帅是玄天上帝的部下，继承道教传统，但少了温元帅和关元帅。感天大帝或是伯爷，或是净明道祖师或为土地神。洪仙大帝虽自成系统，但也可在原乡找到相似信仰类型。

这些在原乡社会中互不相干的信仰类型，竟然被和谐地安放在了一个庙宇之中。然而，该"和谐"不能被认为是理所当然的"完满"。实则，该"和谐"局面的诞生，恰恰是华人宗教系统在应对新山宗教社会环境变迁，自我指涉性系统再造所呈现的。该现象凸显新山宗教系统的复杂性，其中包括众多次级宗教系统，且内含不同层级系统的差异性。

围绕五尊神明整合的崇拜行为，由此衍生的大型游神仪式，是华族宗教社会显示独特意义的系统建构行为。该现象，或许就是新山华社应对该地多元宗教环境的策略性结果。五尊神明被分配给不同帮派，且规定了游神次第，显示华族内部帮派地位的差异。各类原乡乡民宗教神明间，突出了新山地区五尊神明的尊贵地位，又显示了各帮派中不同地区宗教信仰的差异性。

### （一）民族宗教系统差异的凸显

柔佛古庙神明奇特的组合形式，是新山华族的独特创造。在多民族、多宗教社会大环境中，新山华族宗教系统通过自我指涉、自我生产，[①] 形成一种新式宗教类型。

我们在新山进行考察时，新山本地向导们，经常提及义兴公司，该机构在新山开埠历史中扮演过非常重要的角色，且由于与柔佛州掌权者关系密切，甚至获得过党派独尊的地位。义兴公司与反清复明的洪门有深刻的渊源，其被强迫解散时，当地人还修建明墓以示纪念。而柔佛古庙供奉的玄天上帝恰恰是来自义兴公司首领开辟的陈厝港庙宇。玄天上帝信仰在明

---

① 高宣扬：《鲁曼社会系统理论与现代性》，中国人民大学出版社 2005 年版，第 37 页。

朝被突出崇拜，被义兴公司崇拜显示了其为大明代表的意向。在新山地区，玄天上帝信仰似乎更能突显华族一体之形象，虽然华族内部向来就不是铁板一块。但在多元民族环境下的新山，华族一体却是急需建构的社会形象，以适应不断变化的环境。五帮共和的"古庙精神"之提出，恰恰是针对新山社会系统中多民族及宗教形式共存之现实而提出的，如果不能在多民族共存的社会中展现出自己的与众不同，则新山社会系统中华族的独特地位将无从展现。当然，这是策略式的自我建构，为了凸显华族整体的意义，通过沟通形成了华族一体化的形象。但是，这掩盖不了华族各个地缘帮群间的矛盾或差异。

### （二）神明崇拜背后的帮群关系

新山当地学者认为，"五帮共和"、和谐共处是"古庙精神"得以发扬的基础。但柔佛古庙五尊主神崇拜及游神次第，已经显示出新山地区五大帮群间的层级关系。林纬毅先生在对新加坡粤海清庙玄天上帝的研究中，已经发现了类似的问题。[1] 柔佛古庙抬神被分配给五个帮派，且顺序有别。

玄天上帝由潮帮抬游，且压阵出场。这是因为潮帮人是最早来新山开发的华人族群。由于历史地位和现实经济状况等方面具有绝对的领导地位（虽然人口及经济一度被福建帮超越），再加之潮帮人多有义兴公司的背景，既然要游神，主神玄天上帝自然要由潮帮来主抬。

同样道理，其他几尊神明抬游次第，也是根据帮派权力在新山华族中的大小来决定的。表面上看，海南帮的实力最弱，但还有比海南帮更弱的广西籍人，他们更是实力弱小。

据史料记载，早期新山开发时，经常发生乡帮间的械斗，如今帮群间的竞争则被游神队伍势头比拼所取代[2]，说明次级系统中，各个帮派间的差异依然存在，且在系统建构过程不断自我参照中，再建构各自的帮群。

---

① 林纬毅：《从粤海清庙的文物看新加坡潮人对玄天上帝的信仰》，载李志贤主编《海外潮人的移民经验》，新加坡潮州八邑会馆八方文化企业公司 2003 年版，第 213—224 页。

② 安焕然：《从潮州游神民俗到嘉年华会——马来西亚柔佛古庙游神的演变》，载陈春声、陈伟武主编《地域文化的构造与播迁——第八届潮学国际研讨会论文集》，中华书局 2012 年版，第 199 页。

神明的崇拜也因帮群固有信仰传统，呈现出向帮群固有信仰传统转化的趋势，例如洪仙大帝信仰，在福建人崇奉过程中多将之当作福建法主公三圣中的洪公祖师。而感天大帝在客家群体中倾向于认为是许逊而非具有潮帮色彩的伯爷。

即便是五大帮群内部，依然以地缘形式继续划分成小地区群体，如闽帮中可能还有安溪会馆和惠安会馆的区别。

总之，新山华族宗教状况，彰显出新山多元宗教环境的系统性。在族群关系竞争中，五尊神明共同凝聚成一族的象征，与马来人、印度人等区别开来。在华族内部，原乡地方神明，被再造成乡帮集体象征。

值得注意的是，新山地区神明崇拜帮群特色，掩盖了原乡地方社会特有的"祭祀圈"活动。曾玲教授所探讨的内容，正是要发掘该种信仰的痕迹。该层次的地缘信仰，或许才是海外华族帮群宗教形成的基础之一。

## 三 讨论

新山柔佛古庙五尊神明的源头皆可追溯到道教，说明民间神明与道教间的复杂联系，尚需作更多的历史谱系学的考古。从道教《玄天上帝神明经》宋元明三代册封看，民间神明获得统治权威青睐的机会越多，其信仰扩大化的可能性就越大。那么，在中国传统社会中，道教在民间神明信仰扩散过程中，发挥了什么样的作用，尚需进一步研究。

族群与帮群的权力对比，或许在语言表述方面也有所体现。例如"帝"与"元帅"的区别。在游神中，最先出场的，是地位最低的赵元帅，因为其他四神都是"帝"。"帝"的语义象征是：①华夏民族与"番邦"各国是权力对等的民族主体。这样，在文化心理层面，华族整体才可以树立华族的自信心。②表现在各系统内部，只有将木帮神明提升到"帝"的高度，才可以显示本帮的力量。例如，客属所抬神明感天大帝，已被美化成"帝"而非潮汕地方性质的土地神，而只有净明道祖师才能担当此任。自然，许逊就是首选对象。

玄坛元帅是财神爷，海南帮权力不够，或许选择财神，正符合该帮积攒经济实力之意。也许，有朝一日海南帮实力大增，也会把赵元帅提升到"帝"的高度。而"关帝"恰好是一位很好的替代神明，因为赵元帅与关帝都是财神爷。

　　现代社会，社会多元化趋势越加明显。以线性思维梳理现代社会的宗教问题，恐有不逮。对新山宗教社会情况的描述，也需警惕以简单的线性描述，成一叶障目之失。现代社会是分化的社会，差异性凸显，各个社会系统同其环境形成复杂的整全社会。"虽然环境对于系统来说是重要的，但环境的任何变化，只有通过系统自身内在因素相互之间的自我调整或协调，才能对系统发生有效影响。就此而言，系统同其环境的相互关系，一点也不遵循传统逻辑所规定的那种单线单向的因果关系规则。"① 的确，针对新山华人在宗教系统重建的事实，用既有的线性思维，无法诠释华人社会的宗教系统自我再建现象。卢（鲁）曼的社会系统理论，似乎更具阐释效力。

---

① 高宣扬：《鲁曼社会系统理论与现代性》，中国人民大学出版社 2005 年版，第 4 页。

# 缅甸大其力华人宗教实践的田野调查研究

白志红　高士健

## 一　问题的缘起

1993 年以前，定居在缅甸大其力的华人，以潮汕人为主，约有 400 户①。20 世纪 90 年代，被当地人称为"淘金年代"。当时，枪支和毒品交易泛滥，高额的经济回报吸引了散居在缅北和中国滇西南地区的云南籍华人来到此地。在这一时期，云南籍华人大量涌入，成为当地华人的主体。奈温政府上台后，在缅甸推行民族主义文化教育政策。1967 年缅甸颁布了《私立学校登记条例修改草案》，规定除单科补习学校外，禁止开办其他任何形式的私立学校。华文学校在缅甸一度销声匿迹。虽然缅甸政府在近几年逐步开放，但对于华文教育的限制依然没有根本性的改变，而大其力的华文学校却办得有声有色。该校 1996 年 4 月 3 日由当地较有声望的 20 位华人发起，成立华文学校筹建委员会。他们依照当时缅甸针对华文教育的控制政策，决定先建立观音寺一座，将中文学校挂靠在观音寺名下，取名为"缅甸大其力大华佛经学校"。该华文学校没有被划入教育机构的范畴，而被官方认定为一种以讲授佛经和佛法为主的宗教教育组

---

① 本数据来自大其力大华佛经学校建校档案。

织，在当时的政策环境下得到了缅方政府的默认。

从大其力华文学校的建校历史来看，筹建观音寺本身固然具有明确的宗教意义和宗教动机，并被赋予了新的社会功能，即成为当地华文学校的庇护所。本文试图探讨多样的、地方性的宗教实践如何成为其保留族群文化和融入当地社会的重要因素；华人的宗教实践对于维系华人社群关系，推动华人融入当地社会中有何重要意义；放生活动中表现出的地方性宗教文化在多大程度上为当地华人与主体民族进行良性互动和建构社会资本提供了更多活动空间。

2014 年 1 月 12 日学校的 J 监事长去世了。8 点多钟，缅族工人们开始打扫福安堂，并在外面点起了火盆。学校总务 YFQ 通知了理事会的成员并通知老师们上完课后去福安堂帮忙。通常，如果主人家比较富有，家里院子很大，又雇了很多工人，就会选择在家里办丧事；如果主人家的空间不够大，人手不够就会选择去福安堂①。按照华人的规矩，如果逝者不是在家里过世的话就不可以在家里搭灵棚，那么，丧事只可以在外面办。现任理事长、校长、名誉理事长、老校长等都很早就来到福安堂，一起商讨丧礼流程。当地华人葬礼一般持续 5 天，如果赶上闰月，则一周以后才可以出殡。葬礼持续时间的长短也与主人家的经济能力有关。当地华人圈里有句俗话说："死人不花钱，家产分一半"，意思是故去的人本身是不会花钱的，但是为了处理后事可能要花费一半的家产。葬礼期间，主人家会请专门的厨师或从饭店订"丧餐"，从发丧到出殡，主人家每一天都要为前来悼念和帮忙的亲朋好友们准备饭菜，从早餐到消夜一共四顿，如果赶上闰月，那么开销还要增加。

监事长的葬礼一共举行了 5 天，第一天是发丧和遗体的安放，中间三天是其生前的朋友吊唁，最后一天是出殡日。接下来，笔者将描述 J 监事长葬礼过程，旨在说明民间信仰、道教及汉传佛教实践对于维系当地华人族群的内部关系和身份认同的重要意义，以及将火化仪式纳入葬礼的过程中所体现出的生存策略。

---

① 位于大华佛经学校校园内，由大华理事会筹资去建造，2013 年底建成，是当地华人治办丧事的地方。

# 二　J董事长的葬礼

## （一）遗体的安放

根据泰国和缅甸的习俗，死于异地的人的遗体和骨灰不可以带回其故乡或是其他地方。泰缅边境的关卡对于类似情况的检查也十分严格。但当地华人讲究落叶归根，入土为安，监事长在清迈医院过世，为了将遗体从清迈医院运回大其力，其中还费了些周折。

因为J监事长在清迈医院过世，在泰国医院死去的病人，医院一般会把遗体留在医院做病因分析。这个在我们的观念当中是很难想象的，所以这里的华人要是家里有老人快不行了，都是要接回家里来断气的。监事长是他家里人花大价钱从医院买回来的，运回来的时候还给遗体化了妆，看着要像活人一样，因为老缅政府是不给运死人过来的。

当天下午3点钟，遗体被安置在灵堂中央。监事长生前的好友L先生，安排工人帮他穿上寿衣，将米塞在逝者的嘴里。20分钟后，监事长的女儿和姐姐赶到，抱着棺木失声痛哭。L先生递给她们一碗液体，据说是防止遗体腐败，子女和直系亲属们轮流向遗体嘴里喂。之后，监事长的大女儿拿着一包银珠倒进遗体的嘴里，据说这是给逝者带到黄泉路上的财宝，那些漏在嘴边的银珠象征着逝者留给自己后代的财富。亲属做完告别仪式之后，棺木被盖上放进之前已经准备的冷箱。工人把贴好挽联的灵台搬了进来，监事长的长子把灵台上的白色粗蜡烛点燃后，女儿和次子，分别点燃手中的粗香，插到灵台的两旁，然后行三拜九叩礼之后退到一边。主事将手里一把香点燃并分发给前来帮忙的人，这些人走到灵台面前，行三叩首之后，将香插入香炉。孝子们向他们行叩拜礼，以示感谢。

## （二）家祭

从发丧之日开始，简单的家祭仪式就已经开始举行。逝者的儿女们在每日的三餐之前，将祭品和菜饭摆放在灵柩前的桌子上，然后轮流上香或集体上香，直到出殡之前都要像生前一样服侍。而在出殡日举行的家祭仪式则程序最为复杂，参与的人数也最多。监事长在云南和缅甸其他地方的远亲，也闻讯赶来参加最后一次家祭。出殡之日的家祭仪式于 10 点 30 分开始，由现任校长做主持人，他手里拿着一张用黄色的纸打印来的 J 府家祭程序表，整个流程如下：

1. 家祭开始，依照主持人指令放响鞭炮。

2. 执事者就位。执事者一般为偶数，最少为 6 人，当地的华人的葬礼一般请年轻的男老师担任执事者，并统一着白色衬衫，黑色西裤。主持人宣布执事者就位后，执事者分成两排，站在摆放祭品的桌子的两端。

3. 主祭者就位。家祭中的主祭者一般为三人，主祭者常常最后才确定，且只是逝者的同宗男性亲属。大华理事会的理事长与 J 监事长同宗，由于他在当地华人社区有很高的地位，所以他担任主祭。

4. 陪祭者就位。陪祭者是其他的 J 氏家族的成员，共 15 人，女性亲属可以做陪祭。

5. 主持人开场白

维西元二〇一四年一月十二日岁次癸巳年乙丑月腊月十二日癸未日之良辰兹有主祭者：××，××，××；陪祭者：××，××，××等。谨具鲜花果品香钱蜡烛清酒时馐发包肴馔金银果锭不腆之仪致祭于伯伯/阿公豪龄茫蒋老大人。

6. 执事者明烛焚香，三上香；执事者将一把香点燃后分发给参见家祭的每一位成员。听到"一上香"的指令，所有家族成员双手持香，低头鞠躬。然后执事者将主祭和两个陪祭手中的香收起来，又换一炷新香。上三次后，执事者将香收齐，插在灵台的香炉上。

7. 献茶执事者将倒好茶水的茶杯递给主祭者其中的一位，由他将茶杯里的茶水向地上洒下，然后鞠躬。献茶也要献三次，由三名主祭完成。

8. 献酒与献茶相同。

9. 献鲜花执事将放满鲜花的托盘递到主祭者手中，主祭者双手托盘举过头顶，向灵柩鞠躬，然后再由执事者将鲜花放回原处。

10. 献果品执事者将摆在桌子上的一盘水果，递给主祭，双手将盘举过头顶鞠躬，然后放回。

11. 献刚烈（猪）。刚烈就是已经杀好的整猪，主祭者会象征性地将猪抬起。猪肉会在祭祀结束后，作为招待来宾的食材。

12. 献发包。与献果品相同，献祭的托盘里盛放的是包子。

13. 献财帛。与献果品相同，托盘里盛放的是纸元宝。

14. 献白。与献果品相同，托盘里盛放的是叠好的白布。

15. 执事焚财帛。执事者将托盘里献祭的纸元宝，拿到外面的火炉中烧掉。

16. 礼成。主祭、陪祭、全体参祭者向灵柩前行三鞠躬礼，所有参加祭祀的 J 氏家族成员向灵台行三鞠躬。

17. 孝子孝女叩谢。守灵的监事长的女儿和儿子出来磕头叩谢。仪式监督者 YBQ 老人特别吩咐，参祭的人一定要将孝子孝女扶起，因为这是家祭仪式，同宗不必行此大礼。

18. 执事者向蒋老大人之灵柩前行三鞠躬礼，并且领受蒋氏家族分发的红包，红包的金额 100 泰铢到 200 泰铢不等。家祭仪式结束。

### （三）公祭

家祭仪式举行过后，紧接着举行的是公祭仪式。公祭仪式也是当地华人葬礼中的必要流程，并可观察到逝者生前的社会关系。参与公祭的人数与逝者生前的地位和声誉有密切关系。

> 人家家有事你来热心地帮忙，等你家有事的时候人家才都会到。我们都把这个看得很重，每一个主人家心里都有一本清楚的"账"，谁该来的，没有来，谁看了看就走了，没参加公祭，他们都很清楚，不只是主人家，在场的其他华人也会看谁家的丧事，哪家没来。这些事情会成为妇女会那些大妈们，平时打麻将的闲聊。（P，男）

不难看出，葬礼是维系华人社群内部关系的一种方式。但凡大华理事会的成员或是成员的家属去世，理事会都会派代表参加公祭。有时还会请学生们来为已故的老人唱挽联。因为有时学生白天会有课，所以并不是每一次学生都要参加。一般学生参加的葬礼有两种情况，一种是死者生前为学校作出过突出贡献；另一种是死者的子女在大华佛经学校念书，子女同班里的同学会被要求去参加葬礼，陪伴他们的同学渡过难关。而参加公祭人员的多寡根据死者生前为大华理事会所作的贡献及其在当地华人社会的声望的不同而不同。

中午 11 点 30 分，公祭仪式正式开始。整个公祭仪式与家祭仪式差不多，不同之处在于以下几点：第一点是主祭者和陪祭的安排。在当地华人的葬礼中，主祭者只有一位，即大其力大华理事会理事长 JM 先生。任何理事会成员家的丧礼，理事长必须到场。而陪祭者的安排相对灵活，按照到场者的地位而定，在 J 监事长的葬礼中，第一陪祭者是大华理事会监事长 CDC，第二陪祭者是大华理事会副理事长 ZW 先生。除主祭者和两位陪祭者之外，剩下的参加公祭的陪祭都是大华理事会下辖的各个团队，这些团队在华人社区的地位的高低，也可以从他们公祭位置体现出来。站在最前面的是大华理事会顾问团，顾问团中的大部分是华人社区中的元老。其次是大华理事会全体理监事，往往只是几个与逝者私交较好的代表。大华妇女组全体成员会在整个葬礼中负责安抚逝者的女性家属。由于监事长生前为学校作了很大贡献，所以全体老师都参加了此次的公祭。

公祭仪式与家祭仪式的第二点是家祭的过程中在称呼死者的时候用的称呼是"伯伯/阿公某某某大人"，名在前姓在后，这体现的是家祭的主祭者和陪祭者与死者之间的亲属关系；而在大华理事会公祭时的称谓是"本会监事长豪龄 J 老先生"，体现的是死者与当地华人民间组织之间的行政关系。

第三点是仪式的祭品不一样。公祭不需要祭刚烈，但献完白之后，要加献祭文和挽联；祭文和挽联一般是由华文学校的书法老师提前写好，并由德高望重的老校长 YBQ 先生来"宣"，所谓"宣"就是用云南方言把祭文和挽联唱出来，然后把祭文焚烧掉。这样整个公祭仪式才结束。

按照当地习俗，家祭和公祭仪式结束后，主人家都会拿出一部分钱捐献给理事会、观音寺和妇女会以表示以善积德，热心公益。钱数从几千到几万泰铢不等。一般婚事主人家捐的比较多，而且都是双数，而丧事一般捐的较少都是奇数。在仪式结束后，主人家准备饭菜招待前来参加公祭的人，客人离开时孝子们还要出门叩谢。

由于监事长生前在大华理事会有重要职务，在公祭仪式之前，理事会还举行了一个离职仪式；理事会为此还专门为逝者拟制了离职书，在仪式结束后随陪葬品一同烧掉，并即刻宣布重选任新人选的日期。当地人说，这是希望逝者能够安心地归天，不再被凡尘琐事所牵绊。

### （四）观音寺的超度仪式

在遗体安放在福安堂期间，每到下午或傍晚，观音寺的师父们都会来到灵柩旁为监事长念一个小时的超度经，整个葬礼仪式结束后，监事长的亲属会为观音寺捐赠善款。为了感激监事长生前为公益事业的贡献，他的灵牌还被师父们请到了观音寺的大雄宝殿的往生堂里面摆放，被请到往生堂的亡灵，其精神和灵魂将在极乐世界得到永生。

### （五）道士的超度仪式

每天下午五点道士们会专门为遗体念超度经和做一些法事。出殡的日期和时辰都要请道士专门来算，据说，请道士是十分昂贵却又不得不请的。

> 我们这里的丧事请道士是最贵的，他们都是一口价的，分全套的，还是半套的，你要有钱要全套的，给30万他就会给你糊一整套的那种烧的东西，挂着的，有罩在棺材上的房子，还有全套的家电和家具，还有用人、汽车，这些东西。你要半套的就便宜些，但最少也要15万，这个也没有人还价的。如果你请他们来做法事，最少一个要包3000（泰铢）的红包，比给观音寺的师父包的都多。而且这里还有个习俗，就是一家只要有一个老人死的时候你请了道士，家里其他老人死的时候也要请。如果你都不请没有关系，如果你要请了就要都请，要不会被托梦。（Y，男）

在监事长的葬礼上也请了道士负责出殡之前的风水仪式，花费了将近40万泰铢。公祭完成之后，缅甸工人们把棺材从低温箱中抬出，打开棺盖让家人最后再看一眼。之后脖子上缠着红巾的监事长的遗孀手捧一个装有一个鸡蛋的碗，由人搀扶着到门外的十字路口上打碎鸡蛋，意味着从此与他一刀两断，并让他不要再眷恋尘世，安心西去①。道士在棺材前一手捧着瓷碗，一手用道帐在碗上为亡灵指引升天的道路，念着经忽然将手里

---

① 如果学校有学生或老师突然过世，也会发给他们毕业证或离职书，以示安心西去，不必为尘世担忧。

的碗打碎在地。道士们一边敲锣打鼓一边带着孝子们围着棺材转圈，领头的道士嘴里还念着经文，所有孝子们都要弯着腰低着头，大儿子举着用红纸做成的灵位，二儿子打着白帆。约 5 分钟后，两位道士将孝子分为两排，跪在棺材前行三跪拜礼。之后，孝子们跪成一列，领头的道士示意时辰到，缅甸工人们也在头上缠上白布，抬起棺材，从跪伏在地上的孝子孝女身体上面慢慢往外移，意味着踩着孝子们的肩膀登天，也是最后再给他看一下这些孝子们。

在整个葬礼仪式中，缅甸华人不仅通过一系列的祭拜仪式来表达对于逝者的缅怀与敬畏，同时也连接着当地华人，强化着他们之间的社会关系。家祭仪式中隐含的传统祭祀观念，以及宗族成员在家祭仪式中的长幼秩序、男女分工、宗族关系在仪式的展演中得以强化和延续。家祭仪式强调的是逝者生前的亲属关系，公祭仪式中强调逝者生前的社会关系。站位和祭拜顺序以及诵读祭文和挽联的"礼生"一般都是由华人圈中比较德高望重的老人担任，作为代表死者亲属向神灵和亡灵传情达意的媒介，要在阳间有一定的地位和话语权。简单的离职仪式则意味着逝者在世俗空间的社会关系的结束。公祭仪式为华人内部的组织方式和等级秩序的建构提供了实践基本文化策略的场景。

## （六）火化

一般情况下，华人的遗体不火化而是直接葬进华人坟山。如果家人提出要将逝者的骨灰带回仰光供奉就必须火化。当地华人的坟山上本来有一个火葬场，但年久失修。当地的傣族寺庙双龙寺就成为华人另一个火化逝者的寺庙。葬礼的主持人 PYJ 先生告诉笔者，关于选择监事长遗体的火化地点，葬礼仪式顾问 YBQ 老先生和主人家还产生了分歧：

> 老校长那个意思是拿去我们 Bengtong 山上的我们那个庙去火化。可那个火化场你去看一下就像 100 年前的样子一样，破破烂烂的，我早就建议理事会去建一个新的来了，到时候就有地方了嘛，没人赞成，现在主人家觉得那个太差，所以要拿到傣族那个双龙寺那边去火化。那个双龙寺那个住持脾气很古怪啊，不是所有人去火化他都给你做的，他还要分人，要是有钱有势的他才给，没钱的他就不给你做。人家主人家觉得自己还蛮有势，想去试试看，那就试吧。

　　下午 3 点钟，送葬的车队去位于 2 公里外的一座山上的傣族寺庙，请来的傣族僧人盘坐于高台上，大多数华人脱去鞋子，跪在高台下的草席上。僧人们在上面念着经，下面的人双掌并拢，非常虔诚。傣族僧人念完经后，理事长、校长、副理事长分别为高僧们敬上新的袈裟和水果。布施时因华文学校的校长没穿拖鞋踩上草席还遭人指指点点。敬完袈裟之后，由于棺木木材较厚焚炉无法容纳，所以只能在室外架好的柴堆上火化。生者为逝者准备的纸人、花圈均一并焚烧，然后孝子孝女们才将身上的白纱也一起烧掉，并换上红衣来冲喜。有人说不应该那么早把孝服烧掉，因为死者的骨灰捡回去后还要摆在自己的灵堂里，孝子孝女还要为死去的长辈守孝。但监事长的儿女在仰光上班，并不在意这些。火化结束之后，老师们帮忙分发红线给所有在场的人挂在扣子上辟邪，然后人们就陆续离开了。人们要先在寺庙门口用树叶蘸水把车和车上的人洒一遍，这是傣族的习俗，意思是用寺庙的圣水将身上的晦气洗掉。整个葬礼仪式也就到此结束了。

　　当地华人在葬礼仪式中的多种宗教实践同样表现出张禹东（2005）所说的传统性和当地性的双重特征。家祭和公祭具有中国传统色彩，道教的风水学和汉传佛教的超度仪式同样也混杂在葬礼的一些细节中。傣族寺庙的火化则是当地的华人接纳主流宗教文化实践的表现之一，这说明东南亚华人的文化适应的方式是多种多样的，在不同的政策和文化背景下，文化适应很难用某种或者某几种结果来说明，文化适应的策略才是真正能够体现其动态的历史过程。从上述葬礼我们可以看出，大其力华人的宗教实践是多种宗教文化互动中的涵化过程，也是华人向主流社会融入的途径，并对海外华人的生存实践具有重要意义。葬礼中中国传统宗教实践是华人保留族群文化的重要方式，也是维系华人社会、增加华人族群内凝聚力的重要因素，而对于主流宗教文化的吸纳则为其融入当地社会提供了更多的活动空间。

## 三　护生园开幕仪式："生存理性"的彰显

　　1982 年奈温政府颁行的《缅甸公民法》将原住民和非原住民作了严格的区分，将缅甸公民分为三类，即"真正的缅甸公民""客籍公民"和"归化公民"，大多数华人属于"客籍公民"，没有参与缅甸政治的权利。

政治上的边缘化使得华人将重心放在发展经济上面，华人在经济收入和生活水平方面都比当地主体民族高出很多。政治参与和经济发展方面的差异，使得当地华人与主体民族缺乏一个更广泛的、平等的互动空间，即"没有为其他部分的活动提供一个在少数民族文化中平等价值的基础"。（巴斯，1991）

上文描述的葬礼仪式只为华人与其他族群提供了有限的互动空间。在缅甸复杂的政治环境中，华人组织积极参与当地佛事活动，努力争取文化平等的空间。当地华人一方面建立观音寺供养汉传佛教僧人，同时也经常去傣族和缅族的寺庙布施。在当地华人组织的佛事活动中，还经常邀请傣族寺庙的高僧和缅族政府官员参加。佛事活动成为当地华人保持与主体民族的良性互动和建构社会资本的主要场所。2015 年 1 月 21 日大其力护生园开幕，下文将描述大其力护生园开幕仪式，旨在说明吸纳当地主体民族的宗教文化传统是当地华人融入当地社会，实现与当地主体民族良性互动的一种文化策略。

### （一）开幕仪式的准备

为了准备护生园开幕仪式，大华理事会专门邀请了台湾生命电视台台长海涛法师。观音寺的门口张贴了巨型海报，上面用中文和缅文写着"缅甸大其力勐棒寺院住持祜拔温竺法师/台湾生命电视台台长海涛法师联合住持大其力护生园开幕仪式 2015 年 1 月 21 日"。在横幅的两端是两位法师的照片。为了这次活动能顺利进行，大华理事会的成员被临时分为义工组、外事组、联络组和财务组，并专门配制了工作证和服装。义工组负责会场秩序的维护，财务组负责仪式过程中接受当地佛教徒的布施和相关账目的结算，外事组负责法师的一切外事活动的车辆安排和手续办理，联络组则协助观音寺的僧人负责场地的布置。虽然这次活动是由台湾汉传佛教高僧和当地傣族寺庙的高僧联合主持的，但是护生园的筹备和建立确是由当地华人完成的。在 2014 年九皇斋节，海涛法师应观音寺之邀来大其力讲经。在此期间他提出在大其力建立专门放生园区，并许诺将亲自参加大其力护生园的开幕仪式。海涛法师的提议，得到了当地华人的积极响应。九皇斋节结束后，大华理事会专门召开会议，将筹建护生园提到理事会的议程。时任理事会副理事长的张连发先生主动捐献一块位于大其力市郊的 3000 多亩山地，作为护生园的主要场地。经理事会商议，暂定

2015 年 1 月 21 日举行大其力护生园开幕活动，仪式中放生使用的牲畜则由当地华人自愿捐助，捐助的数量将记录在护生园建园史志。而负责运输场地设备、放生牲畜和布施用品的车辆，由外事组统一安排。为了获得缅甸政府的认可，主办者决定寻求缅甸官方和当地的宗教领袖的支持，邀请大其力宗教局局长和双龙寺的祜拔法师作为开幕式嘉宾，将护生园开幕式举办成当地佛教徒的盛会。

由于护生园在距离大其力市区 80 公里的山上，前往护生园的车辆，已经形成了一个约有 50 米左右的车队。每一辆车上都贴着通行证，上面用缅文写着"接送专车"。因为有一些车是从泰国的美塞抽调过来，所以要经过官方手续通过泰缅边境的海关关口，但只能在大其力市区内活动；要经过景栋的国内检查站，还需要大其力警察局的特许。警察局为这次活动的运输车辆专门印发了通行证。理事会的总务 Q：

> 平时从泰国美塞（Mae Sai）过来的车辆是到不了这里的（护生园），官方的通行证是证明你的车是为公益（佛事）服务的车，关口就会给你放行了，只要是像这种公益活动，这些缅甸的官员就会给你放行的。这个护生园本来是华人自己出钱、出地弄的，但现在是属于整个大其力所有的佛教徒的，因为单纯地依靠华人，得不到当地官方的支持是根本搞不成的。

由于缅甸政府的大多数官员都是佛教徒，佛事活动也会得到官方支持。至于如何取得通行证，有人认为：

> 其实几个副理事长一出面应该不需要给什么钱，讲一声就好了。他们自家都有赌场生意，跟那些老缅警察都很熟。为了防止他们找麻烦，每周都要给那些老缅官员上税（保护费）嘛。那些当官的除了拿钱之外，每天还安排他的小弟去他们那边赌钱，去的时候就带一点钱，输光了就去找他们要，说要点零花钱，每次都是 3000 铢、4000铢的。他们都会给，怕他们找赌场的麻烦。其实就是互相行个方便，我们有钱，他们有权。像这种公益活动，很多老缅和摆夷也都会去，老缅政府本来也是很喜欢的，所以肯定会支持。

如果在当地遇到什么麻烦一定要第一时间通知这些缅甸官员或警察，他们会帮忙摆平。由于缅甸华人无法参与政治，与当地政府的高层建立关系是华人建构社会资本的一种方式，也是这些处于政治边缘群体的生存之道。正是有了这种关系才保证了护生园活动的顺利进行。

## (二) 开幕仪式

护生园有一片很大的空地，祜拔法师和海涛法师以及他们的弟子们盘坐在空地中央用茅草搭好的凉亭里面。在凉亭的左边挂着两幅巨型的观音像和如来佛祖像。佛像正下摆着两个桌子，桌子上面堆满了信徒们准备布施的食品，还有面值 100 铢和 20 铢的泰币，数以万计的信徒们围着凉亭跪成一个半环形，其中泰族和缅族信徒要远远多于华人，他们用双手把准备好的食物和蜡烛以及一些零钱放在接收布施的桌子上，双手合十夹着白色的旗子，闭着眼睛对着法师的方向念经。财务组的成员穿着观音寺印发的黄色的 polo 衫，负责接收当地信徒献给祜拔法师和海涛法师的布施。

开幕仪式是早上 10 点钟开始，主持人由海涛法师从中国台湾带来的信徒担任，宣布大其力慈悲护生园开幕式正式开始。大其力的宗教局局长用缅文发表的讲话如下：

> 佛祖慈悲，感谢两个法师和张连发先生的慈悲，我们大其力的佛教徒才有了这样一个能够行善积德地方，对此大其力宗教局一定会与大其力的全体僧人合作，把这个护生园更好地办下去。

主持人宣布诵经祈福仪式开始，首先邀请南传佛教祜拔法师诵经祈福，经文念了大约三分钟后，所有信徒一起念"阿鲁萨鲁萨鲁"。然后，海涛法师为大众及放生牲畜祈福，两个法师分别为护生园诵经。

接下来，大其力宗教局局长、当地寺庙的几位高僧受邀为这次剪彩的嘉宾。海涛法师走在最前面一边摇铃一边向两旁的信众洒水。后面跟随的是南传法师和若干弟子以及理事会包括理事长在内的几个重要人物。剪彩结束后，法师们对着桌面上摆好的食品诵经，为这些食物开光，开过光的食物由理事长分发给前来参加开幕式的信徒们，他们相信那些开过光的食物能够消除他们的疾病和烦恼。剪彩结束后，妇女会的人在旁边搭起了一个桌子，为后面的人发放开过光的食品。在会场这里搭起了两个火堆，很多信徒将自己准备好的食物投入火堆中，这些食物是要布施给周围的恶鬼，希望他们吃到布施的食物不要再来伤害这些被放生的牲畜。海涛法师说，按照汉传佛教的教义，即使在场的人并没有出钱买这些放生的生灵，只要为这些生灵念放生经，功德一样会回归自己。

仪式差不多要结束的时候，观音寺的师父们专门搭起了灶台，准备了几桌斋食。因为来参加的信众太多，这些斋食只是准备给高僧们以及宗教局的官员们和理事会的骨干成员。

在日常生活中，华人在政治上的边缘地位和经济上的优势地位与作为主体民族的缅人形成了强烈的反差。华人通过与缅甸高层建立关系，寻求地方官员的政治庇护。华人精英与地方政治精英之间的互惠关系体现在华人信仰行为中，并为多民族共荣共生的民间信仰活动提供了保障。宗教活动为华人参与社会公共事务提供了空间，组织并参与当地的佛事活动极大地丰富了华人融入主流社会的方式与建构社会资本的能力。通过在大其力公共性的宗教活动中扮演重要的角色，大华理事会也增加了华人族群在当地社会中的声誉和话语权。①

## 四 保留与吸纳：作为生存策略的华人宗教实践

有学者曾提出中国汉族所固有的宗教实践与西方制度性宗教不同，是一种深嵌一种或多种世俗制度之中并与人们的日常生活联系密切的"分散性宗教"。（杨庆堃，2007）我们认为当地华人的宗教实践正是这种"分散性宗教"的一种。更重要的是，我们有必要去思考宗教实践对于海外华人保存族群文化和建构社会资本的重要意义。正如格尔茨所言，"宗教仪式是涉及生活准则及世界观的融合，一方面是有情绪和动机，另一方面是形而上的概念，结合在一起形成了一个民族的精神意识"。（格尔茨，1999）大其力华人的原生情感和生存理性在其地方化的信仰行为实践中得以充分体现，生命仪式和相关仪式活动中保留着的具有中国色彩的传统信仰成为其族群文化和族群身份的象征。同时，他们主动将地方性宗教文化元素吸纳进自己的宗教信仰活动中，最终成为其融入当地主流社会的一

① 在当地华人店铺打工的缅族表示，相对印度人而言他们更喜欢华人，因为华人很聪明，也很有钱，舍得给"小费"，而且更加重要的是华人也信佛教。

种文化策略。拥有明确宗教目的和宗教热诚的葬礼和放生园开幕式，"为个体提供了更多的物质和制度空间"。（曹南来，2010）

简而言之，由于缅甸对于华人的歧视政策，缅甸华人在公民身份和族群文化方面所遭受的不公平待遇是其融入主流社会的极大障碍。而缅甸是一个推崇佛教信仰的国家，佛教活动在缅甸受到重视和保护，组织和参与佛事活动成为华人参与当地社会公众事务的为数不多的渠道。当地华人不断通过与地方政府和宗教精英的互动融入当地社会。

## 参考文献：

[1] 曹南来：《中国宗教实践中的主体性与地方性》，载《北京大学学报》（哲学社会科学版）2010 年第 6 期。

[2] 曹云华：《变异与保持——东南亚华人的文化适应》，中国华侨出版社 2001 年版。

[3] 陈志明：《涵化、族群性与华裔》，巫达译，载都时远编《海外华人研究论集》，中国社会科学出版社 2002 年版。

[4] 弗里德里克·巴斯著：《族群与边界》，高崇译，载《广西民族学院学报》（哲学社会科学版）1991 年第 1 期。

[5] 克利福德·格尔茨著：《文化的解释》，韩莉译，译林出版社 1999 年版，第138 页。

[6] 杨庆堃著：《中国社会中的宗教》，范丽珠等译，上海人民出版社 2007 年版，第 268—270 页。

[7] 张禹东：《宽容：一种生存方式——以海外华侨华人的生存实践为例》，载《哲学动态》2005 年第 11 期。

# 缅甸大其力滇籍汉人的
# 宗教信仰及其流变

马居里　　陈萍

目前，对东南亚华人的研究主要集中在华人较为集中的新加坡、泰国、马来西亚和印度尼西亚，而对东南亚华人的另一个重要聚居地缅甸的关注相对薄弱。缅甸是继新加坡、马来西亚、泰国、印度尼西亚之后华人的第五大聚集地，并且与东南亚其他国家的华人有所不同，在缅甸的华人主要分布在北部，各邦均分布有华人，人口总计约100万。[①] 这100万华人中福建人最多，其次是云南人，再次是广东人，并且云南人在过去的半个世纪中人数呈现增长的趋势。[②] 在缅甸大其力的汉人比例与整个缅甸的华人比例大致相同。由于历史传统的影响以及地区实际的制约，缅甸汉人和东南亚其他地区的汉人在文化上呈现出不同的内容。

华人汉族作为一个移民群体，宗教信仰在其生活中扮演着重要的角色。宗教信仰是一种历史性的文化现象，尤其是对于孤身在外的华人汉族这个长期迁移辗转流离的群体而言，其信仰必须接受时空的考验，在历经战乱、封锁、开放等一系列的剧变之后，哪些信仰内容被传承？哪些被改变？哪些被吸收？其主体又面临了怎样的挑战与选择？他们的宗教信仰又

---

[①] 罗英祥：《缅甸华侨华人的历史与现状透视》，《华侨华人历史研究》1997 年第 3 期，第 39—42 页。

[②] 卢光盛：《缅甸华人：概况和特点》，《当代亚太》2001 年第 6 期，第 60—64 页。

在其中起了怎样的作用？此为本文选取缅甸大其力滇籍汉人多元的信仰作为主要研究对象的动因。

# 一 大其力滇籍汉人的信仰情况

大其力隶属于缅甸联邦共和国掸邦景栋市大其力县。与泰国最北端的小镇美塞隔河相望，被称作"金三角之城"①，是金三角的核心城市。从大其力滇籍汉人的宗教信仰内容来看，主要以祖先崇拜、土地公崇拜为主的民间信仰和佛教的影响较大。

## （一）民间信仰

### 1. 祖先崇拜

祖先崇拜（Ancestor Worship），是对祖先亡灵的崇拜，并认为亡灵有能力保佑后代，它"是在灵魂崇拜的基础上由生殖崇拜的传宗接代意识，加上图腾崇拜的氏族寻根意识和后期的男性家族观念，而逐渐形成并发展起来的"。② 弗里德曼认为，世界各地都存在着不同程度的祖先崇拜，但中国的祖先崇拜与宗法制度结合在一起，因而具有极强的生命力。可见，祖先崇拜在汉人的信仰中占据了相当重要的位置，祖先崇拜在大其力生活中有着重要的影响，扮演着十分重要的角色，并通过以下几个主要形式加以呈现。

### （1）天地君亲师

"天地君亲师"牌位在滇籍汉人家庭中十分普遍，也有家庭把"君"改成了"国"，即"天地国亲师位"③。家庭条件好的会把神龛建得十分精致，天地君亲师位称"五福④堂"，左边一般有宗族源流称"流芳堂"，右边是灶神称"奏善堂"。即使条件不那么宽裕的人家，也会设有三香案，每日供奉。滇籍汉人的生命礼仪都与牌位紧密联系在一起。如结婚时，男女双方都得在各自所在家户的天地牌位前"认亲"，意即禀报祖先

---

① 在通往泰国的泰缅友谊大桥前面有个大转盘，立着金光闪闪的一块碑，刻着"The Golden Triangle City"。

② 牟钟鉴、张践：《中国宗教通史》，社会科学文献出版社 2000 年版，第 47 页。

③ 民国以后，打倒了专制，不再有"君"，因而改成"国"。

④ 五福：一曰寿，二曰富，三曰康宁，四曰攸好德，五曰考终命。

家中添了新人，希望祖先庇佑。

（2）丧葬礼仪

常言道："死者为大。"但凡大其力滇籍汉人圈中有人去世，都会通过两大理事会告知大家，丧礼和出殡的时间一般是人去世后的七天以内（也有"三日无限"① 的说法）。林耀华曾分析道："婚嫁为父母对儿女的义务，稍事节俭，公意不敢作何非议，丧葬祭祀乃子女对父母应尽的义务，孝道所系，稍有疏忽，不但被人窃笑悭吝，而且被讥为大逆不孝。"②所以，即使是家底不那么殷实的人家也会倾全力办好丧事，以免被人笑话，所谓"死人不吃饭，家产分一半"。但各家丧事的"排场"也是不一样的，总的来说，逝者生前财产越多，影响力越大，家庭成员或者自身社会地位越高，其丧葬仪式的"排场"越大。

在丧礼中，往往人们讨论的话题有：生前做过什么大事或者丧事主办者的影响力，前来吊唁的有些什么大人物，餐饭的规格如何，等等。而丧葬结束，丧事的主办者提及丧事往往是一副得意的表情，"当时我们可是请了道士来念经的啊！我们做的是'全堂'咧!"所谓"全堂"，就是道士在丧礼上提供的服务中最贵的一种，60 万泰铢左右（合人民币 12 万元）。除了念经超度，还会用纸和竹子扎成十二生肖、孝女塔、房子之类的，出殡时在坟山下烧掉。丧礼上有无道士的出现成为一个衡量丧家是否殷实的简单标准。

许烺光认为："体面的葬礼对亡人和对亡人的亲属同样重要。举行葬礼是亲属们对亡人应尽的义务，是家族平安、人丁兴旺的保障，是亲朋好友沟通关系的桥梁，也是显示家族社会地位的有效方法。葬礼同时也是为了保证死者的灵魂去灵魂世界的途中一路平安，保证灵魂在灵魂世界安然无恙。"③ 此外，丧事也是在最大的范围内宣告这个人的死亡，将他从社

---

① "三日无限"即三天内什么时辰出丧都可以。据说超过三天则需要看日子，出丧的时辰不能与家中活人的生辰相冲。二十年前有的富有的人家里会守丧一个月甚至更长，每天都请人来吃饭娱乐，经常有尸体发臭的情况。现在大其力也很少有守丧超过十天的了，因为大家觉得时间太长也没什么意思，况且各自都有事要忙。以前还严格按照"九月土黄不宜下葬"的说法，有人家会一直拖到十月才葬。但据这次的观察来看，"土黄天不葬"的说法已不适用。

② 林耀华：《义序的宗族研究》，上海三联书店 2000 年版，第 151 页。

③ 许烺光：《祖荫下：中国乡村的亲属、人格和社会流动》，台北南天书局 2001 年版，第15 页。

会中除名，所以，在逝者的丧礼上念《休职书》《休学书》①也就不难理解了。看似"人走茶凉"的无情，实是维持社会秩序的需要。

在调查了大其力近十场丧礼后，发现这些丧礼在流程上都有共同之处，并且特别强调地方社团及其领导人的地位。家人去世后，如果家中有足够的场地，一般会选择在家中举办，否则就会在大其力华人两个会堂里举办（福德善堂和大华理事会的福安堂）。治丧事务也统一由两个会堂的丧事组来操办。每每丧礼，也都会成为两大理事会的理事展演权力的场合。祭拜时一般按照家祭、族祭、社团公祭的顺序进行。而这家人可能跟好几个社团有关系，那么按照什么顺序祭拜呢？主祭者需要考虑好两方面的因素：按照孩子的长幼秩序，即大儿子所在堂会、二儿子所在堂会的顺序；按照堂会的影响力，影响力越大越靠后，治丧委员会所在堂会排在最后进行大公祭。

虽然亡人应该是这场丧礼的主角，但却有近半的时间是在介绍参祭者（即理事会领导）的职务与姓名，实际上是在进行地位与权力的展演，他们才是主角。而这样的丧礼在大其力每个月都会上演少则一两次，多则五六次。人们虽觉烦琐、无趣，但是仍然不厌其烦地在其中扮演着自己的角色。另外，通过观察发现，大其力华人公祭仪式流程惊人的相似，可以说是一套相同的程序，比如丧礼公祭、祭孔仪式、家祭仪式程序都是一样的。

面对"高频率仪式"，从利奇的理论来看，高频度的仪式是为了展示意义，但是笔者觉得这里更多的是展示权力。根据马斯洛的需求理论来看，人们在生理需求、安全需求、社交需求得到满足之后，尊重需求随之而来。理事会的华人之所以会在丧事上这样强调自己的权力，是因为在缅甸，华人群体实际上是不被政府尊重的"二等或三等"公民，即"客籍公民"和"归化公民"。

（3）祭礼

祖先崇拜不仅表现在隆重的丧礼之中，更表现在丧礼之后的祭祀中，并且已经形成了风俗，保存得十分完好。在大其力滇籍汉人中也是一样。希望以"孝"之名供养祖先，给祖先送吃穿用度，让祖先在彼岸世界生活富足，那么对孝敬他们的子孙就会很满意，从而保佑子孙。

---

① 一般来说，如果逝者在理事会中任职，在公祭时念《休职书》；如果逝者为学生，在公祭时念《休学书》。

每天清晨，一般主人会点十五炷香，三炷天地，三炷祖先，三炷灶神，门边各一炷，厨房一炷，然后才开始一天的生活。祖先崇拜的内容已经深深地融入了他们的生活之中。如果一个人生意做得好或者运气很好，会有人说"他的前世香烧得好"，意思就是前世积了很多德，给祖先烧的香足够多今世才会有这么好的运气。祭祀仪式按地点来分，有家祭、墓祭、庙祭，分别在家里的祖先牌位前、亡人墓前、寺庙往生堂的祖先亡牌前进行。家祭、墓祭在大其力十分普遍，庙祭一般是虔诚的佛教徒家庭会在特殊节日进行，会请寺里师父念诵往生经。

祭祀仪式从时间来看，主要有春节、清明、中元节和寒衣节（也称"十月朝"）。在大年初二、清明，一家之长会带着家人去陵墓祭拜，献汤饭；中元、寒衣节一般在家中祭祀。祭祀当天，妻子一般都会早早地做好一桌丰盛的午餐，一到中午，男主人就领着家人给祖先献汤饭、焚财帛。寒衣节还会焚纸做的衣物，献完也会拿一些汤饭和财帛到门外，打赏给路过的"孤魂野鬼"。如果是新亡的亲人，中元节会过得更隆重，从七月初二开始"接亡"，其后十三天的三餐前都得献汤饭，直到七月十四"送亡"。人们在祭拜的时候会向祖先祷告，内容大同小异。

2. 土地公崇拜

在滇籍汉人眼里，土地是衣食父母。老人说："没有土地，哪来吃的。"所以无论是云南人还是福广人对于土地神的崇拜都尤为兴盛，云南人建了山神庙，福广人修了福德庙（本头公庙），各家各户和他们的店里还有土地公。

大其力的山神庙以"灵验"出名。滇籍汉人很少叫它"山神庙"，而是叫"房"（奢房）。也会告诉别人，说自己信"奢"。但却说不清"奢"是什么意思。后来，在一个懂傣语的华人那里知道，"奢"的意思是"老虎"，所以在庙里有一尊"虎神"。还愿献祭的时候，杀了牛或羊要放一块肉在老虎的嘴里，以感谢虎神的庇佑。

在华人做生意的场所，一般都会供土地公，也就是地基主。不管是大的赌场还是路边的奶茶店，但凡是生意人都会请一尊土地神在店里供着。一般的华人家庭会早晚给天地、祖先、灶君上香。在华人集中的腊戌、景东和云南本地也并非逢店必供土地公，但是大其力却是这样。这可能是受泰国习俗的影响，因为泰国人相信每一块土地都有自己的保持神，不论这块土地是家宅还是商宅，所以在屋外都会供一位地基主。在华人眼里，泰国人流行的地基主就是我们的土地公，于是家家户户都供着土地公，特别是在商业场所里。

从中国来到缅甸，不仅是人移居的过程，也是他们"移神移鬼"的过程。来到以后，他们的信仰主要形态依然存在并且保留了较为原初的状态，具有持续性和传统性。与国内相同的信仰形态相比，经历的变化更少，保留得更完整。

从持续性方面来看，不管是祖先崇拜还是土地神崇拜，一直都有定期或不定期的崇拜活动，不曾中断过。对于一家之主来说，每天清晨，洗漱完的第一件事便是上香，拜完祖先才开始一天的工作和生活。家里添丁或有家人从远方回来也是先向祖先"报到"。到了祭祖的时节，更是把在各地的家人招集起来团聚一次，集体向祖先"请安"。对行业神的土地公来说，只要有店，必有土地公。一般每月初二全店上下齐拜土地，献水果、三牲、香烛，以求生意兴隆。对于山神的崇拜虽然是不定期的，但在他们的信仰系统中，它却一直占有重要地位。人们要远行或是有特定的需求时，就会去找它了，它一直是"有求必应"的神。

从传统性方面来看，崇拜仪式和内容都保有了较为原初的模样。据60岁的赵先生回忆，他小时怎么拜祖先，现在也怎么拜，并没有太大的变化，"我是生在腊戌的，后来搬到这里来了，我们一大家子都来了，就把天地君亲师位一起搬过来了。我们在大年三十那天，晚饭前要先供天地、拜祖先，再吃团圆饭。每年都是这样的"。

因为没有经历"文革"十年的对宗教的严重破坏时期，也没有像国内经济一样发生了翻天覆地的变化。所以，呈现出持续性和传统性的特征。

此外，民间信仰还呈现了异质性的特征，即它与当地其他民族的信仰都不同。也只有华人才有与当地民族迥然不同的祖先崇拜和土地公崇拜，这与当地民族产生一个明显的分界线。

在大其力的滇籍汉人中，很少有人是自愿迁居至此的。被迫离开自己的长期生活的地方，势必会怀念自己的家乡，一切能与"家乡"产生关系的人、事、物都会被放大。而独属于自己的不同于其他民族的宗教信仰，便成为了"重点保护对象"。尤其是传统信仰中的"祖先崇拜"，它把自己和祖先、现在和过去、这里和家乡巧妙地结合在了一起。于是，就算来到了大其力，也努力地保住天地君亲师，努力地寻找族人修订家谱。

通过宗教，他们知道自己从哪里来，自己虽然是异乡人，但是有一个体面的故乡，心里就更有优越感、更踏实一些。

## （二）佛教

祖先崇拜强调的是血缘关系，这样的特点使之在家庭的凝聚方面有特别的作用。同时，也因为如此，他不能把众多不同祖先的人凝聚在一起。这就需要另一个共同的信仰符号，在大其力，这个共同的信仰就是佛教。以观音寺为信仰中心，大部分华人都会到观音寺里来（基督徒、穆斯林除外）。

大其力观音寺位于缅甸掸邦大其力市巴亮路上，是大其力唯一的汉传佛教寺庙，于是观音寺在众多上座部佛教建筑中显得尤为特别。远远看去，观音寺大雄宝殿的屋顶颜色金黄，这与傣族、缅族寺庙采用的黄色相似。上座部佛教的屋顶纵向高耸以营造肃穆庄严的气氛，而观音寺则以横向延伸、建于高台之上，给人以巍峨神圣的感觉。在大其力，常见白色或纯金色的塔，呈金字塔形，刹顶长；而观音寺的法华塔则为典型的六角塔，共七层，呈圆柱形，刹顶短，极具汉传佛教特色。

寺庙的建立缘由，有一个不得不提的历史背景。"1963 年缅甸政府实行国家主义政策，下令管制所有私立学校，并限制华文课的授课时间。1965 年 4 月，缅甸颁布了《私立学校国有化条例》，将全缅甸近 300 所华文学校全部收归国有，并按缅甸教学大纲进行教学，这实质上是在中小学取缔了汉语教学。不允许创办汉语学校，所有用汉语进行传授知识的地方都被取缔。"① 而到了 20 世纪 90 年代初，缅甸政策才开始允许在宗教场所办学教授宗教经典。可以说大华理事会的董事们为了办学校煞费苦心，他们要先建一个观音寺来掩人耳目。从观音寺与学校的位置来看，从远处一眼就可以望见宏伟的观音寺宝殿和宝塔。而在高大的建筑后面才是其建立的缘由——大华佛经学校。

新中国成立以后，在宗教界掀起了一场"三自爱国运动"，各寺院逐渐走上了自食其力的道路，"农禅并重"，更有"一日不作，一日不

① 转载自吴应辉、杨叶华《缅甸汉语教学调查报告》，《民族教育研究》2008 年第 3 期，第 24—28 页。

食"的说法①。而观音寺在经历了一系列的变革之后，也走上了这条道路。在四年以前，观音寺属于理事会直接管理，所以寺里有些现在看来很奇怪的现象，比如华人参加完观音寺法会以后在寺里打麻将、学校的老师每周在寺里开教务会议等。随着缅甸政府对华文教育的放松，理事会也逐渐意识到可以把学校、理事会、寺庙事务分开，观音寺在这些条件下逐渐从理事会中独立出来，现在已经实现寺务、财务自理。

自寺院建立以来，香火不断，还时有扩建。观音寺出家师父五十余人，要学习佛经、中文、缅文、巴利文等，其中的佼佼者会被送到中国台湾的佛学院进修。除了学习，师父们还要负责寺院的日常事务、法会和节日。

观音寺举办的法会与国内的法事没有太大区别：寺内的常规法事和寺外的超度亡灵。中国传统节日，如春节、中秋，寺里都会宴请当地华人来寺一聚。此外，观音寺也做了很多善事：每年水灾送物资、走访麻风病村、探访孤儿院、接济穷人，等等。最重要的不同在于"九皇圣会"和"盂兰盆节"。

九皇斋会是观音寺一年中较大的圣会，共举行九天。每天诵经念佛、设宴招待。还会请国外高僧前来指导在家居士修行。九皇斋会的第一天和最后一天，大其力滇籍汉人中除了基督教和伊斯兰教的人以外，都会来到这里祈福吃斋。云南佛教自传入到现在，都没有"九皇圣会"②。观音寺的"九皇圣会"是受泰国、中国台湾佛教影响的结果。"九皇圣会"的起源说法不一，并且在传播的过程中走样得厉害③。前来参加法会的信众只是知道这九天是要吃斋念佛的，至于九皇斋会的起源也不甚了解。"九皇圣会"本来是华人们的节日，但吃斋的习俗被当地泰国人普遍认可，于是逐渐发展成了全国性的节日。现在，在泰国，每逢"九皇圣会"，大部分饭店都会提供斋菜。节日的来历不明，但并不影响大家过节的热情，因为"吃斋肯定是好的"，这与佛教"不杀生"的观念相吻合。所以在这种

---

① 杨学政：《云南宗教史》，云南人民出版社 1999 年版，第 158 页。
② 同上书，第 157—158 页。
③ 高伟浓：《华夏九皇信仰与其传播南洋探说》，《东南亚纵横》2002 年第 3 期，第 93—97 页。

影响下，观音寺在建寺之始就把"九皇圣会"纳入了每年必过的法会之中①。

"九皇圣会"有两个重头戏：一、短期出家和八关斋戒；二、法师开示。"短期出家"对于汉传佛教来说是陌生的，但是对于南传上座部佛教来说则很熟悉。孩子一到一定年纪就要送到寺庙里出家学习。他们认为短期的修行既能增加母亲的福报，又能提升自己的佛学修养，是莫大的善事。

观音寺的师父做得最多的法事是超度亡灵。风云变幻的金三角之城，人的生命似乎也变得更为脆弱，飞来横祸或者不明死因的事情人们也不觉得奇怪。逢华人过世，丧家基本上都会请观音寺师父前去超度。早晚两次，直至出殡。根据丧期来看，一般都是念三天或者五天。待丧礼结束，有的家属也会到寺里的"往生堂"供奉一个牌位，师父们会每日诵经超度。但也不是每个人都能放的，还是要看愿意捐多少功德。

观音寺也特别注重公益慈善活动。观音寺已经成为滇籍汉人行善的一个平台，不管哪里受灾，观音寺的师父们都会第一时间赶去慰问。观音寺每年都会带着大量物资前去麻风病村、老人院、监狱、孤儿院等，它不仅成为当地华人的行善平台，泰国、中国台湾的基金会也通过观音寺给当地人布施，来领受物资的也多是缅族人，所以，当地的缅族人对观音寺也是颇有好感的。

受南传佛教的影响，观音寺也会采用南传的形式过华人的节日。由目连救母的佛教故事发展而来的盂兰盆节（鬼节）逐渐走入民间信仰系统，成为了祭祀祖先的重要节日，反倒在佛教节日中被淡化了。而在这里，盂兰盆节与祖先崇拜结合，成为了一个盛大的节日。更有意思的是，观音寺师父把它与当地上座部佛教的传法形式相结合，不仅起到了华人祭拜祖先的作用，也起到了与缅佛僧侣、信众交流的作用。七月初十那天，寺院师父开始招亡人，这时候很多华人会来寺院里把逝去亲人的名字告诉师父。师父们把亡人的名字记下来，每天念往生咒。到七月十五这天，观音寺请来附近缅寺的师父，他们就带着观音寺的师父们去街上托钵乞食（实际

---

① 每年举办隆重的法会有：正月初九日玉皇圣会、二月十九日观音菩萨圣诞法会、四月初八日佛诞法会、六月初一日至初六日南斗星君圣会、六月十九日观音成道纪念日、九月初一至初九日九皇圣会、九月十九日观音菩萨出家纪念日、十二月初八日佛成道纪念日。

上，除了这一天，观音寺的师父们从不托钵）。缅族和华人就随着师父们来到寺庙，一起唱经。唱经的队伍围着大殿外围转行，队伍前面的是观音寺大师公，5 位缅僧紧随其后，然后是观音寺其他小师父。其后是 30 名华人，最后 20 缅族人。

盂兰盆会对于缅族人来说是陌生的，但是他们对"供僧法会"一点儿也不陌生。对他们来说参加盂兰盆节唯一的不同是，来到的是华人寺庙而已。

## 二 变化中的信仰

### （一）民间信仰的变化

#### 1. 仪式活动的变化

在丧葬仪式方面。变化有三方面，第一点是频率增加了。大概在十年以前，每个月不需要参加那么多的丧礼，因为认识的人没有那么多，大家的关系不是那么紧密，而现在社团组建起来了，知道有丧事自己都会主动去；二是丧礼形式更加多元。在参加过的近十场葬礼中，固定的部分便是公祭。此外，家祭、族祭、宗教团体拜祭以及葬礼也都因情况而异；三是丧礼变得越来越简单易行。在笔者参加的五台丧礼，有两台请了道士，花费都在 60 万铢左右。道士超度的时间也减少到了每天一个小时。每逢清明、中元、寒衣节等给祖先烧纸、烧物的时候，有的家庭会给新亡的人烧马烧房等纸扎物品。但现在这种观念在慢慢改变，觉得多烧钱就可以了。

#### 2. 信仰者的变化

民间信仰实质性的变化不大，主要还是继承传统。但也正是因为其变化甚小，导致其年青一代的信仰者逐渐减少。从供奉"天地君亲师位"的家户数来看，总量上没有什么变化，但是供奉的家户占总数的比例下降较大。主要是因为第一、二代华人家户基本供奉，但是新到大其力的第三、四代华人①这样的观念淡化了一些。但也应该注意到的是，这种淡化，并不是全方位的，而是在以习俗呈现的信仰内容上，保留得依然较好，比如，春节、中元节给祖先烧纸，有条件的家庭还组织回家乡扫墓，等等。

#### 3. 变化原因

随着华人经济水平的提高，华人在各方面都获得了更多的自由。因

---

① 20 世纪 90 年代中后期出生的人。

而，在信仰的选择方面，其选择多出于自身的需求。尤其是年青一代华人，在多种信仰之间自由选择，甚至跟上一代的信仰相比有较高的异质性。他们的信仰选择，跟他们的需求密切相关。

人们之所以还保有民间信仰，是因为它们有两方面的功能：寄托了华人的思乡之情和族群认同观念。由于在缅甸出生的新一代华人，并没有在中国境内生活过，虽然知道自己的祖辈是从云南过来的，但是自己不曾体验过国境线那一边的生活是怎样的，没有强烈的思乡之情。因而，对于他们来说，用宗教信仰来维系他们与祖国的联系之说就显得牵强了。再者，他们从小接受的基础教育是缅文或者泰文的，使他们在认同上可能与父辈和祖辈有异。虽然知道自己是华人，也免不了被泰缅文化所同化。这两方面需求的减弱直接导致他们传统信仰观念的弱化。

### （二）佛教的变化

#### 1. 信仰对象的变化

"四面佛"本是泰国人最信奉的神灵，而在观音寺我们看到了"四面佛"，只是被称作了"梵天"。从供奉情况来看，不仅观音寺有"四面佛"，可以说在大其力只要有寺庙就有"四面佛"。即使像土地庙这样的地方，也会有信众自己请一尊"四面佛"供着。可见，"四面佛"的影响力之大。住持和师父们认为，他们想让更多的人与佛法结缘，那首先第一步就是要让大家走进寺庙里来。当被问到为什么供"四面佛"、财神时，住持坦言："既然来到别人的地盘，就要入乡随俗嘛！"

#### 2. 仪式和活动的变化

仪式和活动方面，主要的变化是增加了一些新的法会、活动，其次在传教方法也有一些变化。在华人的信仰体系中存在的祖先崇拜和土地神信仰都较少有超越家庭或工作单位以外的宗教活动，没有衍生出以仪式团体为中心的活动团体。在大其力，宗教活动频繁，参与者越来越多的是观音寺的活动。以下是观音寺近几年来新增的活动事项：

2010 年 10 月，九皇圣会；2011 年 7 月，孤儿院之行；2011 年 11 月，敬老院之行；2012 年 8 月，中元节供僧法会；2013 年 9 月，台湾慈济会布施；2013 年 10 月，探访麻风病村；2014 年 1 月，春节晚会；2014 年 8 月，中秋晚会；2015 年 1 月，供太岁。

从以上活动，可以看出，观音寺近几年的活动越来越多，并且有些活动已经超出了宗教活动的范围。一方面，它履行着宗教场所的职能；另一方面，它也是华人聚集起来组织社会活动的地方。

在传教方面，发生了三方面的明显变化：第一，多以通俗易懂的事例和语言讲解佛法；第二，邀请泰缅佛教僧侣讲法满足信众需求；第三，传教既面向华人，也面向当地其他民族。在观音寺传法的受众方面，可以说兼顾了华人群体和非华人群体，这其中包括了较清贫的缅族人和基督教的孤儿。观音寺从中国台湾和当地华人那里获得了不少的物资，他们会定期举办布施会，布施给附近有需要的缅族人，也会定期送往孤儿院。在他们领到物资后，师父们也教他们双手合十，称颂阿弥陀佛的名号。

3. 信仰者的变化

佛教信仰者的变化可以从三方面来看：第一，信仰人数的增加；第二，信仰者态度的变化；第三，派别观念的淡化。

从人数上来看，自称是佛教徒的人有所增长。从寺院九皇圣会两年的公经人数可见：2013 年挂功德处公布的公经人数一共有 768 户。2014 年年挂功德处公布的公经人数一共有 1050 户。

从信仰者的心理方面看，随着时代的改变，信仰已经丧失对华人的较高控制力。宗教的世界观从控制人们社会生活的全部退回到了只是涉及个人的生活和心理的领域。在这样的过程中，宗教禁忌减少或弱化，更为理性化。

信教自由的同时还带来了自主性，信众根据自己意志选择的信仰比以前"有口无心"的信仰更具主动性。信仰由被动变成了主动，参与宗教活动的时候，有的信众也更加积极了。

此外，现在世界各地的佛教大致可分为三个派别，即汉传佛教、藏传佛教和上座部佛教。它们在教义、组织、制度、建筑以及发展出来的风俗都不一样。华人从祖籍地带来的是汉传佛教信仰，而大其力无论是傣族还是缅族都是以上座部佛教信仰为主。派别观念的淡化从第二代华人开始便有了明显的变化。淡化派别观念，对华人的当地化有较大促进作用，也使他们得到了当地民族较多的认同。

4. 变化原因

根据马斯洛的需求层次理论，人们在满足生理需要和安全需要以后，推动人们行动的动力便是社交需求。对于中青年一代和青少年一代的华人来说，社交的需求上升。在祖先崇拜中建立的是自己和祖先的关系，参与者也是具有血缘关系的人，无法满足社交的需求，在土地神的崇拜中也是类似的情况；而在观音寺的情况则不一样，人们来烧香拜佛之余，更多的时间是在与许久不见的朋友交流，在帮师父们完成法事，在谈论一起做些什么事情。因为观音寺的活动不再是一个家庭或者一个店铺几个员工之间的协作，想要完成一次观音寺的法事，需要几十个甚至成百上千个人的协作才能完成。在事佛的工作中大家有了接触的机会，并在事神的光荣感之下相互帮助，相互认同。由此，扩展开来的教育、慈善、经济等事务的合作也不奇怪了。尤其是观音寺近年来日益增加的大众比较认可的活动，让大家的参与度不断提高。而在这样纯粹的华人团体之中，人们的社交需求得到满足。因而，祖先崇拜的人所有减少，而自称是佛教徒的人有所增加。

另外，还有政治的因素。大其力处在泰缅边境，现在无论是泰国还是缅甸都具有浓厚的宗教氛围。泰国奉佛教为国教，缅甸也在宪法中确立了佛教的重要地位，其宪法中规定"国家承认佛教是本国信徒最多的杰出宗教"①。"云南人迁至缅甸，他们基本都是持民间信仰的汉族。缅甸奈温集团上台以后推行'佛教国教化'政策，导致其他宗教信仰团体都受到不同程度的打压，这些没有皈依佛教的云南汉族移民进一步被边缘化了。根据在缅甸的老人的口述，直到20世纪70年代，他们在自己的教义、仪式上不断地向南传佛教靠近，通过逐渐南传佛教化才得到缅甸宗教部的认可和接纳。"②

## 三　信仰变化的影响

### （一）对个人的影响

1. 增强道德感

宗教的厉害之处在于把世俗道德神圣化。尤其在"高频度仪式"

---

① 李晨阳、古龙驹：《缅甸联邦共和国宪法（二）（2008年）》，《南洋资料译丛》2009年第2期。

② 白志宏、钟小鑫：《无权者的权力"游戏"——缅甸华人民间信仰者的宗教建构及其身份认同》，《世界宗教文化》2014年第5期，第18—31页。

中，宗教所肯定的宗教道德得到反复强化。在大其力，频率最高的仪式有两种：一是丧事；二是法会。理事会的人一个月参加的丧事少则一两场，多则五六场，每场至少三天。法事则更加频繁，除去初一和十五固定的法事以外，平均每月至少四场法事，参与度较高的约一个月一次。这些仪式都从不同的方面强化了人们的孝道观念和为善的价值观。

在丧礼上，人们谈论的话题除了那些参加丧事的大佬，当然就是死者和死者家属了。比较了解死者的人总会开启话题，然后表达自己对死者的看法。在丧礼这样的场合，大家聚集在一起的时候，借助逝者的人生事迹来讲善恶的道理特别能打动人，能给人心里留下印象。不知不觉中，人们其实在闲谈时就被强化了生而为善的道德观念。他们反复验证的道理就是：善有善报，恶有恶报。他们劝人向善，他们把死亡与个人的善恶行为联系了起来。

在观音寺各种各样的法会中，参与度较高的是有大师弘法的法会。一旦观音寺有从中国台湾、马来西亚等地请来的大法师，华人圈的人都会传开，也会报名参加。大家喜欢听法师们用通俗易懂的方式弘法，觉得听懂大师讲的道理是一种光荣。而大师们讲的内容，除了人—神关系的宗教道德，比如要拜佛、敬佛等，也涉及人—人关系的社会道德，强调孝道和善。这样通俗易懂的宣讲，信众听得津津有味，宣讲的观念潜移默化地就进入了信众的心里。久而久之，信众将其内化为个体的道德伦理准则，指导他们的日常生活行为。

2. 增强归属感

每一个人都希望有一个属于自己的群体，自己在群体占有一席之地，能够得到群体成员的关怀与尊重。尤其对于华人来说更是如此。对此，宗教团体可以满足人们这样的需求。信仰者只要常来寺庙走动，就会被大家认为是"同类"，就可以信徒的身份与其他信徒乃至整个宗教组织进行沟通并得到认可。在寺庙中，较其他场合，彼此之间更能以平等的姿态与他人交往，因为在神面前只有功德的大小，没有身份的尊卑。在各种各样的宗教活动之中，信仰者也置身于温馨亲切的氛围中，感受着人与人之间亲密无间的友谊与关爱。个体不再有孤独感和局促感，个体之间也没有疏离感，每个人都可以找到自己的位置。

观音寺在经历了变化之后，较民间信仰更能给人以归属感，原因有三：第一，很多人可以在寺庙的各种活动或组织中找到适合自己的位置，以帮助寺庙或更多的人，从中获得成就感。第二，频繁的对外活动，让参与者有较强的自豪感。寺庙常常有对外的活动，比如，给当地高僧拜寿、给贫民区的人布施、地震洪水时前往一线救灾，等等，在这样一些活动中，参与者都有较强的自豪感。第三，寺庙的服务团体"慈青会"有较大影响力。参加"慈青会"的人，在寺庙有法会的时候都有自己固定的工作岗位，在寺庙里也受人尊敬，大家也积极报名参加"慈青会"，不管是晚会还是外出活动，"慈青会"的人都会冲在前面，很积极，他们很愿意待在这样的团体里。与民间信仰相比，这能给更多的人归属感并较以前有所增强，更加认同自己的华人身份和自己的佛教信仰。

### （二）对华人社群的影响

#### 1. 增强凝聚力

社会功能是指"一个社会现象或社会事实在维系和巩固集体意识和社会凝聚力方而所发挥的作用"①。宗教最重要的功能也在于其社会功能，宗教是社会的凝聚剂。在大其力频繁的仪式中，这种凝聚力不断被延续、强化，使得华人的凝聚范围更大，凝聚力更强。在大其力，全体华人都会被通知到的事项中一是丧事，二是观音寺的部分法事和其他重要活动。人们说"婚事要发帖，丧事不用请"，但凡是跟丧家有一点关系的，不管是地缘、业缘、血缘关系的，都会不请自来。理事会也会迅速组织安排各项事宜，保证丧葬仪式顺利进行。理事会的人觉得，"如果哪家华人的丧事没有办好，他们家的人会被骂不孝。也会说我们华人自己都不管自己，我们华人在当地就会很没面子"。为了让自己家有一个好的人缘，各个华人也都会努力帮别人家办好丧礼，毕竟总有轮到自己家的一天，于是，就有了一个互帮互助的良性循环。人们在缅怀死者的氛围中，也再次感受到社群的强大力量。

在观音寺的仪式和活动中，华人社团的凝聚力也得到加强。首先，观音寺有认同度较高的活动目标。比如，观音寺提出要建立免费诊所，这样很多华人都能受益，还能拉近与当地一些民族的关系，大家觉得这件事情

---

① ［法］爱弥尔·涂尔干：《宗教生活的基本形式》，渠东、汲喆等译，上海人民出版社1999年版，第395—409页。

很有意义，就分工去办。此外，还有其他的一些如兴建厢房供越来越多的香客休息、集中物资送往大其力每年的水灾区等，这些项目基本上与每一个华人都多多少少有些关系，都比较积极地参与其中。在参与观音寺项目的同时，他们也有一种事神的荣耀感。做了善事，佛祖必会记住自己的功德，对自己对家人，对现世对来世都是有好处的。慢慢地，华人圈的凝聚力越来越强。

2. 促进社群当地化

对于华人来说，大陆已不可回，留在这里的华人也将长久地居住下去，那么就要与当地的民族和睦共融，做好落地生根的打算。在一个宪法中规定了佛教重要地位的国家，必须尊重他们的信仰才可能好地生存下去。传统信仰的一些变化从不同程度上促进了华人的当地化。

民间信仰方面，祖先崇拜本身并没有对当地化产生什么重要的影响，反而是与其他民族产生了质的区别，因为当地其他民族都没有像华人有这样浓重的祖先崇拜情结。大其力的汉传佛教的一些变化促进了华人的当地化、融入当地。第一，淡化汉传佛教和上座部佛教的区别，告诉信众、告诉孩子"佛都是一样的"。而且观音寺还主动请了一尊"四面佛"设立梵天宫以供之；也看到观音寺请来了缅佛、傣佛、泰佛的师父来到寺庙传法。第二，观音寺的活动，有效地拉近华人与当地其他民族的距离。这样的活动大多以"做善事"的名义为之，比如，水灾时送食物、看望麻风病人、孤儿、老人等。在"做善事"的时候，他们并不把缅族、傣族和汉人区别对待，只要是有需要的人都可以接受寺庙的帮助。这使当地其他民族对华人有了好感，至少是对宗教人士有了好感。

3. 传承传统文化

传统宗教从不同的方面对传统文化起到了传承作用，在产生的变化中，有一部分变化起到了加强传统文化传承的作用。民间信仰是传统文化的重地。它带给华人的精神财富是不可估量的，但是随着这一重地的渐渐失守，民间信仰起到的传承作用不再是以信仰为主，而是以对风俗习惯的保留为主。比如，依然盛行的清明节祭祖、中元节祭祖，等等。他们依然注重对近代祖先的缅怀，一方面希望孩子得到祖先的庇佑；另一方面希望孩子从祭祖的仪式中知道自己从哪里来，记住自己是一个华人。

观音寺在文化传承方面做得更多一些。一方面，它自身具有传承文化的功能。观音寺举办的法会和活动很多与传统文化有关，比如，中秋节晚会、元宵晚会、中元节供僧法会、清明节祭亡法会等。这些法会活动，既有信仰的成分，也是对宗教文化和传统观念的传承，有的还具有娱乐的功能。他们不仅从家庭，还从寺庙，尤其是集体仪式中习得传统文化方面的知识，还被熏陶出民族情感和宗教情结。

另一方面，华文教育对文化传承的重要意义，大其力华人对此有清楚的认识。在缅甸特殊的环境之下，华人以宗教之名义保护了华文教育，这是华文教育的生存策略。他们把中文学校建在寺庙后面，取名为佛经学校。外人看来，华人寺庙修建得越是豪华，越是有人学佛，佛经学校越办越大就是理所当然的事情了。而实际上，佛经学校教学内容跟观音寺没有什么关联。

# 余　论

涂尔干的功能论遭到了后来的一些学者的质疑，有的学者认为还应该关注宗教的负功能。瓦赫指出："宗教的影响是双重的：有积极的或连贯性的、整合的影响，也有负面的、破坏性的、分裂的影响。"[1] 事实上，对宗教的正负功能的评价还需要根据当时社会发展情况而定，宗教的负功能在社会层面表现为分裂功能、极端主义等。不能一味强调整合的功能，而忽略宗教可能产生的冲突。事实上，在大其力，这样的冲突并不少见，并且有日渐扩大的趋势。寺庙中的两股势力是当权一方和反对当权的一方。一方对另一方的不满，常常借用宗教表现出来。"他不是监事吗？怎么今天都不早早地来寺里？还怎么做别人的表率！"或者"连怎么给高僧拜寿都不知道，怎么能胜任会长的工作！"也会在仪式活动中指责对方哪个姿势不对，哪个含义不清，甚至哪个称呼不恰当，等等。而另一方也会通过宗教的事情来反击对方，比如，"他们总是说得多，做得少，建东厢房他们才出了多少钱！上次办法会，他们来帮忙就挑些不累的事情，重的累的还不是我们在干！"指责者理所当然地觉得掌握了宗教的礼仪或是做了好事就是掌握了真理，这些真理可以随时被当作武器来攻击他们想攻击的人。这样一来，宗教这个华人聚集的之处，就成了权力斗争场。谁能在

---

① 罗惠翾：《从人类学视野看宗教仪式的社会功能》，《新疆大学学报》2009 年第 1 期，第 37—41 页。

其中获得重要的位置或者攻击对方，就能得到大量参与者的关注，并且这样的倾向有扩大的趋势。

目前，他们的争斗还只是表面的，还不涉及一些宗教理论的争吵。但在宗教范围内，这样的争吵足以造成大的负面影响。让大家觉得有威望的人的信仰怎么都这么不虔诚之感，影响了族群的团结，也引起了其他信众对其信仰的些许质疑。双方团体除了必须来参加的活动和仪式以外，只要是对方集体主持的仪式就不予参加。由个人恩怨形成的集体斗争在观音寺的尽力维持下，现在还没有形成重大影响。但是这样的权力之争，最终走向什么样的方向还是令人担忧的。

**参考文献：**

[1] 林耀华：《义序的宗族研究》，生活·读书·新知三联书店 2000 年版。

[2] 许烺光：《祖荫下：中国乡村的亲属、人格和社会流动》，台北南天书局 2001 年版。

[3] 高伟浓：《东南亚华人信仰诸神考说》，曼谷大通出版社有限公司 2001 年版。

[4] [德] 马克斯·韦伯：《儒教与道教》，悦文译，陕西师范大学出版社 2010 年版。

[5] 高伟浓：《从社会结构视角看东南亚华人宗教信仰——以马来西亚华人宗教为例》，《东南亚研究》2010 年第 2 期。

[6] 范宏伟：《浅析缅甸华人的公民资格问题》，《世界民族》2012 年第 3期。

[7] 白志宏、钟小鑫：《无权者的权力"游戏"——缅甸华人民间信仰者的宗教建构及其身份认同》，《世界宗教文化》2014 年第 5 期。

# 中缅边境跨境民族的宗教流动及其动因

## ——拉祜族社会中原始宗教、佛教向基督教转变历程考察[*]

### 曾黎

  "流动"是指事物或现象的变动状态，其本意是指："1.（气体或液体）的移动；2.经常变换位置（与固定相对）。"[①]在近年，学界将"流动"一词引入宗教研究之中，旨在指出个体在宗教领域中的"改信"（conversion）现象，以此描述整体社会中宗教的变动状态，它包含了个体在不同宗教传统中的转变过程和个体在宗教内不同教派之间的变动。对此，国内外学者都曾对此有过相关论述。马克·C.萨奇曼分析了决定"改信"的因素[②]；中国台湾学者林本炫借用宗教流动的概念讨论台湾地

  * 该文属于张桥贵教授任首席专家的 2013 年度国家社会科学基金重大招标项目立项课题：《我国少数民族基督教研究》（批准号 13&ZD077）和云南宗教治理与民族团结进步智库的阶段性成果。在本文撰写过程中，云南民族大学人文学院叶洪平同学进行了文献资料的整理和校对工作，在此深表感谢。

  ① 中国社会科学院语言研究所词典编辑室编：《现代汉语词典》，商务印书馆 1978 年版，第 716 页。

  ② Mark C Suchman, Analyzing the Determinants of Everyday Conversion. Sociological Analysis 53 Supplement, pp. 15—33.

区民众的宗教流动与地理流动之间的相互关系；① 卢云峰则"基于类型学基础上的动态研究"视角，分析了中国宗教中的信仰流动现象。他所讨论的"流动"是指从一种类型向另一种类型的转化。② 以上研究旨在以动态视角讨论宗教"改信"现象，强调其"动态性"过程。③

研究宗教流动情况需要将个体与宗教都放置于社会中，通过分析社会条件和影响因素来探讨社会中的个体如何在特定条件下改变宗教信仰，从而形成宗教流动的事实。本文通过对中缅边境跨境民族拉祜族宗教发展历程的动态考察，探讨其宗教流动的机制和动因。这对于深入了解跨境民族的生存状态和社会文化发展规律具有重要意义。

## 一 研究视角与路径

拉祜族是云南的世居少数民族之一，其历史悠久，民族特征鲜明，一般可分为拉祜纳和拉祜西两个支系，以澜沧江为轴分散居住于思茅和临沧等地区。拉祜西居住于澜沧江以东地区，拉祜纳居住于澜沧江以西地区。因为一些特殊的历史原因，拉祜族在缅甸、老挝、泰国等国家也有分布，是一个典型的跨境民族。截至 2000 年，拉祜族总人口约 447631 人，主要集中在澜沧县（195796 人），孟连县（37312 人），双江县（33862 人），景谷县（11736 人），镇沅县（15417 人），临沧县（14488 人），勐海县（41924 人）等地区。拉祜族在国外分布情况如下：缅甸约 15 万余人，泰国约 61128 余人，越南 5000 人，老挝 10000 人，美国 1363 人，共计约 227491 人。④ 本文以拉祜族最为集中的澜沧拉祜族自治县为中心讨论拉祜

---

① 林本炫：《台湾民众的宗教流动与地理流动》，"中央"研究院社会学研究所、"中央"研究院"新兴宗教现象及其相关问题专题研究计划"合办"宗教与社会变迁：第三期第五次'台湾社会变迁基本调查资料分析'"研讨会会议论文，2001 年 2 月（2/23—24）。

② 卢云峰：《从类型学到动态研究：兼论信仰的流动》，《社会》2013 年第 2 期。

③ 从以上学者的观点来看，"宗教流动"应包括宗教信仰在层面（内部）和空间层面（外部）的变动和流转。宗教信仰层面的流动是指信徒对所信仰宗教类型的变动（特指宗教门类），包括了组织流动、神灵流动和信徒流动等三个维度。宗教在空间层面的流动是指宗教传播地域的流转，从某一区域向其他区域的转移（扩大或缩小），用以描述宗教中的个体在区域中迁徙以及往来交流的状态。碍于篇幅限制，本文主要针对宗教信仰层面的流动进行讨论。

④ 政协澜沧县拉祜族自治县委员会：《拉祜族史》，云南民族出版社 2003 年版，第 487—488 页。

族历史上的宗教流动现象。

社会资源短缺与宗教传播的关系问题在部分学者的研究中已有所讨论。钱宁研究了基督教传播与云南少数民族社会的短缺①之间的相互关系，并认为："经济上处于无力自拔的贫困；政治上、文化上处于被排斥受歧视的边缘状态。贫困使人们在物质生活上发生短缺，边缘化则把他们与中心体制和价值观分离开来，使他们在社会需要——伦理和心理方面同样发生短缺……社会生活各方面的短缺，强烈的宗教意识，为基督教的传播，创造了有利的社会环境与心理条件。"② 在此基础上，钱宁提出了从社会资源视角考察基督教在云南少数民族社会中传播的分析框架。

社会资源视角不仅可以用来分析基督教的传播，而且可以用来分析少数民族的宗教流动现象。特定社会的构成对应着与之相配的社会意识，它支配着人们的观念和社会行动。一种新的社会意识进入地方社会之中会导致社会构成形式改变。因此主体选择特定的社会意识，也就在一定程度上决定了社会构成的方式。在云南少数民族社会中，社会意识的主体和核心就是宗教，他们的社会生活、生产劳动、民风民俗等事项的产生和存在均与宗教相互关联。因此在社会变迁的过程中，少数民族对宗教类型的选择造就了特定时期的社会构成。这在拉祜族社会发展历程中的表现较为明显。

由于宗教与社会构成的互构关系，拉祜族在不同时期的宗教类型和地方社会构成密切关联。在佛教和基督教传入之前，拉祜族主要信仰本民族的原始宗教，与之对应的是鬼主制度、卡些制度和巫师文化体系。17 世纪初期，佛教传入并逐渐为拉祜族所接受，形成了以佛教信仰为核心的佛爷政治以及佛教文化体系。20 世纪初，基督教传入之后逐渐替代了佛教、原始宗教的主导地位，形成了以教会为核心的社会组织形式和文化体系。总体而言，拉祜族的主体信仰从原始宗教向佛教转变，最终又转向基督教，这是一个宗教流动的动态过程。

佛教（汉传佛教和南传佛教）、基督教和本民族特有的原始宗教等多

---

① 钱宁在《近代基督教的传播与云南少数民族社会的短缺》文中对"少数民族社会的短缺"与基督教传播的关系进行了讨论，但是"社会的短缺"现象尚未概念化，事实上作者所阐述的事实就是指社会资源的占有和分配情况。

② 钱宁：《近代基督教的传播与云南少数民族社会的短缺》，《思想战线》1997 年第 1 期。

种宗教兴替和相互融合的宗教流动过程中，拉祜族的社会构成也相应地产生了变化。本文认为拉祜族宗教流动的历史现象与该民族的社会资源占有和分配情况密切关联，这其中存在深层的社会动因。由于拉祜族在文化资源、医疗资源、政治资源和物质资源等社会资源方面的短缺，导致了他们试图通过宗教路径改变社会资源的获取方式，以求得民族生存与发展，这在一定程度上推动了宗教流动。

## 二 拉祜族原始宗教与社会构成

拉祜族古歌和传说记述其祖先的发源地为"密尼朵苦"，即"黄土地带"。据古歌中对地貌特征的描述以及相关文献考证，一般认为拉祜族的祖先发祥于我国西北以黄河、湟水流域为中心的黄土高原，后一直向南迁徙，并与云南土著民族融合形成了现在的拉祜族。[①]

在佛教和基督教传入拉祜社会之前，他们主要信仰"万物有灵"的原始宗教，认为世间万物均为神灵主宰。他们的神灵观是一个混合的状态，即"神"和"鬼"基本上是合一的。他们称神灵为"尼"或者"内"，栖息于石洞和峡谷，对人们的社会生活有极大影响。拉祜族根据各种不同的自然现象来划分神灵："自然现象的精灵有厄沙（天公鬼）、厄马（地母鬼）、厄你（水鬼），哈尼（石鬼）……反映和主宰疾病的尼有：黑尼（一种凶恶的鬼）、斗尼（野鬼）、叶比尼（屈死鬼），比那（头晕鬼），那荀尼（肚痛鬼）和阿塔（眼睛痛鬼）等"。[②]"厄莎"是拉祜族史诗中创造万物世界、主宰一切、掌控万物和人间祸福的大神。

拉祜族原始宗教渗透于日常生活，影响着社会成员的社会行动和观念。拉祜族在开林为耕时要进行占卜仪式，念咒语以达到驱鬼目的。次日以树苗的弯直程度判定驱鬼是否成功。如果在播种时遇到雷电天气，也会祭祀精灵。在庄稼长出后，要祭祀"厄马"（地母鬼），拉祜族认为这样做可以预防庄稼遭霜打；在庄稼收获之后，拉祜族要举行"叫谷魂"的祭祀仪式。此外拉祜族的节庆中同样广泛存在着精灵崇拜。

在拉祜族原始宗教中，巫师被称为"毕摩"或"摩巴"，与彝语一

---

① 晓根：《拉祜文化论》，云南大学出版社1997年版，第25页。
② 宋恩常主编：《中国少数民族宗教初编》，云南人民出版社1985年版，第210页。

样，全称"毕摩格摩"。巫师在原始宗教中扮演着教育者、医疗者和文化传承者等多种角色。由于拉祜族没有本民族的文字，也没有成型的教育体系，因此巫师在教育方面的主要作用是传播宗教意识。"拉祜族的原始宗教意识，主要出于祛除病害的目的，但它又已融合到历史神话传说中，因而受人尊重的巫师均需熟悉历史神话传说，草医和祭典祭礼。"① 毕摩扮演一种有特殊权力的巫师兼领袖的角色。每当拉祜族人生病时都会先去找巫师（毕摩或者摩巴）占卜驱鬼。巫师根据自己的对病人病情的联想来诊断病因，据此找出致病的精灵，最后举行驱鬼仪式或者"叫魂"仪式进行治病。

与拉祜族原始宗教信仰对应的社会政治设置就是"鬼主"制度和卡些制度。鬼主制度起源于三国至唐朝时期拉祜族、彝族先民组建"乌蛮"集团所形成的部落联盟制度。拉祜族先民以贡纳形式隶属于彝族主盟部落。"鬼主"制度是一种政教合一的政治设置。主盟部落首领为"大鬼主"，隶属的部落首领则为"小鬼主"。"鬼主"之间根据其势力大小、强弱相互制约，"大鬼主"拥有在宗教活动期间向成员部落的"小鬼主"征集贡纳的权力。"部落首领有权无偿征调劳役，每年每户必须出一名劳动力为其开田、犁田、插秧、中耕、收割。服役期间口粮自备，服役有困难的出代役税，三钱银子。在部落首领之下，各村社设正副头人卡些，卡列各一人，村社头人由村社成员公选。每个村社成员都是战士，发生战争时，每人准备一百支箭听候调遣。"② 卡些制度即指村寨中头人选举制度，"卡"是指村寨，"些"是头人或村寨领袖。卡些便是村寨中处于公平立场上为公众做主的权威。卡些主要负责村寨中的公共性事务，如组织安排生产，主持祭祀和婚姻仪式，调解纠纷等，由提名选举产生，以神判来确定人选。卡些要参与日常生产活动，与其他村民地位相同。

## 三 拉祜族社会资源的短缺与佛教信仰建构

前文述及佛教传入拉祜族社会之前的宗教及社会构成情况，即以原始宗教为主要信仰以及与之相应的鬼主制度和卡些制度。如此政治设置导致

---

① 《拉祜族简史》编写组：《拉祜族简史》，云南人民出版社1986年版，第24页。
② 同上书，第35—36页，原文有删减。

拉祜族不但处于彝族的统治之下，而且也受到本民族内部统治者的压迫。在这样的双重压迫下，拉祜族社会呈现出社会资源短缺的特征，即政治资源、文化资源、医疗资源以及物质资源的匮乏。

社会资源是一个社会存在和发展的基础，其占有和分配方式是影响一个社会稳定和发展的因素之一。当社会资源短缺和分配不公时，社会成员无法有效获得社会资源，宗教缺乏为他们提供精神寄托的能力。社会成员会对特定的社会构成方式失望，也会对与之相应的社会意识（宗教）失望。因此，这个地区原有宗教的整合力有所下降，社会成员会放弃原有宗教而改信其他宗教，以寻找新的精神寄托。社会因素的相互交织和共同作用会导致这个社会的信仰发生较大变更。

当佛教作为一种新的社会意识进入拉祜族社会时，它面对当时社会资源短缺和信仰动摇的拉祜族社会，体现出了较强的建构和改造作用。17世纪初，大理僧侣杨德渊到双江、澜沧传播佛教。为了壮大佛教的势力范围，吸引更多人加入佛教，杨德渊积极地将佛教和当地原始宗教结合，并进行多方面改造。佛教中的佛祖释迦牟尼与拉祜族原始宗教里面的众神之首的天神"厄莎"被整合到一起。杨德渊将"厄莎"人格化，使其具有实际的形象。拉祜族的万物有灵的精灵信仰由此发生了变化。天神"厄莎"本来没有实际面目，他是一位既没有家庭，性别也不太明确的天神。但是由于佛教的影响，"厄莎"在佛教传入后便变成了一位既有妻子（地神密纳玛）又主宰生育的繁殖之神。[①] 寺庙中供奉的释迦牟尼名称改为"厄莎"，但是实际上供奉的还是佛祖。

佛教的组织性、宗教神学理论的超越性以及佛教传播者的本土化努力共同推动了拉祜族社会的更新和建构。相对于拉祜族原始宗教松散的组织和原生的神灵观，佛教具有严密的组织特征，同时其具有系统和成熟的神学理论。佛教中"普度众生"和"解脱苦难"的教义迎合了拉祜族对生存和美好生活的期望，促使许多拉祜族人放弃原始宗教改信佛教。佛教传播者的本土化措施进一步推动了佛教在拉祜族社会中的融入和建构。佛教僧侣在该地区传播佛教思想，也给拉祜族人民带去了较为先进的物质技术和医疗资源。杨德渊本人不仅精佛学，而是医术高明，拯救了不少濒死的拉祜族病患。因此佛教在一定程度超越了拉祜族的传统宗教设置。

---

① 《拉祜族简史》编写组《拉祜族简史》，云南人民出版社1986年版，第77—79页。

佛教代替了当地的原始宗教之后，就逐渐与拉祜族地区的政治设置结合。政治是一个地区发展的组织基础，是宗教在一个地区发展至关重要的因素。佛教要在拉祜族地区传播必然要获得拉祜族头人的支持。所以杨德渊传播佛教时，将拉祜族原有的"鬼主"制度和卡些制度同大乘佛教结合起来，形成了佛爷政治。寺庙的主持称作佛爷，一般是由拉祜族的卡些或者头人担任。但是他们平时不在寺庙里，只在部落里有祭司活动时才会前往主持祭祀。佛爷也负责调解部落纷争，管理公共事务，因此他们的威信和地位较高。此外，卡些和佛爷也会利用权威及寺庙拥有的土地向拉祜族人民征收繁重的赋税。

佛教在拉祜族社会中的本土化过程中，逐渐整合到社会制度和军事组织之中。杨德渊的传教活动带有反抗清政府统治的政治目的。他们在澜沧县的上允、东朗、西盟、竹塘以及拉巴德等五个地方，建立了政教合一的政治宗教中心，即"五佛"①之地，这实际上是经过兼并战争形成的五个部落②。从佛教传入澜沧地区至 20 世纪初，由佛教领导或与之相关的起义就有 20 多次。嘉庆四年（1799 年）以前，杨德渊及其徒弟铜金和尚为主要组织者，以反抗清王朝为主要目标。此后的起义则主要针对傣族土司的剥削和压迫，但是这些起义均以失败而告终。佛教组织在该地区遭到残酷镇压后逐渐解体，但是佛教的思想观念却深深植入了拉祜族人民心中。佛教有形的组织形式可以被清除，但是作为内在精神力量的佛教思想却不能彻底抹除。

## 四 原始宗教和佛教共存时期的拉祜族 社会及其社会资源短缺状态

虽然佛教在一定程度上超越了原始宗教，暂时缓解了拉祜族对社会资源的期待，但是这并没有从根本上解决社会资源匮乏的问题。佛教组织所领导的起义试图反抗当时的社会统治以改变资源分配的方式，为拉祜族获

---

① 五佛之地是汉传佛教刚刚传入澜沧的五个地区，也是佛教在该地区的五个中心，分别建有上允南栅佛、东朗东佛祖、西盟勐卡佛、竹塘广明佛以及拉巴德盼委佛等。

② 关于拉祜族部落首领的情况详见《拉祜族简史》编写组《拉祜族简史》，云南人民出版社 1986 年版，第 35—36 页。

取更多社会资源，但是这招致了统治者残酷的镇压，以佛教为核心的社会政治组织也随之逐渐解体。这意味着拉祜族通过宗教路径改变社会资源短缺状况的期望化为乌有，他们再一次失去了民族的希望。政治资源缺失、地位边缘化及物质资源匮乏依然是他们不得不面对的问题。在佛教组织解体后，寻找一种精神资源，获得心理支持和整合社会，以此应对社会资源短缺的困境，成为拉祜族社会的整体诉求。

拉祜族地区相对恶劣的生存环境与有限的医疗资源形成了鲜明的对比。前已述及在澜沧地区较为封闭，地形复杂，气候恶劣，所以天花、麻疹、痢疾、伤寒、鼠疫以及疟疾等传染性疾病较易流行。即使到20世纪初传染性疾病也曾较大范围地流行过。"一九一二年，营盘，雅口和谦六一带曾发生鼠疫，死亡非常惨重，连死尸也无人掩埋。河坝地区不单瘴气猖狂，天花、麻疹、百日咳、伤寒和痢疾等急性传染病也经常发生。澜沧的医药不多，而且价格昂贵，非一般人所敢问津……草药虽较便宜，但也有的草医乘人之危进行敲诈，先要十元八元压药钱才肯下药，病治好了要以一条牛或一头猪相酬。"① 而对于大多数无法支付昂贵医药费的少数民族居民来说，原始宗教是解决疾病问题的主要方式，他们去找巫师取得一些简单的草药或是驱鬼，而这些方法是否奏效尚无定数。

拉祜族拥有自己独特的传统文化，这是在求取生存和发展过程中逐渐形成的文化系统。但是相对于外部社会的科学和教育资源来说，他们处于文化资源匮乏的状态。拉祜族是一个无文字的民族②，文化传承主要依靠世代间的口口相传。巫师是拉祜族文化的承载者和传承者，这就意味着拉祜族文化与原始宗教密切关联。虽然部分拉祜族改信佛教，在一定程度上部分地区形成了以佛教为核心的社会构成，但是原始宗教对拉祜族的影响依然深远。原始宗教要求信徒祭祀崇拜之灵会造成社会物质财力巨大浪费，这也是造成物质资源匮乏的原因之一。对于澜沧地区的拉祜族来说，本民族的原始宗教或者本土化的佛教所耗费的物质资源在一定程度上使他们在身体与心灵上承受了极大压力，但这两种宗教又无法为他们提供更先进和丰富的文化资源。

---

① 《澜沧县拉祜族自治县概况》编写组：《澜沧拉祜族自治县概况》，云南人民出版社1995年版，第95—96页。

② 在基督教传之后，永伟里为方便传教，创造了拉祜族文。

由于拉祜族聚居的澜沧地区多山多河流，导致交通不便，因此社会生产和物质交换受地形的限制，物质资源较为贫乏。在社会运行中，市场对物质资源进行配置，以满足社会对于物质资源的需求。拉祜族直到近代也没有自己的初级市场，他们通常到傣族和汉族聚居的地区去交换物品，或等待外来的小商贩来售卖商品和收购土特产。商品交换方式是以物易物，很少使用货币。因为缺乏价值的衡量标准，拉祜族在商品交换中会受到盘剥和欺压。① 市场规模的大小在一定程度上决定了本地区内部物质资源的交换程度，而从当时的市场规模和条件来看，拉祜族的物质资源占有较为匮乏。

政治资源短缺是指拉祜族处于被统治的地位，是一个被压迫和剥削的群体。在与原始宗教相对应的社会构成中，拉祜族受到来自群体外部的部落集团和群体内部的双重统治。同时由于他们在政治上并不占有资源优势，往往处于从属地位，成为一个边缘群体。他们生存的社会空间有限，诉求的声音一般被忽视。明朝时期实行的"土司制度"使整个拉祜族社会出现了明显的社会等级。拉祜族地区原本的权力中心是部落首领，此时他已失去了政治地位，仅具有宗教的特殊号召力，整个拉祜族地区的政治被土司（有时部落首领也是土司）所控制。在清朝，康熙皇帝实行"改土归流"政策，由此废除了土司制度。但是新流官制度并没有给拉祜族人带来利益，而是更加严重的资源攫取。如宣抚司向糯福拉祜族征收下列贡赋："1. 门户钱，每户半开1.5元，该项是清朝时期的人口税；2. 火炉钱，每户半开0.5元；3. 山水钱，每户半开0.5元，该项属于土司领地内喝水，砍柴的税款；4. 土司嫁娶、生育及丧葬的礼物；5. 以村社为单位征收松明子（引火物），茶叶等实物贡纳；6. 尝新早谷，每户一筒（两斤）；7. 修建土司住宅或寺院的劳役，等等。"② 这些费用是拉祜族人民的极大负担，有些拉祜族人为了承担这些费用，不得不借贷。因此拉祜族通过佛教组织抗争，以争取社会资源。大约自18世纪初至20世纪初两百年间，在澜沧地区仅拉祜族人民就曾举行了大大小小20多次起义，但均以失败告终。拉祜族通过佛教组织与内部和外部的统治力量形式进行的暴力抗争，并没有真正地解决他们面对的社会资源短缺问题。

---

① 政协澜沧县拉祜族自治县委员会：《拉祜族史》，云南民族出版社2003年版，第148页。
② 同上书，第150页。

以上四个方面概述了信仰原始宗教和佛教时期，澜沧地区拉祜族社会中社会资源的匮乏情况，这使他们对既有社会构成形式以及与之对应的精神信仰的失望。这些潜在的社会因素为新社会意识的传播提供了有利条件。因为在社会资源匮乏的背景下，原有的精神信仰已经无法有力地解释当前社会构成形式的合理性，或是说需要一种新的社会意识来推动社会的更新过程。因此当基督教作为一种新的社会意识进入拉祜族社会时，制度化的组织方式、系统的宗教理论以及传教士的本土化措施等促进了基督教在拉祜族社会的融入与整合。总体而言，社会资源的匮乏一方面使拉祜族放弃了原本信仰的原始宗教和佛教，而改信基督教；另一方面也使澜沧地区的社会环境有利于基督教传播，基督教进而由缅甸进入澜沧地区。澜沧地区整个拉祜族社会也开始接触到外来的西方文明，从中汲取较为先进的科学和技术。

## 五 基督教应对拉祜族社会资源短缺状况的传教策略

社会文化和政治资源是内隐的社会资源；而物质资源和医疗资源等则是外显的社会资源。社会资源分配不均会造成"富者有弥望之田，而穷者却无立锥之地"的情况，由此导致社会矛盾产生。由于社会等级的极端差别化与分野造成社会资源分配的不平等，使得社会的矛盾不断地加深，也为基督教的传播创造了优势环境。在 20 世纪初期，以永伟里为代表的西方传教士来到澜沧地区传播基督教。传教士常会针对社会矛盾、物质资源和精神信仰匮乏等社会条件采取相应的措施传教。基督教在当时是一种新的宗教（或称作社会意识），而且这个"新"宗教还能在一定程度上解决许多成员在社会生活中面临的社会资源匮乏问题。基督教与当地的原始宗教和解体的佛教相比拥有种种优势，因此有不少人会因为自身的贫困而放弃原来的原始宗教和佛教信仰，改信基督教。

首先，基督教为拉祜族提供了医疗资源。基督教传入澜沧地区之初，当地的拉祜族生活在偏僻落后的山区，受地理位置和民族特性的影响，不太注意个人卫生，医疗条件十分落后。基督教传教士一般都会一些医术，随身携带一些基本的医疗器械和药品。正是传教士具有的优势条件使得他们的传教更加便利、更具诱惑性。永伟里向拉祜族提供药品，有时甚至亲自用口为病人吸出脓血以治疗疾病。由于他的用心以及对于病人治疗康复率高，于是很快获得了当地民族的欢心。永伟里在提供医疗资源的过程中，教徒和非教徒被区分对待。他刚刚传教时"是见人就送，后来就只送给信教的，非教徒就需要用钱买"①。基督教利用自己拥有的先进的医疗资源优势，诱使该地区拉祜族改信基督教，以获取更好的医疗条件。

其次，基督教为拉祜族提供文化资源。在拉祜族文化资源匮乏的背景下，传教士永伟里建立学校，创造拉祜文，吸引拉祜族入学。"基督教代僳黑（拉祜族）、卡佤族（佤族）用拉丁文创造了文字，并且还翻译了《新约全书》《赞美诗》《张远两友相论》（用二人的对话来解答教义）。招收学生到学校读书，供给书本、纸笔。另外还收养了一些孤儿抚养，送到学校中读书，训练成大批忠实'撒腊'，分散到各地传教。"② 同时借用当时的相对较为先进的电影、照片、留声机等媒体技术宣传和介绍基督教和外界的物质文明。这些教育和技术手段是少数民族能够拥有的免费文化资源，这在一定程度上改变了拉祜族文化资源短缺的状态，吸引了大量拉祜族皈依基督教。同时，传教士永伟里杜撰拉祜族的宗教神话，在文化上获得了话语权。他把基督教义中的"上帝"与拉祜族传说中的厄莎，甚至佛教的某些观念结合在一起，宣称"上帝就是厄莎"，主宰着世间万事万物，掌握着人们的幸福和厄运。人要获得丰收、幸福就必须时时向厄莎祷告、洗礼、赎罪，否则就永远得不到幸福，升不了天堂。③

再次，基督教为拉祜族提供物质资源。传教士凭借自身的经济优势，向拉祜族提供贷款，也用高薪吸引他们入教。永伟里一方面向教徒摊派钱款积累财富，另一方面又用这些财富向拉祜族放贷。"借债给教徒们，基督教不收利息，教徒们随便用什么（除鸦片烟外）折价赔还都可以。天主教的教徒赔还时要收利息，利息与当地一般的（利息）相同。"④ 另外，拉祜族传道人员"撒腊"会从教会中获得高薪，并在一定程度吸引了更多人入教。"他们（撒腊）薪金按工作成绩，时间长短而定，每人每月可得15元到30元缅甸卢比。这样的薪金是很高的，超过了当时旧县府的工作人

---

① 云南省编辑组：《中央访问团第二分团云南民族情况汇集》（下），云南民族出版社1986年版，第164页。

② 同上书，第165页。

③ 中国哲学史学会云南省分会编：《云南少数民族哲学社会思想资料选辑第四辑》，云南师范大学1984年版，内部交流，第30页。

④ 云南省编辑组：《中央访问团第二分团云南民族情况汇集》（下），云南民族出版社1986年版，第165页。

员，所以'撒腊'的生活都很优裕。他们穿的是西服革履，自然引起了当地僳黑人（拉祜族）对他们的羡慕。"① 另外，传教士定期到景谷、大理、缅甸的景栋等地购买生活用品，带回澜沧销售。教徒可以低价购买，非教徒需要出高价。由此看到，物质资源的诱惑也是拉祜族皈依基督教的动因之一。

最后，基督教为拉祜族提供政治资源。19 世纪中期至 20 世纪初，拉祜族不光面对疾病和经济上的困境，同时还受到其他民族统治阶层和汉族官员的剥削，政治地位较低。在当时的社会背景下，传教士和教会拥有特殊的社会地位，占有一定政治资源，基督教因此得以向拉祜族社会广泛传播。"永伟里四处宣传入教之后，可以由彼（其）保护，不受卡佤滋扰，不受汉官剥削。蠢蠢夷类，不识不知，以为入教即真脱离我国管辖，因而抗粮抗税，时有所闻。"② 基督教占有一定程度的政治资源，从而吸引了此前社会地位较低的拉祜族加入教会。

相对于早期的原始宗教和佛教，基督教在社会资源占有方面具有先天优势和一定的先进性。因此在澜沧地区的"一些群众或为摆脱苦难，改变弱势地位，接受基督教，成为信徒；或通过宗教活动，宽慰心情，满足精神需求，解释遭遇的挫折，幻想'美好'的未来，鼓起生活的勇气；或为获得教会的保护，抵御以至缓解外界压迫；或借助教会的媒介，扩大交往范围，沟通交流，扩展生活空间"③。相关田野调查中对拉祜族信仰基督教原因的表述也印证了这一观点。拉祜族张扎儿（83 岁）说："我爷爷、爸爸的年代，人们生病，就经常杀牲口祭祀神灵，觉得浪费很大，贫困的家庭已经无力支付这些开销。基督教传入村里时，爷爷、爸爸皈依了基督教，我也从小就皈依了基督教。"④

基督教的社会资源优势改善了当地的社会资源困境，因此它得到拉祜族的广泛接受，在整个澜沧地区快速传播。基督教传入该地区不到 20 年的时间里，澜沧、孟连两县境内设立福音堂 18 所，活动点 226 处，教会

---

① 云南省编辑组：《中央访问团第二团云南民族情况汇集》（下），云南民族出版社 1986 年版，第 165 页。

② 熊光琦：《开发澜沧全部与巩固西南国防之两步计划》，《云南边地研究》（下），转引自秦和平《基督教在西南地区的传播史》，四川民族出版社 2003 年版，第 463 页。

③ 秦和平：《基督教在西南地区的传播史》，四川民族出版社 2003 年版，第 325 页。

④ 苏翠薇、熊国才：《云南基督教发展快，活动乱问题分析及对策》，载熊胜祥、杨学政主编《云南情势报告 2003—2004》，云南大学出版社 2004 年版，第 84 页。

学校 20 所，发展教徒 3 万余人。教徒多为拉祜族和佤族。新中国成立初期统计，澜沧县的糯福、东回、酒井、富帮、木嘎、上允、文东、竹塘、安康等 9 个乡（镇），有福音堂 41 所，有教徒 1 万余人。孟连县的勐马镇有教堂 4 所，有教徒 1000 余人。①

# 六　结论

宗教作为一种社会意识对社会存在着双重影响。当宗教在某种程度上适应于社会构成时，就能够促进社会发展。在一个群体的社会生活中，宗教作为一种共同的信仰基础，对个体化的社会成员具有整合作用。整个群体拥有共同的精神目标，群体成员会被凝聚在一起，形成一致的社会意识。如果社会成员的社会意识没有一个核心观念，是自由和分散的状态，那么他们对于未来目标和倾向不同，整个社会就缺乏一种凝聚力，社会发展就会受阻甚至滞后。

在一个社会中，社会意识的整合能力以及与之对应的社会资源分配制度决定了这种社会意识的存续、发展和变更。如果这种社会意识能够整合社会，与之对应的社会分配制度为社会成员提供足够的社会资源，那么这种社会意识就具备了存在的基础。反之，这个社会就会产生对新社会意识的期待。一种能够重新整合社会，构建新的社会资源分配制度的新社会意识对底层的社会成员具有较强的诱惑力，并促使其放弃原有的社会意识。佛教和基督教相继传入拉祜族社会并发挥了它们在更新和改造社会构成的作用，一定程度上就是以上社会文化发展规律的体现。

从拉祜族宗教发展历程来看，其民族性中具有一种信仰宗教的潜在特性。宗教在拉祜族社会中起到了整合社会和构建社会系统的作用。拉祜族在早期信仰原始宗教时，形成了与之对应的社会构成，即鬼主制度和以巫师为核心的医疗、教育和文化传承系统。这样的社会构成或显或隐贯穿于拉祜族社会中，直到清代中叶才逐渐解体。由于这种社会构成导致社会资源分配不公，处于底层的拉祜族社会一直以来都面对社会资源短缺的问题。佛教传入拉祜族社会之后，它在一定程度上为拉祜族争取社会资源并发出自己的声音提供了条件，因此在原有的社会构成基础上，拉祜族社会

---

① 思茅地区地方志编纂委员会：《思茅地区志·宗教志》，云南民族出版社 1996 年版。

形成了以佛教为基础的佛爷政治。但是如此的社会构成形式同样存在阶层分化、社会资源分配不均问题。同时澜沧地区恶劣的自然环境加剧了拉祜族社会中的社会资源短缺。在如此背景下，拉祜族社会在本质上需要一种新的社会意识改善这一困境。基督教作为一种新的宗教类型传入该地，它根据该地区具体的社会状况来做出适当的调整，产生一种能够满足该地区人民精神需求的信仰形式，同时形成与之对应的社会构成，这在一定程度上缓解和解决了拉祜族社会资源匮乏问题。因此基督教在一定程度上能够替代该地区原有的原始宗教和佛教等。

因为佛教在组织性、神学理论的系统性以及改造社会资源分配方式等方面的作用较原始宗教更具优势，它为拉祜族争取社会资源提供了条件。因此在佛教传入拉祜族社会之后，大量信仰原始宗教的信徒选择皈依佛教。当基督教传入拉祜族社会之后，相较于佛教和原始宗教而言，基督教的前沿性、现代性以及与当地社会的互补性、社会资源的丰富性又对原有的宗教信仰系统和社会构成有所超越，在短短二三十年之内，大量的拉祜族人放弃自己原有的宗教，选择皈依基督教。通过基督教获取更多社会资源成为他们皈依的主要动机。除此以外，基督教在澜沧地区的成功还有其他的一些社会原因，如传教士的本土化策略，本土文化的凝聚力不足等。正是这些因素的综合作用推动了拉祜族社会中的宗教流动，而社会资源的短缺则是其中的主导因素。

## 参考文献：

［1］ Mark C Suchman, 1992 Analyzing the determinants of everyday Conversion. Sociological Analysis 53 Supplement.

［2］ 方国瑜：《滇西边区考察记》，云南人民出版社 2008 年版。

［3］ 韩军学：《基督教与云南少数民族》，云南人民出版社 2000 年版。

［4］《拉祜族简史》编写组：《拉祜族简史》，云南人民出版社 1986 年版。

［5］《澜沧县拉祜族自治县概况》编写组：《澜沧拉祜族自治县概况》，云南人民出版社 1995 年版。

［6］ 政协澜沧县拉祜族自治县委员会：《拉祜族史》，云南民族出版社 2003 年版。

［7］ 林本炫：《台湾民众的宗教流动与地理流动》，"中央"研究院社会学研究所、"中央"研究院"新兴宗教现象及其相关问题专题研究计划"合办"宗教与社会变迁：第三期第五次'台湾社会变迁基本调

查资料分析'"研讨会会议论文，2001年2月（2/23—24）。

[8] 卢云峰：《从类型学到动态研究：兼论信仰的流动》，《社会》2013年第2期。

[9] ［日］片冈树：《基督教与跨境民族——泰国拉祜族的族群认同》，载《中国西南地区跨境民族的文化及其变迁》，云南大学出版社2008年版。

[10] 钱宁：《近代基督教的传播与云南少数民族社会的短缺》，《思想战线》1997年第1期。

[11] 钱宁：《厄莎·佛祖·耶稣——拉祜族的宗教信仰与社会变迁》，《思想战线》1997年第4期。

[12] 秦和平：《基督教在西南地区的传播史》，四川民族出版社2003年版。

[13] 思茅地区地方志编纂委员会：《思茅地区志》，云南民族出版社1996年版。

[14] ［匈］史蒂文·瓦戈：《社会变迁》，王晓黎译，北京大学出版社2007年版。

[15] 宋恩常主编：《中国少数民族宗教初编》，云南人民出版社1985年版。

[16] 熊胜祥、杨学政主编：《云南情势报告2003—2004》，云南大学出版社2004年版。

[17] 晓根：《拉祜文化论》，云南大学出版社1997年版。

[18] 杨凤岗著：《皈信·同化·叠合身份认同——北美华人基督教徒研究》，默言译，民族出版社2008年版。

[19] 云南省编辑组：《中央访问团第二分团云南民族情况汇集》，云南民族出版社1992年版。

[20] 云南省民族事务委员会编纂：《云南省志·民族志》，云南人民出版社2002年版。

[21] 政协澜沧县拉祜族自治县委员会：《拉祜族史》，云南民族出版社2003年版。

[22] 中国社会科学院语言研究所词典编辑室编：《现代汉语词典》，商务印书馆1978年版。

[23] 中国哲学史学会云南省分会编：《云南少数民族哲学社会思想资料选辑第四辑》，云南师范大学印刷厂印刷，内部交流，1984年。

[24] 中华续行委办会调查特委会编：《中华归主——中国基督教事业统计（1901—1920年）》（下册），中国社会科学出版社1985年版。

# 西双版纳与泰国宗教文化交流研究

## ——以祜巴温忠弘法为例

刀孟黛　饶睿颖

## 引　言

　　一、13 世纪末佛教陆续从泰北兰那经过景栋传入西双版纳傣族地区①，佛教在传入西双版纳之后经历了与原始宗教相互对抗、冲突、融合的过程。成为了西双版纳傣族、德昂族、布朗族、部分佤族的重要宗教信仰，是他们精神生活的重要组成部分。20 世纪 50 年代至 80 年代时期，西双版纳南传佛教遭受重创，寺庙被毁、《贝叶经》被焚烧、僧人被迫还俗，各种宗教活动、仪式被迫停止。一直到 20 世纪 80 年代中后期才逐渐开始恢复与重建。佛教的发展在西双版纳滞缓了 20 多年，使南传佛教在西双版纳的发展形成了断层，传统的僧伽教育、三藏经典、教理教义、禅修学习以及弘法等核心内容遭受了严重的损害。直至今日中国南传佛教文化的核心部分仍然存在诸多问题。到了 20 世纪 80 年代中后期，国家宗教政策恢复后，南传佛教才逐步在西双版纳开始复兴。

　　① 本文系 2013 年度国家社科基金青年项目：《中国西双版纳与泰国北部南传佛教僧伽制度改革关系调查研究》阶段性成果及 2015 年度云南省东南亚南亚西亚研究中心《"一带一路"背景下，西双版纳与泰国佛教文化交流研究》阶段性成果。

　　郑筱筠：《中国南传佛教研究》，中国社会科学出版社 2012 年版，第 59 页。

　　虽然在过去的 20 多年间，南传佛教在西双版纳发展滞缓，但是当地与泰国在民间的宗教文化交流却一直持续不断。一些国内的傣族僧人迫于当时宗教形势的压力不得不流亡缅甸、老挝、泰国等地，到当地寺庙继续修行出家。比如为傣族僧众所熟知的祜巴香腊、祜巴辛曼等高僧。20 世纪 70 年代末 80 年代初，逐渐有泰国僧人到西双版纳进行弘法。然而大多数都是以走亲访友的形式暗中进行，弘法内容也流于宗教仪轨等表面形式。80 年代后期随着中国经济的整体发展以及西双版纳地区宗教政策的恢复，缅甸、泰国地区到西双版纳弘法的僧侣逐步增多。他们进驻西双版纳的各基层佛寺，为西双版纳的沙马内拉、比库、信众们授戒、弘法。对西双版纳佛教的恢复与重建起到了至关重要的作用。[1]

　　从 20 世纪 90 年代开始，政府逐步重视西双版纳南传佛教文化的发展，选派了一批优秀的僧才到泰国学习。泰国、缅甸一带的高僧也通过正式的渠道来西双版纳弘法、主持宗教仪式、为版纳僧人受戒。由于 50 年代末至 80 年代中期的 20 多年间，西双版纳绝大多数僧人被迫还俗，所以后来泰国、缅甸一带的高僧赴西双版纳为这些被迫还俗的僧人们重新受戒，使其得以重新恢复僧人身份。泰国北部的一些高僧们为了帮助西双版纳复兴佛法，不辞辛劳。早期通过民间渠道至西双版纳弘法的泰国高僧们一路跋山涉水步行至西双版纳。他们到了之后，带领信众修缮寺庙，重建佛塔、佛像，教导信众。由于缅甸、泰国一带的南传佛教文化传承较为完整，因此西双版纳南传佛教在复兴时期从外围到内核都大量借鉴了这些地区的佛教文化，尤其是泰国北部地区。

　　1994 年在西双版纳成立了云南省佛学院西双版纳分院，选送了一些僧才到泰国继续深造，他们当中有进行巴利文学习的，有修习禅法的，在回到西双版纳之后，其中的一部分僧才留校任教，教授年轻的沙马内拉。西双版纳僧人们通过到泰国的学习深造，不仅提高了僧人自身的佛学素养，而且也带来了较为先进的僧团管理理念等，除此之外西双版纳僧团还定期到泰北迎取佛教经典（用兰那文印制的巴黎三藏经典），也从泰北恭请佛像。频繁、纵深的佛教文化交流，从佛教文化外在的形式到内核，逐步为西双版纳佛教文化的发展带来了源源不断的能量，逐步推动了西双版

---

[1]　Gary Morrison , Theravada Buddhism in Sipsong Panna Past and Contemporary Trends, The regional center for social science and sustainable development , p. 30.

纳佛教文化的复兴。

祜巴温忠就是中泰佛教文化交流，并为西双版纳佛教文化复兴作出一定贡献的典型。

祜巴姓塔格姆，名温忠，出生于泰国北部的清莱府。于佛历 2519 年 5 月 9 日，在泰国清莱府，萨姆碥的西里文尊佛寺出家，佛历 2529 年，于泰国清迈府，帕召高谛佛寺受比库具足戒。现年 51 岁，戒腊 31。祜巴温忠属于南传上座部佛教的森林派。祜巴从小就受到家人的影响，因为即使生活在贫困之中，他们也依然在佛教圣日供养出家人。自小就跟随家人进寺院，遵守戒律，学习佛法，这为祜巴今后精进修行打下了坚实的基础。由于祜巴温忠出生、成长于兰那佛教文化圈内，因此在中国—东南亚佛教文化圈内，不受语言限制。祜巴在泰国北部，缅甸景栋、大奇力，老挝金三角区域，云南西双版纳、德宏，新加坡等地区都受到信众的高度尊崇。

二、祜巴温忠在中国—南传佛教文化圈内备受尊崇的原因

内因：中国的整体发展促成了西双版纳社会、宗教文化的变迁，将当地群众的进一步的信仰需求提上日程。经济发展一体化的格局带动了西双版纳社会经济的发展，在经济腾飞的同时，不可避免地产生了一些负面的社会问题，诸如毒品、艾滋病等问题，如何在经济发展与社会问题频发之间寻得解决之道，这时精神信仰需求被提上了日程。

群众对于本民族信仰文化的了解和学习越来越迫切，迫切希望从本民族的精神信仰领域，寻求解决各种频发的社会问题方法。越来越多的有志青年僧侣也希望本民族的优秀文化传统能够发扬光大，解决社会问题、引领群众积极向上。这也是中国南传佛教在复兴与发展中所需要的正能量。

在西双版纳各县镇都成立了佛教协会、佛教学习小组。这些佛教协会和学习小组会定期组织信众，学习傣语，给他们作涉及生活各个方面的佛法开示讲座等。同时云南省佛教协会也会定期为僧侣组织各种培训、讲座、会议。这些都为信众学习了解佛法知识奠定基础，如果有德高望重的高僧来给信众作佛法开示，也就能提高信众们的学习积极性。

南传佛教在我国尚处于发展阶段，如何让宗教适应社会主义，适应我国经济的快速发展，不会成为社会发展的阻碍，也是宗教有志之士所需要考虑的，高僧的弘法交流或许能给僧团，佛教协会以及西双版纳社会带来不一样的经验作为借鉴。

外因：祜巴自身发愿行菩萨道，持戒严格具足深厚的佛学、素养以及精进的修行。南传菩萨道思想以十巴拉密（dasabarami）为主要核心，布施，持戒，出离，智慧，精进，忍辱，真实，决意，慈爱，舍心。每个巴拉密里面有三个层次，也有说三十巴拉密。祜巴温忠全部具足。

（一）精进修行。祜巴温忠 13 岁出家，四处拜访泰北禅师，学习禅法，并在森林中精进禅修，有时甚至会到坟场或者面对尸骨修行白骨观，禅修功底深厚，2010 年，祜巴在泰国北部南邦府王舍城山洞开始长达三年三个月三天的修行。修行期间坚持吃素食，信众会给祜巴布施水果和饼干，放在山洞口，在没有人的时候，祜巴便会出来拿取食物。与此同时祜巴也修持禁语，但是如果有人向祜巴请教佛法开示的问题，祜巴则会通过书信和信众交流。

祜巴通过艰苦的修行，教化有缘的信众，信众经常来布施祜巴，但祜巴又把所得到的所有财物布施给其他信众，具足布施波罗蜜。

（二）努力弘法利益众生。在各地弘法时，具足各种弘法的善巧方便。他在不丹被推崇为国师，在新加坡弘法也广受当地华人推崇。以他在西双版纳弘法为例，2004 年和 2015 年 5 月他先后两次到西双版纳弘法。参加祜巴温忠弘法仪式的僧人告诉我们，每到一处弘法，他都会先礼敬佛陀，为信众们受三皈依五戒并向僧团及信众进行佛法开示、教导僧团、信众禅修业处，最后为信众们滴水祝福。祜巴希望佛弟子可以遵循佛陀教导朝着圣道圣果去修行，最终求得解脱证悟涅槃。在西双版纳弘法时他以傣语弘法，具有同一个文化圈同源民族的亲和力。而在不丹、新加坡等地弘法时，他智慧具足，以善巧方便淡化族群概念，以众生平等佛教徒皆是佛弟子的观念，使信众接受并认可他。

所以祜巴温忠就如同西双版纳与佛教国家沟通交流的桥梁。他把自己的修行体悟，阐释给信众，鼓励他们进行实修，亲证。西双版纳地区虽然同属南传佛教文化圈，但是由于该地遭遇过宗教文化的浩劫，传承与发展遭受过重创，在国家的宗教政策恢复之后才开始逐步、缓慢复兴。然而现在大部分的西双版纳佛教文化流于习俗、形式、仪轨，缺少实质和内涵，很多信众，特别是年青一代，他们的佛教信仰只是遵循当地习俗而已，并不了解佛教作为精神信仰的重要性，也不了解佛法的深刻含义。这与泰国、缅甸等佛教国家存在很大的差别。在泰国，很多信众都学过佛陀教法的基础知识，熟悉佛教仪轨，甚至可以协助僧团管理寺庙，处理相关事宜，可以更好地护持佛教、传承佛教文化。而在西双版纳许多信众却没有接受过或较为被动地接受佛陀教导，所以信众们对佛法的内涵缺乏真正的理解。而双方通过宗教文化的互动，通过泰国高僧的弘法，使西双版纳信众更深入地了解佛陀教导，也使西双版纳的信众们增强了对三宝的坚定信心与信仰。

（三）以身作则带领信众。祜巴温忠早年间在泰北带领信众修建寺庙、佛塔，开拓道路，修建禅林，受到信众们的爱戴，从那时开始祜巴的盛名就在傣泰文化圈中被信众广为传颂。

以高僧弘法形式的宗教文化交流，促进了西双版纳地区信众与共同佛教文化圈内信众的宗教情感交流，也可以增强相互之间的文化认同，促进相互学习、借鉴。在民心相通方面具有重大意义。

# 结 语

对于西双版纳和泰国之间的宗教文化交流，我认为既有其积极意义，也有消极意义。积极意义在于基于泰国高僧到西双版纳弘法的宗教文化交流，有助于西双版纳南传佛教文化的恢复与重建。而消极方面则在于西双版纳佛教文化从内核到形式逐渐泰化，这种泰化主要表现在两个方面，第一个方面是最常见的，就是佛寺建筑外观、壁画风格的泰化。许多地区的佛寺由于是泰国人捐资建造，甚至连工匠都来自于泰国，使这些佛教艺术文化趋于泰化而丧失西双版纳的本土化特征。第二个方面在于佛法教派也与泰国佛法教派趋同，内核与形式逐步泰化，成为了一种文化复制，本土文化特征逐渐淡化。

但是在泰化的过程中，存在宗教文化转型的问题。泰国的宗教文化也是经历过转型的。从政治上来看，泰北原本是一个独立的兰那王国，是在 19 世纪末才被并入了泰国的版图。兰那与西双版纳、缅甸掸邦、景栋地区在历史上属于共同的兰那佛教文化圈，以兰那文，也就是老傣文为重要的宗教文字。兰那文化圈与今天的泰国主流文化还是存在着许多的差别。从宗教上来看，泰国统一版图之后，佛教经历过许多次的僧伽制度改革，其中最大最彻底的一次是拉玛四世王的僧伽制度改革，这使得整个泰国的佛教从僧伽教育、僧团管理方面都必须接受泰国国家南传上座部佛教委员会的规范管理，宗教的管理被纳入了国家行政管理的体系当中来。

所以西双版纳如果在宗教文化发展方面，一味借鉴泰国，依赖泰国僧团的复兴，而缺乏自己能够研习巴利三藏经典的研究、禅修、弘法这方面的僧才，宗教文化交流最终会成为单一的宗教文化复制，而丧失本民族的特色。因此，培养自己的僧才，建立系统规范的佛教大学，健全僧伽教育体系与僧团供养制度，更加依赖于官方与绝大多数民众的支持与护持。

# 元代中国与泰国两国的佛教文化交流探析

于　琛

## 一　元代前中泰两国佛教文化交流概况

中国与泰国的友好交往源远流长，从两汉至今已有一千多年的悠久历史。据《汉书》卷八三记载，西汉平帝元始年间（1—5 年），中国使臣前往印度时曾途经泰国湾，从此开启了中国和泰国的官方往来和交流。[①]中国与印度长期的交通往来和文化交流促使泰国与中国在经贸和文化方面建立了紧密的联系。

大约在 245 年前后，三国时期吴国的康泰、朱应在出使东南亚时曾到过位于现泰国境内的金邻国，回国后康泰著有《吴时外国传》（又作《扶南土俗》）、朱应著有《扶南异物志》，书中首度记述了有关泰国佛教发展情况和宗教信仰的内容，由此可以得知当时以大乘佛教为主的佛教文化在该地区已经到了相当盛行的程度。

4—6 世纪，相当于中国的魏晋南北朝时期。在中国统治阶级的大力扶植下，佛教进入全面持续高涨的时期。随着造船与航海技术的提高，海上丝绸之路逐渐兴盛。这一时期泰国境内的三个古国，狼牙修、盘盘国、堕罗钵底由于处在中西交通线上，成为南海航路中的交通枢纽，因此与中

---

① 班固：《汉书》卷八三，中华书局 1962 年版。

国的交往日渐频繁。据《梁书》等古籍记载，这三个泰国境内的古国纷纷遣使到中国进行访问，[①] 中泰保持着密切友好的官方往来。同时，特殊的地理位置致使该地区成为印度佛教东传的中转站，亦是中泰佛教文化交流的核心地带。中国西行求法高僧及印度东渡弘法高僧在这一地区停留歇息，中泰两国佛教文化交流因此更加昌盛。

6—10 世纪，正值中国隋唐时期。这一时期佛教在中国的发展逐渐达到鼎盛，不仅产生新的中国化佛教宗派，而且以玄奘为代表的西行求法高僧与海外诸佛教国家的交往日益密切。据中国史料记载，6 世纪以后，泰属马来半岛诸国的佛教已相当发达。其中盘盘国在南朝梁大通年间（529—4 年）多次遣使送来舍利、画塔、菩提树叶等；《隋书》卷八二记，赤土国"其俗敬佛，由重婆罗门"，"每门图画飞仙、仙人、菩萨之像，容饰如佛塔边金刚力士之状，夹门而立"。[②] 据《梁书》记载，狼牙修国于梁天监十四年（518 年）遣使携国书通好，书中记载："慈心深广，律仪清静，正法化治，供养三宝。"[③] 至义净撰《大唐西域求法高僧传》时，狼牙修成了密切连接中国与斯里兰卡、印度两地佛教的重要枢纽。

10 世纪中后期至 13 世纪中叶，由于航海事业和对外贸易的发展，中国与东南亚国家之间的交往日趋广泛。湄南河流域的古国如罗斛、真里富等，也派使者到中国进行友好访问。佛教文化交流方面，宋朝的汉文文献，如赵汝适的《诸藩志》、周去非的《岭外代答》等对泰国佛教多有记载。这一时期泰国的大部分地区被真腊国统治，大乘佛教代替了上座部佛教盛行于泰国。[④]

自汉代以来，随着海上贸易和官方往来的日渐密切，中国与泰国之间的佛教文化交流也越发频繁。至隋唐，印度佛教及东南亚佛教的兴盛和发展也成为中国与西方国家佛教文化交流的动力，大乘佛教在中国的发展亦到了鼎盛时期。泰国作为佛教东传的中转站，汇集了大量来自中国西行求法与印度东渡弘法的高僧，因此成为中西佛教文化交流的重要媒介，中泰佛教文化交流也随之变得更加频繁。

---

① 《梁书》卷二、卷三、卷五、卷五十四；姚思廉：《陈书》卷四、卷六，中华书局 1972 年版。

② 魏征等撰：《隋书》卷八十二，中华书局 1973 年版。

③ 《梁书》卷五十四。

④ 陈明德：《泰国佛教史》，泰国黄冕佛教大学 1956 年版。

# 二 元代中泰两国佛教文化交流

## (一) 佛教发展概况

元朝时期，佛教在中国和泰国的发展都进入了一个新时期。佛教自两汉之际传入中国以来，一直以印度的大乘佛教文化和信仰为主。至隋唐，受到中国本土文化强大影响力的印度佛教已经形成了具有中国文化特色的汉传佛教体系。到了元代，统治阶级的蒙古人将本族的原始宗教萨满教与西夏盛行的藏传佛教相融合，进而将藏传佛教奉为国教，大力推崇。尽管如此，为了巩固蒙古族对汉族的统治地位，元代的宗教政策相对前朝表现得更加宽松和包容。

这一时期由傣族人统治的素可泰、兰那国在泰国中部和北部不断发展壮大，与元朝建立了友好的官方往来，双方多次遣使互访。随着孟族人、吉蔑人的蒲甘帝国和吴哥帝国的势力逐渐衰落，大乘佛教在泰国境内的影响力也明显减弱。与此同时，素可泰和兰那国的国王积极弘扬斯里兰卡上座部佛教，使得斯里兰卡上座部佛教逐渐取代了孟族人的上座部佛教和柬埔寨大乘佛教。

十三四世纪，随着傣泰民族文化圈和东南亚南传佛教文化圈的形成，极大地促进了傣泰民族文化圈内的民族文化交流，南传佛教正是通过民族文化交流的通道传入我国云南傣族地区并获得了初步发展。[①] 与此同时，佛教文化成为这一时期中泰两国对外关系的重要桥梁和纽带，对两国的友好关系和佛教文化发展都起到了重要作用。

## (二) 素可泰与元朝的佛教文化交流

1238 年，泰族领袖坤邦克蓝社推翻了高棉人的统治，建立了泰国历史上第一个独立政权的封建君主制国家——素可泰。1253 年，元朝忽必烈派兵远征云南，征服大理，促使住在中国境内的傣族大规模南迁，与原先迁入泰国的傣族人会合，这既增强了素可泰王朝的实力，又促进了泰国与元朝的民间交往。

---

① 梁晓芬：《因为佛法云南和东南亚国家古代都交流过啥？》，凤凰佛教综合，2016 年 3 月 12 日（http：//fo. ifeng. com/a/20160312/41562078_ 0. shtml）。

建国初期，素可泰的国土面积并不大，而且部分地区仍处在吉蔑人的统治中。为了获得元朝的支持以摆脱吉蔑人的控制，素可泰与元朝通好，两国建立了十分密切的官方往来。据《元史》记载，素可泰曾 9 次遣使访问中国，元朝也先后 3 次派出使者访问素可泰王国。[①] 1279 年至 1317 年，即素可泰第三位君王坤兰甘亨（元史称"敢木丁"）在位期间，曾 6 次主动遣使出访中国，[②] 两国关系可谓达到鼎盛。

坤兰甘亨国王被泰国人称为"泰国之父"，他继位之后大规模开拓疆土，兼并了许多邻近邦国，使素可泰一跃成为湄公河流域的军事强国、政治中心和文化中心。坤兰甘亨执政期间，积极弘扬斯里兰卡上座部佛教，其一系列举措加速了东南亚南传佛教文化圈的发展，为南传佛教全面传入我国云南傣族地区奠定了基础。

坤兰甘亨是一位虔诚的佛教徒，他非常尊重敬仰戒德庄严、精研三藏的斯里兰卡僧团，并将斯里兰卡上座部佛教立为国教。素可泰建国之初，斯里兰卡佛教在六坤地区已经非常盛行。待坤兰甘亨征服六坤后，便迎请六坤的斯里兰卡僧团至素可泰弘扬佛教，在城外建阿兰若供养僧团。据《坤兰甘亨碑铭》记载，"此素可泰城之西，有阿兰若。坤兰甘亨王奉献礼品与大长老僧伽剌阁。大师精通三藏全部，智慧为国中僧师之冠。僧来自蒙室利昙摩剌"，"此素可泰城中，有佛堂，有佛陀金像，有帕阿他律像，有佛像。有大佛像，大中佛像，有大佛堂，有中佛堂，有老僧师尼沙耶口搭，有长老，有大长老。"[③] 由此可见斯里兰卡上座部佛教在素可泰已经相当盛行。与此同时，国王还大力支持巴利三藏及注释的整理和翻译工作，最终形成了泰国历史上第一部完整的巴利三藏和用泰文书写的三藏注释。斯里兰卡上座部佛教的主导地位逐渐确立，其影响力随着素可泰王朝的政治、经济势力的扩展，缅甸、柬埔寨、老挝等也逐渐信仰斯里兰卡系的上座部佛教，而孟族人旧有的上座部佛教和大乘佛教渐趋隐没或消亡。[④] 特别值得注意的是，斯里兰卡上座部佛教不仅仅是取得了信仰地位上的优势，更重要的是在傣泰掸老族等这些亲缘民族文化中开始占据重要

---

① 《元史》卷一二、卷一七、卷一八、卷一九、卷二零、卷二五、卷二六、卷二一零。

② ［泰国］田禾、周方冶编著《列国志·泰国》，社会科学文献出版社 2009 年版。

③ 巫凌云：《泰国兰甘亨碑铭释文补正》，《云南民族学院学报》1987 年第 2 期。

④ 陈明德：《泰国佛教史》，泰国黄晃佛教大学 1956 年版。

地位。①

### （三）兰那与元朝的佛教文化交流

泰族人自一二世纪逐渐向东南方迁移。到 11 世纪中期，泰族人大规模南徙，在泰国北部地区先后建立了兰沧和兰那两个小国。兰那在中国史籍中称为"八百媳妇国"或"八百大甸"，在泰国史籍上称为兰那。1261 年，孟莱王在泰国北部的清莱建立都城，标志着这个名叫"兰那"的泰人国家的迅速崛起。兰那强盛时，其辖境包括现在清迈、南奔、南那、昌来和缅甸的景栋地区。自 1296 年孟莱王迁都清迈起，兰那进入了一个全面发展的兴盛时期。到哥那王统治时期，兰那国的国力更加强盛。

#### 1. 孟莱王

孟莱王和哥那王不仅在兰那国发展史上举足轻重，而且两位对兰那与中国佛教文化交流方面也作出了重大贡献。两位都是虔诚的佛教徒，并热心于弘扬佛教文化，特别是斯里兰卡上座部佛教。在两位国王的积极推动下，兰那不仅成为泰国北部上座部佛教的发展重地，巩固了斯里兰卡上座部佛教的地位，进一步促进了东南亚佛教文化圈的成熟与发展，而且为中国云南西双版纳傣族地区南传上座部佛教的全面发展输入了新的活力。这一历史阶段的佛教文化交流对中国南传佛教的发展产生了深远的影响。

孟莱王非常重视与邻近的勐泐（西双版纳）及中国封建王朝的友好关系。兰那建国之初就和我国元朝政府有过接触。皇庆二年（1313 年）后，元朝和兰那之间的使者往来就比较频繁了。延祐元年（1314 年），兰那王国的使者带着"白夷字"（即兰那文）奏章和两头大象献于元朝政府。② 孟莱王与勐泐的关系更加亲近友好。据史料记载，1237 年，勐泐第三世召片领陶陇建仔，将公主娘钪锴嫁给兰那前身清盛恩央首领。两年后即 1239 年娘钪锴生太子孟莱，因此孟莱王是车里（勐泐）王的外孙。③ 据泰北《清迈纪年》记载，孟莱王对景洪的外祖父母孝敬备至，每年都

---

① 郑筱筠：《中国南传佛教研究》，中国社会科学出版社 2012 年版。

② 《招捕总录》"八百媳妇"条。

③ "The Chiang Mai Chronicle", translated（from Thai into English）by David K. Wyatt and Aroonrut Wichienkeeo, Silkworm Books, Chiang Mai, 1995.

贡献方物。可见孟莱王十分重视与西双版纳傣族的亲族关系。政治上的联姻，使兰那国与云南西双版纳傣族的关系亲上加亲。① 同宗同源的亲族关系进一步推动了双方的政治、经济、文化交往。为南传佛教从兰那地区源源不断地传入云南西双版纳傣族地区搭建了一座天然桥梁和绿色通道。

兰那泰族在中国境内哀劳及南诏时即信仰佛教，建国初期因受到孟族和吉蔑族文化的影响而信奉蒲甘上座部佛教和大乘佛教。据《庸那迦纪年》记载，一直到1292年，孟莱王征服了哈里本柴，孟族的佛教才为兰那所接受。哈里本柴由孟族血统遮摩女王统治。这位女王曾请五百位僧人，携带三藏盛典往各地弘法，因此奠定了北部上座部佛教深远的信仰基础。② 孟莱王一方面在南奔、清迈等地广修佛寺，一方面又派以应达班约为首的一批比丘到斯里兰卡学法深造，学成回到兰那建立了莲花塘寺，持较严的阿兰若律，这便是直至今日仍影响颇大的莲花塘寺派之发端。据考证，1369年，莲花塘寺派（摆坝）以雅那卡皮拉长老为首的700僧人组成的使团从清迈到了缅甸景栋宣教，建立了景栋城区的第一所佛寺——宝象寺，然后进入西双版纳勐龙、景洪、勐腊、勐捧、易武、勐养、勐旺的傣族地区，形成润派佛教中的摆坝派（林居派）。

2. 哥那王（1355—1385年）

哥那王统治时期，南传上座部佛教在整个泰国北部的发展进入重要阶段。在他的支持下，兰那地区的上座部佛教得到了巩固和发展。哥那王派僧人往孟族的洛坤攀礼请斯里兰卡论师乌都盘摩诃沙瓦弥至清迈成立斯里兰卡系僧团；1369年，又派使至素可泰礼请泰僧苏摩那至清迈，协助建立斯里兰卡僧团；不久后，国王把自己的花园献给苏摩那作为弘法道场和阿兰若派僧团的基地。所以，人们把苏摩那所弘扬的佛教派别称为"花园寺派"。据考证，"花园寺派"（摆孙派）以西卡班若长老为首的一批僧侣，继莲花塘寺派僧人之后来到景栋宣教，建立了景栋城区第一所花园寺派佛寺——红林寺，并于祖腊历734年（1373年）传入西双版纳的大勐龙、景洪、勐罕等澜沧江沿岸傣族地区。

---

① 朱德普：《亲上加亲的联姻之盟——中泰友好关系史上重要的一页》，《广西民族研究》1992年第4期。

② 陈明德：《泰国佛教史》，泰国黄冕佛教大学，1956年版。

## 三 十三四世纪中泰两国佛教文化交流特点

综观元朝时期中国与泰国的佛教文化交流的历史，两国在佛教文化交流的方式和内容上，既有对前朝历代友好关系的传承和延续，也有在新时期发展出的新变化和新亮点。具体有以下几个特点。

其一，元朝时期中国与泰国在政治、经济和文化上的交流相互交织，融为一体。泰国境内新兴的素可泰和兰那国与元朝政府保持着密切的亲善的政治往来，互派使者进行友好访问。和平友好的外交关系促进了中国与泰国之间在经济和文化方面的互动和交流。元朝政府宽松的宗教政策为泰国北部逐渐兴盛的上座部佛教向中国的传播开启了绿灯。与此同时，泰人帝国的国王，如坤兰甘亨、孟莱王、哥那王等，大力弘扬斯里兰卡上座部佛教，逐渐提升的政治影响力和强盛的经济实力加速了南传上座部佛教的发展速度，扩大了其向外拓展的范围，促使东南亚南传佛教文化圈逐渐成熟。正是在这样一个历史背景下，上座部佛教开始全面传入我国云南西双版纳地区，使西双版纳成为东南亚南传佛教文化圈的重要板块，亦成为中国南传佛教的发源地和核心信仰区域。

其二，这一时期中国与泰国的佛教文化交流以傣泰民族文化为媒介彼此展开。民族迁徙与文化的传播是同步的，民族族源之间的文化共通性为文化的传播提供了某种可能。[①] 到十三四世纪，傣、泰、掸、老等同族源民族文化圈基本形成，泰国境内的两个强盛的泰人帝国——素可泰国和兰那国与同族源的中国云南西双版纳傣族地区的关系日益密切，文化交流亦日趋频繁。深厚的族源和亲缘关系为南传佛教从兰那、景栋等泰掸族地区进入云南傣族地区准备了天然的民族文化通道和传播载体。兰那国上座部佛教的两个重要派别"莲花塘寺派"和"花园寺派"先后传入云南西双版纳傣族地区，成为西双版纳上座部佛教润派的两个主要宗派，摆坝派和摆孙派。

其三，南传上座部佛教成为中国与泰国佛教文化交流的核心。自汉代中泰两国建立关系以来，印度的大乘佛教始终是两国佛教文化交流的主要内容，这种现象一直持续到宋代。而到了元朝时期，中国与泰国的佛教文

---

① 郑筱筠：《中国南传佛教研究》，中国社会科学出版社 2012 年版。

化交流的主体发生了重大改变。佛教互动的主体不再以大乘佛教为主，亦不以元朝国教藏传佛教为先，而是以斯里兰卡上座部佛教为核心内容全面展开。追本溯源，我们可以发现，经过从魏晋南北朝到唐宋1000余年的求法、研译、消化、改造，到宋朝终于形成了融合大量汉文化成分的汉传佛教体系，使原本产生于印度的佛教有了儒、释、道一体化的新形象，最终使中国成为东亚地区佛教传播与研究的中心，几乎完全取代了古代印度佛教中心的地位。从而与西行求法活动相关联的中国与东南亚的佛教关系也不可避免地减弱。① 但与此同时，曾经强大的蒲甘帝国和吴哥王朝的势力正在衰退，孟族人和吉蔑人的上座部佛教和大乘佛教也随之衰落，取而代之的是在泰国北部逐渐兴盛起来的泰族人的统一帝国，以及其推崇的斯里兰卡上座部佛教。因此，随着泰国政治、经济、文化中心的迁移，中国与泰国的佛教文化交流中心也随之向北移动，交流的内容自然也由大乘佛教转变成为上座部佛教。

---

① 程爱勤：《古代中国与东南亚宗教关系研究》，中州古籍出版社2010年版。

# 第六编 东南亚儒学研究

# 儒家伦理可化解基穆冲突

## 曹 兴

当今世界最严重的文明冲突就是基督教世界和伊斯兰教世界的冲突，如何化解两者冲突成为人类文明发展的关键。儒家文明不仅是中华民族的，而且也是东亚和东南亚的，唐宋时代就已在东亚及东南亚普及，成为该区历史上共同传统的价值基础，形成了著名的"中华法系"。儒家文明更是世界的，儒家"己所不欲，勿施于人"与"和而不同"的核心价值观是化解基督教世界与穆斯林世界冲突（后面简称为"基穆冲突"）的最好文明方案，将成为现代世界政治舞台上促进世界和平发挥重大作用的理念。但是，在现代国际社会，促使儒家伦理承担基穆冲突的调解者的不是出自中国之手，而是赞同儒家伦理的西方宗教学家。儒家伦理能否承担基穆冲突的调解者与中国能否成为承担基穆冲突的调解者，这是两个范畴，不能同日而语。解开其中的迷雾，成为本文的研究主题。

儒家伦理能够化解现代社会日益严重的基督教世界和穆斯林世界的冲突吗？从学理上，对此肯定的回答本就是一个不成问题的问题。许多学者，秉承美好愿望，认定儒家伦理是解决和调节基穆冲突的重要文化力量。但是，请不要误解，有迹象表明，全球伦理大会上，把儒家"己所不欲，勿施于人"推崇为全球伦理底线的不是中国人，而是德国宗教学家孔汉思。这是值得深思的问题。

# 一 基穆冲突：全球最严重的文明冲突

基穆冲突是世界上自古至今最严重、最难解、最长久、死伤人数最多、未来解决冲突的可能性最小和希望最渺茫的世界性冲突。

## （一）十字军东侵掀开基穆冲突的历史序幕

沿着基督教文明和伊斯兰文明的边界线地区发生的文明冲突已有一千多年，至少可以追溯到 11 世纪末的大规模的宗教战争，即十字军东侵。十字军东侵是指从 11 世纪末到 13 世纪末的近 200 年的时间里，西欧罗马教皇煽动、组织西欧封建主、勾结大商人，打着宗教圣战旗号，对地中海东部沿岸地区发动的侵略战争。①

中世纪初期，基督教逐渐从犹太教中分离出来成为一个独立的宗教。基督教徒自认为是上帝的选民，虽服从罗马政府的统治，但不认为自己是罗马的公民而是天国的子民。在此后，基督教逐渐从中世纪早期一个分散、封闭的宗教组织逐渐成长为罗马帝国的国教，然后随着世俗的影响，在中世纪早期的后半段里，基督教又趋于没落，在基督教激进派的强硬改革下，基督教又重新凝聚起来，摆脱了封建贵族和封建领主的干预，使教会的领导权回到了教皇的手里。② 教会领导权的集中，为教皇发动十字军东侵完成了宗教精神和世俗权力上的准备。

十字军东侵起因于拜占庭帝国的衰落和塞尔柱突厥人的崛起，以及后者对拜占庭帝国的侵略。由于教皇对东方拜占庭帝国的领土和财富垂涎已久，并企图借此机会进一步深化宗教改革，解决西欧社会危机，便于 1095 年 11 月，在法国东南部的克勒芒召开宗教会议并发表鼓动性演说，号召骑士们背起十字架，效法先人义举，报复塞尔柱人的暴行，为西方基督教界赢回神圣的耶路撒冷。③ 从 1096 年第一次十字军东侵至 1291 年，西方国家对伊斯兰世界发动了九次大规模侵略，纵观近两个世纪的十字军东侵，基本上以西方基督教社会的失败而告终。但是十字

---

① 吴长春：《十字军东侵对东西方经济、文化交流的影响》，《西亚非洲》1988 年第 4 期。
② 梁振冲：《论十字军东侵前后基督教的权势扩张》，《科技信息》2012 年第 8 期。
③ 高进福：《试论第一次十字军东征的宗教原因》，《世界历史》1994 年第 2 期。

军东侵对东西方的经济、文化交流产生了重大的影响。十字军东侵在客观上打开了东方贸易的大门，使欧洲的商业、银行和货币经济发生了革命，并促进了城市的发展，造成了有利于产生资本主义萌芽的条件。东侵还使东西方文化与交流增多，在一定程度上刺激了西方的文艺复兴，阿拉伯数字、代数、航海罗盘、火药和棉纸，都是在十字军东侵时期内传到西欧。促进了西方军事学术和军事技术的发展。西方人开始学会制造燃烧剂、火药和火器，懂得使用指南针，摇桨战船开始被帆船所取代，轻骑兵的地位得到重视。

基督教"以神的名义，用神的语言，紧紧牵动着信教群众的心弦，可以轻易地调动起他们为信仰而献身的宗教热情，掀起声势浩大的群众运动"①。教皇利用基督教徒狂热的宗教热情，发动了对伊斯兰世界的宗教战争。"讨伐异教徒"和"解放圣城耶路撒冷"成为基督教徒东侵的神圣使命。

### （二）颠覆阿富汗塔利班政权

中东地区长期面临着来自西方文明的张力，特别是在"冷战"后，西方文明成为世界主要文明中最强势一方，西方社会竭力向非西方世界输出其政治民主模式，在文明的边缘地带，面临着西方文明的强大压力，成为文明冲突的重灾区。基穆冲突的张力爆发了"9·11"事件，激怒了美国政府。美国领导基督教世界展开了对伊斯兰世界的一系列报复，推翻阿富汗塔利班政权只是其中第一个复仇计划。

苏联解体后，美国成为唯一的超级大国。于是，美国国家战略的制定和实施更是为了在后"冷战"时期巩固其霸权地位。美国从宏观全球视野处理国际关系，关注热点问题与国际体系的变动及转型。②美国与塔利班政权的关系，正是在这一背景下产生的。在不同的时期，美国与阿拉伯世界的关系呈现出不同的走势。塔利班在宗教归属上是激进组织，其成员主要由伊斯兰学校的学生和毛拉组成。塔利班从成立时便得到巴基斯坦和沙特的大力资助，巴基斯坦的宗教学校训练了塔利班成员的军事和教义知识，沙特作为温和的伊斯兰教国家则

---

① 吕大吉：《试论宗教在历史上的作用》，《世界宗教研究》1982 年第 4 期。
② 钮松：《国际体系转型与美国—塔利班关系》，《南亚研究季刊》总第 141 期。

从"伊斯兰世界大国"的身份"利用石油财富对伊斯兰教国家进行援助",① 这自然包括对塔利班的资助。

基地组织策划和实施的对美恐怖袭击,使得美国把伊斯兰极端主义确定为敌人,把世界上两种主要文明在一定程度上确定为对立状态。反恐成为国际社会的主题,美国也以是否支持反恐作为其划定盟友的标尺。美国在阿富汗的反恐对象起初为基地组织,并希冀塔利班交出基地组织头目本·拉登,并切断其与基地组织的联系。但是塔利班政权在本·拉登问题上,为争取全球伊斯兰力量的支持及保持塔利班内部的团结,塔利班政权坚决顶住美国、联合国的制裁压力。奥马尔表示,宁死也不屈服于美国要驱逐本·拉登的要求,因为被誉为"抗苏英雄"的拉登成为伊斯兰自由战士的象征,根据伊斯兰教义,塔利班有责任保护每一个穆斯林,更何况没有证据证明本·拉登参与了恐怖活动。至此,塔利班已经将自己置于美国的敌对位置。塔利班之所以为本·拉登提供保护,是因为双方在宗教信仰上的相通性,即伊斯兰原教旨主义。更为重要的原因是,本·拉登雄厚的财力是塔利班政权重要的财政支持。本·拉登对于美国、塔利班双方都涉及彼此的核心利益,塔利班政权的坚持,最终迫使美国于2001年11月7日对塔利班政权采取军事行动,并开始着手扶植一个亲美的阿富汗政府。

美国以反恐为名发动的对塔利班政权的军事打击,在很大程度上导致了伊斯兰文明和基督教文明之间的对抗,加深了彼此之间的分歧与敌视。伊斯兰教进入阿富汗已有一千多年的历史,成为大多数阿富汗居民的信仰。在阿富汗,人民群众对于民族的概念还未形成清楚的认识,还没有完整的国家概念,人们只效忠于地方公社,而伊斯兰教是唯一可以构成所有阿富汗人共性的东西。无论是塔利班政权还是基地组织,它们在文化渊源上是一致的,具有相通性,在面对美国所代表的基督教强势文明的入侵面前,很容易产生对抗美国的共鸣。

一言以蔽之,阿富汗战争是由西方文明与伊斯兰文明之间长期互存偏见而引起的,以恐怖与反恐怖形式表现出来的,具有一定人道色彩的冲突和战争,是一定范围的文明冲突。②

---

① 钮松:《沙特阿拉伯王国的大国外交战略》,《江南社会学院学报》2009年第4期。
② 王晓敏:《略论阿富汗战争的性质及其影响》,《太原师范学院学报》2002年第1期。

### （三）推翻伊拉克萨达姆政权

推翻阿富汗塔利班政权只是现代十字军东侵的第一步。第二步便是进而推翻伊拉克萨达姆政权。在地理位置上，伊拉克处于幼发拉底河和底格里斯河的中下游地区，是连通东西方的战略要道，地缘战略价值非常重要。美国为谋求其霸权地位，在全世界推行其民主政治范式，必然谋求对伊拉克的控制，绝对不允许与美国战略利益相悖的政权在伊拉克出现。

多数伊拉克民众属阿拉伯民族，但是居住在伊拉克东北部的库尔德人是伊拉克最大的少数民族，并一直谋求本民族的自治，这为后来美国推翻萨达姆政权埋下了隐患。从宗教上来看，90%的伊拉克居民信仰伊斯兰教，逊尼派占40%，什叶派占60%，是阿拉伯世界为数不多的什叶派居多的国家之一。伊拉克人民对宗教的信仰超越其对国家的忠诚，宗派主义是伊拉克内政和外交政策中不稳定和软弱的主要根源之一。美国作为基督教文明的主要代表，任何对伊拉克的染指，都很容易在伊拉克人中产生基于宗教信仰上的抵触、甚至冲突。因此也很难在伊拉克产生一个长久唯美国马首是瞻的伊斯兰政权。

"9·11"事件后，美国将萨达姆政权纳入反恐的目标，2003年3月20日，美英联军打着"反恐""反大规模杀伤性武器扩散""实现伊拉克民主"的旗号，未经联合国授权，不顾国际社会主张和平解决伊拉克核调查危机的呼声，发动了准备已久的推翻萨达姆政权的战争。5月2日，伊拉克战争结束，萨达姆政权垮台。

美国发动的意在推翻萨达姆政权的战争，是美国作为强势文明对弱势文明进行内部改造以符合自身利益的文明之间的战争，是新的十字军东侵。在美国战略家看来，这场战争的真正理由是来自基督教心理对"9·11"事件的报复。小布什内心承载着《圣经》"以眼还眼，以牙还牙，以手还手，以脚还脚"① 的教导，而却选择性地回避了基督教"爱你的仇人"。美国的战略意图是通过推翻伊拉克萨达姆政权的方式对伊拉克内部强行注入西方文明元素，实现对伊拉克的民主改造。

---

① 《圣经》，Exo 21：24。

### （四）利比亚卡扎菲政权的坍塌

在欧盟对其周边地区的睦邻政策中，始终将规范输出作为前提，强调欧盟推崇的价值观念和原则的优先性，以达到其周边治理的"欧洲化"目标。按照亚历山大·温特的说法，欧洲已经从霍布斯的敌人模式发展到洛克对手模式再进化到康德朋友模式，① "康德文化"则指在全世界范围内拥有一部唯一、普遍、理性和最高的国际行为法典。② 欧洲各国正是按照这一思想，在全球范围内输出其价值观念、政治规范。然而，在西方人眼里，"朋友模式"只适用于西方社会，并不适用于非西方社会。这是问题的一方面。问题的另一方面，是伊斯兰世界内部的纷争和西方的利用。

从突尼斯开始的北非和中东地区的动荡被欧洲称为"阿拉伯之春"。欧洲的主要媒体和思想库都认为，这是北非和中东地区反独裁统治的革命运动，是新一轮民主浪潮的开始。为此，欧洲应全力以赴支持这个地区的人民，促使独裁者下台。此外，欧盟还把北非中东乱局看成是塑造周边地区的重大机遇，提出要借此推动"巴塞罗那进程"从关注经济议题转向政治和社会议题，将人权问题作为与这个地区专制国家打交道的首要问题，向民主化进程中的关键国家提供欧盟的政治、经济和技术支持，帮助建立一个欧洲—地中海民主国家共同体。

正在欧洲欢庆"茉莉花革命"带来的新的民主浪潮之际，卡扎菲动用武力对付反对派，自然引起西方世界的严重关切。于是，英国首相卡梅伦敦促卡扎菲立即辞职，德国总理默克尔明确表示问题的核心就是卡扎菲本人。欧盟委员会主席巴罗佐则坚定声称他必须离开。正是在这种高度一致的认知下，欧盟主要大国借着联合国1973号决议带头走向了军事干预。以英、法为首的北约多国部队对利比亚政府军实施空中打击，对卡扎菲进行定点清除。英、法军队对利比亚首都进行轰炸，并且欧盟在利比亚反对派大本营率先设立了办事处，欧盟大国以及欧盟对外关系机构的率先举动吸引了全球的目光。

欧盟积极介入利比亚的内战，支持反对派推翻卡扎菲政权的原因有很

---

① ［美］亚历山大·温特著：《国际政治的社会理论》，秦亚青译，上海人民出版社2000年版。

② 赵晨：《"干涉的义务"与利比亚危机》，《欧洲研究》2011年第3期。

多，例如利比亚丰富的石油资源，地中海南岸的稳定与安全对欧盟来说是重大关切，利比亚重要地缘战略位置，法国以前宗主国的身份表示和利比亚有重要关系，排挤所谓中国在非洲的"新殖民政策"等。但是，我认为最重要的原因是欧洲文明的扩张，是基于古希腊民主制度，古罗马法律制度和基督教文明的欧洲文明对外部世界的扩张和改造，试图以欧洲的价值观念、政治规范作为"普适原理"对欧盟的周边国家进行重构，建立西方式的民主制度和市场经济，将地中海地区建成一个和欧盟制度趋同，对欧盟开放的繁荣、民主稳定和安全的地区。

从意识形态的角度看，欧洲基督教文明和伊斯兰文明是相互冲突的，特别是卡扎菲本人有着伊斯兰复兴运动的领袖情结，强调全世界穆斯林基于共同信仰和文化传统之上的各领域的广泛联系与合作，共同反对帝国主义干涉和犹太复国主义的侵略。因此，毋庸置疑，清除卡扎菲政权，对于西方有非常意义。对于西方国家来说，卡扎菲坚持的伊斯兰复兴运动是与西方文明格格不入的，欧盟难以容忍在其南部周边存在一个革命性极强的伊斯兰国家。在全球瞩目的利比亚危机中，欧盟及其成员国扮演了极为重要的角色，在政治、军事、经济等各个领域，都发挥了主导或引领作用。需要指出的是，2011 年春天以来的阿拉伯国家的政局变化与欧盟国家的行动力度之间，有着不容忽视的内在联系。

### （五）危机中的叙利亚政权

叙利亚在中东地缘政治格局中占有重要的地位，是阿以冲突的利益攸关方，其战略选择和政策趋势对阿以冲突有着重大影响。叙利亚是阿拉伯世界的强国，其纵横捭阖关乎阿拉伯世界的分化组合，阿萨德及其子巴沙尔都是拥有远大抱负的阿拉伯政治家，父子俩渴望阿拉伯世界能够在经济全球化浪潮下得到振兴，更渴望阿拉伯世界实现"集体领导"，叙利亚成为这种领导的组成部分[1]。叙利亚是阿拉伯国家中唯一与伊朗建立战略盟友关系的国家[2]，并且是俄罗斯在中东地区唯一保持军事存在的国家，因此，叙利亚有着重要的地缘政治影响，这也很大程度上导致了美国对叙利亚的敌视。

---

① 董漫远：《叙利亚危机及前景》，《国际观察》2012 年第 6 期。
② 李国富：《大国博弈下的叙利亚局势》，《求是》2012 年第 15 期。

中东地区是美国推行其全球战略的重点，对于保证以色列的安全，控制中东地区丰富的石油资源具有重要的战略意义。美国作为基督教、民主国家，作为西方强势文明的代表，对伊斯兰文明怀有歧视态度，谋求对伊斯兰世界进行民主化改造。美国曾把叙利亚列为"无赖国家"，对叙利亚的民主化改造显然已成为美国的既定战略。

从 2010 年底开始的西亚北非的政治动荡，推翻了多个国家的当权者，叙利亚总统巴沙尔政权也面临严重的危机。从 2011 年 3 月 15 日起，叙利亚大马士革、阿勒颇、哈塞克、德拉等主要城市相继出现反政府示威，当局派出军队进行镇压，遭到西方国家的大力抨击。此后，叙利亚"穆斯林兄弟会"、库尔德人、德鲁兹人在北部地区与政府军展开了游击战并得到西方国家的支持，叙利亚危机继续升级。2011 年 7 月，以里亚德上校为首的一批哗变官兵组建"叙利亚自由军"（Free Syrian Army），局势进一步动荡，叙利亚开始内战。"叙利亚自由军"得到西方国家的支持，实力日益壮大。2012 年 4 月 12 日，经联合国特使安南斡旋，叙利亚开始实现停火，成为叙利亚局势出现转机的一个拐点。①

叙利亚危机有着深刻的外部原因和内在原因。一方面，外部势力的介入，特别是美、欧、俄等势力的直接干预，使得叙利亚危机升级，叙利亚内部斗争日益激化。美、欧从危机初始便旗帜鲜明地力图推翻巴沙尔政权，通过多种措施对巴沙尔政权施加压力，发出武力威胁和经济制裁。为向巴沙尔政权施加更大的压力，美国将阿拉伯联盟推向前台，阿拉伯国家公开谴责巴沙尔对平民的暴力行为，终止了叙利亚阿盟成员国资格，对叙利亚进行制裁。俄罗斯面对西方国家对巴沙尔政权的更迭措施，做出相应的回应，俄外交部声明，反对西方要求巴沙尔下台的主张，认为应当给予他"更多时间"进行改革。② 另一方面，叙利亚危机的爆发，在国内方面，起因于什叶派和逊尼派的矛盾；库尔德人等被统治民族基于本民族利益的抗争。在国际方面，大国势力在叙利亚的博弈加重了叙利亚的危机，特别是西方国家力图推翻巴沙尔政权，以实现对叙利亚的民主改造。但是，叙利亚国内动乱至今，尽管巴沙尔目前处境艰难，但由于军队的效忠，中、俄等国的斡旋等原因，一年多的动乱并没有对巴沙尔政权构成致

① 刘宝莱：《当前叙利亚局势及其发展前景》，《亚非纵横》2012 年第 3 期。

② 李绍先、陈双庆：《大国实力博弈叙利亚》，《当代世界》2012 年第 3 期。

命的威胁。从长远来看，由于叙利亚局势涉及多个大国的地缘政治利益，外部势力的介入，必然会在叙利亚产生更大、更持久的动荡。

### (六) 欧美与伊朗的紧张关系

在地理上，伊朗地缘战略位置十分重要，伊朗是唯一同时毗邻波斯湾和里海两大油气中心的国家，加之扼住霍尔木兹海峡，直接掌握着世界石油输出的主动脉，以及拥有丰富的油气资源，使之成为"世界政治中的强有力的因素"。① 在民族、宗教方面，伊朗是一个多民族的穆斯林国家，其中波斯人占66%，是伊朗的主体民族。波斯语为伊朗的官方语言，伊斯兰教是伊朗国教，伊斯兰教在伊朗社会生活的各个方面都占绝对统治地位，98.8%的人信奉伊斯兰教，其中91%为什叶派，7.8%为逊尼派，其余1.2%信仰祆教、基督教和犹太教。

无论是在霍梅尼时期还是在哈梅内伊时期，伊朗外交都显示出强硬的伊斯兰革命色彩。现任伊朗总统内贾德作为强硬派的代表，仍坚守霍梅尼时期的政治理念，在国际舞台上显示出对抗西方国家的强硬姿态。特别是在"9·11"事件后，美国发动反恐战争，随着塔利班和萨达姆政权威胁的解除以及什叶派复兴大潮的来临，伊朗开始将自己视为地区大国和什叶派地带中心，伊斯兰革命色彩再度浓重。伊朗强硬的伊斯兰革命姿态，必然会与虔诚的西方基督教文明国家产生激烈的意识形态碰撞，西方强国一直谋求对外推行其价值观念、政治模式，伊朗的伊斯兰革命成为西方推行其价值观念的阻碍。

当前，美伊之间的紧张关系是因伊朗核问题而产生的，而美国在对待核问题上一直奉行双重标准，核问题并不能解释美国或是西方对待革命的伊朗的敌视关系。美国在反恐战争期间便将伊朗戴上"邪恶国家"② 的帽子，带有强烈宣教色彩，以非此即彼的二元对立来看待世界的价值观，指责伊朗支持恐怖主义、独裁统治、践踏人权，这也反映出美国作为西方基督教文明的代表对伊朗伊斯兰文明的敌视与歧视。美伊交恶，究其原因，我认为这是两种文明之间的对抗。在"9·11"事件后，美国认定，中东

---

① 田文林：《伊朗革命主义外交——理解第三世界政治的一种路径》，《现代国际关系》2006年第11期。

② "邪恶"一词源于宗教词汇"evil"。

伊斯兰国家的宗教极端主义是反美反西方的国际恐怖主义的重要源头，要有效地反恐，就必须对伊斯兰世界进行民主改造，使他们接受西方的价值观和民主制度，如果改造成功，既可以从根源上杜绝恐怖主义，又可以一劳永逸地解决中东对美国的反叛趋向，从而使美国文明占领中东。[①] 其实，在伊朗伊斯兰革命以来，伊朗一直致力于推动国内民主化程度，目前伊朗在政治方面的民主化程度已远远高于伊朗自身的历史以及周围国家的政治实践。现在在伊朗议会中出现了女议员，并且伊朗在校大学生中女性已经达到总数的 60%。

## 二 基穆冲突成为最严重世界冲突的原因及未来走向分析

那么基穆冲突缘何成为自古至今最严重、最难解、最长久、死伤人数最多、未来解决冲突的可能和希望最渺茫的世界性冲突？

基穆冲突在宗教冲突上不仅源自宗教文化属性的对抗，还表现为宗教意识形态上的冲突。西方国家之所以能在国际政治中输出其意识形态，主要有两方面原因，其一是以西方国家普遍发达的现状，来论证西方价值选择的有效性和普适性；其二是在国际政治中努力占据道德制高点，树立良好的国际形象。西方国家在对外关系上坚持"人权高于主权"，对他们所认为的"人道主义危机"进行干涉是正当的。当一个国家政权无力也没有意愿保护其国民免受人道主义灾难时，西方国家往往会进行干预，按照西方的模式重组民主政府。在实践层面上，只有这样，它们才能充当正义的化身，对其他国家行使干预的权力。在这方面，此次西方国家对于利比亚的军事介入是一个成功的个案。西方国家采取军事行动的理由，用美国总统奥巴马的话说，是由于 2011 年 2 月卡扎菲政权镇压国内反对派的做法"违反了国际规范与共同行为准则"。

基穆冲突的人口数量当排为世界前两位，为此人类历史上和现代最大的世界热点问题就是基督教世界和伊斯兰世界的紧张关系问题。从数量角度看，基督教人群和伊斯兰人群是世界上最大的两个宗教人群。当以前世

---

① 杨兴礼、廖和平：《简论 21 世纪初美国中东战略中的美国—伊朗关系》，《世界地理研究》2005 年第 2 期。

界人口还是 60 亿的时候，基督教信众约 20 亿，人数最多，占全世界总人口数的 33%，地盘最大；伊斯兰教约有 13 亿，约占 22%，穆斯林的地盘仅次于基督教世界。这两者无论在信众上（接近世界的六成，即 60%），还是地盘上（超过世界的六成），都名列世界前两名。① 当世界人口增长至 70 亿时，穆斯林人口增长至约 15 亿，约占 25%，而基督教人口有所下降。两者此起彼伏，人口数量趋向相等。因此，基穆冲突有着足够甚至是深厚的信众和地盘基础，这是我们不可小视的。

此外，基穆冲突还有一个全球问题的原因。当代基穆冲突的根源是西方的强权主义与基督教的霸主进攻意识，它配合了西方"全球化就是西方化"的战略目标。穆斯林民族发展滞后，对西方化的挑战用极端主义加以回应，激进派信奉宗教极端主义和民族极端主义，使基穆矛盾达到对抗地步。在对抗中，基督教处于隐蔽状态，其表现采取超民族超宗教的"全球价值"的普遍性形式，而伊斯兰教则采取鲜明的民族宗教的方式和口号。美国推翻萨达姆政权，只是当代基穆冲突的一角，从历史到现在再到未来，已经告诉人们，基穆冲突不仅是当今人类处理文明紧张关系中最严重的危机，而且已经演变为全球性危机或全球性问题。如果任其演变下去，必将威胁整个人类的安全问题。因此，人类不仅必须要正视基穆冲突后果的严重性，而且必须寻求解决基穆冲突的路径和办法。可以说，当代人类面临的当务之急是如何化解基穆冲突！

基穆冲突的未来发展局势怎样？笔者认为应当注意下述几个元素：

首先，构建统一的穆斯林民族国家以与基督教世界抗衡的美梦是不可能实现的。

在西亚北非也曾经产生一种组建统一的穆斯林民族国家以与基督教世界抗衡的泛教族主义。如前利比亚领导人卡扎菲提出的第三世界和社会主义道路，埃及的纳赛尔主义，都属于泛伊斯兰教主义或伊斯兰教社会主义思想。在此仅举前者为例。卡扎菲于 1972 年 10 月提出"世界第三理论"和坚持走社会主义道路的思想。② 但其与毛泽东"三个世界的理论"、马克思主义的社会主义思想是根本不同的。其"三个世界"是指世界上存

---

① 参见曹兴《全球化时代的民族宗教问题》，中国政法大学出版社 2011 年版，第 172 页。

② ［英］爱德华·米切尔：《卡扎菲思想中的穆斯林》，载《近日世界》1982 年 7—8 月号。

在三种理论，前两种是西方资本主义和东方的共产主义，卡扎菲提出不同于东西方的第三理论，即介于东西方之间的社会主义。① 阿拉伯世界正是介于东西方世界之间的第三世界。卡扎菲明确指出，"我们称之为世界第三理论是为了表明，对那些既拒绝实利主义的资本主义，也拒绝无神论共产主义的人来说，还有着一条新的道路"②。不难看出，卡扎菲的社会主义世界的理论是基于穆斯林对伊斯兰教的理解，是对理想社会的一种建构。它以追求实现自由、平等和正义的真理为使命，是一种自称是人道主义的思想体系。卡扎菲梦想成为"当代先知"，因此他要求把《古兰经》和他的"世界第三理论"翻译为世界各种文字，还派 300 多名神职人员到世界各地进行传播。③ 这种泛伊斯兰主义模式的社会主义，用以抵抗西方社会的范式，显然是行不通的。

其次，人数势均力敌（正如前所述，两者信众接近，加起来约占世界的 60%），但能量则并不相当，不可能改变基督教世界的强势和穆斯林世界的弱势。西方社会基于一流的高科技铸造的工业文明，创造了强大物质文明，是伊斯兰世界远远无法比拟的。此外，西方社会的民主制度和基督教认同，使得西方社会的团结性和（文化）统一性，也远高于穆斯林世界。

基于地缘政治冲突的原因、全球性冲突原因、宗教冲突、人口数量较量等原因，决定伊斯兰地区沦落为世界冲突多发地和重灾区的悲惨命运将长期存在。或者说，基穆冲突在未来相当长的时间内仍将持续下去。该地区的人民渴望改革，向往民主，但不是西方所宣扬的基督教文明的民主规范，而是伊斯兰教模式的民主。西方基督教世界任何意图颠覆该地区政教合一的政权的企图，都将会受到该地区穆斯林的坚决反击。

在未来化解基穆冲突过程中，需要一个强有力的调停者。笔者认为，儒家文明将胜任化解基穆冲突的最重要的文明力量，或者说在当今世界上只有儒家文明的现代化才能为基穆冲突的解决提供一丝曙光。

---

① 陈德成：《全球化与现代阿拉伯民族主义》，社会科学文献出版社 2009 年版，第 178 页。

② 戴维·布伦蒂、安德鲁·斯莱西特：《卡扎菲传》，吴力超等译，世界知识出版社 1992 年版，第 106—107 页。

③ 陈德成：《全球化与现代阿拉伯民族主义》，社会科学文献出版社 2009 年版，第 197 页。

## 三 基穆冲突的世界隐患及儒家伦理的化解

随着全球化的深入发展，儒家文明化解基穆冲突的价值逐渐显露出来。在当今世界激烈的宗教冲突中，儒家文明的化解能量是不可低估的，不仅是不可或缺的，而且是至关重要的。随着中国的文明崛起，使得儒家文明化解基穆冲突的可能性逐渐转变为现实。

西方学者对儒家文明的看法喜忧参半、见仁见智。一方面，在美国许多政治家和学术家如亨廷顿眼里，当今世界上的基督教文明、伊斯兰文明和儒家文明"三国演义"都必将是一种战争关系，包括经济制约、军事制衡、意识形态的角力的冲突关系。其实，世界前三甲文明的"三国演义"并不都是冲突性的关系，基穆两者之间的关系的主基调是冲突的，但也有不冲突的方面；儒家文明将在基穆冲突中扮演者一种斡旋、调停、缓和的角色。和自古十字军东侵到后"9·11"时代的紧张基穆关系不同的是，中国从历史到现实，从未发生过宗教起因大的战争。其根本原因就是儒家的"贵和""崇文"精神。亨廷顿也错误地把儒家文明归于文明冲突的行列。现代美国、日本等国家也误读了儒家文明，提出"中国威胁论"。这不仅有害中国的国际形象，也对世界和平非常有害。

另一方面，鲜有一批西方学者的先知，认定儒家文明将对世界文明的发展起到不可或缺的作用。美国汉学研究专家费正清认识到，中国传统的儒家学说在长期以来成功地占据了意识形态上的正统地位，从而使中国社会保持极大的稳定。作为中国文明在现代西方为数不多的知音汤因比对中国文化给予了公允的评价，并在晚年对东方文化寄予很大的希望。他认为，西方社会的扩张及西方文化的辐射扩展全球的结果是实现了技术的统一，人类历史发展的未来阶段主要是要实现政治与精神方面的大同；在这个阶段西方将让出主导权，以中国为代表的东亚文化将能够起到主导作用，他也期待着东亚对确立和平与发展人类文明能作出主要的积极贡献。

为什么儒家文明是化解世界基穆冲突的文明力量呢？基穆两种文明最显著的一个属性或族体性格就是排他性。从历史和现实的事实看，不难断定基穆的排他性是最强的，其"非我族（教）类，其心必异"的族体精神也最强，对其他文明的文明姿态进行同化精神也最强，包容其他文明的并存、容忍精神也最差。两者的排他性最强与包容性最差是导致基穆冲突的根本文明性格所在。虽然两者都是亚伯拉罕宗教传统的后裔派生的文明，即虽"本是同根生"，但基于两者文明性格，就必然上演着"相煎何太急"的种种人间惨剧。

和基穆排他性族体性格相反的则是中化文明和佛教文明。这两种文明非但并不具有排他性，相反则具有极大的宽容性和包容性。佛教精神追求崇文不尚武、自愿信教而不是强迫信教，讲究的是自愿信佛，才与佛有缘。在世界各种文明中，宽容性、包容性最强的是儒家文明。牟钟鉴先生认为，只有儒家文明才是世界上最大包容的世界文化博物馆，因为多数中国人包容了世界所有的文明、宗教，尤其是汉族，为此毛泽东才说"汉族是宗教混血儿"。和基穆文明"己之所欲，定施于人"的属性不同的是儒家文明提倡的是"己所不欲，勿施于人"。如果说"己之所欲，定施于人"是一种不文明的做法（是不是野蛮的暂且悬置不说），而儒家的"己所不欲，勿施于人"的理念则是文明的。因为前两者对其他文明形态的生存发展状态进行最大程度的干预，而儒家文明对其他文明形态则在最大程度上反对干预，最大限度地包容、宽容地追求互利共赢。

解决（广义的宗教）文明冲突的难度远远大于解决经济危机的问题；缩小不同族体之间的经济差距远比化解宗教文明冲突要容易得多；消弭文明差别不仅远比消弭经济差别要难得多，而且消弭文明差别的行为本身就是不合理的。因为，崇尚文明的多元化及其百花争妍，正是丰富文明百花园的一种正当的行为；反之则是野蛮的行径。

西方人开辟的市场经济的模式越来越多地博得非西方国家社会的认可和实践，从而逐渐成为世界各族文明的普世价值。然而，西方基督教文明的普适性很差。虽然基督教在美洲、大洋洲得到了最大限度的普世，在非洲也得到了部分的普世。然而，西方人用了大约500年的时间，基督教在亚洲也只是在塞浦路斯、菲律宾和东帝汶三个小国家得到了"普世"。这不仅说明了亚洲文明的深厚性，也彰显着亚洲各大文明的合理性和强劲性。此外，宗教文明发展的合理性与合法性绝不是一元化或一体化，而是多元化或色差性。实践证明，用基督教或伊斯兰教同化或消解异族文明的做法是根本行不通的。任何一种（宗教）文明都有其存在和发展的权利。能够承担化解基穆冲突重任的一定用得着儒家文明。儒家文明在未来人类历史中必将发挥不可替代的作用；化解基穆冲突最好的方案也需要儒家文明理念的参与，然而这需要一定的条件。

由于基穆排他性、扩张性的族体精神性格，两者之间必然（一方面）表现为冲突的关系（但不能排除两者的和平、和谐关系的方面），绝大多数的情况下固守"己之所爱，必施于人"的狭隘文明关系互动理念，很多时候坚持"你死我活"的两极思维方式和处事方式，从而招致如火如荼的基穆冲突。而儒家文明基于"己所不欲，勿施于人""和而不同"，和平、和谐的理念，主张把各种文明的交往关系建立在"和而不同"、和睦共处、各司其职的存在形态中，而不是冲突的、紧张的；在外交实践中更多地表现为追求多元共存、整体性和互利共赢的思维方式和处事方式，而不是"你死我活"的两极思维方式和处事方式。不难认定，当今世界各宗教文明的关系主要表现为"和而不同""同而不和"的两级及介于两者之间的第三种状态。由于基督教和伊斯兰教的排他性过高，导致了似乎不可化解的基穆冲突。基穆冲突的根源是两教极强的排他性。相反，儒家文明的多元性、宽容性与包容性，追求和营造的是"和而不同"的出路模式。只有后一种文明模式才能警示或化解前两种模式产生的文明冲突。孔子"君子和而不同"的理念是解决冲突的最佳理念，因为"仇必仇到底"不是解决世界各文明紧张关系的出路。相反，"仇必和而解"才是出路。

我们有理由认定，儒家精神不仅必将成为调解世界上各种宗教冲突的有效良方，而且也是调解基穆冲突的最好文明与舒缓机制，更是人类化解一切宗教文明冲突的最好方式之一。

然而，在现代国际社会，促使儒家伦理承担基穆冲突的调解者的不是出自中国之手，而是赞同儒家伦理的西方宗教学家。1993 年 8 月 28 日到 9 月 4 日，第二次世界宗教议会在美国芝加哥顺利召开，以德国宗教学家孔汉思为核心的来自世界上 120 个宗教代表参加了会议，通过了世界历史上第一份《全球伦理宣言》，提出世界历史上第一个全球伦理划时代的文件。这就是"全球伦理"产生的"宣言"。这次大会上，以孔汉思为首的宗教学家提倡把儒家"己所不欲，勿施于人"的伦理思想作为全球伦理的金律。此后，全球伦理研究不断深入。1998 年在北京召开"从中国传统伦理看普遍伦理"。1999 年在汉城召开亚洲地区的"普遍伦理和亚洲价值"国际研讨会。我们必须清醒地认识到，儒家伦理能否承担基穆冲突的调解者与中国能否成为承担基穆冲突的调解者，这是两个范畴。中国无力也无兴趣插足调节基穆冲突，只是保持不结盟的中立态度，因为，中国还有 10 个少数民族信奉伊斯兰教。这将使问题更加复杂化。

总之，基穆冲突可能是一个几百年内不可解、人类无力解决的大难题，也许是一个不可解问题，成为世界最大的隐患，更是全球文化生态的最大祸害。消弭这种全球性的人祸灾难用得到儒家伦理。

# 试述儒学在新马华侨华人群体中传承的三个阶段<sup>*</sup>

范正义

关于儒学在东南亚华人中的传承问题，已引起国内外学术界的关注。1995 年，梁元生在全面论述儒学在新加坡传播的历史进程的同时，将新加坡有关儒学的历史资料（包括孔教复兴运动领袖的言论、孔教学堂的教材、报刊上的新闻报道等）汇编成册。<sup>①</sup> 2010 年 5 月，林纬毅收集了有关儒学或儒教（孔教会）在新加坡、马来西亚、印度尼西亚、越南等东南亚国家发展状况的 11 篇学术论文，编辑成《别起为宗：东南亚的儒学与孔教》一书出版。同年 10 月，王爱平出版《印度尼西亚孔教研究》，对印度尼西亚孔教的发生发展过程进行了全面系统的论述。12 月，李焯然在"世界的孔子：孔庙与祀典"国际学术研讨会上发表《拜孔子、启智慧：新马地区的华人祭孔活动》一文，描述了当前新加坡两座民间宫庙中的祭孔活动。2012 年，高伟浓、陈华发表《近现代孔教会在东南亚华人社会中的改造与变异——新加坡、马来西亚和印尼孔教会的个案分

\* 本文为国家社科基金项目《东南亚孔教、孔子信仰研究》（项目号：11BZJ032）的阶段性成果之一。

① 参见梁元生《宣尼浮海到南洲：儒家思想与早期新加坡华人社会史料汇编》，香港中文大学出版社 1995 年版。

析》，阐述了孔教会在新、马、印三国不同的发展轨迹。[1] 此外，以西文发表的相关成果也有一些，散见于论文集或期刊中。如 Leo Suryadinata 的 *Confucianism in Indonesia*: *Past and Present*，对印度尼西亚孔教的历史与现状进行了研究。[2] 以上成果虽可谓丰硕，但对于全面认识儒学在东南亚的生存状况而言，仍有不足之处。本文拟在描述儒学在新马两国的华侨华人群体中传承的三个阶段的基础上，探讨在缺乏国家政权支持情况下儒学的传承与发展问题。

## 一 儒学在新马华侨华人群体中传承的三个阶段

儒学在新马华侨华人群体中传承的情况，可以分自发、自觉、回归三个阶段来论述。

### （一）自发：民间信仰、民间宗教与儒学在新马的传承

明清时期，随着人多地少矛盾的日益尖锐，闽粤沿海民众为生活所迫，不得不前往南洋一带谋生。颜清湟研究指出的，华人移民新马，主要有以下三种类型。一是依靠亲属关系，即在新马一带经商成功者，返乡从亲友中招募帮手。另一为赊单制，即客头、船主、劳工代理替移民垫付船资。移民抵达后，通过在种植园或矿场劳动来抵还船资。赊单制后，则流行"苦力贸易"（俗称"卖猪仔"），大批华人经此途径被贩卖到新马做苦力。[3] 很明显，经过上述三种途径到达新马的移民，基本上都是下层民众。下层民众本身的文化层次较低，再加上他们在侨居地忙于打拼，不可能自觉地将中国儒学有系统地移植到新马。

笔者否定华人主动将儒学传播到新马的可能性的同时，并没有就此武断地认定新马华侨华人群体中不存在儒学文化的影响。流行于下层社会的民间信仰、民间宗教等小传统文化，由于其蕴含的儒学思想与价值，起到了载体的作用，导致了儒学在新马的传播。徐李颖认为，"儒家文化在新

---

① 高伟浓、陈华：《近现代孔教会在东南亚华人社会中的改造与变异——新加坡、马来西亚和印尼孔教会的个案分析》，《东南亚纵横》2012 年第 8 期，第 49—55 页。

② Leo Suryadinata, Confucianism in Indonesia: Past and Present, Cheu Hock Tong edited, *Chinese Beliefs and Practices in Southeast Asia*, Malaysia: Pelanduk Publications, 1993.

③ 颜清湟：《新马华人社会史》，中国华侨出版公司 1991 年版，第 4—5 页。

加坡的传播，一开始就是与民间宗教相交着的。19 世纪初，来南洋谋生的中国人大多是小手工业者、小商人和农民，他们大多没有很深的儒学理论修养。更不可能有意识地去推广儒学运动，他们所继承的简单朴素的儒家伦理道德更多地表现在日常生活与民间宗教的层面。比如对祖先的祭拜、对孝道的崇奉、对家庭伦理的维护、对义气的执着，都是与生活和民间信仰相杂糅的。那时的儒学更多的是'生活上的儒学'，而非学理层面的儒学"。① 徐朝旭也有同样的认识："文化的传承必须以隐含文化信息的文化符号为载体，这些文化符号可以是文字，也可以是家规、习俗、神话、宗教礼仪或别的什么东西。对于目不识丁的基层民众来说，他们不可能系统学习儒家经典，因此，家规、习俗、神话、宗教礼仪等是他们接受儒家文化的主要载体，即使对于移居海外的华人知识分子来说，家规、习俗、宗教礼仪等，仍然是他们接受儒家文化的重要载体"。② 当然，由于早期移民并没有主动传承儒学文化的意愿，民间信仰和民间宗教作为载体带来的儒学文化在侨居地的传播，仅是一种意外结果。因此，我们认为这一时期新马华人群体中的儒学文化处于自发阶段。

民间信仰之所以能够成为儒家思想、价值的载体，首先是因为民间信仰在发生发展过程中受到儒学大传统文化的深刻影响。

中国上古时期有着崇拜天、地、日、月、星辰、山川、河流等的原始信仰。进入夏、商、周后，原始信仰沿大小两个传统分流。在大传统方面，儒家思想家秉持的理性态度，使其采取了"神道设教"的做法，将上古对天的崇拜，改造为儒家的天命信仰，对其他的信仰在维持礼仪的同时采取了存而不论的态度。在小传统方面，下层民众几乎继承了原始信仰的全部内容，并整合进自己的信仰世界中。大小传统程度不同地继承了上古原始信仰，这就为两种文化的互通提供了可能。

秦汉以后，儒家思想被确立为封建社会的指导思想，成为中国文化中的大传统。为了维持统治，"封建国家政权需要通过向民众宣传儒家核心价值观和道德信念，统一民众的价值取向，引领社会风俗，树立政治信

---

① 徐李颖：《从花果飘零到香火鼎盛——新加坡儒教在民间发展的三种模式》，文载林纬毅主编《别起为宗：东南亚的儒学与孔教》，新加坡亚洲研究学会 2010 年版，第 211 页。

② 徐朝旭：《儒家文化与民间信仰》，人民出版社 2013 年版，第 9 页。

仰，取得民众对政治统治的认同"。① 出于这一需要，历史上，儒家大传统文化通过各种途径向民间渗透，使民间小传统文化在核心理念上受到儒家文化的强烈影响。徐朝旭认为，封建国家政权通过造神运动中"人的神化"和"神的道德化"去引导民间信仰。"人的神化"方面，儒学大传统引导民众将那些"生前做出感人事迹或为地方的经济和社会建功立业的文武官员、先贤予以褒扬旌表，死后，为他们立庙祭祀，赐与封号"。"神的道德化"指的是一些根植于民间的神明，"随着其影响范围的日益扩大，逐渐被统治者认可。统治者和儒生对这些神明的形象进一步地改造，在灵验传说中制造新的道德事迹，使他们具有儒学伦理人格的属性，并把他们列入祀典，从而使这些神明信仰的范围进一步扩大"。②

民间信仰中除了神明崇拜外，也包括风水、命相、祭祖、婚丧等风俗礼仪。随着儒家大传统文化向民间的全面渗透，民间风俗礼仪也都带上了儒家文化的烙印。例如，宋以后，历届王朝都致力于将《朱子家礼》推广到民间。《朱子家礼》包括通礼、冠礼、昏（婚）礼、丧礼和祭礼，其在民间的推广，使得民众的生命礼仪等方面的习俗带上了浓厚的儒家色彩。例如，民国《同安县志》称："丧礼，旧志未详，风俗所通行者，一以文公家礼为依据。"③ 另如风水，也受到儒家大传统思想的极大影响。民间认为，有福命之人，才配得上风水宝地。没有福命之人，占了风水宝地，不仅无益，甚至还会反受其害。而所谓的福命，即儒家所认可的道德与天命。可见风水也要在儒家伦理原则的指导下才有其意义。

其次，民间信仰之所以能够成为儒家思想、价值的载体，也体现在儒学的创立者孔子本人被神化为神明，在民间广受崇拜。在新马一带，专祀孔子的宫庙虽不多见，但配祀孔子的宫庙则所在多有。例如，新加坡天福宫、粤海清庙、裕廊大伯公庙等都配祀有孔子神像。考试前和开学前，父母都会带孩子到庙里叩拜孔子。④

---

① 徐朝旭：《儒家文化与民间信仰》，人民出版社 2013 年版，第 39 页。

② 徐朝旭：《论儒学对民间神明信仰的影响——以闽台民间神明信仰为例》，《宗教学研究》2007 年第 2 期，第 145—148 页。

③ 民国《同安县志》卷二二《礼俗》，《中国方志丛书·福建府县志辑》第 4 册，上海书店出版社 2000 年版，第 157 页。

④ 徐李颖：《从花果飘零到香火鼎盛——新加坡儒教在民间发展的三种模式》，文载林纬毅主编《别起为宗：东南亚的儒学与孔教》，新加坡亚洲研究学会 2010 年版，第 226 页。

相对于民间信仰而言，民间宗教指有创教教主、经典、教义、组织的信仰群体。民间宗教也是儒家思想、价值的载体，它在新马的传播，也推动了儒家文化在当地华人群体中的传承。

明清时期，特别是清代，统治者对民间宗教采取严厉镇压的措施，致使许多民间宗教徒被迫迁徙到东南亚这一世外桃源去。这样一来，东南亚就成为中国各种民间宗教荟萃的地方。民间宗教大多是吸收儒、释、道的某些内容，经过重新阐发而形成自己的教义教规的。不少民间宗教都塑有孔子像，供信徒膜拜，并在教义中提倡儒家思想和价值。关于民间宗教在传播儒家思想、价值方面的角色，徐李颖以德教会、南洋圣教总会、立德传心堂为例，曾做过详细阐述。除了以上三个，其他民间宗教如真空教、三一教、一贯道等，也带有很强的儒家文化色彩。例如，真空教的始祖真空祖师廖帝聘，"幼习儒学，卅一岁时出家，依佛门师尊刘必发指示，习罗祖的五部六册经典，其后创立真空教。创教之后有茅山道士及佛僧投入门下又得到龙虎山天师的保障"。可见，真空教的教义来源包括儒、释、道三教。真空教不仅拜孔子，而且其经卷中含有大量的儒家经典，如其《三教经卷》中就有《大学》《中庸》等内容。①

综上可见，民间信仰、民间宗教等小传统文化中，带着儒家大传统文化的深刻印迹。这样的一种状况，使得儒家文化能够借助于民间信仰、民间宗教等小传统文化的载体，传入新马华人社会中。这样一种传播方式当然是不自觉的，但这种不自觉行为产生的效果却非常值得关注。清末的不少撰碑者（本身是知识分子）就注意到了这点。马来西亚槟城广福宫，虽然只是一座民间信仰的神庙，但在同治元年（1862 年）《重建广福宫碑记》撰碑者的眼中，其所能达成的作用却要大得多："是宫既成，商民乐业。居常则祈福延禧，共遂家庭之乐，有事则解纷排难，同消雀角之争，将见忠信笃敬，可行于蛮貊；睦渊任卹，旋睹于他邦。其所系者，又岂止宁旅人而供香火也。"②"忠信笃敬""睦渊任卹"都是儒家思想、价值的核心理念。撰碑者认为华侨侨人在广福宫里的祈拜行为，并不仅在于

---

① 野口铁郎：《东南亚流传的两个中国人宗教》，载王见川、柯若朴主编《民间宗教》（第 2 辑）1996 年版，第 54、57 页。

② 傅吾康、陈铁凡编：《马来西亚华文碑铭萃编》（第 2 卷），吉隆坡：马来亚大学出版社 1985 年版，第 537 页。

"宁旅人和供香火"，而是有力地推动了"忠信笃敬""睦渊任衅"这些儒家理念在侨居地的传播。

### （二）自觉：孔教会与儒学在新马的发展

移民最初到南洋的目的，是赚钱返乡。南洋是暂时的居留地，故乡才是他的终点。但是，一些移民在侨居地的事业做大后，他们就不愿意放弃辛苦打拼的事业返乡了。这样，南洋出现了定居当地的一批华人。既然他们的长远利益是在南洋，当然要改善自己预备扎根的地方的生存环境。在传统中国人眼中，新马是蛮夷之地，想在侨居地定居的华人们，首先要做的就是改变当地的蛮夷状态。按照传统观念，华夷之别在于文化，外夷之人如果习用儒家文化，就变成了华族。为此，新马华侨华人开始自觉地在侨居地传播儒学。新加坡崇文阁的创建，就反映了华侨华人在传播儒学方面从自发到自觉的转变。

新加坡是华人移民簇居的地方，"商贾贸易，行旅往来，我中国民多生长于斯者哉"。尽管如此，但在移民眼中，新加坡仍是个"荒徼"之地，"僻陋在夷，与文物之邦异"。咸丰壬子年（1852 年），在当地华商大贾陈巨川主持下，华人于在新加坡天后宫旁建成崇文阁，"其巍然在上者所以崇祀梓橦帝君也，其翼然在下者所以为师生讲受也，侧为小亭以备焚化字纸，每岁仲春，济济多士，齐明盛服以承祭祀，祭毕并送文灰而赴于江"。华人创建崇文阁的目的，在同治六年（1867 年）《兴建崇文阁记》中有如下表述："（建阁后）从兹成人小子，读孔孟之书，究洛闽之奥，优柔德性培养天真，化固陋为文章，变鄙俗为风雅，则有裨于世道人心者岂浅鲜哉。"① 很明显，华人是想通过儒学的传播，改变侨居地的生存环境，使"荒徼"的新加坡，变成中华文化流通的地方。

华侨华人在新马传播儒学的自觉行为，在 19 世纪 90 年代以后受中国国内倡建孔教为国教运动的推动而达至顶峰。

1895 年，康有为和梁启超两位改良主义者开启了使孔教成为中国国教的孔教复兴运动。随着这个运动在中国国内的迅猛开展，海外华人群体也很快受到影响，孔教复兴运动开始在新马华人中广泛开展起来。对于新

---

① 陈荆和、陈育崧编著：《新加坡华文碑铭集录》，香港中文大学出版部 1970 年版，第283 页。

马华人群体卷入孔教复兴运动的原因，颜清湟认为，首先是 19 世纪末 20 世纪初新马的华人移民大大增加，当地社会更加华人化；二是华文新闻业在新马地区的兴起，为孔教复兴运动的呐喊提供平台；三是华人民族主义的兴起推动新马华人加入孔教复兴运动中。① 新马孔教运动主要内容是孔庙和现代学堂的建立，以及将孔子诞辰作为一个民族节日，使用孔历等。孔教复兴运动一经发起，就在新马华人中如火如荼地开展起来。1899 年 10 月 31 日《天南新报》报道："今年以来，海外各埠华商之倡祀孔子者，比比皆是。……（马六甲）已于九月十五日敬设孔子神座，迎入中华医院内以示尊崇。"同一报刊 12 月 4 日的报道也指出"横滨、泗水、仰光、实叻、吉隆等埠有筹建圣庙者，有恭祝圣诞者，此皆海外未有之创举，为我华人开风气之先"。② 可见孔教复兴运动已成为席卷东南亚各地华人的一场运动。

孔教复兴运动的领导们"反复地强调孔教并不仅仅属于士大夫阶级，也属于所有其他社会阶级，它应该被认为是华人生活方式的一个主要部分"。③ 但在事实上，孔教复兴运动推行的是理性的正统儒学。为达此目的，他们不惜对原来在华人群体中自发的儒学传承方式进行了全面抵制。魏介眉发表于《天南新报》1899 年 11 月 7 日至 14 日的《拟各处华人联立孔教会章程并序》就是一个很典型的例子。在《筹捐十三则》中，魏介眉提出孔庙建成后，后续的维护经费"可向各铺户按月筹捐以充之"。所有华人的火船、航船、烟廊、酒廊、戏园、金银纸铺，以及行旅之人，也都要向孔庙题捐，以充经费。对于向所有华人题捐的做法，魏介眉充满信心："彼各佛寺，多有向铺户月捐香资者，岂有孔子之庙，救时之局，实实大有利益于我子孙黎民之举，而反靳而弗与之理者哉？"但是，在寄望于各阶层华人在经济上的支持的同时，魏介眉对华人在孔庙中的烧香祈拜活动进行了全面抵制："华人风俗，每遇朔望日，多往寺院焚香求福；今我圣庙定朔望两日自巳刻为起，亦许会外之人，不论男女，均可来庙拈

---

① 颜清湟：《1899—1911 年新加坡和马来西亚的孔教复兴运动》，文载林纬毅主编《别起为宗：东南亚的儒学与孔教》，新加坡亚洲研究学会 2010 年版，第 4 页。

② 梁元生：《宣尼浮海到南洲：儒家思想与早期新加坡华人社会史料汇编》，香港中文大学出版社 1995 年版，第 154—155 页。

③ 颜清湟：《1899—1911 年新加坡和马来西亚的孔教复兴运动》，文载林纬毅主编《别起为宗：东南亚的儒学与孔教》，新加坡亚洲研究学会 2010 年版，第 12 页。

香拜圣，唯不得妄烧金纸，及许愿、演剧、斋醮等事，或可望其以此易彼，并冀其顺入堂听讲也。至于闲常之日，则严为禁止，不许一人入庙烧香，庶有限制而勿同于寻常庙宇也。"① 可见，孔教复兴运动的领袖希望推行的是理性的正统儒学，他们希望华人到孔庙里不是为了祈福，而是为了听取儒学宣讲。为此，他们对华人在孔庙中的祭拜行为，以及孔庙的开放时间，都做了严格的限制。

"天寥子"发表的《昌孔教宜严辟异端说》一文，则对儒学思想、理念依附于民间宗教传播的现象进行了严厉的驳斥。当时，大成教在新加坡颇为流行，该教于堂中"供奉孔子神位，香花供养"，信徒自称"吾乃孔氏之徒，非道流缁侣也"。教名大成，也来自孔子。应该说，大成教在新加坡的流行，对传播儒家思想与价值来说，是极为有益的。孔教复兴运动兴起后，为了推行理性、正统的儒学，"天寥子"对大成教进行了严厉的谴责。他认为大成教的信徒虽号为孔氏之徒，但"释道之说参于其中，已得罪于名教"，信徒行为"戾伦常之道……大违孔子之言"。特别是大成教堂中以观音为主神，以孔子及其他诸多神明配祀的现象，更让他痛心疾首："教虽名大成，神虽奉孔子，而又偏以一观世音菩萨供于正中，而所谓大成先师，不过仅叨傍坐，此外所供诸神佛，多有不能尽识，甚如《西游记》之唐僧四众，亦在供养之中。此等神佛而令与我夫子同坐一堂，能勿令士林羞煞耶？""天寥子"等孔教复兴运动的领袖，他们所秉持的"异端一日不辟，则孔教一日不昌"的态度，表明他们为了推行理性、正统的儒学，把自己放到了与基层华人对立的位置上。

颜清湟在《1899—1911 年新加坡和马来西亚的孔教复兴运动》一文中指出，新马华人精英之所以卷入孔教复兴运动，是因为他们认为孔教可以作为国家强大及其现代化的源泉。但是，在新马华人中，精英仅是少数，绝大多数的都是普通华人，他们对儒学的认识显然没有精英那么高。在这种情况下，孔教复兴运动的领袖排斥儒学依附于民间信仰和民间宗教中发展的方式，使得孔教的宗教性越来越淡，也就失去了那些为宗教信仰驱动的基层信众，使得整个运动脱离了基层华人群体。失去群众基础的孔教复兴运动，影响就小了，当然也就走得艰难。徐李颖在对新加坡南洋孔

---

① 梁元生：《宣尼浮海到南洲：儒家思想与早期新加坡华人社会史料汇编》，香港中文大学出版社 1995 年版，第 92—93、100 页。

教会前后七任会长的考察中指出，"南洋孔教会的维系靠的都是其领导人的个人资助，缺乏群体的力量，……一旦当选的领导人缺乏强大的经济实力，孔教会的活动就更加难以维系了"。① 缺乏普罗大众的资助，南洋孔教会的自我维持也成了问题。

20 世纪 80 年代后，在政府的主导下，新加坡出现了一场声势浩大的儒学运动，内容包括：教育部门为学校编制儒家伦理教材，创建东亚哲学研究所（主要进行儒学资料的收集与研究），邀请海外著名儒家学者讲学，以及创建民间社团宣传儒学文化等。这场运动是由新加坡政府发动的，可以说是一场自觉的传承儒学文化的运动。但在邻国（马、印）以及国内印、巫等族人口的压力下，1990 年后这个运动就"重归于寂"了。②

### （三）回归：民间宫庙中祭孔活动的宗教化

当前，读书已经是人们接受系统的知识训练以谋取职业的一条最重要的途径。孔子作为读书人的始祖，很自然地受到人们的敬仰。在此背景下，旧时代父母在开学前让孩子参拜孔子像的做法，在今天的新马地区又得到恢复，并愈来愈热。笔者以为，当前新马民间宫庙中的祭孔活动，是民间的一种自发行为，它的宗教化色彩，反映了过去的那种儒学借助于民间信仰的自发传播模式在现时代条件下的回归。以下，笔者拟在徐李颖、李焯然调查的新加坡三清宫和三巴旺财神庙祭孔活动的基础上，对当前新马地区民间宫庙中祭孔活动的宗教化做一论述。

新加坡三清宫，为韭菜芭城隍庙的附属宫庙，该庙是全新加坡唯一的一座供奉有孔子及其七十二弟子的宫庙。2003 年 9 月 22 日，三清宫举行了第一次由众多学生参与的祭孔仪式。仪式过程据徐李颖记载如下：

> 当天约有 1500 名学生参与，从小学生到大中专生都有。参与者只需报名无须缴费。学生们都系着写有"金榜题名"的肩带，在道

---

① 徐李颖：《从花果飘零到香火鼎盛——新加坡儒教在民间发展的三种模式》，文载林纬毅主编《别起为宗：东南亚的儒学与孔教》，新加坡亚洲研究学会 2010 年版，第 217 页。

② 梁元生：《宣尼浮海到南洲：儒家思想与早期新加坡华人社会史料汇编》，香港中文大学出版社 1995 年版，第 247—259 页。

士的带领下，按照道教仪式诵经、跪拜、拈香、献花献茶等。然后依次进行点睛仪式，这也是祭孔中的重头戏。两位道士用毛笔在每个学生的额头上点上红点，以示开天目。点睛仪式便进行了一个多小时。道长是全真派道士，因而祭仪式上用的是全真派庆贺科仪。在祭拜之后，道长向学生们叮嘱，祭孔之后晚应该尊师重道、更下苦功，加强教诲的作用。①

李焯然《拜孔子、启智慧：新马地区的华人祭孔活动》一文，在徐李颖的基础上补充了对祭孔的各个仪式环节以及疏文内容的描述。

三巴旺财神庙位于新加坡北部的海军部街，以供奉财神为主。财神庙始建于 1998 年，现庙址完成于 2006 年。数年前，为了迎合善信的要求，该庙于观音殿的两侧，增塑孔子和文昌帝君神像奉祀。近年来，三巴旺财神庙为庆祝孔子诞辰，每年于孔诞时举行祭孔仪式。据李焯然的调查，财神庙祭孔仪式包括四个步骤：第一步，道长带领学生们向财神爷致敬；第二步，道长为写有学生个人名字的金榜题名金牌开光；第三步，道长为学生"点朱砂、开智慧"；第四步，道长带领学生到观音殿孔子像前参拜，并将金榜题名牌挂到孔子像上，供奉一年，祈求学业进步，事业顺利。学生要完成以上祭拜程序，必须购买该庙售卖的"拜孔子仪式供品"一套，包括"学业真经"金纸一盒、"金榜题名"挂牌一面、24K 镀金"十二生肖金榜题名符"一个，圆珠笔一支。

华人带孩子到庙里祭拜孔子，既是为了培养孩子对孔子的敬仰之心，同时也希望借此讨个好彩头，让孩子在接下来的学习考试中一切顺利。而对于宫庙来说，则借此机会将祭拜孔子的行为宗教化，让它带上浓厚的宗教色彩。传统祭孔仪式称为释奠礼，由礼生负责。祭祀仪式中虽然有迎神和送神环节，但并不是真有神明降临，用意是培养祭祀者的虔敬之心。在新加坡三清宫和三巴旺财神庙的祭孔仪式中，则均由道士来主持仪式。唱、念、用的经文、法器也均是道教的。如三巴旺财神祭孔仪式中，道士诵的经文为道教的《吕祖颂》《玉皇心印妙经》《玉皇宝诰》《文昌宝诰》等。祭孔仪式中用到的疏文，也明确地将孔子作为一名道教神明来对待，

---

① 徐李颖：《从花果飘零到香火鼎盛——新加坡儒教在民间发展的三种模式》，文载林纬毅主编《别起为宗：东南亚的儒学与孔教》，新加坡亚洲研究学会 2010 年版，第 217 页。

用道教指令来要求孔子达成学生的祈求。如三巴旺财神庙"学业真经符"题"奉孔子先师敕令——令行山岳动、符到鬼神钦；聪明大进，智窍洪开"字样。"学业真经"金纸盒内的使用说明："烧化前，恭请孔子先师驾临。赐下智慧，学业进步，事业有成，吉星高照，鹏程万里。各类考试考核，提干选拔、求职应聘皆能顺利通过，名列前茅。地址：某某信士、信女某某暨阖家人等叩首拜谢。天运某年某月某日"。另有《孔子公表文》一份，内容也大致相似。三巴旺财神庙祭孔仪式中将孔子当成神明，这是持无神论的儒家释奠礼所不允许的，所以它完全是一种道教式的做法。此外，释奠礼中的礼生，在整个仪式过程中仅是按照仪式程序发号施令，不带有神秘色彩。刘永华即认为礼生"不具备与神明沟通的资格。他们之所以被指派赞相礼仪，只是因为他们谙熟礼仪"。[①] 但三清宫祭孔仪式中道士在为学生"开智慧"时，他"需要有'默运'的内在修炼过程，口念秘咒，加持在朱砂笔上才能进行"。[②] 也就是说，在三清宫的祭孔仪式中，道士跟传统释奠礼中的礼生完全不同，他们在礼仪中与神明进行了沟通。

综上，新加坡三清宫和三巴旺财神庙创造性地将无神论的释奠礼，改造为道教式的祭孔仪式。传统释奠礼的参加者均为儒家精英，上述两庙将之改造为道教式的仪式后，增加了明显的祈福色彩，使得祭孔典礼不再局限于上层精英，而是普罗大众也可以广泛参与的宗教活动。正是出于这一意义，笔者认为当前民间宫庙中祭孔仪式的宗教化，使得儒学在新马的传播，又回到了借助于民间信仰、民间宗教的老路上，可说是一种回归。

## 二 小结：缺乏国家政权支持下儒学的传承与发展问题

改革开放几十年来，随着我国综合国力的提升，民族自信心的回归，人们回过头来想从传统文化中找寻重建精神家园的资源，却发现儒学已渐行渐远。由此，不少人感慨：没有了国家政权力量的推动，儒学的传承将

---

① 刘永华：《明清时期的礼生与王朝礼仪》，载《中国社会历史评论》（第9卷），2008年版，第255页。

② 李焯然：《拜孔子、启智慧：新马地区的华人祭孔活动》，文载《"世界的孔子：孔庙与祀典"国际学术研讨会论文集》，台北市孔庙管理委员会2010年出版，第142—152页。

是不可能的!

　　情况是否真是如此?儒学在没有国家政权力量推动的情况下(新加坡20世纪80年代的儒学运动曾得到国家政权的支持,但时间非常短暂),在新马两国华侨华人群体中的传承经过了自发、自觉和回归的三次转变。这三次转变中,儒学经历了从依附于民间信仰、民间宗教发展的阶段,到华人精英自觉传播与提倡的阶段,最后再回到宗教化的阶段。从这三次转变来看,在缺乏国家政权力量支持的情况下,儒学的传承只能依赖于普通大众。普通大众的阶级地位与文化层次决定了他们对华人精英提倡的理性的、正统的儒学缺乏兴趣,而依托于民间宗教、民间信仰的儒学因为与他们的日常生活密切相关而得到了传承。

　　当然,很多人会批评那种依托于民间宗教、民间信仰传承的儒学没有系统性,鱼龙混杂,难以达到今天社会上高呼的弘扬儒学的目标。但笔者要指出的是,现在的时代与过去已经有了天壤之别,儒学再也不可能成为我们今天的治国纲常。因此,任何想要系统地、全面地恢复正统儒学在国家政治、经济、文化生活中的指导地位的做法,都是反时代的。当然,这么说,并不表示我们不再需要儒学了。笔者认为,我们需要的不是儒学的全部,而是其中能够适应时代节拍的部分。民间信仰与民间宗教中蕴含的儒学思想、价值,往往是经过在民间流传千年、几经淘洗的东西,也正是我们今天重建精神家园所需要的东西。正如一些民族民间服饰的传承一样。想要全族民众每天都穿上民族特有服饰是不可能的,但在一些重大节日庆典时穿上这些民族服饰,同样也可以达到传承的目的。正是在此意义上,笔者认为依托于民间信仰,走生活化道路,将是今后一条主要的传承儒学的渠道。

# 印度尼西亚孔教的人生礼仪探析*

## 王爱平　鲁锦寰

印度尼西亚孔教是源于中国儒教而在印尼发展起来的制度化宗教①。作为印尼的一个"Agama"（印尼语，宗教），目前是与伊斯兰教、基督教、天主教、佛教和印度教并列的印尼六大合法宗教之一。有系统的规范的宗教仪式是制度化宗教的重要特征。宗教仪式是宗教意识的行为表现，是宗教信仰者用来沟通人与崇拜对象之间关系的一种规范化的行为表达方式。印尼孔教有着一整套包括礼敬仪规、祭祀仪式、礼拜宣道仪式、人生礼仪等多种仪规，内容丰富而又十分规范、完整的的仪式体系。人生礼仪是印尼孔教宗教仪式体系中的重要组成部分，表现出鲜明的孔教特色。

几乎所有的文化都人为地把人的一生划分为许多不同的阶段。在人生的不同阶段，个人必须接受与其地位、职责相关的价值观念和行为准则，其目的之一就是以此确定人们的身份、地位、角色及与之相应的责任、权利和义务。人生的历程就是从一个阶段走向另一个阶段的过程，也是人们的身份、地位和角色不断变换的过程。人生礼仪，主要指围绕着人的生命历程中的关键时刻或时段而形成的一些特定的仪式活动。仪式的主要目的是标记

* 本文为王爱平主持国家社科基金项目"东南亚孔教、孔子信仰研究"（项目批准号11BZJ032）的阶段性成果。

① ［新加坡］廖建裕：《现阶段的印尼孔教》，见《现阶段的印尼华人族群》，新加坡国立大学中文系、八方文化企业公司联合出版 2002 年版；王爱平：《制度化与印尼化：印尼孔教的百年发展》，未刊稿。

或帮助人们成功地或顺利地度过这些关键时刻,完成人生角色的转换。一般来说,人生中的重大礼仪包括出生、成年、成婚和死亡等。除此之外,还有很多礼仪活动,如满月、百岁、周岁、生日、职位升迁、毕业典礼等也都属于人生礼仪的范畴。

孔教的人生礼仪除了包括我们通常所说出生仪式、婚姻仪式和丧葬仪式等,还包括有成年之后的各年龄段的人生仪式。另外,如果孔教徒到政府机关任职工作,或者到法庭起诉、应诉、做证,则须履行孔教的宣誓仪式。

限于篇幅,本文主要依据从印尼田野调查所获得的资料(大部分为印尼文、马来文)以及口述、碑铭、实物、音像等资料,考察印尼孔教关于人的出生与死亡的人生礼仪。

# 一 出生、命名与修学成长仪式

中国儒家的孝道在印尼不仅是孔教而且是华人最为遵奉的, "不孝有三, 无后为大" 的观念对印尼华人有极大的影响,印尼华人对孩子的出生和命名一向十分重视。特别是由于苏哈托执政时期强行要求华人改名换姓,将此作为同化华人政策的一项重要措施,因此在印尼给孩子的命名显得更为重要, 更具有特殊的意义。有中文姓名, 就意味着华人身份, 意味着华人传统文化。一般来说, 华人身份的印尼孔教徒都要取一个中文名字, 并要保持祖姓。有些孔教徒法定使用的印尼文名, 是直接将中文姓名音译而成, 如印尼孔教的精神领袖、印尼孔教最高理事会宣道师委员会主席徐再英学师①的印尼文名字为 "Tjhie Tjai Ing", 实际就是中文姓名的闽南语读音。有些是设法在印尼文中保留自己的祖姓, 一般采用按汉语方言读音注音的办法, 如 "陈" 姓按闽南话发音写作 "Tan"; "杨" 按闽南话发音写作 "Dj- do", "林" 按闽南话发音写作 "Lim"。轰动印尼全国的为维护合法权利起诉政府婚姻注册机关的年轻孔教徒布迪・维加亚 (Budi Wi-

① 印尼孔教有专门的教职人员, 实行教阶制度, 分为学师、文师和教生三级。学师为最高级别。

jaya，中文名原为傅明茂，现名姚平波①）女儿的印尼文名字" Fuji
Yaohana"，就含有祖父祖母的姓"姚"（Yao）和"傅"（Fu）②。

　　按照福建及中国普遍的民间习俗，人们认为名字与命运相关，
将为子女取名视为家里的一件大事，为婴儿的命名要选择吉利的时
日进行，并且要按一定规则，如世序命名、五行命名、寄意命名等，
费心推敲、仔细斟酌，力求取个好名，以表达对孩子日后前途的期
望和祝福③。现在印尼的孔教徒取中文名字仍然是遵照这些原则，尽
管他们中的多数人已经不懂华语。印尼孔教最高理事会现任总主席
陈清明，是因为出生于清明节前五天；吴炳邦学师是因为按五行命
中缺火；蒋暐忠学师是按照世序排名；印尼孔教最高理事会主席团
秘书长（曾连任两届总主席）黄金泉的名字有多方面寓意，他的父
亲是一位金匠；又按五行论，金生水，所以取名为黄金泉。笔者
2006 年 7 月做田野调查时曾经住在徐再英先生的儿子家，遇到一位
与徐先生同辈的亲戚孔教徒林先生要我为他的尚未出生的孙子
（女）取中文名子字。林先生为第六代华人，不会说汉语，他向我
出示了他的四个儿女出生和取中文名时留下来的纪念物——其中记
有每个人的生辰八字、属相，等等。

　　孔教祝贺出生、满月的仪式，一般在自己家中举行，由孩子的家长主
持，在祖先的神坛前进行，要先拜天公，然后祭祀祖先。

　　孔教举行孩子出生及命名的仪式，意在向天和祖先报告家族有了后代
的喜讯，并祈求上天和祖先的护佑。祷告内容如下：

　　　　皇天陛下，蒙孔圣的引导。今天我们敬告尊敬的祖先，请求祖先
　　为我们的在某地某日某时出世的孩子祝福。给他起名为某某，其含义
　　为某某，希望今后在他的生活中，这个名字能够给他带来好运。祈愿
　　上天和各位祖先赐福给他。我们祈愿他能够获得身心健康，在他以
　　后的生活中能够遵照天命发展自己，能够按照孔圣所引导的路去修

---

　　① 布迪原名傅明茂，是因父亲长期无法获得印尼国籍而随母姓；现名姚平波是因父亲
获准加入印尼国籍（此时已去世）后改随父姓，据笔者 2006 年 7—8 月对姚平波、魏爱兰
夫妇及妹妹姚丽明访谈资料。

　　② 据笔者 2006 年 7—8 月对姚平波、魏爱兰夫妇及妹妹姚丽明访谈资料。

　　③ 参见林国平主编《福建省志·民俗志》，方志出版社 1997 年版，第 205—207 页。

道，使他能够成为孝顺的后代，有能力去弘扬天德，得到幸福和安宁。①

出生及命名的仪式中须三次祭酒与祷告，每次祭酒和祷告都要感谢"至高无上、独一无二的天"。

孩子满月时，要再一次举行祭拜和祈祷仪式，向天和祖先祷告，感谢天的恩德，感谢孔圣的引导，祈求上天和祖先的护佑，赐福给他。满月庆祝仪式与出生及命名仪式大致相同。

印尼孔教极其重视信众个人从自身成长的经验去体验和认识生命之可贵，修学之重要，所以谨遵孔子圣人自述人生成长的各个阶段的教诲，即《论语》中所说"吾十有五而志于学，三十而立，四十而不惑，五十而知天命，六十而耳顺，七十从心所欲而不逾矩"。这段在中国凡受教育者都很熟悉的格言，制定了孔教信徒从出生、命名直至衰老死亡的每一人生重要阶段所应履行的礼仪。

根据孔圣从志学到成圣的修学过程，印尼孔教将人自 15 岁到 70 岁及以后的生命过程也分为若干阶段，规定在其生日时举行庆祝与祈祷仪式。本文将孔教的这些仪式归纳命名为"修学成长仪式"，其中包括：15 岁生日举行"志学仪式"；30 岁生日举行"而立之仪式"；40 岁生日举行"不惑之仪式"；50 岁生日举行"知天命之仪式"；60 岁生日举行"耳顺之仪式"；70 岁生日举行"从心之仪式"②。70 岁以后，可以每年庆祝一次。

15 岁生日的"志学仪式"。印尼孔教按照孔圣的规范以 15 岁为向学的开始，规定孔教徒可在自己家或孔教礼堂③中举行庆祝仪式。在自己家由家长主持，在祖先的神坛前进行。

首先拜天公，然后进行祭祀祖先和祈祷，为孩子能够努力向学，健康

---

① Mataki：《*Tata Agama Dan Tata Laksana Upacara Agama Knghucu*》，（即《印尼孔教宗教制度与仪式规范》，以下简称《规范》）第 105 页。《规范》是由印尼孔教最高理事会所颁布的，内容主要是目前全国孔教组织统一执行的有关孔教经典、教规、组织、教阶、宗教仪式等内容的规定，尤其是对各种仪式有相当详尽、具体的规定。并且收录有印尼孔教婚姻法、印尼国家婚姻法、印尼有关宗教信仰的法规、印尼政府有关印尼孔教的文件、法令，等等。

② 这些仪式名称的印尼文原文似未能表达出《论语》中的原意，笔者酌情重新命名。

③ 印尼孔教进行礼拜、宣道和祭祀活动的场所名为"礼堂"。

成长，品行端正而向天和祖先祷告，祈求上天和祖先予以护佑，并赐福给他。祷告内容如下：

> 感谢上天，我们此时可以给我们的孩子进行成人立愿仪式。（对孩子讲）我的孩子某某，今天你已经15周岁了，你的孩童时期已经结束，从现在开始你将步入成人时期。圣人孔子说，"吾十有五而志于学"，孔圣的训导能够使你觉悟到人生的一切都有天注定。但是，要有文化，要不断成长，必须通过学习的过程，我们在生活里必须勤奋地学习，不可疏懒。你必须以孔圣的学习精神为典范。祈愿上天赐福，祈愿在元亨利贞的光明照耀下，至高无上的天、完善的天德、孔圣的引导与我们祖先的祝福将在你的心里滋长发展，使你在生活中能够具备仁、义、礼、智、信等美德，成为真诚的人。向上天、向孔圣人、向我们的祖先献酒。①

在"志学仪式"中，须三次祭酒与祷告。
30岁"而立之仪式"祷告文如下：

> 感谢天的赐福，今天我年满30岁了。感谢天，感谢天接受我的祷告。让我们来体会圣人孔子的训导：三十而立。在这一时刻里，让我们反省过去的一切言行。祈愿天在今后的时间里赐福于我们，引导我们，使我们真正有能力修身，在天的赐福下，在高贵的天德中，去承担我们的人生责任。祈愿天降下的福祉和安宁一直伴随着我们。善哉！

40岁"不惑之仪式"及以后仪式的程序与30岁生日举行的"而立之仪式"大致相同，只是祈祷的内容根据具体的年龄有所不同。

总之，孔教的修学成长仪式是祈望孔教徒在仪式的引导下和生活的历练中体验和领悟孔圣的精神，从而沿着孔圣所指引的成长道路，一步一个脚印地不断提升自己的心性，逐渐由凡入圣。

---

① Mataki：《*Tata Aama Dan Tata Laksana Upaxcara Agama Knghucu*》，p. 106.

## 二 丧葬礼仪

印尼孔教的治丧仪式与中国闽粤民间社会的传统丧葬礼仪有许多相同或相似之处。如，孔教的治丧仪式分为几个阶段，即入棺；门丧（送葬之前夕）；送葬；安葬；翻桌（祈福）七次；小祥（1 年）；大祥（3 年）①。与闽南地区的丧葬习俗大致相同②。同时，印尼孔教强调在治丧的每一项礼仪中都必须牢记孔圣的教训："生，事之以礼；死，葬之以礼，祭之以礼。"③

关于在丧者家中的治丧仪式，《规范》有十分具体详细的规定：

一、安放棺木的地方和祭奠的位置：如果房屋有两扇门，去世的人年轻，不是长辈，棺木要放在门的右边；如果去世的人有子女或孙子女，或者已超过 50 岁，棺木要放在门的左边。如果房屋有三扇门，去世的人年轻，不是长辈，棺木要对着在右边的门；如果去世的人有子女或孙子女，或者已超过 50 岁，棺木则正对着中间门置放。

二、祭奠用香：须准备两个香炉，前面的给来宾用，后面的丧家自家用。家属用青色香 2 支或 4 支，来宾用红色香 1 支或 2 支。

三、跪拜礼：家属行一跪四叩（一次跪，四次叩首）或二跪八叩（二次跪，八次叩首）礼。如果来宾不是亲属，并以跪或叩首的姿势来致敬，主人必须以跪的姿势迎接。在读祷告文、祭文时主人须行跪拜礼。

四、祭祀的贡品：可以简单，用《中庸》所言"荐其时食"即可。贡品一般用茶料、白饭、新鲜蔬菜（要整棵、带根须）和五果（水果和点心）。也可以根据当地的风俗，但应符合孔圣的教训。④

在治丧仪式的每个阶段都须进行祷告仪式，要读祭文（即祷告文）。

---

① Mataki：《Tata Agama Dan Tata Laksana Upacara Agama Knghucu》，p. 113.

② 林国平主编：《福建省志·民俗志》，福建省地方志编纂委员会编，方志出版社 1997 年版，第 215—233 页。

③ 《论语·为政》。

④ Mataki：《Tata Agama Dan Tata Laksana Upacara Agama Knghucu》，pp. 114—115.

祭文写在白纸上，事先要把写好的祭文卷起来，为了区分其用途而系上不同颜色的绸带：入棺祭文和门丧祭文用蓝色的；送葬祭文用黑色的；安葬祭文用白色的；以后的祭文都用黑色的；大祥的祭文用红色的。

《规范》中还规定了读祭文仪式的程序：一、上香 8 根，由主祭和两位陪祭陪伴；二、诵读祭文，其时可伴以音乐或歌唱；三、焚烧祭文，以"惟德动天""天保"和"皇天保佑"伴唱；四、作揖，然后向神坛（奠位）三鞠躬，结束。[1]

入棺、门丧（送葬之前夕）、送葬和安葬四个阶段均由地区孔教会派出的教职人员主持主持祭礼仪式，并诵读祭文。主祭要求有教职衔者或者长老担任。祭文大都是用印尼文写就，用印尼语诵读。也有少数使用中文的，是由吴炳邦学师译写。

入棺祷告一般是傍晚，也就是死后当天。送葬一般是死后 3 天或 4 天。送葬之前一天晚上应进行"门丧"祈祷。一般是晚上 7 点家属参加，晚上 8 点是孔教会道亲参加，大概一个小时结束。

一般在人死后第四天早上送葬，要举行送葬仪式。一般来讲，同一个孔教会的孔教徒都要去参加。安葬之时要举行安葬仪式。要诵读安葬祭文。棺木入土之时，一定要往棺材上面撒上五种（及以上）谷物，诵读五谷祷告文，以示入土为安之意。在五谷祷告文上要写上"五谷呈吉"。

以上介绍的是《印尼孔教宗教制度和仪式规范》的明文规定。但实际上孔教徒的丧葬仪式，依华人所处地区以及祖籍传统习惯的不同而有很大差别。目前印尼大部分地区已推广火葬，棺材一般放在自己家里或者放在殡仪馆，治丧处一般在丧家或殡仪馆。不过，华人还是习惯买一块墓地，火化后将骨灰盒安葬在墓穴之中。不过依然保留了往棺材上面撒五种（及以上）谷物，诵读五谷祷告文的仪式。

孔教会或礼堂会通知孔教道亲参加丧葬仪式。虽然没有硬性规定必须去，但是同一个孔教会的孔教道亲一般都会去参加。入棺、门丧（送葬之前夕）、送葬和安葬四个阶段都有孔教道亲去参加，最后在殡仪馆举行的送葬和安葬仪式参加的人最多。

一般来说，现在孔教的治丧仪式已经尽量简化。笔者有幸于 2006 年 7 月 18 日随徐再英先生在中爪哇一个城市参加了一个孔教徒的葬礼，不

---

① Mataki：《*Tata Agama Dan Tata Laksana Upacara Agama Knghucu*》，p. 115.

过仅是丧葬仪式中的一个阶段——在殡仪馆举行的葬礼。当时由于语言不通，又加初来乍到，各方面比较生疏，记录较简单，过后又请教了孔教有关人士，兹介绍如下。

葬礼在上午举行。殡仪馆设在郊外一个规模很大的墓园之中。逝者是一位具有孔教中级教职——文师的林先生，60多岁。参加的人很多，不仅他本人所在的孔教会的人员参加，还有许多来自附近其他地区孔教会的。大约有200多人。整个仪式给人的感觉类似中国的机关单位举行的遗体告别仪式，体现出源自中国的华人传统文化与印尼文化相结合的特点。下面是笔者的纪录：

> 祭礼在殡仪馆大厅，面向棺木及死者遗像前进行。棺木暗红色，样式与中国相同，上面覆罩着织有图案的白纱。在棺木前面设有简单的祭坛，摆放着死者遗像，遗像前摆放着香炉、香烛、黄纸、水果等祭品，并有"四书"和卷起来的祭文。棺木上摆放着一束束鲜花，撒满了五颜六色的片片花瓣。下面放有几个花篮，篮子装饰得很漂亮，里面装满了鲜花花瓣。被五颜六色的花束、花瓣覆盖的棺木十分醒目。
>
> 祭礼开始前有人分发印有悼词和悼念歌曲的纸页。
> 祭礼开始，主祭人率领，全体肃立。
> 主祭点香，插香入香炉。（用香两根，表示阴阳两界，死者是要踏入阴间，而活着的人在阳间）同时，全体人员持抱心八德姿势，唱歌"惟德动天"。
> 主祭读祷告文。声音洪亮，声调较高，且抑扬顿挫，满怀深情。
> 主祭焚烧祭文。焚烧祭文时，全体唱歌。
> 在主祭带领下，全体读经祷告。全体向逝者行三鞠躬礼。
> 请徐再英先生讲话。
> 家属向逝者行跪拜礼。向与会者行鞠躬礼。
> 此时全体唱歌。
> 而后有一人手拿麦克风唱挽歌，男高音，似乎受过专业训练，歌声响遍整个大厅，歌声悲怆，催人泪下。
> 歌声中，火化炉门轰然打开，棺木推进火化炉。（棺木后面就是火化炉）。主祭和家属往棺木上撒鲜花。然后家属站立于火化炉门

旁边。

全体人员排队依次向逝者告别（向火化炉中的棺木撒花瓣）；并慰问逝者家属（或行揖礼；或握手；或拥抱）。

时间大致有一个多小时。结束时已到中午，有盒饭和饮料供应。

考察整个仪礼，最具印尼特点的可说是供奉鲜花和花篮以及向火化炉中的棺木撒花瓣的告别仪式行为；最具华人文化的特征的是遗像前摆放香炉、香烛和黄纸，祭礼须上香（点香）；体现印尼孔教特征的，有点香仪式，还有祷告、焚烧祭文、唱"惟德动天"和祭礼专用歌曲等。

另外，我还注意到，葬礼结束后我们乘车赶赴双膠汗（中爪哇一地名）福德庙（华人传统的庙，供奉有福德正神等儒、释、道各方神明，同时也是孔教会及礼堂所在地）吃午饭时，同行的两位女士换上了红色的衣服。经询问得知，是为参加办丧事后，换上红色的衣服以祛阴气或邪气。这一习俗及其蕴含的意义与中国闽南一带以及许多地方的传统习俗相同——由此也可以看出，中国民间的传统丧葬习俗对孔教影响甚大。

## 三 分析与讨论

综上所述，印尼孔教仪式中关于生与死的人生礼仪，具有鲜明的孔教特点。下面进一步做些分析与讨论。

第一，孔教关于生与死的人生礼仪反映和体现出孔教的基本教义和信仰观念。

宗教的两个最基本的方面就是宗教信仰体系和宗教礼仪体系。仪式作为宗教实践，作为宗教信仰、观念的行为化，是宗教得以成立的根本条件，在宗教中占极其重要的地位。离开了仪式也就无所谓宗教。毫不例外，孔教仪式活动的内容也反映其信仰体系和观念体系，体现出印尼孔教的基本教义。

孔教关于生与死的的人生礼仪，突出表达了孔教信仰中最核心的敬天法祖的信仰观念，体现出孔教教义中关于天、人、伦理道德的观念。

孔教的人生礼仪，不论本文所讨论的出生、取名、成年、丧葬或是婚姻等各个不同人生阶段的仪式，其基本程式全都是首先拜天、祭祖先，同时也都有向孔子圣人的祷告。作为行为语言，仪式所表示的就是在出生、成长、成婚、终老人生的每一阶段都需向天、祖先禀报，向天、祖先表示感恩，同时还表示自己要遵从天意、履行天道，完善天德，并祈愿继续得到天和祖先的庇佑。同时也表示要遵照孔圣的指引完善修身，在人间实现天道。这样，通过仪式表现出来的就是孔教教义中对天、祖先、孔子的崇拜观念。这些正是孔教的基本教义。

基本教义是宗教的基本成分。印尼孔教的基本教义承继了源于中国的儒学及孔子学说，早在19世纪初的中华会馆时期就已经确立。其根本之点为：

一、"天"（Thian）是万物的主宰，是印尼孔教的上帝。信奉孔教就要祭拜天。

二、孔子是孔教的"圣人"和"先知"（Nabi），他负有天所赋予的使命来到人间宣扬"天道"。

三、孔教的目标就是遵照孔圣的指引在人间实现天道。孔教是华人文化中最主要的成分，华人都有义务遵循孔子的教义。

四、父母、祖先就是天的代表，信奉孔教就要发扬孝道，祭祀祖先。[①]

一种文化总是在与不同文化的碰撞中更能凸显出它的最核心、最本质之处。从明末一直延续了三百多年的"中国礼仪之争"（Chinese Rites Controversy）在18世纪的欧洲和中国社会产生巨大影响，所争论的就是儒家的"敬天""祭祖""祀孔"，也就是中国文化中的礼制问题。这正反映出儒家思想、中华文化的核心观念。无独有偶，对于在印尼作为一种文化明显处于弱势地位、并且长期遭受政府严厉打压的印尼孔教，孔教自身与教外人士均认为印尼孔教的标志、特征就是"敬天拜地祭祖先"。印尼孔教最高理事会将此作为判定孔教信徒的标准，承认那些没有参加孔教会组织，"但在生活中仍然奉行孔教教义，即仍然进行敬天拜地祭祖先的传统仪式者"为孔教徒[②]。

因此，孔教的人生礼仪体现了孔教信仰的核心内容，也为我们了解和研究印尼孔教指明一条深入的路径。

---

① 参见 Nio Joe Lan*Riwayat 40 Tahun dari Tiong Hoa Hwee Koan – Batavia*（1900—1939），Batavia，1940（梁友兰：《巴达维亚中华会馆四十周年》巴达维亚，1940年版），第213—218页。

② Mataki：*Tata Agama Dan Tata Laksana Upacara Agama Knghucu*，p. 39.

第二，孔教的人生礼仪承传了源自中国的文化传统。孔教的人生礼仪，出生、取名、成年、婚姻、丧葬等不同阶段仪式的基本程式、内容以及反映出的观念，基本上是源自中国文化传统，大都是中国闽粤地区，尤其是闽南一带的民间习俗。

孔教把个人的完整的生命周期仪式完全纳入了宗教的仪式体系，因此而保留了许多从中国带去的传统的习俗。陈达在他研究南洋华侨与闽粤侨乡的经典之作中论及，直到 20 世纪 30 年代，印尼第二大城市泗水华人办丧事时，还有从荷兰回来的子弟穿白色丧服守丧长达 27 个月[①]。从笔者近年的观察，也深感印尼华人的婚丧习俗比国内更为传统。仅从孔教徒的婚姻仪式中来说，如前文所述，不管是城市还是乡村，至今仍保留了要先拜天地、拜祖先以及"上头"的仪式，婚礼服装也很看重传统服装，并一定要有一套传统服装，更不消说丹格朗的孔教徒至今仍然有许多新郎穿清代式服装、新娘凤冠霞帔明代打扮的现象。

印尼孔教将孔子所说的人的修身成圣的全过程纳入孔教仪式体系，规定出修学成长各个阶段的仪式，这是中国民间所没有的，是士大夫才可能实行的。所以，如果说中国文化可分为国家层面、士大夫层面的"大传统"和民间"小传统"的话，印尼孔教人生礼仪是将中国文化的"大传统"和"小传统"都结合在一起的。

第三，孔教关于生与死的人生礼仪已经明显地印尼化，体现了多元文化的有机结合。

印尼孔教关于生与死的人生礼仪，明显地吸收了印尼文化，有不少来自印尼本土的影响，表现出中国儒教的印尼化。从印尼的角度去看，这一过程也可表述为源自外国的宗教"中国儒教"在印尼的本土化。

首先，在印尼孔教举行人生仪式的过程中，虽然经典教义原是中文，许多仪式源于中国文化、中国习俗，但大多数是使用印尼文、印尼语表达的。这是因为孔教的信徒大多是移居印尼数代的土生华人，由于历史的原因，他们既不懂华文，也不懂汉语。

人生礼仪中体现出的孔教教义已经不是完全照搬"四书""五经"，已经带有十分浓厚的印尼化色彩。比如，各种仪式中都首先要拜天祭祖，但是把"天"解释和表述为"独一无二的""唯一的"上帝，这就与中

---

① 陈达：《南洋华侨与闽粤社会》，商务印书馆 1938 年版，第 286 页。

国儒学对天的解释明显不同。这是因为印尼政府对宗教严格的管理控制，制定有一套宗教的定义、标准，对宗教和上帝、天的解释，都是按照伊斯兰教的"一神论"为标准的。潘查希拉第一项"信仰神道"原文的意思是"必须信仰唯一的真主（上帝）"，印尼政府只承认有"唯一的上帝"的宗教。在这样的宗教政策下，不仅孔教，还有佛教、印度教都被迫重新解释自己的教义。众所周知，本来佛教并没有上帝的概念。但是，为了能得到政府的承认，印尼佛教也只得找出个"至上佛"的概念。1975 年印尼宗教部正式把"至上佛"的概念列入宗教仪式。凡是佛教徒在印尼政府机关宣誓就职，就得用以下的开场白："至上佛在上，我宣誓……"①。因此印尼孔教也只得接受"唯一的上帝"的概念。

另外，有一些仪式是印尼所独有的。如孔教的就职宣誓仪式既是作为个人人生某一阶段开始的人生礼仪，同时也是孔教徒履行印尼国家公民义务的行为。另外，孔教制定和颁布施行的婚姻法十分明显是印尼化的产物，是印尼法律所要求的。

还有一些孔教仪式明显与基督教或伊斯兰教有相像之处。如婚礼中主祭（主持人）在为缔结婚姻的祷告中要向两位新人发问，新人要手按着孔教的《圣经》"四书"立誓许愿等。

总之，印尼孔教能够适应印尼不同的具体情况，对其仪式程序乃至观念体系进行灵活的调整，当然，前提是坚持孔教的基本教义。这实际上也就是源自中国儒教的印尼孔教不断印尼化的过程。

第四，孔教的人生礼仪以人们的日常生活为基础。

孔教的人生仪式虽然是一种宗教行为，但是它以人们的日常生活为基础，已经成为信众生活的一部分。同时，孔教的仪式把印尼华人原有的日常生活中的习俗、传统给予宗教性的解释，将日常生活赋予了宗教性即神圣性的意义，这就使印尼孔教得以用宗教的形式保存和传承华人文化传统。目前主持办理订婚、结婚和丧葬仪式已经成为印尼孔教一项重要的繁忙的业务活动——既是宗教活动又是人生礼仪，是人们日常生活必不可少的组成部分。

孔教的人生仪式在许多方面已经成为民俗、成为习惯，人们习焉而不

---

① ［新加坡］廖建裕：《现阶段的印尼华人族群》，新加坡国立大学中文系、八方文化企业公司联合出版 2002 年版，第 66 页。

察，仪式成为仪礼。仪式也是"礼"，或者说它本来就来自华人的风俗习惯。孔教对人与人之间的日常礼仪和宗教祭礼中的礼仪都做了详尽的规定，可以说基本上源于中国传统。孔教徒见面时的拱手、拜、揖、顶礼的礼敬姿势，看起来与中国传统礼仪大致相同。点香、敬天、祭祖，跪拜、叩头等中国的传统礼仪，既是印尼孔教的宗教礼仪，也是孔教徒的日常生活习俗。

人们总是在实践中不断地继续文化创造，富有文化创造传统的印尼孔教徒们更是如此。孔教的仪式已渗入到人们生活中最为普遍的打电话。我们发现，许多孔教徒见面或打电话问候语往往是以做礼拜时的开场用语"惟德动天，咸有一德"（引自《尚书》）作为礼貌用语，并且一定要说汉语：一方先说"惟德动天"，另一方回应说"咸有一德"，从而取代印尼社会现在比较通用的以"哈罗"（印尼语中的英语借词）打招呼的习惯。仪式的影响力是巨大的。在印尼期间，我们很快也习惯了与孔教徒见面或打电话时说"惟德动天，咸有一德"。因此，印尼孔教作为一种文化传统之所以得以传承不替，就在于其仪式作为宗教实践，作为宗教信仰、观念的行为化，已经深深植根于普通人的日常生活。

# 庙宇、神明和乩童

## ——马来西亚槟城美湖华人传统
## 信仰的传承与转变*

[马来西亚]　　陈爱梅**

## 前　言

这是一项华人传统信仰在南洋的延续与变异的研究，研究的对象是华人占多数、传统信仰气氛浓郁的马来西亚槟城美湖。马来西亚的总人口当中，约有20%是华人；槟城的华人比例更高，约有一半的槟城人是华裔；槟城的美湖，又是一个以华人为主的村子。

美湖位于槟榔屿西南端，南边面向马六甲海峡，其余3面群山围绕，地理位置与世隔绝，只有东边一条蜿蜒的道路通往3公里外的小镇。因此，美湖是人类学研究的最佳场域。虽然如此，这座以华人为主的渔村也面对都市化所带来的人口外移和新生代对传统信仰不感兴趣的挑战。随着槟城第二大桥的通车，这座渔村也可能面对地主征收土地而被迫搬迁的命

＊　这项研究计划，得助于 Sumitomo Foundation 和 Universiti Tunku Abdul Rahman Research Fund. 感谢美湖的陈炳泉先生和陈珍妮女士，协助家户的调查；赖得兴先生、梁建昌村长和陈文辉先生所提供的各种协助。

＊＊　陈爱梅（TAN Ai Boay），拉曼大学中华研究院助理教授，马来亚大学哲学博士（历史系）。tanaiboay@ gmail. com.

运。因此，这项研究志于记录马来西亚少数仅存、自然形成的华人聚落面貌。文字运用部分，这篇论文尽可能保存当地所惯用的词汇。

就马来西亚华人研究来说，槟城研究成果丰硕，尤其是以中文书写的学者，更偏爱以华人占大多数的槟城为研究对象。加上槟城文风相较炽盛，本地文史工作者也积极投入各项研究，使槟城研究累积了相当丰硕的成果。不过，这些研究都以槟榔屿东北的乔治市（Georgetown）① 为主。近十年来，台湾客家研究的兴起也带动了槟城浮罗山背（Balik Pulau）的客家研究。此外，槟榔屿其他偏远地方，如美湖就鲜少获得研究者的关注。王琛发在《槟城惠州会馆180年》特刊中发表的《聚居美湖的福佬惠州人》或是第一篇以美湖为主体的文章。谢诗坚在《浮罗山背马共领袖黄源茂的故事》中，书写这个被英政府称为"小延安"的美湖在马来亚紧急状态（Malayan Emergency）② 时期的共产党活动和领袖。建立在前人的基础上，笔者收集了典藏在马来西亚国家档案局和国家图书馆的档案和地图，到美湖水长华人义山（公墓）进行墓碑的收集工作，而且到中国广东和马来西亚各地进行口述访谈，2015年3月至10月进行家户调查。研究工作从2014年至今已完成数篇会议论文。这篇论文将使用新的材料，书写这个村子的信仰面貌，以盼日后能出版成专书。

对于海外移民而言，华人传统信仰蕴含浓郁的中华文化和情怀，更是凝聚华人的元素。马来西亚传统信仰研究者众多，翘楚者包括华人学者如陈志明、苏庆华和王琛发等；英人学者如 Victor Purcell 和 Leon Boem 等也提出了他们对华人传统信仰的记录和观点。Jean De Bernardi 在 2004 年所出版的 *Penang Rites of Belonging in a Malaysian Chinese Community*，运用了人类学长期参与观察的田调方法，并且结合史料，探索槟城华人社会如何透过民间信仰的仪式，来建立及强化华人认同。延续 Jean De Bernardi 研究的方法和思路，笔者以一个局内人的便利，去探索槟城美湖的家户和庙宇的神明，和乩童的角色，以探讨槟榔屿华人社会的"华人性"，以期待能进行更多的学术对话。

---

① 乔治市（Georgetown），槟城州的首府。2008，乔治市和马六甲州的首府马六甲市一起登录世界文化遗产名录。

② 马来亚紧急状态（Malayan Emergency），英殖民政府在 1948 宣布马来亚进入紧急状态，展开与马来亚共产党（简称马共）的武装斗争。马来亚的紧急状态一直持续到 1960 年。

# 马来亚华人传统信仰

什么是马来西亚华人的传统信仰元素？这是一个不容易回答的问题。1786 年，莱特（Francis Light）登陆槟榔屿后，就开始对岛上的人，包括华人进行观察和记录。英国官员带着基督一神教的概念看待华人的信仰，觉得他们"非常迷信但很不宗教"①。

华人的信仰该如何分类？对英殖民官员来说，这是一个很头痛的问题。1911 年始，英殖民政府的人口普查中加入了宗教栏位，殖民时期就使用"孔教""其他"以及"华人民族宗教"称大多数华人的宗教。马来西亚成立后的第一次宗教普查中，多数的华人选择自己的宗教为佛教，也有选择"孔教/道教/其他传统华人信仰"的。②

这篇论文所论述的华人传统信仰，是马来西亚脉络下之传统信仰，包含释、儒、道和民间信仰。简言之，就是不含伊斯兰教、基督教和天主教等一神信仰的宗教。

## 槟城美湖华人家庭的"华人性"表象

什么是"华人性"（Chinese – ness）？这是一个很难回答的问题。这项研究将从几个层面提出数个美湖华人家庭的"华人性"表象。

美湖（Gertak Sanggul），原名尾湖，是一座自然形成的华人聚落，这与马来西亚大部分在紧急时期（Emergency）成立的华人新村不同。1786 年，莱特占据槟榔屿。1820 年的槟榔屿地图，已标示了"Tullo Gurtasanggul Bay"的海湾。③ 到了 1853 年，"Tanjong Gertak Sanggul"已标示在简

---

① Jean DeBernardi, *Penang Rites of Belonging in a Malaysian Chinese Community*, Singapore: NUS Press, 2009, p.40.

② 相关论述，可参阅陈爱梅《马来西亚华人佛教信仰探析》，《世界宗教文化》2015 年第 2 期，第 70—76 页。

③ Plan of Prince of Wales' Island and the territories ceded thereto on the opposite shore as survey and drawn under the directions and the orders of The Honorable William Edward Philips Govt. in 1820. 马来西亚国家档案局，典藏号 p.48。

略的槟榔屿地图中①。19 世纪 60 年代以前，广东省移民已在美湖或及邻近的山区形成聚落。"二战"前，居住在美湖的人们只能靠船只或翻过山岭，才能到达邻近的小镇——公芭（Teluk Kumbar）。他们在美湖前往公芭的山坡上建立义山。当时这个地方名为"公芭大弯"（现为美湖水长华人义山），同治戊辰年（1868 年），人们在这里立了一个广东总坟。1889年，这个与世隔绝的地方已记录在《海峡殖民地政府宪报》（Straits Settlements Government Gazette）上了。

美湖的住户移民主要分为三个梯次：一、"二战"前就居住的老住户，从事捕鱼和园丘工作，以海陆丰和客家人为主，还有少数的龙岩人；二、20 世纪 70 年代的"外来户"，从事养猪业，不过也只有七八户；三、21 世纪成立的新区，由政府所建的廉价组屋和私人界发展的独立洋房，是属"新户"。

根据美湖乡村发展委员会在 2015 年的计算，美湖村 462 户人家，村民约 1100 人，华人占了 72%；马来人则是 26%。② 政府所建的廉价组屋以马来人居多，且入住率偏低。这篇论文先且排除第三梯次的住户。第一和第二梯次的住户约 140 户人家；第三梯次的约有 200 余住户，不过他们这篇论文主要讨论第一和第三梯次的华人住户。21 世纪刚搬进美湖新区的居民与传统社会有所隔阂，他们也不被美湖广福宫理事纳入必须缴交乐捐的名单中。

本文所讨论的 140 个住户中，超过 90% 是华人住户。除了马来人，美湖村现在也有少部分的缅籍工人。这项研究在约 130 家华人住户中，调查了 71 户，针对他们家的堂号、神明和人口等进行记录。本文将美湖的"华人性"表现分为：

## 一 堂号

堂号可分为两端，一是姓氏的发源地，也称为郡号；二是姓氏之支派。③

---

① Map of Prince of Wales' Island Survey of Pulo Penang and Province Wellesley Surveyed under auspices of The Honorable Colonel W. J. Butterworth C. B. Governor of Prince of Wales and Singapore & Malacca including a carefullr survey of the South Channel made in 1853. 马来西亚国家档案局，典藏号 P. 29—c14。

② Profile Komuniti JKKK Gertak Sanggul, Daerah Barat Daya Dun Bayan Lepas, Pulau Pinang.

③ 王根泉：《中国民间姓氏堂号堂联的文化透视》，《中国文化研究》1994 年冬之卷（总第 6 期），第 99 页。

堂号可视为寻根尊祖的一种表现。在所调查的71家户中，共有24号家中保有堂号（表1）

表1　　　　　　　　　　美湖村的堂号和数量

| 堂号 | 颍川 | 廷陵 | 鲁国 | 宝树 | 颍川（赖） | 荥阳 | 清河 | 陇西 | 江夏 | 兰陵 | 弘农 |
|---|---|---|---|---|---|---|---|---|---|---|---|
| 数量 | 9 | 2 | 1 | 3 | 1 | 1 | 3 | 1 | 1 | 1 | 1 |

表1所示，在美湖的堂号当中，以颍川为最多。美湖的颍川陈氏，超过3/4可追溯至广东陆丰上陈村。上陈村是个单姓村，村民无须挂上表示姓氏的堂号。迁移到了南洋各姓氏杂居的地方，强调自己的姓氏成了尊祖的表现。

## 二　传统节庆

"中秋节过了，马上就是九皇诞。接下来冬至，过后就过年了！"居住在美湖的长者如此说。赤道边上的槟榔屿感觉不到四季的变化，节庆成了感觉时光流转的方式（图1）。

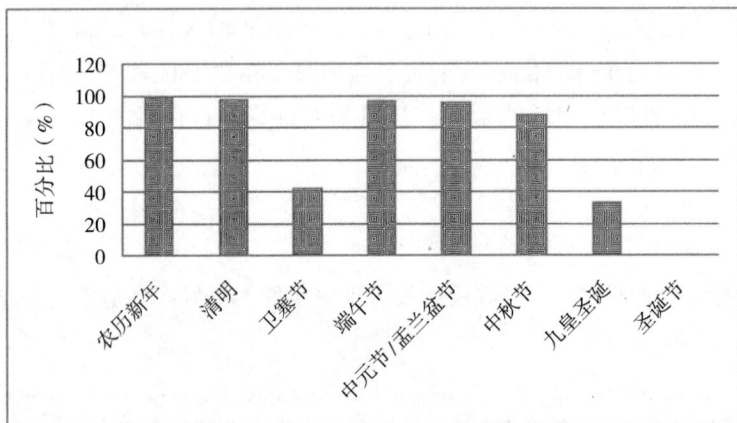

**图1　美湖家户庆祝佳节的百分比**

图1所示，百分之百的美湖家户都有庆祝农历新年，只有一户天主教徒没过清明节。庆祝端午节、中元节或盂兰盆和中秋节的家户比例也很

高，16% 的家会在这一天拜月。卫塞节（Wesak Day），又称浴佛节，在马来西亚是国定假日，但低于一半的家户没庆祝这节日。这其中的原因可能有二：①当地的"地头神"庙宇并没有庆祝这节日；②20 世纪 50 年代，世界佛教联谊会在首届会议中达成共识，通过五月的第一个月圆日为各地佛教徒庆祝卫塞节的决定。在马来亚佛教总会的争取之下，卫塞节在 1962 年方成为马来亚的国定假日。① 此外，传统上，汉传佛教是在四月初八庆祝浴佛节，包括美湖村口的妙音堂。村民若要庆祝卫塞节，最靠近的寺院就是约 13 公里外的檀查寺了。因此，村民普遍并不庆祝这个节日是可以理解的。

农历九月初一至初九的九皇圣诞，在北马，尤其是槟城极为兴盛，但村里并没有九皇庙，所以人们庆祝的比例很低。圣诞节也是马来西亚的国定假日，但美湖村庆祝这节日的家户近乎为零。

由此可见，美湖家户还是以传统华人庆典为最主要庆祝节日。

## 三 家户与神明

在受访的 71 户人家当中，除了一家天主教家庭，家家户户都会在家的神龛供奉祖先或神明表 2。

表2　　　　　　　　美湖家户中神龛上所供奉的神明和主神

| 神明 | 观音 | 关公 | 大伯公 | 释迦牟尼佛 | 玄天上帝 | 妈祖 | 清水祖师 | 真空祖师 | 三太子 | 弥勒佛 | 千里眼 |
|---|---|---|---|---|---|---|---|---|---|---|---|
| 家户供奉 | 24 | 19 | 46 | 2 | 7 | 11 | 1 | 1 | 3 | 1 | 1 |
| 主神 | 17 | 9 | 35 | 2 | 1 | 3 | 1 | 1 | 1 | 1 | / |

| 神明 | 铜牛祖师 | 齐天大圣 | 法主公 | 铁牛祖师 | 顺风耳 | 华光大帝 | 五旨将 | 船王（台湾） | 弥勒 |
|---|---|---|---|---|---|---|---|---|---|
| 家户供奉 | 1 | 1 | 2 | 1 | 1 | 4 | 1 | 1 | 1 |
| 主神 | / | / | / | / | / | / | / | / | / |

---

① 宋燕鹏：《融熙法师——从华南才子到南洋僧侣》，《马来西亚华人史——权威、社群与信仰》，上海交通大学出版社 2015 年版，第 101—102 页。

在 71 家户中，有三户家中的神龛上没有供奉神明，除了天主教一户外，另外两户的神龛上供奉的是祖先牌位。表 2 所示，在 68 户家中所供奉的神明中，大伯公是最受欢迎的，接下来是观音和关公。村民认为，大伯公可以求财，所以在家户中供奉大伯公。美湖虽然靠海，但被誉为海上保护神的妈祖受欢迎的程度并不如前三尊。

主神方面，有三户人家是同时供奉两尊主神。大伯公、观音和关公还是最多村民供为主神的神明。除了供奉在客厅的神明，美湖华人家庭中普遍供奉的神明（图 2）

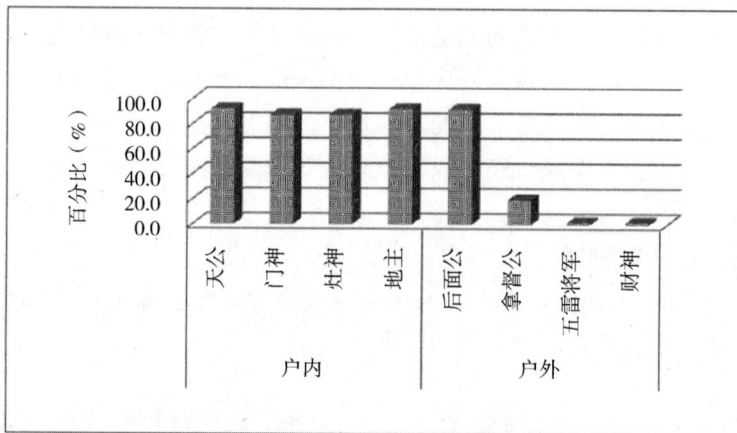

**图 2 美湖华人家庭户内及户外供奉的神明比例**

大部分的美湖华人家庭，都会在户内（指屋子建筑里头）供奉天公、门神、灶神和地主。有意思的事，在中国广东陆丰上陈村，家户门口供奉的是"天地父母"，但槟城美湖属陆丰上陈村的后裔家庭，没人供奉天地父母，而是全改成供奉天公了。这或许是受到槟城以闽南人为主社会之影响，闽南人主要供奉天公。此外，供奉在神龛底下的地主公神牌上，一般会写"五方五土龙，唐番地主财"。这也是在地化的一种表现。户外的空地上，多数的家庭会拜"后面公"。在当地人的认知中，"后面公"是属于"好兄弟"类，祭祀活动中，在拜了家中的神明和祖先后，最后才将整锅的食物拿出来，祭拜"后面公"。

祭祖，也是华人家庭普遍的现象。

在美湖，80% 的华人会在家里供奉祖先（图 3）。人们在传统节庆，

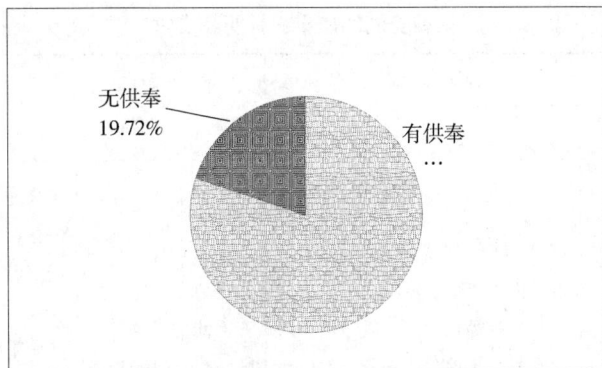

**图 3　美湖家户供奉祖先牌位的比例**

如除夕上午，以及祖先的祭日在家中祭拜外，喜庆的婚嫁也得祭拜，以禀告祖先家里多了个媳妇或女婿。

美湖华人家户中保存堂号的家户并不多，因此，庆祝华人传统节庆，家中供奉神明和祭祖是"华人性"最为普遍的表现。

## 槟城美湖的庙宇与神明

"为什么槟城那么多庙宇？密密麻麻的，像大排档那样。"中国华北的民间信仰学者宋燕鹏博士初到槟城，往乔治市途中，他看到沿途都是大大小小的庙宇后如是问。槟城有句顺口溜：香港出歌星、台湾出明星、槟城出红公宫（神庙）。庙宇，是槟城华人居住地的象征，包括美湖。

美湖村里有一间华文小学，一间民众会堂，一间小型伊斯兰教堂和九间华人庙宇。依照马来西亚的国策，马来人必须信仰伊斯兰教。村内曾经短暂地出现过基督教的礼拜堂，但现在村里的礼拜活动已暂停了。从目前所进行的查询所获，美湖村有两户华人信仰基督教，其余的都是华人传统信仰者，俗称"拜神"的，没人信仰伊斯兰教。村里的庙宇众多，但彼此之间并不存在竞争。美湖村一半以上的庙宇都是无人管理的，香客或居住在隔壁的居民自行打理（表3）。

表3　　　　　　　　　　槟城美湖的庙宇、神明和文物

| 庙宇 | 神明 | | 户外配祀 | 最早文物 | 楹联 |
| --- | --- | --- | --- | --- | --- |
| | 主祀 | 配祀 | | | |
| 广福宫 | 清山祖师 | 观音菩萨、真君大帝、玄天上帝、协天上帝、哪吒太子、水仙老爷、福德正神、天后圣母、黑白无常、土地公、虎爷、天公和门神 | 拿督公、五雷仙师 | 香炉，光绪癸卯（1903） | 美岛湖光山环水绕通海角<br>湖滨胜景地灵人杰达天涯<br>广泽千家工商兴隆民福乐<br>福荫万国农产丰收世安宁 |
| 圣人宫 | 圣人公 | 土地公、天公和门神 | | | |
| 妙音堂 | 释迦牟尼佛 | 观音菩萨、天公和门神<br>开山第一住持妙音堂优婆夷杨善祥之位 | 拿督公 | | |
| 玄龙宫 | 玄天上帝 | 观音菩萨、善财童子、大伯公、天后圣母、哪吒太子、法主公、五营将军；黑白无常、土地公、虎爷、天公和门神等。 | | | |
| 拿卓公邦利马依淡 | 拿督公 | 天公和门神等 | | 香炉，民国六年（1917） | |
| 海墘大伯公 | 大伯公 | 玄天上帝、天后圣母、虎爷、土地公 | 拿督公 | | 美山海潮福德聚<br>湖畔墘地正神居 |
| 哪啅公 | 拿督公 | | | 香炉，宣统元年（1910） | 哪啅惠赐平安福<br>××诚心财利多 |
| 梨山宫 | 梨山老姆 | 太上老君、水返上帝 | 拿督公 | | |
| 土阴殿 | 福德正神 | 大二伯爷、妈祖、红孩儿、玄天上帝、土地公、济公和东海龙王 | 拿督欧斯马利 | | 满头白发如公<br>手提黄金赐福 |

表 3 所示，是美湖九间庙宇的名称、供奉的神明、庙内最早的文物和楹联。根据庙里铭刻，主祀清山祖师的广福宫是美湖最古老的庙宇。依主祀神明，这些庙宇又可分为两种类型：

一、延续中国神明的庙宇，如广福宫（主祀清水祖师）、玄龙宫（主祀玄天上帝）、梨山宫（主祀梨山老姆）、妙音堂（主祀释迦牟尼佛）和土阴殿（主祀福德正神）。这些庙宇的正门都会供奉天公，正门两旁有门神。此外，大部分这类的庙宇，都会在户外供奉拿督公。广福宫是村里规模最大，历史最悠久的庙宇，是众庙之首，又称"地头神"。

二、本地神明——拿督公，又称为哪啅公、蓝卓公等，取之音拿督。拿督，马来文 Dato 或 Datuk，有几层意义，包括爷爷、长者尊称和封号。人们相信，拿督公是马来神明，掌管一方的土地，所以，一般马来西亚的庙宇都会供奉拿督公。由于相信拿督公是马来人，所以膜拜拿督公的祭品特别讲究，如不可祭拜猪肉，以烟草等为祭品等。美湖村内以拿督公为主祀的庙有两间，即"哪啅公"和"拿卓公邦利马依淡"（Dato Panglima Hitam），前者建立于宣统元年（1910 年），后者则在民国六年（1917 年）建立。

除了上述两类，美湖还有一些庙宇的神明属性不清楚，如，圣人宫之圣人公，是何许神也？美湖的圣人公，是不是属于见于华南的圣人公？圣人公由于圣人宫内没有铭刻，建立年代也不清楚。不过，根据口述历史和官方档案，圣人宫应该是建于 20 世纪 10 年代。美湖曾发生"人瘟"，美湖张伟荣的祖父母就在这次瘟疫中过世，而圣人宫的建立就是为了抵抗瘟疫。据英国官方档案，20 世纪 10 年代，美湖邻近的公芭（Teluk Kumbar）和浮罗山背暴发疾病，[①] 故推测圣人宫建于那个时期。

美湖庙宇众多，但村里并没有专业的宗教师。村里的祭祀和红、白事等事宜，村民常向陈利钟（？—2004）[②] 讨教。他祖传的画符、算命等堪舆之术在他过世后就不再有传人。村里的乩童一样是祭祀中的重要人物。

---

① 参考 Cholera at kuala Sungai, Jalan Bharu, Balik Pulau, Balik Pulau Village and near Balik Pulau Village, Selangor Secretariat File 2277/1911；Cholera at Kuala Sungai, Jalan Bharu in Balik Pulau, Selangor Secretariat File 2290/1911；Cholera at Sungai Jalan Bharu, Balik Pulau Village and Teluk Kumbar, Selangor Secretariat File 2410—1911；Cholera at Kampungf Pulau Betong and Balik Pulau, Selangor Secretariat File 2379/1911；Cholera at Kampung Pulau Betong, Kuala Jalan Bharu and Balik Pulau, Selangor Secretariat File 2531/1911.

② 陈利钟，当地人称利钟伯，是广东陆丰上陈村的第一代移民。

# 乩童——神明与人间的媒介

槟城最常见的乩童分两种：一、拜师学习；二、被神明捉。这两种乩童同时存在于美湖村。美湖村里出现七个乩童，出生年代从 20 世纪 40 年代至 80 年代。本文介绍其中两位最为资深，也广为村民所熟悉和敬重的乩童，以及简述新生代乩童的跨国交流。

## 一 拜师学习

吴清河，1941 年生于槟城，是美湖村年龄最大的乩童。1948 年，英政府在各地颁布抽兵令以对抗马来亚共产党，这使得很多美湖人逃离槟城，回到中国大陆。吴清河没有离开。他是村里唯一被抽中当兵的青年。

当兵一年后，他回到美湖娶亲，过后就拜师学茅山。他茅山派的师父是罗林，客家人，不过，他的功夫主要是大师兄蔡庆寿所教导的。目前，他自已也收了三个徒弟。他年轻时在家设坛，替人们处理各种问题，服务对象包括基督徒。他坚信学茅山的人心术要正，要不然会遇上很多问题。

除了当清山祖师、佛祖等的童身，偶尔也有本土性的神明，如拿督公等上他的身。平常不谙印度话的他，在印度神明上身时会说印度话，如他家所供奉的佛祖和观音，他表示都是印度神；不过乔治市椰脚街观音亭的观音则是讲汉语。他曾拿印度神明上身时写的字给印度人看，印度人表示意文太深，只看得懂小部分。

此外，马来神明也会借着他的身体向世人说话。美湖村外三海里的葫芦岛住了四五个拿督公。有个葫芦岛上的老拿督公借他的身体用马来话劝导人们到葫芦岛别吃（猪）肉，也别随便小解，他老了没关系，但担心其他年轻的拿督公生气。[①]

除了茅山，吴清河也归依多种华人宗教，如在卢胜彦系统，他号莲花；在道教，他号清清仙子等。

## 二 被神明捉

第二种类型，就是俗称的"被神明捉"，神明找上门，要他替他服

---

① 访问吴清河，2014 年 9 月 23 日于槟城美湖。

务。美湖村的陈良忠就是这个类型的童身。陈梁忠，改名为陈良忠，俗名红忠，1961 年生，祖籍广东陆丰上陈村。他主要是跳清山祖师（又称祖师公），如果要跳别的神，需要"借旗"，就是要到祖师公庙（村里的广福宫）掷杯，取得祖师公的允许方能跳。他平常不开坛，除非有人"犯到"或需要协助，他才会起乩。他表示，祖师公是不允许求财的，大伯公才可以。[①]

陈红忠是校车司机，到了特定节日，如清水祖师做诞，他才会到庙里充当神明与人间的使者。他也活跃于村里的庙宇活动。

### 三 跨国交流

美湖村有一批新生代的乩童，受邀到国外，进行跨国的文化和宗教交流。郭永培（1983 年生）、曾理朱和林永和（都生于 1989 年），这几个年轻人到新港（Sungai Ara）拜师学习，属六任师仙派。约四五年前，澳大利亚圣诞岛（Christmas Island）顺天宫提供五位包办机票、住宿和其他费用的名额，邀请美湖的年轻乩童到顺天宫协助神诞的工作。20 世纪 80 年代，不少美湖人迁移到圣诞岛，现任顺天宫的理事也有美湖人，这人际网络或是美湖乩童受邀前往圣诞岛的原因。

中国华南的乩童文化传入了槟榔屿的美湖渔村；随着再移民的发生，美湖的乩童往南半球传播。原生于中国的华人乩童文化，到了南洋产生异变，如讲印度话和马来话的乩童。美湖的乩童到了南半球，会不会也讲起英文呢？这就需要进一步的研究工作了。

本文的最后部分是谈论庙宇、乩童在华人认同上所扮演的角色。这篇论文主要是以村里最大型的宗教活动——清水祖师诞和中元节庆典为研究对象。

## 宗教庆典与地方认同

美湖华人庆祝传统节庆含祭祀或宗教成分，如除夕上午在家祭祖、午夜到庙里膜拜；清明节扫墓祭祖；端午节裹粽子拜神；中秋节拜月[②]；冬

---

① 访问陈良忠，2014 年 12 月 24 日于槟城美湖。

② 20 世纪 90 年代后，中秋节拜月习俗已不普及。

至搓汤圆祭祖和拜神等。这些习俗节庆的庆祝方式一般上是以家庭为单位。以社区为单位的则有农历七月中元节，或盂兰盆节等。

此外，美湖的社区活动还包括庙宇的神诞。表4所示，是目前美湖村以邀请戏班或木偶戏的方式庆祝神诞的庙宇。在这些神诞庆典当中，又是以广福宫的庆典为最盛大。

表4 美湖有戏班或木偶剧表演的神诞庆典

| 月份（农历） | 神诞 | 庙宇 |
| --- | --- | --- |
| 三月 | 玄天上帝诞 | 玄天宫 |
| 五月 | 拿督公诞 | 广福宫 |
| 八月 | 福德正神诞 | 土阴殿 |
| 十一月 | 清水祖师诞 | 广福宫 |

一 广福宫神诞庆典

广福宫是美湖村最具规模的庙宇，也是全村最古老的庙宇文物，现存光绪癸卯（1903年）的香炉一个。根据庙里的木制征信录，广福宫曾在日据时期进行重修。美湖村里长者尚记得日据时期日军对村民的暴行，却对广福宫在日据时期进行重修没有印象。20世纪80年代，广福宫进行重建，这次的重建对美湖别具意义。

一、新移民被接受为美湖的一部分：美湖是一座自然形成的移民村落，早年的居民以海陆丰人和客家人为主，还有少部分的龙岩人。在20世纪70年代，槟城首席部长林苍佑发展西南区，强制驱赶峇央峇鲁（Bayan Baru）的猪农，部分猪农迁到美湖，他们成了美湖村的新移民。广福宫20世纪80年代初"槟城美湖广福宫筹建委员会"共有19名理事，其中3位新移民成为建庙委员会理事。借着参与庙宇的重建，他们被接纳成为村里的一分子。

二、确定美湖人界限：广福宫建竣后，每年都举办两次的筹神戏，即农历五月的拿督公诞和十一月的清水祖师诞（见表4）。以家户为基本单位。美湖村民必须在神诞乐捐，现在的基本乐捐费是马币50元。如果不是被选为"头家炉主"，就要捐150元。只要是住在美湖的居民，都会乐捐，包括原本就居住在美湖的基督徒。不过，在21世纪方搬进来居住的基督教女牧师例外。

据美湖资深乩童吴清和表示，清水祖师诞共有三次，即正月初六、六月初六和十一月初六。在庙建竣后，他是广福宫的"基本童乩"（即有事都会请他到广福宫跳童，以解神意），祖师公通过他选择了十一月初六做诞。原因是正月过年；六月与五月的拿督公诞太近，这会增加村民的负担，所以选择了十一月。[①] 村民所乐捐的钱都用以祭拜和请潮州班，至于现代年轻人喜爱的歌台表演，就随缘乐捐了。

三、确立广福宫"地头神"的地位：广福宫一年两次举办筹神戏，在 20 世纪 80 年代就存在美湖各处的神明会受邀参与广福宫的神诞。受邀前来看戏的有圣人公；五尊拿督公，除了表 3 所列，在美湖平地的"拿卓公邦利马依淡""哪啅公"外，尚有东边和西边山的拿督公各一尊，以及在美湖约两公里外水长守护义山的拿督公。广福宫的清水祖师以主人家身份，接待各方的神明。在这个系统建立之后建立的庙宇与神明，如海墘大伯公、土阴殿的福建正神和梨山宫所供的梨山老姆等，都没被邀到广福宫一起看戏。

此外，农历八月三十晚上，新港（Sungai Ara）的九皇爷庙到美湖海边来进行请圣的仪式。新港九皇爷请圣队伍从美湖东边大路往西边的海边请圣，回程中，请圣的乩童会向北走，穿过住宅区，来到广福宫前"打声招呼"，然后才继续回銮的行程。

每年的除夕夜，村民聚在广福宫前的空地上，以观赏村里醒狮团[②]的高椿舞狮表演。午夜一到，村民会拥到广福宫膜拜，祈求一年的平安。

美湖虽然庙宇众多，近十年来增添了几间新庙，但广福宫依然是领头的庙宇。2014 年 12 月，在广福宫前发生了一宗意外，显示了民间禁忌的力量。

*2014 年神诞的意外*

2014 年，甲午年，闰九月。三年一闰，清水祖师诞的庆典需进

---

① 访问吴清和，2015 年 9 月 26 日，于槟城美湖。

② 1979 年成立，原名槟城"美湖朱家中家拳健身学院"，2009 年改名为"槟城美湖体育文化协会"，醒狮团成员包括马来人。

行烧"龙袍"① 的仪式。2014 年 12 月 28 日，演潮剧的最后一天，广福宫很热闹，因为当晚进行烧袍的仪式。

第一位起乩的是康福祥，20 世纪 60 年代出生的美湖中生代乩童，特地从新加坡回来参与清水祖师诞。他跳的是三太子。接着，吴清河也起乩了，他跳五雷仙师；再后来是陈红忠，跳老祖（清水祖师），讲潮州话；最后是阿土，也是居住在美湖的乩童，跳玄天上帝。

神明一附身，在一旁观看的人就开始紧张，频频问：属什么生肖的不可看？

近午夜，烧袍仪式开始了，人们先在空地上放晒干的椰叶，倒上金银纸，再将挂在庙旁的"龙袍"拿下来，一件一件铺在地上，乩童将放上画好的符咒。磬声鼓声，乩童们围着纸礼品用力地舞动，围个圆圈的村民每人手上拿着一炷香，向前拜拜。不久后，人们将手上的香放到"龙袍"中，大火就被点燃起来了。

有人双手合十，有人念念有词，有人就只是看着燃烧中的龙袍。突然间，站在笔者前方，跳老祖的陈红忠先生冲入了熊熊大火之中！没人来得及阻止他！

仪式结束后，陈红忠赤着上身，人们在替他涂药膏，过后他骑着机车离开了，人们还不忘叮咛他，记得去看医生！

隔天早晨，陈红忠先生昨晚冲入火海的消息在村子散播开来了！有人看见服丧中的阿焕亲人去看烧袍了！阿焕数天前过世，烧袍前一天刚出殡。按照习俗，家里有"白事"的人不应该去看烧袍的。

陈红忠先生烧伤入院，广福官理事包了个红包给他，讨个吉利。在村里的耳语中，人们说，有些事，宁可信其有，行事最好还是依照习俗和禁忌。

另一项全村参与的大型宗教活动就是农历七月份的中元节。农历七月份，或称是华人社会禁忌最多的一个月份。

## 二 庆赞中元活动

距离美湖约 2 公里有个"美湖水长华人义山"。水长，就是毗邻那义

---

① 大型的纸扎衣。

山的一个小聚落，目前约只有十余户人家。在1997年之前，每年的农历
七月二十四，美湖会和水长联办中元节祭拜，过后就在水长大伯公庙的地
上用餐。

1997年，美湖陈金福（1945年生）中了万字，发了一笔5.9万元的
横财。他和陈红忠、陈友兴和施亚姑在村里的阿同Kopitiam（咖啡店）喝
酒，谈到美湖没有中元活动。于是，他们发起在美湖举办中元庆典，并且
替美湖村的培英小学筹款。第一年，他们只是从美湖水长华人义山请回香
炉，在圣人宫前祭拜。陈金福表示，当时选择圣人宫，因为庙前方有空
地，地点适合。①

槟城中元节的活动，由宗教与祭拜活动转向替华校筹款。② 美湖培英
小学校舍破旧而需要重建，第一届在美湖举办的中元活动就是替培英小学
筹款。此外，原校舍校址属大财团，财团不允许在原校地重建学校，因
此，培英小学的重建的费用还包括购买地皮。除了培英小学的董事和美湖
村民，当时在培英担任掌校的黄美婷校长，在槟城各地的中元庆典上赶场
高唱"卖糖歌"替培英小学筹款而留下一段佳话。

美湖在村里举办中元节的第三年，才开始有大士爷的金身。美湖的中
元庆典，家家户户都得乐捐，并举办连续四天到五天的筹神戏，举办地点
是在圣人宫对面的海边空地举行。初办时，理事会邀请潮州班或福建班前
来演戏，过后还有歌台。有一年的歌台表演，美湖的年轻人与隔壁村的发
生械斗，之后就不再请歌台。目前，美湖中元节的庆典是邀请潮州班的木
偶戏表演。在戏台前几排排好椅子，插上旗子，那是给好兄弟们预留的位
置。纸扎的大士爷立于中央，圣人宫和美湖各处的拿督公的香炉也被请来
共享祭祀。此外，在靠海的方向还特设了一个香炉，供奉遭海难的美湖居
民。因为相信海难中丧失生命的魂魄会聚集在香炉旁，所以在庆典期间，
香炉的香和烛不可熄灭。

妇女们聚集在海边，或帐棚内折金银纸和聊天；男人们往往是在喝酒
和聊天。如同广福宫的神诞，中元庆典上会见到许多外地游子回乡，与村

---

① 访问陈金福（1945年生，祖籍广东陆丰上陈村），2015年9月26日，上午6点，于美
湖他家。

② 相关研究可参考李丰楙《普度：槟城中元联合会与华校华教的圣俗交融》，《世界宗教学
刊》2012年版，第1—55页。

民话家常。

### 乩童缺席的庆典

中元庆典最后一夜的烧袍，是活动的最高潮。2015 年 9 月 6 日，晚上 8 时许，笔者见乩童一副很悠闲的样子，完全没有要跳童的准备。

笔者问站在一旁的负责人："今晚没起童?"

负责人答："没有。"

笔者再问："为什么? 祖师公的烧袍，是乩童负责的呀!"

负责人放轻声量说："祖师公跳的是神; 这里拜的是好兄弟，担心不能 control（控制），所以不能跳童。"

刹那间笔者恍然大悟，在乩童的世界，原来还是神鬼殊途的! 美湖的几位资深乩童只当神明的媒介，而没有让好兄弟上他们的身。不过，其他区域的中元庆典是否也如此，这就有待进一步的研究了。

美湖的庆赞中元活动，也是属于全村华人参与的一项活动。根据在中元庆典和广福宫神诞负责秘书和财务工作的赖德运先生表示，村里仅有两户华人基督徒，他们也会付钱，不过，在掷杯选头家炉主时，他就不把他们的名字放上去。与广福宫神诞不同的是，不想在中元庆典中担任头家炉主的无须多捐钱，只要事前告知就可以了。

谁是美湖华人? 除了地理和行政区域上的划分外，这也表现在传统华人宗教上。美湖华人的基本义务，就是要在广福宫神诞以及中元庆典上乐捐至少一定的金额。不过，在 21 世纪方搬迁进美湖，住在政府所建造的廉价屋，以及私人营建的独立洋房区的人就不受这项规定所限了。他们当中，有人自动到场乐捐，也有人拒绝这样做，这后续的发展就值得关注了。

## 小　结

以槟榔屿美湖为例，华人传统宗教，尤其是民间信仰的力量是强大的，是家庭中"华人性"的表现，也是凝聚村民的重要元素。半个世纪以来，基督教每年都到这里传教，但成果不佳。近年来，更有牧师入住美湖，并尝试在这里开办礼拜堂，但最终礼拜活动还是搬离美湖了，剩下牧师居住。美湖人对这位外来的牧师很陌生，他或许是居住在美湖老社区内，却又没有给村里的宗教活动乐捐的唯一一个人。

在这座以打鱼和养猪为主的村子，强调不杀生的佛教也没有获得村民的强力支持。建立在美湖村口的妙音堂是一间相对正规的佛教道场，每逢初一、十五和农历七月都有共修活动，这共修活动只吸引十余位美湖和邻近小镇居民的参加，而且主要是以女性为主。

如同许多乡村，美湖也面对人口外流的问题。虽然如此，在目前美湖村的各传统宗教的活动中，还是可以看见年轻人和小孩的身影。不过，传统方言戏曲已经失去了它的观众群，部分原因或可归咎于现代人方言能力的低落，以及各种取代娱乐节目的兴起。除了传统戏曲，在20年纪八九十年代风靡一时的歌台表演也流失了大量的观众群。传统戏曲的表演，有时甚至面对台下空无一人观赏的窘境。虽然如此，美湖尚有数位老潮剧迷，会追随他/她所喜欢的戏班到各地看戏。

美湖的庙宇很多，平地的庙宇就有九间，人口一千余人，平均每一百余人就有一间庙宇。目前并不见庙宇之间形成竞争的局面，这或许因为信徒是流动的，庙宇也没有面对因竞争而面临生存问题的威胁，因为不少小型庙宇是不需要日常开销的；而规模大型的庙宇则又有一套机制，保证它的运作正常。这套机制，就是地方和华人认同。

源自中国华南的神明和乩童，到了南洋这片土地，有继承之，也有的已然产生了异变。虽然美湖村的拿督公，即本土性神明的数量远超过延续中国之神明，不过，村里最具规模的庙宇主祀神还是属于中国传统神明。在槟城其他地方也是如此，我们很少看见以"拿督公"为地头神的村落。故，华人传统信仰的核心，还是以延续为主，变异为辅。

传统信仰，尤其是马来西亚的华人民间信仰，蕴含草根性的中华文化。今日的年轻人普遍喜爱躲在家中玩电脑，甚于参与社群活动。这种依附在传统信仰上的中华文化是否能持续就有待长期的观察与研究了。

# 第七编 "一带一路"与中国佛教研究

# 以佛教交流推动中斯深度合作研究

## ——基于"一带一路"的战略视角

司聃

　　"一带一路"战略体现了我国在新的时期继承历史传统、顺应时代精神，推进与陆地海洋两条线路沿线国家全方位合作的宏伟构想。在沿线国家中，既有同我国在相当漫长历史时期保持交往关系、文化社会认同度较高的国家，又有在现代世界体系中崛起、和我们"相对陌生"的新兴市场经济国家；既有在国际政治经济秩序中占据一席之地，拥有一定话语权的大国，也有扼守战略要冲，面积不大但在某些国际事务中能够发挥积极作用的小国；既有传统意义上同我国长期保持睦邻友好的国家，也有在某些方面与我国持不同意见的国家。具体到斯里兰卡，其在历史上就同我国保持密切而频繁的联系，同我国的文化交往以佛教交流为主，现今斯国结束内战不久，市场经济发展较快，且位于印度洋大国之间角逐的战略要地。在全新的世界格局下，面对一个与中国有深厚历史渊源、佛教徒占总人口比例超过70%的国家，以佛教为纽带强化两国在文化、政治、经济等领域的交流，对巩固21世纪海上丝绸之路战略构架及促进中国与印度洋地区国家和平共建具有非常重要的现实意义。

## 一　以佛教为载体带动中斯文化、政治、经济全方位交流的历史脉络

　　有关历史上中斯之间佛教交流的具体内容，在大量典籍文献中已有详

尽的描述。佛教交流作为影响两国交往史的重要载体，已经不仅仅局限于宗教本身，而是从文化层面扩展到经济层面、从民间交流层面扩展到政治外交层面等，起到从点扩展到全面的作用。因此，本部分将关注点更多地放在佛教影响中斯文化、政治、经济交往上，论述历史上佛教交往对两国的巨大影响，而不对佛教交往具体内容再行赘述。

**（一）佛教交流是中斯文化交流的核心内容，从汉朝到明朝经历了由开始到兴盛、由繁荣落入低潮、由低潮到再次复兴、最后中断的历程，呈现低谷高峰起伏交错态势**

中华高僧前去斯国求法，斯国高僧也亲至中华弘法，僧侣间的往来直接推动了两国佛教文化交往。昙摩仰法师和法显大师是沟通中斯两国佛教文化的先行者，亦是传播两国人民友谊的伟大先驱。① 法显大师因感律藏传译未全而毅然远行求法，去时通过陆上丝绸之路行走西域诸国，在斯里兰卡居二载，往古都安努拉普拉的无畏山寺、佛牙寺、跋提精舍、摩诃毗诃罗参访修学，后于412年经南海丝绸之路回东晋②，其《佛国记》一书至今仍是我们了解中斯佛教交流的重要文献。南朝宋元嘉六年（429年）舶主竺难提从狮子国带比丘尼8人到宋都，元嘉十年有铁萨罗等11人来华传比丘尼戒，中国始有比丘尼戒。7世纪中叶中国前往狮子国瞻礼佛牙、佛迹的僧人逐渐增多，其中知名的有义朗、明远、窥冲、智行、慧琰、智弘、无行、僧哲等，玄游还在狮子国出家。③ 8世纪初，狮子国人不空入唐弘法，并在五台山金阁寺创建密教灌顶道场。中斯高僧频繁互访促进了两国佛教交流，东晋、南北朝及隋唐时期成为两国佛教文化交流的繁盛期，这一时期的斯里兰卡雕刻、绘画艺术随着佛教交流传入中国，同时，斯国部分壁画、建筑也带有显著的中国文化特征，甚至一些地名也受到中国的影响④，以佛教为核心延伸到两国更广阔的文化领域。五代十国

① 昙摩仰法师为首位有史可考的斯里兰卡赴华使者，法显法师则是首位亲至斯里兰卡求法的僧人。

② （东晋）法显：《法显传校注》，中华书局2012年版。

③ ［斯里兰卡］索毕德：《晋代至唐代中国与斯里兰卡的佛教文化交流》，《安徽大学学报》（哲学社会科学版）2009年第7期。

④ 斯里兰卡有"法显村""法显洞"等遗迹，其中"法显村"于20世纪80年代改名为"友谊村"。

时期，北方佛教遭到了破坏，宋政权建立之初，先普度童行八千人，继而又派遣沙门行勤等 157 人去印度和斯里兰卡求法。太宗太平兴国五年，国家设立译经院，恢复了从唐代元和六年以来久已中断的翻译，当时斯里兰卡和印度僧人来华献经者络绎不绝，从宋初到景佑初年的八十年间即有 80 余人，内廷存新旧梵本达数百册，译经事业继续了百余年，这一时期，中国与斯里兰卡及周边国家的文化交流也达到了一个新的高度。明代由于郑和七次下西洋等原因，两国间高僧的密切往来，经书传译等使佛教推动文化交流扩展到语言文化领域。尤其是"郑和碑"镌刻着用汉文、泰米尔文、波斯文三种文字记录船队的历史性访问，碑文用汉字铭记，加强了汉语在斯里兰卡的传播。

## （二）政治与文化在中斯交往中相得益彰，由文化牵引的政治交往逐渐增强，政治活动又直接影响了佛教交流

西汉王莽辅政时曾派使臣访问"已程不国"①，开始了中斯两国最早的接触。两晋南北朝时期中斯两国有了正式外交交往，尽管政治性使节不多，但依旧表现出了较强的政治目的。根据《晋书》和《梁书》，狮子国王闻知东晋孝武帝信仰佛教，便派遣沙门昙摩奉四尺二寸玉佛像一尊，于公元 406 年来到晋都南京，由此揭开了中斯两国友好关系的历史帷幕。中斯两国在唐代官方相派使者大量增加。据《新唐书》记载，仅天宝年间斯里兰卡就先后四次派使节前往中国，其中天宝五年，斯里兰卡国王派遣僧人来中国送来了大珠、钿金宝璎珞、《大般若经》等珍品。自元朝始，中斯两国政治交往较多，元明两朝皆介入参与到斯国政治军事行动中，与之前相比，政治活动直接影响了两国佛教交往。元朝不过百年，其间曾四次派人访问斯里兰卡，彼时斯国国王波罗迦罗摩巴忽三世的军队中也有中国军人参加。明朝郑和访问斯里兰卡时，曾于永乐七年立石碑，记录了中国皇帝对佛祖的崇敬，并奉献佛祖黄金一千钱、白银五千钱、丝绸一百匹、香油两千五百斤以及各种镀金和涂漆铜质佛寺装饰品。② 同时，《明史》记载，在郑和第二次下西洋期间，斯国国王维拉·阿拉卡斯维拉连同整个王室皆被郑和掳往中国，由于维拉不信仰佛教，在当地人中威信并

---

① （汉）班固：《汉书》，中华书局 2009 年版，第 209 页。
② 吴之洪：《郑和〈布施锡兰山佛寺碑〉碑文考》，《黑龙江史志》2009 年第 20 期。

不高，明朝给斯王室施加压力，要另选合适人接替王位，于是波罗伽罗摩巴忽六世登上了王位，并成为斯国古代历史上最后一位成就卓著的君王。政治军事不但直接促使斯王国政权更迭，更是强化了佛教在斯国的地位。

**（三）中斯经贸交往起源于王室需求，借道佛教交流，经海上丝绸之路航线，于民间经贸往来中不断发展壮大**

根据《汉书》卷二八下记载，汉朝曾派直属宫廷的黄门译长率领招募来的海员，以携带的丝绸和黄金来换取所到国家的珍珠宝石等特产，这些国家包括黄支、皮宗、已程不国等。此记录了中国丝绸通过海路向外交换之事。古罗马历史学家普林尼也曾记载，公元1世纪中国已经与斯里兰卡有贸易往来。《佛国记》中对海上贸易和中国丝绸外传有所记载，法显回国选择乘坐商船，正说明之前中斯贸易便已开展。唐代中期以后，由于吐蕃和陇右势力的崛起，陆上丝绸之路受到了阻隔，但同时随着技术与商业活动发展，海上贸易通道被逐渐开拓出来，海路贸易日益兴盛，形成一条较为成熟的贸易线。中国开往印度洋以西的商船，一般从广州出发，经越南东海岸、新加坡、马六甲海峡、尼科巴群岛到斯里兰卡，斯里兰卡宝石、珍珠、金丝、象牙、珊瑚、香料等运往中国，中国的丝绸、瓷器、金银、铜钱等运往斯里兰卡。《唐国史补》也记载，至安南、广州的"狮子国舶最大，皆积宝货"[①]。宋代南海贸易体系逐步走向成熟，海上丝绸之路已经发展成一条漫长的远洋航线，由泉州或者广州出发，不仅能到达包括印度、东非、阿拉伯半岛、红海沿岸等在内的整个印度洋沿岸地区，还能经分支商路抵达北非和近东，海上贸易成为元朝和明清东亚经济贸易运行的基本形态。郑和七下西洋的28年时间里，中国与包括斯国在内的东南亚、南亚、西亚乃至东非国家的商贸往来日益兴盛。

16世纪之后，斯里兰卡先后沦为葡萄牙、荷兰、英国的殖民地，殖民者在推行基督教的同时打击佛教，中国和斯里兰卡佛教交往几乎中断。

## 二 斯里兰卡"一带一路"战略节点作用探究

2015年3月，我国正式发布《推动共建丝绸之路经济带和21世纪海

---

① （唐）李肇：《唐国史补》，上海古籍出版社。

上丝绸之路的愿景与行动》，该战略作为一项系统工程，遵循相互尊重、不对抗、合作等基本原则，用陆上和海上两条路线把欧洲和亚洲、印度洋和太平洋连接起来，延伸到大洋洲和非洲，旨在促进经济要素有序自由流动、资源高效配置和市场深度融合，共同打造开放、包容、均衡、普惠的区域经济合作架构。一带一路沿线区域是世界经济最具活力的地区，沿途多为后发优势强劲、发展空间大、处于上升期的新兴市场与发展中国家，涵盖 40 多亿人口，GDP 规模超过 20 万亿美元，分别占世界的六成和三成。我国与该地区经贸合作密切，占我国外贸 1/4 强，近 10 年贸易年均增长近 20%。① "一带一路" 战略将构建起世界跨度最长、最具发展潜力的经济走廊，体现了中国对和平发展道路的追求。21 世纪海上丝绸之路跨南太平洋和印度洋，是亚太地区经济、政治、社会等领域全面深度交往交融的载体，其中一个重点方向是从中国沿海港口过南海到印度洋，延伸至欧非两洲，是沟通东西方经济、文化、交流的重要桥梁，也是能源、食品等大宗商品交易的生命线。21 世纪海上丝绸之路战略既立足共同促进经济繁荣，又以民心相通为基点，提出广泛开展文化交流、学术往来、人才交流合作等。南亚地区自古就是海上丝绸之路的重要枢纽和组成部分，文化多元，历史上同我国交流频繁，相互之间曾有大量文明互荐活动。

多年来，随着中国崛起并实行 "走出去" 战略，我国早已从一个资源自力更生的国家转变成为一个高度依赖外部资源的国家，海洋战略已经不可避免地成为了中国地缘政治的新因素和新核心。斯里兰卡既非大国，也非中国周边邻国，甚至也不属于近年来在中国外交中越来越受到重视的地区大国或者中等强国。但随着中国全球战略的展开，以及当前中国海洋地缘政治面临前所未有的挑战，斯里兰卡作为印度洋上的 "明珠"，作为 21 世纪海上丝绸之路上的关键性国家，对我国经济、政治、外交的战略意义越来越重要。分析斯里兰卡在 21 世纪海上丝绸之路的重要战略地位，主要从地理战略位置、文化交流、政治和经济四方面着手，其间夹杂着对斯里兰卡和印度关系的分析。

**（一）斯里兰卡是印度洋上的战略要冲**

整个印度洋的海运占据了全球集装箱运输的 1/2，大宗海上货运

---

① 陈凤英：《习近平 "一带一路" 构想战略意义深远》，中国广播电台《国际在线》2014 年 10 月 10 日。

的 1/3，原油海运的 2/3。斯里兰卡扼守着中东和东亚之间的海洋运输线，是连接亚非欧航路的枢纽，其首都科伦坡是马六甲海峡到西亚东非航线的重要中转站。关于战略安全问题，对我国特别需要提的就是能源安全，尤其是石油。目前，我国进口石油的 90% 需要通过海上运输，进口石油的一半来自中东（包括沙特、伊朗、阿曼、伊拉克、科威特和阿联酋这些西亚国家），进口通道为经波斯湾、马六甲海峡的这条航线。根据有关机构预测，2020 年我国石油消费量将超过 7 亿吨，石油进口量将超过亿吨，石油对外依存度将超过 70%。"一带一路"战略中重要的一条，就是要加强能源基础设施互联互通合作，共同维护输油、输气管道等运输通道安全。在提出"一带一路"战略之前，我国为巩固从中东及非洲运输石油的海上运输线，在斯国汉班托塔市援建了汉班托塔港，2011 年 12 月一期工程完工并投入运营，该港起到了石油中转站的重要作用。随着亚洲在全球战略中地位的不断上升，及中国对石油等重要能源、资源需求量的增加，印度洋作为海上战略通道和贸易航道重要性日益强化，斯里兰卡在中国的印度洋战略上地位也将不断提升。斯里兰卡对印度的战略地位也是如此，1991 年印度启动市场经济改革以来，海洋贸易在印度对外贸易中占据绝对地位，其中九成原油进口依赖海运，印度洋逐步成为海运贸易区和原油贸易中转站。斯里兰卡是印度海运贸易的枢纽，70% 以上的印度进口商品须经由科伦坡港然后再分装到当地船只并运抵印度的港口，斯里兰卡对印度经济的作用更加凸显。[①]

## （二）斯里兰卡与中国佛教交流和文化认可是推进 21 世纪海上丝绸之路建设的基石

19 世纪 20 年代之后，中斯佛教交流已在逐渐恢复。太虚大师深觉斯里兰卡佛教地位的重要，于 1928 年即着手组织斯里兰卡佛教留学团，初设于福建漳州南山寺，1930 年又迁入北京。1935 年因斯里兰卡纳罗达法师来华弘法，"建议派遣优秀僧伽前往留学，遂有惟幻、法周、慧松、唯实、岫卢五学僧前往"[②]。新中国成立后，两国佛教徒的传统友谊又重新得到发展：斯里兰卡马拉拉塞克拉博士成立"世佛联"的构想曾受到太

① 李捷、曹伟：《斯里兰卡内战结束以来印度对斯政策分析》，《南亚研究》2013 年第 4 期。

② 黄夏年：《现代斯里兰卡佛教》，《南亚研究》1992 年第 1 期。

虚法师世界佛教运动思想的启发和影响，太虚法师弟子法舫法师秉承法师大愿，协助马拉拉赛克拉教授进行了"世佛联"的创立工作，也与马拉拉塞克拉博士和斯里兰卡佛教界建立了深厚的友谊。① 在"世佛联"成立的首届大会上，当时中国佛教协会尚未成立，法舫法师作为上海法明学会的代表出席会议，并当选为执行理事会成员，中国也因此被视为"世佛联"的创始会员国之一。1961 年，应斯里兰卡政府和佛教界的迎请，供奉于北京灵光寺的佛牙舍利曾赴斯里兰卡接受瞻礼供奉。1986 年中国佛教协会选派中国佛学院学僧净因、广兴、圆慈、学愚、建华五位比丘赴斯里兰卡留学，此后留学斯里兰卡的中国僧人与日俱增。2010 年学诚法师率代表团赴科伦坡出席了第 25 届"世佛联"大会暨成立 60 周年庆典。2014 年由中国佛教协会承办的第 27 届"世佛联"大会在陕西宝鸡隆重举行，斯里兰卡凯拉尼亚大学校长善法长老率代表团出席大会。②

从近现代情况看，中斯两国佛教交流的基础更为坚实，以利用佛教交流推进文化社会更广泛交流的条件更好。综合中斯两国佛教政策分析，当前也鼓励利用佛教交流推进文化社会等全方位交流。况且，就斯里兰卡人口结构而言，在其超过 2000 万的人口中占总人口超过 70% 的僧伽罗族大部分信奉佛教，其余民族分别信奉印度教、伊斯兰教、基督教等，但只占少数。在新的发展阶段，在 21 世纪海上丝绸之路战略背景下，面对斯里兰卡人口中占绝对多数的佛教徒和僧伽罗族，只有不断完善两国共同推进佛教交流的宗教政策体系，加强中斯之间佛教交流，才能够继承弘扬"丝绸之路"这一具有广泛亲和力和深刻感召力的文化符号，打造更为优越的人文条件和软环境，以佛教交流推动中斯间民族间的文化往来，使中斯间相互吸收、融会外来文化的合理内容，争取民心、赢得民意，被斯里兰卡民众接受认可，展现中华民族爱好和平、积极同不同文明相互借鉴的风采和胸襟，促进不同文明的共同发展，夯实两国交往的民意基础，在迈向印度洋文明体系进程中抢先一步。

**（三）斯里兰卡是印度洋政治博弈的关键"棋子"**

在国际政治中，有学派强调公众对外交决策的参与，有学派强调执行外交政策时需以国家利益为核心。佛教交流既可以强化公众参与外交决

---

① 卷首语《让世界了解中国佛教让中国佛教走向世界》，《法音》2014 年第 10 期。

② 罗喻臻、陈星桥：《南传佛教重镇——斯里兰卡》，《法音》2015 年第 3 期。

策，其最终利益也会由国家所享。分析斯里兰卡在印度洋上的政治地位，需从中国和印度在印度洋沿线权力结构角力的角度出发：从红海海岸到印尼群岛是一个巨大的不稳定弧，印度崛起不仅改变了印度洋的战略态势，由于其在南亚地区压倒性的力量优势，使得南亚地区的战略版图正在重塑，进一步加剧了南亚格局的不平衡。斯里兰卡与印度有悠久的历史和地缘联系，印度是斯里兰卡外交重点，双方希望通过经济合作带动南盟合作，印度支持斯里兰卡和平解决民族冲突，曾深度介入斯里兰卡军事政治，这一点与元明两朝中斯两国关系类似。2015年3月印度总理莫迪访问斯里兰卡，是28年来印度总理首次访问该国，表明印度正努力重建与较小邻国的关系，以之抗衡中国在印度洋不断上升的影响力。斯里兰卡正面临平衡印度"季风航路"构想、日本的"安保钻石"构想等挑战。由于军事政治和经济发展需要，中国与印度在南亚地区既有合作又有战略竞争，印度已成为中国在印度洋地区谋求政治稳定、实现战略意图的主要影响因子。从地形上看，斯里兰卡与巴基斯坦对印度正好构成了一南一北、一海一陆两大战略方向的战略牵制，是中国构建与印度长期潜在战略平衡的关键支点，同时，斯里兰卡也成为影响印度重要因子的一颗难以替代的战略"棋子"。斯里兰卡政府也正在实施"平衡外交"战略，在维持好斯印、斯日关系的同时，进一步加强斯中多领域合作。斯里兰卡一直是中国外交的坚定支持者，双方在许多重大的国际及地区问题上具有广泛的共识，斯里兰卡政府在台湾、涉藏、涉疆和人权等问题上一贯持支持中国立场。在国际形势发生深刻复杂变化的情况下，2013年中斯两国建立"战略合作伙伴关系"，斯里兰卡在中国对外战略议程中的地位进一步上升。①斯里兰卡率先支持亚信第四次峰会上中国提出的"亚洲新安全观"和共建和平、稳定与合作"新亚洲"战略蓝图，中国也一贯反对西方国家在人权等问题上对斯里兰卡的打压。中斯外交已成为新时代印度洋外交关系平衡重要保障。

**（四）斯里兰卡是中印在印度洋经济交锋的战场**

斯里兰卡自然条件优越、资源丰富，具有巨大经济发展潜力。内战结束后，斯里兰卡旷日持久的战争带来极大的军事开支，资本市场存在缺

---

① 李永辉：《中国国际战略中的"关键性小国"——以斯里兰卡为例》，《现代国际关系》2015年第2期。

陷，石油、食品和国防费用大幅上升，政府预算赤字不断增加，斯里兰卡的大规模重建也为各国的发展提供了前所未有的机遇。斯里兰卡实行经济自由化政策，积极吸引各国投资，积极开展经贸往来，经济增长势头强劲。斯里兰卡经济既得益于国内政策支持和良好的发展环境，也离不开国际社会大力参与，特别是中国和印度的援助：自 2009 年以来，中国一直是斯里兰卡最大的贷款国，尤其是在港口、铁路、宾馆等基础设施建设以及渔业和服装加工等领域，两国间的投资合作不断深入。截至 2014 年末，中国对斯里兰卡直接投资存量 4.77 亿美元。中国在斯投资项目主要包括招商局集团投资的科伦坡港南集装箱码头、中国交通建设集团有限公司投资的科伦坡港口城、中航国际（香港）集团公司投资的科伦坡三区公寓等项目。中国民营企业赴斯里兰卡投资发展迅速，涉及酒店、旅游、农产品加工、渔业、家具制造、纺织、饲料、生物质发电、自行车、仓储物流等多领域。中斯双边贸易也保持较快增长势头，2014 年双边贸易总额为40.42 亿美元。① 长期以来，印度一直把斯里兰卡视为其后院和势力范围，在斯里兰卡经济发展中发挥着重要作用。2009 年斯里兰卡内战刚一结束，印度就宣布为其提供 1.12 亿美元的援助，以支持其人道主义和早期的重建项目。2011 年，印斯双边贸易额已达 50 亿美元，超过去年中斯规模，包括印度石油公司、阿斯霍克雷兰德（Ashok Leyland）、电信运营商 Bharti Airtel 等大企业在内的上百家印度企业都在斯里兰卡经营业务。中国虽已成斯里兰卡第二大进口来源地和第二大贸易伙伴，但印度得益于地缘政治优势，至今仍是斯里兰卡第一大贸易伙伴和第一大进口来源地。中国在斯里兰卡的投资建设，同斯国不断深入的经济合作被印度视为对其利益的挑战，对中国进军斯里兰卡日益警觉，斯里兰卡也成为中印这两个亚洲大国展开争夺的经济战场。② 21 世纪海上丝绸之路倡议与斯里兰卡发展需求和发展战略高度契合，斯方通过参与共建 21 世纪海上丝绸之路不仅能推动中斯自贸区建设、振兴本国经济，还能够增强对印度的外交筹码，将是主要受益方。但在中斯经济合作中也存在一些不稳定因素：2015 年 4 月，斯里兰卡政府下令对 35 个投资项目进行审查，其中大部分项目是斯里兰

---

① 数据来源于中国驻斯里兰卡大使馆经济商务参赞处，http://lk.mofcom.gov.cn/。

② 宋志辉、春燕：《斯里兰卡的经济发展与中印在斯的竞争》，《南亚研究季刊》2011 年第 4 期。

卡上任政府批给中国企业的，集中在港口和公路领域，给中国在斯投资蒙上一层阴影。此为政治交往对经济关系影响的具体表现，背后体现出印度的影子。因此进一步扩大中斯经济交往便显得尤为必要，使斯里兰卡深度融入21世纪海上丝绸之路战略中，让双方都获取更大经济利益，用经济互促的事实引导政治关系转变。

## 三 "一带一路"战略背景下以佛教交流<br>推动中斯合作的思路举措

历史上的海上丝绸之路从中国伸向世界各地，使世界各国、各族人民在政治、经济、宗教、文化、艺术等各方面都产生了密切的联系，促进了国家和人民之间的友好往来和相互影响。在新的历史时期下，随着海上丝绸之路沿线国家、地区经济文化联系的日益密切，这条古老线路重新焕发出生机与活力，迎来难得的发展机遇。21世纪海上丝绸之路是一条贸易、文化、友谊之路，是历史发展的必然选择。21世纪，也是人类不得不共同面对资源短缺、生态恶化、局部冲突困境的时期，唯有充分利用宗教与文化的多元性和差异性，围绕"一带一路"这样的大战略构架，促进不同民族和谐相处和多元宗教间对话，发挥宗教在处理现代社会问题及建立精神道德体系、伦理观念方面的积极作用，才能解决这些问题。这部分就借助21世纪海上丝绸之路战略加强中斯佛教交流，带动文化社会、政治、经济等方面友好合作提出对策建议。

### （一）关于以佛教交流带动中斯间文化社会交往交融

全球化时代佛教交流必将对世界文明产生巨大而深远的影响。佛教文化传播取决于相互交流，才能够让世界文明更加辉煌灿烂。佛教是中斯文化交流的主要内容，佛教思想渗透在文化的各个领域中，同时扮演了文化交流的媒介。加强中斯之间的佛教交流，首要的是着眼于人才培养，双方可以通过合作开办国际禅学院等方式，增加互访留学僧的规模，培养出更了解两国文明、更渊博知识、更宽阔全球视野、更深刻实修体验、更契合新时代精神的优秀国际弘法人才，使佛证悟的智慧更好地照亮人心，造福于各国人民。在中国佛教乃至世界佛教同样面临着发展的关键时期，建议中斯两国在僧团整顿，以及对佛教义理进行全面深入系统研究等方面加强合作，推动佛教走向复兴，这也是法显大师西行求法带给我们的珍贵启示。采取多种形式加强中斯之间佛教友好活动交流，比如进一步开展佛牙舍利、佛指舍利的巡礼供奉活动，联合参与推动国际多边佛教与多边宗教和平运动，联合举办并参与区域性甚至国际性佛教论坛和大典等。

对待宗教问题应与中国的文化战略相联系，在发挥宗教积极作用时使之成为中国软实力的重要构成。[①] 利用佛教交流推进中斯双方之间的文化交流，加强顶层设计和战略部署，以佛教等为重点制定文化交流的战略规划，激活并发挥海上丝绸之路历史及文化遗存的内在元素，与现代题材相契合提出切实可行的文化项目，联合开展文物修复、文博设施建设、艺术人才培训，联合创造出具有文化感动力的作品，着力扶持有关海上丝绸之路题材的学术著作、歌舞剧、影视和美术作品等文艺创作。利用网络平台和新媒体手段，以佛教为主要内容，通过音乐、演出、动漫、网游等文化产品，精心打造新的文化交流品牌。充分发挥专家学者和智库的作用，通过召开研讨会、专题调研等形式，为中斯文化交流与合作提供智力支持。加强中斯之间文化产业之间的合作，创造更加丰富、更高质量的文化产品和文化服务，以此为载体将两国优秀文化及和谐发展、和平共处的理念传播出去，使两国人民增进交流沟通、理解尊重，增强"一带一路"建设的文化认同。注重发挥上合组织、东盟"10＋1"、中阿合作论坛等现有机制的作用，丰富中斯现有机制框架下的人文合作内容。

**（二）以佛教为纽带在21世纪海上丝绸之路框架下推动中斯政治交往与友好互信**

自宗教诞生以来，凭借其道德的权威性、中立地位、广泛的国际联系和巨大的动员能力，在预防和解决国际冲突、应对全球性环境挑战、倡导国际和平发展、促进区域整合与合作方面发挥了积极作用，对维护世界和平发挥了独特的作用。近年来，宗教在促进国家良性发展和塑造国际秩序中的作用得以重新发掘，从而突破了理性的行为主义决策模式，开创了以信仰为基础价值决策模式。"9·11"事件的发生，在相当大程度上改变了人们对宗教与国际问题的看法，宗教不仅被认为是政治的另一种延续形式，而且还成了国际舞台上各方争抢的资源。[②] 佛教不但在历史上促进了

---

① 卓新平：《全球化的宗教与当代中国》，社会科学文献出版社2008年版，第276—277页。

② 徐以骅：《全球化时代的宗教与国际关系》，《世界政治》2011年第9期。

中国与世界各国的交往，其公共性、社区性、草根性和长期性与我国公共外交的基本属性十分契合，佛教也是当前公共外交重要的活动场域之一，佛教以及佛教团体在中国政治和外交中正日益发挥更为积极主动的作用。佛教作为斯里兰卡第一大宗教，面对总人口中占 70% 的佛教信众，依托 21 世纪海上丝绸之路战略框架，加强中斯之间的佛教交流，对推进两国政治交往有着重要而深远的意义。在双方以佛教推动政治交往中，应构建以佛教团体为主、政府为辅，宗教出面、政府隐身，宗教牵头、政府督导，政府主办、宗教配合等多种模式，适应两国交往的不同情况。在中斯佛教交流中应逐步把中国价值观念同步输送，把中国在推进 21 世纪海上丝绸之路建设中和平发展的理念传递到斯里兰卡，在交往方式上可以从礼节性互访推进和扩展到实质性合作，通过多重载体使交流从佛教高层深入到基层信徒，强化两国佛教普通信众思想和心灵沟通，从"圣物""圣地"和实践交流层次提升到制度、范式和思想层次，使佛教交往潜移默化渗透到两国各阶层、各群体，增强群众在思想观念、行为方式上的广泛认同。我国宗教主管部门和其他相关部门要在推动中斯佛教公共外交领域更充分地发挥协调的功能，统筹好不同政府部门、政府与非政府组织、宗教组织与非宗教组织、国内与海外团体之间的关系，使这些方面在促进中斯佛教交流中形成合力。[①] 通过佛教交流使斯里兰卡政府、民众、社会各群体广泛认可接受中国的价值观念与走和平之路的意愿，必将在印度洋上这个重要节点国家巩固两国交往的信仰基础、政治基础和社会基础，平衡同印度洋大国之间的政治外交关系，为推进 21 世纪海上丝绸之路奠定良好的政治环境。

**(三) 佛教搭台、经济唱戏，推进中斯经贸互利，促进共同繁荣发展**

宗教与国际经济影响是宗教与国际关系关联性研究的新领域，Kang 和 Fratianni（2006）研究表明，同样都是经济发展与合作组织成员国，在其他条件不变情况下，基督教—伊斯兰国家的双边贸易期望总额会比基督教—基督教国家低 48.1%，即宗教明显地影响着交易成本。[②] 前文已有论述，斯里兰卡开展全方位对外经贸一方面是基于本国战后经济恢复需要，另一方面也是为了建立较为独立的经济体系，主要是为了平衡与印度的经

---

① 徐以骅：《全球化时代的宗教与中国公共外交》，《世界经济与政治》2014 年第 9 期。
② 汤伟：《宗教与国际关系研究综述》，《南京政治学院学报》2008 年第 3 期。

济政治关系。近几年，中印企业在斯里兰卡呈现竞争态势，在经济角斗中交杂着很多政治因素，包括上文所提到的中方企业项目所接受新一届斯政府的审查。在这种情况下，更需要借助 21 世纪海上丝绸之路的战略契机，强化佛教交流平台，展现中国推动中斯经贸往来、帮助斯里兰卡发展经济的善意和良好风貌，降低中斯经济交易成本。在中斯经济合作领域，建议加强这四个领域：一是利用佛教交流机遇加强文化产业项目合作；二是加强能源和港口、交通等基础设施领域的合作；三是加强农产品加工等制造业行业的合作；四是加强医疗卫生、教育等公共服务领域的合作。

　　总之，在新的历史时期和 21 世纪海上丝绸之路战略框架下，中斯之间以佛教推进全方位交流已经进入了新的阶段。中斯亟须用好佛教交流这一抓手，推动文化、政治、经济等领域的深入合作，共同为印度洋地区的和平发展贡献力量。

# 东晋南北朝时期部派佛教经海路
# 向中国内地的传播

王鹤琴

从印度佛教发展历史来看，大约从公元前 370 年起，佛教内部发生分裂，到公元 150 年前后约 500 年间，称为部派佛教时期。佛教先分裂为上座、大众两部，后来又逐渐形成相当多的部派，主要有 18 部。东晋南北朝时期，部派佛教经海路向中国内地的输入主要包括两个部分：第一是东晋西行求法高僧法显，经海路回国带回来的部派佛典，包括经、律、论三藏，这些佛典或由法显译出，或由其他僧人译出，为部派佛教经海路向中国内地输入的重要组成部分；第二是中亚、南亚和东南亚的僧尼，他们经由海路入华，或者携来部派佛典并翻译、讲说，或者收徒授业并直接参与到中土僧尼的宗教实践中进行指导。

法显于狮子国所得"长、杂二《含》"① 为从海路输入部派佛经的重要代表。这两部《阿含》的译者都不是法显，《长阿含经》的译者是经陆路入华的罽宾僧人佛陀耶舍。耶舍"为人髭赤，善解毗婆沙，故时人号曰赤髭毗婆沙，既为罗什之师，亦称大毗婆沙……耶舍先诵《昙无德律》……即以弘始十二年（410 年），译出为四十卷，并出《长阿含经》，减百万言，凉州沙门竺佛念译为秦言，道含执笔，至十五年（公

---

① （梁）慧皎撰：《高僧传》卷三，《大正藏》第 50 册，第 338 页上。

元413 年）解坐"①。

《杂阿含经》的译者是经海路入华的中天竺僧人求那跋陀罗。南朝宋元嘉十二年（公元435 年），求那跋陀罗经狮子国，沿海路抵达广州，后到建康，开始译经。元嘉二十年（公元443 年），求那跋陀罗根据法显由狮子国带回来的本子译出《杂阿含经》。求那跋陀罗被认为是"刘宋时经海路入华译经成就最大者"②，而"求那跋陀罗最主要的译籍是《杂阿含经》"③。《杂阿含经》的译出，标志着作为部派佛教经典丛书的"四阿含"全部完成。

法显于狮子国所得，除两部《阿含》外，还有《弥沙塞律》。当时的中国内地，随着佛教发展，僧团日益扩大，对戒律的需求增长，法显西行求法的原因即"常慨经律舛阙，誓志寻求"④。在到达狮子国寻得《弥沙塞律》之前，法显"至中天竺，于摩羯提邑波连弗阿育王塔南天王寺得《摩诃僧祇律》，又得《萨婆多律》"⑤。《摩诃僧祇律》为印度佛教大众部所传之广律，法显归国后，与经陆路入华的天竺僧人佛陀跋陀罗一同译出。而《弥沙塞律》未及翻译，法显就去世了。当时的京邑诸僧听说经陆路入华的罽宾高僧佛陀什，专精律品，于是请他翻译。南朝宋景平元年（公元423 年），"冬十一月集于龙光寺，译为三十四卷，称为《五分律》。什执梵文，于阗沙门智胜为译，龙光道生东安慧严共执笔参正，宋侍中琅琊王练为檀越。至明年四月方竟"⑥。这些戒本的输入，及时填补了当时中国内地律学的空白，对促进佛教的发展和巩固僧侣队伍起了重要作用。

罽宾人昙摩耶舍于东晋隆安年间（397—401 年）初抵广州，住白沙寺，其入华线路应是海路。"耶舍善诵《毗婆沙律》，人咸号为大毗婆沙。"⑦ 据《历代三宝纪》，"三藏法师将律藏至广州，临上舶反还去，以律藏付弟子僧伽跋陀罗。罗以永明六年（488 年，笔者注）共沙门僧猗于广州竹林寺译出此《善见毗婆沙》"⑧。本书为巴利文《一切善见律注》

---

① （梁）僧祐撰：《出三藏记集》卷14，《大正藏》第55 册，第102 页下。

② 石云涛：《六朝时经海路往来的僧人及其佛经译介》，《许昌学院学报》2012 年第6 期。

③ 杜继文主编：《佛教史》，江苏人民出版社2006 年版，第139 页。

④ （梁）慧皎撰：《高僧传》卷3，《大正藏》第50 册，第337 页下。

⑤ 同上书，第338 页上。

⑥ 同上书，第339 页上。

⑦ （梁）慧皎撰：《高僧传》卷1，《大正藏》第50 册，第329 页中。

⑧ （隋）费长房撰：《历代三宝纪》卷11，《大正藏》第49 册，第95 页下。

的节译，巴利文《一切善见律注》为 5 世纪初觉音法师于锡兰所著，注释锡兰所传巴利《律藏》。昙摩耶舍所诵《毗婆沙律》并非僧伽跋陀罗所译《善见毗婆沙》。关于汉文本《善见毗婆沙》与巴利文本《一切善见律注》，日本学者作过深入的比较研究。汉文本中可见受到《四分律》影响的痕迹，例如其所载波逸提法有九十（巴利本有九十二）即受《四分律》影响所致。《四分律》，即《昙无德律》，为前面讲到的翻译《长阿含经》的佛陀耶舍翻译于弘始十二年至十五年（公元 410—413 年）。在《四分律》传译之前，属于古萨婆多部（有部）广律的《十诵律》于公元 404—405 年，由罽宾国弗若多罗与鸠摩罗什共译出来。

扶南高僧真谛于梁陈之际经海路入华，于陈光大二年（公元 568 年）译出属正量部的《律二十二明了论》。关于本论的传译，卷末后记云："都下定林寺律师法泰，于广州南海郡内，请三藏法师俱那罗陀翻出此论，都下阿育王寺慧恺谨为笔受，翻论本得一卷，注记解释得五卷。"惜这五卷"注记"今已不传。

可见，部派佛教的律典，许多是经海路输入中国内地或者由沿海路入华的外国译经僧翻译出来。此外，在传戒仪式上，南方上座部佛教国家的僧尼也直接参与进来。狮子国曾两次派遣比丘尼入刘宋，第一次是元嘉六年（公元 429 年），由商船船主竺难提送 9 名比丘尼抵达建康，佛教戒律规定，至少 10 位尼师才能举行授戒仪式，于是，竺难提又返回狮子国，于元嘉十年（公元 433 年）专程送铁萨罗等 11 名比丘尼至建康，她们为景福寺慧果、慧净等中国尼众授戒，结束了中国比丘尼没有二部授戒的历史。[①]

东晋南北朝时期，不同部派的论著也大规模涌进来，一般称为"阿毗昙"。其中，许多论著经海路输入或者由沿海路入华的高僧译出。毗昙的研究发端于道安。道安在北方避难传播禅数学时期（公元 365 年以前）研习弘扬的佛理，全属部派佛教教义，特别是安世高的禅数学。道安后期觉察到了"格义"对理解佛理的乖违，转而译介"毗昙"，因为"毗昙"采取给概念下定义的方法来表达佛理，其准确性是"格义"所不能比的。因此，晚年在长安时期（公元 380—385 年），道安翻译的重点是有部论著和部派经典，由此开创了佛教"毗昙学"，所谓"毗昙学"即"禅数

---

① （梁）释慧皎撰：《高僧传》，中华书局 1992 年版，第 109 页。

学"的继续和深入。北方各地部派佛教的教义比江南流行，这个传统一直持续到北魏中期。

东晋安帝义熙年中（公元405—418年），由海路入华的罽宾僧人昙摩耶舍来到长安，得到姚兴的礼遇。"会有天竺沙门昙摩掘多来入关中，同气相求，宛然若旧。因共耶舍译《舍利弗阿毗昙》。以伪秦弘始九年初书梵书文，至十六年翻译方竟，凡二十二卷。伪太子姚泓亲管理味，沙门道标为之作序。"① 关于本论的部派归属，《大智度论》卷二、《部执异论疏》等谓本论属犊子部；《法华经玄赞》卷一谓其出自正量部；吕澄谓汉译之本论是从化地、法藏系统所传下，且南传之六论即自本论发展而成；印顺主张声闻部派中，犊子系之本末各部、法藏部等都以本论为根本论，而且南传六论、北传六论大体是依本论之组织而形成的。《舍利弗阿毗昙》为毗昙学者研习的重要典籍，姚秦时备受重视。此后，北方的成实论师大多兼习"毗昙"。其中活跃在北魏、北齐之际的高昌国法师慧嵩，"统解小乘，世号毗昙孔子，学匡天下，众侣尘随"②。

南方毗昙学的兴起始于道安的弟子庐山慧远。僧伽提婆受慧远之请，译出《阿毗昙心论》和《三法度论》。公元433年，僧伽跋摩与宝云按慧观要求译出《杂阿毗昙心论》。《杂阿毗昙心论》简称《杂心论》，十一卷，尊者法救造。刘宋时代天竺三藏僧伽跋摩于元嘉十二年（公元435年）译出，由宝云传语，慧观笔受。在此译之前，已经译过两次一是东晋安帝义熙末（公元417—418年），法显与迦维罗卫禅师觉贤共译，十三卷；另一是刘宋文帝元嘉三年（公元426年）西域沙门伊叶波罗先译出九品半，后至元嘉八年（公元431年）更由罽宾三藏求那跋摩补译成足本十一品，并加校定。③ 这两种译本早已散佚④。求那跋摩，罽宾人，年二十出家受戒。后到狮子国，观风弘教，许多人说他已得初果。又至阇婆国（在今苏门答腊），"道化之声，播于遐迩，邻国闻风，皆遣使要请"。元嘉八年，经海路抵达建业。

本论为补注法胜《阿毗昙心论》颂本之作，在卷一的序颂和译者的

① （梁）慧皎撰：《高僧传》卷1，《大正藏》第50册，第329页下。
② （唐）道宣撰：《续高僧传》卷11，《大正藏》第50册，第508页下。
③ （梁）僧祐撰：《出三藏记集》卷10，《大正藏》第55册，第74页中。
④ （梁）僧祐撰：《出三藏记集》卷2，《大正藏》第55册，第15页上。

附注里说道："诸师释法胜《阿毗昙心》义，广略不同。法胜所释最为略也。优婆扇多有八千偈释（汉译本《阿毗昙心论经》六卷，笔者注），又有一师万二千偈释，此二论名为广也。和修槃头以六千偈释法宏远玄旷，无所执着于三藏者，为无依虚空论也。"① 这些都不理想，因此本论之作，斟酌处中，并以集有部教义大成的《大毗婆沙论》中义理补充原论。这样，它对于《心论》的内容既有所充实（《心论》原系颂文体裁，凡二百五十颂，本论增其本颂为六百颂，再加长行注解），也有所订正，遂成为《心论》注释中最成功、最流行的一种。《杂心论》译出以后，"毗昙"几乎成了南朝所有论师共习的科目。其中，僧韶（公元447—504 年）专以"毗昙"擅业，法护（公元439—507 年）以"毗昙"命家。"建元寺僧护、僧韶……以毗昙著名。"② 慧集（公元456—515 年）于毗昙学擅步当时，其他僧侣多是兼学。

梁陈时期在南朝活动的扶南高僧真谛译介的佛教典籍也有的属部派。他创翻《摄论》《俱舍》，其译之《阿毗达摩俱舍释论》二十二卷，乃《大毗婆沙论》之纲要书。法泰、智恺传其业，开大乘之"摄论宗"与小乘之"俱舍宗"。陈天嘉四年（公元563 年），真谛在广州制旨寺译出《俱舍论偈》一卷，597 颂，今佚；又译出《阿毗达磨俱舍释论》二十二卷，通称旧论。唐代永徽二年（公元651 年），玄奘重新译出《阿毗达磨俱舍论本颂》一卷，604 颂；永徽五年（公元654 年），又译出《阿毗达磨俱舍论》三十卷，通称新论。旧论比较保存了梵本的面目。至于印度的注书，真谛译了德慧《随相疏》中一片段，题作《随相论》一卷。

在《俱舍论》未经传译之前，中国佛教学者研究阿毗达磨的毗昙师都以《杂心论》为主，所以也称作杂心师，及至《俱舍论》译出后，他们逐渐改宗《俱舍论》，遂有俱舍师，并撰出了好多注疏。最初是在真谛译论的当时，真谛为了刊定译文，曾为译众反复解说，即由慧恺写成《义疏》五十三卷。后来道岳得着遗稿，删为二十二卷。次有慧净，凭自己的理解，著《疏》三十余卷。这些都是重要的著作，但现已一部不存。从玄奘重译论文而后，因其解释法相简明完备，可作研究唯识学说的阶梯，很受当时学人的重视，遂又形成研究新论的风气。

---

① （刘宋）僧伽跋摩等译：《杂阿毗昙心论》卷1，《大正藏》第28 册，第869 页下。
② （梁）慧皎撰：《高僧传》卷8，《大正藏》第50 册，第381 页上。

1 世纪时巴利语佛教传灯祖师之一优波底沙阿罗汉造《解脱道论》十二卷，该论为觉音所著《清净道论》的底本，由沿海路入华的扶南国僧人僧伽婆罗译出。僧伽婆罗"偏业阿毗昙论……闻齐国弘法，随舶至都，住正观寺，为天竺沙门求那跋陀之弟子也，复从跋陀研精方等"①。"梁初……上甚加礼遇，敕于正观寺及寿光殿、占云馆中译出《大育王经》《解脱道论》等。释宝唱、袁昙允等笔受。"②

"阿毗昙"是采取辩论和解释名相的形式以发挥佛家思想的一种体裁，比起"经"的结构松散、语言模糊来说，体系严密，定义清晰，更易于吸引一类循文求义的知识僧侣。它的盛行，表现了人们探索外来佛教本意的兴趣在普遍加深。

以上是从经律论三藏的角度探讨了经海路输入中国内地的部派佛典，需要注意的是，部派佛教的输入是与大乘佛教同时进行并且混杂在一起的。这种情况产生的影响是中国佛教界围绕大小乘的争锋，例如昙摩耶舍的弟子法度"专学小乘，禁读方等，唯礼释迦，无十方佛，食用铜钵，无别应器。又令诸尼相捉而行，悔罪之日，但伏地相向。唯宋故丹阳尹颜竣女法弘尼、交州刺史张牧女普明尼，初受其法；今都下宣业、弘光诸尼，习其遗风，东土尼众，亦时传其法"③。可见，法度所制尼律在出身中小官吏家庭的尼众中很受欢迎。法度"本竺婆勒子，勒久停广州，往来求利"④，由此推知，法度应当也是经海路入华的。

然而，当时的大乘信众将小乘贬低为"迷学"，《出三藏记集》卷五《小乘迷学竺法度造异仪记第五》载：

> 自正化东流，大乘日曜；英哲顶受，遍寓服膺，而使迷伪之人专行偏教，莫或振止，何其甚哉！昔慧导拘滞疑惑大品，昙乐偏执非拨法华，罔天下之明，信己情之谬，关中大众固已指为无间矣。至如彭城僧渊诽谤涅槃，舌根销烂，现表厥殃，大乘难诬，亦可验也。寻三人之惑并恶止其躬，而竺度之悖，以毒饮人，凡女人之性，智弱信强

---

① （唐）道宣撰：《续高僧传》卷1，《大正藏》第50册，第426页上。
② （梁）慧皎撰：《高僧传》卷3，《大正藏》第50册，345页中。
③ （梁）慧皎撰：《高僧传》卷1，《大正藏》第50册，第329页下。
④ 同上。

一受伪教则同惑相延。故京师数寺遂尘异法，东境尼众亦时染此风，将恐邪路易开淄污不已。嗟乎！斯岂魔断大乘故先侮女人欤！此实开士之所痛悼，而法主所宜匡制也。大方便经云："释迦如来昔为比丘，专以四阿含教化，谤毁方等，于无数劫受大苦报，从阿鼻出，发大乘心，致成正觉。"后进之贤宜思防断，古今明诫诚可不慎乎！①

还有北朝《彭城王高浟修寺碑》中载："若夫一念小善，犹居忉利之上，两钱轻拖，仍成罗汉之果，况乃据无忧之土，立大乘之宅。"② 可见，当时的生天和证阿罗汉对于佛教徒来说并不是最理想完满的追求，而只是退而求其次的目标，而大乘带来的成佛才是最吸引人的。

继竺法护致力于大乘经典的弘化后，特别是"四大翻译"的完成，终止了中国大小乘并传的局面，大乘经典以其更加适应中国人的文化心理和信仰需求而在中国汉地占据了压倒性优势，从此，以菩萨信仰为主流的中国佛教浩然发展，蔚为大观，至隋唐形成八宗局面，这"四大翻译"为："第一、第二，同出鸠摩罗什三藏一人之手，《般若》诸经及与《般若》有关之《大智度论》《中论》，一也；《法华经》，二也；昙无谶三藏之《大般涅槃经》，三也；佛陀跋陀罗之《华严经》，四也。"③ 在这"四大翻译"期间及以后，部派经典虽也陆续被译出，然终没有再产生什么大的影响。

---

① （梁）僧祐撰：《出三藏记集》卷5，《大正藏》第55册，第41页上。
② 颜娟英主编：《北朝佛教石刻拓片百品》第1册，第182页中。
③ 蒋维乔著：《中国佛教史》，上海古籍出版社2007年版，第12页。

# 开宗教文化之路 创文明对话之先

## ——"南方丝绸之路"与云南佛教

黄海涛

历史是观照现实的一面镜子，以史为鉴可以知兴衰。云南佛教历史悠久，古老的"南方丝绸之路""茶马古道"经云南而连接印度、东南亚和内地，较早就将印度佛教和东南亚佛教介绍到云南。[①] 并通过云南境外的"南丝路"，云南佛教文化圈与东南亚、南亚文化圈和印度文化圈有着天然的联系，交往不断，影响深远；通过云南境内的"南丝路"，云南佛教文化与藏文化、巴蜀文化、中原文化交汇融合，在云南生根、开花、结果。云南佛教资源极其丰富，集复杂性、民族性、多样性、唯一性、国际性于一体，是中国乃至世界上唯一有南传、汉传和藏传佛教三大部派汇聚并存、共同传播发展的地区，其中南传上座部佛教更为全国独有。完整的佛教历史、完整的佛教部派、完整的佛教经典在云南。2014 年 3 月习近平主席在联合国教科文组织总部发表了重要演讲，他指出："佛教产生于古代印度，但传入中国后，经过长期演化，佛教同中国儒家文化和道家文化融合发展，最终形成了具有中国特色的佛教文化，给中国人的宗教信仰、哲学观念、文学艺术、礼仪习俗等留下了深刻影响。"[②] 历史上的

---

[①] 本文系 2014 年国家社科基金项目阶段性成果，成果编号：14BZJ019。

郑筱筠：《中国南传佛教研究》，中国社会科学出版社 2012 年版，第 27 页。

[②] 习近平：《在联合国教科文组织总部的演讲》，《人民日报》2014 年 3 月 28 日。

"南丝路"在"一带一路"国家发展战略中具有举足轻重的地位，通过考察"南丝路"上云南佛教的传播兴盛与变迁嬗递，对于助推云南佛教文化圈和东南亚、印度佛教文化圈有着重要的现实意义。

# 一 "南丝路"——最早开放的经济文化之路

"南方丝绸之路"简称"南丝路"，亦即"蜀身毒道"，它与西北"丝绸之路"一样对世界文明作出了伟大的贡献，固有"南方丝绸之路"之美誉。"南丝路"是中国对外交往最早的陆上通道，它沟通了中国西南地区、云南与缅甸、印度、西亚以及欧洲之间的经济文化交流，促进了这一广阔地区各方面的发展，历史作用巨大。随着社会变迁和历史演进，有的学者也把丝绸之路称为"白银之路""玉石之路""陶瓷之路""贝币之路""蜀布之路""茶叶之路""香料之路""玻璃之路"①。历史上"南方丝绸之路"不仅是交通要道，也是商贸之路、和平友好之路，更是宗教文化交流之路。

据樊绰所著的《蛮书》和欧阳修所编的《新唐书·地理志》记载，从四川成都府出发，经双流县、新津县临邓、雅州（今雅安）、经荣溯州（今西昌）、会川（今会理）、渡金沙江、经弄栋（今大姚）、云南城（今祥云）、龙尾承（今下关）至阳直畔城（今大理），沿途共 51 个驿站，2934 里。境外余下自大理至缅甸和印度段，这一通道在历史上促进了沿途各地的经济、文化交流，影响颇为深远。古代"南丝路"上商道形成及其辐射区商业繁荣，还创造了丰富多彩的各种文化形态，主要表现在商贸文化的繁荣、盐铁文化的兴盛、青铜文化的回响和贝币文化的独行等。

尤其是货币文化一定程度上反映了当时商品交换的发展和繁荣，更为重要的是云南历史上流行的贝币和在东南亚国家的普遍使用，主要反映了："云南与东南亚是一个货币流通区，一个经济区。云南和东南亚、南亚的贝币，不仅来源、种类相同，而且计数单位也完全一致。这并非巧合，原因在于他们同属于同一货币文化圈。"② 物的交往必然伴随着文化的交流，从而促进经济文化的发展。古代西南地区的政权或经济文化中

---

① 林文勋：《南方丝绸之路的特征和历史启示》，《保山社会科学》2015 年第 1 期。

② 林文勋：《南方丝绸之路的历史特征及其启示》，《人民政协报》2014 年 10 月 13 日。

心，如川西的蜀国、川东的巴国、黔西北的夜郎国、滇东曲靖地区的滇国、滇西大理的南诏国等均建立在"南丝路"的要道上，并循"南丝路"的走向，商镇的兴起，形成市镇网络。与"南方丝绸之路"的大致走向一致，形成带状的集市甚至城镇，辐射连接成为经济走廊，由这种"交往效应"向四周扩散，进而形成较为发达的区域经济。而当今，在历史区域经济发展的基础上，沿着古老的"民族迁徙之路"，连接国内外，加强"孟中印缅经济走廊"建设，可以促进"南丝路"经济文化带再创辉煌。

## 二　"南丝路"上交汇融合的云南佛教

中国视域下的云南佛教，地处边疆民族地区地位重要，具有异域文化、中原文化、民族文化、本土文化交汇融合的显著特征。在中国佛教分布格局中，中国佛教主要由梵语系的汉传佛教、藏语系的藏传佛教和巴利语系的南传佛教组成。就其分布区域而言，汉传佛教主要集中分布于广大汉族居住区，藏传佛教主要分布于西藏、青海、云南（滇西北）、四川等藏族聚居区，南传佛教的传统分布空间主要集中在云南的西南部和西部地区。① 西汉开辟的"南丝路"，汉称"西南夷道"，也是一条"民族走廊"，"川西高原有一条民族迁徙路，它大致与后来从成都经过西昌到云南的商道吻合"②。它包括氐羌系统族群、藏缅语系中的各民族和百越系统族群以及孟高棉语族。这条"民族迁徙之路"连接沟通了西北氐羌民族和西南各族，促进了民族融合和经济文化的交流。

佛教传入已有千余年的历史，它对中外文化交流作出了重要的贡献：一是融印度佛教文化于中国文化之中；二是推动了中国文化的传播。③ "南丝路"是一条古朴古雅的文化交流纽带。中原文化对西南文化的巨大影响，亦是"南方丝绸之路"的功劳。与此同时，需要指出的是，"南丝路"的境外段、云南段、巴蜀段，更是印度文化传入西南地区的唯一重要通衢。西南地区是"中原文化和印度文化的交汇，由于中原文化和印

---

① 郑筱筠：《东南亚宗教对我国对外发展战略的影响》，《宗教周刊》2013 年 4 月 16 日。
② 朱昌利：《南方丝绸之路与中、缅、印经济文化交流》，《东南亚》1991 年第 3 期。
③ 周琦：《佛教与中外文化交流》，《东南文化》1994 年第 2 期。

度文化的影响，西南地区呈现出巫、道、佛、儒多种文化并行的格局"①。由此形成了西南地区多种文化交汇融合、交相辉映、各放异彩、多元一体的文化格局。

　　佛教传入云南的路径主要有三条：第一条是通过"南丝路""蜀身毒道"入滇的南传佛教；第二条是通过"五尺道"由蜀入滇的汉地佛教；第三条是由"茶马古道"从吐蕃传入滇的藏传佛教；三路传入对云南的社会经济文化变迁产生了广泛而深刻的社会影响。第一条是通过"南方丝绸之路""蜀身毒道"入滇的南传佛教。据《华阳国志·南中志》记载："永昌郡……有身毒之民"②，身毒之民就是缅甸人和印度人。现在遗存的剑川石窟就具有印度风格的雕塑"八方天王""细腰观音""象首身佛"等，而且由大理崇圣寺三塔出土的许多文物碑刻都是用印度梵文来刻记的。据考证，与梵僧进入西藏形成藏传佛教不同的是，进入南诏的梵僧融摄南诏地域文化，最终形成区别于藏密、也区别于汉传佛教密宗的滇密，这就是南诏大理国兴盛一时的阿吒力教。③ 南传佛教在西双版纳和德宏地区的发展变化情况可以分为两个时期。第一，佛教初传时期，时间大致在祖腊历初期至六百年之间（6世纪至12世纪）。第二，佛教繁衍时期，时间约在祖腊历六百年以后至现代（13世纪至现在）。④ 到了16世纪下半叶以后，即明朝中后期，临沧、沧源、双江、镇康、永德等地区均普遍信仰南传佛教，南传佛教在傣、佤、布依等民族中产生了深刻的影响。

　　第二条是通过"五尺道"由蜀入滇的汉地佛教。据李京《云南志略》记载：南诏第三代君主晟罗皮"开元之年（公元714年）遣其相张建成入朝，玄宗厚礼之，赐浮图像，云南始有佛书"⑤。这是目前文献中对中原佛教传入白族地区较早的记载；又据《册府元龟》记南诏入蜀"得僧、道工匠四千余人"⑥；元代郭松年在《大理行记》中对此作了生动的描述：

---

　　① 尤建民、唐楚臣：《南方丝绸之路与西南文化》，《云南社会科学》1988年第5期。

　　② （晋）常璩：《华阳国志·南中志》，上海古籍出版社1987年版。

　　③ 张泽洪：《中外文化传播视野中的阿吒力教》，《巴蜀文化研究集刊》（第七集），巴蜀书社2015年版，第302页。

　　④ 刀述仁：《南传上座部佛教在云南》，《法音》1985年第1期。

　　⑤ （元）李京：《云南志略》，云南民族出版社1986年版。

　　⑥ （宋）王钦若等：《册府元龟》，中华书局1960年版。

"此邦之人西去天竺为近，其俗多尚浮屠法，家无贫富，皆有佛堂，人不以老壮，手不失数珠，一岁之中斋戒几半。绝不茹荤饮酒，至斋乃已。沿山寺宇极多，不可殚纪。"① 汉地佛教遍及云南，信徒广泛，社会影响力大。

第三条是由"茶马古道"从吐蕃传入滇的藏传佛教。据《南诏野史》记载："梵僧达到洱海制罗刹。吐蕃和南诏建石宝山"②；《增订南诏野史》上卷又记："西僧赞陀崛多建鹤庆元化寺"③；《续云南通志长编》记："唐宋间传至云南之佛法当不止一宗派，而以阿叱力教（白密）为盛，阿叱力者，瑜珈密宗也，蒙段时期此宗最盛"④。公元 13 世纪，云南藏族、纳西族和普米族确立了封建农奴制，统治阶级借助藏传佛教来维持其统治，而佛教也要依赖封建农奴主在政治和经济上的扶持扩大其社会影响力。⑤ 藏传佛教主要分布在云南迪庆地区和丽江县以北各县等地。

云南自古以来就是少数民族聚居地区，佛教通过南方丝绸之路，将贝叶经传播进西南少数民族之中，由此衍生成具有民族特色的中国上座部佛教。南传佛教北上之路，对青藏高原、巴蜀地区、长江民族文化均有影响。历史上著名的南方之路，是贝叶文化进入中原的通道，贝叶经沿南方丝绸之路的传播，是佛教影响西南少数民族的重要途径。⑥ 信仰南传佛教的云南西双版纳傣族，至今保存着丰富的贝叶文化遗存，并形成具有民族特色的贝叶经制作工艺。贝叶经与"南丝路"和佛教三大部派都有密切关系，它不仅在南传佛教中有传播，在中土汉传佛教和藏传佛教中也有传播，时至今日，在四川峨眉山万年寺，福州鼓山涌泉寺等汉传佛教名山古刹，在西藏布达拉宫、甘肃拉卜楞寺、四川康区呷拖寺等藏传佛教名寺中，还珍藏着上千年的古本贝叶经，并被视为佛教文化之精品。在佛教东渐的历史进程中，贝叶经作为一种文化载体，发挥了传播佛教文化的重要作用。

---

① （元）郭松年：《大理行记》，云南民族出版社 1986 年版。

② （明）杨慎：《南诏野史》，云南人民出版社 1987 年版。

③ 《增订南诏野史》，云南人民出版社（木芹会证本）1990 年版。

④ 云南通志馆编：《续云南通志长编》，云南省志编纂委员会办公室 1985 年版。

⑤ 《云南省志》卷 66，《宗教志》，云南人民出版社 1995 年版。

⑥ 张泽洪：《贝叶经的传播及其意义——贝叶文化与南方丝绸之路》，《贵州民族研究》2002 年第 2 期。

## 三 "南丝路"上开放多元的云南佛教

世界视域中的云南佛教处于世界佛教文化的核心地带，具有显著开放多元的特征。云南是佛教传播地域的中心区域，堪称佛教的世界性传播在地域上的心脏之地。云南西面比邻佛教的发祥地——尼泊尔、印度，并与藏传佛教的本土——西藏相邻；南面与南传佛教的大本营——东南亚接壤，东面和北面与汉传佛教的大本营——中华大地紧密相连。这种地域特征与优势正是佛教三大语系教派得以交汇融合的地域渊源。① 如果我们站在全球宗教分布格局的角度来看，我们会发现中国南传佛教的分布区域处于东南亚南传上座部佛教的分布的边缘地带，是我国与东南亚南传上座部佛教文化圈的交汇处。② 云南所特有的地缘、族缘、亲缘、教缘和人文优势孕育产生了开放多元的云南佛教。

云南南传佛教与东南亚南传佛教一脉相传，同处于"南传上座部佛教文化圈"之中，这种天然的黄金纽带联系使双方的佛教文化交流源远流长。寻本溯源，云南与东南亚的南传佛教文化交流和泰、掸、老、傣等同族源文化圈的形成密不可分。据考证，泰、掸、老、傣等同族源文化圈的形成始于10世纪，至十三四世纪基本完成。此后，云南与东南亚的南传佛教文化交流就以民族文化传播为载体，绵延不绝。③ 楚雄大姚白塔和梵文砖的出现，可以看出古印度佛教由南方丝绸之路通过缅甸直接传入到南诏腹地。④ 云南福星——阿嵯耶观音"阿嵯耶"，是梵文"Acarya"的译音，意为范正行，可矫正弟子行为，轨范其行为的导师。阿嵯耶观音是南诏、大理国时期历史、宗教、文化的重要代表，是宗教和艺术的结晶、是大理本土崇拜的主要神祇。仅为南诏大理国的密宗阿吒力佛教所独

① 杨全：《从地域环境看云南佛教的殊胜国际地位》，云南省佛教协会与大理崇圣寺联合举办 2013 崇圣论坛。

② 郑筱筠：《东南亚宗教对我国对外发展战略的影响》，《宗教周刊》2013 年 4 月 16 日。

③ 梁晓芬：《云南与东南亚南亚的南传佛教文化交流》，《中国民族报》2013 年 11 月 12 日。

④ 肖林：《南方丝绸之路楚雄段论述》，载《南方丝绸之路研究论集》，巴蜀书社 2008 年版，第 185、186 页。

有。① 印度教的"摩诃迎罗"（大黑天神，其形有一面八臂和三面六臂，身青黑色），在西南一些少数民族供奉的神祇中可找到它的踪迹，至今在昆明的大灵庙祀，晋宁、安宁、姚安、剑川等地，均有同类的大黑天神石刻或石雕佛像。两千多年前，印度的岩画上就有龙的形象，至今缅甸、泰国、老挝、越南一些民族中也有文身刺龙习俗。

东南亚佛教圣地鸡足山。在佛教界被称为"迦叶入定、弥勒以待"的道场宾川鸡足山，是"南丝路"上佛教三大部派交汇之地和东南亚的佛教圣地。方国瑜先生在《云南佛教与政治发展》一文中写道："审之地理，则康藏喇嘛教，摆夷地锡兰教与内地之禅宗三路集中于鸡足山。明季以来，鸡足山为佛法圣地，三派宗匠会于此，振兴佛门，非一大喜事乎。"② 鸡足山上有禅僧、净土僧、华严僧、喇叭僧汇集一地，大理宾川鸡足山成为东南亚的佛教圣地，充分体现了云南边地佛教的兴盛。明代每年鸡足山朝山节期间，缅甸、泰国、老挝、朝鲜、马来西亚、日本、柬埔寨等国的僧俗信众纷纷前来礼佛叩拜华首。清代陈鼎《滇黔纪游》记载："僧人多数卷毛、勾鼻、深目、穿耳，他们在鸡足山的树巢树洞岩穴里修禅定习密法。在20世纪80年代保山发掘出戴帽的胡僧奏乐图陶俑，经考古专业人士考证，这是印度尼泊尔一带做生意信佛教，古印度境内一个民族的装束和生活写照。"③ 20世纪40年代，在鸡足山的楞严塔里，还散堆着无数页的梵文贝叶经，是珍贵的民族文化遗产，也是中外佛教文化交流的见证。傣族信众也有三年朝山习俗，他们来到空心树旁，虔诚地朝拜树洞供奉的佛像。敦煌发现宋代两封鸡足山邀请函（S.4632，P.3107）："谨请西南方鸡足山宾头卢颇罗堕和尚"④，这充分说明"南丝路"佛教与"北丝路"佛教是互有交往的。据到过鸡足山的一些藏传佛教高僧说，在明代，西藏就有了《鸡足山祈祷经》。据明代《徐霞客游记》记载藏密高僧朝圣的史实："二法王曾至丽江，遂至鸡足。"⑤ 鸡足山是藏民心中的

---

① 姚红梅：《云南福星——阿嵯耶观音》，《大理佛教》2013年第1期。

② 方国瑜：《云南佛教与政治发展》，载《方国瑜文集》（第2辑），云南教育出版社2001年版，第562页。

③ 大理州民宗局编：《世界佛教名山鸡足山》，陕西旅游出版社2007年版，第6、10、11、136页。

④ 同上书，第28、19、137页。

⑤ （明）徐霞客：《徐霞客游记·滇日游记》，云南人民出版社1985年版。

八大圣山神山，每逢农历鸡年更是热闹，藏民先礼叩华首门后又返回石钟寺拜卧佛。从唐代晚期至清代中期，水目山一直是滇西汉传佛教禅宗的传播中心。[①] 近代以来，虚云大和尚又在鸡足山兴建祝圣寺，重振禅宗祖庭。时至今日，鸡足山"山林佛教"[②] 正以独特的魅力吸引着中外游客和信徒。

## 四 "一带一路"中的云南佛教发展

云南佛教在"一带一路"中的战略支点地位。"一带一路"是"新丝绸之路经济带"和"21世纪海上丝绸之路"的简称。习近平主席提出与周边国家共同建设"一带一路"的战略构想，它包含连接以佛教为核心的东南亚文化圈，并利用南传佛教在东南亚有广泛信仰基础，更好服务于中国东南亚战略，加强区域一体化建设，筑牢周边战略依托。云南省地处西南边陲，边境线长4060多公里，与缅甸、老挝、越南三国接壤。东南亚傣族、泰族群体历史上都是从中国云南、广西迁移到东南亚半岛，与中国境内傣族有天然族缘和宗教缘。[③]"一带一路"国家战略构想，它承载着丝绸之路沿途各国发展繁荣的梦想，并赋予古老丝绸之路以崭新意义。"南丝路"沿袭着世界古老文明，联系着现代文明，牵动着亚洲命运共同体。把宗教和宗教文化这一独特的社会资源纳入"一带一路"国家战略命题中，云南佛教应作为战略支点回应现代文明对话。

云南佛教是与东南亚国家进行国民外交重要的载体。中国公共外交要以中华文化历史悠久、能量强大的宗教为资源，传播中国智慧、讲述中国故事、发出中国声音，使中国公共外交更加有声有色、深入人心。历史上，云南与东南亚国家之间的跨境民族、亲缘民族就以文化交流为平台，形成了鲜明的宗教跨境传播，跨民族、跨地域发展的特点使我们可以在文化交流的平台上建立宗教向心力，增强宗教的影响力度，以民间外交的方式建立各种途径的公共外交，不仅仅悬浮在政府和文化精英层面，而是真正落实到"草根"、落实到百姓、落实到信徒，这才是真正落到实处的外

---

① 管庆璋：《佛教圣地祥云水目山》，《大理佛教》2013年第1期。
② 释惟圣：《现代山林佛教：鸡足山佛教的特质与方向》，《大理佛教》2013年第1期。
③ 何亚非：《宗教是中国公共外交的重要资源》，《中国宗教杂志》2015年3月19日。

交影响力和文化影响力。① 宗教是中外文化交流的重要载体与精神纽带，佛教是化解世界性危机的重要之道。在国际交往中民间力量不可忽视，民间佛教团体和宗教人士所发挥的作用更不能低估，如果有这样一批带着和平友好，发扬玄奘精神的"民间外交家"来往于东南亚各国，作为文化使者传递着文明、化解着矛盾，为构建友好睦邻的国际关系贡献力量。

云南佛教是与东南亚国家进行文化交流的黄金纽带。宗教作为一种独特的文化软实力，可以在区位优势层面发挥极大的作用。佛教历来就是很天然的一个纽带，这个共同的文化基础、文化心理，用它来开展一些交流，大家都更容易接受。佛教在南亚、东南亚国家共同文化基础上有共同的文化心理。佛教作为古老丝绸之路上的文化之光，也是中华优秀传统文化不可分割的重要组成部分，体现了中华文化博采众长、包容开放的特点，在今天我国与'一带一路'沿线国家的人文交流一定能大有作为，为促进文明互鉴、人心相通作出新的贡献。② 当今，世界性危机包括：长久以来人类无限制地对生存环境进行掠夺式的开采以及无节制的废弃物排放所导致的生态危机；在资源紧缺以及生存发展需求双重压力下所导致的战争危机；过于追求物质发展所陷入的信仰危机。③ 云南民族众多、民族宗教文化资源极其丰富，佛教文化中的很多积极因素对于边疆民族地区的和谐稳定发展意义非同凡响。充分发挥云南佛教的文化战略意义，以佛教作为文化黄金纽带，让其助力对外关系发展，并助推与东南亚国家的经济文化交流。

云南佛教与东南亚佛教共同交流发展的优势：云南作为建设面向南亚东南亚辐射中心，正引领着云南经济社会实现新的跨越和腾飞，它必将促进云南佛教和东南亚佛教国家的经济文化交流发展。云南的区位优势、联通优势、平台优势、人文优势已经显现出来。区位优势：云南地处中国经济圈、东南亚经济圈和南亚经济圈的结合部，连接南亚东南亚国家，拥有面向"三亚"、肩挑两洋、通江达海的独特区位优势。"联通"优势：建设中国连接东南亚南亚的国际交通枢纽、实现彼此的"互联互通"是多

① 郑筱筠：《东南亚宗教对我国对外发展战略的影响》，《宗教周刊》2013 年 4 月 16 日。
② 《弘扬"丝绸之路"精神 服务"一带一路"战略》，《法音》2015 年第 6 期。
③ 中国佛教协会会长学诚法师：《第十二届联合国卫塞节国际佛教大会的讲话》，泰国摩诃朱拉隆功大学，2015 年 5 月 28 日。

年来云南省矢力冲刺的开放方略,目前已经初具雏形。公路、铁路均已形成了"七出省五出境"的交通网络,中越、中老、中缅、中缅印等五条出境公路正在形成。同时,云南依托长江、珠江、澜沧江、红河、伊洛瓦底江还构建了"两出省三出境"的水运大通道。昆明长水国际机场旅客吞吐量位居全国第四,机场网络发达。平台优势:在国家的支持下,云南省已经形成了多层次的展会、论坛、开发区等诸多开放平台,在推动中国与南亚、东南亚的合作交流方面日益发挥着重要作用。人文优势:国之亲,在于民相交。云南与南亚、东南亚国家山水相邻,友好关系久远。地缘相近,人缘相亲,商缘相通,具有人文交流的优势。在中国"一带一路"建设和中国"与邻为善,以邻为伴""睦邻、安邻、富邻"的周边外交方针政策中,云南有特殊的人文优势服务于国家战略。

# 结 论

基于宗教地理学的视角,佛教文化一直是云南与南亚、东南亚国家交往联系的天然桥梁和纽带。在世界格局中和中国视域中的云南佛教荟萃了三大部派,从地理空间上看由三部分构成,以云南南部和中部为中心的南传上座部佛教、以云南西北部为中心的藏传佛教和以云南中部为中心的禅宗、密宗。而云南是南传上座部佛教至今在中国仅存的盛行地区,具有浓郁的地方特色,这使得其成为云南佛教别具特色的组成部分。云南与东南亚具有天然的地缘、族缘、亲缘、教缘和人文优势,沿"南丝路"的北上南传佛教纵深辐射传播,从印度经孟加拉、泰国、缅甸传入云南德宏、腾冲、保山,旁及西双版纳、临沧等地,沿"五尺道"传播的汉传佛教先入滇东北、滇中,随后遍及云南,沿"茶马古道"传播的藏传佛教在滇西北地区比较盛行。在"一带一路"国家战略发展中,云南佛教深厚的历史底蕴和独特的地缘环境为开创美好未来打下了良好的基础。

基于多元文化理论和文化圈视角,云南由于地处中南半岛与中国内地的交汇地带及民族文化交流因素,成为一个多元文化的大熔炉,形成一种多元佛教宗教文化。东南亚佛教文化圈可以使云南这一少数民族杂居的地区,依靠这种文化认同,增进与缅甸等国家的了解和交流,推动彼此的文化交流，从而促进中国与周边共同信仰南传上座部佛教国家的交流与合作，为中国的发展营造良好的周边环境。中华文明是亚洲文明的重要组成部分，在亚洲文明中有着举足轻重的历史地位。中国的儒家文明对东亚乃至整个亚洲文明进程有着重大历史影响，中国要参与世界文明的新建构。① 费孝通先生曾提出"中华民族的文化多元一体格局"② 的理论，云南佛教文化是中华民族优秀传统文化的重要组成部分，在亚洲命运共同体可以担负重要的角色。

基于历史和现实的视角，宗教历来是中外文化交流的重要载体与精神纽带。举世闻名的"南丝路"不仅是一条贸易之路、文化之路、和平之路，亦是一条名副其实的信仰之路。宗教有增进国际交往、促进祖国统一的作用。通过宗教界的国际友好交往，与国外宗教界人士和宗教徒开展联系，增进了解，加强合作。赵朴初居士将之誉为"黄金纽带"关系。③ 云南与东南亚、南亚的佛教文化交往为中国与东南亚、南亚国家之间的交往搭建了桥梁，发挥了文化纽带的积极作用。基于现实，运用宗教"文明互鉴论"，搭建佛教文化交流黄金通道。习近平主席在联合国教科文组织总部发表有关人类文明交流互鉴的演讲："文明因交流而多彩，文明因互鉴而丰富；文明交流互鉴，是推动人类文明进步和世界和平发展的重要动力"④ "文明互鉴论"是一个新的提法，是新形势下对"宗教和谐论"的发展。"一带一路"国家战略是对古丝绸之路的传承和提升，贯穿欧亚大陆，东连亚太经济圈，西连欧洲经济圈。"一带一路"源于亚洲、依托亚洲，周边国家是中国外交的优先方向，开展亚洲文明对话具有重要意义。推动不同文明、不同宗教交流互鉴，促进地区宗教关系和谐发展势在必行。⑤ 世界视域的云南佛教处于世界佛教文化的核心地带，中国视域下的云南佛教地处边疆民族地区地位重要，处于"一带一路"中的战略支点地位。云南佛教具有异域文化、中原文化、民族文化、本土文化交汇融合

---

① 翟奎凤：《亚洲文明对话：世界性精神信仰大多诞生于亚洲》，《大公佛教》2015 年 7 月 2 日。

② 费孝通：《中华民族的文化多元一体格局》，《北京大学学报》1989 年第 4 期。

③ 萧霁虹、吴文光：《云南与东南亚佛教在建设中的影响》，云南省佛教协会与大理崇圣寺联合举办 2013 年崇圣论坛。

④ 习近平：《在联合国教科文组织总部的演讲》，《人民日报》2014 年 3 月 28 日。

⑤ 张二平：《打造丝绸之路宗教交流黄金通道》，《中国宗教》2015 年第 3 期。

开放多元的显著特征。"南丝路"是最早开放的经济文化之路,它开宗教文化之路,创文明对话之先。"南丝路"上的云南佛教所拥有的地缘、族缘、亲缘、教缘、区位优势、联通优势、平台优势、人文优势,以及它所具有的开放兼容性、文化传承性、文明多样性、现实借鉴性,是云南与东南亚佛教国家交流的宝贵社会资源,它有利于提高中国文化的软实力和增强对东南亚佛教国家进行文明对话的影响力。

**参考文献:**

[1] (晋) 常璩:《华阳国志·南中志》,上海古籍出版社 1987 年版。

[2] 刀述仁:《南传上座部佛教在云南》,《法音》1985 年第 1 期。

[3] 大理州民宗局编:《世界佛教名山鸡足山》,陕西旅游出版社 2007 年版。

[4] 方国瑜:《云南佛教与政治发展》,《方国瑜文集》(第二辑),云南教育出版社 2001 年版。

[5] 费孝通:《中华民族的文化多元一体格局》,《北京大学学报》1989 年第 4 期。

[6] (元) 郭松年:《大理行记》,云南民族出版社 1986 年版。

[7] 翟奎凤:《亚洲文明对话:世界性精神信仰大多诞生于亚洲》,《大公佛教》2015 年 7 月 2 日。

[8] 管庆璋:《佛教圣地祥云水目山》,《大理佛教》2013 年第 1 期。

[9] 何亚非:《宗教是中国公共外交的重要资源》,《中国宗教杂志》2015 年 3 月 19 日。

[10]《弘扬"丝绸之路"精神 服务"一带一路"战略》,《法音》2015 年第 6 期。

[11] 翟奎凤:《亚洲文明对话:世界性精神信仰大多诞生于亚洲》,《大公佛教》2015 年 7 月 2 日。

[12] 林文勋:《南方丝绸之路的特征和历史启示》,《保山社会科学》2015 年第 1 期。

[13] 林文勋:《南方丝绸之路的历史特征及其启示》,《人民政协报》2014 年 10 月 13 日。

[14] (元) 李京:《云南志略》,云南民族出版社 1986 年版。

[15] 梁晓芬:《云南与东南亚南亚的南传佛教文化交流》,《中国民族

报》2013 年 11 月 12 日。

[16] 释惟圣：《现代山林佛教：鸡足山佛教的特质与方向》，《大理佛教》2013 年第 1 期。

[17] 习近平：《在联合国教科文组织总部的演讲》，《人民日报》2014 年 3 月 28 日。

[18] 肖林：《南方丝绸之路楚雄段论述》，《南方丝绸之路研究论集》，巴蜀书社 2008 年版。

[19]（明）徐霞客：《徐霞客游记·滇日游记》，云南人民出版社 1985 年版。

[20] 萧霁虹、吴文光：《云南与东南亚佛教在建设中的影响》，云南省佛教协会与大理崇圣寺联合举办 2013 年崇圣论坛。

[21] 习近平：《在联合国教科文组织总部的演讲》，《人民日报》2014 年 3 月 28 日。

[22] 尤建民、唐楚臣：《南方丝绸之路与西南文化》，《云南社会科学》1988 年第 5 期。

[23]（明）杨慎：《南诏野史》，云南人民出版社 1987 年版。

[24] 云南通志馆编：《续云南通志长编》，云南省志编纂委员会办公室 1985 年版。

[25]《云南省志》卷 66《宗教志》，云南人民出版社 1995 年版。

[26] 杨全：《从地域环境看云南佛教的殊胜国际地位》，云南省佛教协会与大理崇圣寺联合举办 2013 年崇圣论坛。

[27] 姚红梅：《云南福星——阿嵯耶观音》，《大理佛教》2013 年第 1 期。

[28] 郑筱筠：《中国南传佛教研究》，中国社会科学出版社 2012 年版，第 27 页。

[29] 郑筱筠：《东南亚宗教对我国对外发展战略的影响》，《宗教周刊》2013 年 4 月 16 日。

[30] 朱昌利：《南方丝绸之路与中、缅、印经济文化交流》，《东南亚》1991 年第 3 期。

[31] 周琦：《佛教与中外文化交流》，《东南文化》1994 年第 2 期。

[32] 张泽洪：《中外文化传播视野中的阿吒力教》，《巴蜀文化研究集刊》（第七集），巴蜀书社 2015 年版，第 302 页。

［33］《增订南诏野史》，云南人民出版社（木芹会证本）1990 年版。

［34］张泽洪：《贝叶经的传播及其意义——贝叶文化与南方丝绸之路》，《贵州民族研究》2002 年第 2 期。

［35］中国佛教协会会长学诚法师：《第十二届联合国卫塞节国际佛教大会的讲话》，泰国摩诃朱拉隆功大学，2015 年 5 月 28 日。

［36］张二平：《打造丝绸之路宗教交流黄金通道》，《中国宗教》2015 年第 3 期。

# 试论云南南传佛教文化圈的形成[*]

## 梁晓芬

何谓"云南南传佛教文化圈"？如何界定"云南南传佛教文化圈"的内涵和外延？"云南南传佛教文化圈"形成于何时？"云南南传佛教文化圈"的发展脉络如何？这是云南南传佛教发展史上不能回避的重要问题。本文试图对上述问题进行探讨并就教于方家。

## 一 题解

本文所谓"云南南传佛教文化圈"，指的是在傣泰族群文化交流互动中逐渐形成的，以云南傣族为主体信仰民族，并辐射到布朗、德昂以及部分阿昌、佤、彝族等少数民族之中；以傣文为主要经典文字，以德宏、临沧、普洱、西双版纳滇西南弧形地带为主要信仰区域的南传佛教文化圈，属于"东南亚南传佛教文化圈"的不可或缺的组成部分。由此可见，云南南传佛教文化圈形成所包含的几个要素为：一是信仰民族以傣族为主，兼及布朗族、德昂族和部分阿昌族和佤族；二是信仰区域是以西双版纳、德宏为中心，包括保山、临沧、普洱滇西南一带；三是其经典为傣文转写的巴利语系三藏经；四是其文化属性为"东南亚南传佛教文化圈"的一部分。本文正是紧扣上述四个要素来探析"云南南传佛教文化圈"形成

* 本文系国家社科基金项目《云南南传佛教史研究》（批准号：12CZJ004）的阶段性成果。

的历史脉络。

## 二 南传佛教在云南傣族地区的传播

南传佛教传入云南之后，主要流传区域为今西双版纳、德宏、普洱、临沧和保山等傣族地区。就其教派而言，分为润、多列、摆庄、左抵四派，各教派教义教制基本相同，主要是戒律上有宽严之别，诵经上有高低快慢之分。这些派别在传入云南以前就已形成，就其在傣族地区的传播情况来看，先传入西双版纳地区，再传入德宏地区，接着传入临沧地区，最后传入普洱地区。

### （一）南传佛教在西双版纳傣族地区的传播

据傣文史料记载，南传佛教最先传入云南西双版纳傣族地区，传入教派为润派，而且传入时代早于其他各派。依据傣文手抄本《佛陀之教圣事大记》一书的记述，润派佛教最初由斯里兰卡传入兰那，再由兰那（勐润）传入缅甸的景栋等地，随后传入我国云南西双版纳地区。据刀述仁先生考证，祖腊历七百二十年（1369 年），莲花塘寺派（摆坝）以雅那卡皮拉（Yanakapila）长老为首的七百僧侣从清迈到了缅甸景栋宣教，建立了景栋城区的第一所佛寺——宝象寺（瓦章皎 Vazhangjiao），然后进入西双版纳的西定布朗山区和勐遮、勐海、勐混等傣族坝区。花园寺派（摆孙）以西卡班若（Hikabanro）长老为首的一批僧侣，继莲花塘寺派僧人之后来到景栋宣教，建立了景栋城区第一所花园寺派佛寺——红林寺（瓦罢良 Vabalian），并于祖腊历七百三十四年（1373 年）传入西双版纳的大勐龙、景洪、勐罕等澜沧江沿岸傣族地区。[①] 据此可知，公元 14 世纪，上座部佛教由勐润（今泰国清迈一带）传入西双版纳，并随之传入泰泐文（兰那文）书写的佛经，此即最先传入我国云南西双版纳地区且至今仍为人们所信奉的润派佛教。

从明代傣族史籍记载来看，云南西双版纳傣族地区最早成为了南传佛教的弘法中心。自明初至明中叶，即第十二世土司奢陇法（1428 —1457年）在位时，在西双版纳境内兴建了一批佛寺。傣族史籍《泐史》曾载：

---

① 刀述仁：《南传上座部佛教在云南》，《法音》1985 年第 2 期。

"奢陇法居那闷竜不久，即放弃该地。藉口取便接近孟琏，遂进驻猛遮①，自以猛遮为食邑，筑佛寺、佛塔于猛遮之最高点，名之曰'山城'，而自称曰闷龙先偼。"②

西双版纳傣族地区普遍信奉南传佛教，当在明朝中叶。据《泐史》所载，明天顺元年，三宝历代被推为十三世祖时（公元1457年袭位），"人民群诣佛寺，面对佛像、佛经、主持三个佛之代表者宣誓，并将誓词铭镌寺中，一部分贴金，一部分贴银。礼毕，大家遂各归本土安居"③。由此可见，至明代中期，南传佛教已经普遍流行于西双版纳傣族地区。

### （二）南传佛教在德宏傣族地区的传播

据目前可靠史志文献来看，南传佛教在德宏傣族地区的传播当稍晚于西双版纳傣族地区。南传佛教传入德宏傣族地区，是与历史上德宏地方政权的需要紧密相连的。14世纪初，麓川路总管思可法兴起，并吞诸路，建立云南西部傣族地区的封建领主政权——果占壁土朝。明洪武十七年（1384年），思可法之孙思伦法即位，归顺了明朝廷，被封为宣慰使，兼统麓川平缅两地。《百夷传》载其疆域为：百夷即麓川、平缅也，地在云南西南，东接景东府，东南接车里，南至八百媳妇，西南至缅国，西至戛里，西北接西天古刹，北接西番，东北接永昌。可见当时的麓川王朝已完成了云南西部傣族社会的统一大业。思伦法为了巩固其统治，引进南传佛教，作为加强封建统治的精神支柱。据《明史·云南土司传·麓川》载："初，平缅（今德宏地区）俗不好佛，有僧至自云南，善为因果报应之说，伦法信之。又有金齿戎率逃为其境能为火铳火炮之具，伦法善其技能，俾系金带、与僧位诸部长上。"④ 民族史学家尤中先生考证说："既有至自云南者，必然也有至自缅甸者，则思伦法时，今德宏地区始传入佛教。"⑤ 又据《南甸司谱》记载，明正统十年（1445年），"三宣首长会于司属勐练寺"，可见当时南传佛教已经传入当时的南甸宣抚司境内。另有《西南夷风土记》载："俗尚佛教，寺塔遍村落，且极壮丽，自缅甸以下，

---

① 猛遮即今勐海勐遮。
② （民国）李拂一编译：《泐史》，国立云南大学西南文化研究室印行1947年版，第10页。
③ 同上书，第3页。
④ （清）张廷玉：《明史》卷315，《云南土司传》，中华书局1983年版。
⑤ 尤中：《云南民族史》，云南大学西南边疆历史研究所编印1985年版，第146页。

惟事佛诵经。俗不杀生，所以鸟兽与人相狎。凡有疾病，祝佛以僧代之，或一年二年三年，募人为之。"① 据此可知南传佛教普遍流传于德宏傣族地区，当在明朝中叶。

### （三）南传佛教在临沧地区的传播

南传佛教传入临沧地区的时间较德宏地区稍晚，为 15 世纪末期。据史料记载，明成化九年（傣历 835 年，公元 1473 年），南传佛教由今缅甸掸邦的勐艮（现景栋）地区传入耿马。当时正是耿马土司罕边法在位，有忙雨寨百姓波岩望等四人（傣族）到缅甸勐艮经商，参与赌博，银钱输光。四人闲游至勐坑一佛寺，听得诵经之声抑扬优雅，乃访该寺长老，长老告以佛教的诸多好处，波岩望等即向长老求得佛像一尊，并由英达、转达二位佛爷护送至耿马。土司甚喜，即于公元 1473 年（傣历 835 年）建寺于东门外之半满燕。八年之后，佛教又传播到耿马的勐角董、勐撒、勐永、勐定等地。

至明嘉靖二十七年，即公元 1548 年（傣历 910 年），耿马土司罕庆法时，迁至山顶建盖景戈大佛寺（汉译为蚌佛寺），后又称大白塔佛寺（在今耿马中学后山上）。随后又在城东北环东南方修建了袜广、袜蝶、袜允相、袜回坎等一批佛寺。至土司罕朝瑷以后，又建袜坎（睡佛寺）、袜墨（小街佛寺）、袜勒（甘东寺）、袜楞（官佛寺）、袜东户（野佛寺）、袜吾（观音阁佛寺），于是佛教就逐渐在耿马县的傣族、佤族、布朗族、德昂族地区传布开来。其后，临沧、沧源县境内的傣、佤族等也接受了上座部佛教。② 16 世纪下半叶以后，临沧、沧源、双江、镇康、永德等县的傣族、布朗族以及部分佤族也接受了南传佛教。③ 表明南传佛教在耿马地区传播之盛。

### （4）南传佛教在普洱地区的传播

南传佛教传至孟连当在 15 世纪末（明宪宗成化十七年，公元 1481 年）。

---

① （明）朱孟震：《西南夷风土记》，见方国瑜主编《云南史料丛刊》（第 5 卷），第 491 页。

② 颜思久主编：《云南省志》卷 66，《宗教志》，云南人民出版社 1995 年版，第 24 页。

③ 颜思久：《耿马县小乘佛教》，载《云南少数民族社会历史调查资料汇编》（五），云南人民出版社 1991 年版，第 344 页。

据《孟连傣族土司的历史》载："第九代土司刀派忠也叫刀派清，这时由
于孟连的强盛，过往客商很多。传说缅甸佛教盛行，孟连也想兴办佛教，
就由几个大头人在傣历八四三年（公元 1481 年），由派法格、召朗巴嫩、
法朗昏那哈丕、叭官龙四大头人为首，共领兵二十二人，随从二、三十
人……还带上银钵、金钵各一个，银瓢四把，银刀四把，缎子十匹……前
往勐安瓦（即缅甸景栋），送给当地的土司。土司接待了客人以后，回送
了大象两对、经书三本、菩萨四尊，还有接菩萨时应用的仪仗工具：红白
旗子各四面，金伞十二坝，佛教用的标刀、标枪、标矛、蚌壳等，吹得喇
叭，等等，全部交给了孟连头人们。孟连头人们接受了上述东西，就高高
兴兴地回到了孟连，盖了缅寺，建立了佛堂，让群众来滴水赕佛。此后民
心更安定了。"①

大约在明末清初，南传佛教传至景谷傣族聚居区。据《威远厅志》
载："大缅寺在威城（即今景谷县城）北门外，寺内有缅僧百余人，皆薙
发，用黄布裹身，名缅和尚。寺中塔二座，高三丈余，昔土官刀汉臣所建
（按：刀汉臣在清顺治初年为景谷土司），左塔中生缅树，其枝从石缝周
围伸出，枝叶甚茂，塔石不崩，至晚上众鸟聚集欢鸣于上，缅僧皆奇焉，
名曰塔树，至今犹然。"② 从这则史料来看，南传佛教传入景谷傣族地区
当为 17 世纪中期。

傣族是云南南传佛教的主体信仰民族，西双版纳、德宏、临沧、普洱
是云南傣族的主要分布区，在傣泰族群源远流长的民族文化交往中，云南
傣族深受东南亚南传佛教的浸润，上述云南傣族地区先后接受了南传佛教
信仰，标志着云南南传佛教文化圈已初具雏形。

## 三　南传佛教在云南其他民族中的传播

在傣族政治、经济及文化的直接影响下，聚居在西双版纳、德宏、临
沧、普洱等地的布朗族、德昂族以及部分阿昌族、佤族等也逐渐接受南传
佛教，信仰南传佛教的民族和区域呈现出历史性拓展。

---

① 参见《孟连傣族土司的历史》，载《思茅玉溪红河傣族社会历史调查》，云南人民出版
社 1984 年版，第 23 页。

② （清）谢体仁纂修：（道光）《威远厅志》。

### （一）南传佛教在布朗族中的传播

布朗族主要聚居于今西双版纳地区勐海县的布朗山、巴达、西定、打洛与普洱地区澜沧县的曼景等地，另有散居于临沧地区的双江、永德、镇康、耿马等县区。据史所载，唐代滇西、滇西南称布朗族为"朴子蛮""蒲蛮"者，唐樊绰《蛮书》卷四载："朴子蛮……开南、银生、永昌、寻传四处皆有，铁锹西北边沿澜沧江亦有部落。"元明时期，"蒲蛮"主要分布在顺宁、永昌及西双版纳一带；至清代，记载较多，如《清职贡图》载："蒲人即蒲蛮。……今顺宁、澄江、镇沅、普洱、楚雄、永昌、景东七府有此种。"

在西双版纳布朗族聚居区，南传佛教何时传入？从何地传入？说法不一。据布朗山曼兴龙村人说佛教是从缅甸班莽传入，故至今仍去班莽拜佛。[1] 据调查，今勐海县西定区的章朗佛寺已有 720 余年的历史。[2] 另据布朗山老曼峨寨佛寺的一部佛经记载，相传曼峨布朗山寨的南传佛教是由勐混曼蚌寨子的傣族僧侣先后四次渐次传入的。第一次是曼峨建寨之初，信鬼神而不信佛教，曼蚌佛寺 1 位松列（南传佛教僧阶中高级僧侣）带了 27 个"帕朗"（南传佛教僧阶中最低一级）来曼峨传教；第二次是松列死后，曼蚌佛寺 1 位名"维里牙"的松列带了 26 个帕朗来曼峨传教，宣传南传佛教"五戒"基本教义；第三次是曼蚌佛寺一位松列名"帕丙召"带了 21 个帕朗来曼峨为布朗族除"密叉"（鬼）传教；第四次是"帕丙召"死后，曼蚌佛寺一位名为"帕召宰维"的"帕召祜"和一位名为"玛哈沙弥"的佛爷带了 16 个帕朗来为曼峨布朗族消除"密叉"并传教。[3] 经过上述曼崩佛寺几位大佛爷的反复宣扬，曼峨寨布朗族逐渐接受了南传佛教信仰。

在布朗族散居区双江县，据考证，傣历 842 年（明成化十六年，公元 1480 年），勐勐（今双江）土司罕廷发遣 18 名头人到孟艮（今缅甸景

---

① 参见《西双版纳布朗族社会概况》，载《布朗族社会历史调查》（三），云南人民出版社 1986 年版，第 52 页。

② 参见《勐海县西定布朗族社会历史调查》，载《布朗族社会历史调查》（一），云南人民出版社 1981 年版，第 4 页。

③ 杨毓才、杨毓骧、王树五等：《勐海县布朗山老曼峨布朗族社会历史调查》，载《布朗族社会历史调查》（二），云南人民出版社 1981 年版，第 98 页。

栋），迎请佛爷和经书，自此南传佛教开始传入勐勐土司领地。受傣族的影响，后来，勐勐领地内的布朗族和部分佤族、彝族就逐渐接受了南传佛教信仰。[①]

普洱地区澜沧县糯福区的布朗族聚居区主要集中在谦六、文东、糯福三个地区，与勐海县的巴达、布朗山连成一片。糯福布朗族原属景洪土司管辖，后来景洪土司将女儿嫁给孟连土司，就将糯福作为陪嫁品送给了孟连土司。据缅甸大芒点佛寺和糯福曼井佛寺的石刻记载，南传佛教从缅甸传入，糯福布朗族信仰南传佛教已有 500 余年历史。[②]

### （二）南传佛教在德昂族中的传播

德昂族主要散居在德宏地区的潞西、梁河、盈江、瑞丽、陇川等县以及临沧地区的镇康、耿马、永德等县。关于南传佛教传入德昂族地区的时间，仅散见于一些零星的历史文献记载。

依据田野口述史，相传摆奘派是最先进入德宏陇川地区的南传佛教教派，是由陇川章凤镇勐嘎寨的德昂族商人相过引入的，他在南坎（今缅甸）经商时，见南坎已有五尊佛像，求之不得，便盗佛像一尊背回勐嘎，建佛寺供奉，该寺被称为"奘[③]相过"。相过辞世后，那尊佛像被移至姐海寨，后来再移至城子佛寺。[④]

据傣文史料《厍本勐宛》（《陇川史》）记载："佛历 1580 年（公元 1036 年），'莽达良'在陇川曼弄塑佛像三尊，大象一头。"[⑤]"莽"，在傣语、缅语和德昂语中，均为"王"之意。"达良"为德昂族先民的一个支系，"莽达良"即为德昂达良人之王，如果这则史料属实，则说明南传上座部佛教于公元 11 世纪就传入陇川，最先在德昂族中传播。

---

① 参见《双江文史资料》（内刊）第 1 辑，第 18 页。

② 参见《澜沧县糯福区布朗族调查》，载《布朗族社会历史调查》（三），云南人民出版社 1986 年版，第 36—37 页。

③ "奘"，系德昂族语，意即佛寺，后为缅族、傣族等引用。

④ 该说法为张建章采访陇川县景罕佛寺长老伍雨吉达和缅甸洋人街佛寺长老苏曼腊的口述史料，参见张建章《德宏宗教——德宏傣族景颇族自治州宗教志》，德宏民族出版社 1992 年版，第 120 页。

⑤ 参见《厍本勐宛》（即《陇川史》），拜甘（傣）收藏，俊孟（傣）译，李绍成整理校注，载《陇川县文史资料选辑》（三），德宏民族出版社 1992 年版。

另据《左底教史》[①] 记载，左底教派于 15 世纪中叶传入德宏。主要流传于潞西县坝区傣族村寨和与之毗邻的瑞丽县姐勒乡德昂族聚居地带，最早在龙江西岸的雷列修建佛寺，至今留有雷列佛寺遗址。据《德昂族简史》记载："山顶有一块四五亩的平地，雷列佛寺即建立于此。主房面积约 150—180 平方米，正面由打制工整、长 70—80 厘米的石条砌成一米多高的基石（不包括地下部分），有直径 50 厘米左右的鼓形墩柱，说明原来的柱子很粗大，是比较好的建筑物。这座佛寺最兴旺时，和尚达到四、五百人，但到清代后期随着德昂人迁离而逐渐衰落。到 21 世纪初已经完全倒塌为废墟。"[②]

### （三）南传佛教在阿昌族中的传播

阿昌族主要聚居于云南德宏地区陇川县的户撒以及梁河县的遮岛、大厂等。其中，户撒地区阿昌族全民信仰南传佛教，信仰的主要教派有"瞒""润""多列"和"左抵"四派。目前学界对南传佛教传入户撒阿昌族地区的时间和路线尚无定论，一种观点认为阿昌族地区早期的南传佛教系公元十世纪左右由缅甸的孟人、缅人传入[③]，另一种观点以阿昌族地区现存的寺塔建筑大多保持了明清时期南传佛教的风格特点为由，认为南传佛教于明清时期传入阿昌族地区。

据《陇川史》记载，15 世纪时，第七代陇川土司多三召"带领百姓生产、赕佛、做摆，佛事活动比过去多，人们争相做大摆""多三诏时代，一年十二个月，每月都有佛事活动"[④]。表明公元 15 世纪时期，南传佛教在德宏陇川傣族地区发展较快，宗教节庆活动频繁。据此推论，当时受傣族麓川政权统辖的阿昌族在傣族的影响下接受南传佛教信仰也是可能的。

此外，明朝势力进入户撒之后，统治者在当地修建了道教、汉传佛教

---

① 《左底教史》为依据芒市镇东里思华章保存的缅甸录制的傣语录音磁带整理而成，参见张建章《德宏宗教——德宏傣族景颇族自治州宗教志》，德宏民族出版社 1992 年版。

② 参见《德昂族简史》，云南教育出版社 1986 年版，第 39 页。

③ 参见《库本勐宛》（即《陇川史》），拜甘（傣）收藏，俊孟（傣）译，李绍成整理校注，载《陇川县文史资料选辑》（三），德宏民族出版社 1992 年版。

④ 张建章：《德宏宗教——德宏傣族景颇族自治州宗教志》，德宏民族出版社 1992 年版，第 118 页。

合一的官方寺院——黄阁寺。但是它的修建和百姓对它的朝拜并不顺利。在阿昌族地区流传着很多小白龙、金鸡、鬼神阻挠黄阁寺及朝拜修建的故事。① 在南传佛教地区，信众都认为小白龙、金鸡等动物是佛教吉祥物，鬼神则是原始宗教的代表，这些故事传说可以理解为在明王朝的势力进入户撒之前，南传佛教就已经传入了户撒地区并获得了一定发展。因此，当以汉族为主的道教、大乘佛教进入户撒地区时，就受到了南传佛教、原始宗教势力的强烈排斥与抗拒。

### （四）南传佛教在佤族中的传播

佤族主要聚居于普洱地区的西盟县以及临沧地区的沧源县，其余散居于孟连、澜沧、耿马、双江、永德、镇康等县，西双版纳州和德宏州的部分地区也有少数佤族居住。佤族分布区的主要特点是：傣族居于坝区，汉族居于城镇，佤族和其他民族居于山区。信仰南传佛教的佤族主要集中在临沧地区的沧源县。

佤族信仰南传佛教主要是受傣族的影响。据历史所载，在一百多年前，班老、永邦两地区的佤族已开始信仰南传佛教，而班洪、勐角等地区的佤族信仰佛教则大约是 20 世纪初期的事。② 班洪寨佤族的佛教信仰自班莫传入，由于班洪寨是胡姓官家所在地，故班洪寨的佛寺亦称官佛寺，其长老是班洪部落最大的长老，其他各佛寺皆归班洪官佛寺和其长老管辖。③ 自此，南传佛教以班莫为中心，逐渐向忙脑、甘勐、娜底、营盘、班搞、班老一带发展。

综上所述，至明末清初，南传佛教信仰已经在西双版纳、德宏、临沧、普洱等傣族地区广为流传并逐渐发展形成了两个云南南传佛教弘法中心：一是以西双版纳傣族地区为主的佛教中心；二是以德宏傣族地区为主

---

① 小白龙、金鸡、鬼神阻挠黄阁寺修建及朝拜的故事主要有《黄阁寺的传说》《黄阁寺的传说（1—3）》，参见曹先强著《阿昌族文化大观》，云南民族出版社 1999 年版，第 185—187 页；陇川县文化馆编印《阿昌族民间故事——陇川少数民族民间文学资料第一辑》，内部发行资料 1982 年版，第 30—45 页。

② 参见杨毓骧《沧源县宗教情况》，载《佤族社会历史调查》（二），云南人民出版社 1983 年版，第 54 页。

③ 参见胡中良等《沧源县班洪寨社会调查》，载《佤族社会历史调查》（二），云南人民出版社 1983 年版，第 17 页。

的佛教中心。这两个佛教文化中心渐次辐射到普洱、临沧等区域的傣族、布朗族、阿昌族、德昂族、佤族等民族之中，最终形成了以傣族为主体信仰民族，以傣文为主要经典文字，以滇西南弧形地带为主要信仰区域，在地理和文化上与东南亚南传佛教文化圈连成一片的云南南传佛教文化圈。从此，巴利语系的南传佛教与汉语系的汉传佛教以及藏语系的藏传佛教共同构成了完整的中国佛教体系。

## 四 结论

笔者认为，明末清初，随着南传佛教在云南不同地域、不同民族中的发展演化，独具地域性和民族性特色的云南南传佛教文化圈逐渐形成，奠定了云南南传佛教传播发展的基本格局。有清一代，是云南南传佛教发展史上的鼎盛期，也是云南南传佛教文化圈获得进一步发展的重要历史时期，在整个云南南传佛教文化圈中，不同区域的南传佛教发展并不同步，西双版纳地区最早进入鼎盛期，德宏地区稍晚，临沧和普洱地区最晚。总之，云南南传佛教文化圈是东南亚南传佛教文化圈一个不可或缺的组成部分，云南与东南亚的南传佛教文化交流源远流长，共同弘传着南传上座部佛教的法脉。

# 从阿昌族"包摆"现象看南传佛教商业化之端倪

熊顺清

## 一 "包摆"现象及南传佛教商业化之端倪

南传佛教又称上座部佛教或巴利语系佛教，是我国三大佛教派系之一，它与北传汉语系佛教和藏语系佛教构成我国佛教的完整体系。南传佛教主要为滇西南边境地区的傣族、布朗族、阿昌族、德昂族、佤族等一些少数民族所信仰。

"摆"一词源于缅语"pwe"，意为（佛教）节庆活动。在滇西边境的傣族和阿昌族地区，凡属于地区性的佛塔，每年至少要举行一次"摆"。阿昌族的佛塔春季和秋季各举行一次"摆"。其中秋季举行的"摆"规模宏大、场面热闹，是集宗教、商贸和娱乐为一体的大型活动。除了神圣的佛塔膜拜仪式外，这个活动更像是乡村商品展销会，商贩云集，比平时赶集热闹得多。人们围着佛塔载歌载舞，给现场增加了许多热闹的气氛。这种热闹的氛围会引发人们消费的欲望，因此商贩们都热衷于参加这样的盛会。商贩们或乡民们在佛塔周围的小摊上销售着各种各样的商品。在这种场合时常可以看到一些贫苦的人们在那里卖一些自种或山上采摘来的蔬菜水果，或是自制的工艺品以及生活生产用品。过去人们在那里占位摆摊虽然要付一定费用，但是没有固定的收费标准，给多给少全凭摊主自愿，给钱给物都可以。赶摆期间，组织活动的一方安排一些人敲锣打鼓地到各摊位"拣功德",人们根据销售情况进行施舍,通常,生意好的摊主施舍的会多一些,有的摊主给钱,有的就用自己销售的商品作施舍。然而,近年来,随着市场经济的发展,出现了"包摆"的现象,即某个人或商家把摆场的经营权整体承包下来,然后出租给各个商贩,那些无力支付租金的贫民就遭到了排挤。这种利用佛教资源获取利益的行为深受本地人的鄙夷,因此,"包摆"的人通常是不信仰南传佛教的外地人,本地人鲜有从事此行当者。

"包摆"现象不仅存在于阿昌族地区,也存在于德宏、保山一带的傣族地区。它只是南传佛教商业化的形式之一,属于佛教活动商业化的范畴。另外,受汉地佛道寺观商业化风潮的影响,南传佛教寺院也出现了一些商业化的迹象。最常见的现象就是寺院收取门票或将寺院与旅游景点捆绑在一起,这种现象在旅游业发展兴旺的地方尤为突出,例如,西双版纳勐海县景真八角亭是我国南传佛教代表性建筑,是西双版纳的重要文物之一,深受游客的青睐。该寺被一外来妇女承包经营,向游客收取高额门票。在西双版纳古代傣王朝的皇家寺院"景飘佛寺"的原址上恢复重建的勐泐大佛寺是按照国家 AAAA 级景区标准打造出来的一个旅游寺院或商业寺院,门票高达 120 元。另有普洱市景谷县勐卧双塔佛寺向游客收取6 元门票,德宏州瑞丽市姐勒大金塔向非佛教徒收取 5 元门票,声称作为维护寺院清洁卫生之费用。虽然收费不高,但依然有违佛教传统。南传佛教寺院历来是依靠信众的供养来维持生计。寺院是僧侣讲经说法、弘扬佛教,信众禅修学习的地方,是祈福向善之地。佛说众生平等,寺院是体现这种平等精神的重要场所。寺院大门应该向有意亲近佛门的一切大众敞开,无论是佛教徒还是非佛教徒,本地人或外地人,本国人或外国人,穷人或富人,均可免费进入寺院。

## 二 南传佛教商业化之弊端

在滇西边境地区,佛塔摆向来被看作是普天同庆的大喜日子,无论贫富贵贱,人人可以参加,无论是参加娱乐活动或商业活动都没有设置任何"门槛"。现实社会有诸多不平等的方面,南传佛教社会正是通过佛塔摆等大型佛教活动,让人们(尤其是处于社会底层的贫苦人民)感受到世间仍有一个地方是平等的。这有利于消解人们对社会的不满情绪,对促进社会和谐稳定发挥着重要的作用。然而，近年来滇西地区兴起的"包摆"行为剥夺了那些无力支付摊位租金的贫民的经营权，大大削弱了南传佛教促进社会和谐方面的效能。

我国内地一些佛道寺观、儒家庙宇通过商业化来维持发展，寺观庙宇收门票是司空见惯的现象，因此内地游客似乎对此已习以为常。这种不良现象波及全国各地，一些藏传佛教、南传佛教、伊斯兰教等宗教活动场所纷纷效仿内地做法，对非本宗教信徒收取门票。在南传佛教传播区域，这种做法令人不齿，深受诟病。南传佛教寺院是信众的精神寄托所在，尤其是一些处于社会底层的信众，能在寺院找到精神慰藉。在滇西边境地区，由于国内劳动力紧缺，有大量外籍务工人员在我国从事最辛苦、最底层的劳务工作。由于语言不通，他们与本地人交往不多。工作之余，这些来自异国他乡的孤独的游子时常到寺院朝拜或游玩。寺院不仅是信众的精神寄托所在，还向他们提供物质上的帮助和生活上的便利。佛寺是底层民众获取救济的场所，在特定的佛教节日，一些想获得"功德"的施主会到寺院里向信众施舍财物，让贫苦的人们感受到了社会的关爱。有时佛寺还为赶集的百姓提供临时的住所。边境地区，交通闭塞，一些边民需要长途跋涉去赶集，途中的一些寺院便成了他们寄宿的场所。通常，寺院不会收取任何费用，但寄宿者也会根据自身能力向寺院施舍一些物品或钱财。倘若穷困潦倒，不做任何施舍，亦不会遭到谴责或过问。南传佛教寺院为民众提供宗教服务，同时依靠信众的供养来维持生计，供养多少全凭个人的心愿和能力。供养食品、财物或劳力都可以。但是，现在一些寺院开始搞门票经济，无形中就把处于社会底层的人群隔离于佛门之外，这不能不说是佛教传播中的一个绊脚石。

从国际惯例来看，宗教场所往往是作为公益机构对民众开放的。笔者在澳大利亚墨尔本市留学期间，曾参观过不少教堂，虽然不是基督教或天主教徒，但从未遇到过收门票的现象。另外，笔者造访了缅甸的蒲甘、曼德勒、石阶以及泰国清迈、柬埔寨暹粒的众多南传佛教寺院，也鲜有收门票之现象，只有个别寺院会收取少量摄像费。

在南传佛教传播区域，还有一种商业化现象虽不属于佛教的商业化，但严重损害了佛教的利益和名誉。一些旅游景区建盖以获利为目的的"伪寺院"，聘请僧人或假僧人做住持，这些寺院并不为当地居民提供宗教服务，但设有功德箱，骗取游客钱财。这种以佛之名敛财的行为严重损害了佛教的形象和声誉。

宗教作为人类社会发展进程中的特殊的文化现象本身就是一种以信仰为核心的文化，是整个社会文化的组成部分。宗教文化不仅对教徒的精神生活产生了深刻的影响，而且对整个社会精神文化生活也发挥着重要的作用。宗教场所是神圣不可侵犯的，不应该与世俗的商业利益挂钩。宗教商业化无异于杀鸡取卵，饮鸩止渴。正如中国人民大学魏德东教授所说："宗教是商业化最大受害者"，商业化终将会导致宗教死亡。

## 三 南传佛教去商业化的思考

宗教资源商业化乃离经叛道之举，教界、学界、政界都已意识到其潜在的危害。前些年有的寺院采取了"闭门谢客"的举措来抵制对寺院的商业化，然而，这种消极的抵制纯属无奈之举，而非长久之计，不能从根本上解决问题。2012年10月国家宗教事务局针对当前出现的佛教、道教寺庙宫观"被承包经营""被上市"的现象，联合中央十部委发布《关于处理涉及佛教寺庙、道教宫观管理有关问题的意见》，制止和纠正中国寺观管理方面出现的一些不正常现象。2014年举行的全国人大和政协会议上，取消寺庙门票、禁止宗教场所上市等关于佛教"商业化"的问题正式成为佛教界委员们的议题。

与内地寺观相比，南传佛教之商业化还只初见端倪，尚不严重。然而，我们应该提高警惕，防微杜渐，将这种不良现象遏制于萌芽状态。

首先，政府宗教事务部门及佛教协会应该对南传佛教寺院进行一次全面排查，坚决纠正佛教活动及寺院"被承包"的现象，取缔一切门票。佛教寺院的运转历来是靠信众的供养，而不是靠"门票"，这是佛教一贯的传统。南传佛教传入我国边疆地区已近千年，长期以来在教化民众，维护社会和谐稳定方面发挥了不可多得的作用，其产生的社会效能远远超过了经济效益。寺院是僧人修学、住持、弘扬佛法的道场，是保存、发扬佛教文化的场所，是僧人从事服务社会、造福人群活动的基地，是联系团结国内外佛教徒的纽带，是信众的心灵寄托之所，神圣不可侵犯，不应该受到商品社会的半点污染。

其次，除经政府宗教事务部门依法登记的宗教活动场所外，其他场所一律不得组织、举行宗教活动，不得接受宗教性捐献。禁止在旅游景点建盖以获利为目的的"伪寺院"（或"商业寺院"），对那些私设功德箱、接受宗教性捐献、开展宗教活动等以佛教之名敛财行为应依法进行处理。

最后，加强对僧侣的监督管理，防止假冒僧侣进驻南传佛教寺院。这一地区"有寺无僧"的现象较为普遍，一些外来的好吃懒做之徒便冒充僧人进驻寺院，骗取信众的供养，或者驻扎在那些旅游景区的商业寺院里，诱骗游客捐款或烧高香，严重损害了南传佛教僧团的形象。

星云大师曾言："宗教是纯粹的信仰，是神圣的，不可以商业化，不能买卖。"寺院的经营与运作，不需要以任何理由进行商业化改革。任何形式的商业化都是对宗教神圣性的亵渎。教界、学界和政界应同心协力促成佛寺的"去商业化"，打造纯粹的佛意盎然之地，保留人间的一片净土。

# 从芒景村桑衍、茶祖节看布朗族宗教融合现象

王郁君

## 一 前言

　　民族传统节日，是指一个民族的社会群体性庆祝活动，有固定的时间、地点、活动方式和仪式化过程，是在长期的生产、生活中，以传统宗教祭祀、农事生产、历法等为基础而形成的。研究和考察民族传统节日，有助于深入了解民族的社会状况、文化心理、风土人情以及宗教信仰等。

　　桑衍、茶祖节是澜沧县惠民乡芒景村布朗族一年中最重要和隆重的节日，探寻桑衍、茶祖节的起源及发展演变，一方面透视出芒景布朗族的历史发展轨迹和民族文化心理，另一方面反映出在信仰南传佛教的布朗族中，存在着南传佛教和原始宗教交叉并存、相互融合的现象。

## 二 芒景村布朗族桑衍、茶祖节的由来

　　芒景村位于云南省普洱市澜沧县惠民乡，全村辖 6 个村民小组、639户、2645 人，其中布朗族人口占全村总人口的 92. 1% （据 2010 年统计数据）。芒景村东与澜沧县发展河乡接壤，西连糯福乡，北与酒井乡交界，南则与西双版纳州勐海县勐满乡毗邻。是国内保存得最完整、面积最大的栽培型千年万亩古茶园坐落地之一。

布朗族源自古老的百濮族群，与同属孟高棉语族的佤族、德昂族有着族属亲源关系。在远古时代，这些民族都共同信奉原始宗教，相信万物有灵，崇拜自然、山水、动植物、灵魂、祖先和英雄等等。其中的佤族，至今在生产、生活中大事小事都要做鬼、祭祀，仍虔诚地保持着原始宗教信仰。

随着社会生活的发展，南传上座部佛教开始传入边疆的布朗族群众中。

南传上座部佛教传入的时间，汉文史籍没有确切的记载。云南省社科院傣族和布朗族研究者王国祥认为西双版纳布朗族佛教是从兰纳以景栋为中继站传入的。兰纳普遍信仰佛教是在 13 世纪，以此推断佛教传入西双版纳地区不会超过 13 世纪，最大的可能是在 14 世纪下半叶到 15 世纪上半叶[1]。

芒景与西双版纳勐海县相邻，在这些地方的传说中佛教是从相邻的缅甸传入的。如勐海县章朗村就传说，僧人坞哈烘在斯里兰卡学佛后，赴着大象驮着经书沿途传教，经缅甸景栋来到章朗后，遭遇天气变化，大象竟冻僵在此地，因此就在章朗建立了第一座佛寺。"章朗"就是大象冻僵的意思。听芒景的老人也讲过，他们过去过桑衍节的时间是由缅甸那边的总佛寺派人通知的。

桑衍节源于祖腊历（傣族的民间用历，也叫小历）新年，又叫"桑衍比迈"（新年节）、"楞喝桑衍"（六月新年）。"桑衍"是巴利语 Sangkhanta 的音译，意思是年节。因为是音译，所以桑衍节的写法多样，有"山龛节"、"桑刊节"、"尚刊节"等等。

傣族历法以六月为一岁之首，在傣族的社会生活中的地位相当于汉族农历正月，所以又称"六月新年"。信仰南传上座部佛教的很多国家和地区都过桑衍节，只不过有的地方活动内容以泼水为主，就叫泼水节；有的以堆沙为主，就叫堆沙节；有的以采花为主，就叫采花节，等等。叫法虽不统一，但重要程度都相当于汉族的春节。

由于受南传佛教的影响，芒景布朗族的节庆活动与傣族大致相同，但芒景布朗族在桑衍节里又加入了祭祀茶祖叭岩冷的内容，因此又叫"桑衍、茶祖节"。

---

① 参见王国祥《布朗族佛教初论》，载《云南文史丛刊》，2001 年第 2 期。

祭祀叭岩冷的活动起源于有关叭岩冷的传说。

根据芒景布朗族的历史传说，叭岩冷原来叫岩冷，是阿瓦（芒景布朗族自称）部落的王子。该部落原来居住在"勐猫壕发"（今德宏瑞丽一带），一说为"农当农写"（今昆明滇池一带）。由于北方族群的扩张，岩冷的父亲被打死。岩冷的弟弟想当首领，和岩冷发生分裂。岩冷不忍兄弟相残，便带领手下3300部属离开故地，逐渐往南迁徙。他们渡过萨尔温江，来到"绍英绍帕"（意为石洞石房，在现在缅甸和临沧交界的地方），又继续沿现在的中缅边境一带往南迁徙。后来到了勐艮（今缅甸掸邦首府景栋），发现这是一个宽阔的坝子，有许多沼泽地，坝子里充满瘴气，容易使人患瘟疫，岩冷觉得勐艮也不是理想之地，又掉头往东北方向走。经勐养、景棉、山岛、勐些、勐马等地，一直来到现在的景迈山一带，他们觉得这里的山远看像一只大象，高的像要顶着天，山上覆盖着茂密的树林，土地肥得流油，七条清泉从山上往下流。这里有鸟有兽，还有迁徙途中拯救过部族的"腊"（茶树）。这里山高，易守难攻，是建立村寨的理想地方。岩冷便把这里作为大本营，取名"汪弄翁发"，意思就是布朗族的中心大寨。其下分为"汪西爱"、"汪西哈"（均在今缅甸布朗山），"汪绍乃"、"汪绍弄"（均在今西双版纳勐海县布朗山）四个部落。然后指挥属下在大本营大面积种植茶树，并逐步向其它部落发展。这些地方现在都广泛分布有古茶园，并且大都是有名的产茶区。

后来岩冷娶了景洪傣王的第七位公主，并深得傣王的信任，被封为管理山头的事务大臣"召发来"，有了正式的头衔"叭"，所以岩冷后来便被称为叭岩冷。妻子七公主被封为"娴发来"，意为管理山头的女性官员。

傣王对叭岩冷的信任遭至其余六位傣族姐夫的妒忌，他们因此合谋想除掉叭岩冷，想了许多方法都一直没有得逞。最后通过跟踪叭岩冷的行踪，发现叭岩冷经常到澜沧江边的一棵桂花树上打斑鸠（一种鸟），就派人偷偷把这棵树的树根锯断一半，并找来泥土糊在锯过的地方，又找来"白蚂蚁"放在泥土上，伪装成"蚂蚁包"不让人发现。一天清晨，叭岩冷又像往常一样来澜沧江边爬树打鸟，一阵大风吹过，他连人带树掉进了澜沧江，就这样被陷害死了。

叭岩冷死后托梦给芒景的布朗族人说："我要给你们留下最好的宝。我想给你们留下金银财宝你们也会吃完用光，要给你们留下牛马也怕会遭自然灾害死光，就给你们留下一块皎明发（宝石）和茶树吧，让子孙后代取不完用不尽。"族人问他："以后我们要怎样来报答你呢？"叭岩冷回答说："只要你们按照我先前做的那样一直做下去就行。每隔三年杀一头耳朵和牛角一样平的水牛和一只鸽子祭拜我，我会保佑你们平安幸福。"

从此，芒景的布朗族每隔三年都要找一头牛角和牛耳一样高，头上有两个牛毛顶心的水牛祭祀叭岩冷，其余年份则以长得像鸽子的鸡来祭祀①。此外，还要为七种神灵叫魂，以祈求叭岩冷和神灵保护布朗族粮食丰收、人畜兴旺。

据《芒景布朗族传说简史》②记载，为永远缅怀祖先、首领叭岩冷，一直延续到二十世纪五十年代末，芒景布朗族每年到傣历九月上旬（大约在公历七月左右），都要举行一次为期十八天的祭祀活动，以表示对祖先的祭奠和崇拜。布朗族称这一活动为"夺"。"'夺'是布朗族祖先崇拜的具体反映和表现形式。每三年举行一次大的镖牛活动，一般年度杀鸡祭奠。""忌日期为十八天"。在这期间除留一两人守地外，其余所有人都要归村，忌日不结束不得出工，不得砍树，不得大声说话，不得打死牛马，不得打一切动物，有病不能公开医治，万一有人死了也只能悄悄的抬去埋，不能哭、不能喊，外人不得入村。"镖的牛由'召叭'（部落的大头人——笔者注）召集有关人员商量后，派人去买。买牛在很早以前只能到景洪方向去买，后来有所改变，可以到其他地方去买。讲价时，买牛人给的价要比卖牛人要的价高，主人要七十，买牛人要给一百。牛要长得好，太小的不要，太大的也不要，只能要约三岁的牛，耳朵和角基本要长得一样高。若牛真的选不着买不到，只好由'召叭'或'召仙'（部落的二头人）牵出自己养的牛来抵用。牛买回来以后，先拉到芒景老寨去拴一天，由老人放养，并给牛拴红线叫魂后移交给芒景新寨，新寨人给牛拴红线叫魂后拉到水井洗澡，再移交给芒景上寨人放养。镖牛日期到时，由糯干寨人换上新的牛绳，由翁基寨派人到帕岩冷旧居上栽好拴牛的树桩，由芒景上寨选出镖牛人来，镖牛人一定要掌握牛的要害部位，最多镖三枪

---

① 根据芒景上寨苏国文、康朗丙等老人讲述，参照苏国文《芒景布朗族传说简史》整理。

② 在《布朗族末代头人苏里亚生前回忆录》（傣文手稿）的基础上，由苏里亚之子苏国文主导，对当地文化历史资料和民间传说进行广泛收集、整理，并多次召集布朗族老人讨论、修改后，于1995年4月汇编印刷的资料。

把牛镖死。牛倒在地上后，由翁基寨派有经验的老人看牛卦，对本年度的风、雨、福、祸等进行预测，并向参加活动的群众宣布。然后把牛肉割下来先分成十六份，第一份贡给祖先'叭岩冷'，第二份贡给祖先'道西南康'，第三份贡给祖先'叭西的'，第四份贡给山神，第五份贡给寨神，第六份贡给水神……其余部分分到各个寨子自行分吃或送给当时在现场讨肉的娃娃吃。镖牛活动为一天，所有寨子都参加，每人自带一壶水（杀牛时用），从镖牛那天开始十八天后才能出工。"①

这里所记载的"夺"的忌日活动，其实就是现在茶祖节的前身。

《芒景布朗族传说简史》提到，由于这一祖先崇拜的忌日活动对生产生活不利，1950年布朗族头人苏里亚到北京参观回来后，做通群众工作，进行了彻底改革，宣布废除。② 可见"夺"这一忌日活动曾经因为时代的变迁而废除过。

现在过的茶祖节则是苏国文（苏里亚之子）2004年正式退休回到芒景后，与村中老人以及行政领导商量后报请相关管理部门同意恢复的，只是把时间从傣历九月上旬提前到六月新年时，改过去忌日的时间18天为1天，既便于操作，也不至于影响到群众的生产生活。在辞旧迎新之际祭祀和缅怀先人，不仅顺理成章，也使传统桑衍节的活动内容更加丰富多彩。叭岩冷不仅是带领芒景布朗族迁徙的祖先，也是教他们种茶、传茶的祖先，因此把这一祭祖活动命名为茶祖节，也属顺理成章。

由此可知，桑衍、茶祖节本身就是布朗族宗教融合的体现，作为南传佛教节日的桑衍节和基于原始宗教信仰的茶祖节巧妙的结合。不仅如此，在其节日活动和节日祭祀中，也处处体现出南传佛教和原始宗教交叉存在、互相融合的现象。

## 三 桑衍、茶祖节活动实录

芒景布朗族"桑衍、茶祖节"一般过四、五天。第一天叫"宛梅"，是除夕。除夕和元旦之间的日子叫"宛璃"，是老年和新年之"空日"。第三天叫"宛帕雅宛玛"，直译"日子之王到来之日"，即新年元旦。桑

---

① 见《芒景布朗族传说简史》第5页，第40、41页。
② 见《芒景布朗族传说简史》第42页。

衍节的正日是元旦。第四天叫"桑衍阿百腊"或"苏节达腊"、"苏节达罕",是"叫魂"之意,现也叫茶祖节。第五天祭竜。

就以我调查过2009年的桑衍、茶祖节为例,这年的节期是公历4月14日至18日。

4月14日是除夕。按往年的惯例,村民们已把整个村子打扫得干干净净,村子道路两旁新安置不少竹编生态垃圾萝。村民们都穿上了色彩鲜艳的民族服装,远处传来隐隐约约的象脚鼓声,四处里洋溢着浓浓的节日气氛。

芒洪寨八角塔下,聚集着许多布朗族老人,他们正在商量节日期间的活动安排。几个老人在用竹子编贡篮,有较常见的锥形贡篮,即用一人多高的竹子,把顶端劈成放射状的竹条,再用竹篾横向编排成一个锥形的竹篮。也有不太常见的,就像把一个做工粗糙的竹篮绑在一根竹杆上。

除夕这一天,布朗族群众有给四方鬼神送饭的习俗,这些供篮就是用来盛放供品的。到时通过"布占"(指祭祀活动的主持人,往往由过去当过佛爷又还俗的人担任)念经,家家户户都要象征性的往供篮上敬献米饭、茶叶、水果、烟等,然后由专人把这些供篮送往四方的寨边献供。

4月15日,属新年和老年之间的空日,家家户户做"厄糯索"。"厄糯索"也称甜粑、黄粑,是节日期间用来赕佛和馈赠、招待亲友的必备食品。村里还要在空日抽出些人力去打扫、清理水源头,意为除旧迎新,为第二天接新水做准备。

这一天正好遇到布朗族大叔大伍丁门要去墓地祭祀先人,征得他的同意,我们跟着他一起到村子路下方的一个箐沟里,那里就是芒景老寨村民的公共墓地。

根据《芒景布朗族传说简史》的记载,芒景布朗族丧葬习俗以土葬为主。每个村寨都有指定的墓地,除头人、佛爷外,无论是哪家人死后都必须到指定的墓地埋葬。在过去,葬礼往往比较简单,不用昂贵的棺木,只用临时做的竹棺装殓死者,埋葬后也不垒坟,不认坟地。时间长了,其他人死后也可以在原来埋的地方再埋人。

大伍丁门提着两小袋东西,墓地路边的树枝上也挂着许多那样的袋子,大伍丁门打开给我们看,里面装有米饭、茶、水果、烟等祭品。到了墓地,大伍丁门把两个袋子挂在一棵树上,点上两支烟,便开始合掌对先人祷告。

大伍丁门说，这样的祭祀方式在"文革"前是没有的。过去村民纪念先人就是到佛寺赕佛、滴水，由于"文革"期间佛寺被捣毁，一些群众便自发改用这样的方式来祭祀先人。由于没有坟墓和墓碑，便只有把祭品挂在墓地周围的树枝上。现在，由于部分佛寺得到恢复，布朗族人也恢复了原来赕佛、滴水祭祀先人的习俗，而到墓地祭祀先人的习惯也有人保留下来。

当然由于布朗族不垒坟、不立碑，因此不像汉族一样有扫墓的习俗。但在墓地我们也看到一些新立的像汉族一样的坟墓，很明显是受到汉族丧葬习俗的影响。

4月16日是正式的元旦日，这一天的节日活动比较多。早上5点多，天还没亮布朗族人就要起床参加接新水仪式。6点左右，"布占"康朗丙提着一个铓锣沿路敲响，唤人起床、通知集合。不一会，陆续来了8个参与接新水的人，他们总共要去接七条箐的水。听康朗丙说，过去接新水的人更多，参与接新水的只能是50岁以下的男性，一般有两队人，一队敲着锣打着鼓，沿大路走，另一队走小路去接七处水源地的水。现在水都接进寨子里了，接新水便不用走太远，在寨子边就可以完成。很快，七处水源地的水便接齐了，这些用葫芦和大饮料瓶装着的水被送到叭岩冷寺备用。

叭岩冷寺是苏国文于2004年从县教育局退休返乡后发动群众集资兴建，它既供奉有芒景布朗族祖先叭岩冷及其傣族妻子媚发来，同时也供奉有佛祖释迦牟尼，因此当地群众把叭岩冷寺作为茶祖节时纪念祖先、茶祖叭岩冷的主要场所，而在日常生活中叭岩冷寺还承担着佛寺的作用，可以在这里从事一些简单的佛事活动。

一些外来的人认为这很不合适，是对佛祖的不敬，然而这也是没有办法的办法。

2016年初笔者再次到芒景时，看到叭岩冷寺附近新建了一座叭岩冷宫，叭岩冷的塑像以后将搬到叭岩冷宫来，原来的叭岩冷寺今后可能就承担专门的佛寺的功能。

元旦日早晨的叭岩冷寺外面，已提前用树枝搭好一个堆沙台，堆沙台的上方挂有经幡，支撑的四个角上绑有带着叶子的甘蔗，堆沙台的四周和中间插有许多锥形的竹编供篮，供篮上插着一些写有经文的三角旗。

天刚亮，已陆续有一些老人背着背篓、提着提篮来到，他们纷纷拿出献供的物品（一般是用芭蕉叶包裹的米饭、粑粑、烟、茶等以及一些零钱、蜡条），先分别在叭岩冷、释迦牟尼佛祖的塑像前祭拜，放上一对蜡条、一包茶以及一些零钱，往银钵内放一撮米饭，再到堆沙台前，把用芭蕉叶包裹的米饭、粑粑、烟、茶以及家中有的各种水果一串一串挂在堆沙台上面的树枝上，然后点燃蜡条，向祖先进行祭拜。接着再把带来的干净的河沙捏成一个一个的小团，摆在堆沙台下的地上。每一团沙代表自家的一个人，包括死去的先人。还可为家里养的牲畜和家禽、或者是种植的农作物等堆沙，以祈求神佛、祖先的保佑。堆完沙后，村民们相继打开各自带来的用芭蕉叶包着的米饭，依次绕着堆沙台走，边走边捏一撮米饭放在每一个竹供箩里，当地人说这是在给佛祖和祖先献饭。

做完以上活动的村民相继进入叭岩冷寺，男、女各一边，坐在寺内等待浴佛和滴水。浴佛就是将佛像上的尘埃冲洗干净。在芒景村，参与清洗佛像的人只能由家中排行老三、老六、老七的成年男性组成，总共7人，由他们用清早接回的新水清洗佛像。由于芒景布朗族群众认为是叭岩冷最早带领他们的先祖迁徙到这里，有了叭岩冷才有了他们居住的寨子，有了寨子后来才有了佛寺，也才有了现在的一切，因此，他们在浴佛之前先清洗了叭岩冷的塑像，然后再清洗佛祖的塑像。"布占"康朗丙说，过去洗佛像是要用新水和各种草药熬出的药水来洗，洗好后家家户户都要用自带的一个碗舀一些洗佛像的水带回家，给老人和小孩洗脸，认为这样做可以防灾治病。

洗完佛像，由"布占"念经"苏玛"，目的是认为清洗佛像时难免对神佛有不敬之处，因此请求神佛的原谅。

接着是滴水仪式。村民们拿出各自从家中带来的水瓶，手举点燃的蜡条，静听布占念滴水经。布朗族认为只有请佛爷念过经，所祭的东西亡灵才能享受到，没有念过经的东西，半路上就被恶鬼抢吃了，亡灵就吃不着。当然，由于芒景村在"文革"期间佛寺被捣毁，佛爷和和尚纷纷还俗，因此现在做这些活动都只能由原来当过佛爷，目前的身份是布占的康朗丙来组织。每当他念到相应的内容时，村民便各自把水向提前准备好的容器里倒一小点。布朗族人认为滴水只能在佛寺内进行，而且要边念滴水经边滴水，滴下去的水才能入地，可作深刻的纪念。

元旦这天，各家各户还要送饭给老年人。各家辈分最晚的人要把自家做得最好的饭菜送到老人跟前，并跪着请老人吃饭，祝老人节日快乐、健康长寿，同时，伸出双手，掌心向上，接受老人祝福。

4月17日是茶祖节。前三天的活动可由各村寨自行组织，而祭祀茶祖的活动，则必须所有寨子全部参与。

当天中午，各村寨每家至少要出一个人带着供品和饭菜到叭岩冷寺集中，所有人员到齐后，大家相继进入叭岩冷寺供拜茶祖叭岩冷。贡拜结束后，在锣鼓队的带领下，所有的人排成长队前往叭岩冷曾经住过的岩冷山祭祀茶魂。岩冷山在芒景上寨的后面，地势很高，山顶上早已搭好一个临时的叫魂台。叫魂台由七根曼登树削成的"跌宛那"（神柱）支撑，每根神柱上都绑有一株新鲜的芭蕉树和一棵刚长出叶子的甘蔗，还绑有两节细竹筒，里面分别装有谷子和米，两头都用芭蕉叶包着。每一根神柱上都绑有竹供篮。芭蕉叶铺就的叫魂台上摆放着7只煮好的鸡、3堆酸茶和一瓶酒。

据布朗族学者苏国文介绍，7只鸡代表7种要叫魂和祭祀的对象，分别是："腊"（茶）、"考"（谷子）、"色罕"（森林）、"埋来"（地下的各种动物，包括有益的和有害的）、"色跌"（土地）、"色别"（防护林，指古茶林外围的界限）、"色王"（主管万物的总神）。

参与祭祀的人员相继到齐后，便由"布占"念诵佛经叫魂，同时所有人手举点燃的蜡条，面对叫魂台跪拜。念完叫魂经后，在老人的带领下大家拿出自带的用芭蕉叶包裹的米饭，依次围着叫魂台向每一个供篮献供米饭，也有人直接往正中的供篮内放一些零钱。同时，主持仪式的老人们把叫魂台上七只公鸡的腿骨扯下，准备看卦用。待所有的人献供完毕，又由一个布朗族老人给大家念诵一首流传下来的古歌，内容主要是简单回顾叭岩冷带领这一支布朗族先民经过艰难的迁徙来到芒景这个美丽的地方，并带领大家种植茶叶的历程。最后说，今天是个吉祥的日子，所有布朗族的后人怀着对祖先无比崇敬与怀念的心情，杀上最好的大、小公鸡，摆上美味的酒席，无论你们在什么地方，都请你们回来，欢聚一堂，与后人共同欢度这一盛大的节日。在你们回到人间的难得的机会，布朗族后人请求你们留下最吉祥、最有福气、最能带给后人财富、丰收、健康、力量和平安的好鸡卦！念诵结束，由老人带领所有人齐声呼唤祖先回来（呼唤声要震天动地）。叫魂仪式结束，所有布朗族群众在象脚鼓和铓锣的配合下，围绕叫魂台跳起了欢快、豪迈的民族舞蹈，意与祖先共同欢庆。跳完舞，家家户户拿出自带的饭菜，席地而坐吃起百家饭。此时，老人们要看每一只鸡的鸡卦，记下它们的卦象，以期对一年的生产、生活有指导的作用。

当天晚上，大家又集中在叭岩冷寺外面的广场上举行歌舞联欢，燃放自制礼花，直至深夜茶祖节活动才告结束。

4月18日，各村老人到竜山进行祭竜。祭竜在"文革"期间曾被中断过，老人们只能根据回忆尽量恢复过去的活动仪式，因此各村的活动内容不尽相同。但从其活动仪式和内容看，充满了原始宗教的韵味。

至此，桑衎、茶祖节的活动才算正式结束。

## 四　原始宗教和南传佛教交叉存在、互相融合

在早期社会，人们以集体的力量和简陋的工具生存于世，当时的心智和认知水平使他们对自然界的某些事物和现象感到无能为力甚至于恐惧。于是，在恐惧与希望交织中，早期人类把自然界和人类社会的多种现象理解和解释为超自然力因素操控的结果，由此便产生了原始宗教。

根据考古发现，原始宗教可追溯到石器时代，它们的表现形态多为植物崇拜、动物崇拜、天体崇拜等自然崇拜，以及与原始氏族社会存在结构密切相关的生殖崇拜、图腾崇拜和祖先崇拜等。它们的发展一般都经历了参与具体崇拜活动和形成抽象神灵观念的演变过程。

芒景村布朗族同样也经历了原始宗教信仰的阶段，表现在他们现在依然存留的万物有灵观念，对山神、水神等自然神灵的崇拜；对祖先、灵魂、图腾的崇拜等等方面。

新中国建国前的芒景村，尚处于原始社会逐渐解体、向阶级社会过渡的农村公社阶段，由于生产力水平低下，布朗族的生产和生活资料在很大程度上都依赖于大自然，同时又对大自然产生的各种自然灾害毫无抵御能力，因此对自然界依赖与恐惧相互交织的心理使他们一直延续原始宗教的意识形态，始终保持着对自然、万物神灵的崇敬、膜拜之情以及相关的仪式表达。

南传上座部佛教的传入，可能经历了一个相当长的从排斥到接纳、到互相影响而相互包容的漫长过程，这其中可能会有各种冲突、争斗，甚至是战争，然后又经历妥协、包容、相互影响和吸纳，而发展到目前南传上座部佛教与原始宗教交叉存在、相互包容、互相融合的状态。

可惜，由于布朗族只有语言没有文字，其历史、文化少有文字记载。一些用傣文记载的资料也在"文革"当中被销毁殆尽。而文化相对先进、重视历史记载的汉人则是在明朝以后才开始大规模迁入云南，使得云南较早的本土民族——布朗族的历史文化资料十分稀缺，大多只能从他们的故事、传说以及日常生活中去捕捉和推断。

因此，我们已无从查考芒景村两种宗教形式从争斗到交叉融合的漫长过程。总之，芒景布朗族在信仰了南传上座部佛教之后，也还仍然保留下许多原始宗教信仰的痕迹，并在日常生活中将两者相互融合，并行不悖。

在桑衎、茶祖节活动中，像泼水、堆沙、浴佛、滴水、敬老这些活动无疑是南传上座部佛教的习俗，而节日期间穿插的给四方鬼神送饭、祭水神、接新水、祭祀茶祖以及祭竜等活动，却与布朗族原始宗教信仰密切相关。这些活动如此和谐的并行、交融，即使是对当地文化学者或者布朗族老人的访问中，他们已无法亦或无意，去区分和厘清哪些活动属于原始宗教，哪些属于佛教，一切都已融入到他们的日常生活中，成为他们的民族文化意识、宗教习俗的共同组成部分。

**参考书目：**

[1] 思茅行署民族事务委员会编：《布朗族研究》，云南人民出版社，1991 年。

[2] 王国祥著：《布朗族文学简史》，云南民族出版社，1995 年。

[3] 张晓琼著：《变迁与发展——云南布朗山布朗族社会研究》，民族出版社，2005 年。

[4] 俸春华著：《澜沧江畔布朗人》，云南民族出版社，2003 年。

[5] 《布朗族简史》编写组编：《布朗族简史》，云南人民出版社，1984 年。

[6] 苏国文著：《芒景布朗族传说简史》，1995。

[7] 苏国文著：《芒景布朗族与茶》，云南民族出版社，2009 年。

[8] 黄泽著：《西南民族节日文化》，云南教育出版社，1995 年 3 月。

[9] 郑筱筠：《跨界与融合——佛教与民族文化的云南叙事》，中国社会科学出版社，2015 年。

# 第八编　转型时期东南亚宗教研究动态

# 机遇与挑战:全球化时代的
# 东南亚宗教学科综述

## 杨　莉

随着"一带一路"战略的提出,东南亚宗教在全球化语境中的研究也随之成为热点。东南亚地区包括 11 个国家,世界几大宗教在该地区都有传播,信仰者也众多。因此,就东南亚宗教未来的发展而言,宗教将会呈现更为复杂的局面。中国社会科学院世界宗教研究所副所长郑筱筠研究员就曾指出在全球化背景下,当代东南亚宗教与时俱进,具有如下新特点:宗教发展跨区域化;宗教传播形式多样化;传统宗教的复兴和新兴宗教运动的出现相互交替,形成独特发展格局;族群—宗教认同也会成为宗教分布格局内部巨大的张力;未来的伊斯兰教将会逐渐板块化,与国际伊斯兰组织联合起来成为国际性的力量。①

2015 年相关研究的著作有葛兆光的《交错的东南亚宗教》,郑筱筠的《跨境与融合——佛教与民族文化的云南叙事》《东南亚宗教研究报告——全球化时代的东南亚宗教》《世界佛教通史·东南亚佛教卷》,胡其瑜(Evelyn Hu‑Dehart)的《何以为家:全球化时期华人的流散与播迁》,康晓丽的《二战后东南亚华人的海外移民》,李恩函的《东南亚华人史》,张禹东、庄国土等编著的《中国‑东盟与中泰关系研究(第一

---

① 郑筱筠:《当代东南亚宗教现状、特点及发展战略》,郑筱筠主编:《东南亚宗教与社会发展研究》,中国社会科学出版社,2013 年版;《东南亚宗教情势研究报告》,郑筱筠主编:《东南亚宗教研究报告——东南亚宗教的复兴与变革》,中国社会科学出版社,2014 年版。

辑）：政治、文化卷》，周运中、王日根的《中国南洋古代交通史》，薛莉清的《晚清民初南洋华人社群的文化建构：一种文化空间的发现》，李向阳《亚太地区发展报告：一带一路（2015）》，刘宏的《海外华侨华人与中国的公共外交：政策机制、实证分析、全球比较》，张禹东、庄国土主编的《华侨华人文献学刊（第一辑）》，朱磊的《热点事件舆情调查研究3：华人华侨篇》，谢婷婷、骆克任《华侨华人在中国软实力建设中的作用研究》，贾益民的《华侨华人研究报告（2015）》，郑佩瑗、黄伟宗《沧海航灯——岭南宗教信仰文化传播之路》等。

# 一 东南亚宗教研究的热点问题及重要理论

## （一）东南亚宗教的区位优势作用

全球化是当今社会不可避免的一种趋势，也是各国宗教都不得不面对的一种背景，而且在全球化进程中它还涵盖了现代化这一维度。

全球化的进程拉近了世界各国的距离，使得全球的文化分布格局发生着变化，文化的交流和互动使各种西方的文化思潮与东南亚原有的思想文化在激烈的撞击中有可能达成共识，甚至有的宗教在传播过程中，会借鉴世界先进国家的经验，让自己与同类宗教的价值取向趋同，乃至形成全球的"板结化"现象；而另一方面，在全球化强调趋同性的同时，也会引发"反全球化"的抗拒力。从这一命题来看，全球化是东南亚宗教必须面对的现实，也是今后发展必须依赖的基础。在这个层面上，全球化的意义在于建构一个超越区域地理疆域、国家疆域、文化板块疆域的联系。而宗教是一种信仰，是一种哲学思想、宗教教理的动态发展过程，同时还是一个文化、伦理价值的社会实践体系，因此，全球化时代的宗教在建立具有超越性特征的内在联系的同时，也存在抗拒全球化，即回归传统的现象。这就是全球化对东南亚宗教的发展可能产生的影响。① 宗教作为地缘文化最重要的组成部分之一，对地缘体（通常为国家行为体、国际组织和能够影响一定地缘范围内地缘政治经济格局的其他组织机构等）的地缘文化有着持久而深刻的"形塑"建构作用。从这个意义上说，宗教对

---

① 郑筱筠：《机遇与挑战：全球化时代的东南亚宗教》，郑筱筠主编：《东南亚宗教研究报告——全球化时代的东南亚宗教》，中国社会科学出版社，2015 年版。

于地缘体之间建立政治互信、开展交流与合作有着稳定且深刻的"文化基因链"的建构作用。故而，"地缘文化"这一特定地缘范围内社会历史发展中所形成的与意识形态、思想观念、信仰等共有观念密切相关的"基础性""背景性"和"结构性"要素，日益成为影响分析各国间、区域间乃至全球范围内国际关系、地缘政治等的一个风向标。①

从社会发展的角度看，宗教对示范区建设具有特殊重要性，一方面宗教是影响民族团结和谐、边疆繁荣稳定的重要因素，另一方面示范区建设离不开宗教。宗教作为一种重要的文化要素及价值系统对人们的社会生活产生了广泛而深刻的影响，是处理民族关系和边疆稳定的重要力量。②

随着全球范围内宗教复兴，宗教已经成为国际交往中日益不可忽视的政治要素。在多族裔交汇区域，宗教问题与族裔问题常常超越主权边境交织在一起，使政治局面更为复杂。相对而言，在跨境族裔宗教问题上国内政治力量难以形成有效的全局性解决对策。而与外部政治势力相比，本地区的区域性政府间组织在应对同一地区内部发生的族裔宗教问题上有地缘优势和一定的政治亲近优势。尽管东盟强调不干涉原则，但是长期以来东盟对东南亚发生的族裔宗教性事件并非绝对无所作为。本文尝试在分析东南亚族裔宗教问题特质与发展情况的基础上，结合东盟参与地区族裔宗教问题治理中角色拓展脉络，提出东盟要实现未来建立地区安全共同体的愿景，应当在本地区族裔宗教问题上扮演比当前更为积极和负责任的角色。③

简言之，与东南亚地区的外交有两个关键词，一是教缘，二是地缘文化。因此，要制定对外战略应该要依托地缘文化和教缘文化，去看待东南亚地区的宗教、政治、文化、民族之间的冲突，是一个学科研究不可避免的视角。

### （二）东南亚宗教的全球化传播与发展

全球化时代对于东南亚宗教而言，机遇与挑战并存。一方面，全球化

---

① 周娅：《全球化背景下的地缘文化与东南亚宗教》，郑筱筠主编：《东南亚宗教研究报告——全球化时代的东南亚宗教》，中国社会科学出版社，2015年版。

② 苏翠薇：《宗教对云南民族团结进步示范区建设的影响》，《云南社会科学》，2015年第6期。

③ 章远：《东盟在区域族裔宗教问题治理中的角色拓展》，《世界民族》，2015年第1期。

为东南亚宗教带来了新的资源和社会资本，注入了新的血液，来自于西方的宗教在东南亚地区的活动实践为东南亚宗教提供了可以借鉴的经验。但另一方面，全球化也在冲击着以东南亚为生存板块的宗教。随着国际移民的流动性分布和传播，东南亚宗教走出了东南亚板块的地域性限制，具有了超越原来分布空间的传播特征，与此同时，东南亚宗教又在反全球化的力量推动下，自觉地回归传统，在东南亚文化最深沉的文化底色层面去找寻原初的"底色"。因此可以说在全球化的冲击下，东南亚宗教的信仰价值取向出现分层。这主要表现为东南亚宗教的全球化价值取向和寻根价值取向两个方面。宗教依托自己的信仰团体而逐渐板块化，在全球化传播的外力驱动下，宗教团体有时会对信仰的绝对权威产生一种文化的危机感。为了消解这样的文化危机，宗教团体就必须要有对全球化的反冲击力，使信仰"寻根"，回归传统，在回归传统中，去认识自我。因此，在全球化背景下，当代东南亚宗教的发展呈现出多种表现形式，积极面向世界、面向社会、面向现实、面向人生，由此而出现了世俗化、本色化、多元化的发展趋势。总之，对于东南亚宗教而言，在全球化时代，是机遇与挑战并存。在全球化、现代性的背景下，东南亚各国宗教如何重拾传统，政府如何反思调整自身角色，从而重建社会精神秩序中心，是需要面对的关键问题。①

藏传佛教在新马地区华人社会中的传播发展，为当地华人宗教信仰生活增加了一个具有鲜明特色（也因而可能富有吸引力）的成分。为了更好地传播与发展，藏传佛教在新马地区呈现本土化的特点。这种本土化体现在以下几个方面：使用华语与英语弘法，因为新马地区华人社会中华语与英语流行；主要信众（包括会员）为华人，当地的很多其他族群如马来人、印度人等都有自己根深蒂固的宗教信仰，他们很难接受藏传佛教，而华人则受到佛教信仰（主要是汉传佛教）的强烈影响，容易接受藏传佛教；仪式的本土化，如上文中提到的中秋火供法会；等等。藏传佛教在新马地区呈现本土化，使藏传佛教在当地的道场很多呈现藏传佛教与汉传佛教混杂的情形；当然，也有一些道场是较为纯粹或纯净的藏传佛教组织。总体来看，藏传佛教在海外华人社会的传播动因源于两个方面：一方

---

① 郑筱筠：《机遇与挑战：全球化时代的东南亚宗教》，郑筱筠主编：《东南亚宗教研究报告——全球化时代的东南亚宗教》，中国社会科学出版社，2015年版。

面，以北印度达鲁萨兰为基地的达赖集团中，部分成员的有意积极推动，尤其是十四世达赖喇嘛本人，对藏传佛教在海外的传播工作非常重视，当然深具其政治目的；或是主动，或是受海外华人邀请，我国藏区佛教组织和人员的"走出去"。注意到上述两种情况，我们可以观察到，另一方面，藏传佛教在海外华人社会的传播有助于推动作为中华传统文化成分的藏传佛教能够发挥更大作用，进而提升中国传统文化在海外的影响，同时推动海外华人对中国传统文化的继承和发扬。①

海上丝绸之路上的中斯佛教交流主要体现在斯里兰卡地缘及民族宗教上，以及中斯交流中的佛教所起的因缘，并且基于此探讨了中斯新形势下的佛教交流将开启中斯关系历史新篇章将主要体现在现代视域下的国家间宗教外交和中斯佛教交流的可行性举措这两个方面。②

宣教团体在马来西亚的传播得益于两个重要因素。第一，大量翻译印度总中心宣教系列的小册子，以指导和规范宣教成员。宣教团体印度总中心有固定的宣教指导小册子，主要涉及《古兰经》、礼拜、斋戒、天课、寂克尔（沉思）、外出宣教的价值和意义以及穆罕默德门弟子的榜样。第二，以宣教中心为基础，兴办穆斯林教育。宣教团体主要集中在泰国南部的农村地区，他们定期前往村庄。虽然当地的负责人从农村招募，但是他们却在巴基斯坦接受教育，然后负责农村宣教中心的实际工作。要求人们放弃传统的宗教实践，以便支持他们对伊斯兰教的理解。作为一种伊斯兰思潮，宣教团体代表了伊斯兰教一种诠释和实践，其受印度伊斯兰教的影响很大，从这个层面来说，东南亚的伊斯兰教思想的来源具有多样性，而不仅局限于中东。③

华人宗教也是东南亚宗教研究的主要方向。以新加坡为例，其地处东南亚重要交通枢纽，东西文明交汇，国土虽小但种族、宗教多元。由于特殊的地缘政治等因素，新加坡政府在处理种族、宗教问题上十分注重和

---

① 石沧金：《藏传佛教在新马地区华人社会中的传播及影响初探》，郑筱筠主编：《东南亚宗教研究报告——全球化时代的东南亚宗教》，中国社会科学出版社，2015 年版。
② 司聃：《重建海上丝绸之路战略下的中国与斯里兰卡佛教交流》，郑筱筠主编：《东南亚宗教研究报告——全球化时代的东南亚宗教》，中国社会科学出版社，2015 年版。
③ 马景：《伊斯兰教宣教团体在东南亚的传播与发展》，郑筱筠主编：《东南亚宗教研究报告——全球化时代的东南亚宗教》，中国社会科学出版社，2015 年版。

谐，而全球化的进程对新加坡维持宗教和谐局面既是机遇，也是挑战。①

宗教组织是公民社会的重要组成部分，它在民主化转型过程中发挥何种角色，取决于它能否具有推翻专制统治的政治意愿与相对于独裁政权的政治优势。自16世纪传入菲律宾以来，天主教成为该国民众最为重要的宗教信仰，天主教会亦成为动员民众表达政治意愿的社会组织，并在1986年2月的"人民力量革命"中发挥了重要的推动作用。这一方面是教会的教义理念与核心利益构成"倒马科斯"的政治意愿所致，另一方面缘于教会在政治合法性与政治力量上形成了相对于独裁政权的政治优势。②

### （三）东南亚宗教的教缘冲突

佛教徒与穆斯林冲突激化的原因：一个直接的原因或者说重要的背景是缅甸国内政治生态的变化。在这样一个背景的后面，还有着更为复杂的深层次的原因。首先，其中一个重要的因素是虽然缅甸的宗教政策在法律上文字表述是平等，但是实际上不平等。其次，缅甸的穆斯林及其与缅族、若开佛教徒的矛盾也有其特殊性。缅甸的反响与缅甸政府的应对：缅甸佛教徒与穆斯林的冲突已经不是单纯的宗教冲突事件，而是反映了各种势力的政治诉求。国际和国内的各种政治势力的反响，反映出他们的倾向和自身利益。宗教冲突与带有极端倾向的佛教民族主义。缅甸佛教徒与穆斯林宗教冲突的走向："民族主义情绪和族群民族主义正在抬头，历史成见也再度显现。在民众期望值不断升高，以及人民新近被赋予集会结社自由的大背景下，缅甸有可能会爆发更为极端、冲突性更强的社会运动。""真正的风险在于若开邦的暴力冲突可能会进一步演变成佛教徒与穆斯林之间的对抗，并可能在其他许多有穆斯林少数民族居住的地区蔓延开来。"③在西亚北非全球性教缘冲突方面，首先，基穆冲突的历史积怨最深、两者冲突的时间最长。其次，现代基穆民族冲突包含的世界热点最

① 张文学：《全球化背景下新加坡宗教和谐的机遇与挑战》，《东南亚研究》，2015年第4期。

② 史田一：《天主教会推动菲律宾民主化转型的意愿与优势》，《武汉科技大学学报（社会科学版）》，2015年第6期。

③ 贺圣达：《缅甸佛教徒与穆斯林的宗教冲突：原因、反响、走向》，郑筱筠主编：《东南亚宗教研究报告——全球化时代的东南亚宗教》，中国社会科学出版社，2015年版。

多。再次，基穆冲突参与的人数最多。最后，基穆冲突是世界上最危险或社会危害最大、死伤人数最多、历史积怨最深或冲突的时间最长、战线最大、冲突最难解的民族宗教冲突。相比较而言，在南亚地区性国际教缘冲突这个问题上，南亚宗教关系主要包括两种境遇。一种是伊斯兰教与印度教的相遇，招致了印巴冲突，焦点问题是克什米尔问题。另一种是佛教与印度教的相遇，产生了僧泰冲突，焦点是斯里兰卡北部贾夫纳地区问题。

具体到东南亚地区各国国内教缘冲突这个维度上，东南亚民族宗教冲突呈两大特点：一是从形式上看，恐怖主义手段日益成为民族极端势力实现其政治目标的惯用手段。二是从内容上看，宗教冲突日益成为民族矛盾的主要诉求，宗教分歧常常成为民族冲突的"导火索"和"助燃剂"。①

我们必须对以下几个问题有足够的重视：一是正视中国地缘文化中"内向保守"的文化基因：中国的"陆地地缘性"特征和历史上长期的封建农业经济、宗族制等社会因素"形塑"下形成的相对封闭、内向的地缘文化特性，加上清政府时的闭关锁国和"文革"时期的文化"解构性建构"，都给中国的地缘文化形象贴上了"封闭型""内向型"等标签。二是积极参与全球化时代下地缘文化的"正向建构"。三是要认识到宗教文化是"地缘文化"中的结构性因素，对地缘文化的建构具有最稳定的"文化基因链"效应，中国政府应该重视宗教或（类宗教）文化形态的构建，尤其要重视到国内宗教文化和地缘文化与周边亚洲区域的地缘文化衔接，以使在亚洲区域形成一种西方文明较难以突破的"地缘文化"同质圈。②

综上所述，从西亚北非到南亚再到东南亚的教缘关系分布曲线呈现从全球性的教缘冲突到地区性结缘冲突再到国内教缘冲突的次第落差态势。如果说西亚北非是由世界最严重的全球性教缘冲突而沦为世界冲突的"火药桶"的话，那么南亚地区则是地缘政治的地区性冲突的"鞭炮筒"，而东南亚只不过是国内偶尔性冲突而且教缘关系的主流不是冲突而是并存

---

① 曹兴：《全球化时代的三地教缘冲突落差》，郑筱筠主编：《东南亚宗教研究报告——全球化时代的东南亚宗教》，中国社会科学出版社，2015 年版。

② 周娅：《全球化背景下的地缘文化与东南亚宗教》，郑筱筠主编：《东南亚宗教研究报告——全球化时代的东南亚宗教》，中国社会科学出版社，2015 年版。

发展，甚至东南亚还呈现和睦并存互利共赢一派繁荣景象的"万花筒"。①

### （四）全球化语境中东南亚地区的宗教交流

如何发挥宗教在对外交流中的战略支点作用，郑筱筠研究员认为，首先在观念层面上，正视地缘文化一体化效应的存在，正确对待并因势利导。其次，努力搭建国际文化交流平台，正面宣传我国的各项方针政策，让世界了解中国，让中国文化走向世界，积极建构中国的外交合力。第三，转变观念，前瞻性地审视我国宗教的区位优势。第四，以宗教的区位优势来建立文化一体化效应，与经济区位边境一体化效应相辅相成，共同为"一带一路"各国经济的发展做出贡献。第五，挖掘资源，以地缘主体为基础，积极建设对话、沟通和交流平台，开拓多渠道的宗教对外交流。②

以东南亚华人为实践主体，以华人宗教为重要载体，对实施我国宗教外交战略具有以下的优势。一是利于构建稳固外交关系。东南亚华人宗教跟大陆祖籍总庙之间的联系是稳固而且久远的。二是利于改善中国人的国际形象。三是增加信任。宗教自由政策一直是各个国家基本的宗教政策，大部分国家承认主体的宗教信仰自由，也承认主体拥有着参加宗教活动的权利，从而宗教外交，相对而言更能获得国际社会的理解和支持。四是利于改善华人与中国大陆的关系。海外华人是一类特殊的社会群体，他们政治上分别隶属于各自国家，但是在血缘关系、文化联系和社会联系方面却保持着与中国有千丝万缕的交往。他们在情感和文化上渴望能够保持与中国的联系，在文化认同、身份认同和社会交往中需要得到来自中国的庇护和帮助。③

南传佛教的战略支点作用在文化交流中的具体体现，首先要正视地缘文化一体化效应的存在，正确对待并因势利导；其次，努力搭建国际宗教—文化交流平台，正面宣传我国的各项方针政策，让世界了解中国，让中国文化走向世界，积极建构中国的外交合力；再次，转变观念，前瞻性地

---

① 周娅：《全球化背景下的地缘文化与东南亚宗教》，郑筱筠主编：《东南亚宗教研究报告——全球化时代的东南亚宗教》，中国社会科学出版社，2015 年版。

② 郑筱筠：《发挥宗教在对外交流中的战略支点作用》，《中国宗教》，2015 年第 5 期。

③ 李栋材：《全球化语境中我国东南亚宗教外交战略的思考》，郑筱筠主编：《东南亚宗教研究报告——全球化时代的东南亚宗教》，中国社会科学出版社，2015 年版。

审视南传佛教的宗教力区位优势；以宗教力的区位优势来建立文化一体化效应，与经济区位边境一体化效应相辅相成，共同为"一带一路"各国经济的发展做出贡献；积极挖掘资源，以地缘主体为基础，积极建设对话、沟通和交流平台，开拓多渠道的宗教外交。① 强化南传上座部佛教研究窗口的现实意义，第一能增进对东南亚国家的了解；第二，有助于借鉴东南亚佛教国家处理宗教问题的经验；第三，有助于加强与东南亚国家宗教交流与合作。②

宗教文化交流互动是宗教发展的一个外在因素，也是推动宗教传播和发展的重要途径。可以说，云南与东南亚掸泰地区源远流长的南传佛教文化交流奠定了云南南传佛教传播发展的基本格局。大致在明末清初，云南逐渐发展形成了两个南传佛教弘法中心：一是以西双版纳地区为主的佛教中心；二是以德宏地区为主的佛教中心。这两个佛教文化中心逐渐辐射到布朗、阿昌、德昂、佤等民族之中，最终形成了以傣族为主体信仰民族，以傣文为主要经典文字，以滇西南弧形地带为主要信仰的云南南传佛教文化区，成为国际南传佛教文化圈一个不可或缺的组成部分。此后，云南南传佛教与东南亚南传佛教的文化交流进入了新的历史时期。③

东南亚地区的华人信仰各宗教的人数一直在变化，通过对人口的变化可以看出几大宗教的情况，例如陈爱梅从马来西亚官方的统计数据分析了佛教徒的自我宗教身份认同，并对比了其他宗教的数据变化。④ 同样，《新加坡华人宗教信仰现状及前景》一文讨论了新加坡华人的宗教信仰，以及跟当地政治、经济、文化的关系。⑤ 随着 19 世纪新加坡的开埠，西方基督宗教逐渐传入并对当地社会文化产生影响。新加坡华侨华人的传统信仰结构渐被打破，华侨华人的宗教信仰呈现多元性特征。近几十年来，

---

① 郑筱筠：《试论南传佛教在我国"一带一路"战略中的定位与作用》，郑筱筠主编：《东南亚宗教研究报告——全球化时代的东南亚宗教》，中国社会科学出版社，2015 年版。

② 李明岩：《南传上座部佛教的窗口作用——以德宏瑞丽雷奘相为例》，郑筱筠主编：《东南亚宗教研究报告——全球化时代的东南亚宗教》，中国社会科学出版社，2015 年版。

③ 梁晓芬：《云南与东南亚南传佛教文化交流历史考溯》，郑筱筠主编：《东南亚宗教研究报告——全球化时代的东南亚宗教》，中国社会科学出版社，2015 年版。

④ 陈爱梅：《谁是佛教徒？佛教徒是谁？——马来西亚华人佛教信仰探析》，《世界宗教文化》，2015 年第 2 期。

⑤ 沈庆利、叶枝梅：《新加坡华人宗教信仰现状及前景》，《国际参考研究》，2015 年第 8 期。

新加坡华人基督宗教徒的增长趋势加快，成为华人宗教信仰构成中仅次于佛教的第二大宗教，这是新加坡社会环境因素和基督教自身内部因素综合作用的结果。①

在东南亚华人基督徒人数稳步增加，并通过教会形成跨国的信仰网络。近代新加坡华人基督教跨国网络大致可以分成三个发展阶段，它是在"基督教网络"与"华人网络"相互嵌入的过程中形成的，这个过程不是单方主导的结果，而是双向互为的。在这个中西交汇的网络结构中，"基督教网络"和"华人网络"分别成为对方可资利用的资源。一方面，基督教通过"华人网络"中的地缘、血缘等关系网络，扩大自己的影响和传播范围；另一方面，华人也利用"基督教网络"拓展了自己的生存空间。②

## 二 东南亚各国宗教现状研究

### （一）东南亚各国宗教的发展趋势及其特点

马来西亚佛教发展的特点非常值得深入研究且具有代表性，在某种程度上可以说明华人佛教的一个基本动向。根据郑筱筠研究员的研究发现马来西亚佛教的本土化特征分为几个维度，首先是求同存异的多元性特征；其次是层累性特征；最后是呈现出阶段性特征。郑先生不仅分析出了马来西亚佛教的发展特点，还对这种发展的动力和制约因素进行了探究，诸如近代以来马来西亚社会宗教政策和形势使得佛教的发展相对自由，居士佛教的特点使宗教团体联合体的出现成为需要。宗教团体联合体通过佛教团体积极参与社会教育来树立自己的社会权威，还积极争取自己在社会上的政治待遇，这是营造有利的生存发展机会的契机，同时还积极参与社会慈善事业，以佛教团体为平台，积极发展佛教理论，探讨佛教的发展等方式参与到对于佛教社会记忆的构建之中。③ 不仅是马来西亚佛教的发展具有

---

① 张晶盈：《新加坡华人基督教的发展现状、原因及趋势》，《世界宗教文化》，2015 年第 4 期。

② 张钟鑫：《华人网络与基督教网络的相互嵌入——近代新加坡华人基督教跨国网络探析》，《华侨华人历史研究》，2015 年第 4 期。

③ 郑筱筠：《试论马来西亚佛教发展的特点》，郑筱筠主编：《东南亚宗教研究报告——全球化时代的东南亚宗教》，中国社会科学出版社，2015 年版。

鲜明的特点，缅甸的上座部佛教发展也具有自身特色，缅甸长期成为上座部佛教中心的原因有二：一是捍卫上座部佛教在缅甸的国教地位；二是通过勘正经典，护持法宝，重视教育，培养僧宝，纯洁僧团，坚守传统，全民出家，全民修禅等具体措施维护了上座部佛教的纯洁性。因此，缅甸从11世纪以来成为亚洲乃至世界上座部佛教中心。主要得益于缅甸历代宗教领袖及普通信众对上座部佛教的共同尊崇和大力护持。①

在当代中国社会转型时期，南传佛教展示出很好的发展态势。但是发展中的南传佛教也有"成长的烦恼"，目前它面临的不是简单的生存问题，而是以何种形式更好地存在以及发展的困境。具体反映在管理模式方面，就表现为在管理层面出现了一些问题。如果不能妥善解决这一问题的话，将会引起整个中国南传佛教内部的混乱，其"蝴蝶效应"将会波及东南亚南传佛教文化圈和我国佛教分布格局的稳定以及中国南传佛教信仰区域社会的稳定。郑先生认为，正确处理南传佛教传统的管理模式、佛教协会管理系统和波章管理系统三者之间的对接是解决这一困境的关键。积极疏导这三种管理系统的发展脉络，使得管理磁场力量均衡发展，是对治转型时期南传佛教"成长的烦恼"的良药。②

在全球化背景之下我国境内的南传佛教也在同步发展，而且呈现出与以往时期不同的发展特点，以德宏的南传佛教为例，其新特点呈现出逐渐从至高无上、远离世俗的圣坛上走下来，主动参与世俗社会的生活和实践，呈现出积极入世的一面；德宏地区傣族群众的宗教情感得到空前释放，民众有了更多的信仰选择和信仰方式，佛教信仰出现断层：波章管理制度在整个宗教管理当中的张力呈衰弱趋势，但在信仰群体中的地位上升：德宏州南传佛教寺院经济发展发生较大变化，但资源配置的内在动力不足，制约其发展。③

不仅是南传佛教的整体发展呈现出全球化背景下的新特性，以信仰南传佛教为主的傣族，其生活也因南传佛教的发展而产生了新的变化，在这

---

① 黄云静：《缅甸长期成为上座部佛教中心的原因初探》，郑筱筠主编：《东南亚宗教研究报告——全球化时代的东南亚宗教》，中国社会科学出版社，2015年版。

② 郑筱筠：《"成长的烦恼"——转型时期中国南传佛教管理之困境》，《世界宗教研究》，2015年第4期。

③ 于琛：《云南德宏州陇川县南传上座部佛教宗教管理现状调研报告》，郑筱筠主编：《东南亚宗教研究报告——全球化时代的东南亚宗教》，中国社会科学出版社，2015年版。

方面的个案研究较多，有学者就那目村傣族宗教生活发生变化而阐明了其变化的诸多原因。①

不仅是汉传佛教和南传佛教，东南亚地区的华人华侨的传统宗教，在全球化背景下也呈现出与以往不同的状态，这一年的研究主要是对其特点的概述和传播发展的原因。

关于海外华人的道教信仰，由于文化传播产生的变异现象，因此同中国本土的道教信仰既有一脉相传的相同的宗教传统，也有着不同于中国本土道教的某些形式和内容，主要有以下几个方面。第一是道教的教派传承。第二是道教的神灵信仰。第三是道教的经典传承。第四是道教的斋醮科仪。第五为海外华人道教组织的建立。② 不仅是传统的道教，具有三教合一性质的民间信仰，也有了新的发展，在考察其发展之前，首先要对其渊源和流布进行考察。

关于弥勒信仰的渊源和传播，王爱平等学者认为，首先是源于中国台湾民间宗教信仰的印尼弥勒大道等，目前均已发展为世界性的宗教信仰。其次是弥勒大道等从中国台湾传来印尼，因而其传道活动自然而然地与华文教育紧密结合在一起，满足了印尼华人学习华文的根本需求。还有就是弥勒大道等在印尼开展的社会、文化、教育、慈善活动，改变了过去在中国大陆和台湾的神秘方式，以积极、开放、灵活的姿态面向社会，适应和满足了不同阶层华人以至华族以外的印尼各族民众的实际需求。最后弥勒大道等在印尼的迅速发展，除上述因素之外，还具有一整套严密的组织和管理方法也是它能够成功传播的重要原因。弥勒大道之所以可以广泛传播是因为其不仅有严密的组织和联系方法，而且具有较完备、更灵活的宣教和发展信徒的方式与方法。③

陈景熙以先后在新加坡、中国广东揭阳、马来西亚柔佛州哥打丁宜创建三家观音堂的先天道坤道许慈惠（1917—）为案例，以许慈惠自传《佛缘创堂志入道》为核心材料，辅以先天道史料、笔者田野调查资料

① 马居里、王京：《当代社会傣族"摆"的嬗变——芒市那目村的"摆"》，郑筱筠主编：《东南亚宗教研究报告——全球化时代的东南亚宗教》，中国社会科学出版社，2015年版。

② 黄海德：《海外华人道教的历史及现状概述》，郑筱筠主编：《东南亚宗教研究报告——全球化时代的东南亚宗教》，中国社会科学出版社，2015年版。

③ 王爱平、鲁锦寰：《台湾民间宗教信仰在印度尼西亚传播之考察散记》，郑筱筠主编：《东南亚宗教研究报告——全球化时代的东南亚宗教》，中国社会科学出版社，2015年版。

等，在梳理许慈惠年表、道脉源流的基础上，重点讨论在先天道坤道的入道、弘道的宗教生涯中宝卷类民间宗教文献所产生的具体作用。①

在考察了东南亚地区华人华侨传统宗教文化的实践与变迁之后，再考察在当代社会变迁中形成的新特点。首先，通过对于历时数据的分析，发现在当代华人传统宗教的趋势不能因人口基数发生变化而呈现出下降态势就简单认为是衰落，通过分析其中的变化在某种程度上可以说明华人华侨会对传统宗教文化进行理性的选择，这种变化可能预示着以传统文化为代表的华人文化认同开始慢慢凸显。其次是具有弥散性特征的中国传统宗教在东南亚华人族群中进行了制度化的建构，使其在当代社会有了新的特点，并以此区别于中国大陆的传统宗教文化的发展轨迹。第三，是强调东南亚地区华人华侨地区的宗教庙宇和团体承担的社会慈善和保障活动是对当地华人的整合，也是其重要的变迁方向，成为符合当地政策的团体，且具有宗教性的特点。②

目前为印度尼西亚六大宗教之一的印尼孔教，源于中国儒教，形成于19世纪中晚期。印尼孔教以孔子学说（儒学）为宗教信仰，有系统的教义体系及宗教经典——《四书五经》，有教徒、教规、比较完整的宗教组织、制度及较为完整的宗教仪式体系。印尼孔教又是中国儒教的印尼化，是印尼的和印尼化的一个宗教。从使用的语言文字，组织的名称、机构，到仪式体系及宗教活动场所的设置，直至宗教最核心的部分——教义等，都体现了印尼化的特点。③

东南亚不仅是佛教的流传地区，也是伊斯兰教流传的重要区域之一，二者可以说是"平分秋色"。东南亚的印尼，是世界穆斯林人口最多的国家，马来西亚也有众多的穆斯林人口，两国都是经济发展水平较高的伊斯兰国家。中国与东盟建立了密切的经济联系，研究、了解东南亚的宗教，不论是从教情、社情、国情研究，还是从国际交往角度来看都是必不可少

---

① 陈景熙：《先天道坤道的宗教生涯与宝卷的感化作用——以新加坡坤道许慈惠为案例》，《世界宗教研究》，2015 年第 3 期。

② 杨莉：《东南亚地区华人华侨传统文化传承与践行的新特点——以印尼、新加坡、马来西亚等国为例》，郑筱筠主编：《东南亚宗教研究报告——全球化时代的东南亚宗教》，中国社会科学出版社，2015 年版。

③ 王爱平：《印度尼西亚孔教：中国儒教的宗教化、印尼化》，《世界宗教文化》，2015 年第 5 期。

的一环。① 由"郑和崇拜"、"郑和文化"及"郑和精神"构成的"郑和符号"的出现，使得"历史郑和"成为"携带意义"的"符号郑和"，尤其对丝路伊斯兰信仰板块产生了深远影响。其中，"郑和符号"对东南亚伊斯兰信仰板块影响集中体现为"郑和崇拜"。②

## （二）东南亚宗教与"一带一路"

综观世界宗教信仰版图，宗教力是各个宗教信仰板块的重要支撑点。因此，"一带一路"是个大战略，这个地带的发展与稳定直接影响未来的世界格局。在中国对外发展战略中，可以发挥南传佛教的宗教正能量，依托南传佛教的宗教网络组织，以宗教力的区位优势来持续打造文化区位优势，补充经济区位动力的不足，从中国发展战略全局出发，全盘考虑"一带一路"战略的可持续发展问题，以世界文明之间的平等、宽容的理解和交流互鉴为文化合作机制前提，积极发挥宗教的正能量，建立宗教的"文化一体化效应"，在世界文明交流的平台上，打造中国的文化软实力，建立深层的世界文化合作机制，形成平等包容的国际对话模式，从而进一步推动我国"一带一路"战略的实施。③ 要强调的是，"一带一路"沿线的国家应该不仅仅只是丝路沿线的 65 个国家。只要是致力于推动"一带一路"发展的国家，都是可以看作"一带一路"国家，甚至包括美国、拉美等国。但我们需要意识到，"一带一路"的建设不是排他或者对立的，而是需要世界各国人民共同努力才能完成的。"一带一路"是个促进合作、互利共赢的进程。如何让不同的宗教传统和文化传统在不同地缘板块、不同利益诉求、不同生活方式和习俗的接触与互动中发挥软实力的润滑和沟通作用，释放正能量并消解负能量，特别是针对一些地区宗教极端主义和恐怖主义活动比较强势的局面，如何让更多的人们认同温和的与和平的宗教信条与主张，如何真正让"一带一路"发展战略给沿线各国人民带来更多的发展机会和福祉，是我们今后一个时期需要加大关注的，也应该有更多的学者和宗教界人士积极行动起来，更好地发挥宗教在政治、

① 吴云贵：《东南亚伊斯兰教的趋势与特点》，《中国宗教》，2015 年第 10 期。

② 马丽蓉：《"郑和符号"对丝路伊斯兰信仰板块现实影响评估》，《世界宗教研究》，2015 年第 5 期。

③ 郑筱筠：《试论南传佛教在我国"一带一路"战略中的定位与作用》，郑筱筠主编：《东南亚宗教研究报告——全球化时代的东南亚宗教》，中国社会科学出版社，2015 年版。

经济、文化的国际化平台上的正能量，文明互鉴，共同致力于一带一路各国的互利互惠，推动世界和平与发展。①

南传佛教可以成为"一带一路"战略体系的战略支点。"一带一路"战略的实施需要的是在不同层面共同作用的合力。就软实力而言，除了强大的金融资本之外，在经济贸易方面，需要的是经济贸易能力，在政治方面，需要的是面对国际政治格局的运筹帷幄的政治大智慧；在文化方面更需要面对世界各国文化多样性、差异性和复杂性的应对能力。②

郑和宗教外交成功实现了"软着陆"、其包容性外交举措取得了显著成效、其经济外交和宗教外交的互促产生了联动效应等已成为"郑和符号"影响丝路伊斯兰信仰板块的主要原因；"郑和符号"在深化我国与丝路伊斯兰国家战略合作中的现实意义凸显。因此，评估"符号郑和"对丝路伊斯兰信仰板块的现实影响，旨在对深化丝路伙伴关系、构建丝路"命运共同体"意识、优化"一带一路"战略软环境等重大现实问题作进一步探究，因而更具战略意义。③

### （三）全球化背景下东南亚宗教的传入与当代功能研究

民间宗教信仰是对我国基层妇女群众的生产生活有巨大影响的一种社会组织性力量。从福建民间信仰组织的基本特征、民间信仰与基层女性的关系等方面进行研究，认为民间信仰的组织管理模式运行机制决定着民间信仰的延续和发展，但目前民间信仰场所数量巨大，分散性、内向性、组织内卷化特征明显，社会角色处于悬置状态，对基层妇女的影响容易出现短板效应。④ 阿昌族的南传佛教信仰有多个源头，自 10 世纪以来，先后有孟族、缅族和掸人（傣族）向阿昌族传播了南传佛教，但最终使南传佛教在阿昌族的信仰体系里占据主导地位的是傣族统治者。大约在 10 世纪初期孟族曾经到达过户撒地区，并把南传佛教带到那里。11 世纪初期，

---

① 卓新平、刘金光、方光华、郑筱筠：《对话宗教与"一带一路"战略》，《世界宗教文化》，2015 年第 2 期。

② 郑筱筠：《试论南传佛教在我国"一带一路"战略中的定位与作用》，郑筱筠主编：《东南亚宗教研究报告——全球化时代的东南亚宗教》，中国社会科学出版社，2015 年版。

③ 马丽蓉：《"郑和符号"对丝路伊斯兰信仰板块现实影响评估》，《世界宗教研究》，2015 年第 5 期。

④ 郑筱筠：《试论福建民间信仰对基层妇女的影响》，《世界宗教文化》，2015 年第 1 期。

缅甸僧团进行净化时，一些被驱逐的僧侣流落到了户撒地区，带来了阿利教，这个教派与早期孟族传人的南传佛教融合，发展成为阿昌族的曼派佛教。11世纪中期，缅甸将南传佛教定为国教，自此以后缅族不断地把南传佛教推广到中缅边境傣族统治的区域，阿昌族聚居的户撒地区是傣族统治区域的一部分，早期缅族同时给阿昌族和傣族传播了佛教，因此，缅族对阿昌族和傣族的佛教都产生了深刻的影响，这种影响在佛塔建筑方面尤为突出。[1]

临沧南传佛教慈善事业的实践包括赈灾救济、扶弱济困、防艾关爱。当代中国南传佛教正积极参与到社会经济建设、文化建设进程中，充分发挥南传佛教的优势，帮助更多的人得到解脱，以佛教慈悲关怀实践活动抚慰特殊人群心灵，教导民众敬老爱幼，在构建和谐人际关系、净化社会风气、提升社会伦理道德、抵制社会丑恶现象、实施教育医疗救助、扶贫济困等方面做出了突出的贡献，为区域性经济发展、民族团结、社会稳定而发挥了宗教的重要作用。[2]

雨季安居是南传佛教信众对佛祖悟道成佛之后为期三个月的修行活动的一个实践过程。在户撒阿昌族地区，由于地域的封闭性等原因，安居期间的所有活动保存得较为完整。在这期间，人们要举行隆重的进洼、出洼、会街节，同时还要举行送拢、宛星、岗洼等活动，这些活动构成了安居生活的全部。这些活动，除了有着实践佛法的性质外，更多的是对社会秩序起到了一定的维护作用。[3]

外来宗教在一个新区域内与地方社会文化（包括宗教、民俗、语言、政治等社会构成要素）相遇会经历一个冲突、融合和更迭的过程。基督教传教士通过创立文字、建立学校、培养民族传教骨干和宗教包装等措施将基督教带入拉祜族社会中。基督教与当地社会文化经历了冲突、互动以及融合等过程，最终替代了拉祜族原初的原始宗教和佛教信仰，并在一定

---

①  熊顺清：《南传佛教传入阿昌族地区时间考略》，郑筱筠主编：《东南亚宗教研究报告——全球化时代的东南亚宗教》，中国社会科学出版社，2015年版。

②  提卡达希：《中国南传佛教的慈善实践研究——以云南临沧市佛教协会为例》，郑筱筠主编：《东南亚宗教研究报告——全球化时代的东南亚宗教》，中国社会科学出版社，2015年版。

③  吴睿：《户撒阿昌族地区南传佛教雨季安居田野调查实录——以户撒芒旦寨为例》，郑筱筠主编：《东南亚宗教研究报告——全球化时代的东南亚宗教》，中国社会科学出版社，2015年版。

范围内建构了拉祜族社会文化。在拉祜族的政治设置、宗教体系、民俗文化和民族集体意识等社会文化领域都融入了基督教思想，使拉祜族社会文化结构发生了改变。拉祜族在接受新文化体系的过程中，产生了新的民族认同方式，虔诚的宗教信仰扭曲了拉祜族的原本开放和包容的民族集体意识，出现宗教认同高于民族认同和国家认同的现象。①

11－15 世纪，南传上座部佛教文化圈在大陆东南亚逐渐形成，形成的重要原因之一是南传上座部佛教文化成为同缅、泰、柬、老等国统一的封建国家形成和发展、封建王权的确立和巩固相适应的宗教意识形态，同时，也适应了这一地区居民的农村公社生活方式。东南亚南传上座部佛教文化圈在其发展过程中，形成了自身的一些特点，包括不同程度地接受、融合了大乘佛教和婆罗门教的一些思想、与各国占主导地位的民族的原始宗教信仰（如缅族对纳特的崇拜）相结合，还与各国以各自的语言文字为基础的文化发展有着密切的联系，从而使得南传上座部佛教在各国形成了各自的特色。②

## 三　东南亚宗教艺术和宗教空间研究

佛教属于宗教的范畴，是一种信仰。当它用来进行思维的时候，它是一种思维方式和一种精神寄托；当它用于日常生活实践的时候，它便成了一种生活方式；当它与政治统治相结合，它就成了一种政治制度；当它用于艺术创作的时候，它便成了一种佛教艺术。佛教艺术是佛教的载体，是佛教的一种表现形式，是为了宣传佛教而产生和发展的艺术样式，它的作用是使佛教直观化、生动化、美观化、具体化，从而更具有视觉和精神上的感染力、震撼力。所谓佛教艺术，是通过艺术家的劳动和再创造，把要表现的佛教内容及对象加以提炼和升华，将当时流行的审美观、价值观巧妙地融入其中，并打上强烈的时代烙印，赋予珍贵的保存价值。③

---

① 曾黎：《中缅边境基督教传播与拉祜族社会文化建构》，郑筱筠主编：《东南亚宗教研究报告——全球化时代的东南亚宗教》，中国社会科学出版社，2015 年版。

② 贺圣达：《东南亚南传上座部佛教文化圈的形成、发展及其基本特点》，《东南亚研究》，2015 年第 12 期。

③ 段立生：《泰国佛教艺术及鉴赏》，郑筱筠主编：《东南亚宗教研究报告——全球化时代的东南亚宗教》，中国社会科学出版社，2015 年版。

马来西亚地区道教传播和兴起比较晚，难以成为佛教对手，民间信仰则大行其道，佛教在与之共存的过程之中，或吸收、或排除。大马佛教寺院主要的类型有单纯佛寺、接纳其他神祇的佛寺、民间神祇居主的佛寺、僧人管理的民间祠庙。①

宗教舞蹈是宗教艺术中一种重要的形式，是与求雨、抗旱、驱鬼、除疫、迎神、送神等各种人类精神生命需求紧密配合的舞蹈。湄公河次区域跨境山地民族中，泰国北部阿卡族宗教舞蹈主要是以词、乐、舞三者相融合的结构形式，运用肢体的动态语汇以及不同的道具，模拟神鬼禽兽，形成独具特色的舞蹈：古朴凝重、虔诚神秘、自然快乐、意寓丰富。它包涵着深刻的宗教内涵，渲染着神灵的威慑力，诠释人与神之间的关系。具有宗教文化艺术的象征意义，又有不同民族，不同区域和不同时代人们的审美意识。②

# 四 现有研究的特点评述

## （一）研究内容和方法的特点

东南亚首先是区域概念，而且这个区域已经成为了全球关注的焦点。东南亚的宗教研究，与该地区的经济、政治、民族等关系密切，这一点从历年的研究就可见一斑。这一年间东南亚宗教研究涌现了更多的社会组织和族群的研究。东南亚地区教缘或是神缘关系也逐渐被重视，所谓"他山之石，可以攻玉"，通过对比分析的方法借鉴其他区域来解读东南亚地区的民族和宗教问题。不仅如此，东南亚一些国家还处于政教合一的状态，所以东南亚宗教研究国家间的宗教交流，其中的官方和民间的互补关系，同源宗教的传播和相互影响等，内容都要被考虑进去。虽然一些宗教的发源地不在东南亚地区，但是在这里形成了特有的文化传统，随着全球化的交流日益密切，也会出现回传的问题。除此之外，东南亚地区多民间信仰和教派这一特点也会被关注，不仅仅是世界性宗教是当地的主流文

---

① 宋燕鹏：《佛寺耶？非佛寺耶？——大马汉传佛教寺院类型的历史学考察》，郑筱筠主编：《东南亚宗教研究报告——全球化时代的东南亚宗教》，中国社会科学出版社，2015 年版。

② 项莉：《湄公河次区域跨境山地民族宗教舞蹈的审美特征——以泰国北部阿卡族为例》，《才智》，2015 年第 35 期。

化，一些民间信仰，当地形成的教派也在发挥着作用，在全球化的今天成为一股不能忽视的力量。

就研究方法而言，东南亚研究方法上仍是跨学科的研究方法为主。虽然还有历史文献、考据等方法，但是研究方法的核心还是个案的研究。例如社会学的实证研究，人类学的田野调查的方法，甚至出现了统计学的方法，就人口变化来说明宗教和社会情况。随着研究个案的积累，东南亚宗教的研究开始趋于理论的探索，形成可以推广和借鉴的模式。各种理论的也相继提出，虽然处于摸索阶段，但是已经是突破个案研究局限的有益尝试，以后的研究方法的反思和突破是以后研究的方向之一。

### （二）研究角度的特点

东南亚宗教研究角度可以大致分为两大类，第一类是宗教原典、文献、某一宗教教理教义的厘清和考据的研究；第二类是基于宗教社会功能和发展现状的研究。

第一类的研究主要依靠历史文献，对某一宗教原典进行考据工作，其中涉及多种语言诸如梵文、巴利语，原典文献既包括贝叶经、瑶书等的整理和保护，还有就是对于教义教理的梳理和诠释，对修行的关注也是东南亚宗教研究的特点之一。第二类主要是基于宗教社会学和人类学理论的研究，认为任何事物和现象都是由两个或两个以上的部分、方面、因素所组成的，这些部分、方面和因素之间形成一种相对稳定的联系。基于这样的研究思路，东南亚宗教研究注重群体的还原和凝聚形式的研究，例如，通过庙宇碑记的研究发现当地的华人群体的组织关系。但是，这种宗教研究容易片面化，而忽略了社会各个元素间的交互加成作用，因此，我们从前述的研究中常能看到宗教的教化功能、社会稳定功能，但是没有进一步说明宗教的社会功能是如何实现的，且独特性是什么。

## 五　东南亚研究的趋向和发展方向

### （一）研究内容的未来方向

东南亚宗教研究侧重于社会历史、社会现象、文化、族群等方面的研究，在未来的研究中应该关注宗教间的互动交流，以及宗教团体之间的协同作用，以及当地社会是如何整合的等内容。个案研究方法的使用应该注意现象描述与理论建构之间的关系，这样，可以使东南亚宗教研究不仅是个案的引入，还能对社会学、人类学、宗教学理论进行补充，例如社会文化资本理论的应用。在"一路一带"战略下，宗教研究应该与国家政策和战略制定进行更为紧密的联系，使宗教学研究可以更好地为我国的战略实施建言献策。

## （二）跨学科研究方法的应用

关于研究方法的未来走向，首先，是尝试使用定量的方法研究当下的社会、群体心理等问题，避免只使用历史文献的局限性，还有就是统计学的方法的使用，比如宗教人口的显著变动与当地社会的关系，即什么情况导致了这种现象和趋势。其次，在未来可以尝试多使用大样本的实证研究，通过对数据的梳理分析，得出一般性的结论。再次，个案研究考虑其有效性，个案之间的关系诸如关联和差异，该个案研究所得出的结论是否具有普遍性，其主要的适用范围在哪，形成的理论是否可以推广。最后，对比分析法的使用，例如可将北非的教缘冲突和东南亚的教缘冲突进行对比，说明其中的差异和共性。